उलुआ, बुलुआ और मैं

स्मृति-कथा

उलुआ, बुलुआ और मैं

रामसागर प्रसाद सिंह

राधाकृष्ण प्रकाशन

ISBN : 978-81-8361-853-3

उलुआ, बुलुआ और मैं

पहला संस्करण : 2017

मूल्य : ₹595

प्रकाशक
राधाकृष्ण प्रकाशन प्राइवेट लिमिटेड
7/31, अंसारी मार्ग, दरियागंज, नई दिल्ली-110 002

शाखाएँ : अशोक राजपथ, साइंस कॉलेज के सामने, पटना-800 006
पहली मंजिल, दरबारी बिल्डिंग, महात्मा गांधी मार्ग, इलाहाबाद-211 001
36 ए, शेक्सपियर सरणी, कोलकाता-700 017

वेबसाइट : www.radhakrishnaprakashan.com
ई-मेल : info@radhakrishnaprakashan.com

मुद्रक : बी.के. ऑफसेट
नवीन शाहदरा, दिल्ली-110 032

ULUA, BULUA AUR MAIN
Memoir by Ramsagar Prasad Singh

यह पुस्तक मैं अपने गाँव की माटी और उस माटी में जीने-मरनेवाले तमाम ऊँच-नीच, छोटे-बड़े, बाल-वृद्ध, भले-बुरे, नर-नारियों की चरण-धूलि को सुगन्धित चन्दन समझकर समर्पित करता हूँ, क्योंकि बहुत कुछ बदल जाने के बाद भी पहसारा गाँव ने मुझे किसी समर्पित प्रेमिका से अधिक प्यार और सम्मान दिया है; इसने मुझे समय के चाक पर घुमाकर गढ़ा है; कच्ची मिट्टी के इस लोंदे को समाज की आग में तपा-पकाकर मजबूती और टनटनाहट दी है; नाचीज को चीज बना दी है।

हे जन्म-ग्राम, शतशः प्रणाम,
मैं रह न सकूँगा आन ठाम!

पूर्वाभास

एक था उलुआ, एक था बुलुआ, और एक था मैं। हम तीनों प्रगाढ़ मित्र थे, लेकिन मुझे यह नहीं पता कि उलुआ-बुलुआ से मेरी दोस्ती कब और कैसे हुई। एक दिन उलुआ-बुलुआ ने मुझसे कहा, 'यार, आज पिकनिक मनाने काबर झील चलना है।' मैं उन दोनों की बात से बाहर कैसे जा सकता था? अतएव पिकनिक के लिए राजी हो गया। दस बजे दिन में हम घर से निकल पड़े। काबर झील के उस पार कई ढहे-ढनमनाये ईंट-खपड़ैल के घर थे, जिन्हें लोग 'मंझौलवालों का डेरा' कहते। हम लोगों ने उसी डेरे में बैठकर दिन की तेज धूप गँवाई। चार बजे के आसपास हम तीनों ने एक-एक बंसी बनाकर झील के जल में डाल दी। बंसी में चारा तो हम तीनों ने एक जैसा ही डाला, पर किसी की भी बंसी में मछली फँस नहीं रही थी। शाम होने को है और अभी तक हममें से कोई एक भी मछली नहीं पकड़ सका। अब क्या होगा? अचानक उलुआ ने बंसी खींची और एक मझोले साइज की मछली उस बंसी में खिंची आ गई। अभी उलुआ अपनी बंसी से मछली छुड़ा ही रहा था कि बुलुआ की बंसी में उससे भी बड़ी मछली चली आई। दोनों ने फिर बंसी में चारा डाला और झील में गिराई। अभी मुश्किल से दस मिनट गुजरे होंगे कि दोनों की बंसी में फिर एक-एक मछली फँस आई। उलुआ-बुलुआ ने दो-दो मछली पकड़ ली, और मेरी बंसी में कोई मछली फँसी ही नहीं। अब तक लुक-झुक बेला (सूर्यास्त का समय) हो चुका था और मैं उदास मन से बंसी पकड़े रहा।

उलुआ-बुलुआ उत्साह में बोलने लगे, 'यार, शाम हो रही है, खींचो बंसी और चलो मछली पकाने।'

'जाओ न, तुम दोनों को दो-दो मछली हो गईं और मैं झख मार रहा हूँ। मैं क्या पकाने जाऊँगा? मैं भी पकड़ लूँ तब तो पका सकूँगा?' मैंने तुनककर कहा।

उलुआ-बुलुआ ने मेरा एक-एक हाथ पकड़कर मुझे उठा लिया। बंसी हाथ से छूट गई; और दोनों ने मुझे पुचकारते हुए कहा, 'यार, तुम्हें इतना गुस्सा क्यों आता है? अरे, ये चार हम तीनों की है, किसी एक की नहीं। बाँटकर खाएँगे, तब न राजा घर में जनम होगा। चलो, जल्दी-जल्दी मछली पकाने!'

हम तीनों ने मछली तो पका ली, पर मैं इसे खाऊँ किस चीज के साथ? मेरे पास तो रोटी ही नहीं।

उलुआ-बुलुआ बोले, 'अरे, चिन्ता क्यों कर रहे हो? लो रोटी,' और एक मछली मुझे दे दी।

फिर बुलुआ कैसे पीछे रहता? उसने भी मुझे एक रोटी और एक मछली दे दी। उन दोनों के पास दो-दो रोटी और दो-दो मछली थीं। मुझे देने के बाद उनके पास एक-एक रोटी और एक-एक मछली बची रही, और मैं? मुझे तो दो रोटी और दो मछली फब गईं। मेरा तो पेट भर गया, पर वे दोनों अधभूखे ही रहे।

मछली पकाते-खाते रात हो गई। अब घर कैसे लौटें? इस अँधेरी रात में घर लौटते कोई अनहोनी न हो जाए! झुल्ला वर गाछ पर तो भूत-बैताल रहते ही हैं। कहीं उन्हें दिख गए, तो तीनों का पता साफ! नऽ, नऽऽ, रात यहीं काट लें, वही अच्छा। भोर होने पर घर जाएँगे। जान-बूझकर कुत्ता बधिया नहीं करना चाहिए (खतरा मोल नहीं लेना चाहिए)।

सो हम तीनों ने तय कर लिया कि रात भर इसी ढहे-ढनमनाए घर में रह लेंगे। लेकिन रात कटे कैसे? इस घर में तो बिछाने के लिए कुछ है ही नहीं? पुआल भी नहीं, खर-पात भी नहीं? तो बैठे-बैठे भर रात बोर होते रहें? नहीं।

मैंने एक उपाय सुझाया, 'यार, एक-एक कहानी सुनाओ, और रात पार।'

वे दोनों चहक उठे। दोनों ने कहा, 'ठीक कहते हो, समय काटने के लिए किस्सा-कहानी से अधिक चटाखेदार कोई अचार या चटनी भी नहीं। अच्छा, शुरू करो; मगर पहले कौन सुनाएगा कहानी?'

'पहले उलुआ शुरू करे कहानी सुनाना।' मैंने कहा।

उलुआ बोला, 'ठीक है, मैं ही पहले कहानी सुनाऊँगा, परन्तु यह तो बताओ, मैं आपबीती कहानी सुनाऊँ या परिया (दूसरों की) बीती?'

'आपबीती ही सुनाओ तो अच्छा।' मैंने कहा।

फिर क्या था! उलुआ शुरू हो गया।

वह रस ले-लेकर अपनी कहानी सुनाने लगा। उसकी अपनी कहानी खूब मजेदार थी, लेकिन दो पहर रात बीत गई, और कहानी खत्म होने का नाम ही न ले! आखिर मुझे रोकना पड़ा। मैंने कहा, 'देखो दोस्त, आधी से अधिक रात गुजर चुकी। अब बुलुआ को कहानी सुनाने का मौका दो।'

उलुआ चुप हो गया, और बुलुआ ने पूछा, 'मैं कैसी कहानी सुनाऊँ— आपबीती या परियाबीती?'

मैंने कहा, 'आपबीती तो उलुआ सुना चुका, इसलिए तुम परियाबीती कहानी सुनाओ।'

बुलुआ एक-से-एक परायी बीती मजेदार कहानी सुनाने लगा। हम दोनों उसकी कहानी सुनकर खूब हँसे, और बीच-बीच में रोना भी पड़ा। लेकिन उसकी कहानी सुनते-सुनते रात बीतने पर आ गई। इसलिए उलुआ ने टोका, 'ऐ बुलुआ, बन्द करो अब। रात तुम ही बिता दोगे तो दो-दो रोटी और दो-दो मछली झपट लेनेवाला मुफ्तखोर कब कहानी सुनाएगा?'

उलुआ की डाँट सुनकर बुलुआ चुप हो गया। फिर दोनों एक स्वर से मुझ पर झपट पड़े, 'अब अपनी पारी की कहानी सुनाओ।'

मैंने कहा, 'यार, तुम दोनों ने तो आपबीती और परबीती कहानियाँ सुना दीं, तो मेरे लिए बचा ही क्या कि मैं सुनाऊँ?'

दोनों बोल पड़े, 'बहुत होशियार बनते हो दोस्त! हम दोनों से भर रात बक-बक करवाते रहे, अपनी बारी आई तो मुँह में जाबी लगा लेना चाहते हो? यह नहीं होने देंगे। अगर तुम्हारे लिए कुछ बचा ही नहीं, तो आपबीती और परियाबीती को फेंटकर कहानी बनाओ और सुनाओ। आपबीती में तो सिर्फ गूदा था, रस नहीं; और परियाबीती में रस ही रस, गूदा बिलकुल नहीं। तुम दोनों को फेंटकर कहानी बनाओगे तो रस और गूदा दोनों एक साथ मिल जाएँगे; जैसे पके आम्रपाली आम में! इसलिए बहानेबाजी छोड़ो और शुरू हो जाओ। रात खत्म होने पर है।'

पीठ पर उनके सवार हो जाने से मुझे कहानी सुनानी पड़ी। मैंने कहानी शुरू ही की थी कि वे दोनों 'तब क्या हुआ? जल्दी कहो! रस-गूदा दोनों चाभ रहे हैं, फिर क्या हुआ, अरे, आगे बताओ न!' बोलने लगे, जैसे आगे का किस्सा सुनने के लिए उतावले हो रहे हों! लेकिन अभी मेरी कहानी आधी पर भी नहीं आई थी कि आकाश में सिन्दूरी आभा छिटक गई। लगा, जैसे किसी ने पूरब से आती उषा की माँग पर एक टोकरी सिन्दूर छिड़क दिया हो! पूरब का मुँह लाल हो उठा। मैंने कहानी बन्द कर दी।

उलुआ-बुलुआ एक साथ मुझ पर टूट पड़े, 'बन्द क्यों कर दी कहानी? आगे बढ़ाओ, मजा आ रहा है।'

मैंने कहा, 'यार, अब दिन हो गया है। दिन में कहानी कहनेवाले की माँ अन्धी हो जाती है। मैं अपनी माँ को अन्धी नहीं बना सकता।'

वे दोनों बोले, 'और दिन में कहानी सुननेवालों के साथ क्या होता है?'

मैंने कहा, 'वे तो स्वयं अन्धे हो जाते हैं।'

'बाप रे, बन्द करो कहानी! हम अन्धा होना नहीं चाहते!'

मैंने कहानी बन्द की तो उलुआ बोला, 'सुनो कहानीकार दोस्त, अपनी आँखें बन्द करके एक से नौ तक की गिनती करो। नौ से आगे कोई अंक नहीं होता। जैसे ही नौ पूरा हो कि आँख खोल लेना। फिर अपने-अपने घर चल पड़ेंगे।'

मैंने आँखें बन्द करके गिनती शुरू की। नौ पर पहुँचते ही आँखें खुलीं कि उलुआ-बुलुआ गायब। अरे, वे दोनों इतनी फुर्ती से कहाँ भाग गए? मैंने आँखें फाड़कर देखना शुरू किया—वाह, बुलुआ कितनी दूर आगे चला गया! यह क्या? एक बुलुआ दस, बीस, हजारों-हजार बुलुआ बनकर गाँव की ओर भाग रहा है! मैं इस जादू के खेल से डर गया। तभी कान में आवाज आई, 'क्यों डर रहा है, बुलुआ को पहचाना नहीं? वह समाज है। समाज से ही मिलने जा रहा है। बुलुआ तुम्हारा मित्र है। गाँव जाकर देखो, वहाँ तुमसे गले मिलकर बात करेगा।'

मैं और डर गया। मैंने डरते-डरते ही पूछा, 'तुम कौन हो? अगर तुम जानते हो तो बता दो न कि मेरा यार उलुआ कहाँ छिपा है?'

वह हँसने लगा—जोर से, और जोर से, खूब जोर से। फिर बोला, 'यार, मैं उलुआ ही तो बोल रहा हूँ। मैं तुम्हारे जन्म से पहले ही तुमसे यारी करने आ गया था—माँ के पेट में ही। अभी भी मैं तुम्हारे साथ हूँ—भीतर भी, बाहर भी। भीतर से मैं तुम्हें खा रहा हूँ, और बाहर से तुम मुझे खा रहे हो—मछली-रोटी के साथ। मैं तुम्हारा दोस्त अन्तिम साँस तक बना रहूँगा। न डरो, न चिन्ता करो। निश्चिन्त भाव से जैसा जीवन है, वैसा जीते रहने की कोशिश करो।

'मैं समय हूँ। मुझे लोग काल भी कहते हैं। मेरा न जन्म होता है, न कभी मरता हूँ। सजीव-निर्जीव, राजा-प्रजा, तृण, पर्वत—सबको खाता हूँ, पर कभी मेरा पेट भरता ही नहीं। तुमने अपनी माँ को अन्धी होने से बचा लिया, मगर मुझसे नहीं बचा पाओगे।

'सम्पूर्ण सृष्टि मेरी ही रचना है, और मैं ही इसका अन्त भी करता हूँ। प्रकृति और पुरुष मेरे ही रूप हैं, लेकिन मुझसे पृथक् भी हैं। नाना प्रकार के कर्मों का मूल अदृष्ट भी मैं ही हूँ। मैं ही सृष्टि का शासक हूँ। मेरे ही भय से सूर्य तपता है, हवा चलती है, तुम्हें और अन्य प्राणियों को बढ़ने और श्वास-प्रश्वास लेने के लिए यह आकाश अवकाश (जगह) देता है। मेरे भय से ही वनस्पतियाँ और लताएँ अपने समय पर फूल-फल देने के लिए विवश हैं, औषधियाँ उचित उपचार हेतु रस पकाने के लिए तैयार रहती हैं, नदियाँ बहकर समुद्र तक जाती हैं। जागतिक पदार्थों के नानाविध वैचित्र्य का हेतु मैं ही हूँ। मेरे ही शासन में सत्त्वादि गुणों के नियामक विष्णु आदि देवता जगत-रचनादि कार्यों में युगक्रम से तत्पर रहते हैं। मैं अविनाशीकाल स्वयं अनादि होकर भी दूसरों का आदि-कर्ता हूँ, स्वयं अनन्त होकर दूसरों का अन्त करनेवाला हूँ। मेरी ही संहारक-शक्ति यमराज तक का अन्त कर देती है। मैं ही राम को सरयू में डूबकर मरने के लिए विवश करता हूँ, और कृष्ण को ब्याधे के बाण बहाने इस संसार से विदा करवाता हूँ। मैं ही (अ+ऊ+म्) ओऽम हूँ। 'अ' से सृष्टि का समतल, यानी रैखिक विस्तार करता हूँ, 'ऊ'

से ऊपर उठाता हूँ, उन्नत करता हूँ। और यह विकास जब अति को पार करने लगता है, तो 'म' से 'अ' और 'ऊ' को सम्पुट कर देता हूँ, यानी सृष्टि को विनष्ट कर देता हूँ। तुम खुद 'ओऽम' बोलकर देखो न, 'अ' बोलते ही तुम्हारे ओठ क्षैतिज प्रसार में फैलते हैं, 'ऊ' कहते ही ओठ ऊपर की ओर उठने लगते हैं, 'म' उच्चारण से दोनों सटकर 'ओऽम' बना देते हैं। 'ओऽम' में ही सम्पूर्ण सृष्टि खुलती और बन्द होती है।...अगली रात तुम्हारी अधूरी कहानी सुनने फिर आ जाऊँगा। डरना मत, मैं तुम्हारा अजीज दोस्त हूँ।'

मैंने पूछा, 'दोस्त, तुम समय हो, बुलुआ समाज है, तो मैं कौन हूँ? बता दो न!'

वह बोला, 'जब तुम चेत में आओगे, तो खुद दुनिया को बताने लगोगे कि तुम कौन हो। यह उचित समय आने पर तुम्हें खुद ज्ञात हो जाएगा। अच्छा, मैं मौन साधता हूँ, और तुम घर के लिए प्रस्थान करो।'

उलुआ चुप हो गया और मैं अकेला घर जा रहा हूँ। घर जा रहा हूँ नौ की गिनती करते। यह नौ ठहर गया है मेरे दिल-दिमाग में। गजब है यह नौ। इसका पहाड़ा पढ़ो तो नौ से न बढ़ता है, न घटता है। नौ दुनी अठारह, एक पर आठ। एक और आठ मिलाकर नौ। नौ तिया सत्ताइस, दो पर सात। दो और सात नौ। आगे बढ़ते जाओ, यह पहाड़ा नौ का नौ ही रह जाता है। तो क्या सारी दुनिया नौ पर ही ठहरी है? नहीं, नहीं, यह समय ही नौ पर ठहर गया है। यह घटता है, न बढ़ता है। न जन्म लेता है, न मरता है। सबको मारकर खुद कभी नहीं मरता। इसीलिए उलुआ ने नौ तक ही गिनने को कहा था। पर मरनेवाले इसको आगे-पीछे करना चाहते हैं—ईसा पूर्व, ईसा बाद, भूत, वर्तमान, भविष्य। सब कुछ झूठा। समय एक है, एक ही रहेगा। पर मैं विदा हो जाऊँगा। इसीलिए अपने समय, समाज और खुद की करतूत पुस्तक रूप में ढालने के लिए मैं मजबूर हो उठा।

प्रिय पाठक! अब पुस्तक आपके हाथ में है, और मैं आपके साथ। इस पुस्तक को पढ़ने-परखने की कसौटी भी आपके ही पास है। मैं तो तीन वर्षों के अपने अथक प्रयास को आपके आगे परोस चुका हूँ। मैं नहीं जानता कि मेरा प्रयास किस विधा की थाल में गिरा है—आत्मकथा, आत्मकथात्मक उपन्यास, किस्सा, ललित निबन्ध, चम्पू, गप-शप या क्या? पर यह आत्मकथन मुझे प्रिय है, क्यों? क्योंकि :

निज कवित्त केहि लाग न नीका,
सरस होंहि, अथवा अति फीका।

मैं तो इतने से ही धन्य हो जाऊँगा कि आपने प्रियता-अप्रियता से ऊपर उठकर इसे पढ़ लिया।

किसी अन्य को धन्यवाद देने योग्य तो मैं हूँ नहीं। राजकमल तो हमेशा अपनी पुष्करिणी में कमल ही खिलाते रहे हैं, पर खारे सागर में भी कमल खिला देने का यह प्रयास निरुपम है। यह निरुपम प्रयास किसी निरुपम खोजी से ही सम्भव हुआ होगा। अतएव वह शिल्पी धन्यवाद का नहीं, साहित्य को सम्पन्न बनाने की नई-नई सम्भावनाओं का गवाक्ष खोलने के लिए प्रशंसा का ही पात्र हो सकता है।

अक्टूबर, 2017

—रामसागर प्रसाद सिंह

पुनश्च :

मैंने अपने भर प्रयास किया है कि समाज के उपेक्षित व्यक्तियों और साहित्य में उपेक्षित बलबत्तर शब्दों को महत्त्वहीन होने से बचाया जाए। हिन्दी भाषा में बहुत सारे क्षेत्रीय शब्द ऐसे हैं जिनमें लक्षणा और व्यंजना जैसी शब्द-शक्तियाँ अनायास ही लपट-झपट गई हैं। उनमें इतना दमखम है कि वे साहित्य के तथाकथित शिष्ट शब्दों, मुहावरों और कहावतों को पीछे छोड़ देते हैं। परन्तु हम उन्हें गँवई कहकर या समझकर प्रयोग में लाने से झिझक रहे हैं। उन्हें इस तरह मुँहतक्कू बना देने पर तो कालान्तर में वे निर्वासित ही हो जाएँगे। उन भूले-बिसरे शब्दों, मुहावरों और कहावतों को उचित सम्मान देकर उन्हें जीवित रखना, उनमें निहित अर्थगर्भिता से साहित्य को और भी सम्पन्न बनाना, हमारा दायित्व बनता है। इस दिशा में भी यह पुस्तक एक प्रयास तो जरूर है, इस प्रयास को स्वीकारना या नकारना आपके हाथों। बस, इतना ही।

अनुक्रम

जन्म हेतु कर पितु अरु माता

'और ब्रह्म? ब्रह्म कौन हैं, कहाँ रहते हैं, क्या करते हैं? गुरुवर, आज ब्रह्म-सम्बन्धी ज्ञान से हमारा परिचय करा देने की कृपा करें।' महर्षि पिप्लाद से उनके शिष्यों ने विनम्र निवेदन किया।

पिप्लाद महर्षि दधीचि के पुत्र और महान तत्त्ववेत्ता थे। उन्होंने सरल और सुस्पष्ट भाषा में बताया कि अग्नि ही ब्रह्म है। यह अग्नि-ब्रह्म इस ब्रह्मांड के भीतर-बाहर सर्वत्र व्याप्त है। इस अग्नि का प्रादुर्भाव सूर्य से होता है। इस ब्रह्मांड में अनेक सूर्य हैं। सूर्य से प्रस्फुटित अग्नि से ही प्राण की रचना होती है। यह अग्नि ब्रह्मांड के भीतर अदृश्य रूप से प्राण की रचना करती है। पिंड में उपस्थित अग्नि ही प्राण है; और ब्रह्मांड में उपस्थित अग्नि प्राण की रक्षा में सहायक और संहारक बनती है। पिंड के भीतर यह प्राण, अपान, यान, समान और उदान—पाँच भागों में बँटकर अलग-अलग दायित्व का निर्वाह करती है। मानव शरीर में मौजूद पाँच कर्मेन्द्रियाँ और पाँच ज्ञानेन्द्रियाँ तथा मन, बुद्धि और अहंकार, इसी अग्नि, यानी प्राण-शक्ति से संचालित होते हैं। इस प्राण (अग्नि) के निकलते ही सारी इन्द्रियाँ निष्क्रिय हो जाती हैं। ब्रह्मांड से अग्नि का लोप हो जाने पर सृष्टि अन्धकार में लुप्त हो जाती है, जिसे महाप्रलय कहते हैं। शरीर से प्राण निकलकर उर्ध्व गमन करता है और सीधे सूर्यलोक में प्रवेश कर जाता है। सारी अग्नि उर्ध्वगामिनी ही होती है। दीपक की लौ, आरती की शिखा, आग लगने की लपट, यज्ञ की ज्वाला—सब उपरोक्त राह पकड़ती हैं। पिंड और ब्रह्मांड की अग्नि ही सम्मिलित होकर महाप्रलय के बाद पुनः सृष्टि की रचना करती है। इसलिए यह तथ्य समझ लेना चाहिए कि अग्नि ही प्राण है, और प्राण ही ब्रह्म है। हमें इसी प्राण की उपासना ब्रह्मरूप में करनी चाहिए। *(प्रश्नोपनिषद)*

अगर यही सत्य है तो इस ब्रह्म ने मेरे बालपन में ही अपने रूप और काम से मुझे परिचित करा दिया। तब मेरी उम्र डेढ़ या पौने दो साल की रही होगी। लेकिन इस प्राण-ब्रह्म के रूप में कर्म अभी भी मेरे मन-मस्तिष्क में झिलमिला रहे हैं।

घटना 1940 की है। मेरी माँ, पिता, बड़े भाई, बहन, चाचा-चाची—सब-के-सब हाँफते-काँपते घर का सामान ढो-ढोकर कैथा डोभा में फेंक रहे थे। माँ ने मुझे भी इसी डोभे में बैठा दिया था, और मुझे छोड़कर घर का सामान बाहर लाने में व्यस्त हो गई। लोग छाती पीट-पीटकर रो भी रहे थे, और अपना-अपना सामान घर से निकालकर डोभे में फेंक रहे थे। असल में गाँव में आग लग गई थी। बैसाख का महीना था और पछिया हवा आग को हौंक रही थी। इस पछिया के बल पर आग उमता गई। उसका वेग इतना त्वरित हो गया कि क्षण-पलक में आग एक घर से दूसरे, दूसरे से तीसरे, चौथे घर को स्वाहा

करने लगी। साहसी लोग आग शान्त करने के लिए उस पर पानी फेंक रहे थे, पर पर्याप्त पानी भी कहाँ से लाएँ? ताल-तलैया, डोभ-डहार तो सूख चुके थे। कुएँ से कितना पानी खींचा जा सकता है! पानी खींचने में ही एक आदमी कुएँ में गिर गया। आज यह आग समूचे गाँव की आहुति लेकर ही शान्त होगी। इसकी लपट इतनी भयावनी कि डोल से पानी फेंकनेवाला भी भड़कने लगा।

इधर माँ कैथा डोभा में मुझे बैठाकर जो गई तो उसे मुझको झाँकने की भी फुर्सत नहीं। मेरा कंठ प्यास से सूख रहा था और मेरे आसपास पेटी, बक्सा, बिछावन, अन्न का बोरा, बकरी आदि का अम्बार। मैं पानी पीने के लिए जोर-जोर से रोने लगा। अब पानी के बिना मेरी जान ही निकल जाएगी। अचानक इस डोभे के बीच में मुझे थोड़ा पानी दिखाई पड़ा। मैं डगमगाते हुए पानी की ओर चल पड़ा। गिरते-उठते मैं उस पानी तक तो पहुँच गया, पर किनारे में पैर रखते ही, पैर कीचड़ में धँसने लगा। पानी अभी मुश्किल से हाथ भर दूर रहा होगा, पर मैं तो कीचड़ में गिर पड़ा। अभी मैं इसमें ही धँसकर प्राण गँवा देता कि मेरी माँ माथे पर सामान लिये ही मेरी ओर दौड़ी। उसने सामान फेंककर मेरे दोनों हाथ पकड़ लिये। फिर जोर से मुझे खींचा और अपने आँचल से मेरी देह का कीचड़ पोंछने लगी। मैं जोर-जोर से रो रहा था और 'पानी-पानी' की रट भी लगा रहा था। माँ बेचारी अभी पानी कहाँ से लाती? इस डोभे का पानी तो कदुआया था, यह पानी मुझे पिला नहीं सकती, उसने मुझे अपनी छाती से लगा लिया। और माँ का दूध पीकर ही मैंने प्यास को बहलाया।

गाँव तो इस आग की चपेट में स्वाहा हो ही गया। दो-तीन हजार घरों में मुश्किल से दस-बारह घर ही जलने से बच सके। और क्षति? क्षति का हिसाब कौन करे? बड़े होने पर मुझे मालूम हुआ कि इस तरह की आग गाँव में इससे पहले कभी नहीं लगी थी। गाँववाले इसे बड़की 'आगलगी' के नाम से जानते-पुकारते हैं। इस आगलगी, या 1934 ई. के भूकम्प को प्रस्थान-बिन्दु मानकर बड़े-बुजुर्ग अपनी उम्र की गणना करते हैं। आर्थिक नुकसान जो हुआ, उसने तो गाँव में गरीबी का कहर ही ढा दिया। गरीबी तो उद्यम और पुरुषार्थ के बल पर भगाई भी जाती है, पर जान? जिसकी जान गई, वह तो नहीं लौट सकता! पच्चीसों बकरियाँ जल मरीं, अनगिनत गाय, बैल, बछड़े खूँटे में बँधे ही अग्नि-ब्रह्म का ग्रास बन गए। सातो सिंह की माँ घर की मिट्टी वाली दीवार में ही सटी रह गई। वह सामान निकालने घर में घुसी ही कि आग ने दरवाजे की ओर से उसे घेर लिया। गोढ़ियारी टोले में एक माँ अपने दुधमुँहे बच्चे को गोद में लिये ही स्वाहा हो गई। तेलियाटोली की खखरी, बकरी खोलने गुहाल में घुसी और बकरी सहित जीभ बाए झोंपड़ी के मुँह पर अधजली मिली। चुरना चमार अपनी पत्नी को निकालने घर गया, और दोनों प्राणी एक साथ ही सूर्यलोक पहुँच गए। इस अपूरणीय क्षति की पूर्ति कौन कर सकता है?

इस कहर के बाद एक गाज और गिरा। मंझौल के फिंच साहब का गुमाश्ता अगले दिन गाँव में घुस आया और पता लगाने में भिड़ गया कि आग किसके घर से उठी थी। जिसके घर से आग उठी, उसे फिंच साहब अपराधी मानते हैं। उसे पकड़कर कोठी पर ले जाना है, कठोर सजा दी जाएगी। एक बदमिजाज के कारण समूचा गाँव स्वाहा हो गया।

उसका नाम बताओ, उसे पकड़कर लाओ, नहीं तो पूरे गाँव पर सामूहिक जुर्माना लगेगा। वाह री अँगरेज सरकार! खाए भीम, और हगे शकुनी?

मेरा इस धराधाम पर आगमन अक्टूबर, 1938 ई. के दुर्गा-पूजा द्वार पर हुआ था। उस दिन माँ दुर्गा की सप्तमी पूजा थी : 'सप्तमी कालरात्रि:महागौरीतिचाष्टमी।' मेरी माँ से मुझे ज्ञात हुआ था कि महारानी दुर्गा की कालरात्रि पूजा (सप्तमी) के दिन ही मेरा जन्म हुआ है। पता नहीं, माता के कालरात्रि-स्वरूप का मेरे जीवन में क्या-क्या प्रभाव पड़ा, और आगे क्या होनेवाला है, लेकिन मुझे इतना विश्वास तो अवश्य रहा है कि दुर्गा-पूजा के सातवें दिन जन्म लेना अपने-आपमें बलकारक और शुभ होगा।

मैं अपने पिता प्यारे सिंह के छह पुत्रों में तीसरे नम्बर पर रहा हूँ। दो भाई—मथुरा सिंह और लक्ष्मी सिंह—मुझसे बड़े थे। मुझसे छोटे तीन भाई हैं—रामशरण सिंह, रामदेव सिंह और कुमार गंगानन्द सिंह। मेरे पिताजी पाँच भाई थे—जागो (जागेश्वर) सिंह, प्रदीप सिंह, सिथालाल सिंह, बाजो सिंह और प्यारे सिंह। इनमें मेरे पिता प्यारे सिंह सबसे छोटे। मैंने अपने बाबा (दादाजी) को नहीं देखा, क्योंकि वे मेरे जन्म से बहुत पहले ही साकेतवासी हो चुके थे। जानकारी के अनुसार मेरे बाबा के बाबा बुनियाद सिंह और पिता जेहल सिंह थे। बाबा के सबसे बड़े पुत्र जागो सिंह को एक ही बेटा—रामेश्वर सिंह। रामेश्वर सिंह की ऊर्जा से पाँच पुत्र हुए—हरिनारायण सिंह, भोला सिंह, वाल्मीकि सिंह, रामाशीष सिंह और रामप्रवेश सिंह। मेरे दूसरे चाचा प्रदीप सिंह के तीन पुत्र—सेखो सिंह, शिवनारायण सिंह और बिहारी सिंह। सेखो सिंह से पाँच पुत्रों का जन्म हुआ—लखनदेव सिंह, रामचन्दर सिंह, गणेश सिंह, रामउदय सिंह और सुरेश सिंह। शिवनारायण सिंह चार पुत्रों के पिता बने—कुशेश्वर सिंह, रामचरित्र सिंह, रामबदन सिंह और रामनरेश सिंह। बिहारी सिंह के भी चार पुत्र—रामकरण सिंह, रामाश्रय सिंह, रामानन्द सिंह और रामबुची, उर्फ लंगड़ा। तीसरे चाचा सियालाल सिंह—एक पुत्र और एक पुत्री के पिता बनकर जवानी में ही मौत को गला लगा गए। पुत्र का नाम रामबुझावन सिंह था। उनसे चार पुत्र हुए—शम्भू सिंह, रामबालक सिंह, फुलेना सिंह और चन्द्रधारी सिंह। चौथे नम्बर के चाचा बाजो सिंह, जिनकी एक आँख खराब थी; और दूसरी आँख की भी रोशनी सोलह आने सही नहीं। उनसे दो पुत्र हुए—शिवजी सिंह और रामनन्दन सिंह।

मेरे पिता सबसे छोटे होने के कारण अपने सबसे बड़े भतीजे रामेश्वर सिंह के लगभग हमउम्री थे। पिताजी अपने भाइयों से बँटवारा के समय मुश्किल से सोलह-सत्रह वर्ष के थे, पर शादी हो चुकी थी। सुनते हैं कि उनकी पहली शादी दस-ग्यारह वर्ष की ही उम्र में हुई थी। चूँकि बाजो चाचा आँख से विकलांग थे, इसलिए लड़की वालों ने शर्त रख दी कि इनकी शादी करने तभी ले जाऊँगा, जब छोटे लड़के प्यारे सिंह को भी मेरी छोटी लड़की के लिए देंगे। बाबा तैयार हो गए, इसलिए पिताजी की शादी बाजो चाचा के साथ ही सबसे छोटी लड़की के साथ हो गई, जिसकी उम्र सात साल बताई गई थी। वह लड़की बहुत छोटी होने के कारण शादी के बाद पिताजी के साथ नहीं आई, और उसकी मृत्यु अगले ही साल वहीं

छितरौरे गाँव में हो गई। बाद में पिताजी की दूसरी शादी पन्द्रह वर्ष की उम्र में रामदीरी गाँव में हुई जो मेरी माँ बनी। उनसे हम छह भाई और दो बहनें इस धरती का सुख-दुख लूटने आए।

पिताजी के भाइयों में बँटवारा जिन दिनों हुआ, वे दुनियादारी से अच्छी तरह परिचित नहीं थे। इसलिए वे अपने अन्य भाइयों की तुलना में आर्थिक दृष्टि से कमजोर होते गए। उनके बड़े दो भाइयों के पुत्र जवान हो चले थे। अतः उनके परिवार में कमाऊ सदस्यों की संख्या बढ़ चुकी थी। उन दिनों देश गुलाम था, और जीविका का एकमात्र साधन खेती। खेती भी ऐसी कि कभी बाढ़, कभी सुखार की चपेट से हलकान। फिर भी जिसके घर में मेहनत करनेवाले युवकों की संख्या अधिक, वह खेती और पशु-पालन से अधिक कमाई कर लेता था। पिताजी बेचारे अकेले थे, इसलिए वे पीछे पड़ते गए। उनकी आर्थिक स्थिति हम भाई-बहनों की संख्या बढ़ने पर और भी खराब होती गई और लगभग हमारा परिवार विपन्नता की स्थिति में आ गया।

पर पिताजी में साहस और स्वाभिमान गजब का था। वे थोड़ा पढ़ना-लिखना भी जानते थे, इसीलिए तो बाजो सिंह की शादी इनके मिलने पर ही की गई थी। पिताजी का मौखिक हिसाब इतना ठोस कि टोला-पड़ोस और गाँव-घर के लोग उनसे हिसाब करवाने आते। सबसे बढ़कर रामचरितमानस में उनकी पैठ काफी अच्छी थी, और रुचि तो मानस की पंक्तियों में इतनी अधिक कि वे पंक्ति गाते-गाते नाचने भी लगते। बिना रामचरितमानस का पाठ किए मैंने उन्हें कभी भोजन करते नहीं देखा। गरीबी में जीकर भी उनका स्वाभिमान और उत्साह कभी आहत नहीं हो सका। जिन विपन्नता और विरोधी परिस्थितियों में सामान्यतः लोग टूटने लगते हैं, उनमें भी उन्हें ताल ठोंकते और ठहाका लगाते हम भाई-बहनों ने देखा। निराशा के घनघोर अन्धकार में ऐसे आशावादी इन्सान कम दिखाई पड़ते हैं। विपत्ति आने पर वे लयात्मक स्वर में रामचरितमानस की पंक्ति ठोकने लगते : 'धीरज, धरम, मित्र अरु नारी; आपत काल परेखिए चारी।'

तब अति रहेउ अचेत

चार-साढ़े चार साल की उम्र की कई झाँकियाँ मुझे बखूबी याद हैं। हम छोटे-छोटे बच्चे उन दिनों प्रायः नंगे ही खेलते-कूदते थे। उन दिनों बच्चों को फटे-पुराने कपड़े की लंगोटी पहनाई जाती थी जिसे लोग 'भगवा' कहते। हम जब भी बाहर खेलने के लिए घर से बाहर निकलने लगते, माँ सावधान करती हुई कहती, 'अगर लाल मुरेठा वाले गोरे दिखाई पड़े तो आँगन भाग आना। पकड़ लेगा तो झोली में बन्द करके गोरे साहब के पास पहुँचा देगा।'

गोरे साहब मंझौल कोठी में रहते हैं। उन्हें लोग 'फिंच साहब, फिंच साहब' कहते हैं।

हम बच्चे भी लाल मुरेठा वाले गोरे चेहरे को देखकर 'एहले-बेहले' आँगन भाग जाते। क्या मजाल इस गोरे साहब की कि वे मुझे माँ के सामने पकड़ लें! माँ तो सभी देवों और राक्षसों से अधिक बलवती होती है। हमारे इस विश्वास पर कभी आँच भी नहीं आई। हाँ, एक बार राँगा सिंह ने हम तीन-चार बच्चों को कान पकड़कर उठक-बैठक जरूर करवाया था।

राँगा सिंह गाँव की एक कचहरी का छोटा-मोटा कर्मचारी था, पर उसका रौब किसी बड़े साहब से कम नहीं। वह कचहरी के तहसीलदार साहब का बड़ा ही विश्वासी गुमाश्ता था और उसे देखकर सभी किसान डर के मारे पादने लगते।

मेरे पिताजी बड़े निर्भीक और जोरावर व्यक्ति माने जाते थे। उन्हें डर लगा रहता था कि राँगा सिंह कहीं मालगुजारी पहुँचाने को न कह दे। अगर ऐसा हुआ तो बेचारे मालगुजारी कैसे चुका पाएँगे? लेकिन पिताजी थे बड़े ही प्रत्युत्पन्नमति। उन्हें राँगा सिंह की कमजोर नस का अच्छी तरह पता था। जैसे ही राँगा सिंह बोलता, 'प्यारे, क्या हाल है?' तो पिताजी झट कह बैठते, 'मालिक, एक दम हो जाए न!'

राँगा सिंह गाँजा पीने का शौकीन था, और पिताजी सुबह-शाम गाँजा में एक दम लगा लेते थे। पिताजी का यह प्रस्ताव सुनते ही राँगा सिंह मोम की तरह बिलकुल मुलायम पड़ जाता, और तुरत बोलता, 'हो जाए।'

पिताजी और राँगा सिंह बाबा के बनाए मिट्टी वाले टूटे-फूटे दालान में बैठ जाते और चिलम में दम मारकर ही दोनों अलग होते।

राँगा सिंह के चले जाने पर पिताजी का मन बहुत हल्का हो जाता। मालगुजारी की रकम बढ़ती जा रही थी, पर राँगा सिंह पिताजी को इसके लिए कभी टोकता भी नहीं।

गाँव के तमाम किसान राँगा को देखते ही पादने लगते। उसका रौब भी गजब का था। वह था तो राजपूत, पर रंग गोरे साहब वाला। कद-काठी छह फीट से भी अधिक। बाँहें लम्बी-लम्बी, और आँखें सुर्ख लाल। मूँछ बड़ी-बड़ी और घनी। वह दोनों तरफ की मूँछ ऐंठकर ऊपर की ओर चढ़ाए रहता। छाती चौड़ी, और सीना उभरा हुआ। नीचे हाफ पैंट पहनकर घूमता था और ऊपर आधी बाँह का कुर्ता। हाफ पैंट पहनने के कारण ठेहुना से ऊपर तक उसकी मांसल और गोरी टाँग चकचक चमकती। बाँह कुश्तीबाज की तरह, जिसमें जवानी ऐंठती और हाथ में पीतल मढ़ा करीब ढाई फीट का चिकना-चुपड़ा सोंटा, सिर पर लाल मुरेठा। यह था राँगा सिंह का शारीरिक नक्शा। पिताजी कहते थे कि कचहरी में रोज आधा मन दूध पहुँचाया जाता है। साहब लोग तो कम-सम ही पीते हैं, पर राँगा सिंह तीन-चार सेर दूध अकेले ही गटक जाता है। दूध का माँठ वह रोज अपनी लाठी में रगड़ता है। इसीलिए उसकी लाठी में चमक और चिकनापन बना रहता है। उस रौबदार चेहरे को देखकर किसान लोग भयभीत हो जाते, ऊपर से गोरे साहब की तानाशाही।

लेकिन गाँव की एक औरत कलही, राँगा सिंह से बिलकुल नहीं डरती थी। उसके सामने राँगा सिंह स्वयं साग-पात हो जाता। वह कचहरी के किचन में मांस-मछली बनाने के लिए सन्ध्या समय नियम से पहुँच जाती। गाँव के गोढ़ियारी टोले के लिए यह स्थायी आदेश था कि पूरे स्टाफ के लिए चार-पाँच सेर मछली रोज पहुँचाना चाहिए। उन दिनों काबर भुसारी परगना में मछली का खजाना था। काबर झील की मछली और कमल के फूल जिला भर में मशहूर थे। गोढ़ी समुदाय की आमदनी का सबसे बड़ा स्रोत उन दिनों काबर ही था।

मछली बनाने में कलही से बड़ा कलाकार कोई नहीं। कलही देखने में काली-कलूटी थी, पर शरीर का नक्शा बिलकुल तना हुआ। खास कर उसकी छाती तनिक भी झुकने के लिए तैयार नहीं। कोई चाहे तो उसके पयोधर के अग्र भाग पर अपनी कमीज टाँग सकता

है, इतना उठा हुआ और उतावला। राँगा सिंह उसके साथ रंगरेलियाँ करने में परक चुका था। बदले में उसे तरह-तरह के उपहार देकर निम्न वर्ग की अन्य औरतों से अधिक चमकाए रखता। 'मियाँ-बीवी राजी, तो क्या करे काजी' कहावत गाँव की आँखों के आगे चरितार्थ हो रही थी।

खैर, हम बच्चों को राँगा सिंह ने कान पकड़कर उठक-बैठक क्यों करवाया? असल में हम चार-पाँच बच्चे अपने बाबा वाले दालान के आगे खेल-कूद रहे थे और अपनी मस्ती में उन दिनों का एक प्रचलित गीत गा रहे थे। हम न तो उस गीत का कोई अर्थ समझते थे और न उसके निषेध का कारण हमें ज्ञात था। पर हम उछल-कूदकर, एक-दूसरे का हाथ पकड़े, गोल-गोल घूमकर वही गीत जोर-जोर से गा जरूर रहे थे। गीत का बोल था :

ऊपर उड़नी जहाज, नीचे बमों की आवाज,
बुढ़वा मारल जैते जर्मन की लड़इया में।

हमने न उड़नी जहाज देखे थे, न बम। हमें न 'जर्मन' शब्द का अर्थ ज्ञात था, न 'बुढ़वा' किसे कहते हैं, यही मालूम। लेकिन गीत पूरे जोश से गा रहे थे। उसी समय राँगा सिंह हमारे टोले से गुजरा। उसके कानों में गीत की ध्वनि पहुँची और वह अपना सोंटा लिये हमारी ओर दौड़ पड़ा। हमारे चूतर पर एक-एक सोंटा दिया और गाली बकने लगा, 'साला, हरामजादा, बहनचो...क्यों यह गाता है? कहाँ से सीखा?'

हम लोग तो डर के मारे कपड़े में ही मूतने लगे। मुँह से एक शब्द भी नहीं निकल सका, देह डर से काँप रही थी।

राँगा सिंह गरजा, 'फिर कभी यह गाएगा?'

'नहीं बाबू, नहीं।'

'कान पकड़!'

हमने कान पकड़े।

'दस बार उठक-बैठक मार।'

हमने वैसा ही किया।

फिर राँगा सिंह यह बोलता चल पड़ा कि 'अब कभी सुना तो...में लाठी कोंचकर मुँह से निकाल लूँगा।'

राँगा सिंह तो चला गया, पर हमें अपना अपराध समझ में नहीं आया।

बड़े होकर पढ़ने-लिखने के बाद, जब द्वितीय विश्वयुद्ध का थोड़ा इतिहास जान पाया, तो एक बार फिर राँगा सिंह का वह चेहरा, उसके द्वारा हमें दी गई सजा और 'बुढ़वा मारल जैते जर्मन की लड़इया में' वाली घटना का अर्थ खुलने लगा।

ऐतिहासिक तथ्यों से कुछ-कुछ अलग लोक-मानस की चिन्ता होती है। मुझे लगता है कि अभी भी बिहार के तत्कालीन जनमानस की गांधीजी के लिए चिन्ता, और जर्मनी के खिलाफ अँगरेजों की लड़ाई में भारत का साथ देना तथा इस पर जन-मानस की प्रतिक्रिया का विश्लेषण बाकी है।

अपने अचेत बालपन की एक और घटना मेरे मन-मस्तिष्क में झिलमिला उठती है। वह घटना है मेरी सबसे बड़ी बहन और पिताजी की पहली सन्तान की चढ़ती जवानी में

ही मौत। मेरी माँ की कोख में पहली सन्तान बेटी के रूप में आई थी। पता नहीं, वह बेचारी कितने पुण्य अथवा कितने पाप का फल भोगने के लिए इस धरती पर उतर आई थी! मेरे पिता अत्यन्त भावुक व्यक्ति थे। अपनी पहली सन्तान बेटी रूप में पाकर अत्यन्त आह्लादित हुए। उसका नाम उन्होंने स्वयं चुना—कमल। देखने में वह चुकचुक गोरी थी। नाक-नक्श काफी खूबसूरत। न तो मेरे पिताजी गोरे थे, और न मेरी माँ ही, फिर भी मेरी बड़ी बहन और मेरे बड़े भाई खूब गोरे निकले, और आकृति काफी सुन्दर तथा लम्बी। मेरे नाना-नानी जरूर गोरे और लम्बे थे जिनका प्यार-दुलार भी मैंने पाया था। हो सकता है, उनका ही जीन मेरे बड़े भाई-बहन में ट्रांसमिट हो गया हो! बड़ी बहन की सुन्दरता, कोमल आकृति पिताजी को कमल फूल जैसा लगा हो, इसीलिए उन्होंने उसका नाम 'कमल' रख दिया। उन दिनों काबर झील में लाखों-लाख कमल के फूल खिलते और उस क्षेत्र के हर गाँव-घर में दस-पाँच फूल पड़े रहते थे। नाम तो उसका कमल था, पर लोग उसे स्त्रीलिंग बनाकर 'कमली' कहा करते थे। उस नाम के कारण ही मेरी माँ को लोग शुरू में 'कमली माय', और बाद में 'कमली' को 'कामो' में बदलकर 'कामो माय' कहने लगे। मरणोपरान्त भी माँ का पुकारू नाम 'कामो माय' ही बना रहा।

माँ, पिताजी और मेरे चाचा-चाचियाँ भी परिवार में आई इस कोमल, सुन्दर और मनमोहक कली को जी-जान से प्यार करते थे। जैसे-जैसे वह उम्र की डगर पर आगे सरकने लगी, वैसे-वैसे उसकी सुन्दरता में भी चार चाँद लगने लगे। धीरे-धीरे बालपन का आँगन लाँघकर वह किशोरावस्था की दहलीज पर पहुँच गई। उन दिनों बारह की उम्र पार करते ही माता-पिता बेटी का ब्याह करने के लिए चिन्तित हो जाते थे। पिताजी की आर्थिक हालत दयनीय थी, परन्तु मन बहुत ऊँचा : 'मति अतिनीच, ऊँच रुचि आछी, चहिए अमिय जग जुरे न छाँछी।'

वे चाहते थे कि इतनी सुन्दर और सुनाम्नी बेटी का ब्याह किसी सुखी-सम्पन्न परिवार के लड़के से हो। इसके लिए वे मन-ही-मन वर ढूँढ़ने पर विचार करने लगे। मेरी बहन अब उम्र की चौदहवीं सीढ़ी पर पैर रख चुकी थी। पिताजी और माँ भी उसे ब्याहने के लिए उतावले थे। बहन भी माता-पिता की मनोदशा पढ़ रही थी। इतनी कच्ची उम्र में ही उसने एकादशी व्रत करना शुरू कर दिया। प्रत्येक रविवार को नमक से दूर रहने लगी, और उस दिन निराहार रहकर रात में नमकविहीन भोजन करती। यों तों हम लोगों का परिवार परम्परित धार्मिक और नियम-निष्ठा वाला ही था, पर बड़ी बहन ने व्रत और उपवास में सबको पीछे छोड़ दिया। प्रत्येक पूर्णिमा के दिन वह शिव-मन्दिर जाकर माता पार्वती को सिन्दूर लगाती और अंडी तेल का दीया जलाकर उनकी पूजा-अर्चना करती। इस खूबसूरत किशोरी को इस तरह पूजा-पाठ और एकादशी-चतुर्दशी का व्रत पालते देखकर परिवार के लोग उसके मंगलमय भविष्य के प्रति आश्वस्त थे। चचेरी भाभियाँ तो मजाक भी करती थीं, 'कामो, अपने जैसा खूबसूरत छैला पाने के लिए ही इतना पूजा-पाठ करती हैं।'

अगली एकादशी के दिन जब माँ ने दीदी से कहा कि 'अब तो तुम्हारा ब्याह अच्छे घर-वर के साथ हो गया है, मनोकामना पूरी हो गई है, तो अब उपवास क्यों करती हो? इस उठती

जवानी में देह सुखाना ठीक नहीं। कामो बेटी, अब यह सहना (उपवा) बन्द करो।' माँ का मुँह देखकर दीदी रोने लगी। माँ तो स्तब्ध! आखिर अनेक बार पूछने पर दीदी ने बताया, 'माँ, मेरा भाग्य ही खोटा है। मैं जनम-जनम की पापिन हूँ। तुम्हारे दामाद को कोढ़िया रोग है। मैं खेत-पथार और माल-मवेशी लेकर क्या करूँगी? मेरा पति ही रोगी है। रोग भी ऐसा कि दस-पाँच बरसों में पूरे शरीर में फैल जाएगा। अभी तो सिर्फ पैर और छाती में ही है।'

यह सुनते ही माँ का सारा सुख जलती आग में सूखी लकड़ी डाल देने की तरह जल गया। यह बात जब पिताजी को मालूम हुई तो बेचारे अपने किए पर पछताने लगे। सूद के साथ जैसे किसी व्यापारी का मूलधन भी डूब जाए, उसी तरह वे दिन-रात चिन्ता में डूबते गए।

मेरी कमली दीदी इस चिन्ता में धीरे-धीरे मुर्झाने लगी, मानो कमल पर तुषारापात हो गया हो! अपने पति और अपने सुहाग को बचाने के लिए भगवान के अलावा उसका कोई अन्य सहायक नहीं हो सकता। वह पूर्णतः आस्तिक और भाग्यवादी थी। उसने और भी जोर-शोर से पूजा-पाठ, व्रत, उपवास शुरू कर दिया। वह प्रत्येक सोमवार को गाँव के पार्वती-मन्दिर में जाकर जल चढ़ा आती। शाम के समय दीप जलाकर माँ पार्वती को मनाती, 'जय-जय गिरिवर राज किशोरी, जय महेश मुख चन्द चकोरी।' उसे विश्वास था कि शिव-पार्वती की पूजा-अर्चना से उसके पति का रोग ठीक हो जाएगा। इस जप-तप और उपवास के कारण दीदी धीरे-धीरे दुबली होने लगी। उसका स्वास्थ्य गिरने लगा। पिताजी चिन्ता में डूबे रहते।

दीदी को पहसारा आए जब पाँच वर्ष पूरे हो गए तो उसे ससुराल वाले ले जाने के लिए जोर मारने लगे। आखिर विदा करना ही पड़ा। बेटी तो पराया धन होती है। ब्याही बेटी पर माँ-बाप का अधिकार कैसा? दीदी ससुराल चली गई।

लगभग महीना-भर बाद खबर आई कि दीदी बीमार है। उसे देखने के लिए पिताजी ने बड़े भाई साहब को बहलपुर भेजा। वे देखकर लौटे तो बताया कि उसे दोपहर के बाद रोज बुखार हो आता है। खाने-पीने की रुचि घट गई है। पिताजी तीन-चार दिनों के बाद दीदी को पहसारा मँगवा लाए। यहाँ उसे ठीक ढंग से खिलाया-पिलाया गया। कुछ चुटका-फुटका दवा देकर बुखार से निजात पा लिया।

बुखार छूटते ही अगले सोमवार के दिन सन्ध्या समय दीदी ग्यारह दीप लेकर पार्वती-मन्दिर गई। वहाँ सारी दीप जलाई और प्रार्थना गाने लगी। इसी बीच ग्यारह में से एक दीप बुझ गया। दीदी उदास मन से घर लौटी और माँ से दीप बुझने की बात बताई। माँ ने समझाया कि इस तरह पूजा-पाठ, और व्रत करने से तुम खुद नहीं बचोगी। यह सब भगवान पर छोड़कर अपने ऊपर ध्यान दो। लेकिन दीदी तो सोलह आने पतिव्रता पत्नी थी। वह अपने नियम से बाज नहीं आई।

कुछ दिनों बाद उसे फिर ससुराल वाले बहलपुर ले गए। इस बार वह वहाँ तीन महीने तक रही। पिताजी वहाँ का हाल-चाल लेते रहे। तीसरे महीने वे खुद बहलपुर चले गए। बेटी को देखा तो सन्न रह गए। उसका मुँह पीला पड़ चुका था, देह की हड्डी दिखाई पड़ने लगी थी। उन्होंने ससुरालवाले को जली-खोटी सुनाई। वे उसे विदा कर देने पर जोर देकर घर वापस आए। अन्न तो क्या, जल भी उस गाँव का ग्रहण नहीं किया। जिस गाँव में बेटी ब्याही जाती है, उस गाँव का अन्न-जल पिता ग्रहण नहीं करते हैं—ऐसी परम्परा थी। वे

देर रात घर पहुँचे और दूसरे ही दिन बड़े भाई साहब को बैलगाड़ी जोतकर बहन को ले आने भेज दिया।

दीदी फिर घर आ गई। लेकिन वह बुखार से पीड़ित थी। खुद बैलगाड़ी से नीचे भी नहीं उतर सकी। माँ ने उसे गोद में लेकर नीचे उतारा।

दूसरे दिन पिताजी उसे बैलगाड़ी में बैठाकर कमला बाबू डॉक्टर से दिखाने मंझौल ले गए। कमला बाबू ने रोगी को देखा और पिताजी को अलग ले जाकर बताया कि इसे टी.बी. हो गया है। मुश्किल से सप्ताह-दो सप्ताह बचेगी। पिताजी निराश मन से घर लौटे।

तीसरे दिन दीदी को माँ दूध-रोटी मुँह में डालकर खिला रही थी। खाने के बाद दीदी ने मद्धिम आवाज में माँ से कहा कि मुझे नई चूड़ी पहना दो माँ। माँ ने वैसा ही किया। चूड़ी पहनाकर बाल बाँधा और माथे में सिन्दूर की रेखा खींची। दीदी मुस्कुराई। मैं उन दिनों छह साल का था। अगले दिन खाटी पर दीदी बैठी थी। माँ उसकी पीठ सहला रही थी। इसी बीच दीदी का सिर बाईं ओर झुका और खाटी पर ही माँ की गोद में घुलट गई। कमली दीदी माँ की पहली सन्तान थी और माँ की ही गोद में उसने दम तोड़ दिया। घर-आँगन में शोर हुआ—'कमली मर गई, कमली मर गई!' और माँ दीदी की लाश गोद में लिये छाती पीट रही थी। उस समय मैं जमीन पर बैठकर यह सब देख रहा था। मृत्यु से पहला साक्षात्कार मुझे इसी तरह बालपन में ही हुआ था। यह घटना इतनी हृदय-विदारक थी कि मेरे मन-मस्तिष्क में अभी तक रेखांकित है।

कमल का फूल सूख गया, पिता का जीवन सुख-सरोवर के कीचड़ में अपने किए पर हाहाकार करने लगा, और धीरे-धीरे यह दरार दबाए पिता जीवन का जुआ ताजिन्दगी खींचते रहे; और अन्त में अपनी कमल बेटी को खोजने-पाने वे खुद 1968 ई. की 18 जनवरी, दिन रविवार को ऊपर चले गए। रविवार के दिन कमली दीदी नमक नहीं खाती थी। शायद उस दिन सूर्यलोक में बाप-बेटी का मिलन हो जाए!

गुरु गृह गए पढ़न रघुराई

आठ वर्ष की उम्र छूने से कुछ महीने पूर्व तक मैं गाय चराने के लिए डेरा जाता रहा। अपने बड़े भाई लछमी दादा के साथ मैं डेरा पर चला जाता और वे गाय खोलकर मेरे हाथ में एक छड़ी पकड़ा देते, खुद खुरपी लेकर घास छिलने निकल पड़ते। मुझे अपनी ही उम्र से कुछ बड़े पड़ोसियों के साथ गाय चराने में मन भी खूब लगता। दोपहर में पिताजी कलेवा लेकर आते और गाय बाँधकर मैं सूखी रोटी के साथ नमक मिला चिकना का चूर्ण, या कभी-कभी रोटी के साथ करही खाकर पानी पी लेता। भूखे पेट में वह भोजन अत्यन्त स्वादिष्ट प्रतीत होता। कभी अनुभव ही नहीं कर पाया कि यह खाना गरीबों के लिए बना है। आज वह स्वाद दुर्लभ हो गया है!

मेरे चचेरे भाई रामबुझावन दा का बड़ा बेटा शम्भू (यह लिखते समय शम्भू 73 वर्ष की उम्र में स्वर्गीय हो चुका है) मुझसे छह महीने बड़ा था। उसका ननिहाल दुनही गाँव है।

उसके मामू जागेश्वर सिंह थोड़ा पढ़ना-लिखना जानते थे और उन दिनों सम्मिलित परिवार में रहने के कारण वे शम्भू या मेरे पिताजी से अधिक सुखी थे, यानी उनकी खेती-बाड़ी की आमदनी हम लोगों से अधिक थी। फिर शम्भू उनकी बहन का प्रथम पुत्र-रत्न था; इसलिए वे उसे ननिहाल में रखने लगे। वस्तुतः शम्भू का शैशव मामू के यहाँ ही बीता। मामू जागेश्वर सिंह शम्भू को बहुत मानते थे। वह था भी गोरा, थुलथुला बालक, और दौड़ने-खेलने में अपनी उम्र के बच्चों से कुछ अधिक तेज। उसे जागेश्वर सिंह पढ़ाने लगे, और वह एक से दस तक का पहाड़ा पढ़ना-लिखना जान चुका था।

जागेश्वर सिंह के साथ शम्भू एक दिन दुनही से पहसारा आया। मैं तो उन दिनों गाय चराने में रम चुका था। धन्नू, बोतला, सोमन बा, हरे नारायण, और अन्य अनेक के साथ गाय चराने में मुझे खूब मजा आता। दिनभर अपनी उम्र के साथियों के साथ हुरही-झटहा, कबड्डी, दोल-पत्ता, गुल्ली डंडा आदि खेल खेलता और बीच-बीच में गाय को घुरा लाता। काम का काम और मनोरंजन का मनोरंजन! शाम में घर लौटता तो खाते-खाते ही आँखें बन्द होने लगतीं, और कहीं भी घुलट जाता। न साँप-बिच्छू का डर, न किसी बिछावन, तकिए की जरूरत।

जिस दिन शम्भू पहसारा आया, उसके दूसरे दिन मेरे पिताजी ने उससे पूछा, 'शोभा नूनू, पढ़ते भी हो?'

उसने छूटते ही जवाब दिया, 'हाँ, बाबा, दस तक का खोरहा मुँहजबानी है।'

पिताजी ने उसे सुनाने को कहा और वह इतनी तेजी से एक से दस तक का पहाड़ा सुना गया कि जैसे कोई कंठस्थ कविता बोल रहा हो! मुझे पहाड़ा सुनाने का वह तर्ज बड़ा ही मोहक, और आश्चर्यजनक भी लगा। काश, इसी तरह वह पहाड़ा मुझे भी बोलने आता!

मैंने अकेले में शम्भू से कहा, 'यार, मुझे भी इसी तरह वह पहाड़ा सिखा दो न!'

वह हँसकर बोला, 'अरे, मैं कैसे सिखा दूँ? मुझे तो मामू सिखाते हैं। अब वे मुझे स्लेट पर लिखकर पढ़ाते भी हैं। दुनही गाँव में कोई स्कूल नहीं है। इसलिए वे बोलते हैं कि अब पहसारा में रहकर ही अगले साल से स्कूल जाकर पढ़ना होगा। कुछ दिनों के बाद मामू मुझे यहीं ले आएँगे।'

मुझे लगा कि स्कूल में पढ़ने पर पहाड़ा सीखा जाता है। दो-तीन दिनों के बाद शम्भू दुनही चला गया और मेरे भीतर एक तरह की उदासी घिर आई। एक दिन मैंने पिताजी से कहा, 'बाबू, मुझे भी पहाड़ा सीखने का मन करता है। मुझे किसी गुरुजी से सिखवा दीजिए न।'

बाबू जोर से हँसते हुए बोले, 'बुरबक कहीं का! मैं खुद सारा पहाड़ा जानता हूँ। क्या कोई गुरुजी इतना पहाड़ा जानेगा! तुम मेरे आगे बैठो, और मैं तुम्हें एक से बीस तक का पहाड़ा महीने भर में कंठस्थ करा दूँगा, गुरुजी की क्या जरूरत है? वह तो अनाज या पैसा लेकर पढ़ाएगा, मैं तो तुम्हें ऐसे ही सारा पहाड़ा सिखा दूँगा—हल्दी लगे न फिटकरी, और रंग चोखा!'

मैं दो-चार दिन उनके आगे बैठा भी, मगर मुझे उनसे डर लगता था। उन दिनों गाँव में एक ही गुरुजी थे—मुक्खी पोद्दार। गाँव के सभी बच्चे वहीं पढ़ने जाते। मैंने दादा (मथुरा

सिंह) से कहा, 'दादा, शम्भू दुनही में अपने मामा के यहाँ पढ़ता है। मुझे भी स्कूल में पढ़ने का मन करता है। बाबू से कहकर मुझे भी मुक्खी गुरुजी के यहाँ पढ़ने भेज दीजिए न!'

दादा को मेरी बात पसन्द आई। उन्होंने बाबू से पूछकर मुझे मुक्खी गुरुजी की पाठशाला में भर्ती करवा दिया। अब मैं गुरुजी के यहाँ पढ़ने जाने लगा। मेरे जीवन का याददाश्त वाला अध्याय अब शुरू हुआ।

उन दिनों समूचे गाँव में एक ही गुरुजी की पाठशाला थी, मगर थी वह तत्कालीन शिक्षा-पद्धति का जीवन्त दस्तावेज। यद्यपि अँगरेज सरकार से आरजू-मन्नत करके गाँव के कुछ तत्कालीन कांग्रेसी कार्यकर्ताओं ने एक सरकारी मिडिल स्कूल की भी शुरुआत करवाई थी, पर अभी वह स्कूल अपना सही रूप नहीं ले पाया था। मंझौल गाँव में सरकारी मिडिल स्कूल नाम कमा रहा था और वहाँ के कांग्रेसी नेता स्वर्गीय रामबाबू के जोर से एक उच्च विद्यालय भी स्थापित हो चुका था। पहसारा में तो अभी मिडिल स्कूल ही जन्मा था और सरकार की ओर से उसे मंजूरी भी नहीं मिली थी, इसलिए हमारे गाँव का मुख्य शिक्षा-केन्द्र मुक्खी गुरुजी की पाठशाला ही था। गाँव के दो-चार धनी-मानी व्यक्ति अपने बच्चों को मंझौल मिडिल स्कूल में भी दाखिला करवाते थे।

मुक्खी गुरुजी हमारे गाँव का अविस्मरणीय चरित्र बन चुके हैं। उनका पढ़ाया हुआ शिष्य हिसाब जोड़ने में आधुनिक कम्प्यूटर से भी अधिक तेज होता था। उस मौलिक गुरु को मैं कभी नहीं भूल सकता।

मुक्खी गुरुजी जाति के बनिया थे। जिन दिनों मैं उनकी पाठशाला में भर्ती हुआ, उनकी उम्र पैंतालीस-छियालीस के आसपास रही होगी। उनका एक हाथ कुब्बी के ऊपर से नाकाम था। उसे वे कुब्बी के ऊपर से उठा नहीं पाते। कहते हैं, उस हाथ पर चावल का गर्म, खौला हुआ माँड़ गिर गया था। वह बायाँ हाथ था। कुब्बी से नीचे तलहत्थी तक का हिस्सा कुछ ऊपर उठता था। इसलिए वे चिलम दोनों हाथों से पकड़कर पी लेते।

गुरुजी का कद न ऊँचा, न छोटा। आँखें छोटी-छोटी, पर चमकदार। माथे का बाल हमेशा छोटे साइज में, ताकि बाल कभी कंघी या तेल की माँग न करे। उनके पैरों में काफी मजबूती रही होगी, क्योंकि वे ज्यादातर समय चुक्कू-मुक्कू ही बैठते। पाठशाला अपने घर पर, या अपनी जमीन पर नहीं थी। इसके लिए उन्हें जीवो सिंह, गोंगू सिंह की जमीन मिली थी।

जीवो सिंह गाँव का एक सम्पन्न और प्रतिष्ठित किसान थे। उनके दरवाजे की लम्बाई-चौड़ाई काफी बड़ी थी। दरवाजा भी ऊँचा और काफी भड़कदार। आगे में माल-जाल को खिलाने के लिए पक्की गोंड़ी बनी हुई। वहाँ नादी में एक जोड़ा जवान, उजला, समकश बैल सानी खाता रहता। उनके बैलों की सोहरत गाँव भर में चर्चा का विषय बन गई थी, मानो झूरी के दोनों बैल—हीरा-मोती आ गए हों!

जीवो सिंह स्वयं भी देखने में अपने बैलों के सही स्वामी प्रतीत होते। जैसे चकचक उनके बैल, वैसे ही चकचक और कसदार जीवो दा खुद। उन्होंने दोनों बैलों के गले में पीतल की छोटी-छोटी घंटिका बाँध दी थीं, जो चलने पर या सिर झटकाने पर रुन-झुन, रुन-झुन सुरीली आवाज करतीं। गाँव के जिस रास्ते पर यह रुन-झुन आवाज सुनाई पड़ती, लोग बोल

पड़ते—'जीवो सिंह की बैलगाड़ी आ या जा रही है।' उन्हीं बाबू जीवो सिंह के बड़े दरवाजे से पश्चिम, खाली जमीन पर, गुरुजी की पाठशाला के लिए एक पर्णकुटी छाई गई थी। यह पर्णकुटी बाँस के मजबूत खम्भों पर टिकी थी। उसकी लम्बाई-चौड़ाई इतनी बड़ी थी कि सौ से डेढ़ सौ लोग जमीन पर पालथी मारकर आसानी से बैठ सकते थे। आज की भाषा में उसे 'बड़ा हॉल' कह सकते हैं। बाँस के पीलर पर बाँस की ही पट्टी छाड़ दी गई, और उसके ऊपर से नया खढ़ गाढ़ा करके, मजबूत बन्धनों द्वारा बिछाया-बाँधा गया था। इसे छप्पर कहते हैं। जमीन से छप्पर तक खरही और करची को मिलाकर गाढ़ा टाट खड़ा किया गया। आगे सात-आठ हाथ मुँह छोड़ दिया था जिससे लोग भीतर-बाहर आ-जा सकें। जमीन पर गुरुजी के विद्यार्थी बैठते और लिखते थे। वह पाठशाला वस्तुत: जीवो सिंह की उदारता और शिक्षा के प्रति लगाव-झुकाव का तद्युगीन प्रमाण-पत्र थी। अँगरेज सरकार अभी तक उस गाँव में किसी सरकारी स्कूल का संचालन नहीं कर सकी थी, पर जीवो बाबू ने वह पाठशाला तैयार कर सरकार की आँख में उँगली गड़ाई। उस पाठशाला में बच्चों की संख्या देखकर यह भी अनुमान लगाया जा सकता है कि उस गुलाम समय में भी ग्रामवासियों में शिक्षित होने और शिक्षित बनाने में कितनी गहरी रुचि थो। उस अँधेरे समय में यह पाठशाला टिमटिमाते दीपक की तरह शिक्षा की रोशनी फैला रही थी।

जिस दिन दादा मुझे मुक्खी गुरुजी की पाठशाला लेकर गए, गुरुजी ने उनसे कहा, 'आज शुक्रवार है, इसे लेकर कल आइए। यहाँ नए बच्चों की खल्ली धराई बृहस्पतिवार, या शनिवार को होती है। विद्यारम्भ इन्हीं दो दिनों में करना चाहिए। बृहस्पति वार को गुरुवार भी कहते हैं, क्योंकि बृहस्पति देवताओं के गुरु और विद्या का मालिक माने जाते हैं। अगर वह दिन चूक गया तो शनिवार विद्यारम्भ का दूसरा शुभ दिन माना जाता है। उस दिन साक्षात् गणेशजी विद्या-दान करने के लिए बैठते हैं। आप कल शनिवार को इसे भेज दीजिए, अथवा इसे साथ लेकर खुद आ जाइए। हाँ, साथ में मुट्ठी-दो मुट्ठी अनाज लाना न भूलिएगा, शनिवार को मुठिया लिया जाता है।'

मैं दादा के साथ वैरन घर लौट आया। दूसरे दिन मैं फिर दादा के साथ लगभग पाव भर मकई का दाना लेकर गुरुजी के यहाँ पहुँचा। गुरुजी ने हुलसकर अपने पास बैठाया, और पूछा कि खल्ली लाए हो? मैं खल्ली लेकर तो स्कूल गया नहीं था, न दादा को ही मालूम था कि खल्ली के साथ बच्चे स्कूल जाते हैं। मैंने गुरुजी से डरते-डरते कहा, 'खल्ली नहीं है, साथ में सिर्फ मकई लाया हूँ।' उन्होंने अन्न को पाठशाला के एक कोने में रखवा दिया और बगल के एक लड़के से खल्ली का एक टुकड़ा लेकर मेरे दाहिने हाथ में पकड़ाया। फिर मेरे बाएँ हाथ की तलहत्थी को जमीन पर रखकर मेरी उँगलियों को फैला दिया। वे खुद मेरे दाएँ हाथ को पकड़कर बाएँ हाथ की फैली उँगलियों के बीच उस खल्ली को जमीन पर घुमाने लगे। पहले कनकुड़िया और अनामिका के बीच खल्ली घूमी, फिर अनामिका के सिरे से बाहर निकालते हुए अनामिका और मध्यमा के बीच, फिर मध्यमा के सिरे से बाहर निकालते हुए मध्यमा और तर्जनी के बीच घुमाया और तब मेरी हथेली सहित खल्ली को बाहर निकाल लिया। मैंने देखा कि ऐसा करने से जमीन पर एक आकृति निकल आई है। फिर गुरुजी ने मेरा वही हाथ, जिसमें खल्ली थी, पकड़कर उस आकृति

के बीच से एक पड़ी रेखा खिंचवाई और हाथ उठाकर उस पड़ी रेखा के छोर पर एक खड़ी रेखा खिंचवाई। अब गुरुजी ने मेरा हाथ छोड़ दिया। मेरे हाथ में खल्ली टिकी रही। गुरुजी ने मुझसे कहा, 'इसे गौर से देखो, यह 'अ' है।' मैंने देखा कि जमीन पर सचमुच एक सुन्दर आकृति उभर आई है। 'इसे ही 'अ' कहते हैं।' गुरुजी ने फिर कहा, 'इसी पर खल्ली बार-बार घुमाते रहो। दस-बीस बार के अभ्यास से तुम्हें खुद 'अ' लिखने आ जाएगा।' मैंने वैसा ही पच्चीसों बार किया और सचमुच एक ही दिन में मुझे 'अ' लिखना आ गया। दादा कब घर भाग गए, मुझे इसका तनिक भी एहसास नहीं हो पाया। लेकिन 'अ' लिखना पहले ही दिन आ गया, इस खुशी से मैं लबालब भर चुका था। शनिवार के दिन गुरुजी की पाठशाला में एक ही बेला पढ़ाई होती थी। छुट्टी मिल गई। उलटी बेला में स्कूल आना ही नहीं था। अगले दिन रविवार को तो जगजानित छुट्टी रहती है। अब सोमवार के दिन स्कूल आना है।

मैं घर पर गुरुजी की तरह हाथ फैलाकर जमीन पर 'अ' लिखना चाहता था, पर मेरे पास खल्ली तो थी नहीं, कैसे लिखूँ? बाबू से खल्ली खरीदने को कहूँगा तो वे फिर खोरहा (पहाडा) पढ़ाने लगेंगे। उनके विचार से जिसे खोरहा ठीक से आता है, वह हिसाब का मास्टर बन जाएगा। पढ़ने का मतलब पक्की हिसाब करना सीख लेना है। उन्हें खुद भी रामायण छोड़कर कोई किताब पढ़ने नहीं आता, थोड़ा-बहुत हनुमान चालीसा पढ़ लेते थे। वह खल्ली कहाँ से आए? ताम्बे वाले एक पैसे में एक डिब्बा खल्ली मिल जाती है। लेकिन यह एक पैसा आवे कहाँ से? मुझे जमीन पर हाथ फैलाकर 'अ' लिखने की लालसा परेशान कर रही थी। मेरी कमर में माँ ने 'डराडोर' पहनाया था। उन दिनों लड़कों की कमर में सभी माँ 'डराडोर' पहनाती थीं। काले धागे को मोटा करके कमर में बाँध दिया जाता था। मेरी माँ ने भी मेरे डराडोर में एक भुरही पैसा गूँथा था। उन दिनों ताम्बे का एक पैसा दो तरह के होते थे। एक पूरा गोल, और दूसरा गोल तो सही, पर बीच में गोलाकार बड़ा-सा छेद, जिससे पतली उँगली भी इस पार से उस पार जा सकती है। चार पैसे का एक आना होता था, और सोलह आने का एक रुपया। यानी एक रुपए में चौंसठ ताम्बेवाले पैसे होते थे। मैंने बाबा वाले पुराने बँगलों में जाकर एक हाँसू से अपना डराडोर काट दिया और उसमें गूँथा भुरही पैसा निकाल लिया। फिर पैंट पहनकर सीधे मोहन साहू की दुकान दौड़ पड़ा। वहाँ से एक पैसे में महीने-दो महीने तक लिखने लायक खल्ली ले आया और हाथ फैलाकर गुरुजी के बताए तरीके से 'अ' लिखने की कोशिश करने लगा। रविवार तक की कोशिश से मुझे 'अ' लिखना ठीक से आ गया।

सोमवार को मैं हुलसते-फुलसते स्कूल पहुँचा और बैठते ही 'अ' लिखकर गुरुजी को दिखा दिया। गुरुजी खुश होकर बोले, 'मेहनती है, तेज भी। इसी तरह अभ्यास करोगे तो क्ष, त्र, ज्ञ तक जल्दी ही पहुँच जाओगे।'

यह है मेरे विद्यारम्भ की सच्ची कहानी।

मैं पूरे साल भर गुरुजी की पाठशाला में पढ़ता रहा। इस एक वर्ष में मुझे अ से ह और क्ष, त्र, ज्ञ तक लिखना और हिज्जय लगाकर 'क' से कछुआ, 'ख' से खड़ाम आदि पढ़ना आ गया। एक से सौ तक गिनती तो महीने भर में सिखा दी गई। पहाड़ा सारा कंठस्थ।

एक से बीस तक का पहाड़ा, फिर गरहाँ, सवैया, ड्योढ़ा, अढ़ैया, पौना, कट्ठा, धूर, धुरकी आदि का ऐसा अभ्यास कराया गया कि आज भी मुझे अंकगणित में कहीं कठिनाई नहीं होती है।

दुकानों पर कोई सामान खरीदने जाता हूँ तो सामान देकर दुकानदार हाथ में 'कैलकुलेटर' लेता है और कुछ मिनट में बताता है कि इतने रुपए हुए। मुझे हँसी आती है। इतनी देर से पहले ही मैं हिसाब जोड़ चुका हूँ। पोता-पोतियों को दशमलव का गुणा-भाग करते देख लगता है, कितना समय और श्रम बर्बाद कर रहे हैं। मैं तो तीन पौने सेकंड भर में कर लेता हूँ। तीन पौने (.75), सवा दो (2.25) करने में बच्चों को परेशान होते देखता हूँ और मैं बारह अढ़ैया तीस (30) बोलकर उन्हें चकित कर देता हूँ। लेकिन यह कोई मेरी खूबी या खासियत नहीं है, यह तो मुक्खी गुरुजी की ठोक-बजाकर पहाड़ा याद करा देने की करामात है। आज तो बच्चों की पहली कक्षा में मात्र एक से दस तक की गिनती सीखने दी जाती है। फिर अगली कक्षा में दस से बीस या पचास तक यानी दो-तीन वर्षों में एक से सौ तक की गिनती सिखाई जाती है। तुर्रा यह कि वन, टू, थ्री से हंड्रेड तक की गिनती तो दो-तीन वर्षों में आ जाती है, पर एक से सौ तक पाँचवीं-छठी कक्षा तक भी नहीं आ पाती। मुझे लगता है कि आज की शिक्षा गणितीय दृष्टि से बहुत पीछे है। फिर सोचता हूँ—कहीं मैं ही तो समय की सूखी डाल पकड़कर लटक नहीं रहा हूँ? नया समय, नए लोग, नए विचार और ज्ञान-विज्ञान हासिल करने के नए-नए तरीकों का ईजाद—भला इस उत्तर-आधुनिकता की आँधी में मुक्खी गुरुजी और उनके शिष्य कब तक टिके रहेंगे? वह तो गुलाम देश में लिखने-पढ़ने का ढंग था। स्वाधीनता के सड़सठ-अड़सठ वर्ष बाद भी मुक्खी गुरुजी ही याद रहें तो 'विकास' का अर्थ ही उलट-पुलट जाएगा। जो भी हो, मुक्खी गुरुजी की पाठशाला, उनका गुरुत्व और जीवो दा का वह दरवाजा भूलने-भुलाने की चीज नहीं।

अपने विद्यार्थी को पढ़ाई के साथ-साथ अनुशासित रखने में भी गुरुजी बड़े काबिल थे। उस लम्बी-चौड़ी पर्णकुटी के मध्य भाग में गुरुजी के लिए कम लम्बाई-चौड़ाई, ऊँचाई वाली कठैली चौकी लगी रहती। गुरुजी उसी पर बैठते। उनके हाथ में खजूर की लगभग डेढ़ मीटर लम्बी छड़ी राजदंड की तरह मौजूद रहती। वे अपने आसन पर बैठकर अच्छी तरह विद्यार्थियों की पंक्ति निहार लेते। सामने की पंक्ति में नए-नए विद्यारम्भ करनेवाले विद्यार्थी बैठाए जाते। उस पंक्ति के पीछे वे शिष्य जिन्हें पहाड़ा याद कराया जाता। गुरुजी की बगल वाली पंक्ति में पहाड़ा पार कर किताब पढ़नेवाले और उनके पीछेवाली पंक्ति में किताब देखकर लिखना लिखनेवाले। गुरुजी सबको काम बाँटकर खुद चौकी पर बैठ जाते और चारों तरफ आँख घुमा-घुमाकर देखते रहते। यदि कोई बच्चा अपना काम छोड़कर बगल के बच्चे से बात कर रहा है तो उनकी आँख से बच नहीं सकता। वे अपने हाथ की लम्बी छड़ी से उस बालक की पीठ या बाँह हौंक देते। फिर क्या मजाल कि कोई अन्य बालक काम छोड़कर किसी से बात करे! आठ बजे सुबह से ग्यारह बजे दिन तक पढ़ाकर गुरुजी छुट्टी दे देते। फिर दो बजे से पाँच बजे सन्ध्या तक क्लास लगता। इस बेला में सभी बच्चे बोल-बोलकर पहाड़ा याद करते, फिर किताब खोलकर जोर-जोर से अपना पाठ दुहराते। चार बजते ही सारे बच्चों को बाहर निकालकर पंक्तिबद्ध ढंग से खड़ा कर दिया जाता।

पंक्तियाँ कक्षा के हिसाब से लगती थीं। सबसे आगे की पंक्ति में सबसे नीची कक्षा के बच्चे खड़े होते। उस पंक्ति के पीछे उससे एक कक्षा ऊँची वाले बच्चे। फिर उन दो पंक्तियों के ठीक सामने दो पंक्तियाँ लगती थीं जिनमें इन दो कक्षाओं से ऊपर के बच्चे खड़े होते। गुरुजी हाथ में छड़ी लिये बीच में खड़े हो जाते और किसी बलचटिया को पंक्तियों के बीच में खड़ा कर देते। बलचटिया उस बच्चे को बनाया जाता जो सबसे आगेवाली कक्षा का तेज विद्यार्थी हो और उसकी बात सभी बच्चे मानते हों। बलचटिया जोर-जोर से एक से सौ तक की गिनती बोलता, और उसके पीछे-पीछे सभी बच्चे दुहराते जाते। फिर सौ से नीचे की उल्टी गिनती शुरू होती। गिनती समाप्त होने के बाद उससे भी बड़ा बलचटिया खड़ा होता। वह पहाड़ा बोलने लगता। उसके पीछे-पीछे सारे बच्चे पहाड़ा दुहराते। अगर पंक्ति में खड़ा कोई बच्चा पीछे से पहाड़ा नहीं बोला तो गुरुजी उसकी पीठ या पैर में खजूर की लम्बी छड़ी जोर से चमका देते। फिर तो उसे नानी याद आ जाती। सारा पहाड़ा समाप्त करने के बाद गुरुजी छुट्टी घोषित कर देते। सभी बच्चे भागते-दौड़ते अपने-अपने घर की राह पकड़ते। यही रोज की रुटीन थी।

भला साल भर की इस रुटीन में कौन ऐसा होगा जिसे पहाड़ा कंठस्थ न हो जाए? गुरुजी के यहाँ न गर्मी छुट्टी, न जाड़ा छुट्टी। होली और दशहरा में तीन दिनों के लिए स्कूल बन्द। इसके बाद अगर कोई बच्चा अनुपस्थित रहा तो सजा का भागी। किसी बच्चे के विरुद्ध उसके अभिभावक या अन्य बुजुर्ग व्यक्ति ने गुरुजी के पास शिकायत लगाई, तो उसे धूप में खड़ा कर खजूर वाले राजदंड से पीटा जाता। कभी-कभी घरचेंगी लगाकर पिटाई होती। मजाल कि गुरुजी के भय से कोई बच्चा अकारण अनुपस्थित रहे, या अनुशासन भंग कर समाज, परिवार में अनर्गल हरकत करे! यह था मुक्खी गुरुजी का गुरुत्व।

लेकिन इतने श्रम और अध्यवसाय के बदले उन्हें मिलता क्या था? उनका पारिवारिक खर्च कैसे चलता था? हारी-बीमारी, पर्व-त्योहार का खर्च गुरुजी कैसे जुटाते थे? गुरुजी का अर्थशास्त्र भी अपने हिसाब से रचा गया था। वे नए विद्यार्थी की भर्ती करते समय अधिक से अधिक सेर भर अनाज और एक रुपया माँगते थे। जो रुपया और अनाज नहीं दे पाता, उस पर कोई दबाव भी नहीं। लेकिन प्रत्येक शनिवार के दिन बच्चों को मुठिया लाना अनिवार्य था। उस दिन कोई भी बच्चा कम-से-कम एक मुट्ठी अनाज के बिना स्कूल नहीं आ सकता। यह कहने को मुठिया था, पर प्रति शनिवार गुरुजी को लगभग आधा मन अनाज से ऊपर ही आमदनी हो जाती। शनिवार के दिन किसी बच्चे का अनुपस्थित रहना अपराध माना जाता। नई फसल कटने पर किसी-किसी बच्चे के अभिभावक (जो सम्पन्न होते) दस-बीस सेर अनाज गुरुजी के घर भेज देते। लेकिन गुरुजी की स्थायी आमदनी का सबसे बड़ा स्रोत भादों महीने का चौथ चन्दा खेल था, जिसे हम गणेश पूजा भी कहते हैं। इस गणेश चतुर्थी के दिन गणेश जी की आसनी उठती और हर बच्चे के घर पहुँच जाती। बच्चे के आँगन में सारे बच्चे लाल-लाल देबुआ खेलते। फिर उस बच्चे की आँख मूँदकर गीत गाते। माता-पिता भी खूब आनन्द लेते। फिर एक जोड़ा या एक पल्ला धोती, या साड़ी, कुछ सेर अनाज और कम-से-कम एक रुपया देकर गुरुजी को विदा करते। तब गणेश जी की आसनी उठकर दूसरे बच्चे के आँगन में जाती। वहाँ भी यही खेल चलता और लगभग ऐसी ही प्राप्ति भी

होती। डेढ़-दो सौ बच्चों के घर घूमते-घूमते पूरा भादों गुजर जाता और गुरुजी पूरे साल का खर्च इसी महीने जुटा लेते। यही था—मुक्खी गुरुजी का अर्थशास्त्र। भादों महीने में पढ़ाई का काम ठप, और गुरुजी का खजाना बम-बम!

'हिन्दोस्ताँ हमारा'

जहाँ तक मुझे याद है, वह आजादी का वर्ष था—1947 ई.। 1949 ई. के अगस्त महीने में (15 अगस्त) भारत वर्ष अँगरेजों की गुलामी से आजाद हुआ था। उसी वर्ष जनवरी महीने में मुक्खी गुरुजी की पाठशाल से पास होकर मैं गाँव के सरकारी स्कूल 'अपर प्राइमरी' में नामांकित हुआ। गाँव का यह अपर प्राइमरी स्कूल सरकार से मान्यता-प्राप्त था, पर मिडि़ल स्कूल को अभी तक मान्यता प्राप्त नहीं हुई थी।

अपर प्राइमरी और कमिटी द्वारा संचालित मिडिल स्कूल—दोनों का ऑफिस एक ही कमरे में चलता था। प्राइमरी स्कूल के लिए पहले से ही दो कमरे थे। कहने के लिए यह कमरा ही था, पर था वास्तव में हॉल। एक तो हॉल था ही, दूसरा उससे थोड़ा छोटा। इसलिए उसे कमरा ही कहते थे। सबसे पूर्व वाला छोटा कमरा था। उससे लगी पश्चिमी दीवार से हॉल शुरू होता। उस हॉल में काठ का एक ब्लैक बोर्ड भी लटकाया गया था, जिस पर एकाध शिक्षक चौक से भी लिखते।

प्रारम्भिक कक्षा के बच्चों को पूर्वी कमरे में बैठाया जाता, जो बाबू रासो सिंह के टाटवाले डेरे से सटा हुआ था। रासो सिंह गाँव के धनी-मानी व्यक्ति माने जाते थे। धनी होने का एकमात्र आधार उन दिनों खेत का रकबा ही था। प्राइमरी स्कूल के हॉल से सटा ऑफिस था, और ऑफिस की पश्चिमी दीवार से सटाकर पश्चिम की ओर चार कमरे एक ही सीध में बनाए गए थे। वे कमरे मिडिल स्कूल के लिए बने थे और उनमें चौथी से लेकर सातवीं कक्षा तक की पढ़ाई होती थी। इसका सरकारीकरण अभी बाकी था।

विष्णुदेव बाबू जैसे गाँव के सर्वमान्य, सम्मानित कांग्रेसी कार्यकर्ता उस स्कूल को सरकारी स्कूल बनवाने के लिए कमर कसे हुए थे। तेउस गाँव के कांग्रेसी नेता लाला बाबू विष्णुदेव बाबू के सम्बन्धी थे, और वही जिले भर के शिक्षा विभाग के चेयरमैन भी। लाला बाबू तत्कालीन मुख्यमंत्री डॉ. श्रीकृष्ण सिंह के मुँहलगुओं में एक थे। इसलिए उम्मीद की जाती थी कि मिडिल स्कूल को जल्दी ही सरकारी मान्यता प्राप्त हो जाएगी। फिर तो अपना गाँव भी मिडिल तक की शिक्षा के लिए आत्मनिर्भर हो जाएगा। गाँव की बेटियाँ भी उसमें पढ़ सकेंगी।

जिस समय मैं सरकारी प्राइमरी स्कूल में नामांकित होने गया था, उन दिनों स्कूल का प्रधानाध्यापक भगवान सिंह थे। हेडमास्टर भगवान बाबू बूढ़े थे। शायद उन दिनों शिक्षकों की सेवा-निवृत्ति का समय निर्धारित नहीं किया गया हो!

भगवान बाबू के कान के लम्बे-लम्बे बाल पके हुए थे। सिर भी सफेद बालों से सुशोभित। जवानी में बहुत सुन्दर रहे होंगे, क्योंकि रंग अभी भी गोरा ही था और नाक-नक्शा बता रहा था कि इमारत बुलन्द रही होगी।

शम्भू एक सप्ताह पहले ही नामांकित हो चुका था। जिस दिन मैं नाम लिखाने गया, हेडमास्टर साहब ने एक रजिस्टर पर मेरा नाम दर्ज कर लिया। उन्होंने यह भी नहीं पूछा कि क्या उम्र है। खुद ही अपने विवेक से उन्होंने रजिस्टर पर मेरी जन्म-तिथि अंकित कर दी—1.1.1940, जो मुझे मिडिल पास करने के बाद मालूम हुआ। आश्चर्य तो यह कि नाम लिखाने में एक पैसा भी नहीं माँगा गया। मुक्खी गुरुजी के यहाँ तो फिर भी पाव भर अनाज नाम-लिखौनी में लिया गया था, पर यहाँ तो मँगनी का चन्दन ललाट पर लगाने मिल गया। इसे कहते हैं सरकारी स्कूल की उदारता या विशेषता।

भगवान बाबू के अन्दर तीन और शिक्षक थे—अपने गाँव के ही पंडित विश्वम्भर मिश्र, बच्चा सिंह और दहिया के श्रीनारायण बाबू। भगवान बाबू ने मुझसे पूछे बिना ही मेरा नाम 'बी' क्लास में लिख दिया, जिसमें शम्भू का नामांकन हुआ था। इस तरह शम्भू और मैं, उन्हीं दिनों से एक कक्षा में पढ़नेवाले छात्र हो गए।

भगवान बाबू गाँव के रामौतार सिंह के दरवाजे पर रहते थे। उन दिनों सभी शिक्षक गाँव के ही किसी न किसी सम्पन्न गृहस्थ के घर अपना डेरा डालते। वहीं उनका रहन-सहन और भोजन-भाव होता था। बदले में वे उस घर के बच्चों को सुबह-शाम पढ़ाते और उन्हें अनुशासित भी करते।

स्कूल के शिक्षक जिसके भी दरवाजे पर डेरा डालते, उनका स्वागत-सम्मान विशिष्ट व्यक्ति की तरह होता था। उनका खड़ाम, जूता सहेजकर रखना; कुएँ से पानी भरकर उन्हें स्नान कराना, उनके कपड़े फींचना, उनकी जूठी थाली उठाकर आँगन में पहुँचाना, सोने से पहले उनका पैर दबाना आदि सेवा वहाँ रहकर पढ़नेवाले विद्यार्थियों की ड्यूटी में होती। इस तरह पढ़ने के साथ-साथ बच्चे बड़े और बुजुर्ग, सम्मानित व्यक्तियों का सेवा-पाठ भी व्यावहारिक रूप से सीख जाते थे। मास्टर साहब गाँव में जिस रास्ते से गुजरते, उन्हें मिलनेवाले व्यक्ति बड़े श्रद्धा-भाव से प्रणाम करते, भले मास्टर साहब मिडिल पास ही क्यों न हों! रामौतार सिंह का बड़ा पुत्र देवेन्द्र भी मेरे ही साथ पढ़ रहा था, उस पर मास्टर साहब का विशेष ध्यान रहता।

जिन दिनों मैं सरकारी स्कूल जाने लगा था, उन दिनों गाँव में शिक्षा का बड़ा अभाव था, खास कर हम लोगों के परिवार में। शम्भू के पिताजी या हमारे चाचा लोग मालगुजारी की रसीद खोजने या पढ़वाने के लिए माथे पर पौती रखकर बरघरी के बाबू लोगों की खुशामद करने जाते। वे स्वयं तो पढ़ना जानते नहीं थे। अपने परिवार से शिक्षा की डगर पर खड़े होनेवाले हम दो-तीन बच्चे ही पहली पीढ़ी थे—लखनदेव, शम्भू और मैं।

अपर प्राइमरी में तीन वर्गों की पढ़ाई होती थी—ए, बी और सी। 'सी' वर्ग सबसे निचला था, जिसमें पढ़ाई शुरू करनेवाले बच्चों को बैठाया जाता। 'बी' उससे ऊपर का वर्ग था जिसमें मेरा नामांकन हुआ, और 'ए' सबसे ऊँचा वर्ग। इससे निकलनेवाले बच्चों की योग्यता 'लोअर पास' कहलाती। 'लोअर' पास लोग भी पढ़े-लिखे माने जाते थे। मेरा वर्ग 'बी' था जिसे आप दूसरा वर्ग भी कह सकते हैं। इस वर्ग के शिक्षक पंडित विश्वम्भर मिश्र थे जो गाँव के प्रसिद्ध और मान्य पंडित फेकन मिश्र के सबसे बड़े पुत्र थे। हम बच्चों को अभी हिन्दी की किताब भी झाड़कर पढ़ने नहीं आई थी, लेकिन विश्वम्भर जी हमें अमरकोष रटवाने पर तुले हुए थे—'अमरा, निर्जरा, देवा, त्रिदिवेशा दिवौकशा:'।

खैर, हम जैसे-तैसे 'बी' क्लास की पढ़ाई करने लगे। लेकिन उन दिनों का माहौल कुछ ऐसा था कि पढ़ाई से अधिक लोगों का ध्यान देश की राजनीतिक हलचल पर केन्द्रित रहता।

गाँव-घर में रोज चर्चा होती कि अब गोरा साहब यहाँ से भागनेवाला है। गांधीजी से बात तय हो चुकी है कि अब अँगरेज भारत छोड़कर अपने देश चले जाएँगे, भारत को आजादी मिल जाएगी। अपना देश आजाद भारत कहलाएगा। लोगों के बीच चर्चा इसी बात पर ठहर जाती कि यह हिन्दुओं का देश होगा कि मुसलमानों का। दो-चार लोग, जो बड़े बाप के बेटे थे और बाहर कॉलेजों में पढ़ते थे, वे गाँव आने पर कहते, 'देश का बँटवारा होगा। इसके दो टुकड़े होंगे—हिन्दुस्तान और पाकिस्तान। अभी दोनों जगह हिन्दू-मुसलमान मिल-जुलकर रहते हैं, लेकिन अब जिन मुसलमानों की इच्छा होगी, वे पाकिस्तान जाकर रहें, वे पाकिस्तान जाने के लिए फ्री हैं। इसी तरह पाकिस्तान भू-भाग में पड़नेवाले जिन हिन्दुओं की इच्छा होगी, वे हिन्दुस्तान में रहें, वे यहाँ आने के लिए स्वतंत्र हैं।'

कृष्ण नन्दन बाबू के मुँह से ये बातें सुनकर मेरे मन में तुरन्त अपने गाँव में रहनेवाला खैराती मियाँ सदेह खड़ा हो जाता। खैराती मियाँ शम्भू के पिता रामबुझावन दा का हलवाहा था। वह स्वभाव से बड़ा गुस्सैल, पर दिल का बड़ा ही कोमल और ईमानदार। वह हम बच्चों के साथ मुहर्रम में लड़ुआरी खेलता और हमें तलवार चलाना सिखाता। हमें कभी भी चोट खाने नहीं देता। दुर्गापूजा में शम्भू और मुझे कन्धे पर बैठाकर मंझौल ले जाता। मंझौल में ही दुर्गा माता की मूर्ति बैठती थी, और बहुत भारी मेला लगता था। खैराती अपने ही पैसे से बताशा खरीदकर दुर्गा माँ को चढ़ाता और हमें खैरात में प्रसाद खिलाता।

क्या वह खैराती मियाँ भी अपना गाँव छोड़कर पाकिस्तान चला जाएगा? मेरी चिन्ता इसलिए बढ़ जाती कि अगर खैराती चा पाकिस्तान चला गया तो, मुहर्रम में हमें लड़ुआरी कौन खेलाएगा, और दुर्गापूजा में मंझौल ले जाकर दुर्गा-दर्शन कौन कराएगा? लेकिन अभी तो यह तय नहीं हुआ है कि खैराती जाएगा या यहीं रहेगा; फिर चिन्ता कैसी? लेकिन चौक-चौराहे पर यह नारा जरूर चल पड़ा था कि 'गांधीजी, गांधीजी वैश्य बनिया, बैठे-बैठे जीत लिया सारी दुनिया।'

हम 'बी' क्लास, यानी दूसरे वर्ग में पढ़ते थे। इस वर्ग में कुछ जोड़-घटाव बताया गया था, पर वह किसी किताब से नहीं, मास्टर साहब के मुँह से बोला जाता और बच्चे अपने सामने की जमीन पर लिखकर सही-गलत बनाते रहते।

मास्टर साहब और पंडित जी आपस में बातें करके ठहाका लगाते। बीच-बीच में हम लोग उनके मुँह से निकलनेवाले कुछ नाम सुन लेते—गांधीजी, जवाहरलाल, राजिन्दर बाबू, सुभाषचन्द्र बोस, इत्यादि। हमें इन नामों से कुछ भी लेना-देना नहीं। हाँ, 'गांधीजी' नाम सुनकर उन्हें अपनी आँखों से देखने की इच्छा जरूर जग जाती।

जैसे-तैसे छमाही परीक्षा का समय आ गया। कुछ जोड़-घटाव तो मैंने सही-सही बना दिये, पर जो पाँच नाम लिखने के लिए बोले गए, उनमें दो नाम मैंने गलत लिख दिये। एक नाम था—'जिन्ना', जिसे मैंने 'जिन्न' लिख दिया, और दूसरा नाम था—'सुभाषचन्द्र बोस' जिसे मैंने 'सुभाष बोस' लिखा। फिर भी मास्टर साहब ने बताया कि 'तुम छमाही परीक्षा में पास हो गए। वार्षिक परीक्षा के लिए मेहनत करो।' मेहनत कैसे की जाती है, किस हथियार

से की जाती है, कब और कहाँ की जाती है, मैं कुछ नहीं जानता था। फिर मेहनत का लक्ष्य क्या होगा, यह भी नहीं पता। गर्मी छुट्टी के लिए स्कूल बन्द हुआ, और हम बच्चे घर ही रहने लगे।

पूरे एक महीने की छुट्टी में हम लोगों ने खूब मौज-मस्ती की। सबसे अधिक मस्ती नदी नहाने और आम गाछी जाकर आम चुनने-खाने में आती थी। हमारे गाँव के पश्चिम-दक्षिण दिशा से बूढ़ी गंडक नदी बहती है। कहने को तो वह 'बूढ़ी' कहलाती है, पर हमारे बचपन के दिनों में वह मदमस्त जवानी में थी। नदी की गहराई और चौड़ाई आज की गंगा नदी से कम नहीं। उस नदी से होकर बड़ी-बड़ी व्यापारिक नावें आती-जाती थीं। हम लोग उन बड़ी नावों को 'डमरिया' नाव के नाम से जानते थे। बीच नदी को चीरती हुई वे पाल टँगी नावें बेरोक-टोक बनारस से सामान लादकर बंगाल चली जातीं। फिर बंगाल से सामान लादकर काशी-बनारस, कानपुर आदि शहरों में पहुँचा आतीं।

एक बार हमारे गाँव की नदी में एक बड़ी नाव डूब गई थी। उस नाव पर कसैली लदी थी। बेचारा व्यापारी गोताखोर लाकर कसैली के बहुत से बोरे बाहर निकलवाए, और दूसरी नाव पर लादकर अपना सिर पीटते, भाग्य कोसते यहाँ से भागा। फिर भी कसैली के बहुत से बोरे पानी में बहकर इधर-उधर छितरा गए थे।

रामदेव गोढ़ी नामी तैराक था। वह डुबकी लगा-लगाकर महीनों बड़ी-बड़ी, गोल-गोल कसैली निकालता रहा। कभी-कभी दो-चार कसैली हम बच्चों में भी बाँट देता। अब वह नदी सूखने के कगार पर है।

कभी उसी बूढ़ी गंडक नदी में गाँव के मर्द-औरत नहाने जाते। मरदानी घाट में मर्द नहाते और जनानी घाट में औरतें। औरतें अपने साथ नदी का पानी भी किसी बर्तन में ले जाना नहीं भूलतीं, क्योंकि दाल नदी के पानी में ही ठीक से सीझती थी, स्वादिष्ट भी। हम बच्चे मरदानी-जनानी किसी भी घाट में नहाने चले जाते। हमारे लिए कहीं कोई रोक-टोक नहीं।

नदी के उस पार वासुदेव पुर गाँव है। उस पार नदी के किनारे-किनारे दूर तक दियारा।

उस बूढ़ी गंडक नदी के पानी में घड़ियाल भी रहते थे। वे घड़ियाल उस पार के दियारे वाले बालू पर लेटे दिखाई पड़ते। अपराह्न वेला में गाँव के भैंस-पालक किसान अपनी-अपनी भैंस को पानी पिलाने, नहाने-धोने उसी नदी के बजरा घाट में ले आते। भैंस तो पानी-पसन्द जानवर है ही। बहुत-सी भैंसें शाम के समय उस घाट में एक साथ तैर-तैरकर अपनी गर्मी नदी में बहा आतीं। कभी-कभी घड़ियाल उन पर चोट भी कर देता। भैंस के झुंड में एकाध भैंसा भी नदी के ठंडे जल में आनन्द लूटता।

हमने तो नहीं देखा, पर बड़का बाबू कहते थे कि एक बार नदी के उस पार से एक जवान घड़ियाल ने नदी में तैरते मांसल पट्ठा भैंसा को देखा। उसका जी ललच गया। वह भैंसा को लक्ष्य बनाकर पानी में डूबा और तेजी से उसको पकड़ने पानी के अन्दर-अन्दर दौड़ा।

पानी के हिलकोर से भैंसा समझ गया कि उसको पकड़ने कोई घड़ियाल आ रहा है। वह भी जान बचाने के लिए किनारे की ओर तेजी से तैरकर भागने लगा। लेकिन घड़ियाल की गति तो पानी में बहुत तेज हो जाती है। भैंसा के किनारे आते-आते घड़ियाल ने उसकी

पिछली टाँग मुँह से पकड़ ली, और उसे खींचकर पानी के भीतर लाने के लिए जी-जान लगा दी। भैंसा भी पट्ठा था, और जान बचाने के लिए पूरे दम-खम के साथ अपने को पानी से ऊपर खींच लिया। अब पानी से बाहर, सूखी जमीन पर, भैंसा की पिछली टाँग को भर मुँह पकड़े घड़ियाल और हाँफता हुआ भैंसा। सभी भैंसवाह अपना-अपना लाठी-सोटा लेकर घड़ियाल की पीठ पीटने लगे। उस पिटाई के समय भी घड़ियाल भैंसा को पानी में ले जाने के लिए पीछे की ओर खींच रहा था। दो-एक चरवाहों ने भैंसा की पीठ पर लाठी जमा दी। भैंसा अपनी टाँग घसीटते हुए घड़ियाल को काफी दूर आगे सरपट जमीन पर ले आया।

कहते हैं कि घड़ियाल जब अपने जबड़े में किसी चीज को कस लेता है, तो उसका जबड़ा जल्दी खुलता ही नहीं। उस दृश्य को देखने गाँव से लोग दौड़ पड़े। लाठी, भाला, खंती, आरी से पीट-पीटकर घड़ियाल को लोगों ने मार डाला। मरे घड़ियाल का मुँह आरी से काटकर बेचारा भैंसा की जान बचाई गई। उसका पिछला पैर लहूलुहान, और वह भय तथा पीड़ा से हाँफ रहा था। सारे भैंसवाह उसकी सेवा में लगकर एकाध सप्ताह में उसे घाव-मुक्त और भय-मुक्त बना सके।

बड़का बाबू कहते हैं कि भैंसा फिर कभी बजरा घाट के पानी में नहाने-तैरने नहीं गया। उसी नदी में हम लोग रोज घंटों नहाते, और पानी में खेल खेलते। पूरी छुट्टी नदी के पानी में मस्ती की। उन दिनों तो गाँव के लगभग सभी लोग नदी में ही स्नान करते। कुएँ से पानी निकाल-निकालकर कौन जिल्लत मोल ले?

छुट्टी के दिनों का पिछला बेला आम गाछी में बीतता। इस बेला की मस्ती और भी रसावह होती। हमारे बाबा को दो आम्र-वन थे, लेकिन दोनों ही साझा। मतलब यह कि बाबा के चचेरे भाई निरसू सिंह, बीदो सिंह और बाबा—तीनों के आम्र-कुंज साथ ही थे। खेत-पथार का तो बँटवारा बहुत पहले हो चुका था, पर गाछी-बिरछी अभी भी साथ ही चल रही थी। इसलिए आम्र-वृक्षों की संख्या ढेर थी। उनमें तरह-तरह के बीजू आम थे। उन वृक्षों की विशालकाय सघनता से गाछी में सूरज ढलने से पहले ही अँधेरा छा जाता। इसलिए आम पकने के मौसम में (जून महीना) तीन बजते-बजते हर घर के साझीदार आम तोड़ने निकल पड़ते।

हमारी एक गाछी गाँव में थी, और दूसरी सिनोखरा डेरा पर। सिनोखरा डेरा पर ही हम सबकी खेती-बारी होती थी, और सबके माल-मवेशी भी वहीं रहते। घर के अधिकतर जवान सदस्य डेरा पर ही रहते। उनका खाना दिन में वहीं पहुँचा दिया जाता। रात में वे घर आकर खाना खाते और फिर लाठी-सोंटा लेकर वहीं रात बिताने चले जाते।

डेरा पर की गाछी में जो आम टूटते, वे वहीं तीन बाबा के हिस्सेदार आपस में बँटवारा कर लेते और अपना-अपना हिस्सा बैलगाड़ी पर लादकर घर ले आते। यहाँ आने पर बाबा के पाँचों पांडव पुनः पाँच भाग लगाकर अपना-अपना हिस्सा ढाकी-घिट्टा में समेट लेते। घर हमेशा पके आम की सुगन्ध से गम-गम करता रहता। गाँव वाली गाछी घर से थोड़ी ही दूर, पोखर पर थी। नील खेत पार करो और वह गाछी आ गई।

नील खेत में नील उपजते मैंने कभी नहीं देखा, पर बड़का बाबू हमें बताते थे कि यहाँ साहब लोग नील की खेती करवाते थे, इसलिए इस भूभाग का नाम 'नील खेत' मशहूर हो

गया। अब तो लोग उसे 'लील खेत' कहते हैं। वहाँ से नील मंझौला कोठी पहुँचाया जाता, जहाँ नील बनाने की बड़ी-बड़ी मशीन बैठाई गई थी। फिंच साहब का कारपरदार घोड़े पर चढ़कर आता, और नील की उपज मजदूरों से लदवाकर बैलगाड़ी से मंझौल कोठी पहुँचाता। उस जमीन पर नील की फसल बहुत अच्छी होती थी, यानी वह भूभाग नील के लिए बड़ा मुफीद था। कहते हैं कि उस नील खेत में काम करनेवाले गाँव के ही किसान-मजदूर होते, पर उन्हें मजदूरी कभी नहीं दी जाती। वे तो साहब के डर से खुद ही काम पर जुट जाते, और पेट बाँधकर नील की खेती कर देते। साहब का घोड़ा गाँव में घुस जाए तो क्या मजाल कि कोई काम करने से ना-नुकुर करे! काम पर आने से इनकार करनेवाले को रस्सी से बाँधकर मंझौल कोठी पहुँचा दिया जाएगा और वहाँ बड़े साहब के सामने पेड़ से बाँधकर कोड़ा से पीटा जाएगा। इसलिए सब लोग साहब की खिदमत में लगे रहने में ही अपनी खैर समझते।

गाँव के आम्र-कुंज में हम बच्चे भी अपनी भूमिका अदा करने पहुँच जाते। उस गाछी में आम के तीन ही पेड़ थे, और कुछ कटहल के। लेकिन वे तीनों पेड़ इतने ऊँचे और विशालकाय थे कि उनसे आम तोड़ना बड़ा साहस का काम था। उन आम पेड़ों के नाम थे—सनहा, फुटेनमा और लड़बा। वे तीन पेड़ ही लगभग तीन बीघा का भूभाग छेंके थे। उस गाछी से ही सटा हुआ मुसहर टोला था। उस टोले का सरदार 'ढोटना' मुसहर था। दिन-रात गिरनेवाले पके आमों को वही जमा करता, और अपने खाने के बाद बचे हुए आमों को जमीन में एक सुरंगनुमा गढ़ा खोदकर रखता जाता। तीन बजे दिन में राघो सिंह, बूधो सिंह, दाहू सिंह, शिव नारायण सिंह, मथुरा सिंह, बन्नू सिंह आदि भाईगण बड़ी-बड़ी लग्गी लेकर आम तोड़ने पोखर पर चल पड़ते। हम बच्चे भी उनके पीछे लग जाते। गाछी पहुँचकर वे बड़े भाई सब आम के पेड़ की जड़ में खड़े होकर उसे प्रणाम करते, फिर फाँड़ा बाँधकर पेड़ पर चढ़ जाते। लग्गी को पेड़ की मोटी-मोटी शाखा में लटका देते और हाथ की पहुँच में आनेवाले पके आमों को तोड़कर नीचे गिरा देते।

नीचे दो लोग बोरा फैलाकर उस आम को लोकने के लिए तैयार रहते, ताकि जमीन पर गिरकर वह फूट न जाए, रस और गूदा बह न जाए। फिर पेड़ की बहुत ऊँचाई पर जिन टहनियों में पीले-पीले पके, रस से भरे आम लटकते दिखाई देते, उनमें लग्गी लगाकर जोर से झुला देते। तब तो आम वर्षा की बूँद की तरह नीचे बदबदाकर गिरने लगते। हम बच्चे उन्हें चुन-चुनकर एक जगह इकट्ठा करते।

आम इकट्ठा करने में हमें बता दिया जाता कि अलग-अलग पेड़ के आम अलग-अलग ढेर में जमा करना है। एक पेड़ का आम दूसरे पेड़ के आम में फेंट न हो। आम चुनकर जमा करने के क्रम में जो आम हमें पसन्द आ जाता, उसे दाँत से दबाकर चोभने लगते। इस लीला में इतना मजा आता कि जी करता, सालों भर आम पकने का ही मौसम भगवान क्यों नहीं बना देते हैं?

लड़बा गाछ की मोटी-मोटी शाखाएँ एक बीघा तक फैली थीं, और उस पेड़ पर तीन-तीन भाई चढ़कर आम तोड़ते, फिर भी रात को दो-तीन ढाकी आम पककर गिरते ही थे।

फुटेनमा का पका आम यदि धरती पर गिरा, तो वह फूटने से बच नहीं सकता। उसमें गूदा और रस कस-कस करता। रंग बिलकुल पीला और लुभावना। छिलका बहुत ही पतला

और आँठी तो नाममात्र की। उफ! गजब का स्वाद। उसे खाने पर पेट भले फूल जाए, पर जी नहीं भरता। फुटेनमा को खाने से भी अधिक मजा उसे छूने में आता। गजब की छुअन! देह को सिहरा देनेवाला स्पर्श! काम-कलश को भी लजा देनेवाला उस आम का स्पर्श! कहाँ खो गया वह फुटेनमा आम? अब क्यों नहीं उसका वंशज कहीं दिखाई पड़ता? किसी ने उसका बीज क्यों नहीं अत्यन्त्र लगाया? हाय रे फुटेनमा! क्या तुम्हारी शोभा और सुख स्वाधीन भारत की नसीब में नहीं?

लड़ूबा का पेड़ सबसे विशाल, फलन-शक्ति अकूत, आम का साइज बड़ा-बड़ा और गोल-गोल! कच्चे में रंग जितना ही हरा-हरा, पकने पर उतना ही पीला। रस और गूदा दोनों ही मजेदार। आँठी पर हल्का खट्टापन। उस आम को चूड़ा में गाड़कर खाने में खूब मजा आता, पर उन दिनों चूड़ा का दर्शन तो साल में सिर्फ एक बार तिला-संक्रान्ति पर्व में ही। आम के महीने में चूड़ा कहाँ?

सनहा आम उन दोनों से बिलकुल अलग। उसका साइज थोड़ा लम्बा और मोटा। नाक आगे की ओर निकली हुई। छिलका कुछ मोटा, पर गमकदार। उसके छूने से तलहत्थी में भी उसकी गन्ध आ जाती। उसमें रस बहुत कम, पर गूदा गदराया हुआ। उसका स्वाद सोंधा-सोंधा। शायद इसीलिए उसका नाम भी सनहा रखा गया होगा। नाम तो मूल रूप में 'सोंधहा' होगा, पर धीरे-धीरे मुख-सुख के कारण 'सनहा' में बदल गया। उस आम का सोंधा स्वाद महिलाओं को अधिक पसन्द था।

पोखरवाली उस गाछी में दाहू दा अपनी झोंपड़ी बनाकर वहीं रहते थे। वे दो भाई थे—दाहू सिंह और बन्नू सिंह। दो में से किसी का विवाह नहीं हो सका, फिर भी दाहू सिंह की संगति महिलाओं से रहती थी। वे भैंस पालते थे, और वही उनकी जीविका का मुख्य साधन भी था। दाहू सिंह दिन-रात उसी झोंपड़ी में अपना समय बिताते। भैंस के लिए घास जुटाना, खिलाना, नदी में धोना-नहाना, दूहना, दूध बेचना—यही सब उनके काम के विभिन्न अंग थे। उस काम में उन्हें औझली दुसाधिन सहयोग करती।

औझली थी तो दुसाधिन, लेकिन उसकी जवानी और खास कर उसकी बड़ी-बड़ी चमकदार आँखें और ऊँची छाती, किसी भी ऊँची जाति के लिए आकर्षण का केन्द्र थी। पता नहीं क्यों, औझली दाहू पर फिदा थी, और दाहू भी उस पर जान छिड़कते थे। उसे सनहा आम बहुत पसन्द था। दाहू सिंह के हिस्से में जितना सनहा आम पड़ता, वह औझली के खा लेने से बचने पर ही खुद खाते, या अपनी माँ के लिए घर ले जाते। उनकी माँ को भी सब आमों से अधिक सनहा ही पसन्द आता। इसीलिए मुझे लगता है कि सोंधा स्वाद शायद महिलाओं को अधिक प्रिय होता है।

मुझे याद है, फुटेनमा आम के पेड़ पर जो भी भाई चढ़ता, वह हाथ की पकड़ में आनेवाले पके आम को तोड़ते ही पहले मोटी-मोटी दो डालियों के बीच में आसन जमाकर बैठ जाता और भोग लगाता। आँठी वहीं से रिंगाकर दूर फेंक देता, ताकि नीचे बैठे लोग देखें नहीं। फिर भी छिलका तो नीचे ही गिर आता। उसे देखकर चाचा लोग बुदबुदाने लगते, 'ससुरा अनजाती है, अनजाती! जूठे हाथ-मुँह आम तोड़ता है। देव-पितर, बड़े-बुजुर्ग का कुछ भी खयाल नहीं। भ्रष्ट कर दिया!' मगर वह आम ही ऐसा था कि युवकों के लिए लोभ-सँवरण असम्भव।

जब सारे पके आम टूट जाते, और बीछ लिये जाते, तो उनमें से सड़े, फटे, दगे आमों की अलग कूड़ी लगा दी जाती, और उन्हें ढोटना मुसहर को दे दिया जाता। वह अपने हिस्से में जितना चाहे रखकर, शेष अपने भाई-बन्धुओं में बाँट देता।

सारे अच्छे आमों की गिनती और साइज तथा टाइप में तीन पंक्तियों में बराबर-बराबर करके अलग किया जाता। अब कौन-सी ढेरी किस हिस्सेदार की होगी, इसके लिए हम बच्चों में से किसी एक को 'रूसने' के लिए कहा जाता। रूसने का ढंग यह था कि वह बच्चा आम की ढेरी से दूर किसी पेड़ के पीछे जाकर छिप जाता। जब वह छिप जाता, तो तीनों हिस्सेदार के सरगना अपना एक-एक चिह्न चुनते। कोई एक लकड़ी लेता, कोई एक ढेला, तो कोई एक ईंट का छोटा टुकड़ा। अब तीनों चिह्नों को मिलाकर एक जगह रख दिया जाता और रूसनेवाले बच्चे को बुलाया जाता। आने पर उससे कहा जाता कि तीनों चिह्न उठा लो, और जो चिह्न जिस ढेरी पर डालने का मन हो, उस पर एक-एक चिह्न गिरा दो। वह वैसा ही करता। अब अपना चिह्न ढेरी पर पहचानकर तीनों अपनी-अपनी ढेरी उठा लेते। फिर रूसनेवाले बच्चे को अपनी-अपनी ढेरी से तीन-तीन आम बतौर मजदूरी दे देते।

हमारे बाबा की ढेरी के फिर पाँच हिस्से लगते, और इसी तरीके से एक हिस्सा मेरे पिताजी के पल्ले आता। डेरा पर के आम और यहाँ के आम मिलाकर इतने हो जाते कि आम के महीने में शायद ही रात में कभी चूल्हा जलाना पड़ता।

गर्मी की छुट्टियाँ बीत गईं, जुलाई महीना आया और हमारा स्कूल खुल गया। अभी आम थोड़ा-बहुत चल ही रहा था, पर स्कूल जाने से हमारी मौज-मस्ती सूखने लगी। स्कूल पहुँचा तो वहाँ की हवा बदली हुई। पढ़ाई-लिखाई तो साढ़े बाईस; सिर्फ आजादी की चर्चा और लोगों में अभूतपूर्व उत्साह। हम तो समझ ही नहीं पाते कि आजादी किसे कहते हैं और अभी हम गुलाम कैसे हैं। लेकिन मास्टर साहब लोग हमें बताते कि महीने भर के अन्दर अपना देश आजाद हो जाएगा। अभी हमारे देश पर अँगरेजों का शासन है, इसलिए हम अभी उनके गुलाम हैं। अब अँगरेज यहाँ से भागकर अपने देश इंग्लैंड जा रहे हैं। गांधीजी ने उन्हें यह देश छोड़कर भागने के लिए लाचार कर दिया। मंझौल कोठी खाली हो चुकी है। वहाँ से फिंच साहब रातों-रात भाग गए हैं—बीवी-बच्चों और आला-लश्कर के साथ। नील बनानेवाली मशीनें भी जा चुकी हैं। इसी फिंच ने बरियारपुर थाना पर गोली चलवाई थी, जिसमें अपने इलाके के अनेक नौजवान शहीद हुए। अभी डॉ. श्रीकृष्ण सिंह हमारे नेता हैं। गढ़पुरा में उन्होंने ही अँगरेजों को चुनौती देकर नमक बनाया। तब अँगरेजों को साहस नहीं हुआ कि वे श्रीबाबू को नमक बनाने से रोकें। 'तुम लोग खूब तैयारी करो नाचने-गाने की। 15 अगस्त को हमें पूरी आजादी मिल जाएगी। उस दिन आजादी का जश्न मनाया जाएगा।'

वाह रे गांधी बाबा! 'गांधीजी, गांधीजी वैश्य बनिया; बैठे-बैठे जीत लिया सारी दुनिया।' हम समझते कम थे, लेकिन 'आजादी' शब्द बोलने खूब लगे। नमक बनाया जाता है, यह तो हमारे लिए सातवाँ आश्चर्य था। हम तो समझते थे कि नमक भगवान भेजता है—कभी बड़े-बड़े ढेला बनाकर, जिसे हम सेंधा नमक कहते हैं, और कभी चीनी जैसे दाने के रूप में, जिसे हम समुद्री नमक के नाम से जानते हैं। गढ़पूरा में नमक बनाकर श्रीबाबू ने भगवान को हरा दिया क्या? गाँव-घर के भी पढ़े-लिखे, और अनपढ़ सब लोग आजादी की चर्चा

करते। लेकिन कुछ लोग बोलते कि बड़ी मार-काट हुई है। हिन्दू और मुसलमान के बीच दंगा हो गया। साथ-साथ रहने, खाने, हँसने, बोलने, पर्व-त्योहार मनानेवाले हिन्दू-मुसलमान अचानक एक-दूसरे का जानी दुश्मन हो गए हैं। कहीं हिन्दुओं का क़त्ल हुआ है, तो कहीं मुसलमानों का। अब यह देश हिन्दुस्तान और पाकिस्तान दो टुकड़ों में बँट चुका है। मुसलमानों का अगुआ जिन्ना है, और हिन्दुओं का जवाहरलाल। जिन्ना बड़ा बदमाश इंसान है। उसी ने इस देश का बँटवारा करवाया।

मैं इस सुनी-सुनाई बातों का मतलब ही नहीं समझ पाता। दंगा किसे कहते हैं? हिन्दू-मुसलमान क्यों एक-दूसरे का कत्ल करने लगे? हमारे गाँव के मुसलमान तो गाँव में पहले की तरह ही मजदूरी करते हैं। खैराती मियाँ और उसका बेटा रसगुलबा भी तो गाँव में ही हैं। उन्हें किसी हिन्दू ने कहाँ मारा-पीटा, या कत्ल किया है? गाँव के मुसलमान भाई भी कहाँ किसी हिन्दू पर हाथ उठाए हैं? फिर दंगा कैसा? एक-दूसरे से दुश्मनी कहाँ? क्यों लोग मार-काट और दंगा की बात करते हैं? जो हो, स्कूल में पढ़ाई के बदले तरह-तरह की कहानी सुनाई जाती। कभी नेताजी सुभाषचन्द्र बोस की, कभी गांधी जी की सादगी और ऊँचे विचारों की, कभी जवाहरलाल की और कभी राजेन्दर बाबू और जयप्रकाश नारायण की।

हमारी लोअर प्राइमरी कक्षाओं में तरह-तरह की कहानियाँ सुनाई जातीं, और उधर मिडिल स्कूल की कक्षाओं में पढ़ाई के बदले नाटक का रिहर्सल होता। मिडिल स्कूल के पबरावाले कपिलदेव बाबू मास्टर, पिपरिया वाले कपिलदेव बाबू मास्टर, लालेश्वर बाबू मास्टर, और गाँव के बाहर रहकर पढ़नेवाले कृष्ण नन्दन बाबू, दिनेश बाबू, गूँजो बाबू, रामउदय बाबू आदि युवक दस बजे से पाँच बजे शाम तक नाटक का ही रिहर्सल करते। इन सबको दिशा-निर्देश करवानेवाले महानुभाव पबरावाले कपिलदेव मास्टर ही थे। उन्हें नाटक खेलने और नाटक की तैयारी कराने में महारत हासिल थी।

देखते ही देखते 15 अगस्त का दिन आ गया और पूरा गाँव—इन्क्लाब—जिन्दाबाद, गांधी-नेहरू—जिन्दाबाद, स्वतंत्र भारत—जिन्दाबाद, मस्टर जिन्ना—मुर्दाबाद, पन्द्रह अगस्त—जिन्दाबाद, आदि नारों से गहगहा उठा। गाँव के गण्यमान्य व्यक्तियों और शिक्षकों के हाथ में कपड़े का तिरंगा झंडा, बच्चों के हाथ में कागज का तिरंगा झंडा, जोर-जोर के नारे और उछल-कूद।

मिडिल स्कूल में ऊँचे बाँस में झंडा बाँधकर हेडमास्टर साहब ने फहराया। झंडा फहरा और उसमें बँधे फूल स्वाधीन धरती का चरण चूमने नीचे बिखर गए। कृष्ण नन्दन बाबू ने माटी में लोट-लोटकर अपनी धरती की धूल समूचे शरीर में लेप ली। फिर गमछा में माटी भरकर सबकी देह पर फेंकने लगे। देश की मिट्टी अबीर-गुलाल बन गई और सब-के-सब मटमैला हो गए। फिर वहाँ से जुलूस की शक्ल में सब लोग विष्णुदेव बाबू के दरवाजे पर आए। वहाँ विष्णु बाबू ने झंडा फहराया, और छिट्टा में जलेबी भरकर सब के हाथों में जलेबियाँ दीं।

हमारा थाना उन दिनों बरियारपुर था। विष्णुदेव बाबू के साथ कुछ नौजवान और बुजुर्ग लोग बरियारपुर थाना चल पड़े। रास्ते में तत्कालीन कांग्रेसी नेता रामबाबू मंझौल में उनकी

प्रतीक्षा कर रहे थे। उन लोगों को साथ लेते-देते, सबके सब बरियारपुर थाना पहुँच गए, जहाँ 1942 ई. में थाना पर शहीद हुए जवानों को पुष्पांजलि दी। मैंने तो यह सब देखा नहीं, बाद में सुना। हम बच्चे तो बिसुन बाबू के दरवाजे से ही जलेबी खाते घर चले आए।

चार बजे शाम से गाँव में ढोलहा पड़ने लगा। गुदरा चमार के डाँड़ में ढोल और फालतू चौकीदार के हाथ में टीन का बना भोंपू। फालतू जोर-जोर भोंपू पर बोलता, 'सुनो जी, सुनो, देश आजाद हो चुका है। इस खुशी में आज रात आठ बजे से मिडिल स्कूल पर नाटक खेला जाएगा। घर के सभी मरद नाटक देखने और मजा लेने स्कूल पर जरूर पहुँचनाऽऽऽ।'

फालतू का बोलना खत्म होते ही मुदरा जोर-जोर से ढोलक पर थाप मारते हुए एक फेरी नाच जाता। गुदरा का थाप के साथ एक फेरी नाच जाना इतना मनभावन और लुभावना लगता कि हम बच्चे उसके पीछे-पीछे कुछ दूर आगे तक चले जाते। लगभग दो घंटे में फालतू और गुदरिया गाँववालों को नाटक की जानकारी पहुँचाकर चले गए।

गाँव के युवक, बुजुर्ग, बच्चे खाना खाकर स्कूल की ओर दौड़ पड़े। पहसारा, बभनगामा, वृन्दावन, रमौली, महेशवारा जैसे अनेक गाँवों के लिए यही एक मिडिल स्कूल था। इसलिए उन गाँवों से आए दर्शकों की भीड़ स्कूल के मैदान में अँट नहीं रही थी। फिर भी लोग नाटक के नाम पर डटे रहने की कसम खाकर जमा हुए थे। स्कूल के आगेवाली जमीन के पश्चिमी छोर पर नाटक के लिए मंच बनाया गया।

मंच क्या था, तीन-चार चौकियों को जोड़कर मंच का नाम दिया गया। उसे थोड़ा ऊँचा बनाने के लिए चौकियों के पौवा के नीचे दो-दो ईंट का उचक्का दे दिया गया। मंच ऊँचा लग रहा था। पबरा गाँव से मँगाया गया पर्दा मंच पर लटकाया गया। पर्दे को उठाने-गिराने के लिए दोनों तरफ एक-एक कार्यकर्ता मौजूद। लोग नाटक शुरू होने की प्रतीक्षा में व्याकुल थे। तभी पर्दा उठा और एक सूत्रधार बीच मंच पर हाजिर। पेट्रोमेक्स के इजोर (प्रकाश) में सूत्रधार का चेहरा भक-भक दिखाई पड़ा। गाल, ललाट, और गर्दन पर ढेर सारा पाउडर लटक रहा था। बाँह पर भी पाउडर का लेप साफ दिखाई पड़ा। वह कुछ बोलकर अन्दर गया और पर्दा गिर गया। फिर पर्दा उठा और तीन-चार युवक नाटक खेलने लगे।

नाटक का नाम तो मुझे याद नहीं, फिर भी इतना तो स्मरण जरूर आ रहा है कि कैसे अँगरेजों को भगाने के लिए एक तरफ गांधीजी का आन्दोलन चल रहा था, और दूसरी ओर मंच पर बैठे अँगरेज जज साहब किसी भारतीय युवक को फाँसी पर लटका देने का फैसला सुना रहे थे। शायद वह युवक भगत सिंह थे। जज का फैसला सुनते ही दर्शकों के बीच भारी शोरगुल होने लगा, 'मारो साले जज को, बेईमान है! अँगरेजपरस्त है! जज नहीं, यमराज है!'

हल्ला शान्त करने के उद्देश्य से पर्दा गिरा दिया गया, और पर्दा उठते ही मंच पर एक नटुआ नाचते हुए हाजिर। वह नटुआ था तो चौदह-पन्द्रह साल का लड़का, पर लड़की का ड्रेस पहनकर, और लड़की जैसा हाव-भाव दिखाकर नाच रहा था। नाच-नाचकर वह गीत भी गा रहा था, 'मेरे पिया गए रंगून, किया है वहाँ से टेलीफोन, तुम्हारी

याद सताती है, जिया में आग लगाती है।' इस नाच-गान के समय दर्शक खूब ठहाके लगा रहे थे। 'वाह! वाह!' के बीच यह भी सुनाई पड़ रहा था, 'अरे, छौंड़ा है कि छौंड़ी? लगता है, हू-ब-हू छौंड़ी जैसा। कमर कैसे लचकाता है, ओढ़नी से घूँघट कैसे बना लेता है, आँखें कैसे चलाता है, छाती उठी हुई है, जरूर यह छौंड़ी ही है!' दो-चार लोग तो मंच पर रुपए-पैसे भी फेंक रहे थे। लगभग आध घंटे बाद पर्दा गिरा, और फिर नाटक के पात्र उपस्थित हुए। लगभग भोर तक नाटक चलता रहा। बीच-बीच में पबरावाले कपिलदेव बाबू लोगों को हँसाने के लिए जोकर बनकर मंच पर हाजिर हो जाते। नाटक समाप्त होने पर कपिलदेव बाबू ने घोषणा की कि, 'कल भी नाटक होगा, आप लोग आना न भूलिएगा।' नाटक देखकर लौटते समय लोग आपस में बातें कर रहे थे, 'बहुत अच्छा नाटक था, कपिलदेव बाबू ने खूब हँसाया, नटुआ ने तो मन मोह लिया, साला जज बड़ा बेईमान था,' आदि-आदि।

लौटते दर्शकों के बीच हल्का-फुल्का विवाद भी चल रहा था। कोई कहता, 'यह नटुआ कहाँ से लाया? साला हीरा है, हीरा। मुझे तो साफ कमसीन छौंड़ी लग रहा था, मगर सब कहते हैं, छौंड़ी नहीं, छौंड़ा है वह।' कुछ लोग उसे डाँटते, 'हाँ, हाँ, वह नटुआ हीरा, और तुम पारस! आदि जाने न अन्त और बीच में ही फुच-फुच! पता है, पबरा गाँव का ही चमार है। उससे सटने पर भी गंगाजल चाहिए, और वही चमड़ा इनके लिए हीरा है! अरे जाति भी गँवाओगे, और भात भी नहीं पाओगे!'

खैर, तीन रात गाँव में नाटक चला और लोग आनन्द-मग्न। यही था हमारे गाँव में आजादी का जश्न!

देश की आजादी का जश्न तो हमारे गाँव के मिडिल स्कूल में नाटक के साथ ही खत्म हो गया, पर उस साल कचहरी में मनोरंजन का एक नया रूप भी शुरू हुआ। हमारे गाँव में दो कचहरी थीं, जो अब नहीं हैं। एक कचहरी का नाम था—'राय साहब की कचहरी' और दूसरी थी—'दिलीप नारायण की कचहरी।' राय साहब वाली कचहरी गाँव के तत्कालीन दक्षिणी छोर पर बूढ़ी गंडक नदी से थोड़ा पूरब हटकर अवस्थित थी, और दिलीप नारायण की कचहरी गाँव के उत्तरी छोर पर। दोनों कचहरी में एक-एक विशाल भवन था और भवन के चारों ओर लगभग बीस-बीस बीघा के रकबा में आम, लीची, कटहल, जामुन, शहतूत, अमरूद आदि के फलदार वृक्ष लगे थे। कचहरी के चारों मोहार पर शीशम के बड़े-बड़े पुराने पेड़ थे। भवन में जमींदार का काम-काज होता था और वहीं कर्मचारियों के रहने के लिए सुविधाप्रद कमरे और किचन, पाखाना आदि बने थे।

गाँव के लोग उस कचहरी के अन्दर घुसने में डरते थे। जमींदार साहब के नाम का ऐसा रुतबा था कि कचहरी का रखवार अगर किसी को अन्दर जाते पकड़ ले, और पटवारी को उस आदमी का नाम, पता बता दे; तो गया काम से। लेकिन मालगुजारी देने के लिए उसी भवन के अन्दर जाना पड़ता था, और उस जाने में किसी प्रकार की रोक-टोक नहीं। राय साहब का रुतबा दिलीप नारायण से बहुत बढ़-चढ़कर था।

राय साहब पटना के बहुत बड़े जमींदार थे और उनकी कचहरी जगह-जगह पर थी। फिर भी पहसारा में अवस्थित उनकी यह कचहरी विशिष्ट मानी जाती थी, क्योंकि इस कचहरी

का भवन बावन कोठरी और तिरेपन दरवाजे वाला था। उन दिनों इस कचहरी का नाम ही 'बावन कोठली तिरपन दुआरि' चल पड़ा था। इसकी बनावट ही ऐसी थी कि अनजान आदमी उसकी किसी कोठरी में घुसकर दूसरी-तीसरी कोठरी में गया, तो फिर निकलना मुश्किल। जिधर से भी निकलने की कोशिश करो, वह रास्ता दूसरी कोठरी में ही घुस जाता। लोग दिन भर उसमें भटकता रह जाए, अगर कोई बतानेवाला साथ न हो।

उस चकहरी के पटवारी गाँव के ही निवासी बालो बाबू थे, जिन्होंने उसकी कमाई से काफी जगह-जमीन बना ली। आगे चलकर उनके ही बेटे जज, डॉक्टर, प्रोफेसर आदि हुए। हमारे गाँव में उच्च शिक्षा का पहला प्रकाश उसी परिवार से चमका। यद्यपि बालो बाबू खुद मामूली ही पढ़े-लिखे थे, पर उनकी व्यावहारिक बुद्धि बहुत सन्तुलित थी। इसीलिए उनके यहाँ लक्ष्मी और सरस्वती दोनों का पलड़ा भी सन्तुलित रहा। कहते हैं कि राय साहब जमींदार तो बहुत ही बड़े थे, पर शौकीन और ऐयाश भी उतने ही बड़े। उन्हें शाहखर्च कहा जाता था। उन्होंने अँगरेजों के देश छोड़ने से पहले, अपनी बेटी की शादी की थी। उस शादी में बड़े-बड़े अँगरेज अफसरों और देशी जमींदारों को न्योता गया। अपनी ऊँचाई और शाहखर्ची दिखाने के लिए उन्होंने उस शादी में इतना खर्च किया कि खजाना शून्य से भी नीचे भाग गया। वे भारी कर्ज में डूब गए। उस कर्ज को चुकाने में उन्हें पहसारा की 'बावन कोठली तिरपन दुआरि' वाली कचहरी बेचनी पड़ी। खरीदनेवाले थे दिलीप नारायण।

गाँव के पुराने लोगों से सुना है कि राय साहब को एक ही बेटी थी। उस बेटी की शादी उन्होंने पहसारा वाली 'बावन कोठली,तिरपन दुआरि' कचहरी से ही करने का निश्चय किया। ऐसा शायद इसलिए कि अव्वल तो अपने मातहत किसानों, मजदूरों, कारपरदारों, और भुसारी क्षेत्र की जनता की आँखों को चौंधियाना उद्‌देश्य रहा होगा, और दूसरा कारण यह भी हो सकता है कि इतने बड़े आयोजन के लिए पटना में मुफीद जगह न मिली हो! जो भी हो, इस विवाहोत्सव को यादगार बनाने के लिए उन्होंने महीनों पूर्व से तैयारी शुरू कर दी थी।

कचहरी के मोहार वाले अनेक शीशम पेड़ तो चुन-चुनकर वर्षों पहले ही कटवा लिये गए थे। अब छह महीने पूर्व से दस कमार उससे पलंग और अन्य प्रकार के कामदार फर्नीचर बनाने में भिड़े थे। गाँव में तो ऐसे होशियार कारीगर मिलना मुश्किल था, इसलिए मुंगेर से कमार मँगाए गए। भवन को रँगने-चमकाने वाले राजमिस्त्री और हुनरमन्द लोग अलग काम कर रहे थे।

उन दिनों कहीं पक्की सड़क तो थी नहीं, फिर भी बेगूसराय से बूढ़ी गंडक नदी के उस पार कोरिया तक सुर्खी की पक्की सड़क साहब लोगों ने बनवाई थी। नदी के उस पार पहला गाँव सिउरी पड़ता है, फिर मंझौल। मंझौल से पूरब आनेवाली कच्ची सड़क पर महेशवारा, फिर रमौली और तब पहसारा गाँव है। सिउरी से पहसारा तक का रास्ता धूल-गर्दा से भरा हुआ। राय साहब ने ढेर सारे मजदूर लगाकर सिउरी से पहसारा तक की राह पर दोनों तरफ लकड़ी के मर्द भर ऊँचाई वाले खम्भे गड़वाए। वे खम्भे हर पच्चीस-तीस फीट की दूरी पर गाड़े गए थे। उनमें बाँस से बना हुआ खोंमचा लगाया गया, ताकि उनमें किरासन तेल वाली ढिबरी रखी जा सके और बारात आने के समय उन्हें जलाकर मार्ग को प्रकाशित किया जा सके।

जिस दिन बारात को आना था, उस दिन सिउरी से लेकर पहसारा तक रास्ते में दरी बिछाई गई, ताकि बारातियों को धूल का सामना न करना पड़े। कचहरी के प्रवेश-द्वार को इस तरह सजाया गया कि प्रवेश करते ही बारात में आनेवाले लोग हकचक हो जाएँ। कहते हैं कि बाराती के मनोरंजन हेतु बनारस, मुंगेर, लखनऊ और कलकत्ता से चुन-चुनकर एक दर्जन रंडियाँ मँगाई गई थीं, जिनमें से सर्वाधिक दो सुन्दरियों को प्रवेश द्वार पर हाथ जोड़े, मुस्कराती मुद्रा में खड़ा किया गया। भंडार घर तरह-तरह की मिठाइयों से सुगन्धित हो रहा था। बारात में पचास हाथी और न जाने कितने घोड़े आए थे। विवाह-मंडप बनाने के लिए चाँदी के बारह खम्भे बनवाए गए, जिन पर सोने की परत चढ़ाई गई थी। मंडप पर जो पुरहर सजाए गए, वे भी चाँदी के ही बने थे और ऊपर से सोने का पानी। समधी सहित बारह लोगों को अलग बैठाकर खिलाने के लिए सोने की बारह थालियाँ और बारह स्वर्ण गिलास तैयार। लोटा चाँदी का बनवाया गया था। खाने के बाद बिदाई के समय वे थालियाँ और गिलास समधी की ही नसीब में कील हुए।

हाथी, घोड़े, बैल, आदि की सेवा में अनेक मजदूर लगे थे। उन्हें धोने-नहाने के लिए बगल में बूढ़ी गंडक नदी बह ही रही थी। कहते हैं कि राय साहब की बारात पन्द्रह दिन ठहरी थी। उन पन्द्रह दिनों में कचहरी के पेड़ लगभग पत्रहीन और ठूँठे हो गए। काम करनेवाले मजदूर-किसान का शरीर थौआ-थौआ। मगर राय साहब का रुतबा आसमान की ऊँचाई पर पहुँच गया। लगातार पन्द्रह दिनों तक रंडियों का नाच-गान और साहब लोगों का सत्कार कोई खेल मियाँ की टोपी तो था नहीं।

गाँव के लोगों के कभी बाबा-पुरखा ने ऐसा महोत्सव नहीं देखा था। डोम का घर जूठी पूरी, मिठाई से भर गया। मियाँ भाई खस्सी काटते-काटते अघा गए। पत्ता समेटनेवाला माल-मुसहर भी जूठन चाटकर सन्तुष्ट। सिर्फ ऊँची जाति का तमगा लटकानेवाले पंडित, भूमिहार, कायस्थ, राजपूत की जीभ लार ही टपकाती रह गई। विदेशी शराब की फेंकी गई खाली बोतलों को चुनकर बेचनेवाला पासी भी बम-बम। हाथी, घोड़ों की लीद से नदी के बगल का दियारा क्षेत्र पट गया। इस तरह की बारात इलाके वालों ने न कभी देखी, न सुनी, और न उनकी कल्पना में ही कभी अटी थी। राय साहब का खजाना खाली, बैंक करप्ट। कर्ज का बोझ इतना भारी हो गया कि उनकी जमींदारी गायब। उसी विवाह के बाद राय साहब ने 'बावन कोठली, तिरपन दुआरि' वाली यह कचहरी बेच दी। खरीदनेवाले थे मुंगेर के जमींदार दिलीप नारायण। अब गाँव की दोनों कचहरी का एक ही मालिक दिलीप बाबू। राय साहब का सूरज डूबते ही दिलीप नारायण का चाँद चमक उठा।

खेलहिं खेल सकल नर लीला

राय साहब की बेटी का विवाह और कचहरी का बिकना मेरे जन्म से पहले की घटना है। आजादी के साल कार्तिक महीना घुसते ही वहाँ एक रामलीला मंडली उतरी। गाँव में ढोलहा पड़ गया कि कल से कचहरी में रामलीला खेली जाएगी। बनारस की रामलीला मंडली उतरी है। गाँव के लोग शाम में सबेरे खाना खाकर रामलीला का आनन्द लूटने जरूर आएँ।

गाँव के लोगों ने नाटक तो देखा था, पर रामलीला का मजा अलग होता है। इसे देखने में मजा के साथ-साथ धर्म और पुण्य भी होगा। इसलिए चूकना नहीं चाहिए—'एक पन्थ दो काज।'

नौ बजते-बजते लोग कचहरी में जमा होने लगे। रामलीला मंडली के लोगों ने चौकी का ऊँचा और लम्बा-चौड़ा मंच बना रखा था। मंच के ऊपर बाँस की बल्ली से पर्दे भी लटक रहे थे। प्रकाश की व्यवस्था दो पेट्रोमैक्स, और बगल में अंडी तेल का लूक जलाकर किया गया। लोगों के बैठने के लिए मंच के आगे की खाली जमीन थी।

सौ-पचास दर्शक जब जमा हो गए तो मंडली का मुखिया मंच पर आया और बोलने लगे, 'रामलला के भक्त पहसारावासी नर-नारी को बनारस से आई यह लीला-मंडली शतशः प्रणाम करती है। हम आप तक भगवान श्रीराम के जन्म से लेकर अयोध्या की गद्दी पर बैठने तक की लीला दिखाने आए हैं। हमारी रामलीला मंडली इस देश की सर्वोत्तम मंडली का मेडल पा चुकी है। आप हमारा नाटक देखकर अवश्य ही खुश होंगे, और हमारी प्रशंसा भी करेंगे। यह रामलीला देखने के लिए न तो कोई टिकट खरीदना पड़ता है, और न कुछ खर्च लगता है। हाँ, हम इतनी दूर से अपनी मंडली के लिए रसद-पानी लेकर नहीं आ सकते। इसलिए आप ग्रामवासियों को हमें अतिथि समझकर मंडली के भोजन-भाव की व्यवस्था करनी होगी। मंडली में कुल बीस सदस्य हैं। कोई एक आदमी इतने लोगों को रोज खिलाने का बोझ नहीं उठा सकता। परन्तु आप सब मिलकर इस बोझ को हल्का बना सकते हैं—दस की लाठी, एक का बोझ। हम नाटक के शुरू में कल से दो 'फूल-माला' लेकर खड़ा होंगे। जिस किसी महानुभाव की इच्छा होगी, वे यहाँ आकर हमारे हाथ से माला ले लेंगे। एक माला लेने का मतलब होगा—कल के एक शाम का भोजन, और दोनों लेने का मतलब—कल दोनों शाम के भोजन की व्यवस्था वही महानुभाव करेंगे। यदि एक व्यक्ति से दोनों माला उठाना सम्भव न हो, तो दो महानुभाव आकर एक-एक माला उठा सकते हैं। दाएँ हाथ की माला उठाने पर अगले दिन सुबह का भोजन गछना, और बाएँ हाथ की माला उठाने पर कल रात में मंडली को भोजन खिलाना होगा। भोजन में हमारे लिए अलग से कोई हलुआ-पूड़ी की व्यवस्था नहीं करनी है। आप जो खाते हैं, वही हमें भी खिलाइए, मगर प्रसन्न भाव से—सँवरिया भाव के भूखे। यदि ग्रामवासियों को यह प्रस्ताव मंजूर हो तो हम यहाँ रुकेंगे, नहीं तो आज की लीला दिखाकर, कल बोरिया-बिस्तर समेटकर (नौ दो ग्यारह हो जाएँगे) 'ले पूरी घसक' हो जाएँगे।'

जैसे ही मंडली के मुखिया का बोलना समाप्त हुआ कि गाँव के बुद्धन सिंह छाती तानकर खड़ा हो गए और जोर-जोर से बोलने लगे, 'महन्थजी, आप खाने-पीने की चिन्ता मत कीजिए। हमारा गाँव अयोध्यापुरी है। यहाँ दो-दो बारहगामा भोज हो चुका है। एक बारहगामा में हम दस से पन्द्रह हजार भाई जाँघ जोड़कर एक साथ बैठते-खाते हैं। इसमें लगभग बीस गाँव के जलेवार भाई जमा होते हैं। आप बीस आदमी की मंडली को हमारा गाँव चुटकी बजाकर अफरा देगा—जोजन खाय, सो कोस अघाय। आप लीला दिखाइए और कल के लिए दोनों शाम की माला मैं उठाता हूँ। कल मेरे घर का चौका पवित्र कीजिए।' यह कहकर

बुद्धन सिंह आगे मंच की ओर बढ़े, और राम भगवान के फोटो के आगे रखी दोनों मालाएँ उठाकर अपने गले में पहन लीं।

महन्थ जी और उनकी मंडली के सदस्यों ने 'जय हो, जय हो' के नारे लगाते हुए जोर-जोर से ताली बजाई। पीछे से दर्शक दीर्घा भी ताली पीटने लगी। बुद्धन सिंह गले में माला लटकाए, छाती फुलाए, अपनी जगह पर लौट आए।

बुद्धन सिंह को लोग 'धड़ाका' नाम से पुकारते हैं। धड़ाका अपने समय के कहवैया पहलवान थे। वे ताकत से अधिक कुश्ती के दाँव-पेंच में माहिर रहे हैं। इसलिए गाँव के उठते हुए युवक उन्हें 'उस्ताद' कहकर सम्मान देते। धड़ाका एक छनौटी घोड़ी पर चढ़कर चलते थे। वे अभी भी 95 वर्ष की उम्र में जीवित हैं, और लाठी के सहारे गाँव घूम आते हैं।

माला उठते ही रामलीला मंडली सक्रिय। मंच पर दशरथ-दरबार सज गया। दशरथ के बगल में तीन रानियाँ। तीनों के नाम बताए गए—कौशल्या, सुमित्रा और कैकेयी। सामने गुरु वशिष्ट और अन्य मंत्रिगण। महाराज दशरथ ने गुरु वशिष्ट से कहा, 'गुरुदेव, मुझे कोई पुत्र नहीं; इतने बड़े राज्य का उत्तराधिकारी कौन होगा? मैं इसी चिन्ता और ग्लानि से दिन-रात गलता रहता हूँ। आप जैसे ब्रह्मा-पुत्र के दास की यह पीड़ा कब तक? कोई युक्ति तो बताइए।'

फिर वशिष्ट ने पुत्र होने का आशीर्वाद दिया, और पुत्रेष्टि यज्ञ करने की सलाह दी।

इस दृश्य के बाद बड़े मीठे स्वर में रामायण की कुछ पंक्तियाँ हारमोनियम, तबले की संगति में गाई गईं। फिर एक नटुआ नाचने आया। उसने तो अपने मोहक रूप, नृत्य और गान से थै-थै कर दिया। लोग आनन्द-मग्न। आपस में लोग एक-दूसरे से खुसुर-फुसुर करने लगे, 'नहीं भाई, रामलीला मंडली बहुत उम्दा है। कोई हुस्सी-फुस्सी मंडली नहीं आई है। इसे रोककर पूरी लीला देखनी चाहिए।'

नाच के बाद महन्थ जी मंच पर खड़े होकर बोलने लगे, 'भाइयो, बहनो, कल सब लोग जुटकर आइए। महाराज दशरथ यज्ञ करेंगे। उन्हें पुत्र होने का वरदान मिलेगा। इस यज्ञ को देखनेवाले तमाम लोग पुण्य का भागी होंगे। आपमें से जिस किसी को अभी तक पुत्र प्राप्त नहीं हुआ है, दशरथ जी का यज्ञ देखने पर उनको भी पुत्र अवश्य हो जाएगा। आज की लीला समाप्त होती है और कल इसी समय फिर हमारी मंडली आपकी सेवा में हाजिर रहेगी।'

सब लोग मंडली और उसके महन्थ की प्रशंसा करते घर चले। रास्ते में तरह-तरह की टीका-टिप्पणी होती रही। कोई बोला, 'साला नटुआ तो जानमारूक नाच नाचता है। देखने में कितना सुन्दर है!'

दूसरा तपाक से उबल पड़ा, 'रामलीला देखने आया था कि नटुआ लूटने? उधर ध्यान गया कि नरक की राह क्लीयर। राम भगवान की लीला पर ध्यान देना चाहिए, सात पीढ़ी का उद्धार हो जाएगा। यह महन्थ बनारस से कोई खेल-धूप लेकर नहीं आया है, साक्षात् भगवान राम का दर्शन कराने आया है। इसमें लौंडा-फौंडा की बात मन में मत किया करो।'

एक बूढ़ा पीछे से आ रहा था। उसके साथ उसकी पत्नी भी थी। पत्नी ने बूढ़े से पूछा, 'क्या कल का यज्ञ हम अछूत को भी देखने देंगे?'

बूढ़ा बोला, 'अरे बैठने नहीं भी देंगे तो लीची गाछ के नीचे बैठकर, दूर से ही देखते रहेंगे। बामन-मंडली से सटकर थोड़े बैठने जाएँगे!'

दूसरे दिन से रामलीला देखने के लिए भीड़ उमड़ पड़ी। पुत्रेष्टि यज्ञ के बाद सारे लोगों ने यज्ञ का धुआँ हाथ से सेंककर अपनी-अपनी आँखों में लगाया। सबको ऐसा लगा, मानो वह स्वर्ग जाने का अधिकारी हो गया! सबसे पीछे हरखू और बसन्ता भी धुआँ लेने पहुँचे। यह देख दर्शक दीर्घा से आवाज आई, 'पकड़ो, पकड़ो, मारो, मारो, साला यज्ञ को भ्रष्ट करने पहुँच गया है! डोम, चमार की छाँह से भी हड्डी दूषित हो जाती है, और यह यज्ञ को छूने पहुँच गया! इतना साहस? गाँव से निकाल देंगे। रात-दिन गाय-माल का चमड़ा छीलता है, उसका मांस खाता है, और अभी आया है—स्वर्ग की राह पकड़ने!'

शोरगुल सुनकर महन्थ जी मंच पर खड़े होकर बोल पड़े, 'भाइयो! शान्त हो जाइए। इस तरह उत्तेजित नहीं होइए। भगवान राम ने शबरी के घर जाकर उसके हाथ से जूठा बेर खाया था। उनका जन्म ही ऊँच-नीच, सबका उद्धार करने के लिए हुआ था। उनका नाम ही 'पतित पावन' है। जानते नहीं—'जाति-पाँति पूछे नहिं कोई, हरि को भजे सो हरि का होई?' इसे धुआँ लेने से रोकने पर आपका स्वर्ग भी बाधित हो जाएगा। अभी जो आपको आजादी मिली है, वह किसके त्याग से? महात्मा गांधी के त्याग और भगत सिंह के बलिदान से। ये दोनों ही महापुरुष समाज से जाति-भेद को मिटाने के पक्ष में थे। गांधी जी राम-राज्य की स्थापना करना चाहते हैं, और राम-राज्य में कोई डोम-चमार नहीं, कोई ऊँच-नीच नहीं—राम राज बैठे त्रैलोका, हर्षित भये गये सब शोका। इसलिए इसे यज्ञ का धुआँ लेने दीजिए, रोकिए मत। यह आपके समाज की वह सेवा करता है, जो कोई दूसरा किसी कीमत पर करने को तैयार नहीं होगा। सेवक को तो सम्मान देना चाहिए। आप इसे अपमानित मत कीजिए।'

महन्थ जी की बात सुनकर शोरगुल शान्त हो गया। हरखू और बसन्ता के साहस में इजाफा हुआ, और महन्थ जी को दूर से हाथ जोड़कर प्रणाम करते हुए यज्ञ-कुंड के पास पहुँचकर यज्ञ का धुआँ अन्य लोगों की तरह ही अपनी आँखों में लगाया।

दर्शक-दीर्घा में कुछ लोग खुश, कुछ नाखुश; लेकिन महन्थ की बातों की प्रशंसा सब कर रहे थे, 'बड़ा विद्वान महन्थ है। यह कितनी अच्छी बात बताता है!'

हरखू और बसन्ता तो महन्थ को साक्षात् भगवान ही मानने लगे। वे सोच रहे थे, 'महन्थ जी तो छुआ जाएँगे, नहीं तो हम उनके दोनों पाँव पखारकर पी लेते।'

आज की लीला समाप्त होते ही महन्थ जी के हाथ की माला लेने के लिए तीन-चार लोग दौड़ पड़े। जो पहले पहुँचा, वह माला उठाकर मंडली को कल दोनों शाम खिलाने और सेवा-सत्कार करने की घोषणा कर गया।

तीसरे दिन की लीला में श्रीराम और उनके भाइयों का जन्म हुआ, 'भये प्रकट कृपाला, दीन दयाला, कौशल्या हितकारी।' ओह, आज तो भीड़ में गजब का उत्साह था! कल ही महन्थ ने बता दिया था कि अगले दिन राम का जन्म होगा। जिनको जो चढ़ौआ चढ़ाना हो, श्रद्धापूर्वक चढ़ा सकते हैं। राम लला उनकी सारी मनोकामना पूरी करेंगे। अधिकतर लोग अपने साथ कुछ-न-कुछ राम दरबार में निछावर करने के लिए साथ लाए थे। धोती,

गमछा, साड़ी, चूड़ी, लहठी, चन्दन, चावल, सिक्का, बाल्टी में दूध, बोतल में घी—अपनी-अपनी औकात के हिसाब से लोग मंच पर रखने लगे। महन्थ जी तो गद्गद! औरतें झुंड बनाकर सोहर गा रही थीं, और मर्द ताली बजा-बजाकर 'भये प्रकट कृपाला, दीन दयाला' गा रहे थे।

यह अद्भुत दृश्य देखकर मेरे मन में हो रहा था कि ओह, मैं भी रामलीला मंडली का सदस्य क्यों नहीं बन जाता हूँ? बड़ा मजा है इस मंडली के साथ।

राम-जन्म के बाद रोज लीला आगे बढ़ने लगी। राम-सीता विवाह के दिन तो अद्भुत दृश्य उपस्थित हुआ। शिवजी का धनुष राम ने क्षण-पलक में तोड़ दिया, सीता वरमाला लेकर सखियों के साथ मंच पर आई। उफ! कितनी सुन्दर थीं सीता महारानी! बाप रे, कहाँ से चुन-चुनकर लाता है यह महन्थ इतनी सुन्दर लड़की! फिर राम-सीता का विवाह। राम-वनगमन का करुण दृश्य, शोकाकुल दशरथ का मरण, दर्शक की आँखों से झर-झर लोर, कैकेयी को गालियाँ, केवट की राम-भक्ति प्रकट हुई। राम ने वन में राक्षसों को मारा, शूर्पनखा के नाक-कान काटे गए, सीता का हरण हुआ, समुद्र में सेतु बँधाया, राम-रावण युद्ध हुआ, रावण मारा गया, सीता की अग्नि परीक्षा हुई, राम पुष्पक विमान में बैठकर सीता, लक्ष्मण और सेवकों के साथ अयोध्या आए :

नारि कुमुदिनी अवध सर, रघुपति विरह दिनेश।
अस्त भये, प्रमुदित भई, निरखि राम राकेश॥

भरत ने उनका स्वागत किया, माताओं ने आरती उतारी। फिर रामजी को अयोध्या की गद्दी पर बैठाकर राम-राज्य की स्थापना हुई। यहीं आकर रामलीला मंडली ने लीला समाप्त होने की घोषणा कर दी।

जिस रात रामलीला समाप्त हुई, उसके अगले दिन राम और सीता को एक रथ पर बैठाकर गाँव भ्रमण कराया गया। वशिष्ट मुनि रथ के अगले माँघी पर पालथी मारकर बैठे थे, और उनके पीछे ऊँचे आसन पर राम और जानकी को बैठाया गया। राम और जानकी को बड़े भव्य ढंग से सजाया गया। राम-जानकी के अगल-बगल लक्ष्मण और हनुमान खड़े थे। साक्षात् राम-दरबार का दृश्य भक-भक दिख रहा था। गाँव के जिस रास्ते से वह रथ गुजरा, नर-नारी, बच्चे-बूढ़े दौड़ पड़े। 'जो जैसहिं, तैसहिं उठि धावा।' कोई भी समर्थ व्यक्ति खाली हाथ नहीं। किसी के हाथ में मकई की बाली, तो किसी की खोंइछा में सेर-आध सेर धान। कोई महिला सीता मैया की आंगी के लिए एक गज कपड़ा, तो कोई धनवती एक पल्ला साड़ी। किसी की कटोरी में पकी-पकाई हलवा-पूरी, तो किसी सम्पन्न के हाथ में रुपया-अठन्नी। राम-सीता से छिपाना क्या? अपनी-अपनी औकात के हिसाब से गाँव की प्रजा राम-दरबार में हाजिर।

महन्थ जी मटोमट (सन्तुष्ट)। वे आगे-आगे नारा लगा रहे थे, 'भारत माता आधी है', उनकी मंडली के सदस्य पीछे से जोरदार शब्दों में कहते, 'जिन्ना ही अपराधी है।' फिर महन्थ जी कहते, 'राम राज्य अब लाना है', पीछे से आवाज आती, 'जिन्ना को दिखलाना है।' इसी तरह नारा लग रहा था, और समूचा गाँव उत्साह-उमंग में डूबकर राम-दरबार की आरती उतारता गया।

चढ़ौवा का माल पाकर मंडली का महन्थ वर्षा के जल से भरे जलाशय की तरह फूल रहा था। लेकिन शाम होने को आई, और परिक्रमा आज आधा गाँव तक ही हो सकी। महन्थ जी ने घोषणा की, 'कल शेष गाँव की परिक्रमा पूरी कर, परसों सुबह हम लोग यहाँ से प्रस्थान कर देंगे।'

रामलीला मंडली जब अपने स्थान पर लौटी, तो वहाँ चार जने हाथ जोड़े खड़े थे। ये थे—हरखू, बसन्ता, गोनौरी और जंगलिया। चारों ने धरती पर छाती सटाकर, दोनों हाथ जोड़कर अलग से ही महन्थ जी और राम-जानकी को प्रणिपात किया। महन्थ उन्हें इस तरह देख हक्का-बक्का। बोले, 'क्या बात है सज्जनो?'

चारों उठ खड़े हुए और, हरखू हाथ जोड़कर, भींगी आँखों, थरथराते होंठों से बोलने लगा, 'सरकार, हम जनम-जनम के पापी, अपराधी, अछूत। हमारा उद्धार कैसे होगा? हम राम-दरबार की आरती में शरीक नहीं हो सके, हमने कोई चढ़ौवा भी रामजी को नहीं चढ़ाया। हमारे छू जाने से सब कुछ अपवित्र। गाँववालों के डर से हम उस जुलूस में भी शामिल नहीं हुए। उस भीड़ में किसी ऊँची जाति वालों से सट जाते तो हमारा धुनैया हो जाता। इसलिए हम आपके दरबार में सबसे आँख बचाकर एक मिनती (विनती) करने आए हैं। हुकुम हो तो कहूँ?'

महन्थ जी बोले, 'हाँ-हाँ, कहो, अपनी बात खुलकर कहो, डरने की क्या बात!'

हरखू बोला, 'सरकार, हम भी मंडली को एक शाम भोजन कराना चाहते हैं। हम माला तो अछूत होकर उठा नहीं सकते थे, फिर दूसरा रास्ता सोचा। हमारा बनाया भोजन आप खा नहीं सकते, और हम भी इसके लिए प्रार्थना कर, अपने माथे एक और पाप चढ़ा लेना ठीक नहीं मानते। हम चारों ने एक उपाय किया है। अपनी-अपनी जाति से थोड़ा-थोड़ा माँगकर कुल आठ रुपए जमा किए हैं। आपकी मंडली बीस साधुओं की है। पाव भर के हिसाब से पाँच सेर चावल लगेगा। अरबा चावल एक रुपए में ढाई सेर मिल रहा है। तो दो रुपए में चावल, एक रुपए में सेर भर राहर की अदद दाल, दो रुपए में छह सेर दूध, और बाकी तीन रुपए में तरकारी, तेल, मसाला, जलावन—सबकुछ पूरा हो जाएगा। कुछ घटने पर हम अपनी देह नपा देने के लिए तैयार हैं। कच्चा माल आटा, चावल, दूध, सब्जी, हमारे छूने से छुआ जाता है, इसलिए हम यह खरीदकर आपके दरबार में नहीं पहुँचा सकते। लेकिन बालगोविन्द पंडित जी महाराज से हमने पूछा। वे बड़े सीधे, साधु और विदमान पंडित हैं। उन्होंने कहा कि रुपए-पैसे डोम-चमार से भी नहीं छुआते हैं। इसलिए हम आठ रुपए आपके पैर पर रखने आए हैं। यदि आप इसे स्वीकार कर इन रुपयों से एक शाम का भंडारा हमारी ओर से होने दें, तो हम अभागों का भी राम-दरबार में नाम चढ़ जाएगा। अब आपके ही हाथ में हमारा उद्धार होना, या न होना निर्भर है। हम हाथ जोड़कर मिनती करते हैं—आप हामी भरिए, हमारा उद्धार कीजिए!'

महन्थ जी बोले, 'हरखू, तुम इस तरह अपने को छोटा और ओछा क्यों मानते हो? गांधीजी ने तो छुआछूत मिटाने के लिए इतनी बड़ी तपस्या की। अब तो सब जाति के लोग बराबर हैं। तुम खाना बनाकर यहीं पर खिला दो तो हम खुशी-खुशी तुम्हारे हाथ का बनाया खा लेंगे।'

हरखू जीभ काटते हुए तुरत बोल पड़ा, 'नहीं सरकार, आपको अपवित्र करने का पाप हम नहीं करेंगे। आपको मंजूर है, तो भी नहीं। कल को गाँववाले हमें अपने खेत-खलिहान जाने नहीं देंगे, हमारी बहू-बेटियों को खींचकर अपनी सेज पर ले जाएँगे। उस समय वे अपवित्र नहीं होते हैं, मगर हमारे छू जाने पर तो वे अगिया बैताल हो जाएँगे। कृपया हमारी गुहार मानकर ये आठ रुपए रख लीजिए, और हमें राम-दरबार में रजिस्टर होने दीजिए। गांधी बाबा तो सन्त हैं, भगवान हैं, पर उनकी बात कौन सुनता-मानता है! अगर उनकी बात ही मानी जाती, तो हिन्नू-मुसलमान इस तरह लड़ते-झगड़ते? तारापुर में कत्लेआम मचता? नहीं, नहीं, हमारे रुपए स्वीकार कर कल का भंडारा हमारे नाम से होने दीजिए। हम इसी से सीधे स्वर्ग चले जाएँगे। हमें फिर जन्म लेकर इस दुख में आना नहीं पड़ेगा। कृपा कीजिए महन्थ बाबा!'

महन्थ जी हरखू की बातें सुनकर गमगीन हो गए। फिर बोले, 'अच्छा, लाओ आठ रुपए। मैं कल सुबह का भंडारा इन्हीं रुपयों से तुम्हारे नाम करूँगा। तुम्हारा उद्धार कल ही हो जाएगा। रामजी तुम्हें कल ही जनम-जनम की पीड़ा से मुक्त हो जाने का सर्टिफिकेट दे देंगे।'

हरखू ने अपनी गमछी की गठरी से रुपए खोले और महन्थ जी के पैरों के नीचे धरती पर रख दिये।

महन्थ जी रुपए उठाकर हरखू से बोले, 'जाओ चारों जने, तुम चारों किसी भी साधु-महात्मा से बड़े हो। राम तुम्हें अगले जन्म में अपना सेवक बनाकर रखेंगे। जाओ, जय रामजी!'

चारों अछूत अपना भाग्य सराहते घर की ओर चल पड़े। हरखू की खुशी का ठिकाना नहीं। वह कह रहा था, 'बसन्ता! महन्थ साक्षात् देवलोक से आए रामदूत है। जितना विदमान, उतना ही दरियाव। छुआछूत बिलकुल नहीं मानते। गाँव के तो बाभन लोग हमें जानवर से भी गया-गुजरा समझते हैं। मजदूरी करने जाओ तो गाय-भैंस को खिलानेवाला अनाज हमारे लिए अलगाकर रखते हैं। देह में सट जाओ, तो अन्धा, बदमाश कहकर गाली बकने लगते हैं। लेकिन औरतों से सट-सटकर, हँस-हँसकर, बतियाने में छुआछूत भूल जाते हैं। रामजी कब इनकी मति बदलेंगे, पता नहीं!'

गोनौरी बोल पड़ा, 'ऐ हरखा, तुम औरतों से सटने, हँसने की बात करते हो! अरे दाहू सिंह भी बाभन ही न है? वह तो रोज औझली के साथ गाछी वाले डेरा में सोता है। मगर वही कुआँ पर नहाने आता है, तो उस समय किसी अछूत को कुआँ पर चढ़ने नहीं देता। उसके लिए खीरा मुँह तरफ से मीठा, पीछे से तीता। महात्मा गांधी जी सत्संग में ठीक ही कह रहे थे—रोग और राजा कमजोर को ही दबाता-सताता है। हमारा जनम ही यह सब सहने के लिए हुआ है।'

अब बसन्ता से भी चुप नहीं रहा गया। वह आपबीती सुनाने लगा, 'हो हरखू, गोनौरी भाई, हमें कहने में तो लाज लगती है, पर आप लोगों की बातें सुनकर कहे बिना रहा नहीं जा रहा। हमारी तैनकी बेटी देखने में ही काली है, पर नाक-नक्शा से तो वह डोमिन की बेटी नहीं लगती।'

'अरे, तुम्हारी तैनकी तो अलबत्त सुन्दर है। उसकी बड़ी और चमकदार आँखें, काले-घुँघराले बाल, और अभी जवानी भी नहीं पहुँची है, पर छाती का उठान बाभन-बेटियों के भी कान काटते हैं।' गोनौरी बोला।

'बस, बस, गोनौरी भाई, तुम तो सब जानते हो। वही तैनकी माँ के कहने पर एक दिन बड़का मालिक के घर सूप देने गई। दरवाजे पर मालिक का छोटका बेटा अकेले बैठा था। क्या कहूँ, तैनकी जब घर लौटी तो उसके हाथ में दो अठन्नी थी। माँ ने पूछा—यह कहाँ पाया? तैनकी रोने लगी। माँ के फुसलाने पर वह बोली—मालिक का छोटका बेटा दरवाजे पर बैठा था। वह बेंच पर से उठा और मेरे हाथ से सूप लेकर नीचे गिरा दिया। फिर मेरा हाथ पकड़कर अन्दर कोठरी ले गया। मैं कहती रही—मालिक, छुआ जाओगे, पर उसने कुछ नहीं सुना। अन्दर जाकर उसने मेरे साथ गलत काम किया। मैं किसी तरह हाथ छुड़ाकर भागने लगी तो उसने जेब से दो अठन्नी निकालकर मेरे हाथ पर रख दिया, और बोला—किसी से कहना नहीं। मैं मालिक के आँगन नहीं गई, सीधे घर भाग आई।' बसन्ता सुबकने लगा।

जंगलिया अब फूट पड़ा, 'क्या अल-बल बातें बकते हो! यह किसी एक की बात थोड़े है। झकोरना कमार का बड़का बेटा किसका जनमा है? हमारे ही मधबा का नाती उतना सुन्दर कैसे उतर गया? उसकी बेटी घरे-घर कपड़ा लेने-देने जाती है। किसी मालिक का जी मचल गया। उसने ही भोग लगाया, और प्रसाद के तौर पर उतना सुन्दर नाती दौड़-खेल रहा है। देव-पितर से ही यह कर्म होता आया है। तारा गुरु बृहस्पति की पत्नी है; मगर उसका बेटा बुध चनरमा के बीज से निकला है। इतने पर भी तारा को बृहस्पति ने अपनाया, और तारा, अहल्या, सती पतिव्रता नारी के रूप में पूजी जाती हैं। बन्द करो यह सब चर्चा। चलो रामजी की शरण। वही हमारी रक्षा और उद्धार करेंगे। जय सियाराम! अपना कर्म करो, फल भगवान देंगे।' चारों अछूत बातें करते घर पहुँच गए।

रामलीला मंडली दूसरे दिन भी शेष गाँव की परिक्रमा करने निकल पड़ी। उसी तरह की सजावट, वही सब नारा, वैसी ही भीड़। उस दिन भी चढ़ौवा खूब चढ़ा। शाम होते-होते परिक्रमा पूरी हो गई और अगले सुबह मंडली गाँव से बिदा हो गई।

रामलीला मंडली चली गई, लेकिन उसकी याद गाँववालों के दिल-दिमाग पर छाई रही। लोगों को लगभग महीने भर तक लीला देखते-देखते मनोरंजन की आदत-सी पड़ गई। हम बच्चे भी स्कूल से आने के बाद कोई खेल-तमाशा देखने के लिए व्याकुल रहते। संयोग से अगहन (नवम्बर) महीने में नटों की एक टोली पहुँच गई। जिसे हम नट-मंडली कहते हैं, उसे पढ़े-लिखे लोग 'बनजारा' पुकारते हैं। नटों की यह टोली बहुत बड़ी थी। उनके साथ दस-बारह घोड़े, चार-पाँच गदहे, मुर्गा-मुर्गी, तीन-चार दुधारू भैंस, शामियाना, टेंट, खाना बनाने के ढेर सारे बर्तन, खंती, गैंता, कुदाली—सबकुछ थे। ये सब सामान वे घोड़ों और गदहों पर लादकर लाए थे। उनकी मंडली में ढेर सारी औरतें, बच्चे-बच्चियाँ, और नवजात शिशु भी थे। उन लोगों ने 'बाबन कोठली, तिरपन दुआरि' वाली कचहरी के अगले भाग में अपना पड़ाव डाला। उस जगह बरगद का एक विशाल पेड़ था, जिसकी मोटी-मोटी शाखाएँ बहुत दूर तक फैली थीं। उस पेड़ के नीचे नट-मंडली ने अपना असला-खसला उतारा, और घंटे भर में टेंट, शामियाना फैलाकर दस-बारह छोटे-छोटे घर खड़ा कर लिये। उनके साथ चार-पाँच पालतू कुत्ते भी थे, जो टेंट के बाहर खड़े होकर राह चलते लोगों पर भूँक रहे थे। उन छोटे-छोटे घरों की सुन्दरता अजीब थी। जवान औरतें घरों के अन्दर घुस गईं और बुजुर्ग औरतों, बच्चियों ने तुरत चूल्हा तैयार कर खाना बनाना शुरू कर दिया। घोड़े

कचहरी के वृक्षों को सूँघ-सूँघकर उनकी पहचान में भिड़ गए, तो गदहे जमीन पर उगी घास चरने लगे। मुर्गा-मुर्गी घर के ऊपर बैठकर 'कुकरूँ-कूँ' करने में व्यस्त। गाँव के बच्चे और किशोर कुतूहलपूर्वक उस मंडली को देखने और उसका मजा लूटने औने-पौने दौड़ पड़े। मैं भी उस दौड़ में शरीक था।

दूसरे दिन से उनकी औरतें गाँव के घर-घर घूमने लगीं। उनकी औरतों को लोग गुलगुलौनी कहते थे। उनके पास कई तरह की जड़ी-बूटियाँ थीं, जिन्हें वे घर की औरतों को दिखा-दिखाकर उनका गुण और करामात बतातीं। 'यह दाद-खुजली छुड़ाने की जड़ी है, तो यह गठिया रोग की। यह दमा की, और यह बच्चा होने की। जिन औरतों को बाँझ मान लिया गया है, वे अगर इस जड़ी का ढंग से एक महीना सेवन करें, तो उन्हें निश्चित रूप से बच्चा हो जाएगा। जो नामर्द हैं, वे हमारी इस खास जड़ी का सेवन करें तो उनकी मर्दानगी लौट आएगी। इसे खाकर मुर्दे भी मूँछ ऐंठने, ताल ठोकने लगेंगे।' इस तरह वे औरतें घर-घर घूमकर जड़ी बेचतीं, और कई तरह का जादू-टोना दिखाकर अन्न, या पैसा वसूल लातीं। घर का भोजन जुटाने का दायित्व इन औरतों पर ही था। उनके मर्द शाम चार बजे से छह-साढ़े छह बजे तक करतब दिखाते थे। उनका करतब देखने के लिए भीड़ जुट जाती।

सुबह में वे लोग अखाड़ा चलाते थे। उनके जवान लड़के अखाड़े में कुश्ती लड़ते। उनकी कुश्ती का दाँव-पेंच देखने और सीखने के लिए पहलवानी से शौक रखनेवाले ग्रामीण युवक जमा हो जाते। उन नटों की दुधारू भैंस का दूध भी वहीं बिक जाता।

लेकिन असल मजा शामवाले नट-खेल देखने में ही आता। उस मंडली का उस्ताद बरगद पेड़ की शाखा में दोनों टाँग बझाकर धड़ और सिर नीचे लटका लेता था। फिर देह को तरह-तरह से सिमटाकर ऐसी-ऐसी करतूत करता कि लोग दंग रह जाते। वह अपने शरीर को साँप की तरह जहाँ से चाहता, वहीं से मोड़ लेता। उसके शरीर का अंग-अंग, पोर-पोर जितना ही कसा हुआ था, उतना ही लचीला भी। वह खेल दिखाकर जब नीचे उतरता तो एक रस्सी का रिंग बनाकर उसमें तरह-तरह से घुसता और निकलता। फिर हाथ में कई गेंद लेकर ऊपर फेंकता और नीचे आने पर उन्हें हाथ से लोक लेता। कोई भी गेंद नीचे नहीं गिरता। फिर कुछ जादूगरी भी दिखाता। सबसे अन्त में वह दो बाँस जमीन में गाड़कर उसके ऊपरी सिरे पर, एक मोटी रस्सी इस बाँस से उस बाँस तक तानकर बाँधता। फिर वह एक पतरी, पतोहरी, तरुणी, तरट्ठी, परिहासपेखिनी लड़की को अपने टेंट से निकालता। वह लड़की नीचे घाघरा और ऊपर चोली पहने आती। उसके हाथ में एक रंगीन छाता होता। शायद वह उस्ताद की ही बेटी होगी। वह देखने में जितनी सुन्दर, मुस्कान भी उसकी उतनी ही मोहक। उस्ताद उसे रस्सी के बगल में खड़ा कर देता और खुद एक गदहा ले आता। वह गधे से सटकर खड़ी हो जाती। उस्ताद उस लड़की को खुद भर बाँह पकड़कर गदहे पर बैठा देता। लड़की धीरे-धीरे गदहे पर खड़ी हो जाती और उस पर से ही बाँस के दोनों छोरों से बँधी रस्सी पर चढ़कर खड़ी हो जाती। उस्ताद तुरत उसके हाथ में छाता पकड़ा देता जो पहले से ही तना रहता। लड़की अपने हाथ में तना छाता लेकर अपना सन्तुलन बनाती। फिर उस्ताद कहता, 'देखना बेटी, ठीक से रस्सी पर चलकर इस बाँस से उस बाँस तक पहुँचना, और तुरत वहाँ से लौटकर इस बाँस तक आ जाना। छाता तुम्हारा साथी और सहायक है। यहाँ

लौटने पर इसी खड़े गदहे पर उतर जाना है, फिर मैं तुझे नीचे उतार लूँगा। अगर बीच में कहीं रस्सी से नीचे गिरी, तो इसी गधे से ब्याह दूँगा।'

लड़की खिलखिलाकर हँसती और रस्सी पर तेजी से चलना शुरू कर देती। वह तुरत इस छोर से उस छोर तक पहुँच जाती और उलटकर फिर यहाँ तक आ जाती। यह क्रिया उसे तीन बार करनी पड़ती। जब वह बाँस के उस छोर से इस छोर तक पहुँचती तो सारे लोग ताली पीटने लगते। तीनों बार वह हसीन लड़की अपना खेल पूरा कर गहदे पर उतर आती। वह एक बार भी गिरी नहीं। रोज शाम में लड़की का यह खेल दुहराया जाता और वह कभी नहीं गिरती।

बेचारा गदहा कुआँरा ही मरा होगा। खड़ा तो वह देह मारकर इसीलिए रहता था कि कभी न कभी यह लड़की जरूर गिरेगी, और इसके गिरते ही मेरे भाग्य का सितारा चमक उठेगा, लेकिन :

होइहहिं सोइ जो राम रचि राखा,
को करि तर्क बढ़ावहिं शाखा।

पन्द्रह–बीस दिनों तक वह नट–मंडली गाँव में अपनी लीला और करतब दिखाकर चली गई। रामलीला और नट–मंडली के मनोरंजन से गाँव के लोगों में एक तरह की ताजगी आ गई थी। लेकिन अब तो मनोरंजन के बदले कठिन परिश्रम का समय आ गया। अगहन आते ही धान की बाली लाल होकर अपने–अपने पौधों पर झुकने लगी। किसानों में एक तरह की जागृति फैल गई। धनकटनी का दिन आ गया। लोग अपने–अपने खेत को निहारकर मन–ही–मन हिसाब लगाने लगे कि कितने मजदूरों की जरूरत होगी। जिनके पास अधिक जमीन थी, वे चिन्तित भी होने लगे कि कैसे जल्दी–जल्दी धान काटकर खेत साफ किया जाए। आखिर इसी खेत में तो गेहूँ, चना, मटर, जौ, आदि की फसल लगाई जाएगी। कम खेत वालों को कोई चिन्ता नहीं।

कोही चाचा गरजकर बोले, 'हो प्यारे भाय, तोरा–हमरा की परबाह! डेढ़ बीघा धान तीन दिन में काइट लेबै। फेर तऽऽ ऐगलै अठबारा बूट (चना) कॲ छिट्टा छीट देबै। मोंछ पर हाथ धैए कॅऽ बैठल रहबऽ—जे नंगटे नहायत, से गारत की?'

बाबू ठहाका मारकर हँसे और बोले, 'कोही दा, पादय दय सयऽ बिग्घबा कॅऽ। हम–तों त 'दिन खाय, रात ललाय' पार्टी छी।'

बोलने को तो वे बोल गए, पर घर आकर सोचने लगे कि 'धान जल्दी नहीं काटने से बूट, जौ, मटर का छिट्टा कैसे छीटा जाएगा? और छिट्टा छीटने में देर हुई तो धान खेत का रस ही सूख जाएगा। रस सूख जाने पर चना या मटर अँकुरेगा ही नहीं, जनमेगा ही नहीं।

अगली उम्मीद खत्म होने पर तो भुखमरी की नौबत आ जाएगी। इसलिए कल से धान काटने में हाथ लग ही जाना चाहिए। हम मजदूर लगाकर तो धनकटी करा नहीं सकते। सोलह बोझ में एक बोझ वही ले लेगा। दस सोलहा भी बोझ होगा तो दस बोझ उसके हिस्से। एक बोझ में चार सेर भी धान का दाना हुआ, तो दस चौक चालीस सेर धान मजदूरी में साफ। चालीस सेर, यानी एक मन। एक मन को सुख–बराकर कूटा जाएगा तो कम–से–कम पच्चीस सेर चावल ठहरेगा। भाई, पच्चीस सेर चावल तो बीस दिन, यानी आधा महीने से भी अधिक

दिन हमारे परिवार का भोजन होगा। नहीं, नहीं, हम मजदूर से धनकटनी नहीं करेंगे। मथुरा, लछमी और खुद मैं, तीन मजदूर हम अपने ही हैं। चौथा सागर है। माना कि वह स्कूल पढ़ने जाता है, पर दो-तीन दिन स्कूल नहीं ही जाएगा तो क्या पंडित होने में चूक पड़ जाएगी? वह हँसू नहीं चला सकता, पर मुट्ठी तो समेटता जाएगा, पाँजा तो बाँध लेगा।'

बाबू ने रात का खाना खाने से पहले हम तीनों भाइयों को अपनी योजना समझा दी और कल सबेरे हम तीनों भाई बाबू के पीछे-पीछे डेरा पर धान काटने चल पड़े। बाबू और दोनों बड़े भाई धान काटकर मुट्ठी गिराते गए और मैं मुट्ठी बाँधकर जमा करने लगा। दस-पन्द्रह मुट्टियों को एक जगह बाँधकर पाँजा बनाना भी मैं सीख गया। ग्यारह बजते-बजते आधा खेत काट दिया गया। फिर हम दौड़ते-कूदते घर आए। घर में खाना खाकर बाबू थोड़ी देर के लिए दालान में सो गए और हम तीनों भाई डेरा की ओर दौड़े। तीनों ने मिलकर बोझा बाँधा और खलिहान में गिराकर थाक लगा दिया। तब तक बाबू भी आ चुके थे। तीसरे दिन हमारा डेढ़ बीघा धान कटकर खलिहान में जमा हो गया। चलो, खेत तो खाली हो गया, दौनी बाद में होती रहेगी। जिनको अधिक खेती थी, वे मजदूरों से कटवाते और बोझ गिनती के समय उनके साथ चिल्ल-पों करते। पखबारा लगते-लगते लगभग सभी किसानों का खलिहान उमड़ चुका था।

धान का खेत देखने मैं दो-चार बार पहले भी गया था, पर खलिहान सजने-सँवारने का दृश्य जीवन में पहली बार ही देख रहा था, बल्कि उसमें शरीक भी हो रहा था।

आज जीवन के चौथेपन में लिखते समय, उन दिनों की याद बीते समय को लौटा लेने की छटपटाहट मुझमें पैदा कर देती है। क्या ही रमणीय, आत्मीय, सामाजिक सम्बन्धों को एकजुट रखने की वन्दनीय गाँठ और पारस्परिक एकता की सामूहिक अभिव्यक्ति! अगहन महीने की गुनगुनी धूप में दोपहर के बाद सारे किसान अपने-अपने खलिहान में, या खेत में टाँग पसारकर लेटे हैं। बिछावन तो उसी धान के पुआल का है, पर शान राजा-महाराजा वाला। नाई आया, पैर दबाने लगा। देह मलने लगा। माथे में तेल रगड़ दिया। मालिक की मर्जी से एक बोझा धान अलग कर लिया। फिर पनेरी आया। अच्छा-सा पान की गिलौरी लगाकर मालिक के मुँह में डाला, हँसी-मजाक से मन बहलाया और पंजा भर धान लेकर चलता बना। कमार आया। जोत के लिए हल को ठीक कर देने, चौकी सही कर देने का आश्वासन देकर एक बोझा धान ले गया। लोहार आया। खुरपी, हँसुआ में धार कर नया बेंट लगा दिया और अपना हिस्सा वह भी ले गया। माली आया। खलिहान की ढेर पर फूल माला चढ़ाकर मालिक से पावना पा गया।

वाह रे किसान और गृहस्थ जीवन! इसी खेत के बल पर बादशाह की तरह लेटे हैं, और पाँचों पौनिया से सेवा लेकर, उनका हिस्सा उन्हें बाँट रहे हैं। कौन-सी सरकार है जो इतनी उदारता, ईमानदारी और उत्साह के साथ अपनी प्रजा के लिए अपना खजाना लुटावे?

जब दौनी होकर धान का दाना ढेर में सजा तो ब्राह्मण देवता पधारे। उन्होंने ढेर के माथे पर थोड़ा भभूत और पीला चन्दन छिड़क दिया, कभी-कभी कोई फूल भी रख दिया और

मालिक के आगे पालथी मारकर बैठ गए। किसान मुरेठा बाँधकर धान तौलने बैठा और पहला पसेरी यानी पाँच सेर धान पंडित जी के बोरे में चला गया। फिर अपनी गिनती होने लगी—रामेजी राम, दूए राम दू, तीने राम तीन... । इस तरह किसान का धान सबसे अन्त में किसान के बोरे में गिरा।

अपने बचपन में देखा गया साामाजिक सम्बन्धों और आन्तरिक आवश्यकताओं का यह अनमोल दृश्य आज मुझे उनसे बिछोह का दर्द दे रहा है। एक खेती से सारे सामाजिक सम्बन्ध अन्तर्ग्रथित थे। हल चलाकर खेती होती थी। कुदाली से खेत की परिमिति ठीक की जाती थी। खुरपी से कमठौनी होती थी। हाँसू से कटाई का काम होता था, और इन सब हथियारों की तन्दुरुस्ती कमार और लुहार पर निर्भर थी। भला उनका हिस्सा किसान कैसे पचा लेते ? नाई, हरनी-मरनी से लेकर लगन-त्योहार और साप्ताहिक नख-बाल काटने-सँभालने का उत्तरदायी होता था; अतः उसे उसका पारिश्रमिक इसी खेती से जुड़ा था। इसी तरह पनेरी, माली, धोबी, कुम्हार—सबका उचित और आनुपातिक हिस्सा इस उपज में ही शामिल था। सामाजिक सम्बन्धों की यह महीन और स्नेहिल बुनावट किसानों के खेत पर ही निर्भर थी। लेकिन अन्तरंग सम्बन्धों की यह डोर कट गई। आज किसानों को खेती करने के लिए गाँवों में मजदूर नहीं मिलते। सब-के-सब पलायन कर गए हैं। बाल-नख कटाने के लिए किसी सैलून को ही सलामी देनी पड़ती है, कपड़े धुलवाने के लिए ड्राइक्लीनर के पास कपड़े लेकर जाना पड़ता है; हाँसू, खुरपी कुदाली खरीदने और ठीक कराने के लिए बाजार का बाट जोहना पड़ता है; मिट्टी के बर्तन शहर से खरीदकर लाना होता है। फूल अब माली घर-घर नहीं दे जाते, पूजा-पाठ के लिए भी फूल खरीदना पड़ता है। कृषि-संस्कृति के सारे अंग लकवाग्रस्त हो चुके हैं। कभी 'उत्तम खेती मध्यम वाण, निषिद्ध चाकरी भीख निदान' की कहावत सही और श्रेष्ठ थी, पर आज 'निषिद्ध चाकरी' के लिए ही होड़ मची है। किसान खेत बेचने को मजबूर हैं, और गाँव से पलायन करनेवाले लोग गाँव लौटकर औने-पौने कीमत में उनकी जमीन खरीद रहे हैं। एक पेशे के लोगों का सम्बन्ध दूसरे पेशेवालों से मात्र व्यावसायिक रह गया है। दोष किसे दें, राजनेताओं को या भौतिक सम्पदा के बटोरने के लोभ में पनपी पलायनवादी प्रवृत्ति को ? रामलीला और नौटंकी, भिखारी ठाकुर के गीत और नाटक, गोपीचन्द की कहानी और सारंगी की धुन, नटों का खेल, कुश्ती का अखाड़ा—सब कुछ किसी अन्धी गुफा में घुसकर अपना मुँह छिपा चुके हैं। बदले में सिनेमा, टी.वी., कम्प्यूटर, मोबाइल, ऑन लाइन चिट-चैटिंग, फेसबुक आदि-आदि परोस दिये गए हैं। नई पीढ़ी ने जिस संस्कृति को नहीं देखा-भोगा है, उनके लिए कुछ खास नुकसान नहीं, लेकिन पुरानी पीढ़ी के जीवित लोग इस दर्दनाक बदलाव का दंश बुरी तरह झेल रहे हैं।

'ए' कक्षा में दो किताबें चलती थीं—एक गणित की और दूसरी हिन्दी की। हमें दोनों किताबों का नाम लिखा दिया गया। गणित की किताब की तो मुझे जरूरत ही नहीं थी। जोड़-घटाव पिछली कक्षा में सीख चुका था। इसमें गुणा-भाग पढ़ाया जाएगा। गुणा तो मैं जबानी ही कर लेता हूँ। सारा खोरहा (पहाड़ा) याद है। गुणा खोरहा का खेल है, और भाग भी तो खोरहे

पर ही आधारित रहता है। मगर हिन्दी की किताब खरीद लेनी चाहिए। उसको पढ़ने में खूब मन लगेगा। कितनी अच्छी है हिन्दी कि
ताब की पहली ही कविता—'सारे जहाँ से अच्छा हिन्दोस्ताँ हमारा। गोदी में खेलती हैं जिसकी हजारों नदियाँ, हम गुलसिताँ हैं इसके यह बागबाँ हमारा।'

'ए' में पढ़नेवाले लड़के जब बोल-बोलकर यह कविता पढ़ते थे, तो मुझे भी उसे दुहराने का मन करता था। मैं पूरी कविता याद कर लूँगा। किसी तरह यह किताब खरीदनी चाहिए।

किताब खरीदने की अभिलाषा लिये मैं घर आया। आँगन में घुसने से पहले दालान पर बड़का बाबू लालो नाई से दाढ़ी बनवाकर कुछ बात कर रहे थे। मैं वहीं दीवाल के पीछे खड़ा-खड़ा पेशाब करने लगा। नाई के साथ बड़का बाबू की बातचीत मेरे कानों में आने लगी।

लालो नाई बोल रहा था, 'कुछ कहिए जागो मालिक, मगर पिआरे सिंह जैसा दिल-दरियाव आप कोई भाई नहीं हैं। पूर्व जनम में जरूर वह कोई राजा-महाराजा रहा होगा। किसी चूक के कारण बेचारा इस जनम में गरीब हो गया। पाँचों पौनिया में से कोई भी उनके खलिहान से आधा हाथ नहीं लौटा। सबको मनमाफिक हिस्सा मिला। डेढ़ा बीघा धान की खेती में वे और कितना देते?'

लालो अभी बोल ही रहा था कि बड़का बाबू गरज उठे, 'चुप रह, पत्नी-साँय लौवा, बैठे लाऽ चटाय नै, मखमल कॅऽ बिछौना! साल में छह महीना खरीदकर खाता है और खलिहान में दानी करण बनता है! मात्र दस मन धान का दाना घर आया है। यह चार महीना भी नहीं चलेगा। परब-त्योहार के लिए चूड़ा-मुरही भी इसी से बनाना है। पुड़िया-भाड़ भी इसी से करना होगा। पत्नी माथा पर हाथ रखकर सोच रही थी कि इतने अनाज से साल भर का खर्चा-पानी कैसे चलेगा, और तू उसे पूरब जनम का राजा-महाराजा साबित करने पर तुला है? दो से चार साल में उसकी धूर-धूर जमीन बिक जाएगी, और तब कटोरा लेकर द्वारे-द्वारे ढनकता फिरेगा। चद्दर से ज्यादे टाँग फैलाने पर चादर फट ही जाती है। अभी मूँछ में घी लगा रहा है और आषाढ़-सावन आते-आते घर में भुखमरी उठने लगेगी। फिर बोरा लेकर अल्हुआ खोजता फिरेगा। आगे चेती नै, पीछे पछताय।'

बड़का बाबू की बात सुनकर मैं उदास हो गया। बड़का बाबू मेरे पिता के सबसे बड़े भाई थे, पर वे हमसे अलग थे। उनको एक बेटा और एक बेटी थी। बेटी का विवाह वे तेरहवाँ साल चढ़ते-चढ़ते कर चुके थे। बेटा रामेश्वर सिंह दुलारू थे, फिर भी काम-काज में कुछ-न-कुछ हाथ बँटाते ही थे। खर्च सीमित था और खुद सन्तुलित। इसलिए वे साल में बीघा-आधा बीघा खेत खरीद लेते। मेरे बाबू का परिवार बड़ा हो गया और दिल से दरियादिल। बड़का बाबू के अनुसार मेरे पिता की धूर-धूर जमीन बिक जाएगी। फिर हम लोग क्या खाएँगे, कैसे रहेंगे? मेरे बाबू गरीब हैं, मैं किताब के लिए पैसा नहीं माँगूँगा। दूसरे-तीसरे से किताब माँगकर पढ़ लूँगा। पास तो करूँगा ही। घर जाकर मकई की आधी रोटी पर चिकना (तीसी, अलसी) चूर्ण में नमक मिलाकर गटक गया और खेलने भागा।

जनवरी भर का समय किताब खरीदने के लिए दिया गया था। कुछ लड़के नई-नई किताब लेकर स्कूल आने लगे थे, पर अभी स्कूल में पढ़ाई ठीक से शुरू नहीं हुई थी। एकाध

घंटी गणित का सवाल देकर मास्टर साहब बरामदे पर बतियाने में मशगूल हो जाते और हम लोग भी आपस में हँसते-झगड़ते।

देखते-देखते जनवरी का अन्तिम सप्ताह आ गया। यह क्या, बाप रे! 30 जनवरी को सारा देश शोक के अगाध सागर में डूब गया। लोगों की भीड़ गाँव के चौक-चौराहे पर उलट पड़ी। कोई कहता, झूठ है, झूठ! ऐसा कभी हो ही नहीं सकता। अधिकतर लोग चिल्लाते, 'अरे, झूठ कैसे हो सकता है? रेडियो बोल रहा है, रेडियो! गांधीजी को गोली मार दिया। एक नहीं, तीन-तीन गोलियाँ। नाम भी बोला है—नाथूराम गोडसे। बाप रे बाप! कैसा हत्यारा, चांडाल था ससुरा नथुआ! अभी देखूँ तो चीरकर रख दूँ। हाय रे बाप! गांधीजी, हो गांधीजी, कहाँ चैल गेलहो?' सारे लोग रो-कलप रहे थे।

मंझौल पढ़ने गए रामनन्दन बाबू हाँफते-काँपते गाँव आए और फूट-फूटकर रोने लगे, 'बाप रे! अब किसके बल पर देश में राम-राज्य आएगा? देश का बाप मारा गया। एक सिरफिरे हत्यारे ने देश को टुअर बना दिया। जवाहरलाल टुअर हो गए। देश का पिता मारा गया। भारतमाता विधवा हो गई। हाय हो गांधीजी!'

देखते ही देखते गाँव का समाँ बदल गया। स्कूल बन्द, मंझौल अस्पताल बन्द, पोस्ट ऑफिस बन्द, बेगूसराय कचहरी बन्द, रजिस्ट्री ऑफिस बन्द। रात में शायद ही किसी के घर में चूल्हा जला हो। खैराती मियाँ, गफ़ूरबा मियाँ, अब्दुलबा मुसलमान सब छाती पीट-पीटकर रो रहे थे। अब कौन मुसलमानों और हिन्दुओं का सम्मिलित मसीहा होगा?

अगले दिन खबर फैली—जब तक गांधीजी का श्राद्ध खत्म नहीं होगा, तब तक सब जगह देश का झंडा झुका रहेगा। अपना ही देश क्या, सारी दुनिया गांधीजी के लिए रो रही है, शोक मना रही है। ऐसा मसीहा संसार में दूसरा नहीं आया। लाठी, लंगोटी के साथ चलनेवाला महात्मा के आगे तोप, तलवार, टैंक-बारूद सब कुछ फेल। हाय रे नथुआ! क्या बिगाड़ा था तुम्हारा इस अहिंसक महात्मा ने? तुम्हें कोढ़ फूटेगा! तुम्हारा अंग गल-गलकर गिरेगा! तुम्हारी देह चील-कौआ नोचेगा!

बसन्ता डोम और हरखा चमार तो अपने को अनाथ कहकर छाती पीट रहा था, 'बाप रे! गांधीजी चले गए। अब कौन हमें अछूत मानने से लोगों को रोकेगा? कौन हमें हरिजन कहकर सम्मान देगा? किसके बल पर हम बाप-पुरखों का पाप धोएँगे? हाय हो गांधी बाबा!'

मैं सारी बातें ठीक-ठीक नहीं समझ पाता था, पर लोगों को रोते-कलपते देखकर उदास जरूर था। इस उदासी में भी मुझे एक बात से खुशी हो रही थी कि स्कूल बन्द हो गया है। अब पन्द्रह-बीस दिनों तक स्कूल जाना नहीं पड़ेगा। गाँव के बड़े और धनी-मानी लोग गांधीजी का श्राद्ध करने के जुगाड़ में लग गए। बड़का बिसुन बाबू, छोटका बिसुन, कमलेश्वरी बाबू उर्फ सेठजी, बोढ़न बाबू, जीवो बाबू, लखन सिंह उर्फ पटेल जी आदि-आदि ने दशमी के दिन नख-बाल कटवाए, एकादशी और द्वादशी के दिन अपने-अपने दरवाजे पर ग्यारह-ग्यारह ब्राह्मणों को जिमाया और तेरहा के दिन मिडिल स्कूल के प्रांगण में बड़े भोज का आयोजन किया।

पहसारा, महेशवारा, बभनगोमा और वृन्दावन, रमौली के तमाम गरीब-गुरबा, अछूत-अनाथ, हरिजन, भिखमंगा—सबके बीच एक दिन पहले ही ढोलहा पिटवा दिया गया कि ये सब लोग कल तेरहा के दिन स्कूल में भोज खाएँगे।

दूसरे दिन नौ बजे सुबह से ही मिडिल स्कूल के आँगन में टोकना का टोकना भात उतरता रहा, दाल-सब्जी बनती रही। चार बजे से भोज शुरू। झुंड के झुंड लोग आते गए, खाते गए और आँसू बहाते गए। नौ बजे रात में जाकर लोगों का आना और खाना बन्द हुआ। दूसरे दिन अखबार में खबर छपी कि पहसारा का गांधी-श्राद्ध सबसे बड़ा और अच्छा।

सुख-दुख सब विधि हाथ

पूरा का पूरा फरवरी महीना गांधीजी के शोक और श्राद्ध में ही गुजर गया। मार्च महीने से स्कूल में पढ़ाई शुरू हुई। मैं हिन्दी वाली किताब अगली कक्षा में गए किसी विद्यार्थी से आधे दाम पर खरीदने की चेष्टा में लग गया। हमारे गाँव से सटा एक छोटा-सा गाँव रमौली है। उस गाँव के अधिकतर लोग कोइरी जाति के हैं और वे पुश्त-दर-पुश्त सब्जी की खेती करते हैं। उसी गाँव का एतवारी महतो हमसे एक क्लास आगे था। उसने 'ए' पास कर लिया, और अपनी हिन्दी किताब अधौर दाम में बेचना चाहता था। किताब की कीमत दो आने थी। आधी कीमत मिल जाने पर वह किताब देने को राजी हो गया। मैंने एक आना जुटाने का हौसला अपने अन्दर बनाया। लेकिन अचानक हमारा गाँव एक भयंकर बीमारी की चपेट में आ गया। अब पढ़ना या हँसना-खेलना तो दूर, जान बचाना भी भगवान भरोसे। मैंने तो इस बीमारी का नाम पहले कभी नहीं सुना था। जब नाम ही नहीं सुना था, तो इसका काम कैसे जानता ? पर गाँववाले बोल रहे थे कि यह बीमारी आई तो एक बार पहले भी थी, मगर इतने भयंकर और संहारक रूप में नहीं। बीमारी का नाम था—प्लेग। दो-चार दिनों से चर्चा तो होने लगी थी कि फलाँ के घर में मूस गिरा है, पर पूछने पर वह आदमी नकार जाता। असल में प्लेग की बीमारी की शुरुआत चूहों से होती है। इस रोग के कीड़े पहले चूहों पर आक्रमण करते हैं। चूहे तो घर-घर में घुसे रहते हैं। जिस चूहे में इस रोग का कीड़ा प्रवेश करता है, वह तेज बुखार से पीड़ित हो तड़पने लगता है। फिर उसके गले में गिल्टी निकलती है और साँस लेने में भी असमर्थ होकर वह इधर-उधर भागने लगता है। लेकिन दौड़ने की शक्ति तो रोग ने निगल ली है। इसलिए वह घर के किसी कोने में तड़प-तड़पकर मर जाता है। जिसके घर में यह चूहा मरता, वह डर के मारे काँप उठता। बाप रे! यह चूहा प्लेग से तो नहीं मरा ? अगर प्लेग से मरा है तो अब परिवार के लोगों पर भी इस बीमारी का आक्रमण होगा। 'हे भगवान, रक्षा करो, बचाओ! सत्यनारायण भगवान की पूजा दे देंगे। हमारे परिवार में यह बीमारी नहीं घुसे!' इस रोग का इलाज होता तो घर-द्वार बेचकर भी इलाज कराया जाता, पर है ही यह लाइलाज बीमारी। लोग चूहे को कहीं फेंक आते, और फेंकते किसी ने देख लिया तो वह दूसरे-तीसरे को बता देता कि अमुक आदमी के घर में मूस गिरा है। फिर तो कानों-कान बात फैल जाती थी कि घर में मूस गिरने लगे हैं। प्लेग आ गया, प्लेग आ गया! जिसके घर में मूस मरता, वह दो-चार दिनों तक इसे गोपनीय बनाकर रखना चाहता था। लोग शिकायत की नजर से देखने लगेंगे कि इसी के घर से प्लेग की शुरुआत हुई, इसी ने गाँव में प्लेग फैलाया। पर जब किसी एक घर में चूहा मरता तो दो-चार दिनों में अनेक

घरों की यही कहानी हो जाती। अब लोग कितना दबाएँ? ठोर-ठाम चर्चा जोर पकड़ लेती और गाँव के लोग सचेत होकर उपाय में जुट जाते।

आज सबेरे रामकिसुन चा नदी नहाकर लौटे तो रास्ते में बदरी बाबाजी मिल गए। रामकिसुन चा ने 'प्रणाम सरकार' कहकर पंडित जी को रोक लिया और बोले, 'सरकार! गाँव में अब अनर्थ होने पर है, और आप लोग समर्थ होकर भी चुपचाप तमाशा देख रहे हैं? कुछ उपाय तो कीजिए। आखिर कब तक लोग दहशत में जिएँगे? आठ-नौ दिनों से घर-घर मूस गिरने की खबर फैल रही थी, तब तक लोग एक-दूसरे का मुँह देखकर धीरज बाँध रहे थे, पर अभी नदी में जानकारी मिली कि भूलो सिंह के घर में कन्ना-पिट्टी हो रही है। बाल-बच्चे, पत्नी-बेटी सब छाती पीट दहार मारकर रो रहे हैं। दो दिनों से वे तेज बुखार में पड़े थे, जाँघ के बगल में लाल-लाल, लम्बी गिल्टी निकल आई, जोर-जोर से हाँफने लगे, और भोरौआ वेला में चल बसे। मुसना दुसाध के घर में भी किसी आठ-दस साल के बच्चे की मौत हो गई है। रामरुख चमार भी बुखार में हलफ रहा है। अब तो चूहों से निकलकर आदमी पर आफत आ गई। अब भी कुछ नहीं कीजिएगा तो देव-पितर किस दिन काम आएँगे? हम उनको किस दिन के लिए पूजते हैं? बाप-दादा किसी विपत में ही तो उनका अरदास करते थे, फिर आप चुप क्यों हैं? क्या प्लेग हमारे देवी-देवताओं से अधिक जोराबर हो गया? अगर इस विपत्ति में भी वे साथ नहीं देंगे, रक्षा नहीं करेंगे, तो गहबर किसलिए? आजमाकर देखिए तो सही!'

बदरी बाबाजी कलपकर बोले, 'रामकिसुन, तुम तो सब कुछ जानते-समझते हो। लिरसू भगत को मरे अब चार साल हो गए। भगत की छड़ी उनका बेटा कारी सिंह ने उठाई। लिरसू भगत और उनके बेटे कारी भगत में आकाश-पाताल का भेद है। लिरसू भगत के मुँह से जो बात निकल जाती, वह कभी झूठ नहीं हुई। भगवती साक्षात् उनकी देह में उतरती थीं और वे भी सोलह आने नियम-निष्ठा से उनकी पूजा-उपासना करते थे। कारी सिंह से उतना पार नहीं लगता और सबसे बढ़कर वे लोभी हो गए हैं। पाँच-पाँच सौ खस्सी कटती है, नागपंचमी के दिन, और वे एक भी मुंडी किसी को छूने नहीं देते। दूध, लाबा, झाँप हर घर से चढ़ने आता है, दूध से दो-दो, तीन-तीन टोकना भर जाता है, लेकिन मंडली के किसी सदस्य को एक भी बूँद दूध पैठ होने नहीं देते। मनौती पूरी होने पर जो भी जेबर-गहना देवी को चढ़ाया जाता है, सब उठाकर घर रख आते हैं। कहाँ तक कहें? देवी भी उनके साथ वही व्यवहार करती हैं। कभी खुश रहीं तो देह में उतर आती हैं, नहीं तो फूल ही नहीं गिरता। बिना फूल गिरे भी कारी भगत देह को झकझोरने लगते हैं, उठने-गिरने लगते हैं, ढोलबज्जा चमड़ा को गलियाने लगते हैं। तमाशबीन समझता है कि देवी खेल रही हैं, मगर भगत की बात झूठी हो जाती है। क्या-क्या कहें—न वो देवी, न वो पूजा! फिर भी कारी भगत से कहो, मैं तैयार हूँ। फूलझड़िया बासो सिंह और राम सोगारथ से भी मिल लो। दो-एक दिन में भगवती का गोहार हो जाए तो जरूर गाँव का कल्याण हो जाएगा। भगवती चाहें तो प्लेग क्या, रावण और कंस को भी निगल लें। यह प्लेग-फ्लेग कौन सी चीज है!'

रामकिसुन चा घर से निकले और बासो बा तथा राम सोगारथ सिंह से मिलने चल पड़े। उन दोनों ने भी कहा कि शाम कारी भगत के यहाँ चलकर उनसे कल रात में गोहार लगाने

के लिए कहा जाए। गाँव पर इतनी भारी विपदा कभी नहीं आई थी। अब नहीं तो कब? अनर्थ होने पर है।

शाम में वे लोग मिले भी और कल के लिए गोहार का समय तय हो गया। मगर आज बासोबा, राम सोगारथ सिंह और रामकिसुन चा को भी लिरसू भगत का न रहना अखड़ रहा था। वे होते तो चुटकी बजाकर इस बीमारी को भगा देते। वे एक बार भगवती से कहते कि 'कौन सों संकट मोहि गरीब को जो तुमसों नहिं जात है टारो' और भगवती माँ हँसती-विहँसती उनके माथे पर अक्षत, फूल गिरा देतीं। भगवती ने कभी भी लिरसू भगत को निराश नहीं किया।

मैंने लिरसू बाबा को खेलाते देखा है। उनके महातम से उतना अवगत नहीं हूँ। ऐसे बड़का बाबू और अन्य बड़े-बुजुर्गों से उनकी करामात अनेक बार सुन चुका हूँ। देखने में वे लम्बे-छरहरे व्यक्ति थे। उनके गात में चर्बी नहीं के बराबर थी परन्तु फुर्तीला बेहद। लम्बी-लम्बी टाँगों से चलते समय वे दौड़ते हुए जान पड़ते। टाँग और बाँहें खूब लम्बी, छाती मुश्किल से तैंतीस-चौंतीस इंच, लेकिन छाती पर बाल खूब सफेद-सफेद। आँखें बड़ी-बड़ी और लाल कर्जनी। चाँदी पर के बाल उड़ चुके थे, मगर अगल-बगल के सफेद बाल उनके सिर की शोभा बढ़ा देते। ओठ पतले और चेहरा पानीदार। देह में गजब की लचक। उन्होंने ही अपनी जवानी के समय में गहबर थान की स्थापना की थी। वे देवी के सच्चे भगत थे।

लिरसू बाबा रोज नहा-धोकर दो घंटे भगवती माँ की पूजा करते। पूजा से पहले उनकी पत्नी, जिन्हें हम सभी भाई-बहन लिरसू मामा कहते थे, गहबर को झाड़ती-बुहारती और लीपती थीं। उन्हें भी गहबर की देवी पिंडी में अटूट आस्था थी। उनके लीप लेने के बाद ही लिरसू बाबा गहबर में घुसते।

गहबर में घुसते समय लिरसू बाबा को झुकना पड़ता था, क्योंकि वे काफी लम्बे थे। हाथ में फूल की डाली लिये वे देवी के पास पहुँचते। फिर डाली रखकर दोनों हाथों से पिंडी स्पर्श करते और एक-एक फूल डाली से लेकर भगवती देवी की पिंडी पर चढ़ाते जाते। फूल, अक्षत, धूप, दीप, प्रसाद चढ़ाने के बाद उस पर गंगाजल गिराते और गीत गाते। जल देने के बाद हाथ जोड़े बहुत देर तक देवी के आगे बैठे रहते और कुछ-कुछ मन्त्र बुदबुदाते। अन्त में साष्टांग झुककर, पेटकुनिया मारकर उन्हें प्रणाम करते और बाहर निकलकर पट बन्द कर देते। जब तक वे देवी-मन्दिर से पूजा करके घर नहीं आ जाते, तब तक लिरसू मामा भी अन्न-जल ग्रहण नहीं करतीं। उन्हें खिलाने के बाद ही वे खाती थीं।

लिरसू मामा को मैंने जब से देखा, मरने तक वे वैसी ही रहीं। उन्हें मैंने उनके बुढ़ापे में देखा था। वे कमर से नीचे आगे की ओर झुक चुकी थीं। उनकी आँखें बड़ी-बड़ी और लाल-लाल थीं। उन आँखों को देखकर हम बच्चे डर जाते। उनका रंग साँवला, और केश बिलकुल सफेद। माथे पर गुच्छ का गुच्छ सफेद बाल उन्हें उम्र से अधिक बूढ़ी, लेकिन सुन्दर बना रहे थे। लिरसू मामा के हाथ में बाँस का बना एक छोटा-सा डंडा रहता था। उसके सहारे उन्हें चलने में सहूलियत होती। उस डंडे के ऊपरी छोर पर कुछ भाग खोखला था।

लिरसू मामा के बारे में पूरे गाँव में प्रचार था कि वे अव्वल दर्जे की डाइन हैं। भगवती की सेवा करने से वे सिद्ध योगिनी हो गई हैं। इस डर से गोतिया-लैया की कोई औरत उनसे मुँह लगकर कभी नहीं बोलती। अगर किसी से बढ़-चढ़कर उनके साथ बोलने की चूक हो गई तो दूसरे ही दिन वे उसे भूत लगा देतीं। फिर कितनी आरजू-मिन्नत के बाद दो-तीन दिनों में मामा भूत को समेट लेतीं। आँगन की एक-दो औरत को उन्होंने शिष्य भी बना रखा था। उन्हें भी भूत लगने-लगाने की कला आ गई थी।

कहते हैं कि जब से विजयादशमी का दसाँय घुसता, तब से मामा निःशब्द रात्रि में लील खेत के उत्तरी छोर पर बरगद पेड़ के पास चली जातीं और उस पेड़ की जड़ में कपड़े की एक गुड़िया सिन्दूर से रँगकर रख देतीं। उस पर फूल, अक्षत, और किसी जानवर की छोटी-सी हड्डी चढ़ाकर उससे कुछ कहतीं और फिर घर वापस आ जातीं। नौ दिनों तक मामा का यह अनुष्ठान चलता था।

सुबह में जो लोग दिशा-मैदान के लिए उस तरफ जाते, वे दूर से ही उस गुड़िया को देखकर डर से सहम जाते। वे वहाँ से दूर हटकर डोल-डाल करने बैठते। डर से पाखाना भी सटक जाता। घर लौटकर जब दूसरे-तीसरे से उस दृश्य का वर्णन सुनाते तो सब बोल उठते, 'चुप-चुप, बोल मत! यह लिरसू मामा भूत-सिद्धि के लिए भर दसाँय करती हैं। उन्हें मालूम हुआ कि तुमने देखा है तो खैर नहीं।'

कहते हैं कि लिरसू मामा उस बर गाछ को रात में हाँकती भी हैं। उन्हें ऐसी सिद्धि प्राप्त है कि निःशब्द रात्रि में वे बर गाछ के ऊपर, अपनी लाठी के साथ बैठ जाती हैं और आदेश पाते ही गाछ ऊपर ही ऊपर दौड़ने लगता है। मामा ऊपर से ही लिटियाही, सिनोखेरा, जयमंगला गढ़, काबर—सब देख आती हैं। अपना खेत-खलिहान भी वे इसी तरह देखती हैं। कौन नहीं जानता कि लिरसू मामा दसाँय में गाछ हाँकती हैं, सारे भूत-प्रेत उनकी लाठी में बन्द रहते हैं। बाप रे, ऐसी जोगिन डायन तीन लोक में कहीं किसी ने नहीं देखा है!

एक और बात, नाग पंचमी के अवसर पर तीन दिन लिरसू बाबा खेलाते थे—आषाढ़ी पूर्णिमा को भगवती का जागरण करवाने के लिए, जिसे लोग 'जगराना' कहते हैं। फिर नाग पंचमी के दिन की पूर्व रात्रि में और फिर नाग पंचमी को दिनभर। नाग पंचमी के दिन तो दो शिफ्ट में भगवती खेलती हैं, और लिरसू बाबा खेलाते हैं। पहली बेला में भगवती खेलती-धूपती, दौड़ती-उछलती, गिरती-पड़ती, रोती-हँसती बजरा घाट में नदी स्नान के लिए कूदती हैं। नहाने के समय हजारों लोग तमाशा देखने, मनौती माँगने घाट पर रेलम-पेलम करते रहते हैं। भगवती कुछ लीला तो नहाते समय भी दिखाती हैं, कभी पानी से साँप निकालकर गले में लिपटा लेती हैं, कभी कुल्ला भर पानी मुँह में भरकर ऊपर फेंकती हैं और नीचे गिरते समय पानी की बूँद आग की चिनगारी जैसी दीखने लगती है। कभी डुबकी लगाती हैं तो हाथ में बताशा आ जाता है, तो कभी बेंत चमकाने पर उससे दो-चार बिच्छू झर पड़ते हैं। यह सब अचरज देखकर दर्शक भगवती की अद्‌भुत महिमा का पुल बाँधने लगते हैं।

हाँ, भगवती को नदी में नहाने और सुरक्षित गहबर तक लौटाने का जिम्मा फुलझड़िया पर रहता है। लिरसू बाबा के चार प्रमुख फूलझड़िया थे—बदरी बाबा जी, बासोबा, राम सोगारथ सिंह और रामकिसुन चा। गरजने-बरजने के लिए मेंही सिंह भी झाड़ू लेकर साथ

चलते। स्नान के बाद जब लौटते तो रास्ते में गोहरिया की भीड़ आगे बढ़ने ही नहीं देती। डेग-डेग पर अपना दुख-दर्द लेकर लोग भगवती को सुनाने के लिए तैयार। किसी का बेटा बीमार है, तो किसी की बेटी का विवाह नहीं तय हो रहा है। किसी युवती को बच्चा नहीं हो रहा है, तो कोई पगला गया है। उसे भगवती से ठीक कराना है। सबकी समस्या का निदान करते, आश्वासन देते, अक्षत-नीर छिड़काते गहबर लौटने में डेढ़-दो बज जाते। गहबर घुसते ही लिरसू बाबा की देह से निकलकर भगवती पिंडी में समा जाता थी। थके-माँदे भगत अपने घर जाकर कुछ देर मामा की देख-रेख में आराम करते और इधर गाँव के लोग ब्राह्मण देवता को पक्की भोजन का जेवनार कराते।

लगभग चार बजे से भगवती की दूसरी पारी शुरू होती। इस पारी में लिरसू बाबा तरह-तरह से उठते-गिरते, गरजते और कष्टी लोगों को कष्ट दूर करने के लिए आश्वासन भी बाँटते। जिसे भगत जी के हाथ से अक्षत और नीर मिल गया, समझो, उसका दुख दूर होकर ही रहेगा।

इधर भगत सबका कष्ट दूर करने के लिए नीर-भभूत बाँट रहे हैं और उधर उनके ही आदेश से पाठा कट रहा है। पंडित जी पाठे को नहवाकर लाने का आदेश करते। नहाया हुआ पाठा कतार में खड़ा कान झाड़ रहा है, पंडित जी महाराज उसके सिर पर गंगाजल और अक्षत गिरा रहे हैं, फिर उसे किल्ली तक खींचकर लाया जाता है। उसकी गर्दन किल्ली में घुसाकर काठी लगा दी जाती है। एक आदमी उसकी पिछली दोनों टाँगें जोर से खींच रहा है, और दूसरा उसकी गर्दन में लगी रस्सी को खींच रहा है, पाठा मिमिया रहा है, और इसी बीच बिलट बाबाजी दोनों हाथों से, छाती तक उठाकर, सानदार कत्ता पाठे की गर्दन पर छपाक से मार देते हैं। मिमियाते पाठे की गर्दन रस्सी पकड़े आदमी के हाथ में और धड़ जमीन पर। इस तरह सैकड़ों पाठे की गर्दन काटते-काटते बिलट जी भी थककर चूर-चूर जो जाते।

कभी-कभी एकाध पाठा कत्ता के एक बार की चोट से नहीं कटता तो पाठावाले अपने माथे पर हाथ धर लेते। दुबारा कत्ता चलाकर काटने को दुछब्बा कहा जाता है और इसे भगवती की कुदया या अस्वीकृति मान लिया जाता। लेकिन ऐसा कभी-कभी होता था।

बिलट बाबाजी स्वयं कसदार जवान थे। लम्बे-तगड़े तो थे ही, उनकी बाँह में अद्‌भुत ताकत और मजबूती थी। वे पाठा काटते समय धोती का फाँड़ कसकर बाँध लेते, पर ऊपर शरीर बिलकुल नंगा। उनकी चौड़ी पीठ ऐसी लगती, मानो किसी स्लेटी कलर के पहाड़ से एक टुकड़ा काटकर पीठ पर साट दिया गया हो! आँखें बड़ी-बड़ी और सुर्ख लाल; देखकर डर लगता था। मर्दानगी ऐसी कि एक के बाद एक लगातार बारह बेटियाँ पैदा कर चुके थे। उन्हें बेटा नहीं हो सका। बेटे की उम्मीद में ही एक दर्जन बेटियों का झुंड जमा होने दिया, पर मनोकामना पूरी नहीं हो पाई। गाँववाले बोलते हैं कि चांडाल की तरह कत्ता चलाने और खस्सी काटने के पाप में ही उन्हें यह सजा मिली है। लेकिन बिलट जी तो भगवती को बलिदान चढ़ा रहे थे, जिसकी वे भूखी रहती हैं। फिर उन्हें ऐसी सजा क्यों?

मैं इस उलझन में पड़ना नहीं चाहता, पर एक बात तय है कि जब तक लिरसू मामा गहबर नहीं जातीं, तब तक लिरसू बाबा की देह में भगवती का प्रवेश नहीं होता था। भगवती की असल कुंजी लिरसू मामा के हाथ ही थी। लिरसू बाबा जैसे ख्याति-प्राप्त भगत जिला-

जवार में और कोई दूसरा नहीं हुआ। उन्हीं लिरसू बाबा के सपूत थे कारी भगत। लिरसू बाबा मरे तो कारी चा ने छड़ी उठाई। उनमें लिरसू बाबा जैसी करामात तो नहीं थी, फिर भी :

बापहिं पूत, परापति घोड़ा,
नैं कुछ तो थोड़म थोड़ा।

कल गहबर थान में गोहार होगा, यह जानकर लोगों के मन में आशा का दीप जल उठा। गोहार होगा तो जरूर भगवती कृपा करेंगी, गाँव से प्लेग को झाड़ू और बेंत से पीट-पीटकर भगा देंगी।

हजारों की किस्मत माँ के हाथ है,
तनिक कृपा कर दी, तो क्या बात है?

लेकिन यह क्या है? गोहार कल लगेगा, और आज ही शाम होते-होते गोढ़ियारी टोला से तीन लाशें निकल गईं—तेलबभना भागीरथ भी प्लेग से मर गया, गया सिंह की माँ तेज बुखार और गिल्टी से तलफला रही है, चमरटोली की दुखिया चमारिन दोपहर में ही दम तोड़ गई। बाप रे! कल तक तो कितना अनर्थ हो चुकेगा। फिर भी देवी का गोहार तो कल के लिए ही तय है। गाँव के लोग सकते में जी रहे हैं। किस क्षण किसके परिवार से लाश निकल जाए, यह कौन कह सकता!

राम बुझावन दा दिन-भर शारीरिक परिश्रम से चूर-चूर होकर सवेरे बिछावन पकड़ लेते हैं। शिव नारायण दा तो खाते-खाते ही ऊँघने लगते हैं। दोनों जने चचेरे भाई हैं, और कुदाली-खुरपी चलाने में वीर-बाँकुरा। दोनों आठ बजते-बजते सो जाते हैं, लेकिन पहर रात रहते ही, लगभग साढ़े तीन-चार बजे सुबह में जरूर जग जाते। गाय-बैल का बथान बदलकर उसे सानी-चारा देते हैं, फिर अपने सेज पर आकर प्रातःकाली गीत उठा देते हैं। दोनों का गला इतना सुरीला कि वाह रे वाह! जैसे साक्षात् सरस्वती ने उनके कंठ में संगीत की राग-रागिनी बैठा दी हो!

आज शाम में खाते समय वे भी दहशत में थे। उन्हें भय लग रहा था कि कब प्लेग का आक्रमण उनके परिवार पर भी हो जाएगा। खा-पीकर वे अपनी सेज पर घुलट गए। सेज क्या, कोदो-पुआल का जमीन पर फैलाया बिछावन। लेकिन थके-माँदे आदमी के लिए 'नींद की माने टूटल खाट!' सुबह तीन बजे ही जगकर रामबुझावन दा अपने सुर-ताल में प्रातःकाली गाने लगे :

'जागिए कृपा निधानऽऽ, पंछी बन बोलेऽऽ, जागिए...
शशि की ज्योति मलिन भई, चकबा पिय मिलन गई।
बहत प्रात मृदु बयार, पल्लव द्रुम डोले; जागिए कृपा निधान...'

उधर शिवनारायण दा भी जोर से गाने लगे :

'हे गोविन्द, राखू शरण, अब तो जीवन हारे, हे गोविन्द...।'

लेकिन न रामबुझावन दा का कृपानिधान जागे, और न शिवनारायण दा के गोविन्द ही नंगे पाँव दौड़े आए। आया तो पहरा देनेवाला लिरसा चौकीदार। लिरसा ग्यारह बजे रात से अपना लाल मुरेठा सिर पर बाँधकर समूचे गाँव की गली-गली में पहरा देता फिरता है : 'जागो होऽऽऽऽ जागो सिंह, बाजो सिंह, जागोऽऽऽऽ।'

लिरसा को देखते ही रामबुझावन दा पूछने लगे, 'लिरसू, क्या हाल है गाँव-घर काऽ ?'

लिरसा सुबकने लगा, 'मालिक, क्या हाल पूछते हैं! रात में कई जान निकल चुकी। जिस टोले से पहरा देते गुजरा, उसी टोले से रोदन-क्रन्दन। लगता है, रात-भर में आठ-दस लोग जरूर गुजर चुके हैं। सुबह में, दिन उठते-उठते मालूम हो जाएगा कि किस घर से किसकी लाश निकली। अभी राम-राम भजिए।'

उदास रामबुझावन दा दिशा-मैदान करने लील खेत की ओर निकल पड़े।

दिन के दोपहर उठते-उठते गाँव थर्रा गया। सचमुच रात आठ लोग प्लेग की चपेट में आ गए। अकलू साह का जवान इकलौता बेटा क्षण-पलक में उड़ गया। कल ही तो दोपहर दिन में उसे बुखार आया था। चौबीस घंटे भी नहीं टिकने दिया। साल भर पहले ही उसका विवाह हुआ था। आज सोलह वर्ष की जवान पतोहू धूल मलकर माँग का सिन्दूर धो रही है। कोई बाल-बच्चा भी नहीं हुआ है। पारो जी पंडित कह रहे थे, 'सबसे जुलुम तो बिनो सिंह के साथ हुआ है। अभी पिछले जेठ में ही खेत बेचकर बेटी का बिआह किया था। आषाढ़ महीने में बेटी को ससुराल से ले आया। तेरह-चौदह साल की लड़की को कैसे साल-दो साल ससुराल बसने देता? अभी होली खेलने के बहाने दामाद भी यहीं आ गया। इस निर्मम प्लेग ने रात उस दूल्हे की भी जान निकाल ली। अब यह बछिया जीवन भर लाश बनकर जिएगी। अकलू साह की पतोहू तो सगाय (पुनर्विवाह) कर लेगी, लेकिन यह बेचारी तो अछूत और अशुभ बनकर ही कोना-खिड़की में दबी-छिपी रहेगी। हे भगवान, कैसा अन्याय तुम भी करते रहते हो! भगवती का अरदास आज रात में होगा। न जाने दिन भर में और क्या-क्या देखने-सुनने को मिले! इससे तो अच्छा था कि पूरे गाँव पर एक साथ ही बज्र गिर पड़ता, सब लोग एक साथ धरती खाली कर देते। इस तरह चुन-चुनकर बीछ लेने से तो वही अच्छा होता।'

गहबर थान आज शाम से ही झनझनाने लगा। सभी गीतहार झाल-मंजीरा लेकर जमा हो गए--ढोल बजा-बजाकर भगत के साथ घूमने और भौकी काटनेवाला खरकू चमार भी हाजिर। चारों फुलझड़िया तैयार। कारी भगत भी शाम से ही गहबर दुआर को अगोरे हैं। जैसे ही बदरी बाबाजी तुलसीदल और ओढ़ुल फूल से लबालब भरी डलिया लेकर पहुँचे कि कारी भगत गहबर के भीतर घुस गए। वे पहले से ही नहा-धोकर फूल की आशा में बैठे थे। अन्दर जाकर उन्होंने सिर झुकाया, पिंडी को दोनों हाथों से छुआ और उस पर एक-एक फूल चढ़ाकर देवी को सजाना शुरू किया। बरामदे पर भगवती का गीत होने लगा, 'छोटी-मोटी तुलसी की गछिया, भुइयाँ लोटे पात हेऽऽऽ... ।' झाल, ढोल और मिरदंग की थाप से वातावरण ही बदल गया। टोले-मुहल्ले से लोग गोहार देखने दौड़ पड़े।

फूल सजाने के बाद भगत और फुलझड़िया देवी को मनाने लगे, 'माँ, फूल दे दो...माँ, दया करो...माँ, गाँव का दुख-दर्द दूर करो। हम सब दिन पूजा करते हैं, सेवा में लगे रहते हैं, आगे भी लगे रहेंगे। हम सब अबोध बालक हैं। कोई भूल-चूक हुई हो तो बता देना, हम सुधार लेंगे। इस विपदा में माँ, हमारी रक्षा करो, हमें बचाओ!'

बाहर जमा भीड़ प्रतीक्षा कर रही थी कि कब भगत निकलते हैं, देवी कब खेलना शुरू करती हैं, बहुत देर हो रही है।

अचानक गहबर के भीतर से जोरदार आवाज उठी, 'बोलो, बोलो भगवती माय की जय! फूल हो गया। दरवाजे से भीड़ हटाओ, भगत निकलेंगे।' मेंही सिंह बेंत चलाकर भीड़ को नियंत्रित करने लगे।

कारी भगत लाल-लाल आँखों से आँसू चुआते, दोनों हाथों से बेंत को सिर के ऊपर-ऊपर लचकाते और मुँह से 'दोहाय शिव केऽऽ' बोलते, देवी मन्दिर से बाहर दौड़ते हुए निकल आए। आँगन में आते ही वे धरती पर धड़ाम से गिर गए, जीभ बाहर तक निकल आई।

फुलझड़िया ने उन्हें उठाया, सँभाला, खड़ा किया और माथे पर अक्षत, फूल, तुलसीदल का डलिया तथा नीर का कलश देकर खड़ा किया। फिर तो वे घूम-घूमकर भगवती को खेलाने लगे और ढोलबज्जा उनके अगल-बगल भौंरी काटकर ढोल पर थाप लगाता रहा।

लोग एक-दूसरे को ठेल-ठेलकर आगे आने के लिए व्याकुल। मेंही सिंह जितना ही बेंत चलाते, भीड़ उतनी ही व्याकुलता से आगे आने के लिए छटपटाने लगती, यह सोचकर कि आगे से देखें-सुनें कि भगत क्या कहते हैं? भगवती कैसी दया करती हैं?

अब कारी भगत आँगन में खस्सी काटने के लिए गाड़ी गई किल्ली पर चढ़ गए और मुँह आकाश की ओर उठाकर गरजे, 'दोहाय गंगा केऽऽऽ, दोहाय शिव केऽऽऽ!' फिर आगे और अगल-बगल खड़े फूलझड़िया से बोले, 'क्या चाहता है? बोल—किसलिए बुलाया मुझे? बार-बार धरती पर उतरने में मुझे कितना दर्द होता है, यह नहीं जानता?'

अब बूढ़े बासो बाबा, जो सभी फुलझड़िया में सीनियर और भगत का मुँहलगुआ थे, बोले, 'अपना दर्द सूझता है और हमारा नहीं? आप नहीं जानती हैं कि गाँव पर क्या बीत रहा है? सारा गाँव उजड़ ही जाएगा तो झाँप और दूध-लाबा लेकर कौन दौड़ेगा? पिंडी की पूजा कौन करेगा? यह 'पिलेख' आपसे बढ़कर है जो गाँव उजाड़ रहा है? हमसे पूछते हैं कि किसलिए बुलाया है! इस रोग से गाँव को बचाइए, नहीं तो गाँव उजाड़ हो जाएगा।'

कारी भगत रोने लगे, 'अरे, यह भी तो मेरी बहन का ही भेजा हुआ है। कामुरकमरक्षा (कामाख्या) में जो बड़ी बहन रहती है, उसी से हुकूम लेकर आया है। पहले अपनी बहन को मना लेने दो, तभी कुछ कहूँगी।'

इस पर राम सोगारथ सिंह और बदरी बाबाजी एक साथ चिल्ला पड़े, 'बहन को मनाते-मनाते तो गाँव ही साफ हो जाएगा, फिर पूछने और पूजने कौन आएगा? बहाना मत बनाइए, ठगिए नहीं, आप सब कुछ कर सकती हैं। अभी दल-फूल देकर हमें इस रोग से बचाइए, नहीं तो पिंडी उखाड़कर फेंक दूँगा।'

अब कारी भगत हँसने लगे। हँसते हुए ही सबको डाँटने भी लगे, 'सूझता नहीं है, गहबर का खपड़ा कब से चू रहा है? अबकी बरसात में पिंडी पर ही पानी गिरेगा। किसी को ध्यान है कि छप्पर छड़बा दें? नागपंचमी में जितना पाठा कटता था, उसका आधा हो गया है। कभी सोचा भी कि बलिदान इतना कम क्यों हो रहा है? आज सिर पर पहाड़ टूटा तो गोहार लगाए हो, और हमारी देख-रेख के लिए गरज नहीं। मरने दो गाँव को। जब तुम्हें मेरी चिन्ता नहीं, तो मैं क्यों तुम्हारा कल्याण करूँ? ...दोहाय शिव केऽऽऽ!' कहते-कहते कारी भगत किल्ली पर से गिर गए।

फुलझड़िया लोगों ने फिर उन्हें उठाया, सँभाला, डलिया माथे पर रखा, कलश सजाया और हाथ जोड़कर भगत से बोल पड़े, 'जो गलती हुई है, उसे सुधार लेंगे। कमी पूरी कर देंगे हम सब, मगर अभी इस विपदा से हमें उबारिए! आपके होते अगर गाँव वीरान हुआ तो आपकी ही जग-हँसाई होगी। हम नर लोग से तो छोटी-मोटी गलती होती ही रहती है। आप तो हमारी माँ हैं, हम आपके बच्चे हैं। माँ कभी अपने बच्चों को इतना कठोर दंड देती है? दया करो हे महारानी, हम सब जल रहे हैं, उबारो मैया, उबारो!'

भगत जी दहाड़ मारकर रोए, फिर मुँह ऊपर उठाकर आकाश को निहारा और कुछ देर तक आकाश पर दृष्टि टिकाकर बोले, 'दोहाय गंगा के ऽऽऽ। लाओ डलिया, कलश।'

बासो बा ने डलिया आगे कर दिया और कारी भगत उससे कुछ अक्षत, फूल उठाकर बासो बा के हाथ में डालते हुए बोले, 'जाओ, साला पिलेख एक से दो दिन में गाँड़ धोने भागेगा। जब तुम लोग मेरे भरोसे ही टिके हो, तो मैं किसी को कुश-कलेप लगने नहीं दूँगी।'

सब लोग जोर से गरज उठे, 'बोलो, बोलो भगवती माय की जय! कारी भगत की जय!' और कारी भगत उठते-गिरते गहबर के भीतर घुस गए। उन्होंने अपने गले की माला और हाथ का बेंत पिंडी पर रख दिये। भगवती माँ उनकी देह से निकलकर पिंडी में समा गई।

लोग-बाग अपने-अपने घर चल पड़े। यह बोलते हुए कि 'गोहार हो गया। भगवती ने वरदान दे दिया। पिलेख अब कुछ नहीं बिगाड़ पाएगा। भगवती के सामने उसका कुछ भी चलनेवाला नहीं। इस गहबर में भगवती माँ साक्षात् विराजती हैं। उनकी पूजा सही ढंग से होनी चाहिए।'

रात में भगवती का गोहार हुआ, और सुबह से गाँव में कुहराम मच गया। कल मरे लोगों की लाश जलाने के लिए जो लोग घाट पर गए थे, लौटते-लौटते उनमें से चार लोगों को तेज बुखार आ गया। वे प्लेग की चपेट में हैं। आज रात में छह लोगों के मर जाने से गाँव में हड़कम्प मच गया। उन्हें जलाने के लिए, घाट तक ले जाने के लिए लोग तैयार नहीं हो रहे हैं। बाप रे, जो जाता है, उसे भी प्लेग दबोच लेता है! मुखाग्नि दिलवाने वाले पंडित जी भी साथ जाने से ना-नुकर करने लगे हैं। साला नउबा तो टेढिआ गया है। बोलता है—'मालिक, जान तो जहान। बचेंगे तो खुरपी-कुदाल चलाकर भी परिवार को पाल लेंगे। कौन जान जोखिम में डालने घाट तक जाए।'

अब क्या होगा? क्या लाशें घर में ही सड़ेंगी? फिर समाज-परिवार की क्या जरूरत? गाँव की गली-कूची में कुत्ते भूँक रहे हैं। भूँक नहीं, रो रहे हैं। बाहर गीदड़ 'हुआँ-हुआँ' करके रोता है। आँगन में दाना चुगने चिड़ियाँ नहीं उतर रही हैं। गायें भी बथान-बथान पर दहाड़ मार रही हैं। यह सब तो सर्वनाश का लक्षण है। भयंकर अशुभ सूचक है।

'हे माय जयमंगला! रक्षा करो अपनी सन्तान की, भुसारी परगना की, जलेवार बस्ती की! मैया, गाँव बचेगा तो आपके थान में यज्ञ करा देगा। अबकी बार बचाओ मैया!'

बदरी बाबा जी कह रहे हैं, 'रात कारी भगत बिना फूल गिरे ही भगवती खेलाने उतर पड़ा था। उसकी देह में भगवती नहीं उतरी थीं। हाथ के चाप से फूल गिराकर बेंत उठा लिया और भगवती खेलाने लगा। इसलिए रात में उसके द्वारा कही गई बात पर भरोसा नहीं। रात भगवती नहीं बोल रही थीं, कारी भगत खुद नाटक कर रहे थे। अगर भगवती आतीं और

बोलतीं, तो रात भर में ऐसा अनर्थ नहीं हो सकता था। अभी-अभी सुना है कि बीसो सिंह बुखार में हाँफ रहे हैं। उन्हें घर से गाछीटोला वाले दालान में पहुँचा दिया गया है। उनके घर से लोग मंझौल कमला बाबू डागडर को बुलाने गए हैं। उनके दोनों बेटे पढ़ते हैं, दामाद पढ़ा-लिखा आदमी है, पत्नी होशियार और अच्छे कुल-वंश की महिला हैं। भला क्यों नहीं डागडर, वैद बुलाएँगे ? रोग घटे कछु औषधि खाई।'

गाँव में हल्ला हुआ, कमला बाबू आए हैं, बीसो सिंह को देखने। उन्हें भी पिलेख पकड़ लिया है। देखें, डागडर उन्हें बचाते हैं कि नहीं!

उन दिनों मंझौल में दो डॉक्टर थे—एक, कमला बाबू और दूसरा, मणिशंकर मुखर्जी। कमला बाबू मात्र एक एल.एम.पी. थे और मणिशंकर बाबू एम.बी.बी.एस.। उन्हें लोग 'मणि बाबू' नाम से जानते, पुकारते थे। कमला बाबू बहुत दिनों से मंझौल में प्राइवेट प्रैक्टिस करते हैं और मणि बाबू सरकारी अस्पताल में पद-स्थापित हैं। कमला बाबू की शोहरत पूरे इलाके में फैली है। उन्हें लोग 'डागडर साहब' नहीं, सीधे 'बाबू' कहते हैं। यश ऐसा मिला है कि वे जिसे देख लें, वह अच्छा होगा ही, चाहे रोग भारी से भारी क्यों न हो। मगर वे जल्दी किसी गाँव जाते नहीं, अत्यन्त आपातकालीन स्थिति होने पर ही उनका मन डोलता है। उन दिनों एक उनके पास मोटरगाड़ी थी—उजले रंग की, और किसी के पास नहीं। इसलिए कहीं जाने को तैयार होते तो पहले ही दस रुपए फीस जमा करवा लेते। दस रुपए की भारी-भरकम रकम कोई-कोई ही दे पाता।

खैर, कमला बाबू आए और बीसो चा को देखकर बोले, 'साधारण बुखार है, कल तक ठीक हो जाएँगे। यहाँ आने पर मुझे मामूम हुआ कि गाँव में प्लेग ने इतना भयंकर रूप ले लिया है। पहले मालूम होता तो मैं कतई नहीं आता। गाँववाले अभी तक क्या देख रहे हैं ? यह ऐसी लाइलाज बीमारी है कि पूरे गाँव को साफ कर देगी। इसकी दवा अभी तक नहीं निकली है, इसीलिए इसे 'महामारी' कहा जाता है। यहाँ दूसरी जगह से भी कोई आएगा तो उसे भी यह रोग पकड़ लेगा। इसका एकमात्र इलाज है—घर-गाँव छोड़कर, दूसरी जगह कुछ दिनों के लिए भाग जाना। कोस-आध कोस की दूरी पर सबको झोंपड़ी बनाकर तुरत भाग जाना चाहिए। गाँव छोड़ देने पर कुछ दिनों में यह खुद समाप्त हो जाएगा, अन्यथा सारे गाँववासी इस काल के गाल में समा जाएँगे। तीन-चार महीने के लिए घर छोड़कर जान बचा लेने में ही होशियारी है, नहीं तो यह गाँव नहीं बचेगा।'

कमला बाबू बीसो चा को देखकर हवागाड़ी से भागे, और सचमुच बीसो चा दूसरे दिन टनटना भी गए। मगर गाँव में रातों-रात घर छोड़ने की छटपटाहट बढ़ गई। दूसरे दिन गाँव में ढोलहा (मुनादी) पीट दिया गया कि सब लोग गाँव-घर छोड़कर तीन महीने के लिए बाहर बास बना लें। जो गाँव नहीं छोड़ेंगे, उन्हें सामाजिक दंड भोगना पड़ेगा। प्लेग से बचने का एकमात्र उपाय गाँव-घर छोड़ देना ही है। दो दिन का समय दिया जाता है, दो दिनों में अपना-अपना उपाय कर लें! अगर इसके बाद भी कोई अपने घर में रहते देखा गया तो घर में आग लगा दी जाएगी।

बाप रे, कहाँ जाएँ ? क्या करें ? इतना सामान कहाँ और कैसे ढोया जाएगा ? हे भगवान, कैसी विपत्ति में ढकेल दिए हो! सुबह से सब लोग जैसे-तैसे अपना सामान ढोने लगे, दूर-

दराज जाकर झोंपड़ी छाने लगे। जिन धनी-मानी लोगों के पास बहुत जेवरात थे, वे कुटमैती में अपने सम्बन्धियों के यहाँ रख आए। गाँव खाली होने लगा। जिनके पड़ोसी पहले निकल गए और रात में उन्हें यहीं रहना पड़ा, वे भय से त्रस्त। तीन दिनों में गाँव धत-धत करने लगा। लगभग तीन-चौथाई लोग गाँव छोड़ चुके थे। बाकी लोग भी आज शाम तक विदा हो जाएँगे।

इधर लोग गाँव से भाग रहे थे, सामान ढो रहे थे, और उधर बाजरा घाट की मुर्दघट्टी में लाशों की ढेर लगी थी। चील, कौआ, गीदर, कुत्ते जश्न मना रहे थे। वहाँ बड़ गाछ के नीचे, लँगोट पहने, देह में छार-भभूत लपेटे, ललाट पर त्रिपुंड चन्दन लगाए, हाथ में एकतारा वाद्ययंत्र पकड़े, आँख मूँदकर बड़ी मस्ती में एक फकीर गीत गा रहा था। स्वर बड़ा मोहक, बाँध लेनेवाला, दिल के भीतर कोई टीस पैदा करनेवाला और गीत का मतलब समझने के लिए दिमाग को झकझोर देनेवाले शब्द। बोल था—'कोई जानेगा जाननिहाराऽऽऽ, साधो, घटही में उजियारा।' इस साधु को कोई डर-भय नहीं! कहाँ से आ गया है यह? क्यों जान हथेली में लेकर यहाँ रमने आ गया? इसे श्मशान की भयानकता से भी डर नहीं? भूत-प्रेत का खौफ नहीं? स्वर-लय कितना मीठा, मगर जो गाता है, वह समझ में ही नहीं आता। फिर भी इसका गीत सुनकर मन आनन्द-विभोर तो होने लगता है। जाने दो इस साधु-फकीर की बात। पहले भासो कहार के बारे में कुछ सोचो, विचार करो, सम्भव हो तो सहायता करो।

हमारे घर के पूरब तरफ एक कंसार था। कंसार से दस-बारह हाथ की दूरी पर भासो कहार का घर। भासो कहार का बेटा मेघना कहार हमसे बड़ा था। वह पढ़ता भी था, लेकिन कहीं बाहर रहकर पढ़ाई करता था। वह गाँव-घर बहुत कम आता। शायद किसी सम्बन्धी के घर रहकर पढ़ता होगा। उसकी माँ, यानी भासो कहार की पत्नी, पैंतीस-चालीस की उम्रवाली भरी-पूरी देह की मालकिन थी। वह हमारे आँगन शाम का पानी भरने आती थी। उन दिनों पानी निकालने का एक ही जग-जानित खजाना होता था—कुआँ। हम अपने आँगन में पाँच परिवार थे। भासो की पत्नी शाम की बेला में दो-दो घड़े पानी पाँचों परिवार में भर देती थी। रात भर इसी दो घड़े पानी से काम चलाना है। कहीं घट गया तो दूर कुएँ पर जाओ और खुद से भरकर पानी लाओ। सुबह की बेले में रमरतिया धनुकाइन दो-दो घड़े पानी देने आती। रमरतिया शादी-शुदा थी, मगर थी नई-नवेली। इसलिए राघो सिंह, बूधो सिंह वगैरह-वगैरह उसे फुसलाने का खूब प्रयास करते। मगर वह तो खेली हुई छौंड़ी थी। उन लोगों से कभी अनाज, कभी जलावन, कभी आम या कटहल ले भी लेती और घास नहीं सूँघती। उल्टे उन्हें बकलोल बनाकर बहुत कुछ ऐंठती रही।

हाँ, तो भासो कहार की माँ प्लेग की चपेट में आ गई। लोग गाँव छोड़ चुके हैं, और भासो भारी दुविधापूर्ण संकट में घिर गया है। वह क्या करे? प्लेग-ग्रस्त माँ को अकेली छोड़कर कैसे भागे? नहीं भागे तो समूचे परिवार को मौत के मुँह में कैसे झोंक दे? हाय रे विधाता! लोगों की सलाह पर, समझाने-बुझाने पर भासो ने परिवार को सुखिया गाछी पहुँचा दिया और खुद दिन भर माँ को अगोरे रहा। शाम के समय दो-चार लोग भासो को समझा-बुझाकर रात भर के लिए सुखिया गाछी परिवार के साथ रहने भेज दिया।

भासो का दिल नहीं मान रहा था, पर लोगों की जोर-जबर्दस्ती से वह चला गया। उसकी माँ रात-भर घर में अकेली कराहती रही। सुबह से भासो जिद करने लगा कि वह माँ को देखने, उसे पानी देने घर जाएगा। उसकी पत्नी पैर पकड़कर रोक रही थी, 'तुम गाँव जाओगे तो तुम्हें भी प्लेग पकड़ लेगा। फिर हम लोगों का क्या होगा ? अब गाँव-घर में कोई आदमी नहीं है। अकेले देखकर भूत-प्रेत, डाइन-जोगिन भी तुम्हें खा जाएँगे। हे प्राणनाथ! आज तक मैंने तुम्हें छोड़कर किसी दूसरे मर्द को नहीं ताका। इतने बड़े बभनगाँव में मैंने दूसरे मर्द का फेंका चारा कभी आँख उठाकर भी नहीं देखा। चारा तो कई ने फेंके, मगर मैं पति को छोड़कर दूसरे मर्द को घाट का कुत्ता समझती हूँ। मैं तुम्हें उस मौत के मुँह में नहीं जाने दूँगी। माँ से इतना ही प्रेम है तो तुम यहीं ठहरो, मैं उन्हें देख आती हूँ। मैं नहीं रहूँगी तभी तुम किसी काल-कराल के मुँह में जाओगे, मेरे रहते नहीं।'

भासो अक-बक! जवानी से भरी-पूरी देहवाली मेघना माई को वह कैसे प्लेग के मुँह में झोंके दे ? कितना सुख दिया है उसने देह विथार-विथारकर! फिर खुद भी नहीं जाए तो माँ को क्या हुआ, मरी कि बची है, दिशा-पेशाब किया कि नहीं, पानी के लिए विकल हो रही होगी, आदि-आदि, सवाल उसे पागल बना रहे थे। इस अनिर्णय की स्थिति में दस बजे दिन निकल आया। भासो निर्णय लेना चाह रहा है, पर बुद्धि ही साथ नहीं दे रही। तभी एक भैंसवाह ने खबर फैलाई, 'कहार के घर पर गीध बैठा है। चील उड़ रहा है। शायद उसकी माँ सूने में मर गई। कोई देखनेवाला नहीं।' गाँव के लोगों ने जहाँ सुना, वहीं से कानों-कान खबर सब जगह फैल गई। भासो छाती पीटकर घर की ओर भागा। पीछे-पीछे उसकी पत्नी भी दौड़ी। पहुँचते ही देखता है कि तीन-चार कुत्ते घर के बरामदे से उसकी माँ की लाश आँगन में ले आने की कोशिश कर रहे हैं। भासो ने ईंट उठाकर कुत्तों को भगाया, माँ की खाट बाहर खींच लाया और दौड़कर दुकान से किरासन तेल तथा दियासलाई ले आया। उसकी पत्नी वहीं खड़ी रही। घर की छत से बाँस, खड़ खींचकर माँ के ऊपर, अगल-बगल सजाया और लकड़ी सहित देह पर किरासन तेल उड़ेलकर आग लगा दी। आग के भभकते ही पति-पत्नी दोनों चिता को प्रणाम कर सुखिया गाछी भागे। कहते हैं कि चिता की उस लपेट में भासो कहार का खपड़ैल घर भी स्वाहा हो गया।

अब गाँव खाली है। कहीं किसी आदमी की आवाजाही नहीं। कुत्ता-बिल्ली, चिड़ई-चुनमुनी का भी अता-पता नहीं। लोग आपस में बतियाते हैं कि रात-दिन भूत-प्रेत गाँव में खेलते रहते हैं। गाँव के ऊपर से उड़नेवाली चिड़िया को नीचे खींचकर खा जाते हैं। कुछ लोग यह भी बोलने लगे हैं कि जो-जो लोग मरकर बजराघाट से थोड़ी ही दूर मुरदघट्टी गए हैं, वे सब-के-सब भूत हो गए हैं। आयु रहते जो किसी चपेट में फँसकर मर जाता है, उसे भूत होना पड़ता है। बजराघाट में जश्न मन रहा है। मरकर भूत होनेवालों का आपस में शादी-बिआह हो रहा है। भूत-भूतनी का बिआह बरधरी के जयसिया राम सिंह ने अपनी आँखों देखा है। वे बजराघाट से थोड़ी ही दूर पर साधु बाबा थान के बगल में अपने डेरा पर रहते हैं। भोरकी रात में भैंस पर बैठकर भैंस चराते हैं। साधु बाबा ने प्रकट होकर उन्हें बरज दिया है कि 'अब इस घाट तरफ भोरौआ में भैंस चराने मत आओ। यहाँ भूत-भूतनी में बिआह होता रहता है, और सारे भूत सुबह तक नाचते हैं। कहीं नजर पड़ गई तो तुम्हें

छोड़ेंगे नहीं। विश्वास नहीं हो तो देखो घाट की ओर—वह...वह...वह नाच।—और जयसिया राम ने नाचते-कूदते भूत-भूतनी को अपनी आँखों से देखा। साधु बाबा की कृपा से वे भूतों की नजर में नहीं आए, लेकिन उधर जाना ही छोड़ दिया।

तरह-तरह की अफवाह के बीच गाँववाले बाहर जी रहे हैं। किसी तरह तीन-चार महीने कट जाएँ। हे भगवती, जहाँ भागकर आए हैं, वहाँ तक पिलेख न आने पाए—यही कृपा करना!

हम लोगों का परिवार भागकर सिनोखरा डेरा आ गया। हमारी खेती-बारी यहीं बाबा-पुरखा से होती आई है। हमारा माल-जाल पहले से भी यहीं रहता आया है। जब खेत-पथार यहाँ है, तो डेरा यहाँ रहना जरूरी। इसलिए हमारे मुहल्ले के लगभग सभी परिवार ने सिनोखरा और लिटियाही डेरा पर फूस के घर बनाए थे। शाम में सब लोग गाँव खाना खाने चले जाते, और रात में हर परिवार से एक-एक आदमी खाने के बाद यहीं डेरा पर चले आते। माल-जाल, खेत-पथार की सुरक्षा के लिए यह जरूरी था। यहाँ का डेरा गुलजार रहता। सबके बथान पर गाय, बैल, भैंस, बाछा-बाछी बँधे रहते। साक्षात् लक्ष्मी का निवास था, यहाँ के डेरे पर। इसलिए हम लोगों को गाँव-घर छोड़ने में कोई खास परेशानी नहीं हुई। फूस का डेरा पहले से ही मौजूद। इसलिए अलग से झोंपड़ी बनाने की जरूरत नहीं पड़ी। घर से सामान ढोकर यहाँ लाने में भी दिक्कत नहीं उठानी पड़ी। आखिर हमारे पास सामान ही कितना था। तीन-चार मन अनाज, कुछ बर्तन, माँ की एक पेटी और बिछाने के लिए दो-एक गेंडा। एक ही दिन में बाबू और भाइयों ने मिलकर सारा सामान ढो लिया। जिनके पास अधिक सामान था, वे बैलगाड़ी से ढोकर लाए। हमें क्या? खोलो लँगोटी, उतरो पार। सच पूछिए तो यहाँ आकर बसने में हमें गाँव से अधिक आनन्द आने लगा। गाँव से लगभग दो किलोमीटर की दूरी पर हमारा यह सिनोखरा डेरा है। यहाँ से वही डेढ़ किलोमीटर की दूरी पर जयमंगल गढ़। गढ़ का मन्दिर तो यहीं से दिखाई पड़ता है। हवा इतनी अच्छी आती है कि मन हमेशा खुश। मेरा डेरा तो और परिवार की अपेक्षा ऊँची डीह पर है। पीछे सिनोखरी और उससे पीछे सिनोखरा पोखर। दोनों का मुँह एक-दूसरे से मिला हुआ। कहते हैं कि इन्द्र भगवान ने एक बार भारी बारिश करके सिनोखरा और सिनोखरी में विवाह करा दिया था। दोनों पति-पत्नी हैं, और सालों भर पानी से भरे-पूरे रहते हैं। सिर्फ बैसाख-जेठ में सिनोखरी कदुआ जाती है, पर सिनोखरा तो उस समय भी पनिआया ही रहता है। सिनोखरी में उछलती मछलियों को हम लोग बंसी में बझा लेते हैं और घूरा की आग में सेंककर नमक के साथ खाते रहते हैं। यह मजा गाँव में कहाँ से आएगा?

मेरे घर के मुँह पर ही दक्षिण तरफ से एक बेल का जवान गाछ है। जिस समय हम लोग गाँव से भागकर यहाँ आए, पेड़ में ढेर सारे बेल लटक रहे थे। बीस-पच्चीस दिनों के बाद बेल पक-पककर गिरने लगे। ओह, अद्भुत मीठा और गूदेदार बेल! दस-पाँच दिन तो माँ को रात में खाना बनाना भी नहीं पड़ा। बेरिया बेला में पिताजी के साथ बैठकर हम सभी भाई-बहन एक साथ ठूँस-ठूँसकर इतना बेल खा लेते कि रात में खाना खाने की जरूरत ही नहीं। सबेरे उठते ही इतने जोर से पखाना लगता कि सीधे खेत की ओर भागते। पनछुआ सिनोखरी के पानी से कर लेते और मिट्टी से हाथ भी वहीं मटिया लेते। पेट इतना खाली हो जाता कि भूख से तलफल। सच ही कहा जाता है—'बेल देता ठेल।' घर के पीछे अमरूद

के दो पेड़—एक कलम अमरूद और दूसरा बीजू। दोनों पेड़ों में सालों भर अमरूद लटके रहते। भूख लगते ही हम अमरूद के पेड़ पर टूट पड़ते। भरपेट अमरूद खाकर ढकरते रहते। बगल में करियम्मा आम का पेड़, उससे थोड़ा दक्षिण हटकर केलबा और लुचबिया आम के पेड़। सबमें आम लटक रहे थे। आगे की सड़क से थोड़ा पश्चिम हटकर महुआ का एक विशाल पेड़। उसके नीचे एक बड़ी और पुरानी नाव उलटकर रखी हुई। दोपहर दिन में पाँचों परिवार के लोग छाँह खोजते उसी नाव पर बैठ जाते। तरह-तरह की किस्सा-कहानी चलने लगती। बाबू कहते थे कि यह पाँचों भाई की सरकारी नाव है। बाढ़ आने पर यह काम आती है। जयमंगला गढ़ के काबर झील से इसी पर पुरइन का पत्ता, डरहर, कमल का फूल, कमलगट्टा, सामी आदि लाते हैं। उन दिनों पैदल जाने-आने का रास्ता नहीं बचता है।

मैंने बाबू से कहा, 'एक दिन नाव पर बैठाकर हम लोगों को जयमंगला गढ़ ले चहिए न बाबू!'

बाबू हँसकर बोले, 'अभी पानी कहाँ है जो नाव चलेगी! जानते नहीं, चले न जल बिनु नाव, कोटि जतन पचि पचि मरे?'

एक दिन शाम के समय बड़का बाबू नाव पर ही बैठकर हुक्का पी रहे थे। मैंने उनसे पूछा, 'बड़का बाबू, कामुरकमरक्षा (कामाख्या) कहाँ है?' वे बोले, 'अरे, कामुरकमरक्षा यहाँ से बहुत दूर, पूरब की ओर है। उसे असम कहते हैं। बहुत से लोग पैसा कमाने के लिए कामुरकमरक्षा चले जाते हैं, लेकिन जो जाते हैं, वे लौटकर घर कभी नहीं आते। कहते हैं कि वहाँ की औरतें बहुत तंत्र-मंत्र जानती हैं। वे देखने में सुन्दर और बलिष्ठ होती हैं। वहाँ का मर्द कमजोर होता है। बाहर से कमाने के लिए वहाँ जानेवाले मर्दों को वहाँ की औरतें मंत्र द्वारा लोप कर देती हैं। उन्हें बहुत छोटा बनाकर दिन भर धान-चावल की कोठी में गोए रहती हैं, या भेड़ बनाकर रखती हैं। शाम होते ही औरतें सिंगार करके मंत्र द्वारा कोठी में बन्द मर्दों को अपने सही रूप में निकाल लेती हैं। फिर उन्हें भी फूल से सजा-धजाकर उनके साथ नाचती हैं और रात भर अपनी सेज पर रखती हैं। सूरज उगने पर फिर छोटा बनाकर उसी कोठी में बन्द कर देती हैं, या भेड़ में बदल देती हैं। मर्द धीरे-धीरे कमजोर होकर वहीं मर जाता है। वहाँ की औरतों को देवी का वरदान है। वे सज-सिंगार और मौज-मस्ती में ही जीती हैं। उनका पति कमाता है और औरतें उड़ाती हैं। वहाँ कभी नहीं जाना चाहिए। वह भूत-प्रेत, डाइन-जोगिन और मंत्र-तंत्र का अड्डा है।'

मैं बड़का बाबू से यह कहानी सुनकर डर गया। फिर कभी उनसे कोई किस्सा-कहानी नहीं पूछी।

गाँव छोड़े लगभग एक महीना बीत चुका। इस बीच मात्र दो-तीन आदमी के मरने की खबर मिली, वह भी उन घरों से, जो गाँव छोड़कर नजदीक में ही रहने गए थे। जिनके पास खेत नहीं था, दूर हटकर बसने के लिए जगह नहीं थी, वे राय साहब वाली कचहरी के बगल में ही बस गए। उन्हीं शूद्र लोगों के घर से दो-एक को प्लेग ने दबाड़कर चुन लिया। वैसे, गाँव से अब ऐसी खबर नहीं मिल रही थी।

हमारा स्कूल मार्च भर बन्द रहा। खबर मिली कि 5 अप्रैल से स्कूल खुल गया है। लड़के गाँव के बाहर-बाहर स्कूल जाने लगे हैं। स्कूल तो उन दिनों गाँव से बाहर ही था, अब उसके आगे-पीछे, अगल-बगल सघन बस्ती बस चुकी है। पहले तो वह सुनसान जगह में बना हुआ था। स्कूल खुल जाने पर हम लोग भी स्कूल जाने को सोचने लगे।

हमारे पाँचों परिवार से चार लड़के स्कूल में पढ़ते थे। सबसे आगे के क्लास में सेखो दा का बड़ा बेटा लखनदेव पढ़ता था। शम्भू और मैं एक क्लास 'ए' यानी तीसरी कक्षा में थे। बड़का दा (रामेश्वर सिंह) का बेटा भोला हमसे एक क्लास नीचे था। हम चारों ने विचार किया कि अब हमें भी स्कूल जाना चाहिए। लेकिन स्कूल जाने का रास्ता गाँव से बाहर-बाहर होना चाहिए। ठीक है, हमारा डेरा तो ऐसे भी गाँव से कोस भर दूर है। बभनगामा तक तो वैसे भी बाहर-बाहर ही रास्ता है। वहाँ से खेतों की आड़ी-आड़ी स्कूल चले जाएँगे। जल्दी पहुँचने के लिए डेरा पर से ही कोना-कोनी, खेते-खेते चल पड़ेंगे। खेत भी तो सब जगह सूखकर टटा रहा है। बैसाख महीने में पानी किस खेत में रहेगा? अगले दिन से हम चारों एक साथ स्कूल जाने लगे।

बहुत दिनों के बाद स्कूल जाने पर गाँव के संगी-साथी से भेंट होने लगी, एक-दूसरे के घर-परिवार का हाल-समाचार भी जानने लगे। खूब मन भी लगने लगा। लेकिन मेरे पास तो कोई किताब नहीं थी। मैंने एतवारी कोइरी से आधे दाम में किताब लेने की बात की थी। प्लेग के कारण स्कूल आना-जाना रुक गया था। पता नहीं, उसके पास किताब अभी भी है, कि कहीं बिक गई? उससे पूछना चाहिए।

टिफिन की घंटी बजी और मैं एतवारी को खोजने लगा। वह अब चौथी कक्षा में पढ़ रहा है। स्कूल के बरामदे पर ही उससे मुलाकात हो गई। मैंने पूछा तो पता चला कि किताब अभी भी है। अगर मैं उसे एक आना दे दूँ तो वह अपनी पुरानी हिन्दी की किताब मुझे दे देगा। मुझे प्रसन्नता हुई कि एतवरिया की किताब अभी तक बिकी नहीं है।

मैं घर लौटा तो इस जोगार में लग गया कि कैसे एक आना जुटाया जाए। बाबू तो पैसा माँगने पर पढ़ना ही छोड़ देने को कहेंगे। फिर भाई तो बड़े होकर भी कमाऊ नहीं हैं, सिर्फ माल-जाल पोसते और खुरपी-कुदाली चलाते हैं। उनके पास पैसा कहाँ से आएगा? बची माँ। माँ को ही टटोलकर देखूँ, कहीं उसके पास हो!

मैं माँ से बोला, 'मैया, मुझे कोई किताब नहीं है। किताब के बिना मैं पढ़ने में दूसरों से पीछे हो जाता हूँ। बाबू से माँगूँगा तो वे पढ़ना ही छुड़ा देंगे। मैं पढ़ना चाहता हूँ, पढ़कर बड़ा आदमी बनना चाहता हूँ, तुम्हें सुखी बना देना चाहता हूँ लेकिन किताब के बिना कैसे पढ़ पाऊँगा? एक किताब एक आने में देने के लिए एक लड़का तैयार है। अगर एक आना तुम्हारे पास है तो माँ, मुझे दे नऽ! मैं किताब खरीद लूँगा, बड़ा शौक है किताब पढ़ने का।'

माँ हँसने लगी। बोली, 'किसी को बताना नहीं, अमरूद बेचकर मैंने चार आने जमा किए हैं। तुम्हारे बाबू से चुराकर अमरूद बेचती हूँ। अमरूद खरीदता है लखना और भोलबा। उन्हीं में से एक आना दे देती हूँ। बताना नहीं किसी से कि पैसा कहाँ से आया।'

मैं तो बल्लियों उछल पड़ा। माँ का दिल और माँ का खजाना दोनों बड़ा उदार होता है। हे भगवान, आज तो मुझे मुँहमाँगा ही मिल गया। अब कल ससुरे एतवरिया के

हाथ में एकन्नी रख दूँगा और कहूँगा कि किताब लाओ। साला कोइरी कितना काइयाँ है! एक दिन के लिए किताब पढ़ने माँगी तो नहीं दी। अच्छा, किसी दिन बभनपेंच में फँसाऊँगा।

दूसरे दिन मैंने माँ से हुलसते-फुलसते एकन्नी ली। उन दिनों पीतल की एकन्नी होती थी। हाफ पैंट और एक साधारण कमीज पहनकर मैं स्कूल जाता था। दोनों ही हाथ से सिली हुई। मेरी माँ को सिलाई नहीं आती थी। टुनही वाली भौजी (शम्भू की माँ) या रामदीरी वाली भौजी (लखनदेव की माँ) माँ के कहने से पैंट और कमीज सी देती थी। लेकिन उन्हें भी जेब देना नहीं आता। इसलिए मैं बिना जेब की कमीज और पैंट पहनकर स्कूल या कहीं भी जाता-आता था।

मैंने एकन्नी अपनी मुट्ठी में बन्द कर ली, और उत्साहित होकर स्कूल के लिए दौड़ पड़ा। मुझे माँ से पैसा लेने में थोड़ा विलम्ब हो गया, इसलिए लखनदेव के साथ शम्भू और भोला आगे बढ़ गए। मैं उन्हें पकड़ने, साथ-साथ चलने के मंसूबा में दौड़कर चल रहा था, कोना-कोनी, खेते-खेत।

बैसाख का महीना, खेत सूखकर फट चुके थे। जगह-जगह खेतों में दरार पड़ गई थी। मैं मुट्ठी में एकन्नी लिए दौड़ने लगा कि एकन्नी छिटककर कटे धान के खेत की दरार में समा गई। 'हाय रे बाप! अब क्या करूँ?' मैं दरार के पास बैठकर निहारने लगा। एकन्नी नजर ही नहीं आई। मैंने हाथ से दरार को फाड़ देने की कोशिश की, पर व्यर्थ। अब उस एकन्नी को छोड़कर मैं घर या स्कूल कैसे जाऊँ? मैंने अपनी कमीज खोलकर उस दरार के पास रख दी और दूर से राहट की एक खुट्टी ले आया। उस खुट्टी को दरार में डालकर मैं उसे उखाड़ने की कोशिश करने लगा। खुट्टी टूट गई, मुट्ठी में फोंका उग आया, पर दरार नहीं उखड़ सकी। उसने मेरी एकन्नी निगल ली। मैंने कमीज पहन ली और रोने लगा। मैं वहीं बैठकर, बैसाख महीने की तपती दुपहरी में तब तक रोता रहा, जब तक लखनदेव, शम्भू और भोला स्कूल से नहीं लौटे।

लौटकर उन्होंने पूछा, 'स्कूल क्यों नहीं गए? क्या हुआ? यहाँ बैठकर क्यों रो रहे हो?'

मैंने उन्हें सब कुछ रोते-रोते ही बताया। वे तीनों हँसने लगे, 'बेवकूफ, कहीं से कुदाल माँगकर उखन लेता! चलो घर, मेथरा चा को बताना, वे खोज लेंगे।'

मैं उदास होकर घर तो चला आया, पर माँ के पास न जाकर अमरूद गाछ के नीचे बाहर ही बैठा रहा। बहुत देर बाद मेरी बहन, तेतरी दीदी आई और मुझे बाँह पकड़कर उठाने लगी। मैंने दीदी से सब कुछ बता दिया।

उसने कहा, 'चुप हो जाओ। मैं माँ को बता दूँगी, नहीं मारेगी। लेकिन बाबू से कुछ नहीं कहना, अन्यथा वे खाल खींच लेंगे।'

दीदी ने माँ को सब कुछ करुण स्वर में बताया, माँ ने बिलकुल नहीं डाँटा, न फटकारा, उलटे बोल पड़ी, 'हाथ-गोर धोकर खा लो। रोटी और आम का अचार कपड़ा में लपेटकर तुम्हारे लिए अलग रख दिया है। खा-पीकर खेलो-कूदो।'

मैं आश्वस्त होकर खाने लगा और एतवारी महतो से किताब खरीदने-पढ़ने का मेरा सपना अधूरा ही रह गया। शायद मेरी नियति को यही मंजूर था।

प्लेग के दिन बड़े-बुजुर्गों के लिए तो दहशत भरे थे, लेकिन हमारे लिए इससे बढ़कर कोई पिकनिक हो ही नहीं सकता। बाबू जयमंगल गढ़ के काबर झील से रोज मवेशी के लिए पुरइन, डरहर का पत्ता घास के रूप में लाते थे। उसके साथ वे ढेर सारे कमल के फूल और कमलगट्टा भी लाया करते। कमल फूलों से तो हम लोग खेलते थे, मगर कमलगट्टा को तोड़-फोड़कर उससे उजले-उजले दाने निकालते और खाते तो लगता कि बताशा से भी अधिक स्वादिष्ट भोज्य खा रहा हूँ। एक दिन हम सभी भई-बहनों ने बैठकर कमलगट्टा से लगभग पाव भर दाना निकाला। बाबू खीर-प्रेमी थे। आर्थिक किल्लत में रहने के बावजूद वे महीने-दो महीने में एक बार खीर जरूर बनवाते। उन्होंने कमलगट्टा के उतने दाने देखे तो अत्यन्त खुश होकर बोले, 'सुनते हो कमली माई ! आज भैंस के दूध में कमलगट्टा की खीर बनाओ।'

माँ का क्या मजाल कि बाबू के हुकूम तामिल न करे! उसने खीर तो बनाई, पर चीनी नहीं डाली। चीनी डालती कैसे ? घर में तो चीनी थी नहीं, और उन दिनों उजली चीनी दुकानों में भी कहीं नहीं उतरी थी। वह तो आजादी के आठ-दस वर्ष बाद, कंट्रोल सिस्टम आने पर, हर गाँव में महीने में एक बार दर्शन देने आई। हर परिवार को महीने में आधा सेर चीनी कंट्रोल से देने का प्रावधान था। परन्तु हर परिवार को चीनी खरीदने की औकात कहाँ ? धनी-मानी लोग ही चार-पाँच सेर खरीद लिया करते। गरीब-गुरबा तो गुड़ खरीदने तक ही अपना अधिकार और औकात मानकर जी रहे थे। बहुत साहस किया तो भूरे रंग की चीनी खुले बाजार से पाव-आध पाव खरीद लाए।

सो दूध और कमलगट्टा से बनी चीनीविहीन खीर हम लोग खाने बैठे। बिना चीनी डाले भी उस खीर में एक अजीब तरह का स्वाद था, जो जीवन में फिर कभी उपलब्ध नहीं हो सका।

अब चीनी खरीदने की औकात है तो कमल और कमलगट्टा दुर्लभ, क्योंकि काबर झील में तो अब मकई और धान की खेती होती है। कमल का फूल देखना तो भगवान को पा लेना है। और तब कमल के फूल और कमलगट्टा मवेशी तक खा लेते, पर हमारे लिए चीनी का दर्शन दुर्लभ। 'तुलसी, कबहुँ न रहि सकै, रवि रजनी एक ठाम।'

धीरे-धीरे समय सरकता गया और गाँव में प्लेग की दहशत हल्की होने लगी। आषाढ़ का महीना उतर आया। बहुत से परिवार गाँव लौटने लगे। यह तय हो गया कि अब प्लेग समाप्त है, और अपने-अपने घर लौट जाने में कोई खतरा नहीं। मगर हमारे मुहल्ले के लोगों ने तय किया कि बरसात के बाद घर लौटना ठीक रहेगा। ऐसे भी हमारी खेती-बारी वहीं होती थी, माल-मवेशी भी वहीं रहते थे, तो हमें जल्दबाजी क्यों ? सो सिनोखरा, लिटियाही और टिकट्ठा में बसे परिवारों ने बरसात बाद घर लौटने का सामूहिक निश्चय किया।

बारिश इतना झमककर उतरी कि आज मुझे कालिदास याद आ रहे हैं—'आषाढ़स्य प्रथम दिवसे मेघमाश्लिष्ट सानुं।' कालिदास को आकाश में लटके मेघ देखकर भले ही प्रिया की विरहाग्नि में जलते यक्ष का दुख वर्णन करना इष्ट हो, मगर मुझे तो धरती को अघा देनेवाली बारिश को देखकर एक अजूबा दृश्य दिखाई पड़ा। बहुत कम लोगों को वैसा अजीब, मनोहारी और 'बिन माँगे मोती मिले' का सौन्दर्यानन्द प्राप्त हुआ होगा।

जैसे ही आधे घंटे के लगभग झमाझम पानी बरसा कि हमारे घर के आगेवाली कच्ची सड़क पर मछलियों का अनुशासित मेला दौड़ने लगा। तरह-तरह की अनगिनत मछलियाँ सिनोखरा और सिनोखरी, दसौरा और दसौरी के जलाशय से निकलकर राह पर दौड़ने लगीं। राह में छप-छप पानी और उस पानी के सहारे कतारबद्ध दौड़ती मछलियाँ। बाप रे! धरती पर कहीं भी डेग भरने की जगह नहीं। आगे जितनी दूर देखो—मछली ही मछली। किल्लोल करती, दौड़ती-उछलती मछलियों को किसने क्यू में ही चलने का अनुशासन या शिष्टाचार सिखाया? कहाँ थीं इतने दिनों से इतनी मछलियाँ? आज इस तरह उताहुल होकर ये कहाँ जा रही हैं, किससे मिलने? कबै, गरई, चेंगा, रेहू, सौरी, बुआरी, काँटी, पोठिया, सिंघी—अनेक प्रजातियों का मछली-मेला। मैंने इस तरह भागते, किल्लोल करते, भय-मुक्त उछलते-कूदते मत्स्य समूह कभी नहीं देखा था। इस दृश्य का आनन्द मेरे मन को कहाँ पहुँचा आया, मैं नहीं कह सकता।

हमारे सिनोखरावासी परिवार के सभी युवकों ने एक-एक घड़ा मछली उठा ली। राह चलती मछली को भर घड़ा उठाने में दो मिनट का भी समय नहीं लगा। खाओ, जितनी इच्छा हो, मछली खा लो। जिसे जो वेरायटी पसन्द हो, वही खाओ। पकाकर खाओ, झोल बनाकर खाओ, भुर्ता बनाकर खाओ, तलकर खाओ—जैसे खाना हो, खाओ; जितना खाना हो, खाओ। पकड़ी गई मछलियों की जल-निष्कासित आँखें देखकर मैं एक अजीब तरह की संवेदना अनुभव कर रहा था। मछली और पानी जैसी दोस्ती किसी आदमी की दूसरे आदमी के साथ कभी हो सकती है? मिनट भर पहले इनका जीवन जल को हिलकोर रहा था, पानी से प्यार-दुलार का खेला खेल रहा था, ये पानी में प्यार-भरी डुबकियाँ लगा रही थीं, पानी इनमें प्राण-शक्ति और उत्तेजना उड़ेल रहा था, और मिनट भर बाद, पानी से घड़ा में आते ही, ये कितना निस्तेज, शक्तिहीन, निरीह और मरने-मरने को हो गई हैं! इनकी आँखों की कातरता पकड़नेवालों से प्राण की भीख माँग रही है, जल में फेंक देने की गुहार लगा रही है, मगर हम तो इन्हें तलकर खाने का आनन्द लेंगे। सच ही—'जीवो जीवस्य भोजनम्।'

यह ठीक है कि इसके पहले भी काबर झील और सिनोखरा-सिनोखरी जैसे जलाशयों के कारण हम लोगों के परिवार में मछली खरीदकर नहीं आती थी। परिवार के डेरा पर रहनेवाले सदस्य इन जलाशयों से ही मछली पकड़-बझाकर लाते, और हम लोग बराबर मछली खाया करते। मछली भी खरीदकर खाई जाती है, यह तो मैंने मंझौल हाई स्कूल में नामांकित होने के बाद जाना। लेकिन वर्षा गिरते ही मछलियों का ऐसा मेला इससे पहले कभी नहीं देखा था। जैसे दुर्गा-पूजा में दशहरा के दिन (भसान देखने) हम लोग एक साथ, मंझौल की ओर उत्साह-उमंग में एक-दूसरे को रेलते-पेलते दौड़ते थे, वैसे ही ये मछलियाँ कहीं मेला देखने दौड़ रही थीं। जैसे दशहरा के दिन ऊँच-नीच, बाभन-शूद्र, डोम-चमार का भेद मिटाकर हम माँ दुर्गा का दर्शन करने मंझौल की ओर लपकते थे, वैसे ही ये मछलियाँ बड़ी-छोटी, जाति-प्रजाति का भेद भूलकर कहीं उत्सव मनाने जा रही थीं। बेचारी धाम तक पहुँचने से पहले ही जान से हाथ धो बैठीं!

जान से हाथ धोने के लिए ही तो यहाँ सभी जीव आए हैं—मछली हो या मनुष्य, जलचर हो या नभचर। जिन्दगी बनी ही है जाने के लिए। लेकिन मनुष्य के जीवन में कुछ क्षण ऐसे

अवश्य आते हैं जो शुद्ध सोने के मोहर की तरह बोलते हैं, 'हम ताउम्र तुम्हारे साथ रहेंगे।' मीनाक्षी मेला का यह विलक्षण क्षण इस बुढ़ापे में भी मुझे नहीं छोड़ रहा है, अन्यथा मछली मार-मारकर तो हम खाते ही रहते हैं, फिर मछली--मेला पर ऐसी संवेदना क्यों ? जितना सोचें, पीठ पर उतना ही तर्क सवार हो जाते हैं। इसलिए इस अविस्मरणीय क्षण पर और अधिक सोचना यहीं छोड़ देना चाहिए।

कहते हैं कि 'सुख अकेला नहीं आता।' यह अश्विनीकुमार की तरह हमेशा अपने जुड़वाँ भाई के साथ आता है। जिन जलाशयों ने हमें मीनाक्षी दर्शन का आनन्द दिया, उनमें ही बरसाती मच्छरों की बहार आ गई। अब रात में सोना क्या, दिन में भी शान्ति से बैठना मुश्किल। बिना इतला किए सबसे पहले माँ को जाड़ा देकर तेज बुखार आ गया। खाना तो खैर, मुझसे बड़ी बहन तेतो दीदी बना लेती थी, पर हमारे सभी भाई-बहनों के सुख-दुख का केन्द्रबिन्दु माँ के बीमार होने से घर में उदासी पसर गई। जानकारी मिलने पर बड़का दा की पत्नी 'इनियार वाली भौजी' माँ को देखने दौड़ पड़ीं। इनियार वाली भौजी अब तक तीन बेटियों और तीन बेटों की माँ बन चुकी थीं, जिनमें एक बेटी मर चुकी थी। बाद में उन्हें तीन बेटे और हुए, जिनमें एक जन्म के साथ ही उनका दूध छोड़कर ऊपर चला गया। यह वह जमाना था, जब औरतें गिनकर बच्चा पैदा नहीं करती थीं। रोटी तो सुबह-शाम खाने की चीज है, भला कोई गिनकर रोटी कैसे बनाए ? और बच्चा तो सालाना फसल है, भला उर्वर धरती को कोई ऊसर क्यों और कैसे होने दे ?

खैर, वह भौजी थीं भी बड़ी दिलेर, और इतने बच्चे देने के बाद भी उनकी जवानी में कहीं से रत्ती भर भी सिकुड़न नहीं आई थी। वह पानी से भरे घड़े की तरह छलकती आईं और माँ का हाथ, पैर, देह दबाकर उसे अच्छी हो जाने का आश्वासन देने लगीं। हम लोगों को भी हारी-बीमारी में नहीं घबड़ाने की सलाह देकर थोड़ी देर में अपने आँगन में चली गईं। अगर मुझसे कोई आज भी पूछे तो मैं इनियारवाली भौजी के स्वभाव, सेवा-भाव और बतरस से आनन्द देनेवाली नारी के रूप में भूरि-भूरि प्रशंसा करूँगा। लेकिन अन्य लोगों के विचार में वह हाँकल डाइन थीं। उनके नाम पर कई तरह की किस्सा-कहानियाँ चल पड़ी थीं। कहते हैं कि वह लिरसू मामा की पट्ट शिष्या थीं; वही लिरसू मामा जो भर दसाई गाछ हाँकती थीं, लील खेत में सिन्दूर रखी हड्डी की निशा-पूजा करती थीं, उन्हीं नौ-दस दिनों में अपनी नवसिखुआ शिष्याओं को स्थायी और जीवक-मारक मंत्र सिखाकर तीसमार खाँ बनती थीं, भगवती को भी थोड़ी देर के लिए बाँध सकती थीं और रात भर में ही गाछ के घोड़े पर बैठकर पूरा ब्रह्मांड घूम आती थीं। इनियार वाली भौजी लिरसू मामा की चहेती शिष्या थीं। उन्होंने भौजी को उसी तरह अपना सब मंत्र सिखा दिया था, जिस तरह गुरु द्रोणाचार्य ने अपने पुत्र अश्वत्थामा को छिप-छिपकर अपना अन्तिम अस्त्र ब्रह्मांड चलाना भी सिखा दिया। इसलिए बूधो चा (लिरसू मामा का छोटका बेटा) कहते थे कि इनियारवाली अगर आँख भरकर किसी को देख लें तो खिले फूल भी मुरझा जाएँगे, कद्दू का बतिया क्षण-पलक में गल जाएगा, पसेरी भर दूध देनेवाली गाय अगली शाम ही बिसुख (दूध देना बन्द) जाएगी, गर्भवती औरत के पेट का बच्चा लोप हो जाएगा और खेत की लहलहाती फसल सूख जाएगी। मैंने भौजी की यह करामात कभी नहीं देखी, अलबत्ता अनेक बार उन्हें

भूत लगते और भूत खेलाते जरूर देखा था। जो भी हो, हँसने-हँसानेवाली भौजी की देह-भाषा और अपने ऊपर उनका छलकता स्नेह मैं कभी नहीं भूल सकता।

माँ का बुखार तीसरे दिन बिना किसी दवा-दारू का छूट गया। लेकिन इधर उनका बुखार छूटना था कि उधर लक्ष्मी दादा को उसी तरह जाड़ा देकर तेज बुखार आ गया। अगले दिन तेतो दीदी का भी वही हाल। तीसरे दिन माँ को फिर उसी तासीर का जाड़ा और ज्वर। बाप रे, अब क्या किया जाए? घर में किसी को खाना बनाने आता ही नहीं। एक-दो दिन इनियारवाली भौजी ने खाना बना दिया, मगर अगले दिन उनको भी वैसा ही बुखार।

बड़का दा बीमार भौजी से गाली-गलौज करने लगे, 'हरामजादी दौड़-दौड़कर जाती थी कामो माई की सेवा करने। वहीं से यह सौगात ले आई है। अब देख, कौन इसके पास आकर पानी भी गरम करेगी और पथ्य-पुरन देगी। पैदाइशी बदमाश और बदचलन है। कुछ सीख दो तो क्या फायदा, पानी पर तेल की तरह टघर जाता है।'

भौजी को तो तेज-बुखार में यह सब ठीक से सुनाई भी नहीं पड़ता, पर बड़का दा अपनी आदत के मुताबिक बातों के घोड़े पर सवार उड़े जा रहे थे।

तभी लबकी मौसी उन्हें डाँटने लगी, 'हो रामेसर, बिहारी कौन कामो माई को देखने गया था कि उसे भी रात से यही जाड़-बुखार आ गया है? आफत-बिपत और बाही-तबाही में ही तो लोग एक-दूसरे की मदद करते हैं। आपकी घरवाली कोई चनरमा (चाँद) तो नहीं है कि बीमारी के राहू ने देखते ही लपक लिया। यह रोग तो अब अपने पाँचों परिवार में फैल गया है।

'आज रामबुझावन नूनू को भी पकड़ लिया। अपने क्या, लिटियाही डेरा पर बसे परिवार का भी यही हाल है। अब तो हम सबको अपने घर लौट जाना चाहिए। यहाँ देवी का कोई प्रकोप हो रहा है। गाँव के सभी परिवार लौट चुके हैं, प्लेग भाग चुका है, फिर हम लोग यहीं जमे क्यों हैं? शायद भगवती मैया ने डराने के मतलब से यह बीमारी भेज दी है, कि डरकर जल्दी गाँव वापस आ जाए। इसमें इनियारवाली कनिया का क्या दोष है? मत गाली-गलौज कीजिए उसके साथ। बेचारी खुद बुखार में हलफ रही है और ऊपर से आप बातों का बेंत चला रहे हैं!'

बड़का दा सटक गए। भला लबकी मौसी की इज्जत कौन नहीं करेगा? आखिर वे तो सबसे सज्जन, समझदार और सुख-दुख में सबके काम आनेवाली चाची थीं। पिताजी के पाँच भाइयों के परिवार में सबसे कम बोलनेवाली, सबसे स्वादिष्ट खाना बनानेवाली और रूठने पर परिवार के रूठे सदस्य को बौंस लेने की कला में सबसे माहिर औरत वही थीं। घर के इनारे-किनारे लगे पोरो का पत्ता भी तोड़कर लबकी चाची सब्जी बना दें, तो स्वाद ऐसा कि जीभ नाचने लगे। हम सभी भाई-बहन लबकी मौसी की बात से बाहर नहीं जा सकते थे।

मेरे घर के सभी सदस्य—बाबू और मुझको छोड़कर—इस डराने-कँपानेवाली बीमारी की चपेट में आ गए। इसका इलाज इस चौर में कौन करेगा? बभनगामा के जागेसर चा आदमी और माल-जाल की हारी-बीमारी का कुछ नुस्खा जानते थे। वे बाबू को चिन्तित देखकर एक दिन उनके साथ हमारे घर आए और सबके हाथ की गट्टी में एक-एक धागा से गुँथी

लकड़ी का छोटा-छोटा टुकड़ा बाँधते गए और मुँह से 'दोहाय ईसर, गौरा, पार्वती, महादेव की' बोलते गए। बाद में उन्होंने बाबू से कहा कि यह इसरगौज की लकड़ी जड़ी है। इसके बाँधने से जाड़-बुखार छूट जाएगा और फिर दुहराकर नहीं आएगा।

बाबू मन-ही-मन भगवान का स्मरण करने लगे। लेकिन उस जड़ी का कुछ भी असर नहीं हुआ। मेरा घर तो तबाह था ही, हर घर में दो-एक सदस्य इसी बीमारी से ग्रसित हो गए। अब चिन्ता यह जोर मारने लगी कि कहीं कोई मर न जाए।

सबसे खराब स्थिति तो बिहारी दा की हो गई। बुखार-जाड़ के साथ उनका पेट भी फूलकर तरंग हो गया। लोग कहने-बोलने लगे, 'बिहारी नहीं बचेगा।' बिहारी दा की माँ सिसक-सिसककर रोने लगी। तभी सेखो दा, जो अब तक प्रदीप चाचा के परिवार में गार्जियन की हैसियत पा चुके थे, सीधे मंझौल उड़े और मणि बाबू डॉक्टर को बुला लाए। मणि बाबू टमटम की सवारी से पधारे थे। उनके सिर पर हैट था। वे लम्बे-छरहरे जवान थे। देखने में गोरे, नाक-नक्श तराशकर बनाया गया था। उन्हें देखकर और उनकी बोली सुनकर किसी भी रोगी का आधा रोग आप से आप भाग जाएगा। कानों में मिसरी घोलकर डाल देनेवाली बोली।

बिहारी दा को देखते ही वे हँस पड़े। नब्ज छूकर, आला लगाकर, पेट टोहकर उन्होंने कहा, 'कोई बड़ी बीमारी तो इन्हें है नहीं। अगर अस्पताल पहुँचकर आप इनका सब लक्षण बता देते तो मैं वहीं से दवा ठोक देता, यहाँ आने की जरूरत भी नहीं पड़ती। खैर, थोड़ा पानी गरम कीजिए।'

पानी तुरत गर्म हो गया। डॉक्टर साहब ने गर्म पानी में कोई चूर्ण घोलकर बिहारी दा को थोड़ा पिलाया, फिर उनके फूले पेट को जोर से दबाया। बिहारी दा ने पादना शुरू किया तो तीन-चार मिनट तक लगातार पादते ही रहे। डॉक्टर की नाक पर रूमाल और घरवाले नाक दबा-दबाकर बाहर निकल गए। थोड़ी ही देर में बिहारी दा का पेट हल्का, पचक गया। वाह रे बंगाली डागडर!

फिर थर्मामीटर से बुखार मापा, जीभ देखी और पूछा घरवालों से, 'अगल-बगल कहीं पानी का जमाव भी है?'

सब लोग एक साथ बोल पड़े, 'सरकार, पीछे बड़े-बड़े दो तालाब हैं। उनमें सालों भर पानी भरा रहता है। जेठ-बैसाख में भी ये दोनों तालाब नहीं सूखते।'

डॉक्टर ने हँसते हुए कहा, 'तालाब में मलेरिया का मच्छर पनप चुका है। वही काटता है और जाड़ा देकर बुखार ला देता है। और कोई बीमार है?'

सब लोग एक साथ बोल पड़े, 'सब घर में दो-चार आदमी जाड़-बुखार से कराह रहे हैं, डागडर साहेब।'

डॉक्टर बोले, 'कोई बात नहीं, आप सब अस्पताल आइए, मैं दवा दे दूँगा, सब ठीक हो जाएँगे। सबको मलेरिया पकड़ रहा है। इसकी दवा कुनैन की गोटी है। दवा मुफ्त में मिल जाएगी। सबका रोग भाग जाएगा, मगर आप लोग अब यहाँ अधिक दिन नहीं रहिए, यहाँ मच्छर फिर काटेगा और फिर से बीमार होने लगेंगे। अब अपने गाँव चले जाइए, प्लेग भाग चुका है।'

डॉक्टर साहब अपनी फीस लेकर लौट गए।

हर घर से एक-एक आदमी मंझौल दौड़ा। अस्पताल से कुनैन की गोली लाकर खिलाई और धीरे-धीरे सभी चंगा होने लगे। अब प्लेग और मलेरिया दोनों से मुक्ति।

लबकी मौसी चाहती हैं कि जब अधिकतर लोग गाँव लौट चुके हैं, तो हमें भी अपने घर लौट चलना चाहिए। मणि बाबू डॉक्टर ने भी यही सलाह दी है। लबकी मौसी की शादी बाजो चा से हुई थी। बाजो चा की शादी रुकी हुई थी। लड़की वाले ने जिद पकड़ ली थी कि जब तक छोटका लड़का (प्यारे सिंह) हमारी छोटी लड़की के लिए नहीं दीजिएगा, तब तक बाजो सिंह को हम नहीं उठाएँगे। हुआ वही जो लड़की वाले चाहते थे। इसलिए लबकी मौसी को मेरे पिता से अधिक नजदीकी और हितकामना रहती थी। मेरे पिता भी उनकी बातों से सहमत थे।

लेकिन प्रदीप चाचा चाहते थे कि कुछ दिन और यहीं बिताया जाए; घर कहीं भागा नहीं जाता। असल में यहाँ रहकर उनको खेती करने और मवेशी पालने में काफी सुविधा हो रही थी। इन कामों में सुविधा तो सबको हो रही थी, पर उनके पास गाय-बैलों की संख्या अधिक थी और मवेशी-पालन का काम सोने का अंडा देनेवाली मुर्गी था। वे हमेशा बोलते थे, 'एक गाय के पेट में कम-से-कम ढाई सेर सोना रहता है।' उनकी 'बौधी' गाय थी भी वैसी ही।

बात प्रदीप चाचा की ही मानी गई। तय हुआ कि आश्विन महीना बीतने पर ही है, हम लोग छठ यहीं कर लें, तब गाँव लौटें। हमारे जीवन की एक स्मरणीय घटना यह भी है कि मैंने एक छठ सिनोखरा डेरा पर भी देखा।

विपत काल कर सतगुण नेहा

छठ बीत गया और अब गाँव लौटने की तैयारी होने लगी। इतने दिनों से छूटा घर-द्वार जरूर ही घास-जंगल से भर गया होगा। सब लोग गाँव जाकर अपने-अपने घर की सफाई में भिड़ गए। सिनोखरा डेरा पर हमारे घर के आगे कच्ची सड़क थी। हम लोगों का परिवार सड़क के पश्चिम बसा था, ऊँचे टीले पर। इसलिए हमारे घर का रुख पूरब मुँह था। सड़क से सटे पूरब में हमारे ही पट्टीदार केशो सिंह बसे थे। केशो सिंह दो भाई थे—केशो सिंह और नरसिंह सिंह। नरसिंह सिंह को कोई सन्तान नहीं। उनकी पत्नी को हम लोग चतरी बुढ़िया कहते थे। केशो चा को चन्द्रशेखर सिंह और सुरशेखर सिंह नाम के दो सुपुत्र थे। दोनों कड़ाका जवान और देखने में खूब सुन्दर। चन्द्रशेखर सिंह बड़े थे और मिडिल पास करके रजबाड़ा गाँव के सरकारी अपर प्राइमरी स्कूल में मास्टर हो गए। इसलिए परिवार और समाज में उन्हें बुद्धिजीवियों जैसी हैसियत और प्रतिष्ठा प्राप्त थी। अपने घर के वे अभिभावक मान लिए गए। सुरशेखर सिंह की कद-काठी पहलवान वाली और चेहरा उनका भी गोरा। परन्तु खेती, माटी में, दिन-रात काम करने तथा मवेशियों का चारा-गोबर जुटाने-उठाने के कारण उनकी गोराई मलिन हो गई। मगर थे बड़े उत्साही और दिलकश जवान। बड़े-छोटे सबके साथ समान रूप से हँसी-मजाक करनेवाले और भारी-से-भारी काम में भी ताल ठोककर भिड़ जानेवाले।

उनके उत्साह और उन्माद को पराजित करनेवाला उनके ही घर में एक आदमी था—रामखेलावन मामू। रामखेलावन मामू केशो चा के यहाँ ही रह क्या, बस गए थे। उनका गाँव शायद चाक था, पर उन्हें ब्याहने कोई लड़कीवाला नहीं आया। उन दिनों एक-तिहाई भूमिहार कुआँरे ही जीते-मरते थे। जिनके पास दस-बीस बीघा खेत नहीं, उनका विवाह कौन करे? लड़की का पहला पति खेत, तब दूसरा पति कोई मर्द। इसलिए सत्तर वर्ष के भूमिहार बूढ़े को सोलह वर्ष की दमकश पत्नी मिल जाती, पर रामखेलावन मामू जैसे कसदार, कड़ियल जवान को कानी कुत्ती मिलना भी असम्भव।

हाँ, तो रामखेलावन मामू जैसे जोराबर जवान के बल पर बाबू केशो सिंह की गृहस्थी सज-सँवर चली थी। मामू को भर पेट भोजन करा दो और दिन-रात काम में झोंके रहो। उनके शरीर की उत्तेजना उन्हें कभी चैन से बैठने ही नहीं देती। लम्बी, घनी मूँछ को कसकर ऐंठ लेते, उँगलियों से उन्हें सहलाते, और भूख के समय तिलमिलाकर बोलते, 'भूखा बाघ किसी का कुछ नहीं सुनेगा।' यह आवाज कान में पड़ते ही चतरी बुढ़िया पीतल के कलशा साइज लोटे में पानी, और काँसा वाली थाली में चार-पाँच मकई की मोटी रोटी और करही मामू के आगे रख देती। मामू उसे खाकर ढकरते और फिर हाथ में कुदाली लेकर खेत की ओर दौड़ पड़ते; जोर-जोर से गाते हुए—'चल कहरिया झोंक से, पानी पी ले फोंक से।'

यही मामू काल की तरह ताल ठोककर केशो सिंह के घर की सफाई एक ही दिन में कर आए। भाँय-भाँय करता हुआ सूना घर, दूसरे ही दिन सामानों से लद गया, और केशो चा हम लोगों से तीन दिन पहले ही डेरा छोड़कर पहसारा चले गए। केशो चा के गाँव जाने से हमारा डेरा थोड़ा उदास जरूर लगने लगा, पर तीन दिन बाद तो हम लोग भी अपने-अपने घर चले ही आए।

हमारा परिवार नवम्बर महीने में घर लौटा। दिसम्बर के प्रथम सप्ताह में ही हमारी वार्षिक परीक्षा हो गई। गणित के प्रश्नों का उत्तर हमने सही-सही लिख दिया। दूसरे दिन की परीक्षा हिन्दी की थी। किताब के अभाव में मैं हिन्दी का जवाब कैसे लिखता? फिर भी परीक्षा हुई और मैं पास होकर चौथी कक्षा में चला गया।

अब लखनदेव एक तरह से मेरा मार्गदर्शक हो गए। उन्होंने चौथी कक्षा की पुरानी किताबें किसी-किसी से माँगकर मुझे मुफ्त में दिलवा दीं। इसलिए मैं चौथी कक्षा की पढ़ाई किताब के साथ करने लगा। किताबें तो सिर्फ स्कूल ले जाने, ले आने के लिए थीं, घर पर तो उन्हें पढ़ना नहीं था। रात में रोशनी की कोई व्यवस्था नहीं, और दिन में स्कूल जाने से पहले घर का ही कोई टहल-टिकोरा करना। घर पर किताब कब खोलें और कैसे पढ़ें? फिर किताबें तो स्कूल में ही पढ़ा दी जाती थीं, और स्कूल में बताई गई बातें मुझे फिर से पढ़ने की जरूरत ही नहीं पड़ती। इसलिए मैं घर पर निश्चिन्त रहता।

शम्भू और मैं चौथी कक्षा में तथा भोला (बड़का दा का बेटा) तीसरी में पढ़ते थे। भोला और शम्भू के पास अपने-अपने क्लास की नई-नई, चक-चक किताबें और मेरे पास पुरानी फटी-चिटी। भोला अपनी नई किताब दिखाकर मुझे चिढ़ाता, 'बुढ़िया घोड़ी टाँग टूटी; पाकल केश में बाँधे चोटी।'

मैं भी जवाब में कह बैठता, 'पुराना चावल ही पंथ (पथ्य) में काम आता है, नया नहीं।'

हम लोग आपस में कभी हँसते-लड़ते, कभी कबड्डी-गुल्ली खेलते। हम लोगों में किसी के भी पास दालान नहीं था। बाबा वाला पुराना बँगला ढनमनाकर टीला बन चुका था। इसलिए बैठने-पढ़ने की कोई स्थायी जगह नहीं।

हमारे घर के बगल में बाबू मीसो सिंह का घर था। घर के बाहर उनका लम्बा-चौड़ा दालान, और उस दालान पर नित्य शाम में एक लालटेन जलाकर लटका दी जाती। बाबू मीसो सिंह चार भाई थे, जिनमें दो पुराने घर को छोड़कर थोड़ा पूरब, अलग घर बनाकर रहने लगे थे। इस बड़े दालानवाले घर में अब दो भाई ही रहते थे—मीसो सिंह और बाबू साहेब सिंह। उनके दो बड़े भाई तीरो सिंह और मलंग सिंह अपने अलग घर में जा चुके थे।

मीसो सिंह बड़े ही गुस्सेवार स्वभाव के आदमी थे। उनसे कम गुस्सेवर तीरो सिंह भी नहीं थे। इसलिए टोला-पड़ोस में कभी कोई दो भाई जोर-जोर से बोलकर भी आपस में झगड़ने लगते तो लोग कहते, 'ई मिसबा, तिरबा होय गेल हन।' तो मूल बात यह कि मीसो सिंह क्रोधी और उग्र स्वभाव के महानुभाव थे, जो निर्जीव पदार्थों पर भी गुस्सा करने और उसे दंड देने में भी नहीं चूकते।

मीसो सिंह के घर के बगल में एक बड़ा-सा डोभा था जिसमें पानी भरा रहता। वह जेठ-बैसाख के महीने में ही जाकर सूखता या कदुआता था। नाम था कैथा डोभा। एक बार की बात है, आश्विन का महीना था। बाबू मीसो सिंह ने शाम के समय अपनी लालटेन जलाकर दालान में लगी लोहे की कड़ी में टाँग दी। दस बजे रात के बाद नित्य की तरह उन्होंने लालटेन की बत्ती बुझा दी। सबेरे झाड़ू लेकर वे दालान झाड़ने-बुहारने लगे। लालटेन के नीचे झाड़ू देते-देते वे वहीं झटके से खड़े हो गए, जहाँ लालटेन लटक रही थी। उनके माथ में लालटेन की पेंदी से जोरदार चोट लगी। इसमें लालटेन का तो कोई दोष नहीं था, पर उन्हें उस निर्जीव पदार्थ पर इतने जोर का गुस्सा आया कि पहले तो उन्होंने उसे सैकड़ों भद्दी-भद्दी गालियाँ दीं, फिर कड़ी से लटकी लालटेन को नीचे उतारा। बरामदे का अगला भाग, जहाँ से नीचे आँगन में उतरा जाता है, प्लास्टर किया हुआ था। उन्होंने गुस्से से तिलमिलाकर बेचारी लालटेन को उस प्लास्टर पर पच्चीसों बार जोर-जोर से पटका। जब तक लालटेन बाहर से पिचकी नहीं, वे उसे पटकते ही रहे। क्रिमिनल अपने शिकार पर तब तक गोली चलाता रहता है, जब तक उसे विश्वास न हो जाए कि शिकार मर चुका है; उसी तरह वे उस लालटेन को पटकते गए। जब उन्हें विश्वास हो गया कि अब यह दुष्ट खतम है, तब वे बड़बड़ाने लगे, 'और चोट लगाएगा? साला बदमाश,' और यह कहते हुए बड़ी तेजी से हाथ में लालटेन लिये डोभा की ओर दौड़े। कैथा डोभा, जिसमें अभी लबालब पानी भरा था, उन्होंने गाली बकते हुए उस लालटेन को डोभा के पानी में फेंक दिया और मन भर सन्तुष्ट होकर दालान पर लौट आए।

हम लोग उस समय उनके ही दालान के आगे खेल रहे थे और हमारे खेल में उनकी बड़की बेटी अदुलबा भी शरीक थी। हम सभी बच्चे बाबू मीसो सिंह का गुस्सा देखकर डर से सहम गए।

मीसो सिंह की एक और खूबी थी। उनकी भाषा में पचास प्रतिशत शब्द उर्दू-फारसी के होते। शायद इसीलिए उन्होंने अपनी बड़ी सन्तान (बेटी) का नाम अदुल रखा था जिसका

हिन्दी माने होता है—दुर्लभ। आज भी गाँव-घर में बहुत दिनों के बाद मिलनेवाले व्यक्ति को लोग कहते हैं—'तुम तो इन दिनों अदुल हो गए हो!'

इस घटना को बीते बहुत दिन हो गए। समय तो कभी बैठता नहीं, दिन-रात चलता ही रहता है। समय सरकता गया। धीरे-धीरे बैसाख का महीना आ गया। कैथा डोभा का पानी अब कदुआने लगा। एक दिन सबेरे भोला और मैं उसी डोभे में पाखाना करने गए। पाखाना करते समय ही मेरी नजर डोभे के कदीले पानी पर गई। वहाँ मीसो सिंह द्वारा फेंकी गई लालटेन की कड़ी दिखाई पड़ी। मैं झटपट पनछू करके दौड़ा। मुझे दौड़ते देखकर भोला भी पीछे से दौड़ता आया। मैंने कीचड़ में घुसकर लालटेन की कड़ी पकड़ ली। लालटेन की पेंदी कादो में नीचे तक धँसी थी। मैंने कड़ी को जोर से ऊपर की ओर खींचा। लालटेन कीचड़ से उखड़ गई।

तब तक भोला भी पहुँच चुका था और उसने भी कड़ी में हाथ लगा दी। लालटेन तो कड़ी सहित मेरे हाथ में आ गई, पर भोला झगड़ा करने लगा कि इस लालटेन में उसका भी हिस्सा है। वह लालटेन पकड़कर खिच्चम-खिच्चा करने लगा। मुझे गुस्सा आ गया, और गुस्से से अधिक लालटेन लेने का लोभ। मैंने भोला को कीचड़ में ही पटक दिया और कसकर दो-चार मुक्के भी जमाए। वह रोते हुए अपनी माँ से शिकायत करने भागा और मैं लालटेन लेकर घर आ गया। फिर तो भोला की माँ मेरी माँ से झगड़ने लगी। यह औरतानी झगड़ा तीन-चार दिनों तक रह-रहकर चलता रहा, पर मैं उस लालटेन का सर्वाधिकारी हो गया। मैंने उसे पानी से धो-माँजकर धूप में सुखाया और उसे बेशकीमती समझकर एक कोने में छुपाकर रख दिया।

लालटेन छोटी थी। उन दिनों अँगरेज साहब के कारखानों में दो तरह की लालटेन बनती थी—एक बड़ी और दूसरी उससे छोटी। कहते हैं कि छोटी साइजवाली लालटेन बड़ी से अधिक टिकाऊ होती थी, जैसे आज भी नाटे लोग लम्बी खूँटीवालों से अधिक मजबूत और दीर्घायु होते हैं। जो भी हो, उन दिनों लालटेन जलाना हैसियत वाले लोगों के लिए ही सम्भव था। पहले तो खरीदने के लिए पूँजी चाहिए, फिर किरासन तेल, शीशा और बत्ती का इन्तजाम हो। मेरे लिए तो यह लालटेन मुफ्त का उपहार है, मगर बत्ती, शीशा और तेल की व्यवस्था कैसे हो ? आखिर शम्भू ने कहा कि अगर उसे मैं अपने साथ लालटेन की रोशनी में पढ़ने दूँ, यानी हम दोनों साथ-साथ इस लालटेन में पढ़ें तो तेल, बत्ती और शीशा उसकी ओर से, लालटेन मेरी। मैं तैयार हो गया।

कुछ दिनों तक यह व्यवस्था चली। साल-डेढ़ साल बाद शम्भू ने नई लालटेन खरीद ली, और तब यह साझी व्यवस्था चरमरा गई।

मेरी लालटेन सिर्फ ऊपर से ही पिचकी थी, भीतर से उसका दम-खम तनिक भी कम नहीं हुआ था। अपनी नई लालटेन जलाने के बाद शम्भू बोलता, 'यार, तुम्हारी पुरानी लालटेन में जैसी रोशनी होती थी, वैसी रोशनी मेरी लालटेन में नहीं होती है।'

आज मैं सोचता हूँ कि उन दिनों कितना मजबूत माल बनता था! उतनी दुर्गति के बाद भी इस छोटी, पुरानी, चिपकी लालटेन के सामने नई लालटेन सिर झुका रही है। इसी लालटेन से मैं मैट्रिक तक पढ़ता रहा, और उसके बाद भी वर्षों-वर्ष यह काम करती रही।

अब मैं नियमित स्कूल जा रहा था और पढ़ने में भी मन लगने लगा। मेरे पास किताबें थीं और लालटेन भी; इसलिए पढ़ने की चाह बढ़ गई। लेकिन सिनोखरा डेरा पर रहते हुए मुझे कभी मलेरिया नहीं हुआ, पर गाँव लौटने के बाद यह बीमारी महीने-दो महीने पर मुझे पटकने लगी। अचानक बिना किसी लक्षण की सूचना दिये, जोर का जाड़ा आ जाता, माँ घर के सभी कपड़े मेरी देह पर डाल देती और जोर से देह दबाए रहती, फिर भी मैं जाड़े से काँपता रहता। घंटे-दो घंटे बाद जाड़ा भाग जाता और इतना तेज बुखार सवार हो जाता कि अंग-अंग टूटने लगता। दूसरे दिन तक यह बुखार रहकर मुझे इतना कमजोर कर देता कि खड़ा होकर चलने-फिरने की ताकत भी समाप्त। तीसरे दिन बिना किसी दवा-दारू के बुखार भाग जाता। बुखार तो भाग जाता, पर इतना कमजोर बनाकर भागता कि सप्ताह भर स्कूल जाने का साहस ही नहीं जुटा पाता। यह हर महीने-दो महीने पर मेरे शरीर पर सवारी कसनेवाला मेहमान बन गया।

एक बार तो गजब हो गया। कोही चा की पत्नी यानी मेरे हमउम्री धन्नू की माँ मरी थी। उनके श्राद्ध का भोज हो रहा था। मैं और परिवार के सारे बच्चे दिन भर छनती हुई पूरी-सब्जी के अगल-बगल गन्ध लेते रहे। मन में हो कि कितनी जल्दी भोज का पंघत लगे और इस छनुवा पूरी-सब्जी का स्वाद ले-लेकर पेट भर भोज खाऊँ। दिन भर की प्रतीक्षा के बाद आखिर वह समय भी आया और हम लोग पंघत में बैठे। मैं लछमी दादा और मथुरा दादा के बीच में बैठा। सबके आगे पत्ता पड़ गया। पत्ता पड़ते ही, दिन भर जो भोज खाने का उत्साह और लोभ था, कमजोर पड़ने लगा। फिर पत्ते पर पूरियाँ गिरने लगीं। लगे हाथ सब्जी भी पड़ोस दी गई। अब मिनट-दो मिनट के बाद घंटी बजती और सब लोग खाना शुरू करते। मेरे पत्ते पर पड़ोसी पूरी-सब्जी मौजूद हैं, अब घंटी बजेगी, इसी बीच मुझे इतने जोर का जाड़ा आया कि शरीर काँपने लगा। एकाध मिनट तो मैंने इसे बर्दाश्त करने की हिम्मत जुटाई कि किसी तरह भोज खा लूँ, फिर देखा जाएगा, लेकिन जाड़ा इतनी तेजी से बढ़ा कि मेरे मंसूबे पर पानी फिर गया। मेरे दाँत किटकिटाने लगे, हाथ में पूरी उठाने की ताकत भी नहीं रही, और मैं पत्ते पर ही आगे की ओर झुक गया। शरीर थर-थर काँप रहा था। बड़का दादा (मथुरा सिंह) मुझे कन्धे पर उठाकर घर रख आए। माँ कपड़ों से ढँककर मेरी देह पर चढ़ गई, पर जाड़ा तो मुझे उछला रहा था। फिर घंटे-दो घंटे बाद वही मलेरिया बुखार सवार हो गया। कहाँ से मैं भोज खाऊँगा, और कहाँ से छनुवा पूरी-सब्जी का स्वाद लूँगा? स्वाद-लोभी जी महीनों पछताता रहा। यह था मलेरिया का मेरे ऊपर आक्रमण। ऐसा आक्रमण मुझ पर बराबर हो जाता।

एक दिन मैं साथियों के साथ कबड्डी खेल रहा था। थोड़ी देर खेलने के बाद मैं बैठ गया। बार-बार के आक्रमण सहने से मुझे अन्दाज हो गया कि अब मैं कबड्डी नहीं खेल सकता, मेरे ऊपर मलेरिया का आक्रमण होनेवाला है। ठीक आधे घंटे में हुहुआकर जाड़ा आ गया और साथियों ने मुझे पकड़कर घर पहुँचा दिया। फिर मैं दो दिनों तक बुखार से जलता रहा।

दूसरे दिन की रात में मैंने एक सपना देखा। सपने में एक लम्बा आदमी मेरे आगे खड़ा हो गया। वह लम्बा आदमी कमर में एक बाघ-खाल जैसा कपड़ा लपेटे है। ऊपर पूरा बदन

खुला है। उसकी बाँहें लम्बी-लम्बी हैं, टाँगें भी खूब लम्बी। आँखें बड़ी-बड़ी और लाल-लाल। ललाट पर चन्दन की तीन धारियाँ। बाल घने, पर उलझे हुए। हाथ में एक लम्बा-सा खूब सुन्दर लाठी। उसकी छाती पर भभूत जैसा कुछ सटा हुआ। वह मेरे सामने खड़ा है, और बोल रहा है, 'रोओ मत, छूट जाएगा।' उसने अपना लम्बा-सा हाथ बढ़ाया और हाथ के अँगूठे से मेरे ललाट को हल्का-सा दबा दिया। ललाट दबाते ही मेरी नींद खुल गई और नींद खुलते-खुलते मेरे कान में खड़ाऊँ की आवाज आई। आँखें खुलीं तो सामने कोई नहीं। लेकिन मेरा शरीर बिलकुल हलका, बुखार एकदम नहीं, शरीर का कपड़ा पसीने से भींगा हुआ। मैं भीतर से बिलकुल प्रसन्नचित्त, जैसे मुझे कुछ हुआ ही नहीं था। पर वह आदमी कौन था ? क्यों आया ? ललाट क्यों दबाया ?—आज तक इसका सही जवाब मुझे नहीं मिल पाया है, पर उस दिन के बाद से उम्र के छिहत्तरवें वर्ष तक मुझे मलेरिया कभी नहीं हुआ। मैं इसका कारण कैसे बताऊँ ?

कभी होता भरोसा, कभी होता भरम,
बड़ी उलझन में पड़ा इनसान,
तू है, या नहीं भगवान ?

ठीक-ठीक समझ में नहीं आनेवाली ऐसी एक घटना, इससे पहले भी मेरे साथ घटी थी। तब मैं इस उम्र से साल-डेढ़ साल और छोटा था। छठ का पर्व चल रहा था। उस दिन रात में खरना था। चार बजे अपराह्न से ही खीर-पूरी बनाने की तैयारी में माँ भिड़ गई। मेरे दोनों बड़े भाई और पिताजी डेरा पर थे। अब घर में इस समय मैं ही बड़ा लड़का। रमरतिया पनिहारिन तो अपनी रुटीन के हिसाब से दो घड़े पानी दे गई; पर छठी माई की खीर तो घड़े के पानी से नहीं बन सकती। इसके लिए तो अछिंजल चाहिए। अछिंजल बाल्टी से ही आएगा। पानी का भंडारा थोड़ी दूर अवस्थित कुएँ में था। माँ ने मुझे आदेश दिया कि 'छोटका डोल में रस्सी लगी है, उसी में कुएँ से पानी खींचकर तीन-चार बार ले आओ ! खीर उसी जल से बनेगी और पूरी बनाने में भी उसी अछिंजल का उपयोग होगा। देखना, रास्ते में डोल की रस्सी भुइयाँ में सटे नहीं। रस्सी भुइयाँ में सटने पर जल अशुद्ध हो जाएगा, वह अछिंजल नहीं रहेगा, फिर उस जल से छठ की खीर या पूरी नहीं बनेगी।'

मैं खीर-पूरी के उत्साह में डोल-रस्सी लेकर कुएँ की ओर दौड़ पड़ा। कुएँ से तीन-चार बार पानी भरते-भरते मैं हाँफने लगा। एक डोल पानी निकाला और दौड़कर माँ को दे आया, फिर दूसरा डोल निकाला और फिर दे आया। इस तरह पानी चार बार निकालने और पहुँचाने के क्रम में मैं थक गया। तीसरी और चौथी बार डोल में पानी लाते समय रस्सी भुइयाँ से छू गई और थोड़ी दूर रस्सी घिसियाने के बाद मैंने उसे समेट लिया। माँ पूछती, 'भुइयाँ में तो रस्सी सटी नहीं न ?' मैं बोलता, 'नहीं माँ, रस्सी हाथ में ही पकड़े आया हूँ।' अगर सच कह देता तो दो बार और पानी लाना पड़ता। मेरे बालमन में बेईमानी समा गई। खैर, खीर बनी, माँ ने खरना किया, और हम सभी भाई-बहन भर पेट खीर-पूरी खाकर सोए। मेरे माथे पर दो-तीन दिन पहले से एक फुंसी निकल आई थी। आज दोपहर रात के बाद से मेरा सिर खुजलाने लगा। मैं जगकर बार-बार उस फुंसी को नोचता। सुबह होते-होते फुंसी में ऐसी खदबदाहट शुरू हुई कि मैं रोने-चिल्लाने लगा। भोर हुआ, सूरज उगा, मुझे रोते देख

बाबू ने पास आकर मेरा सिर देखा। अरे, नोचने से फुंसी फूट चुकी थी और उसमें खद-बद पिलुआ उछल रहा था। बाबू तुरत मुझे कन्धे पर बैठाकर मंझौल ले गए। वहाँ डॉक्टर ने चीरा लगाया, पिलुआ बाहर किया, और सिर में पट्टी बाँधकर मुझे विदा किया। क्या छठी मैया ने झूठ बोलने के अपराध में मेरे सिर की फुंसी में पिलुआ लगा दिया?

कुछ प्रश्न शायद अनुत्तरित रहने के लिए ही बने हैं। आकाश में चिड़िया उड़ती है, वह किस रास्ते से उड़कर भागी, इसका सही मार्ग आकाश के शून्य में कोई खोज और बता सकता है? जल में मछली के भागने का रास्ता कोई सही-सही बता सकेगा? सभी प्रश्नों का उत्तर खोज ही लिया जाए, यह जरूरी भी नहीं। असम्भावनाओं में भी सम्भावना खोज लेना आदमी की जिद रही है, पर प्रकृति और परमेश्वर मनुष्य की जिद और जिज्ञासा से ऊपर रहे हैं। इसलिए मैं भी अपने भ्रम में ही रहूँ तो शायद मेरे परमेश्वर मुझे प्यार करते रहेंगे।

चौथी कक्षा की छमाही परीक्षा का रिजल्ट आया तो शम्भू को फर्स्ट घोषित किया गया और मुझे पास। चौथी से सातवीं कक्षा को मिडिल कहते थे। मिडिल स्कूल के सभी कक्षाओं में नियमित रूप से दो परीक्षाएँ होती थीं—छमाही और वार्षिक। इससे पहले पढ़ने के सम्बन्ध में इतना ही सोचता था कि स्कूल जाना-आना ही पढ़ना है। लेकिन आज मेरे मन में एक बदलाव-सा महसूस होने लगा। शम्भू ने फर्स्ट किया है यानी अपने वर्ग के सभी बच्चों से वह अधिक तेज है। मैं पास हुआ यानी मैं ऐरू-गैरू-नत्थू खैरू हूँ। मेरा कोई मोल नहीं। मन में यह उदासी का बादल लटक आया।

शम्भू और मैं—दोनों एक ही परिवार की उपज हैं। उसके पिता की आर्थिक स्थिति मेरे पिता से थोड़ी अच्छी है। इसीलिए वह लालेश्वर बाबू के यहाँ ट्यूशन पढ़ता है। ट्यूशन में मास्टर साहब अपने बच्चों को विशेष ध्यान देकर पढ़ाते हैं। क्यों नहीं मैं भी लालेश्वर बाबू से ट्यूशन पढ़ा करूँ? ताजे खिले फूल की गमक लेकर मन में आई यह हवा, दूसरे ही क्षण गन्दी महक देने लगी। लालेश्वर बाबू सबको ट्यूशन थोड़े ही पढ़ाते हैं? वे दो रुपए प्रति विद्यार्थी, प्रति माह शुल्क लेते हैं। मैं दो आने तो जुटा नहीं सकता, दो रुपए माहवारी कहाँ से लाऊँगा? पिताजी तो घर का खर्चा चलाने में ही टूट रहे हैं, भला दो रुपए ऊपर से कैसे जुटा सकेंगे? नहीं, मैं लालेश्वर बाबू से ट्यूशन पढ़ने योग्य नहीं हूँ। तो क्या मैं पढ़ना ही छोड़ दूँ? स्कूल से अपना नाम कटवा लूँ? सीधा पास होकर पढ़ने से क्या फायदा? शम्भू की तुलना में भोंदू और बकलोल साबित होता रहूँ, यह बर्दाश्त नहीं।

जीवन में पहली बार मेरे मन में प्रतिस्पर्धा का यह अंकुर उगा। मैं दूसरे दिन स्कूल नहीं गया। उदास चेहरा लेकर दिन भर घर में ही किताबें उलटता रहा।

दोपहर में दादा ने पूछा, 'स्कूल क्यों नहीं गए?'

मैंने उन्हें जवाब दिया, 'पढ़ने में मेरा मन नहीं लगता। शम्भू लालेश्वर बाबू से ट्यूशन पढ़कर क्लास में फर्स्ट आया है, और मैं सीधा पास हुआ। मैं पास होकर पढ़ता रहूँ और शम्भू फर्स्ट करता जाए, यह मुझे अच्छा नहीं लगता। इसलिए मैं भैंस ही चराना चाहता हूँ, पढ़ना ठीक नहीं।'

दादा मेरे जवाब से बिगड़ उठे, 'कल से सीधा स्कूल जाया करो, नहीं तो खाल खींच लूँगा। मैं लालेश्वर बाबू से आज ही मिलूँगा।'

बाबू के बाद दादा ही तो घर में सबसे बड़े थे, वे मुझे पढ़ाना चाहते थे, पर अर्थ की किल्लत कैसे दूर कर सकते? फिर भी वे शाम में लालेश्वर बाबू से मिलने गए।

लालेश्वर बाबू तीस-इकतीस वर्ष के छरहरे जवान मास्टर थे। उनका चेहरा दिप-दिप गोरा और गोरा भी सिन्दूरी लाली लिये। मुँह का फार छोटा और ओठ पतले-पतले। नाक चेहरे से मिली हुई और न छोटी, न बड़ी। दाँत सुन्दर और चमकीले। गाल भरा-पूरा और सिन्दूरी लाली टपकाता हुआ। बाल घुँघराले काले और हमेशा सजे-सजाए। सफेद बग-बग धोती पर खूब सफेद कपड़े से बनी हाफ कमीज पहनकर स्कूल जाते थे। पाँव में पमशू जूता और हाथ में बँधी घड़ी। स्कूल में वे सबसे योग्य और कड़ियल शिक्षक माने जाते। क्या मजाल कि उनके क्लास में एक भी विद्यार्थी टर-फिस करे! वे मुख्य रूप से गणित पढ़ाते। ठोक-पीटकर गणित में ठोस बना देते। अन्य शिक्षक भी उनकी इज्जत करते।

लहकती जवानी के सौन्दर्य में उनकी आँखें एक कमी ला देतीं। आँखों का आकार छोटा था, पर चमक में शानदार। उनका घर मगह के तेउस नामक गाँव में था। वे दो साल पहले ही बदलकर पहसारा मिडिल स्कूल आए हैं। उन दिनों स्कूल में बाहर से आए हुए सभी शिक्षक गाँव के किसी-न-किसी धनी-मानी व्यक्ति के यहाँ डेरा डालकर रहते थे। गाँव के सम्पन्न लोग पहले से ही अपने बच्चों को पढ़ाने के लिए आनेवाले शिक्षक के स्वागतार्थ तैयार रहते। मास्टर साहब जिसके दरवाजे पर रहना स्वीकार करते, वह उनके खाने-पीने, रहने-सहने, सेवा-शुश्रूषा का सारा भार सहर्ष उठाता। बदले में मास्टर साहब उसके बच्चों को सुबह-शाम पढ़ाते, उनका मार्ग-निर्देश करते। लालेश्वर बाबू जब हसारा आए तो बाबू देवघर सिंह ने उनका पहला स्वागत किया और वे वहीं रहने लगे।

देवघर सिंह हमारे गाँव के सबसे धनी व्यक्ति थे। वे चार सौ बीघे जमीन के मालिक ही नहीं, घोषित जमींदार भी थे, और बेगूसराय में जूड़ी के सदस्य भी। जूड़ी का सदस्य होना उन दिनों बड़े सरकारी ओहदे के समान था। तो देवघर बाबू के दालान पर लालेश्वर बाबू रहने लगे। देवघर बाबू के तीन बेटे और दो बेटियाँ पढ़ने लायक। उनमें भी बड़ी बेटी दुर्गा विवाहिता थी, इसलिए वह दालान पर पढ़ने नहीं जाती, और सबसे छोटा बेटा राजिन्दर बहुत छोटा था, अत: वह भी अभी पढ़ने नहीं बैठता। मुख्यत: गोदावरी नाम की बेटी और बैजनाथ तथा शिवचन्द्र नाम के बेटे ही पढ़ने बैठते थे।

मेरे दादा शाम को लालेश्वर बाबू से मिलने गए। दादा ने मुझे भी अपने यहाँ बैठने-पढ़ने की अनुमति देने का निवेदन उनसे किया। लालेश्वर बाबू ने कहा, 'दो रुपए प्रतिमाह दे सकेंगे आप?'

दादा बोले, 'नहीं मास्टर साहब, वह औकात रहती तो सागर को साथ लेकर नहीं आता? आप उसे मुफ्त में ट्यूशन पढ़ाने की स्वीकृति दीजिए तभी वह आ सकेगा।'

'कोई बात नहीं, उसे कल से भेजिए। वह मेरी सेवा भी करेगा और पढ़ेगा भी। दो-एक विद्यार्थी को मुफ्त में भी पढ़ा दिया करूँगा। देखिए न, जच्चन सिंह का भाई कीटो (उर्फ विन्देश्वरी) मुफ्त में ही पढ़ रहा है। वैसे ही सागर भी पढ़ेगा।'

लौटकर दादा ने जब मुझे बताया कि कल से मैं भी लालेश्वर बाबू के यहाँ ट्यूशन पढ़ने जाऊँगा तो मेरे मन में खुशी का मृदंग बजने लगा। नए पंख पानेवाली चिड़िया को पास-

पड़ोस की इस डाली से उस डाली पर उड़ जाने और कुछ नया देखने-पाने की जैसी लालसा होती है, मेरे मन में भी वही लालसा रंग-अबीर उड़ाने लगी।

मैं कल से उस नई जगह पर बैठने लगा। वहाँ चौथी कक्षा से लेकर सातवीं कक्षा तक के छात्र पढ़ने जाते थे। मेरी चौथी कक्षा में शम्भू, कमलनयन, गोदावरी और मैं—कुल चार विद्यार्थी थे। इसलिए हम चारों रात में एक ही लालटेन में पढ़ते। लालटेन गोदावरी की थी, और तेल भी वही भरती थी। इसी तरह अलग-अलग कक्षा के बच्चे अलग-अलग लालटेन में एक साथ पढ़ने बैठते।

बैठने की जगह लकड़ी की बड़ी-बड़ी दो चौकियों को सटाकर बनाई गई थी। जाड़े के समय रातें बड़ी होती हैं, इसलिए नवम्बर, दिसम्बर और जनवरी में सभी बच्चों को भोरकी रात में भी जगकर पढ़ना पड़ता था। भोरकी रात में बच्चों के लिए जगना ही बड़ी सजा जैसी है, क्योंकि उस समय जाड़े से देह दलदलाती रहती है। जगकर लालटेन जलाना तो बच्चों के लिए भैंसा नाथना जैसा कठिन और आपदपूर्ण काम था। सो क्यों? इसलिए कि उन दिनों घर-घर में दियासलाई नहीं होती। लोग चूल्हा जलाने के लिए बोरसी में आग दबाकर रखते थे। जिनके घर में आग नहीं रहती, वे पड़ोसी से आग माँगने जाते, या कंसार से आग लाते। कंसार में चौबीसों घंटे आग दबी रहती थी। दियासलाई तो दुर्लभ चीज। फिर हम लोग जहाँ पढ़ते थे, वहाँ रात में सोना भी पड़ता था। मास्टर साहब की देख-रेख में ही सोना-जागना था। इसलिए भोरकी रात में लालटेन जलाने का काम हर कक्षा के उस बच्चे को दिया गया था, जो मँगनियाँ पढ़ते।

अपने बैच में भैंसा नाथने का यह काम मुझे सौंपा गया। चार बजे सुबह में रजाई के नीचे से मुँह निकालकर लालेश्वर बाबू एक बार डाकते, 'लालटेन जलाओ, समय हो गया।' फिर किसका मजाल कि हुकुम तामिल न करे या देर लगावे?

मैं उठता, आँखें मलते अँधेरे में लालटेन ढूँढ़ता, फिर कंसार की ओर लालटेन लिये भागता। कंसार के चूल्हे से आग खींचता, मगर लालटेन जलाऊँ कैसे? फिर उठकर इधर-उधर नजर दौड़ाता और कंसार के ही छप्पर से एक मुट्ठी खढ़ खींचकर उस पर आग चढ़ाता। फूँ-फूँ करते-करते खढ़ पर आग लहक उठती और जैसे-तैसे लहकी आग को लालटेन की बत्ती से सटाकर बत्ती जलाता और तब कड़ी खींचकर शीशा लगाता। इतना करते-करते आँख से आँसू गिरने लगते और आप हँसें नहीं तो बता दूँ—नीचे सू-सू भी होने लगता।

रात भर सोकर जगने के बाद सबसे पहले तो पेशाब करना चाहिए, मगर क्या मजाल कि लालेश्वर बाबू का डाक सुनने के बाद कोई मूतने का भी साहस करे! इसलिए इतनी मुसीबत को पार कर लालटेन जलाओ, और जलाते-जलाते ऊपर-नीचे से पानी भी चुआओ। यह द्रविड़ व्यायाम मुझे और कीटो को ही करना पड़ता था, और इसलिए करना पड़ता कि हम दोनों मँगनियाँ पढ़नेवाले विद्यार्थी थे।

लालटेन जलाने के अतिरिक्त एक-दो और सेवा-कर्म मेरे ऊपर सौंपा गया। लालेश्वर बाबू रोज अपनी देह में सरसों तेल लगाकर स्नान करते। स्नान कुएँ पर जाकर करना पड़ता। उनकी देह में तेल की मालिश करना, फिर बाल्टी-लोटा लेकर उनके साथ कुएँ पर जाना,

कुएँ से पानी खींच-खींचकर उन्हें नहलाना, उनके भींगे वस्त्रों को फींचना और उनकी खड़ाऊँ पैरों के आगे रखकर उन्हें डेरे तक पहुँचाना मेरी ड्यूटी में शुमार था।

कीटो की ड्यूटी थी दालान में झाड़ू लगा देना। रात में मास्टर साहब को खाना खिलाना (जो घर से डेरे पर ही आता था)। उस जूठी थाली को सुबह में बाबू देवघर सिंह की हवेली तक पहुँचाना। सुबह में जूठी थाली हवेली तक ले जाने में कभी-कभी कीटो और उनके ही सहपाठी सातो सिंह के बीच हल्की नोक-झोंक भी हो जाती। नोक-झोंक का कारण यह होता कि थाली में कभी-कभी घी लगी रातवाली दो-एक रोटी मास्टर जी के खाने से बच जाती और सुबह में कीटो कमरे की दीवाल से सट-छिपकर उसे हजम करने लगता। गेहूँ की रोटी तो उन दिनों देवघर बाबू जैसे गिने-चुने रईसों के घर ही बनती थी, आम किसान-मजदूर की नसीब में मकई, मड़ुआ या जनेर की रोटी ही लिखी थी।

तो इतनी दुर्लभ गेहूँ की रोटी, वह भी घी लगी हुई, गुरु का प्रसाद, कीटो सिंह को मिल गई तो भला गीध, चील मांस का गिरा टुकड़ा छोड़ दे? हाय री गरीबी! ठीक ही कहते हैं, 'रोटी भली कि भूख बली?' कीटो को छिपकर रोटी खाते अगर सातो सिंह ने देख लिया तो वह भी टूट पड़ता और इसी पर नोक-झोंक होने लगती। आखिर टुकड़ा-दो टुकड़ा सातो सिंह भी हड़प ही लेता।

हम लोग लालेश्वर बाबू के यहाँ ट्यूशन पढ़ते हुए खूब खुश रहते। कभी-कभी तो बाउन बाबू (असल नाम बनारसी, पर पैर टेढ़ा होने के कारण सारा गाँव उन्हें 'बाउन बाबू' के नाम से ही जानता है) पर लालेश्वर बाबू बिगड़कर चप्पल चला देते, और हम लोग वहाँ से दूर हटने पर खूब हँसते और मजा लेते।

बाउन बाबू कीटो, लाखो, सातो आदि के साथ सातवीं कक्षा में पढ़ते थे। वे गाँव के एक धनी बाप लछमी सिंह के बेटे थे, और पाँच रुपए महीना ट्यूशन फी देना उनके लिए बहुत आसान था। उनके पिताजी पाई दर सैकड़ा पर खूब सूद कमाते थे। मेरे पिता ने भी उनसे कर्ज लिया था।

बाउन बाबू उस चटसार में पढ़नेवाले विद्यार्थियों में सबसे कमजोर थे। वे एक वाक्य को बोल-बोलकर पचास बार दुहराते और तब भी उन्हें वह वाक्य याद नहीं होता। आश्चर्य तो यह कि वे जो भी वाक्य बोल-बोलकर पढ़ते, उसका क्या अर्थ है, नहीं समझ पाते।

एक बार भोरकी रात में लालटेन के नीचे बैठकर वे इतिहास याद कर रहे थे। तिहास का अध्याय था—बाबर की विजय। वे एक वाक्य को (बीच-बीच में हाफी लेते हुए) पचासों बार बोलते गए, 'बाबर की गद्दी पर दिल्ली बैठा, बाबर की गद्दी पर दिल्ली बैठा...दिल्ली बैठा।' हम लोग मुँह दाबकर हँस रहे थे, लेकिन यह उलटा अर्थ देनेवाला वाक्य सुन-सुनकर लालेश्वर बाबू के कान पक गए। उन्हें बर्दाश्त नहीं हुआ और धीरे से रजाई हटाकर बाउन बाबू के पास चले आए। बाउन बाबू का कान पकड़कर गुस्से में बोले, 'बेहूदा, गदहा, भोंदू, बकलोल, बौना, बाबर की गद्दी पर दिल्ली बैठा कि दिल्ली की गद्दी पर बाबर बैठा? तुम बाप का बेटा हो कि तुम्हारा बेटा तुम्हारा बाप है?' यह कहते हुए लालेश्वर बाबू ने बाउन बाबू की कनपट्टी में ऐसा थप्पर जमाया कि सप्ताह भर कान झनझनाता रहा।

इस तरह की घटनाएँ वहाँ होती रहतीं, और हम लोग खूब मजा लेते। उस घटना के बाद तो बाउन बाबू को अकेले में हम लोग खूब चिढ़ाते, 'बाबर की गद्‌दी पर दिल्ली बैठा!'

दस-पाँच लड़कों के बीच रहकर पढ़ने में खूब मजा आता है। आखिर वार्षिक परीक्षा आ गई, और दिसम्बर के अन्तिम सप्ताह में रिजल्ट सुनाकर, स्कूल बड़े दिन की छुट्टी के लिए बन्द घोषित हो गया। इस बार के रिजल्ट में मैं तीसरे स्थान पर उत्तीर्ण हुआ। शम्भू ने प्रथम पाया।

अब मैं पाँचवीं कक्षा में आ गया। मेरे मन में उत्साह की लहर उठने लगी। बाबू हमेशा बोलते थे, 'आधा तो साधा।' पिछली कक्षा में शम्भू फर्स्ट आया था और मैं सीधा पास। इस बार भी शम्भू फर्स्ट आया, लेकिन मैं थर्ड, यानी तीसरे स्थान पर आ गया। मतलब यह कि लालेश्वर बाबू के यहाँ पढ़ने से मैं अपने क्लास में सिर्फ दो लड़कों से पीछे हूँ—एक है शम्भू और दूसरा देवेन्द्र। यदि एक साल और इसी चटसार में पढ़ता रहा तो इन दोनों को छू सकता हूँ; अगर दोनों को नहीं तो देविन्दर को तो जरूर पछाड़ दूँगा। क्या करेंगे भगवान बाबू, वे तो लोअर प्राइमरी के ही न हेडमास्टर हैं। मिडिल क्लासों में उनका क्या चलेगा? क्या वे मिडिल का गणित देविन्दर को सिखा सकते हैं? नहीं। मैं पाँचवीं की वार्षिक परीक्षा में देविन्दर को पटक दूँगा। मुझे मन लगाकर पढ़ना चाहिए। इस क्लास में खूब मेहनत करूँगा। लेकिन किताब? किताब किससे माँगूँ? गोदावरी के पिता ने चक-चक नई किताबें खरीद दी हैं। मैं उसके बगल में बैठकर वह किताब देख सकता हूँ जो वह उस समय नहीं पढ़ती होगी। अगर मना कर देगी तो फिर कमलनयन के साथ बैठा करूँगा। उसके पिता बाँके बिहारी सिंह ने भी नई किताबें खरीद दी हैं। लेकिन कमलनयन मुझसे डाह करता है। मैं तीसरे स्थान पर आ गया, और कमलनयन सिर्फ पास हुआ है। उसे लगता है कि उसको मुझसे आगे रहना चाहिए। इसलिए वह अपनी किताब मुझे देखते ही झाँप लेता है। खैर, देखूँ, पहले गोदावरी के बगल में बैठकर!

दूसरे दिन मैं गोदावरी की बगल में बैठकर उसकी किताबें उलटने लगा। उसने तनिक भी एतराज नहीं किया। मैंने धीरे-धीरे उसकी सभी किताबें उलटकर देख लीं। वह बोली, 'तुम्हें किताबें नहीं हैं तो मेरी गणित वाली किताब लेकर गणित बनाया करो। मुझे गणित बहुत भारी लगता है। तुम गणित बनाकर मुझे भी बता दिया करो। लालेश्वर बाबू को मैं वही दिखा दिया करूँगी। इससे मैं मार खाने से बच जाऊँगी।'

मुझे तो जैसे जनेर की रोटी के बदले घी लगी गेहूँ की रोटी मिल गई! फिर क्या था, मैं उसी की बगल में बैठने लगा और गणित बनाने लगा।

गोदावरी को भिन्न का जोड़, घटाव, गुणा, भाग देखते ही साँप सूघ जाता था। मैं पहले बनाकर उसके आगे अपनी कॉपी रख देता और पेशाब करने के बहाने थोड़ी देर के लिए वहाँ से घसक जाता। जब तक मैं लौटता, वह मेरा बनाया हुआ हिसाब अपनी कॉपी में उतार लेती और लालेश्वर बाबू को दिखाकर मार खाने से बच जाती। गोदावरी मेरी इस सहायता से उपकृत महसूस करती। वह मेरा हाथ अपने हाथ में लेकर हँसते हुए कहती, 'तुम तेज भी हो, और अच्छे भी हो। तेरी-मेरी दोस्ती बनी रहेगी।'

आधे मार्च तक मैं गोदावरी की किताबों से काम चलाता रहा। सब कुछ ठीक चल रहा था कि एक दिन अचानक लालेश्वर बाबू को बुखार आ गया। वे उस दिन स्कूल नहीं जा

सके। हम लोग अपने-अपने समय से स्कूल गए। स्कूल में गोदावरी ने मुझसे कहा, 'जानते हो सागर, मेरा विवाह होनेवाला है।'

मैंने पूछा, 'सो कैसे ?'

गोदा बोली, 'मेरे पिताजी ने किसी वकील साहब के बेटे से मेरी शादी तय कर दी है। इसी जेठ महीने में उस लड़के से मेरी शादी हो जाएगी। मैं ससुराल चली जाऊँगी। तब मुझे पढ़ना भी नहीं पड़ेगा। जब मैं ससुराल जाने लगूँगी, अपनी सारी किताबें तुम्हें दे दूँगी। मेरी किताबें लेकर तुम खूब पढ़ना।'

मैं गोदा की बातें सुनकर उदास हो गया। समझ नहीं सका कि पाँचवीं कक्षा में ही गोदा की शादी क्यों हो रही है। अभी तो वह मुश्किल से तेरह या चौदह साल की होगी। उसके बाबू देवघर सिंह धनी हैं, इसलिए अपनी बेटी का ब्याह जल्दी कर रहे हैं। जो करें, यह उनका मामला है, मुझे क्या लेना-देना! मैं तो 'कभी घृत घना, कभी मुट्ठी भर चना, कभी वो भी मना' वाले परिवार से आता हूँ। किताब दे, या न दे, काम तो किसी तरह चला ही लिया करूँगा।

स्कूल से लौटने पर घर में कुछ खाकर खेलने चला गया। फिर शाम घिरते ही पढ़ने के लिए लालेश्वर बाबू के चटसार में पहुँचा। वहाँ पहुँचा तो देखता हूँ कि लालेश्वर बाबू लेबार वाले पलंग पर चित लेटे हैं और कीटो, सातो उनका पैर दबा रहे हैं, तार वाले बियन (पंखा) से हवा कर रहे हैं। उन्हें तेज बुखार हो आया है, आँखें लाल हो गई हैं, गोरे गाल का रंग और भी लला गया है, देह-हाथ दर्द से टूटा जा रहा है। वे बुरी तरह कराह रहे हैं। मैं तो उन्हें देखकर स्तब्ध! मैं क्या करूँ ? उनकी कौन-सी सेवा करूँ कि उन्हें इस पीड़ा से छुटकारा मिले ? तभी बाबू देवघर सिंह वहाँ पहुँचे, और मास्टर साहब की हालत देखकर बोले, 'घबराइए मत मास्टर साहब, कल मैं कमला बाबू को बुलाकर दिखा दूँगा। वे इतने अच्छे डॉक्टर हैं कि किसी भी रोग को चुटकी बजाकर भगा देते हैं। अगर उनसे भी नहीं होगा तो बेगूसराय के सबसे बड़े डॉक्टर अख्तर साहब को मँगा लूँगा। अख्तर साहब गाँव-देहात रोगी देखने नहीं जाते, पर मैं तो जूरी का सदस्य हूँ। मेरी बात पर तो आना ही पड़ेगा। रात भर का कष्ट है, कल तो आप ठीक हो ही जाएँगे।'

लालेश्वर बाबू आँखें मूँदे सब कुछ सुन रहे थे, या कुछ भी नहीं सुन सके, मुझे नहीं पता, लेकिन उन्होंने न आँखें खोलकर देवघर बाबू को देखा, और न ही कुछ हाँ-हूँ बोले।

देवघर बाबू चले गए, और हम लोग कुछ देर वहाँ रहकर अपने-अपने घर लौट गए। रात में उनकी सेवा करने के लिए कीटो, सातो और कैलाश रह गए।

मुझे रात में चिन्ता लगी रही कि मास्टर साहब का बुखार ठीक हुआ या नहीं! सवेरे क्रिया-कर्म से फरागत पाकर मैं चटसार पहुँचा। देखता हूँ कि लालेश्वर बाबू पलंग की पटिया पकड़कर नीचे जमीन पर रखे राख पर पाखाना कर रहे हैं। कीटो किवाड़ी के बगल में खड़ा है, और बरामदे के नीचे गोपिया की बेटी तेतरी किसी प्रतीक्षा में खड़ी है।

गोपी धानुक के छह बेटे और एक बेटी है। बेटे सभी हृष्ट-पुष्ट और तन्दुरुस्त, पर बेटी तेतरी शरीर से तो दुबली-पतली और साँवली है ही, उसकी देह से लड़की का भूगोल भी गायब। वह काम करने में छट-छट, बोलने में वाचाल और मुँह-तोड़ जवाब देनेवाली। गोपी

अपने पूरे परिवार सहित देवघर बाबू की सेवा-टहल में दशकों से समर्पित है। बदले में देवघर बाबू से उसे क्या मिलता है, मुझे नहीं मालूम लेकिन हाँ, सारा गाँव यह जरूर जानता है कि गोपिया के परिवार जैसा समर्पित और ईमानदार सेवक दुर्लभ चीज है।

लालेश्वर बाबू जब पाखाना कर चुके तो कीटो ने पंछू कराया और पकड़कर उन्हें पलंग पर लिटाया। फिर तेतरी अन्दर गई और नाक पर साड़ी का पल्ला रखकर एक खपटा में गुह उठाकर बाहर डोभे में फेंक आई। फिर थोड़ा गोबर लाकर उस जगह को लीपा और अपना हाथ साफ कर हवेली का काम-काज करने भाग गई। हम लोग अलग से ही लालेश्वर बाबू का चेहरा देख रहे थे। उनके चेहरे पर बुखार की लाली और छोटे-छोटे दाने दीख रहे थे।

दस बजते-बजते कमला बाबू डॉक्टर आ गए। उन्होंने मास्टर साहब की देह पर से चादर हटा दी। 'जीभ निकालिए,' मास्टर साहब ने जीभ निकाली। डॉक्टर साहब ने जीभ देखने के बाद मास्टर साहब की गोलगला गंजी उघारी। छाती से पेट तक अच्छी तरह निहारा। फिर उन्हें पेट के बल लेट जाने को कहा। लेटने के बाद पीठ से चूतर तक निहारा। फिर गंजी सही करवा, चादर ऊपर से रखवा दी और मुँह में थर्मामीटर लगाया तो बुखार 105^0 था। लालेश्वर बाबू को अच्छी तरह देख लेने के बाद देवघर बाबू से अलग हटकर डॉक्टर ने कहा, 'इन्हें साधारण बुखार नहीं है कि कुछ दवा देकर बुखार कम कर दूँ। असल में इन्हें चेचक हो गया है। चेचक में कोई दवा छोड़ना और भी घातक होगा। शुक्र है कि बड़की माता (Small Pox) नहीं है। इन्हें दुधकोदबा है। बुखार अभी रहेगा। सात दिनों के बाद ही बुखार कम होगा, और फिर दाने भी सूखने लगेंगे। ये कोई सूखा या ठोस पदार्थ खा भी नहीं सकते। इन्हें बार्ली, साबूदाना, दूध, यही सब दीजिए। इतना कह सकता हूँ कि कष्ट तो होगा, पर यह चेचक जानलेवा नहीं है। पंखा छोड़कर नीम की डाली में लगी पत्तियों से हवा करते रहो। हो सके तो कमरे से बाहर धूपबत्ती जलाए रखो, ठंडे पानी में कपड़ा भिंगोकर इनका मुँह, हाथ, बदन हल्के-हल्के पोंछ दिया करो। चलता हूँ' कहकर डॉक्टर साहब अपनी मोटरगाड़ी में बैठ गए और गाड़ी हवा हो गई।

जब से कमला बाबू मास्टर साहब को देखकर गए, अधिकतर विद्यार्थियों के माँ-बाप ने उन्हें चटसार में जाने से मना कर दिया। अब कीटो, सातो और मैं—तीन शिष्य ही वहाँ आने-जानेवाले बचे। गोदा, बैजनाथ और शिवचन्द्र को उनकी माँ घर से बाहर निकलने ही नहीं देती। उल्टे वे बाबू देवघर सिंह को फटकारती रहती, 'माता में डागडर बुलाने की क्या जरूरत थी ? लालेसर बाबू के आगे शीतला माँ की पूजा और गीत बैठाना चाहिए, जो सब लोग करते हैं। आप डागडर बुलाकर माता को और भी गुस्से में ले आए हैं। माता डागडर बुलानेवाले पर ही अधिक गुस्सा करती हैं। कहीं हमारे बच्चों पर न वे अपना गुस्सा उतारने आ जाएँ। हे शीतला मैया! भूल-चूक माफ कर देना। मैं प्रसाद चढ़ा दूँगी!'

उन दिनों हर साल गर्मी के मौसम में माता (Pox) की बीमारी फैल जाती थी। जिसे बड़ी माता आ गई, उसका तो पत्ता ही साफ। उपचार के नाम पर माली-मालिन का विधि-विधान ही सब जगह प्रचलित था। जिस घर में माता आ जातीं, उस घर से माली को न्योता जाता और माली अपने छह-सात लोगों के साथ बेरिया बेला (दोपहर) में आ जाता। उस दल में माली और मालिन दोनों रहते। वे कुछ फूल, एक माला, तुलसीदल और गंगाजल

अपने साथ लेकर आते। घरवाले से कुछ मिठाई मँगवाते और रोगी के सामने गोबर से लीपकर चौका लगाते। उस चौके के बीच में फूल, माला, प्रसाद रखकर उस पर गंगाजल छिड़कते और तब प्रसाद के ऊपर तुलसीदल रखते। इसके बाद सम्मिलित गीत गाते और झाँझ, झाल, ढोलक पर थाप दे-देकर अपनी कला का उत्साहपूर्वक प्रदर्शन करते। सारे गीत शीतला मैया को सम्बोधित होते। यह उद्यापन सात या कभी-कभी नौ दिनों तक चलता। इस इलाज से शीतला मैया जिसे बख्श देतीं, उसके यहाँ से नौवें दिन थाली, लोटा, गिलास, साड़ी, धोती, चावल लेकर माली विदा होता। अगर शीतला मैया ने इलाज का कुछ न सुना तो रोगी उनके ही लोक चला जाता। माली आँसू बहाकर यह कहते विदा होता कि 'यह व्यक्ति माँ को बहुत पसन्द था। उन्होंने इसे अपना बालक बनाने के लिए अपने थान बुला लिया है। अब यह देवलोक में बास करेगा। हम लोग इसकी पूजा करते रहेंगे।'

देवघर बाबू की पत्नी यही विधि अपनाने के लिए जोर दे रही थी, पर देवघर बाबू तो डॉक्टर बुला लाए। अब माता ही लालेश्वर बाबू पर दया करेंगी, वे ही तो पानी से पिंड रचती हैं।

लालेश्वर बाबू आठवें दिन अच्छे हो गए। उनका बुखार तो पाँचवें दिन से ही कम होने लगा, चेहरे के दाने भी आठवें दिन सूख गए। हाँ, गाल और बाँह में कहीं-कहीं दाग जरूर पड़ गया। लेकिन इस आठ-नौ दिनों में उनकी सेवा पर हम तीनों के अतिरिक्त एक और शिष्य जुड़ गया—वह था विपता।

विपता बरघरी के गंगा बाबू और बच्चा बाबू का छोटा भाई था। उसका असली नाम तो राम बालक था, पर किसी कारण से उसके माँ-बाप ने उसे 'विपता' कहना शुरू कर दिया और वही नाम गाँव भर में प्रचलित भी हो गया। हो सकता है कि उसके जन्म के समय माँ-बाप या परिवार या खुद उस पर ही कोई बड़ी विपत्ति आ गई हो, इसलिए उसे 'विपता' कहा जाने लगा। कारण जो भी हो, मगर उसका राम बालक नाम सिर्फ स्कूल का रजिस्टर ही जानता था, मास्टर लोग भी उसे 'विपता' कहकर ही बुलाते। सो, विपता लालेश्वर बाबू की बीमारी में चौथा सेवक बनकर हाजिर हो गया, वह भी बिना किसी के बुलाए ही।

राम बालक उर्फ विपता को मैं पहले से भी जानता था, परन्तु उसका यह रूप मुझसे बिलकुल ही अज्ञात था। मैंने देखा कि सेवा की सच्ची भावना उसमें किस तरह हिलकोर मारती है। किसी भी जरूरतमन्द व्यक्ति के पास वह खुद से पहुँच जाता, और बिना कुछ कहे-सुने उसकी जरूरत में जुट जाता है। वह लालेश्वर बाबू की बीमारी में ठीक ऐसे समय पर टपक पड़ा, जब गोपिया की बेटी तेतरी ने वहाँ आना छोड़ दिया। दो-तीन दिनों तक मास्टर साहब का गुह-मूत साफ करने के बाद वह चौथे दिन देवघर बाबू की पत्नी से बोली, 'मैं आज से दालान पर मास्टर का गुह-मूत उठाने नहीं जाऊँगी। वहाँ किटरा मुझे भोंकची पारता है। बरजने पर जोर-जोर से ठिठियाने लगता है। मैं कोई रंडी-पतुरिया नहीं।'

उसके हड़ताल पर जाने के बाद यह समस्या उठ खड़ी हो गई कि आज से मास्टर साहब का पाखाना कौन पोंछेगा ? ठीक उसी दिन विपता आ धमका और बिना किसी डर-भय के उनकी सेवा में जुट गया। उनको पेशाब, पाखाना कराना, उसे साफ करना, मास्टरजी की देह को ताजे, ठंडे पानी से पोंछना, नीम पत्ती का पंखा झलना, और उन्हें हँसा-फुसलाकर बार्ली, साबूदाना पिलाना—सब कुछ अपने जिम्मे ले लिया। आज से वह ऑल-इन-वन

हो गया। हम तीनों को बड़ी आफियत महसूस हुई, और हम उसकी प्रशंसा का पुल बाँध-बाँधकर अपना बोझ हल्का करने लगे।

विपता मुझसे चार-पाँच साल बड़ा था। अभी उसकी उम्र सोलह-सत्रह साल की रही होगी। लेकिन वह अभी हमारी ही कक्षा पाँचवीं में पढ़ रहा था। पढ़ क्या रहा था, पढ़ने का बहाना कर रहा था। मैं क्लास में तो उसे रोज देखता था, पर उसके गुण-अवगुण से पूरी तरह अनभिज्ञ। यहाँ तक कि कभी उससे बातचीत भी नहीं होती। क्लास के सभी लड़के उसकी उम्र देखकर, उससे लगने-सटने में परहेज करते। वह भी ज्यादातर अपने से ऊँचे क्लास वाले लड़कों से ही बातचीत या हँसी-मजाक किया करता। अब जब वह लालेश्वर बाबू के चटसार से जुड़ा है तो उसकी परत-दर-परत खुलने लगी, खास कर मेरे साथ अधिक हिल-मिलकर बातें करने लगा है।

वह पाँचवीं कक्षा में पिछले तीन वर्षों से पढ़ रहा है। वह दो बार फेल हो चुका है। अबकी पास कर जाने की उम्मीद से तीसरी बार भी क्लास आ-जा रहा है। उसे क्लास की किताबों में लिखी बातें न तो समझ में आती हैं, और न वह उन बातों पर विश्वास ही करना चाहता है। उसे हमेशा लगता है कि किताबों में लिखी बातें जिस तरह से लिखी गई हैं, उन्हें उस तरह से नहीं, इस तरह से लिखना चाहिए था। वह अपने हिसाब से किताब लिखना या लिखवाना चाहता था। बादशाह शाहजहाँ को वह दुनिया का सबसे आलसी और बेईमान राजा मानता। प्रश्न पूछा जाता, नूरजहाँ किसकी पत्नी थी ? वह लिखता, 'नूरजहाँ किसी की पत्नी नहीं, वह रखैल थी।' प्रश्न पूछा गया, 'ताजमहल किसने बनवाया था ?' उसने उत्तर लिखा, 'ताजमहल इश्क ने बनवाया।' इस तरह के ऊटपटाँग जवाबों के कारण ही वह फेल हो जाता, और अभी तीसरे वर्ष भी पाँचवीं में फेल हो जानेवाले लड़के की बुद्धि इतनी तीक्ष्ण कैसे हो गई ?

विपता व्यावहारिक जीवन की कठिन से कठिन समस्या का भी समाधान पलक मारते खोज लेता था। प्रत्युत्पन्नमति तो ऐसा कि नहले पर दहला मारकर विपक्षी को पराजित, अपमानित भी करता और उसका दहला जवाब सुनकर सब लोग हँसते-हँसते लोट-पोट भी हो जाते।

एक बार वह बारात गया हुआ था। उसकी बातें सुनकर उस गाँव के लोग व्यंग्य-वेधित हो गए। उन लोगों ने तैश में आकर कहा, 'पहसारा में तो ऐसे वाचाल लोग नहीं होते हैं। कहाँ घर है आपका ?'

विपता ने छूटते ही कहा, 'पहले आप बताइए, आपका घर कहाँ है ?'

उस व्यक्ति ने व्यंग्यपूर्वक कहा, 'मैं क्या आपकी तरह भाड़े पर आया हूँ ? पता नहीं है, आप किस गाँव से बारात में आए हैं ? जरूर आपको कहीं से भाड़े पर लाया गया है। यह गाँव मूसेपुर है, मेरा घर भी इसी गाँव मूसेपुर में है। अब आप बताइए कि कहाँ से आए हैं ?'

विपता ने छूटते ही जवाब दिया, 'आपका गाँव मूसेपुर है तो मैं बिलाड़पुर से आया हूँ। सँभलकर सामने आइए, दबोच लूँगा।'

विपता का जवाब सुनकर सब लोग ठहाका लगाने लगे और पूछनेवाला व्यक्ति लज्जा और पराजय के बोझ से दबकर हतप्रभ रह गया।

विपता क्लास कम ही जाता था। उसे घुमक्कड़ी की आदत-सी हो गई थी। वह बराबर रेलगाड़ी में सफर कर आता और ढेर सारी कहानियाँ सुनाता। उसका एक अजीज दोस्त था—अरविन्द मिश्र। अरविन्द गाँव के ही एक सुप्रसिद्ध पंडित फेंकन मिश्र का पाँचवाँ पुत्र था। पंडित फेंकन मिश्र की पंडिताई का दूर-दूर तक हाक-डाक था। वे बहुत बड़े भविष्यद्रष्टा माने जाते थे। एक बार की बात है कि वे गाँव के बरघरी टोले के धनी-मानी और ख्यातिलब्ध व्यक्ति बाबू आदित्य नारायण सिंह के दरवाजे पर बैठे थे। समय तीन-चार बजे के आसपास का रहा होगा। आदित्य बाबू का दरवाजा उनके व्यक्तित्व के अनुपात में ही बहुत बड़ा था। सामने का कैम्पस और भी फैला हुआ। कैम्पस के एक कोने में जलावन के लिए राहट के पचासों बोझ चौके थे। उस बोझ के शिखर पर एक लाल रंग का गिरगिट बैठा था। गिरगिट बार-बार अपनी जीभ निकालकर दाएँ-बाएँ मूड़ी हिला रहा था। पंडित फेंकन मिश्र उस गिरगिट को बड़े गौर से देख रहे थे। बहुत देर तक उधर टकटकी लगाए देखकर आदित्य बाबू ने ऊबकर फेंकन मिश्र से कहा, 'मुलुर-मुलुर ताकने से क्या मिल रहा है?'

पंडित जी चौंककर बोले, 'मालिक, मुलुर-मुलुर ताकने से मुझे विधि का एक रहस्यपूर्ण विधान मिल रहा है। देखना है कि आज मेरी विद्या सही होती है, या गलत।'

आदित्य बाबू बोले, 'रहटा में क्या विधि का विधान पढ़ रहे हैं? ब्रह्मा बाबा रहटा का भी भाग्य लिखते हैं कि आप उसे इतनी देर से पढ़ रहे हैं?'

पंडित जी हँसकर बोले, 'रहटा का नहीं, मगर गिरगिट का तो भाग्य-लेख जरूर रचते हैं। आप ठीक से देखिए, रहटा के ढेर की चोटी पर एक ललका गिरगिट अपना माथा बाएँ-दाएँ हिला रहा है?'

आदित्य बाबू ने देखा तो सचमुच एक गिरगिट वहाँ बैठा है। वे बोले, 'हाँ, गिरगिट तो है, पर उससे आपका क्या लेना-देना?'

पंडित जी ने कहा, 'आज इसी गिरगिट के मारफत मेरी विद्या का सही या गलत साबित होनेवाला है।'

'सो कैसे?' आदित्य बाबू बोले।

पंडित फेंकन मिश्र ने कहा, 'सुनिए मालिक, इस गिरगिट के भाग्य-लेख को मैं ठीक-ठीक पढ़ रहा हूँ। इसके ललाट में लिखा है कि इसका विवाह आज ही किसी गिरगिटनी से घंटे-दो घंटे में होगा, और वह भी राजस्थान की गिरगिटनी से। मुझे खुद अपनी भविष्य-विद्या पर सन्देह होने लगा है कि आज राजस्थान की गिरगिटनी इसे कैसे मिल सकती है? कहाँ राजस्थान और कहाँ अपना पहसारा! मगर भविष्य-लेख तो यही बता रहा है। मैं आज परीक्षा की नंगी तलवार पर चढ़ चुका हूँ, इस पार कि उस पार। फेंकन मिश्र की विद्या सही, या गलत।'

आदित्य बाबू हँसने लगे, 'पंडित जी, छोड़िए अपनी ठग-विद्या। कुछ और बात कीजिए। गिरगिट और बेंग के पीछे अपनी विद्या को मत दौड़ाइए।'

पंडित जी बोले, 'मालिक, आपके दरबार में बैठा हूँ, तो लाचार हूँ, नहीं तो मेरी विद्या को ठग-विद्या कहनेवाले को मैं बर्दाश्त नहीं करता। क्या करूँ, कभी-कभी गाँड़ दाबकर भी पाद रोकना पड़ता है।'

आदित्य बाबू और पंडित फेंकन मिश्र में परस्पर उतार–चढ़ाव के साथ बातचीत हो ही रही थी कि आगे के रास्ते से एक जोरदार आवाज सुनाई पड़ी, 'ले ले धोती, साड़ी, बिछाने की चादर, मारकीन, गमछाऽऽऽऽ।'

आवाज सुनकर आदित्य बाबू बोले, 'अच्छा, आप बुरा मान गए। मैंने तो हँसी–मजाक में कुछ कह दिया! अपना गुस्सा शान्त कीजिए, बुलाइए उस मोटिया को जो डाक दे रहा है। आज आपको एक नई धोती और एक नया गमछा खरीद देता हूँ। मेरा कहा–सुना माफ हो जाएगा।'

पंडितजी ने उठकर कहा, 'ऐ मोटिया! इधर आ, मालिक को अपना सामान दिखा।'

मोटिया खरीददार की बुलाहट सुनकर खुश हुआ और लपककर आदित्य बाबू के दरवाजे पर चढ़ गया। मोटिया के वहाँ आने पर अगल–बगल के लोग भी कुछ देखने, कुछ खरीदने के विचार से उस दरवाजे पर पहुँच गए। मोटिया ने अपनी पीठ पर लदे भारी गट्ठर को दरवाजे पर पटक दिया और एक गमछी से अपना पसीना पोंछते–पोंछते गट्ठर के पास बैठ गया।

उसे थका देखकर आदित्य बाबू ने अपने नौकर से कहा, 'इसे एक लोटा पानी दे दो, बहुत थका–माँदा लगता है।'

वह बोला, 'बाबू, करम का खेल है। छठी रात में विधाता जो लिख देता है, वह तो भोगना ही पडता है। दर–दर भटककर कपडा बेचता हूँ। जो आमदनी होती है, खाने–पीने, रहने–सहने में ही साफ हो जाती है। मुश्किल से सौ–पचास बचा पाता हूँ, तो महीने के अन्त में घर पहुँचाता हूँ। मेरा घर राजस्थान है। परसों ही यह मोटा लादकर मंझौल उतरा। आज पहले दिन आपके ही गाँव घुसा हूँ। अभी तक बोहनी भी नहीं हुई है। कुछ खरीद लीजिए तो बोहनी हो जाएगी, यात्रा बन जाएगी, फिर कई लेनहार हो जाएँगे। खोलूँ मोटा? मेहरबानी कीजिए, मोटा खोलवाकर फिर उदास मत कीजिएगा।'

आदित्य बाबू ने कहा, 'हाँ, हाँ, खोलो मोटा। एक अच्छी धोती और एक अच्छा गमछा दिखाओ। पंडित जी को देना है। फिर तुम राजस्थान से आए हो तो पंडितजी की भी परीक्षा हो जाएगी।'

मोटिया ने खुश होकर गाँठ खोली। गाँठ के खुलते ही सफेद रंग की एक गिरगिटनी निकली और भागकर सीधे राहट की ढेरी पर चढ़ गई। पंडित फेंकन मिश्र चिल्लाए, 'देखिए, देखिए, आदित्य बाबू! यह गिरगिटनी है, कहाँ गई है, वह गौर कीजिए!'

सब लोग आश्चर्य से देखने लगे, गाँठ से निकली गिरगिटनी सीधे राहट ढेर पर चढ़ गई। वहाँ ललका गिरगिट पहले से ही प्रतीक्षा कर रहा था। फिर दोनों वहाँ से उतरकर राहट बोझ के खोह में समा गए।

पंडित जी विजयोन्माद में उछल पड़े। बोले, 'कहिए मालिक, मेरी विद्या सच है कि झूठ?'

सब लोग अवाक्। वाह रे पंडित फेंकन मिश्र! ऐसा भविष्यवक्ता इस गाँव का गौरव है। अभी घंटा भर भी नहीं बीता होगा कि राजस्थान की गिरगिटनी मोटिया के बहाने पहुँच गई, भागकर पहसारा के ललका गिरगिट से लोल लड़ाने लगी। फिर दोनों एक साथ राहट के खोह यानी कोहबर घर में चले गए। धन्य हो पंडित फेंकन मिश्र!

इस घटना के बाद तो फेंकन मिश्र पंडित के भाग्य में ही भविष्य लेख सट गया। दूर-दराज के गाँवों से भी फेंकन पंडित की माँग होने लगी। उसी पंडित फेंकन मिश्र का पाँचवाँ पुत्र अरविन्द मिश्र था, जिसमें बाप का रत्ती भर भी गुण नहीं आ सका।

तो प्रसिद्ध पंडित फेंकन मिश्र का सुपुत्र अरविन्द, विपता का अजीज मित्र था। वे दोनों गाँव से बाहर साथ ही जाया-आया करते। विपता और अरविन्द रेल की यात्रा हमेशा साथ ही करते। उन दोनों ने आपस में बात करने के लिए एक नई भाषा बना ली थी। भाषा गढ़ लेना अपने-आपमें विलक्षण प्रतिभा का प्रमाण है। उन्होने ऐसी भाषा रची थी कि सौ-दो सौ लोगों के बीच में भी वे आराम से आपस में बातें कर लेते।

विपता और अरविन्दा बिना टिकट ही सब जगह घूम आते हैं, कहीं कोई उन्हें पकड़ नहीं पाता—यह बात गाँव में प्रचारित हो चुकी थी। वे दोनों तरह-तरह के इल्म अपनाते और टी.टी. की आँखों में धूल झोंककर निकल जाते थे।

एक बार वे दोनों कहीं से यात्रा कर लौट रहे थे। वे बेगूसराय स्टेशन पर उतरे। ट्रेन में तो वे कहीं किसी की पकड़ में नहीं आए, पर बेगूसराय स्टेशन के गेट पर गेटकीपर टी.टी. ने उन्हें रोक दिया। बोला, 'टिकट दिखाओ।'

टिकट तो उनके पास था नहीं, दिखाते क्या?

टी.टी. फिर बोला, 'टिकट दिखाओ।'

वे बड़ी नम्रता से बोले, 'टिकट तो नहीं है टी.टी. बाबू।'

'फिर खैराती टूर करते हो? बगल में खड़े रहो, बाहर जाने की कोशिश मत करना। आज मजा चखाता हूँ कि सरकार क्या चीज होती है। वैसे कहाँ से आ रहे हो?' टी.टी. ने पूछा।

विपता बोला, 'कलकत्ता से।'

'क्या करने कलकत्ता गए थे, इस पढ़ने-लिखने की उम्र में?' टी.टी. बोला।

'यह मेरा भाई है, इसे डॉक्टर से दिखाने कलकत्ता गया था।' विपता ने कहा।

'इस मोटे-तगड़े, भले-चंगे ससुरे को क्या रोग है जो कलकत्ता जाना पड़ा? जाते समय टिकट कटाया था?'

'नहीं, जाने-आने में टिकट लेता तो इलाज का पैसा कहाँ से लाता?'

'अच्छा? बड़े उस्ताद हो! आज जेल भेजता हूँ तब पता चलेगा कि बिना टिकट सफर करने का मजा कैसा होता है।'

'आप जैसा मजा देंगे, वह तो जरूर मजेदार होगा।' विपता बोला।

अगल-बगल के मुसाफिर भी ठहरकर देखने लगे कि बिना टिकट यात्रा करनेवाला यह यात्री कितना ढीठ है। देख ही लूँ ठहरकर कि इससे कितने रुपए ऐंठे जाते हैं। कौन नहीं जानता कि टिकट वसूलनेवाले बाबू को कुछ ले-देकर मामला रफा-दफा हो जाता है, पर यह है कि अभी तक कुछ देने के लिए मुँह नहीं खोला। भीड़ जमा थी।

टी.टी. ने यात्रियों के बाहर निकल जाने पर पूछा, 'कुछ बचा है जेब में कि एकदम सफाचट?'

'खाली जेब चलता हूँ और खाली जेब ही घर लौटता हूँ सरकार।' विपता बोला।

'कहाँ घर है?'

'बनवारी पुर।'

'क्या नाम है?'

'कोपड़ा सिंह।'

'इसका क्या नाम है?' टी.टी. ने अरविन्द की ओर इशारा किया।

'सुपता सिंह।'

'बाप का क्या नाम है?'

'बाँसों सिंह।'

'बाबा का नाम?'

'जंगली सिंह।'

टी.टी. ने एक सिपाही से कहा, 'दोनों को पकड़कर अन्दर ले चलो।'

यह सुनते ही विपता अपनी भाषा में मुँह ऊपर उठाकर बोल पड़ा, 'गीरमि गाल, गिरमी गाल, दील्ज रक, दील्ज रक।'

अरविन्द समझ गया। वह तुरत छाती के बल जमीन पर गिर गया और अपना मुँह, सिर, नाक जमीन से रगड़ने लगा। उसके मुँह से गाज-फेन गिरने लगा। टी.टी. और तमाशबीन सभी लोग घबड़ा गए। तुरत में यह क्या हो गया?

टी.टी. ने घबड़ाकर विपता से पूछा, 'क्या हो गया है इसे? क्यों ऐसा कर रहा है? अभी तो बिलकुल ठीक था!'

विपता घबड़ाने का जोरदार नाटक करते हुए बोला, 'सरकार, इसको मिरगी आती है। यही दिखाने के लिए कलकत्ता ले गया था। इस रोग का इलाज यहाँ का कोई लड़कू-झूलन डॉक्टर नहीं कर सकता। वहाँ भी बड़े साहब ने दवा देकर बताया कि इसे भीड़ में देर तक कभी खड़ा मत करना, ध्यान रखना, कोई इसे डराए नहीं। डर लगते ही इसे मिरगी का दौड़ा चढ़ जाएगा और फिर बचना मुश्किल। आपने भीड़ में इसे इतनी देर तक रखा और जेल, पुलिस की बात करके डराया भी। इसी से इस पर मिरगी का दौड़ा आ गया। अब मरे कि बचे, आप जानिए। मैं चलता हूँ। जाऊँ कि जेल ले जाइएगा? बोलिए जल्दी!'

टी.टी. की हवा गुम। दर्शक लोग भी टी.टी. को ही दोष देने लगे : एक-दो आदमी बिना टिकट ही रेल-यात्रा कर ले, तो क्या सरकार दलिद्दर हो जाएगी? एक आदमी की जान एक टिकट के चलते ले लेंगे? अन्याय है, अन्याय।

टी.टी. बाबू विपता से आरजू करने लगा, 'भाई साहब, मैं तो यह सब नहीं जानता था। गलती हो गई। प्लीज, इसे ले जाइए उठाकर किसी डॉक्टर के पास! अभी ठीक हो जाएगा। कृपया इस पार से उठाकर उस पार तो ले जाइए!'

विपता ने बिगड़ते हुए कहा, 'डॉक्टर के पास कैसे ले जाऊँ? पैसा क्या आपके बाप ने मेरी जेब में डाल दिया है? पैसे रहते तो आपको दे-लेकर पहले ही इसे मिरगी लगने से बचा नहीं लेता?'

टी.टी. तो डर से काँप रहा था। अब मर्डर केस उसी पर चलेगा। उसने झट अपनी जेब से दस रुपए का एक नोट निकालकर विपता के हाथ में रख दिया और बोला, 'जाइए, जल्दी किसी डॉक्टर के पास।'

विपता ने रुपए लिये और अरविन्द का हाथ पकड़कर घसीटते हुए लोहेवाले गेट से बाहर ले आया। टी.टी. ने जल्दी से फाटक बन्द किया। अब टी.टी. फाटक के उस पार और विपता और अरविन्द इस पार। विपता अरविन्द से बोला, 'ड़ाख्न हो जा।'

अरविन्द तुरत खड़ा हो गया; और विपता टी.टी. बाबू को अँगूठा दिखाते, मुँह से ठकुड़ा पारते, अरविन्द का हाथ पकड़े, नौ दो ग्यारह! ऐसी थी चमत्कारी बुद्धि विपता की।'

वह बुद्धि का जितना ही तीक्ष्ण था, भय-मुक्त भी उतना ही। उसका एक दोस्त और चचेरा भाई रामबिलास था। उसे सचमुच की मिरगी आती थी, और मिरगी से ही वह मरा भी। कभी एक ओझा-गुनी ने कहा था कि उसे कोई बारह बजे रात में श्मशान से तुरत जले मुर्दे की राख लाकर जीभ पर लगा दे, तो उसकी मिरगी सदा-सदा के लिए भाग जाएगी। रामू के घर का कोई सदस्य ऐसा साहस नहीं कर सका। खुद रामू के पिता हृदय सिंह भी इसके लिए तैयार नहीं हुए। मगर विपता एक रात ठीक बारह बजे श्मशान चला गया और वहाँ से राख लाकर उसकी जीभ पर रगड़ दिया। मिरगी नहीं छूटी पर विपता ने तो अपनी दोस्ती और अपनी निडरता का परिचय दे ही दिया। ऐसा था विपता का साहस, उसकी हाजिरजवाबी, तीक्ष्ण बुद्धि और दोस्ताना हृदय।

लालेश्वर बाबू उसकी सेवा और हास्यप्रियता के कारण उसका फैन हो गए थे। उन्होंने उसे मुफ्त में अपने यहाँ पढ़ने बुलाकर पाँचवीं पास करा देने की गारंटी दी।

इधर जब मैं 'तारे जमीं पे' फिल्म देख रहा था, तो मुझे अचानक विपता हीरो के रूप में याद आ गया। उसके भीतर जो विलक्षणता छिपी थी, उसको उद्घाटित करने वाला कोई आमिर खान जैसा गुरु होता, तो निश्चित रूप से जीवन में वह कोई बड़ा काम कर जाता।

तो वही विपता लालेश्वर बाबू की सेवा-शुश्रूषा करके उनका लाड़ला बन गया।

कमल बाबू डॉक्टर ने मास्टर साहब के अच्छा होने पर कहा था कि उन्हें एक महीना घोंघा का मांस बनाकर खिलाया जाए तो देह में कहीं भी चेचक का दाग नहीं रहेगा। विपता को मालूम हुआ। वह रोज टिफिन के बाद स्कूल छोड़कर बाहर निकल जाता और कभी सिनोखरा, कभी लिटियाही, कभी बौरनाहा, कभी ररियौना के जलाशयों पर घूम-घूमकर भर गमछा घोंघा चुन लाता और शाम होने से पहले उसे चूरकर मांस जमा कर लेता। फिर ईंट बैठाकर चूल्हा बनाता और लकड़ी, गोयठा के जलावन पर एक कड़ाही में मांस पकाकर मास्टर साहब को खिलाता। मास्टर साहब ऐसे आरुणि को पाकर निहाल! वह सोते समय रोज उनका पैर दबाता और तरह-तरह का किस्सा, कहानी सुनाकर खूब हँसाता। वहाँ रहते-रहते विपता को मुझसे अच्छा हेल-मेल हो गया।

उसने एक दिन कहा, 'यार, तुमको किताब नहीं है तो मुझसे क्यों नहीं ले लेते?'

मैं बोला, 'तुम्हारी किताब मैं ले लूँगा तो तुम किससे पढ़ोगे?'

विपता हँसने लगा, 'अरे, मैं दो बार फेल हो चुका हूँ। शुरू में जो किताब खरीदी थी, वह मैली हो गई तो मेरे साथ पढ़नेवाला जोगिया ने अपनी किताबें मुझे दे दीं। मैं तो जोगियावाली किताब लेकर ही स्कूल आता-जाता हूँ। तुम वही किताबें लेकर पढ़ा करो, मैं अपनी मैली पुरानी किताबों को ही लेकर स्कूल जाया करूँगा। मेरे लिए तो सभी किताबें

नकाम की हैं। मुझे कोई भी किताब पढ़ने में मन नहीं लगता। मन नहीं लगता है, इसलिए समझ भी नहीं पाता हूँ, न समझना चाहता हूँ। मुझे लगता है कि किताबें पढ़कर कोई विद्वान कैसे हो सकता है?'

मुझे तो मुँहमाँगा वरदान मिलनेवाला है, यह सोचकर मैं भीतर से खुश हुआ और मुँह से बोला, 'विपता, अगर देना ही चाहते हो तो अपनी पहलेवाली मैली-पुरानी किताबें ही मुझे दे दो। जोगियावाली साफ-सुथरी किताब तुम अपने लिए रखो।'

उसने कहा, 'नहीं, नहीं। मैं साफ-सुथरी किताबें रखकर क्या करूँगा? अरे किताब तो मेरे लिए बन्दर के हाथ में नारियल जैसा लगती है। साला बन्दर नारियल को फोड़ेगा कैसे? शायद फोड़ भी लिया तो उससे उजला छल्ला कैसे निकाल पाएगा? वह बाप-बाप करके रह जाए, पर नारियल का स्वाद उसे बाप जनम नहीं मिल सकता। मैं भी किताबों का मजा नहीं ले पाता हूँ। कल मैं जोगिया वाली सभी किताबें लेता आऊँगा, तुम ले लेना।'

मैं उसकी बातें सुनकर सोचने लगा कि जब उसे पढ़ने में मन ही नहीं लगता, तो पढ़ क्यों रहा है? स्कूल किस लाभ के लिए जाता है? फेल हो जाने का अपमान क्यों सह लेता है? फिर मैंने उससे पूछा, 'यार, जब तुमको पढ़ने में मन ही नहीं लगता, तो क्यों स्कूल जाकर समय बर्बाद करते हो? गाय-भैंस पालकर क्यों नहीं आमदनी कर लेते हो? ऐसे फेल-पास, फेल-पास होने से तुम्हें कोई नौकरी कैसे मिलेगी?'

विपता गम्भीर होकर बोला, 'सुनो सागर, नौकरी पाने के लिए मैं नहीं पढ़ता हूँ। मेरे बड़े भाई बच्चा बाबू नौकरी करके कौन-सा बाघ मार रहे हैं? पन्द्रह रुपए महीने पर मास्टरी घसते हैं। उतना तो मैं दस दिन में अभी कमा लूँगा। लेकिन समय बदल रहा है। देश आजाद हो गया है। बिना कुछ पढ़े-लिखे लड़के का विवाह अब गाय, भैंस और खेत-पथार के बल पर नहीं होगा। इसलिए मैं पढ़ कहाँ रहा हूँ, पढ़ने का नाटक कर रहा हूँ। किसी तरह मिडिल पास कर लूँगा तो विवाह पक्का। बस, विवाह तक ही स्कूल जाऊँगा, फिर तो पैसा कमाने के पचास रास्ते खुले हैं।'

विपता का जवाब सुनकर मैं सन्न रह गया।

दूसरे दिन विपता ने मुझे जोगियावाली सारी किताबें दे दीं, और मैं उससे छोटा हो गया।

उसके अन्य प्रसंगों से मेरा कोई प्रत्यक्ष सम्बन्ध नहीं रहा, लेकिन हाँ, इतना जरूर है कि विपता एक असामान्य व्यक्ति था। गाँव के लोग उसे ठग, झूठा, धोखेबाज, आवारा आदि विशेषणों से नवाजते रहे, पर किसी ने उसके भीतर की आदमियत देखने-टटोलने की कोशिश नहीं की।

लालेश्वर बाबू अच्छा होकर दनदना गए। पहले से भी अधिक चक-चक और दिमाग से भी चकाचक! अब वे स्कूल में और भी रौब से पढ़ाते और अनुशासन भंग करनेवाले लड़कों को छड़ी से पीटते। लेकिन विपता उनकी सेवा में लगा रहता।

धीरे-धीरे समय बीतता गया और जेठ महीने में गोदावरी की शादी भी पूरे धूम-धाम के साथ हो गई। पूरे इलाके में देवघर सिंह का डंका बज गया—बाप रे! इतना तिलक देकर आज तक पूरे भुसारी परगना में किसी ने बेटी का विवाह नहीं किया है। सत्रह हजार नगद

तिलक! अलावे, जिनीस। देवघर बाबू के जोड़ में मंझौल वाले सातों बाबुओं के पास भी पैसे नहीं हैं, भले वे बारह सौ बीघे के मालिक हों। हद कर दिया देवघर सिंह ने! भुसारी का रेकॉर्ड तोड़ दिया! चारों तरफ देवघर बाबू के धन की प्रशंसा।

गोदावरी अपनी ससुराल चली गई। मुझे अपनी किताब देने कैसे आती? जिस दिन उसका तिलक गया, उस दिन से तो उसे घर से निकलने ही नहीं दिया गया। भला तिलकाही बेटी घर से बाहर कैसे जा सकती है? बाहर तरह-तरह के लोग मिलेंगे। किसी का टोक-टाक लग गया तो सब गुड़-गोबर। इसलिए उसे घर के ही अन्दर रखकर उबटन, काजल, नारायण तेल आदि लगाकर सुन्दर बनाया जाता। आखिर वह लालेश्वर बाबू के चटसार से गुम हो ही गई।

गोदावरी की शादी से दो-तीन महीने पहले गाँव में एक चोरी हुई थी। यह चोरी बाबू शकल सिंह के घर में सेंध काटकर की गई थी। तब बाबू शकल सिंह उसी आँगन में रहते थे जिसमें अभी भी बाबू बोढ़न सिंह के बेटे, पोते, परपोते रह रहे हैं। घर ईंट का बना हुआ था, पर छप्पर खपड़ैल ही। जिन दिनों शकल बाबू के घर में सेंधकट्टी हुई, उनके घर के पीछे मकई की सघन फसल लगी थी। इसके चलते शकल बाबू के घर का पिछला हिस्सा साफ-साफ दिखाई नहीं पड़ता था। चोरों ने कई दिन पहले से ही कहाँ सेंध काटने पर शकल बाबू के घर में घुसा जा सकता है, इसकी रेकी कर ली होगी।

उस दिन पूरी तैयारी के साथ चोर मूँछ पर घी लगा रहे थे। रात हुई और चोर इस इन्तजार में लगे रहे कि चौकीदार शकल बाबू के घर की तरफ से पहरा देकर निकल जाए, तब निकलें। लिरसा चौकीदार पहरा देकर जब उधर से निकल गया तो चोर कच्छा पहनकर देह में अच्छी तरह करू तेल लगाकर, हाथ में खुरपी, खंती लेकर खेते-खेत शकल बाबू के घर के पिछुआरे पहुँच गए। उन्होंने धीरे-धीरे ईंट की दीवार को खंती से खोदना शुरू किया। एक आदमी खोदता था और दूसरा चौकन्न होकर चारों तरफ नजर दौड़ाता कि कोई आ तो नहीं रहा है। धीरे-धीरे आदमी के घुसने लायक बड़ा-सा छेद हो गया। फिर क्या था! एक चोर अन्दर घुस गया। उसने सेंध के भीतर पहले अपना पैर घुसाया, फिर सदेह कमरे में हाजिर हुआ। उसने देखा कि कमरे में शकल बाबू की पतोहू लबार की पलंगड़ी पर निढाल सो रही है। फिर उसने टॉर्च जलाकर पेटी, बक्सा देखा। एक पेटी उठाकर उसने धीरे-से सेंध में घुसा दिया। बाहर खड़े दोनों चोरों ने उस पेटी को खींचकर मकई खेत में छिपा दिया। फिर अन्दर वाले चोर ने दूसरी पेटी सेंध में घुसाई। बाहर के दोनों चोरों ने पहले की तरह ही उस पेटी को भी बाहर खींचा और मकई खेत में थोड़ा आगे बढ़कर रख आए। अब अन्दर वाला चोर बक्सा खोलकर कुछ कपड़ा-लत्ता बाहर फेंकने लगा। बाहर के चोर उसे उठा-उठाकर खेत में ही रखने लगे। लेकिन इतना करते-करते भोर हो गया। लोग दिशा-मैदान करने के लिए लोटे में पानी ले-लेकर लील खेत जाने लगे। दो-एक आदमी उसी खेत में दिशा करने घुसे जिसमें दोनों चोर सेंध के पास खड़े होकर हुलुक-भुलुक कर रहे थे। एक ने देखा कि खेत में पेटी रखी हुई है। फिर आगे बढ़ा तो दोनों चोर दिखाई पड़े। वह जोर-जोर से चिल्लाने लगा, 'चोर हो, चोर हो, दौड़िए, पकड़िए, शकल बाबू के घर में सेंध काट दिया है!'

दिशा फिरने गए सभी आदमी दौड़ पड़े। बाहर वाले दोनों चोर एहले-बेहले भागे। फरीच हो गया था, आदमी साफ-साफ पहचान में आ सकता था। एक आदमी चिल्लाया, 'अरे उस तरफ जो भागा है, वह तो बन्नू सिंह था।'

दूसरा गरजा, 'अरे इस तरफ भागनेवाला घोघरा है, घोघरा!'

इतनी आवाज सुनकर भीतरवाला चोर सेंध के रास्ते बाहर निकला। वहाँ जुटे लोग चिल्ला पड़े, 'अरे, यह तो लगना दुसाध है! मारो, पदनी भाई को! पकड़ो, पीटो, नाना घर भेजो! साला दुसाध; हाथी कूदे, घोड़ा कूदे, पीछे से नरगदही कूदे!'

लगना दुसाध को काटो तो खून नहीं। उस पर झाड़ा फिरनेवाला लोटा बरसाने लगा। तब तक शकल बाबू, बोढ़न बाबू और उनके अगल-बगल के लोग भी जुट गए। कुछ लोग, जिधर बन्नू सिंह भागा था, उधर दौड़ पड़े। कुछ घोघरा के घर की ओर लाठी-सोंटा लिये दौड़े।

बन्नू सिंह अपनी झोंपड़ी में घुसकर उठक-बैठक करने लगा था। उसे देखते ही 'चोर, चोर' चिल्लाकर लोग उसे पकड़ने लगे। तेल चपोड़ा शरीर ज्यों ही लोगों ने पकड़ा, बन्नू सिंह छिटककर अलग हो गया और बोलने लगा, 'मैं तो कसरत कर रहा हूँ कच्छा पहनकर, मुझे चोर क्यों कह रहे हो?'

लेकिन लोगों ने आव देखा न ताव, बन्नू को कसकर पकड़ लिया। उसे खींचते हुए शकल बाबू के दरवाजे पर पहुँचा दिया।

उधर घोघरा की ओर दौड़नेवाले लोगों ने देखा कि वह अपने भुसकार का टोपर अलगाकर उसमें ही घुसा हुआ है। उसे कच्छा के साथ ही बाहर निकाला और उसे भी घसीटकर शकल बाबू के दरवाजे पर पहुँचा दिया। लगना दुसाध तो स्पॉट पर ही पकड़ाया था। तीनों को एक-एक रस्सी में बाँधकर चौकीदार को बुलवाया गया। जब तक चौकीदार आया तब तक लगना और घोघर सिंह की मुक्का, घूँसा, लोटा, लाठी से अच्छी मरम्मत हो चुकी थी। बन्नू सिंह वहदरपुर पट्टी का चोर था, इसलिए उसे परहेज के साथ ही मार लगी। फिर तीनों को थाना बखरी पहुँचाया गया, जहाँ से वे जेल भेज दिये गए।

जीवन में पहली बार मैंने अपनी आँखों देखा था कि चोर कैसा होता है और पकड़े जाने पर उसका हश्र क्या होता है। लेकिन कुछ ही दिनों बाद हमारे गाँव में सेंध काटकर चोरी करने की घटना दुहरा गई। हुआ यह कि गोदावरी ससुराल से जब नैहर पहसारा आई तो उसे देखने गई औरतों के मुँह से एक अफवाह उड़ी, 'दैया रे दैया, देवघर बाबू ने जितना तिलक दिया था, उस पूरी रकम से उसके ससुर ने गोदा का जेवर-गहना ही बनवा दिया। गोदा की देह के पोर-पोर में भारी-भारी जेवर लटक रहा है। सत्ररह हजार का जेवर। बाप रे, कितना होगा? अन्दाज है कि सेर-दो सेर सोना से कम गोदा के शरीर में नहीं लटक रहा है। देवघर बाबू तिलक देने में सेर हैं, तो गोदा का ससुर जेवर बनाने में सवा सेर निकला। देवघर बाबू धनकुबेर हैं, तो समधी कलपबिरीछ निकला। गोदा को देखकर आँखें चौंधिया जाती हैं।'

यह अफवाह इतने जोर से फैला कि पास-पड़ोस के गाँवों में यह सच बनकर जम गया। अफवाह का घोड़ा सच का हाथी बनकर चिंघाड़ने लगा। अब चोरों के जी से लार

टपकना स्वाभाविक था। दो-तीन गाँव के चोर पहसारा के चोर-चौकड़ी से मिले और सबने मिलकर देवघर बाबू के घर में सेंध मारने की साजिश रची। गाँव वाले चोरों ने ठीक से पता लगा लिया कि गोदा किस घर में सोती है। आखिर एक रात उन सबने मिलकर देवघर बाबू के घर में सेंध लगा ही दी। सेंध उसी घर में कटी, जिसमें गोदा सो रही थी। शातिर चोर सारे जेवर-जेवरात, पेटी सहित ले गए। पेटी-बक्सा खोलकर जितने नए कपड़े यहाँ-वहाँ से गए-आए थे, सब पार हो गए। जाग नहीं हुआ और चोरों ने इत्मीनान से मनमाफिक सामान लूट लिये।

जब घर के लोग जगे तो हाय-तोबा मचने लगा। गोदा की माँ छाती पीट-पीटकर रो रही थी, और देवघर बाबू माथा पकड़कर आँगन में बैठे थे। रोना-चिल्लाना सुनकर टोले-मुहल्ले के लोग भी जमा हो गए। फिर तो जितने मुँह, उतनी बातें सुनाई देने लगीं। कोई बोलता था, 'कितना बड़ा सेंध काटा है! इससे तो लेरू, पाड़ा भी अन्दर घुस जाएगा,' तो किसी के मुँह से निकला, 'चोरी होगी नहीं, भला इतना जेवर-गहना पहनकर गोदबा क्यों उतरी? उतरी भी तो धी-सुआसिन जो देखने आई, उसके आगे इन सबको पहनकर झमकाने की क्या जरूरत थी? सब जगह गदाल हो गया कि इतना जेवर-गहना सोनार की दुकान में भी नहीं होता। कानों-कान बात फैल गई, तो चोर-लुहार क्या पाताल लोक में रहता है? उसे भी तो गजट मालूम हो गया! फिर वह अपना काम करने से क्यों बाज आता? यह तो जान-बूझकर कुत्ता बधिया करना हुआ। इसमें रोने-पछताने की क्या बात है?'

कुछ लोग बोलने लगे, 'चोर सामान लेकर किस रास्ते से भागा होगा? राहे-राह तो पेटी लादकर नहीं जा सकता, क्योंकि लोगों के देख लेने का डर होगा। फिर पिछुआरे से ही भागा होगा। पीछे तो दो-दो डोभा हैं। जरूर उस रास्ते से भागा होगा। चलो तो डोभा की तरफ देखें, कोई सुराग जरूर मिलेगा।'

उसकी बात सुनकर दो-चार आदमी डोभे की ओर चल पड़े। थोड़ा आगे बढ़ते ही हमारे घर के पीछेवाले डोभा में एक खाली पेटी चितंग लेटी मिली। 'देखो, देखो, यहीं पेटी खोलकर सामान कपड़े में बाँधा और खाली पेटी फेंककर इसी रास्ते भागा है,' एक ने कहा। दो-तीन लोग तस्दीक के लिए आगे बढ़े। दस कदम आगे बढ़ते ही दोरिक चा के घर के पीछे दूसरी खाली पेटी मिली। वहाँ दो-तीन पुरानी साड़ियाँ भी फेंकी हुई मिलीं। अब तय हो गया कि चोर इसी रास्ते से भागे हैं। चौकीदार आया, थाने को खबर गई, दारोगा जी पधारे, सारी रिपोर्ट लिखी गई, पर चोर आज तक नहीं पकड़ा गया। गोदावरी सोना-शून्य हो गई। शायद भारी जेवरात पहने ही जाते हैं चोर-उच्चकों को निमंत्रण देने के लिए।

शास्त्रों में धन की तीन ही गति बताई गई है—भोग, दान या नाश। दान तो वे कभी किसी को करते नहीं। रही बात भोग की, तो जूड़ी का सदस्य होने के बावजूद वे बराबर पैदल ही बेगूसराय जाते-आते हैं। जाना-आना भी उनका गजब है, अपने ढंग से जाते-आते हैं। धोती पहन ली, कुर्ता कन्धे पर रख लिया, देह में गंजी या गोलगला कभी लगाते ही नहीं। उघार देह, आगे बढ़ा पेट, हाथ में जूता और सिर पर जमींदारी टोपी। यही है उस जूड़ी के सदस्य और पहसारा के धन-कुबेर का बाना। इसी सजे-सजाए ड्रेस में वे घर से निकलते हैं और वृन्दावन होते टेकनपुरा-बनदुआर घाट पहुँच जाते हैं। नदी का घटवार सलाम ठोकता

है और मुफ्त में पार उतार देता है। उन्हें नदी पार करने में भी एक पैसा नहीं लगता, उलटे सलामी और सम्मान पा लेते हैं।

बनदुआर घाट से डेढ़ कोस बढ़ने पर मुख्य सड़क पर मधुरी तर चढ़ते हैं। चढ़ते ही एक आम का विशाल छाँहदार पेड़ मिलता है। वहाँ वे पेड़ से पीठ सटाकर तीन-चार मिनट खड़े होकर जिरा लेते हैं, बैठकर कभी आराम नहीं करते। फिर अपनी चाल से आगे चल पड़ते हैं। रजौड़ा, हरदिया, पनहांस होते हुए बेगूसराय पहुँच जाते हैं। बेगूसराय पहुँचकर रेलवे लाइन के पास पैर में जूता, देह में कुर्ता पहनकर बाबू साहब बनते हैं और जूड़ी की मीटिंग में हाजिर। धन का भोग वे इसी तरह करते हैं। यह तो भोग हुआ नहीं। दान, भोग नहीं, तो शेष रहती है धन की तीसरी गति। सो उनके धन का नाश तीसरी गति में ही हुआ तो शास्त्रानुसार मुनासिब ही हुआ। 'सोम का धन चोर ले जाए।'

लरकिनी बधू पर घर आई

जिस साल गोदा की शादी जेठ महीने में हुई, उसी साल शम्भू की भी शादी अगले महीने आषाढ़ में हो गई। शम्भू मुझसे मात्र छह महीने बड़ा था। उस समय मुश्किल से उसकी उम्र तेरह वर्ष रही होगी। वह जमाना ही ऐसा था कि जिसके बेटे पर बरतुहार जितनी कम उम्र में टूट पड़ता, वह पिता उतना ही अधिक गौरवान्वित होता। गाँव-घर में भी वह बाप सम्पन्न माना जाता। बेटे पर बरतुहार आया तो बाप की छाती छत्तीस से छप्पन इंच हो जाती। सो शम्भू पर जब बरतुहार आया तो रामबुझावन दा बोतू से उछलकर घोड़े पर चढ़ बैठे। वे बरतुहार के लिए खाने-पीने की सामग्री जुटाने फर्र-फर्र उड़ने लगे। दूध लाने गए तो भैंसवाह ने टोका, 'आज चार सेर दूध माँग रहे हैं, घर में कोई उत्सव-त्योहार, या पूजा-पाठ है कि आधा सेर के बदले चार सेर उठा रहे हैं?'

रामबुझावन दा का गर्व बनावटी बोली में लुढ़क पड़ा, 'नहीं धनिकलाल, उत्सव-त्योहार क्या रहेगा! अरे शम्भू यानी मेरा बड़का बेटा ने अभी तेरहवें साल में ही पैर रखा है, और बरतुहार पर बरतुहार आने लगे। एक रामदीरी के बाबू जिद पर उतर आए हैं कि यह लड़का मुझे दे दीजिए। कहो, अभी उसकी उम्र ब्याहने जोग हुई है कि दे दूँ? फिर भी बरतुहार का आगत-भागत तो करना ही पड़ता है!'

धनिकलाल बोला, 'हो रामबुझावन बाबू, नसीब जगी है तो इतराते हो! किस भूमिहार के बेटे पर इस कच्ची उम्र में बरतुहार आता है? वह तो दो अच्छर 'क', 'ट' करता है, इसलिए आपकी दुआरी पर अटक गया है; नहीं तो भगबे में...मुँदा रह जाता। जाइए, जाइए, ना-नुकर मत कीजिएगा। चौथ चन्दा का चाँद दुआरी पर उतर आया है। अगल-बगल से पूछिए भी मत, नहीं तो भड़का देगा। बात फाइनल कीजिए और बेटा उन्हें सौंप दीजिए। ऐसे तो छठी रात का लिखा विधाता, मेटनहारा कोई नहीं।'

रामबुझावन दा तो भीतर-ही-भीतर रजनीगंधा फूल की तरह गमक उठे। मुँह से बोले, 'देखता हूँ, विधाता का विधान क्या करवाता है!' और बाल्टी में दूध लेकर घर आए।

फिर हलुआ बनाने के लिए सुज्जी-चीनी खरीदने रामजी कलवार की दुकान पहुँचे। रामजी से बोले, 'रामजी भाई, आधा सेर सुज्जी और एक सेर चीनी उधार दे दो, पैसा अगले अठबारा पहुँचा दूँगा।'

रामजी कलवार तो हक्का-बक्का! जो आदमी आज तक कभी चीनी और सुज्जी को देखा भी नहीं, वह एक साथ इतनी चीनी-सुज्जी माँग रहा है। जरूर कोई बात है! वह बोला, 'क्या बात है बाबू साहेब, इतनी सुज्जी-चीनी का क्या होगा? कहीं देव-स्थान में बाभन जिमाना है क्या?'

रामबुझावन दा को अपना हौसला खोलने का एक और मौका मिल गया। वे अपना गर्व छिपाते हुए कहने लगे, 'क्या करूँ रामजी भाई, लोग कुछ समझते ही नहीं। अभी शम्भू को न ठीक से मूँछ-दाढ़ी आई है, न बगली में बाल ही दिखाई पड़े हैं, पर बरतुहार दिन-रात तंग किए रहता है। कइयों को तो फटकार कर बिदा कर दिया, लेकिन यह रामदीरी वाला बरतुहार हठ मार दिया है। गंगा कात का बाभन होता ही है जिद्दी। मैं तो इसे भी ठिठुआ दिखा देता, पर बभनगामा वाले सुरशेखर बाबू इसका अगुआ हैं। ऐसे तो उनके पिता भोला चा का हाक-डाक भी कम नहीं, पर बेटा सुरशेखर तो गोबर में पदुम पैदा हुआ है। काँगरेस पार्टी का नेता बन रहा है। खद्दर का धोती-कुर्ता और टोपी पहनता है। जगह-जगह मीटिंग और सभा में जाता है। ऐसे अगुआ की बात काटने में आगे कोई आफत-विपत न आ जाए, इसलिए इस बरतुहार को ठहरने दिया है। ठहराया है तो मान-सम्मान भी करना ही पड़ेगा, और आप तो रामायण पढ़ते हैं, मालूम ही होगा—तस पूजा चाहिए जस देवता। इसलिए चीनी-सुज्जी लेने आया हूँ। बड़ा खर्च होता है बरतुहा के पीछे।'

रामजी उन्हें सेर भर चीनी और आधा सेर सुज्जी देकर बोला, 'रामबुझावन सिंह, मन पछितैहें अबसर बीते। बंसी में फँसी मछली को छोड़ना होशियारी नहीं मानी जाती है। खर्च-वर्च तो लगा ही रहता है, पर अवसर बार-बार नहीं आता। सुरशेखर बाबू अगुआ हैं तो बात जरूर बन जाएगी। अभी लोहा गरम है, मारिए हथौड़ा दोनों हाथ से। चूकने पर लोग भड़काने से भी नहीं चुकेंगे।'

रामबुझावन दा सुज्जी-चीनी लेकर ऐसे भागे, जैसे कोई सूरमा युद्ध जीतकर अपना झंडा फहराने और शंख बजाने दौड़ता है!

रामबुझावन दा के घर से पूरी छानने, हलुआ बनने की घियम्मी गन्ध आने लगी। ग्यारह बजते-बजते अगुआ सहित पाँच पुरुषों का भोजन शुरू हो गया। पूरी, दो-तीन सब्जी, तरुआ, चटनी, हलुआ, ऊपर से खीर की बरसात थाली और कटोरी में होने लगी। सब-के-सब स्वाद ले-लेकर भोज्य चाँपते जा रहे हैं, और रामबुझावन दा 'एक पूरी और ले लीजिए, थोड़ा हलुआ और खाइए, खीर एक बार और चलाता हूँ' कहकर आग्रह और दुराग्रह किए जा रहे हैं। सबने हाथ बार दिया, पर बलबीर सिंह अभी भी हाथ-मुँह चला ही रहे थे। उन्होंने छप्पन पूरियाँ, कटोरा भर हलुआ और तीन-तीन बार खीर लेने के बाद भी हाथ बन्द नहीं किया था।

सुरशेखर बाबू उन्हें डाँटने के टोन में बोल पड़े, 'पेट है कि सोमन सिंह का कुआँ? रास्ते-पैरे कहीं ढेका खोलना पड़ा तो पानी कहाँ से आएगा? चलाइए दही, छोड़िए ये पूरी-खीर परोसना रामबुझावन जी!'

रामबुझावन दा को जान-में-जान आई और झट से दही की कोही लेकर कूद पड़े। दही परोसकर उस पर चीनी गिराई और पाँचों व्यक्ति दही चाटकर खड़े हुए। उन्हें हाथ धुलाकर कसैली, लौंग, इलायची दी गई और सब-के-सब दालान पर बैठने चले गए।

रामबुझावन दा की चिन्ता बढ़ रही थी कि कहीं ये लोग दिन भर ठहर गए तो रात की व्यवस्था भी कुथ-पादकर करनी ही पड़ेगी। भोजन तो उधार-पैंच लेकर भी करा दूँगा, लेकिन इन्हें अपने यहाँ सुताना पड़ा तो सारा पोल खुल जाएगा। गदैल, शतरंजी पर बरतुहार को सुताना गरीबी की पहचान है और तोशक, चादर तो घर में हैं नहीं। बिना तोशक, चादर, तकिया इन्हें सुला भी दूँ, तो तिलक किस मुँह से माँगूँगा? सोचेंगे नहीं कि 'घर भूँजी भाँग नैं, मियाँ माँगे चूड़ा?' इसलिए वे चाहते थे कि दिन में ही जल्दी से जल्दी बात निबटा लें।

बरतुहार के दालान पर पहुँचते ही रामबुझावन दा भी एक झोलंगा कुर्ता पहनकर वहाँ दाखिल हो गए। उन्हें देखते ही सुरशेखर बाबू बोल पड़े, 'आइए, आइए रामबुझावन जी, बैठिए! बात-विचार जल्दी से तय हो जाए तो सोने में सुगन्ध। मुझे भी चार बजे शाम बखरी जाकर एक सभा में शरीक होना है। ये लोग भी गाय-भैंस पालते हैं, घर जाकर उन्हें दुहना-गाड़ना होगा। इसलिए अब अपना मन खोलिए और घंटे भर में नौ-छौ कर लीजिए।'

असल में रामबुझावन दा रात में उन्हें ठहराने के डर से जितना डरे हुए थे, उससे अधिक अगुआ महाशय डर रहे थे। उन्हें डर था कि देर होने पर किसी दुष्ट के मुँह से असली बात निकल आई तो भरी कड़ाही दूध में खटाई गिर जाएगी। इसलिए उन्होंने हुमचकर पूछा, 'कहिए न, कितना तिलक माँगते हैं? ये दे सकेंगे तो 'हाँ' करेंगे, नहीं देने का औकात होगा तो— 'उठ छौंड़ी नैं बियाह, बाप केलकौ खट-पट।' इसमें झाँपने-पोतने या लाज-लिहाज की क्या बात? कीजिए बकार, खोलिए मुँह!'

रामबुझावन दा के मुँह में जैसे गुड़ का गोला अटक गया हो! थूक घोंटकर सहमते-सहमते बोले, 'पाँच सौ से कम में कैसे शादी होगी? तिलक कहिए, या खर्च-बर्च, मगर पाँच सौ से कम मर्यादा के मुताबिक नहीं होगा।'

यह सुनते ही बाबू सुरशेखर सिंह तपाक से बोल पड़े, 'सुनिए, आप जो माँग रहे हैं, वह वाजिब ही है। पाँच बीघा खेत है, गाय-गोरू है, लड़का देखने-सुनने में चक-चक है, ऊपर से दो अक्षर पढ़ भी रहा है। लेकिन आपके मुँह से निकली बात कोई पत्थर की लकीर नहीं। आप पाँच सौ माँग रहे हैं, ये लोग आपको चार सौ इक्कावन रुपए दे देंगे। पंचायत पसन्द हो तो बोलिए 'हाँ', और बुलाइए बेटे को। नहीं पसन्द हो, तो खखसकर कह दीजिए, ये उठ चलेंगे।'

सुरशेखर सिंह का अल्टीमेटम सुनते ही रामबुझावन दा सहम गए। उन्हें लगा कि दुहराकर पाँच सौ पर अड़ जाने से बात बिगड़ सकती है। अगर बरतुहार लौट गया तो गोतिया-लैया कल से ही ठकुरा पारने लगेंगे। वे अपनी समझदारी का परिचय देते हुए बोले, 'मैं क्या आप लोगों से बाहर हूँ? समाज में ही जीना-बसना है। आपकी बात मैं नहीं काट सकता। एक ही विनती है कि जो बोलिए, देने के समय उसमें कटौती नहीं कीजिए।'

सुरशेखर बाबू ने कहा, 'रामबुझावन जी, मर्द की बात और मर्द का बाप एक ही होता है। एक भी पैसा नहीं कटौती होगी। तिलक में पूरे चार सौ इक्कावन रुपए भेजे जाएँगे। आपने

तो माँगा नहीं, पर मैं कहता हूँ कि तिलक में जाम के साथ ग्यारह बर्तन भी आएँगे। आप निश्चिन्त रहें, और बुलाइए अपने लड़के को। उसके हाथ में फलदान के पैसे देकर तय हुई बात को बन्धन में डाल दें। फिर पंडित से पूछकर तिलक का दिन तय हो जाएगा, लगन-पत्री भी पहुँच जाएगी। शुभ-शुभ से आगे के कार्यक्रम चलते रहेंगे। देर मत कीजिए, ले आइए लड़के को।'

रामबुझावन दा उठकर आँगन आए। शम्भू को फूलदार शर्ट पहनाया, चूल ठीक किया, माँ ने माथे पर चन्दन का टीका लगाया, पैर में खड़ाऊँ पहनाया। आगे-आगे रामबुझावन दा, उनके पीछे शम्भू और उसके पीछे गीत गाती औरतें। शम्भू को बरतुहार के आगे बैठाया गया। बरतुहार ने उससे नाम, पिता का नाम, गाँव, किस क्लास में पढ़ता है, ननिहाल कहाँ है, नाना का नाम क्या है, इस तरह कई सवाल पूछे और वह धराधर सबका जवाब देता गया। फिर उसके हाथ में ग्यारह रुपए रख दिये गए और वह उन लोगों के पैर छूकर घर चला आया। वहाँ माँ ने 'सीरा' में गोर लगवाया और माथा चूमकर भर पाँज गोद में उठा लिया। बरतुहार चले गए और टोला-पड़ोस में ढोल पिट गया कि शम्भू का ब्याह रामदीरी गाँव की लड़की से तय हो गया है।

जैसा कि पहले कहा गया, रामेश्वर सिंह हमारे सबसे बड़े चाचा जागो सिंह के इकलौते सपूत थे। वे अपने सभी चचेरे भाइयों में सबसे बड़े थे। उनका बड़ा बेटा हरिनारायण भी अपने चचेरे भाइयों में सबसे बड़ा था, पर अभी तक कोई बरतुहार नहीं आया, वह कुआँरा ही माल-मवेशी की खिदमत में लगा रहता है। जब बड़का दा यानी रामेश्वर सिंह को पता चला कि शम्भू का विवाह तय हो गया है तो उनके भीतर आग सुलगने लगी। यह आग ईर्ष्या की थी। उनके पास शम्भू के पिता से कई बीघे अधिक जमीन हैं। वे भाइयों में सबसे बड़े हैं। उनका बेटा हरिनारायण भी सभी भाइयों में सबसे बड़ा। कौन नहीं जानता कि हरिनारायण 1934 ई. की फसल है, जब देश और दुनिया को दहला देनेवाला भूकम्प बिहार को बर्बाद करके चला गया था ? शम्भू तो उससे साढ़े चार साल बाद हुआ है। छोटे भाई की शादी बड़े से पहले तय कर लेना पारिवारिक परम्परा की मर्यादा भंग करना है। माना कि हम सभी बँटे हुए हैं, पर हैं तो एक ही पिता सुसुन सिंह की औलाद। रामबुझावन ने आगे बढ़कर पारिवारिक परम्परा और मर्यादा को क्षत-विक्षत किया है। ठीक है, देखते हैं, कैसे यह विवाह शुभ-शुभ निबहता है! उन्होंने अपना रिसर्च प्रोजेक्ट शुरू कर दिया। कौन है यह रामदीरी का बरतुहार, कैसी है उसकी आर्थिक-सामाजिक हैसियत, लड़की का इतिहास-भूगोल क्या है, आदि-आदि बातों की खोज में भिड़ गए। दो-तीन दिनों में ही असलियत सामने आ गई। पता चल गया कि रामदीरी के बाबू ने तो झूठ बोलकर रामबुझावन को अपने जाल में फँसा लिया है। असल में लड़की का घर और जन्म-स्थान चकबारी का पनसल्ला गाँव है।

लड़की जब दो या तीन साल की रही होगी, तभी उसके माता-पिता इस संसार से विदा हो गए। उसका ननिहाल रामदीरी के बाबू लेधू सिंह के परिवार में है। माँ-बाप मर जाने पर, नाना-मामू उस टुअर-टापर बच्ची को पनसल्ला से उठाकर रामदीरी ले आए। वहीं उसका पालन-पोषण हुआ है। उसकी उम्र पेट के नौ महीने जोड़ देने से भी मात्र नौ वर्ष होती है। इतनी कम उम्र की बछिया के माँग में सिन्दूर भरना अनुचित है। लेकिन नाना-मामा अपने

गले का कफ उगलकर दूसरे के गले में फँसा देना चाहते हैं। इसके लिए रामबुझावन सिंह ही उचित पात्र मिले।

बड़का दा ने यह बात सब जगह फैला दी। अब जगह-जगह यह चर्चा चल पड़ी कि शम्भू का विवाह एक टुअर लड़की से होनेवाला है। लड़की के न माँ है, न बाप; न भाई, न बहन। सुरशेखर सिंह का रामदीरी के उस परिवार में कुटमैती है, इसलिए उन्होंने अपना संस्कार चमकाकर रामबुझावन को फाँस लिया। उन्हें ऐसा नहीं करना चाहिए था। शम्भू जैसे लड़के के गले में घंटी बाँध देना अनर्गल काम है।

धीरे-धीरे यह बात रामबुझावन सिंह के कान में भी पहुँची। वे उदास हो गए। अगर यह बात सही है तो मुझसे गलती हो गई। लड़के के हाथ में ग्यारह रुपए रख दिये गए, यह सबसे बड़ा सामाजिक बन्धन हो गया। इसे लौटाने पर तो समाज मुझे पायबन्द कर देगा। फिर उपाय क्या है ? लेकिन यह भी तो हो सकता है कि बड़का दा ने डाह से यह झूठी खबर जगह-जगह फैला दी हो ? अच्छा, पंडित हरेनारायण जी तो मेरे हित-चिन्तक और सही सलाह देनेवाले हैं। जरा उनसे मिलकर उनकी राय भी ले लूँ। वे शाम के समय हरे बाबू पंडित के घर पहुँच गए।

हरे बाबू अपने समय के आचार्य कुल में पढ़े-लिखे बड़े विद्वान पंडित थे। वे जितने बड़े विद्वान थे, उससे भी बड़े भगवान के पुजारी और वेद, पुराण तथा शास्त्रों के अध्येता। वे सबेरे नित्यक्रिया से निवृत्त होकर कुएँ के ताजा और पवित्र जल में थोड़ा गंगाजल छिड़ककर उसे और भी पवित्र बना देते और उसी से स्नान करते। तत्पश्चात फूल और तुलसी लेकर एक आसनी पर बैठते और आँख मूँदकर कम-से-कम दो घंटे तक वेद मन्त्रों का उच्चारण करते। यह वैदिक मन्त्र किसी के कान में नहीं पड़े, इसलिए मन्त्र पढ़ते समय वे सिर्फ अपना ओठ ही पटपटाते थे, कोई ध्वनि बाहर नहीं निकलती। मन्त्रोच्चारण समाप्त होने के बाद वे उसी आसन पर शास्त्रों का अध्ययन करते। बारह बजने पर आसन से उठते और पूर्णतः आस्तिक, शाकाहारी भोजन करके कुछ देर लेट जाते। चार बजे से फिर शास्त्रों को उलटने-पलटने लगते। सन्ध्या-वंदन के पश्चात वे कुछ फल और एक गिलास गर्म दूध का सेवन करके सो जाते। वे सोलह आने आस्तिक और सात्त्विक जीवन ही जीते रहे। पर विधाता का न्याय भी विचित्र होता है। कभी-कभी तो उनका न्याय देखकर आस्तिक से आस्तिक लोगों का विश्वास भी डिगने लगता है। जो हरे बाबू इतने बड़े विद्वान, भगवान के पुजारी, आस्तिक और सात्त्विक पुरुष थे, नियम-निष्ठा के पक्के पाबन्द, कुआँ खुदवानेवाले, पोखर उड़ाहकर उसके बीच में जाट बैठानेवाले, उनकी मृत्यु जिस दर्दनाक ढंग से हुई, वह विधाता के अस्तित्व पर ही सन्देह पैदा कर देता है।

रामबुझावन दा उन्हीं पंडित हरे बाबू के दरवाजे पर पहुँचे और उन्हें सारी कहानी सुनाकर अपने मन का उधेड़बुन भी रख दिया। फिर उनसे सलाह माँगी।

पंडित जी सब कथा सुनने के बाद बोले, 'रामबुझावन सिंह, कभी-कभी नादान दोस्त से दानेदार दुश्मन अधिक हितकारक हो जाता है। आप ठीक सोचते हैं कि रामेश्वर सिंह ने ईर्ष्यावश ही यह अफवाह उड़ाई है, पर ऐसा भी हो सकता है कि इसके पीछे कुछ सचाई हो ! जहाँ से धुआँ उठ रहा हो, वहाँ आग की सम्भावना से इनकार नहीं कर सकते।

इसलिए आप भी दस-पाँच दिनों में असलियत का पता कर लीजिए। फिर जैसा मन गवाह दे, वैसा कीजिए।'

रामबुझावन दा को पंडित जी से भी 'हाँ' या 'ना' के तौर पर कोई समाधान नहीं मिल पाया। वे आधे घंटे में घर लौट आए। घर लौटने पर उनकी माँ ने बताया कि सुरशेखर बाबू का आदमी और एक नौआ आया था। नौआ ने हल्दी का छिटका दिया हुआ एक कागज दिया है। बोला कि यह चिट्ठी मालिक को दे दीजिएगा।

रामबुझावन दा चिट्ठी लेकर लखनदेव के पास पहुँचे। लखनदेव ने चिट्ठी पढ़कर बताया कि परसों सोमवार को शुभ मुहूर्त में तिलक चढ़ाने लोग आ रहे हैं। सगुन, तिलक साथ ही होगा। उसी समय शादी का दिन भी बता दिया जाएगा।

अब तो रामबुझावन दा की साँस ही रुक गई। इतनी जल्दीबाजी में वे सचाई का अता-पता कैसे लगा पाएँगे ? और फलदान लौटाते हैं तो एक तो समाज के लोग दुर-दुर, छी-छी करेंगे, दूसरी तरफ यह भी तो गजब हो जाएगा कि रामबुझावन सिंह की बात का कोई भरोसा नहीं ! जो आदमी फलदान लौटा सकता है, वह मड़बा पर से भी लड़का उठा न ले, इसका क्या भरोसा ? आखिर समाज तो हजार आँखों से सबकी करतूत देखता है। ऐसा ओछा काम हमसे नहीं होगा। चलो, आने दो तिलक, उठने दो सगुन, होने दो शम्भू का विवाह। पहला बेटा है, उमंग-उल्लास से शादी करेंगे कि गाँव, ननिहाल, टुअर-टापर के पचड़ा में चिन्ता करते रहेंगे ! रही माँ-बाप की बात, तो हम उसका माँ-बाप बनेंगे, अच्छी तरह निर्वाह करेंगे, फिर पढ़-लिखकर शम्भू सँभालेगा। अब अपना हियाव छोटा करने का समय नहीं। परसों के लिए तैयारी करनी है।

परसों तिलक आ गया। पूरे चार सौ इक्यावन रुपए गिन दिये गए। जाम के साथ कांसे के छोटे-बड़े ग्यारह बर्तन भी पहुँचे। औरतों के गीत-गदाल के साथ सगुन-तिलक का रश्म पूरा हो गया। तिलक चढ़ाने गिनकर सात लोग आए थे, जिनमें एक नौआ और एक ब्राह्मण भी शरीक थे। नौआ और ब्राह्मण को रामबुझावन दा ने एक-एक पल्ला धोती और एक-एक गमछा दिया। सप्त ऋषियों को ठाठ से भोजन कराया। डाला-दौरा में कुछ फल और मिठाई। तिलक के दिन लड़की पक्ष के लोग वहाँ ठहरते नहीं हैं। तिलक के समय यह भी बता दिया गया कि आज के दसवें दिन एकादशी को विवाह का दिन बना है। यह लगन-पत्री पकड़िए और समय से बारात लेकर हमारे यहाँ पधारिए। लड़की पक्ष चला गया और दूसरे दिन रामबुझावन दा ने गोतिया-लैया को तिलकाही पूरी का भोज बड़े उत्साह से खिलाया। फिर एकादशी के दिन बारात सजाने और ले जाने की तैयारी होने लगी। सभी सम्बन्धियों को न्योता पठाया, नई-पुरानी धी-सुआसिनों को मँगाया गया। पूरे लक-दक के साथ बारात सजी। चार-पाँच बैलगाड़ियाँ, एक हाथी, दो घोड़े के साथ लगभग चालीस-पैंतालीस लोग बारात में रवाना हुए। लड़के को पालकी पर बैठाया गया और चार कहार पालकी उठाकर दुलकी भरने लगे। वे आगे-आगे पालकी दौड़ाते और 'चल कहरिया झोंक से, पानी पी ले फोंक से' बोलते भी जाते। पीछे से बैलगाड़ी दौड़ती। गाड़ियों में चुन-चुनकर हियाव वाले बैल ही जोते गए थे जिनके गले की घंटी रुन-झुन की आवाज करती और बता देती कि कौन गाड़ी आगे है, और कौन पीछे।

आखिर बारात रामदीरी पहुँची। दरवाजा लगा। गीत-नाद के साथ लड़के की आरती और गलसेदी हुई। लड़के को गोद में उठाकर लोगं आँगन ले गए और बारात पार्टी को एक बड़े बँगले पर ठहराया गया। उस बारात में मैं भी शामिल था। तीन दिनों तक बारात का खान-पान, आगत-स्वागत हुआ।

उधर लड़के की शादी करके सुबह में जनवासा पहुँचा दिया गया। मैं शम्भू से मिला। उससे बातें करने पर लगा कि वह बहुत खुश है। तीसरे दिन संध्या-समय लड़का-लड़की को पालकी में एक साथ बैठाकर विदा किया गया और बारात के लोग भी वापस घर के लिए रवाना। इस तरह शम्भू का विवाह सम्पन्न हो गया।

लड़की पहसारा पहुँची तो औरतों का झुंड उसे देखने टूट पड़ा। सब जगह गदाल हो गया कि लड़की की उम्र पेट लगाकर नौ वर्ष है। औरतों ने देखा, घूँघट उतारा तो मुँह अच्छा था। आँखें और नाक भी ठीक-ठाक। घूँघट उघारकर सास यानी दुनही वाली भौजी सबको लड़की का मुँह दिखा रही थी कि लड़की रोने लगी, 'मैं अपने घर जाऊँगी, मुझे मामी के यहाँ पहुँचा दो—अँऽऽअँऽऽअँऽऽ।'

सब लोग हँसने लगे। औरतें बोलने लगीं, 'अभी तो इसकी उम्र सुपती-मौनी खेलनेवाली है, बेचारी रोएगी नहीं?'

फिर दुनहीवाली भौजी उसे घर ले गई। प्यार से समझाने लगी कि कैसे रहना चाहिए, कैसे बैठना-उठना चाहिए, किसके साथ हँसना-बोलना चाहिए, किसके आगे घूँघट तानना चाहिए, किसको देखकर छिप जाना चाहिए, आदि-आदि। दस-पाँच दिनों में वह धीरे-धीरे हित गई।

उन दिनों विवाह के बाद लड़कियों को जल्दी ही नैहर बुला लिया जाता। दुनहीवाली भौजी और रामबुझावन दा उम्मीद कर रहे थे कि महीने भर के अन्दर नैहर से विदा कराने लोग जरूर आ जाएँगे, पर बात उल्टी पड़ी। महीना क्या, तीन महीने गुजर गए और नैहर से एक काला कौआ भी नहीं आया। अब उनकी समझ में बात आने लगी कि बड़का दा का कहना, अफवाह नहीं, सच ही था। नाना-मामू ने अपने गले का कफ मेरे मुँह पर फेंक दिया है। लेकिन इन तीन महीनों में लड़की के मन से मामा-मामी उतरने लगे। वह धीरे-धीरे हित गई। परन्तु उसकी स्वतंत्रता पर इतनी पाबन्दी लग गई कि वह कभी-कभी घर से भाग जाने को सोचती। फिर सोचती, 'भागकर जाऊँगी कहाँ, रामदीरी का रास्ता तो देखा हुआ है नहीं! भटककर कहीं नदी-पोखर में डूब गई तो?' बेचारी मन मारकर किसी तरह समय काटने लगी। सबसे अधिक मुसीबत का सामना उसे पेशाब-पाखाना में करना पड़ता। सुबह में फरीच होने से पहले शम्भू की मामा उसे उठाकर डोभा ले जाती। उन दिनों बड़े-छोटे, किसी के भी घर में पाखाने की व्यवस्था नहीं थी। सभी औरतें लोटा भर पानी लेकर डोभा जातीं, वह भी फरीच होने से पहले, ताकि कोई किसी को देखकर अँधेरे में पहचान न पाए। बूढ़ी-पुरानी औरतें तो फरीच होने पर भी चली जातीं, पर नई-नवेली को तो जान पर आफत।

शम्भू की मामा, यानी अजिया सास, फरीच होने से पहले जब उसे जगाने जाती तो वह नींद में निभोर सोई रहती। लाख जगाने पर भी जग नहीं पाती। तब ऊबकर वे उस पर

ठुनका चलातीं, आँख पर पानी फेंक देतीं। फिर जगकर अजिया सास के पीछे-पीछे डोभा तक जाती। अभी पाखाना लगा है नहीं, और जबर्दस्ती पाखाना करने बैठा दिया। कुछ देर बैठकर उठ जाती, पानी लोटे से गिराकर लोटा हाथ में उठा लेती। सास पूछती, 'हुआ?' झूठ बता देती, 'हाँ'। इस यातना को कब तक झेल पाती? अपने समय से जब पाखाने का तकाजा होता तो वह किंकर्तव्यविमूढ़। सास को बताती तो पचास गालियाँ और ठुनका। लेकिन वह तो रुकने की चीज नहीं। आखिर एक बोरसी में राख डालकर, घर के भीतर ही पाखाना करवाती और फिर ऊपर से राख डालकर इधर-उधर ताकती कि आँगन में कोई मर्दाना तो नहीं, फिर सास ही डोभा जाकर फेंक आती। दो-चार दिन ऐसी सेवा करने के बाद सास ऊबने और बिगड़ने लगी। बोली, 'सुबह में ही झाड़कर न हो, तो उस दिन खाना मत खाया करो या बहुत कम खाओ।'

बेचारी बहू लाख कोशिश करे कि इस झंझट से फरागत हो जाए, मगर आदत थी नहीं, करे क्या? पेशाब तो मिट्टी के एक बर्तन में करके अलग किसी कोने में रख दे और रात में अँधेरा होने पर सास के साथ जाकर डोभा में गिरा आवे, पर पाखाना की समस्या कैसे हल हो? दिन में पाखाना आ जाता है, बोरसी में करने पर अब सास मारने लगती है, दिन भर महकता रहता है। फिर करे तो क्या करे?

मन में आता, किसी दिन वह मिलता जिसने माँग में सिन्दूर भरा है, उससे अपनी दिक्कत बताती, पर उसे तो इसके सामने कभी आने ही नहीं दिया जाता। विवाह के बाद तो न इसने उसका मुँह देखा है, और न उसने इसका। फिर किससे कहे अपनी समस्या?

एक दिन खाना खाकर घर में बैठी थी। घर दो थे—एक मिट्टी का खपरैल, और उसी दीवार से ईंट साटकर एक छोटा कमरा निकाल लिया गया था, जिसे कोनिया घर कहते। उसी कोनिया घर में इस बहू को दबा-छिपाकर रखा जाता था। इस घर में बाहर देखने के लिए एक खिड़की भी दी गई थी, जिसमें बन्द या खुलने के लिए पल्ला नहीं लगा था, सिर्फ बीच के शून्य को लकड़ी की छड़ से घेर दिया गया। बहू खाना खाकर कोनिया घर में अकेली बैठी रही।

उसने लाख कोशिश की कि किसी तरह दब जाए, पर प्रकृति पर किसका कब्जा हो सका है? आखिर उसने उठकर इधर-उधर देखा। दोपहर का समय था। घर में अभी न सास थी, न अजिया सास। अजिया सास माणिक सिंह के यहाँ गई थी, जैसा कि वह रोज जाती थी। सास, यानी दुनहीवाली भौजी दालान पर मकई का पथार सुखार रही थी। उसने मिट्टी की एक खाली कोही खोज ली, और उसमें थोड़ा राख रखकर उसी में पाखाना कर लिया। पाखाना तो कर लिया, पर इसका करे क्या? अगर सास देख लेगी तो गाली और मुक्के से धुनने लगेगी। तो इसे छिपाए कैसे? उसकी बुद्धि ने काम किया। मिट्टीवाले घर में भरहेरी थी। भरहेरी कहते हैं मिट्टी के बर्तनों को एक पर एक सेंतकर रखने को। नीचे में अन्न से भरा घड़ा या हँड़िया, उसके ऊपर छोटे बर्तन में चावल, दाल या कुछ भी, उसके ऊपर और छोटा बर्तन, कोहा-कोही। जरूरी नहीं कि सबमें अन्न ही हो! छोटी-छोटी कोही में नमक, हल्दी या और कुछ रखा जाता था, या बीच-बीच में छोटे-छोटे खाली बर्तन भी रहते थे। उसने इसी भरहेरी के छोटे-छोटे बर्तनों को उतारकर बीच में वह पाखानावाली

कोही रख दी और ऊपर से उतारे गए बर्तनों को ज्यों का त्यों सजा दिया, ताकि महक बाहर न आए।

अपनी बुद्धि के अनुपात में तो उसने ठीक ही सोचा था, पर तीन-चार दिनों बाद दाल खोजने के लिए सास जब भरहेरी उतारने लगी, तो पिल्लू से खदबद उस कोही का मल देखकर भर मुट्ठी नाक दबाई और कोही सहित वह मल डोभे में फेंक आई। आकर मिट्टी से हाथ साफ किया। उसने लकड़ी का एक मुंगरा उठाकर उस लड़की को देना शुरू किया तो कौन देखे। वह चिल्ला रही है, और यह दे रही है। गर्दन के ऊपरी सिरे की निचली नस से खून बहने लगा। हाथ पर जहाँ-जहाँ वह मुंगरा लगा, दाग उभर आया, आँखें रो-रोकर सूज गईं। वह किससे गुहार करे? आखिर पाखाना कहाँ जाकर करे? आज जीवन में पहली बार समझ में आया कि ससुराल किसे कहते हैं, सास कैसी होती है, उसकी शक्ति और अधिकार कितने भयानक होते हैं।

सच पूछिए तो आज ही उसके मन में इस सास के प्रति द्वेष की ऐसी गाँठ पड़ गई जो सास के मरण-पर्यन्त बनी ही रह गई। आगे भी उसे अन्य तरह की यातनाएँ झेलने पड़ीं और वह सब कुछ सहकर, बहुत बाद इस घर की मालकिन बनी। क्या यह मालकिन भी भविष्य में अपनी पतोहू के साथ ऐसा ही व्यवहार करेगी?

बन्दौ गुरुपद कंज

पाँचवीं कक्षा की परीक्षा का समय नजदीक आ गया। मेरे पास सभी किताबें थीं। मैं भोरकी रात में उठकर हिन्दी, इतिहास और भूगोल की किताबें बार-बार पढ़ता। मेरे पढ़ने का ढंग यह था कि मैं रोज एक किताब उठाकर पहले अध्याय से लेकर अन्तिम अध्याय तक बोल-बोलकर पढ़ जाता। गणित में तो कभी कोई कठिनाई ही महसूस नहीं हुई, और बार-बार हिन्दी या इतिहास-भूगोल का पाठ दुहराते रहने से अधिकतर किताबी पंक्तियाँ कंठ में बस गईं। परीक्षा हुई तो मुझे किसी भी प्रश्न-पत्र का जवाब लिखने में कुछ सोचना नहीं पड़ा। परीक्षा समाप्त होने पर मेरा मन बहुत हलका और खुश। एक सप्ताह बाद रिजल्ट भी सुना दिया गया। मैं प्रथम आया, यानी मैंने पाँचवीं कक्षा की परीक्षा में फर्स्ट किया, और शम्भू सेकेंड। देविन्दर तो थर्ड भी नहीं, सिर्फ पास हुआ। इस बार थर्ड कमलेश्वरी ने किया।

मैं फर्स्ट हुआ, यह जानकर सबसे अधिक खुशी मेरे बड़े भैया मथुरा सिंह को हुई। उन्होंने मुझे गोद में उठाकर भैंस पर बैठा दिया। वे बार-बार मुझे भैंस पर बैठाते और उतारते। फिर सबके सामने कहने लगे, 'मेरा भाई पढ़ने में शम्भू से अधिक तेज है। इसने फर्स्ट किया है, और शम्भू सेकेंड आया। यह खूब पढ़ेगा और बड़ा साहब बनेगा।'

स्कूल खुलने पर जब हम लोग छठी कक्षा में बैठे तो हमारी कक्षा के लड़के भी मुझे ऊँची निगाह से देखने लगे। मुझे यह विश्वास नहीं होता था कि मैं शम्भू को हराकर कभी फर्स्ट भी करूँगा। लेकिन ऐसा हो गया। मैं अचानक खाई से पहाड़ पर चढ़ बैठा। ऐसा शायद लालेश्वर बाबू के यहाँ पढ़ने से हुआ, या समूह में पढ़ने से ऐसी प्रतिभा सोए से जग जाती

है, मैं ठीक से समझ नहीं पाया। लेकिन ऊसर खेत में कभी फसल लहलहा उठे तो उसे देखकर जो खुशी उस खेत के मालिक को होगी, मेरे भीतर वैसी ही खुशी उछलने लगी। मैं तो भीतर की इस उछलती खुशी को बाहर निकलने से दबा भी लेता, मगर मेरे भैया तो इस खुशी का इजहार करने में कभी चूकते ही नहीं। वे तो जहाँ-तहाँ छीटते फिरते कि इस बार सागर ने फर्स्ट किया है, शम्भू से आगे हो गया है। यह बात शम्भू की मामा (दादी) को सबसे अधिक अखरती, और अपनी पीड़ा वे ब्याजोक्ति अलंकार में व्यक्त करती रहतीं; जैसे—'सूतै लेऽ चटाय नैं, बैठे लेऽऽ बिछौना!'

मैं छठी कक्षा में पूरे उत्साह से पढ़ने लगा। विपता ने आगे की कक्षा के किसी साथी से छठी कक्षा की सभी किताबें माँगकर मुझे दे दीं। कमाल तो यह कि विपता भी पाँचवीं पास कर छठी में पहुँच गया। शायद लालेश्वर बाबू के चटसार की ही खूबी थी कि वहाँ जानेवाला कोई भी लड़का फेल नहीं होता। वे ढेला-पत्थर को भी पढ़ाकर पंडित बना सकते हैं। जब विपता पास हो गया तो कोई भी हराशंख उनके फूँक देने पर बजने लगेगा। वे गूँगे के भी मुँह पर सरस्वती उतार सकते हैं।

लेकिन यह क्या हुआ? फरवरी आते ही लालेश्वर बाबू की बदली हो गई। लालेश्वर बाबू क्या, स्कूल के अधिकतर शिक्षक बदल दिये गए। बनवारी बाबू हेडमास्टर की बदली हो गई और उनके बदले वासुदेव बाबू हेडमास्टर आ गए। लालेश्वर बाबू की जगह विन्देश्वरी बाबू पहुँच गए। कपिलदेव बाबू पवड़ा की जगह पर महेशवारा वाले जगदीश बाबू आ गए। ऊपर से एक ड्रील टीचर कप्तान बाबू पहुँच गए जो बच्चों को खेल-कूद, ड्रील, पी.टी. इत्यादि कराने के मकसद से भेजे गए थे। पहले तो स्कूल में ऐसा कोई टीचर नहीं होता था। शायद आजादी के बाद ऐसा शिक्षक नियुक्त करने की नीति बनी हो! जो भी ट्रांसफर-पोस्टिंग हुई, सब लाला बाबू चेयरमैन की मर्जी से। लाला बाबू तो मुख्यमंत्री डॉ. श्रीकृष्ण सिंह के खासमखास आदमी थे, फिर उनकी मर्जी को कौन चुनौती दे? मगर ताज्जुब तो यह कि लाला बाबू और लालेश्वर बाबू, दोनों एक ही गाँव तेउस के निवासी थे। फिर उन्होंने लालेश्वर बाबू को क्यों बदल दिया? सब लोग लालेश्वर बाबू के प्रशंसक थे। मगर लालेश्वर बाबू जाते समय खुश थे। उन्हें हेडमास्टर बनाकर दूसरे स्कूल में भेजा जा रहा है।

लालेश्वर बाबू चले गए; और देवघर बाबू के दालान पर विद्यार्थियों का जो चटसार जमता था, वह भी उजड़ गया। देवघर बाबू अपने दोनों बेटों—बैजनाथ और शिवचन्द्र—को पढ़ाने के लिए चिन्तित। नए आनेवाले शिक्षकों में जगदीश बाबू तो बगल के गाँव महेशवारा के निवासी थे, इसलिए वे अपने गाँव से ही आने-जाने लगे। विन्देश्वरी बाबू को बभनगामा के चन्द्रमणि सिंह ने पहले ही लोक लिया। कप्तान बाबू तो खेल-कूद और शारीरिक प्रशिक्षण के लिए आए थे, अतएव उन्हें अपने दरवाजे पर रखने से देवघर बाबू को कोई फायदा नहीं। बचे एक वासुदेव बाबू हेडमास्टर। वासुदेव बाबू का रंग-रूप देखकर देवघर बाबू उन्हें अपने दरवाजे पर रखने के लिए बहुत उत्साहित नहीं थे, पर उनके लिए कोई विकल्प भी तो नहीं बचा। इसलिए वे हार-पार कर वासुदेव बाबू के पास ही अपनी प्रार्थना लेकर पहुँचे।

वासुदेव बाबू पिछले एक सप्ताह से स्कूल पर ही डेरा डालकर रह रहे थे। वे अपने ही खर्च-वर्च से स्कूल के जवान, कर्मठ और अत्यन्त ही भोला-भाला चपरासी मुंशी महतो से खाना बनवाते। एक-दो अभिभावक उन्हें अपने यहाँ रखने का प्रस्ताव लेकर आए भी, लेकिन उन्होंने किसी के यहाँ रहना कबूल नहीं किया।

जब देवघर बाबू ने अपना सांगोपांग परिचय दिया, और सबसे बढ़कर यह बताया कि अभी-अभी लालेश्वर बाबू जो हेडमास्टर बनकर दूसरे स्कूल गए हैं, पिछले पाँच वर्षों से उन्हीं के यहाँ रह रहे थे, तो वे गम्भीर हो गए। वे सोचने लगे—'लालेश्वर तो मेरा शिष्य है। उसे तो मैंने ही ठोक-पीटकर एक अच्छा इनसान बनाया। वह पढ़ने में भी ठीक था, और अनुशासन में रहकर उसने एक अच्छे और योग्य शिक्षक का गुण भी हासिल कर लिया है। यहाँ तक कि जब मैं तेउस मिडिल स्कूल में हेडमास्टर था, तो लाला बाबू ने उसकी बहाली में मुझसे भी राय ली थी। लालेश्वर मेरा प्रिय शिष्य रहा है। अगर इनके यहाँ पाँच वर्षों तक टिकने में कोई शिकायत नहीं हुई, तो जरूर ये भी एक अच्छा इनसान होंगे। इनके दरवाजे पर रहा जा सकता है।'

देवघर सिंह ने बताया कि उनके यहाँ रहने पर कोई कमी या तकलीफ नहीं होगी। उन्हें उनके मात्र दो बेटों को ही पढ़ना-लिखाना पड़ेगा, अपनी देख-रेख में रखना होगा, और बदले में उन्हें खाने-पीने, रहने-सहने, सेवा-भगत में सभी प्रकार की सुविधाएँ मुहैया कराई जाएँगी। उनके यहाँ नौकर-चाकर की कोई कमी नहीं है। सिर्फ वे हामी भर दें तो नौकर आकर उनका सामान ले जाएगा और उनकी सेवा में लग जाएगा।

वासुदेव बाबू ने कुछ देर तक सोच-विचार कर हामी भर दी, और बोले, 'नौकर भेजने की जरूरत नहीं, मेरा चपरासी सामान पहुँचा देगा। स्कूल का समय समाप्त होने पर आज ही मैं आपके यहाँ आ जाऊँगा। आप आज शाम अपने ही दरवाजे पर रहिएगा।'

मास्टर साहब का जवाब सुनकर बाबू देवघर सिंह खुशी-खुशी, हुलसते-फुलसते घर आए। वे शाम के समय दरवाजे पर मौजूद थे, और वासुदेव बाबू चपरासी मुंशी महतो के साथ वहाँ पहुँच गए। मुंशी ने उनका सामान देवघर बाबू से पूछकर एक कोठरी के ताखे पर रख दिया। उनके पास सामान ही क्या था—एक जोड़ा खादी धोती, दो सफेद कुर्ते, दो गोल गले की खादी गंजी, खादी का ही एक बड़ा-सा गमछा, एक शतरंजी, उस पर बिछाने के लिए खादी की एक चादर, खादी की दो गांधीनुमा टोपी, एक जोड़ा खड़ाऊँ, दो सनलाइट साबुन, एक पीतल का लोटा और जूता तो वे पैर में ही पहने थे। हाँ, एक छाता भी उनके साथ आया था।

देवघर बाबू ने गोपिया बेटा को बुलाया और उसके साथ ही उनके दोनों बेटे—बैजनाथ और शिवचन्द्र—भी पहुँच गए। देवघर बाबू के कहने पर दोनों बच्चों ने मास्टर साहब के पैर छुए। लेकिन शिक्षक महोदय को देखकर उनके मन में आने लगा—'यह तो एक साधारण आदमी जान पड़ते हैं। कहाँ लालेश्वर बाबू, और कहाँ ये मास्टर साहब! लालेश्वर बाबू चकचक जवान, गोरा चेहरा, कमर में वग-वग सफेद धूली धोती, धुली हुई कर-कर कमीज, सिर पर घुँघराले चूल, हाथ में घड़ी, पैर में पमशू जूता, चेहरे पर डरावना रोब। और यह तो निहायत देहाती मास्टर। बुढ़ाती उम्र, खादी के धोती-कुर्ता, सिर पर चूल के बदले गांधी टोपी,

पैर में चमरौआ जूता, घड़ी हाथ के बदले कुर्ते की जेब से लटकी हुई, दाँत भी बनावटी, और रंग भी साँवला, जो बढ़ती उम्र के कारण कालेपन में बदल रहा है। भला इनसे विद्यार्थी कैसे डरेंगे ? खैर, आ ही गए हैं तो कुछ दिन रखकर देखा जाए।'

असल में वासुदेव बाबू बहुत दिनों से कई स्कूलों में हेडमास्टर रह चुके हैं। जहाँ-जहाँ वे रहे, उस स्कूल का उद्धार हो गया। वहाँ से निकलने के बाद वह स्कूल कुछ ही दिनों में फिर पिछड़ गया। लाला बाबू वासुदेव बाबू को नजदीक से जानते थे। वे शिक्षक के रूप में जितने सुयोग्य थे, एक आदर्श नागरिक के तौर पर उतने ही निखरे हुए महान व्यक्ति। डिग्री के नाम पर वे मैट्रिक जी.टी. थे, पर योग्यता किसी बी.ए. पास व्यक्ति से भी अधिक। गणित में यादव चन्द्र चक्रवर्ती के एक्सपर्ट, हिन्दी में उनके जैसा शुद्ध लिखने-बोलनेवाला मिलना मुश्किल, गीता और रामायण के जानकार, इतिहास-भूगोल में गहरी बैठ, अक्षर इतने सुन्दर कि छापे के अक्षर भी उनके सामने दोयम हो जाएँ। और अनुशासन ? बच्चों को अनुशासन सिखाना तो कोई उनसे सीखे। वे मुँह से किसी को किसी आदर्श की सीख कभी नहीं देते। अपने आचरण, व्यवहार और वाणी में इतने संयमित थे कि उन्हें देखकर ही बच्चों के मन में उनके जैसा व्यवहार और आचरण करने की बात समा जाती। उन्होंने कभी किसी बच्चे को उसके दुर्व्यवहार पर लप्पड़-थप्पड़ या छड़ी से पीटा नहीं होगा। कम-से-कम अपने स्कूल में तो मैंने उनको ऐसा करते कभी नहीं देखा। फिर भी बच्चे उनका लिहाज इतना करते कि उनकी कोई बात काटने में, या व्यवहार में न उतारने में सौ बार सोचना पड़ता। वे सही अर्थों में गांधी जी के 'सादा जीवन और उच्च विचार' के समर्थक ही नहीं, पालनहार भी थे।

लाला बाबू ने बहुत सोच-समझकर बिसुनदेव बाबू के कहने पर इस महान शिक्षक को पहसारा मिडिल स्कूल में हेडमास्टर नियुक्त किया था। उन्हीं महाशय को बैजनाथ और शिवचन्द्र जैसे शिष्यों का गुरु बनना पड़ा। लेकिन वे वहाँ अधिक दिन नहीं गुजार पाए। उनकी भाषा, उच्चारण, व्यवहार और अनुशासन का उन दोनों भाइयों पर कोई प्रभाव नहीं पड़ा।

आखिर एक दिन निराश होकर वासुदेव बाबू ने देवघर सिंह से कहा, 'देवघर बाबू, आपके ये बेटे पढ़नेवाले नहीं हैं। इन्हें आप अपने ही रोजगार में लगाइए तो अच्छा। मैं इनके गहरे पड़े संस्कार को नहीं बदल पाऊँगा। इसलिए आपके यहाँ रहकर आपका अन्न ग्रहण करना मेरे लिए मुनासिब नहीं।' यह बताकर मास्टर साहब पुनः स्कूल पर ही रहने चले गए।

यह खबर जैसे ही उम्दा बाबू को मिली कि वे दौड़े हुए स्कूल पहुँच गए। उनके बेटे, भतीजे भी तीसरी-चौथी कक्षा में पढ़ते थे और वे किसी अच्छे शिक्षक की खोज में थे। फिर वासुदेव बाबू जैसा सात्त्विक, सुयोग्य, आदर्शवादी और सरल हृदय शिक्षक उन्हें दूसरा कौन मिलता ? उन्होंने आरजू, मिन्नत करके वासुदेव बाबू को राजी कर लिया।

वासुदेव बाबू उम्दा सिंह के दरवाजे पर आ गए। उम्दा बाबू की सेवा, श्रद्धा और सच्चाई उन्हें इस तरह भा गई कि वे वर्षों वर्ष वहीं रहे। यहाँ तक कि वे सेवा-निवृत्त भी वहीं से हुए। वासुदेव बाबू को वहाँ अपना परिवार-सा महसूस हुआ। इसलिए वे अपने पोते विनय को भी वहीं लाकर रखने और पढ़ाने लगे। उम्दा सिंह और वासुदेव बाबू एक

ही परिवार के दो सदस्य हो गए। वासुदेव बाबू शिक्षक और अभिभावक, दोनों भूमिका निभाने लगे।

वासुदेव बाबू के आते ही स्कूल का रुतबा बदलने लगा। वे अपने अधीनस्थ शिक्षकों को मुँह से कभी कोई आदेश नहीं देते। रुटीन बनी थी, शिक्षक अपने-अपने वर्ग में जाते, पढ़ाते। अगर किसी दिन किसी शिक्षक के पहुँचने में देर हो जाती तो वे उनकी कक्षा में स्वयं चले जाते, और उस घंटी में जो विषय रुटीन के हिसाब से रहता, वही पढ़ाते। उन्हें किसी भी विषय को पढ़ाने में कठिनाई नहीं थी। शिक्षक के देर से पहुँचने पर वे उन्हें कुछ कहते नहीं। इससे उस शिक्षक विशेष को इतनी ग्लानि होती कि वे दुबारा लेट न होने की मन-ही-मन कसम खा लेते।

वासुदेव बाबू चौथी से सातवीं कक्षा तक अपनी कोई-न-कोई घंटी रुटीन में जरूर रखते, पर छठी और सातवीं कक्षा में अधिक घंटी रखते। वे रुटीन खुद से बनाते और शारीरिक तथा व्यावहारिक शिक्षा को भी रुटीन में विषयगत पढ़ाई की तरह महत्त्व देते। गांधीजी और विनोबा भावे स्कूलों में व्यावहारिक शिक्षा की आवश्यकता और महत्त्व पर जो लिख, या बोल गए, उसे छात्रों के धरातल पर उतारने के लिए वे यथासम्भव प्रयास करते।

इस व्यावहारिक शिक्षा के लिए हमारे स्कूल में सौदागर बाबू नामक शिक्षक नियुक्त थे। वे इतिहास-भूगोल के अतिरिक्त व्यावहारिक शिक्षा भी देते थे। व्यावहारिक शिक्षा में मुख्य रूप से हमें तकली चलाकर सूत कातना, बटन लगाना, कार्बन बनाना, गोंद बनाना, पतंग बनाना, स्वेटर बुनना आदि हस्तकर्म सिखाए जाते। सबसे अधिक जोर तकली काटने और सूत निकालने पर दिया जाता। चौथी से लेकर सातवीं कक्षा तक के सभी छात्रों के लिए तकली चलाना अनिवार्य था। शनिवार के दिन सभी कक्षाओं के छात्रों में बाजी लगवाई जाती कि कौन लड़का एक घंटे में सबसे अधिक सूत काटता है, और उसका सूत कितना महीन, मजबूत और चिकना होता है।

वासुदेव बाबू ने तो यहाँ तक व्यवस्था कर ही दी थी कि काते गए सूत को बखरी के खादी भंडार में बेचकर सम्बन्धित लड़के को सूत से मिलनेवाला पैसा सही ढंग से लौटा दिया जाए। अगर कोई लड़का अपने काते गए सूत को खुद बखरी जाकर पैसा ले ले तो उसके लिए रास्ता खुला था। इससे लड़कों में स्कूल जाने की प्रवृत्ति बहुत बढ़ गई थी। शायद ही कोई विद्यार्थी किसी दिन अपनी कक्षा से अनुपस्थित रहे। वासुदेव बाबू अपनी घंटी के बाद कभी ऑफिस में बैठकर आराम या हाकिमपना नहीं करते। वे कक्षा में घंटी नहीं रहने पर बराबर बरामदे पर टहलते रहते। इससे कक्षा के शिक्षकों पर भी उनकी नजर रहती और किसी क्लास का कोई लड़का क्लास से बाहर आकर किसी तरह की हरकत भी नहीं कर पाता।

शीघ्र ही पहसारा मिडिल स्कूल आसपास के स्कूलों में चर्चा और प्रतिस्पर्धा का विषय बन गया। वासुदेव बाबू जल्दी ही एक आदर्श हेडमास्टर के रूप में विख्यात हो गए।

वासुदेव बाबू को स्कूल आए अभी तीन महीने ही हुए थे कि मुझे कुछ दिनों के लिए स्कूल से गैरहाजिर होना पड़ा। हुआ यह कि मुझसे बड़ी बहन तेतो दीदी की शादी पिताजी ने तय कर दी। उसकी शादी दुनही के बाबू जागेश्वर सिंह से तय हुई जो शम्भू के मामू

भी थे। उसकी शादी के साथ ही हम तीन भाइयों—मेरा, रामशरण और रामदेव—का जनेऊ देना भी तय हो गया। पिताजी ने अपनी आर्थिक स्थिति से समझौता करके ही दीदी की शादी जागेश्वर सिंह के साथ तय की थी। फिर शादी और जनेऊ का कार्यक्रम साथ-साथ हो जाने पर एक तीर से ही दो शिकार हो जाएँगे, जो बोझ हल्का हो जाने का अहसास दिलाएगा। मगर बोझ हल्का करने की चालाकी उन्हें आती नहीं थी। उन्होंने बाराती के आगत-स्वागत में औकात से बढ़कर खर्च किया और गोतिया-लैया को भोज खिलाने में सभी भाइयों से आगे निकल गए। उन्हें लगता था कि आर्थिक रूप से कमजोर समझकर कोई भाई उनसे बढ़-चढ़कर कभी नहीं बोल सके; इसलिए उन्होंने एक शाम भात का भोज देकर, दूसरे दिन पूरी और तसमै (शुद्ध दूध में बनी खीर) का भोज भी खिलाया। उन दिनों हमारे क्षेत्र में डाल्डा का जन्म नहीं हुआ था। इसलिए पूरी शुद्ध घी में ही छनती थी। गरीब-गुरबा लोग तेल को पूरी का साथी बनाते। पिताजी थे तो बड़े मंसूबेबाज, पर इस मंसूबा में उन्हें अपने पन्द्रह कट्ठे खेत का एक प्लॉट खिलहा, लछमी सिंह के यहाँ सूदभरना पर रख देना पड़ा। यह खेत मैंने अपनी पहली कमाई से वापस लिया।

मेरी तेतो दीदी की शादी हो गई, और वह ससुराल चली गई। मैंने इस बहन से जुदाई की बात कभी सोची ही नहीं थी। इसलिए ऐसा लगा, मानो मेरा जीवन कुछ दिन पहले तक दूध से भरा घड़ा था, और अब वह खाली होकर भाँय-भाँय कर रहा है। मेरा खेलना-कूदना बन्द हो गया। न मुझे पढ़ने में मन लगता और न खेलने में। उसके यहाँ रहते कभी महसूस ही नहीं हुआ था कि वह मेरे खेल का सबसे बड़ा साथी है। हम दोनों भाई-बहन रोज आपस में एक-दूसरे से लड़ते-झगड़ते थे। उसके हिस्से का पकवान या पूरी लेकर मैं बाहर भाग जाता, और वह दौड़कर मुझे पकड़ लेती, हाथ से पकवान छीन लेती, कभी-कभी दो-एक मुक्का जमा भी देती; पर जैसे ही मैं रोने लगता, वह लौटकर मुझे चुप कराती, पुचकारती और अपने हिस्से का पेड़ा भी मुझे खिला देती। कभी-कभी माँ कोई काम न करने पर दीदी को मारती और वह रोने लगती, तो मैं उसे छुड़ाने दौड़ जाता। यहाँ तक कि माँ के हाथ से छड़ी भी छीन लेता। मेरी ऐसी हरकत देखकर माँ अपने आँचल का खूँट मुँह में दबाकर हँसने लगती। उसे मारना छोड़कर मुझे ही छड़ी दिखाने लगती। हम दोनों कभी एक-दूसरे के दुश्मन हो जाते, और कभी चीनी-पानी की तरह परस्पर घुलनशील मित्र।

असल में 'तेतो' नाम ही इसलिए रखा गया था कि वह तीन भाइयों के बाद बेटी बनकर जन्मी थी। यह बात अलग है कि बीच का एक भाई जन्म के कुछ दिन बाद ही ऊपर चला गया। गाँव-देहात में तीन भाइयों के बाद जन्म लेनेवाली बेटी को 'तेतर' कहा जाता है। यह भी लोक-प्रचलित मान्यता है कि तेतर बेटी बड़ी सुलक्षणा होती है। अपने लिए कम, माँ-बाप के लिए अधिक। कहावत ही प्रचलित है, 'तेतर बेटी, राज लगाबे।' मैं इस बहन के बाद इस धरा-धाम पर आया था। हम दोनों को पीठिया भाई-बहन कहा जाता। पीठिया होने के कारण हम आपस में झगड़ते भी खूब थे, और एक-दूसरे के बिना घंटे-दो घंटे रह भी नहीं सकते। वही बहन मुझे छोड़कर आन ठाम चली गई। भला मुझे कैसे चैन मिले? कैसे मन लगे? मैं पढ़ूँगा खाक, मुझे तो अकेले में बैठकर रोने से फुर्सत ही नहीं।

दादा भी उस बहन को बहुत मानते थे। वे भी उसकी शादी के बाद कई दिनों तक उदास रहे। लेकिन मुझे इस तरह गमगीन देखकर उनसे रहा नहीं गया। वे मुझे तरह-तरह से फुसलाकर स्कूल जाने के लिए तैयार करने में भिड़ गए। उन्होंने सच या झूठ, मुझे विश्वास दिलाया कि 'पन्द्रहवें दिन उसे ले आऊँगा, तुम स्कूल जाना शुरू करो।'

मुझे दादा की बात पर विश्वास हो गया। सोचा कि दीदी को गए चार-पाँच दिन तो बीत ही चुके हैं, पन्द्रहवें दिन में मुश्किल से दस दिनों की देर है। अगर मैं स्कूल जाना शुरू नहीं करूँगा, तो वे पन्द्रहवें दिन उसे नहीं ला देंगे। इसलिए दूसरे दिन से मैंने अपना स्लेट-बस्ता उठाया और स्कूल जाना शुरू कर दिया।

मैं दस-बारह दिनों के बाद स्कूल आया। अपनी कक्षा में बैठते ही मुझे बहुत कुछ बदला-बदला-सा दीखने और महसूस होने लगा। मेरी कक्षा में एक नया विद्यार्थी आगे की बेंच पर ही बैठा था। सबसे आगेवाली बेंच पर कक्षा में फर्स्ट, सेकेंड लड़कों के बैठने की परम्परा थी। यह नया लड़का भी पहली बेंच पर ही बैठा था। एक बेंच पर चार लड़के बैठते। उन चार में से एक वह भी था। यह कौन है, कहाँ से आया है, अगली बेंच पर क्यों बैठा है, यह सब जानने की उत्सुकता मेरे मन में खुदबुदाने लगी। मैंने साथियों से पूछना शुरू किया। ज्ञात हुआ कि वह लड़का महेशवारा से पाँचवीं में फर्स्ट करके यहाँ छठी-सातवीं तक पढ़ने आया है। महेशवारा से जो जगदीश बाबू शिक्षक आए हैं, उनका ही यह भक्त चेला है। वे इसे बहुत मानते हैं, और अपने ही साथ लाते-ले जाते हैं। यह जानकारी मिलते ही मेरे कान खड़े हो गए। यहाँ पहले से ही दो-दो प्रतिद्वन्द्वी मुझे पछाड़ने के लिए मूँछ ऐंठ रहे हैं, यह तीसरा भी दाल-भात में मूसलचन्द बनकर क्यों आ टपका?

यह नया लड़का जो महेशवारा से जगदीश बाबू मास्टर के साथ आया है, इसका भी नाम जगदीश ही है। यही जगदीश महतो अब अगली बेंच पर बैठा है। वस्त्र और संस्कार देखकर ऐसा लगता है कि छठी कक्षा में यही फर्स्ट करेगा। करेगा क्या, कर गया। इस अतिशयोक्ति अलंकार की सम्भावना से मैं विचलित होने लगा। अब मेरे अन्दर दीदी के वियोग का दुख दबने लगा, और जगदीश महतो की स्पर्धा का भय सिर उठाने लगा। मगर देखा जाएगा।

जब मैं व्यवस्थित रूप से स्कूल जाने लगा तो जानकारी मिली कि वासुदेव बाबू के यहाँ सातवीं कक्षा के कुछ विद्यार्थी सुबह-शाम पढ़ने जाते हैं। वासुदेव बाबू किसी को ट्यूशन नहीं पढ़ाते हैं लेकिन उन्होंने कह रखा है कि किसी अच्छे विद्यार्थी को उनके पास आकर पढ़ने-लिखने का मन हो तो, वह आ सकता है। उनकी दिक्कतों में वे सहायता करेंगे।

मैं सोचने लगा कि वासुदेव बाबू से पूछकर उनके यहाँ जाकर पढ़ूँ तो योग्यता में इज़ाफा हो सकता है। फिर वे जिन उम्दा बाबू के यहाँ रहते हैं, उनकी शादी रामदीरी के उसी परिवार में है, जिस परिवार की बेटी मेरी माँ है। माँ बताती है कि उम्दा की पत्नी मेरे छोटे बाबा की बेटी है। वह मुझे फुआ (बुआ) लगती है। इस नाते उम्दा बाबू की पत्नी मुझे नानी लगेगी। उनके बेटों को मैं मामू कह सकता हूँ। तो फिर पूछने की क्या बात? मैं एक दिन सीधे वासुदेव बाबू के वास-स्थान पर चला गया। वहाँ पहुँचकर मैंने उनके पाँव छुए और बताया कि मैं

एक गरीब परिवार का बालक हूँ। अगर आप मुझे अपने आगे बैठकर पढ़ने की स्वीकृति दे दें, तो मेरा उद्धार हो जाएगा। मास्टर साहब, मुझे बैठकर कहीं पढ़ने की जगह भी नहीं है, इसलिए स्कूल के बाद मैं ढंग से पढ़ भी नहीं पाता हूँ। आपकी कृपा हो जाए तो मुझ जैसा गरीब बालक भी मिडिल का सर्टिफिकेट हासिल कर लेगा।

उस उदारचेता, आकाशधर्मा गुरु ने हँसते हुए मेरी बाँह पकड़कर अपनी ओर खींचा और अपनी बगल में सटाकर खड़ा किया। फिर मेरे सिर पर हाथ रखकर बोलने लगे, 'मैं जानता हूँ, तुम कौन हो। तुम बाबू प्यारे सिंह के पुत्र हो। पिता गरीब हैं और तुमने पिछले क्लास में पहला स्थान पाया है। ऐसे विद्यार्थी को किसी भी शिक्षक के पास बेरोक-टोक जाने और पूछने-पढ़ने का हक है। तुम मिडिल पास करके मिडिलची बनने की बात क्यों सोचते और बोलते हो? तुम्हारे जैसे गरीब और मेधावी छात्र ही स्वतंत्र देश का भविष्य हैं। तुम्हारा अता-पता और पढ़ाई की सारी जानकारी मुझे रजिस्टर देखकर और अन्य शिक्षकों से पूछ-ताछ करने के बाद हो चुकी है। तुम मेरे पास जब चाहो, पढ़ने आ जाओ। अगर तुम्हें पढ़ने के लिए कोई निश्चित जगह नहीं है तो यहीं बैठकर पढ़ा करो। रात में यहीं सो जाया करो। तुमसे अगली कक्षा में पढ़नेवाला रामकृष्ण तो यहीं पढ़ता-सोता है। तुमसे नीचे कक्षा का रामाश्रय उम्दा बाबू का भगिना है। वह भी तो रामकृष्ण के साथ ही पढ़ता-सोता है। तुम भी उसी तरह घर से खाकर यहीं आ जाया करो। पढ़ो, अपने साथियों के साथ खेलो। पढ़ने में जहाँ कठिनाई हो, मुझसे पूछ लिया करो। जो छात्र खुद से पढ़ने बैठ गया, अपनी पुस्तकों में रम गया, उसका भविष्य उज्ज्वल होने से कोई नहीं रोक सकता। अपनी पाठ्य-पुस्तक को जितनी बार सांगोपांग पढ़ोगे, दुहराते रहोगे, उतनी ही योग्यता बढ़ेगी। जिस तरह बच्चे को माँ का दूध जीवन-दान देता है, उसी तरह विद्यार्थी को उसकी पाठ्य-पुस्तक महान बनाती है। जाओ, और कल से ही यहाँ आना शुरू कर दो।'

उस सामान्य से दिखनेवाले महान गुरु की बातें सुनकर मैं काफी उत्साहित हुआ। उनके प्रति मेरे मन में जो श्रद्धा-भाव स्थायी तौर पर घर कर गया, वह ईश्वर को छोड़कर किसी दूसरे के लिए आज तक भी नहीं हो पाया। पूजा-पाठ के समय जब मैं कभी 'गुरु ब्रह्मा, गुरु विष्णु' वाला श्लोक बोलता हूँ तो ब्रह्मा और विष्णु की जगह मेरे महान गुरु वासुदेव बाबू ही दिखाई देते हैं। पूजा करते समय मैं पहले उनका ध्यान कर लेता हूँ, तब किसी देवी-देवता को पुष्प अर्पित करता हूँ। उनकी प्रार्थना में श्लोक बाँचता हूँ। आज मैं जिस जगह और जिस शक्ल में हूँ, उनके कारण ही हूँ। वे न होते तो मैं कहीं गाय, बैल या खेती-पाती में लगकर अपना भविष्य बर्बाद कर लिया होता। वे सच्चे अर्थ में 'वासुदेव' थे।

कृष्णाय, वासुदेवाय, देवकी नन्दनाय च,
नन्द गोप कुमाराय, गोविन्दाय नमो नमः। [श्रीमद्भागवत]

कल से मैं वासुदेव बाबू के यहाँ जाने लगा। वासुदेव बाबू के यहाँ रामकृष्ण जी सबसे ऊँची कक्षा यानी सातवीं के विद्यार्थी थे। वे पढ़ने में बहुत अच्छे थे, और स्वभाव से सुशील तथा काफी सहनशील। वे रंग में गोरे और चेहरा बड़ा ही हँसमुख। बोली इतनी मधुर और शीतल कि उनसे बात करके कभी जी अघाता नहीं। वे मेरी ही तरह गरीब परिवार के बालक थे, पर मुझसे उनके परिवार की आर्थिक स्थिति थोड़ी बेहतर थी। उन्हें किताब, कॉपी, कलम

आदि के लिए पैसे मिल जाते, पर मुझे इन चीजों का हमेशा अभाव बना रहा। रामकृष्ण जी कहीं कठिनाई होने पर मुझे मदद कर देते।

वे पढ़-लिखकर कृषि-स्नातक हुए, फिर सिविल एस.डी.ओ. बनकर सेवा-निवृत्त भी हुए। अभी वे भी मेरी ही तरह गाँव में रह रहे हैं।

एक उम्दा बाबू का भगिना रामाश्रय था। वह भी गरीब और पढ़ने में तेज। वह ओवरसीयर बना, फिर अपने विभाग के एस.डी.ओ. पद से रिटायर हुआ है।

मास्टर साहब का पोता विनय भी हम लोगों के साथ पढ़ता था—नीचे की कक्षा में। वह भी एग्रीकल्चर स्नातक होकर सरकारी नौकरी में गया, और अब निश्चित रूप से सेवा-निवृत्त हो चुका होगा। उम्दा बाबू के घर का कोई भी बच्चा उच्च शिक्षा पाकर सरकारी नौकरी में नहीं जा सका।

वासुदेव बाबू के चरित्र में कुछ ऐसी चीजें थीं, जो उनकी संगति में रहनेवाले बच्चों में विकसित हो जातीं। उनकी रुटीन अपने ढंग की थी। हम लोग कोठरी में सोते थे और दरवाजे की चौकियों पर बैठकर पढ़ते। वासुदेव बाबू की चौकी दरवाजे पर अलग से लगी थी, और उस पर बिछावन हमेशा साफ-सुथरा रहता। वे जाड़ा, गर्मी, सूखे सावन, भरे भादों—सब दिन दरवाजे पर ही सोते। दरवाजा पूरब रुख का था। हम लोगों के लिए गर्मी के महीनों में कोठरी के अन्दर एक लम्बी-चौड़ी दरी बिछी रहती जिस पर हम सभी चार-पाँच जने फैल से सो जाते। जाड़े के दिनों में दरी हटा ली जाती और वहाँ कोदो का पुआल मोटा करके बिछा दिया जाता। वह पुआल का बिछावन गल-गल गलीचा जैसा लगता। हम सभी विद्यार्थी उसी गलीचे पर एक-दूसरे से सट-सटकर सो जाते, और रात भर उस कोदो पुआल के बल पर जाड़े को ठेंगा दिखाते रहते।

वासुदेव बाबू नित्य चार-पौने चार बजे सुबह ही जगकर तीन-चार बार खाँसते। हममें से कोई न कोई उनका खाँसना सुनकर जग जाता, और दूसरों को जगाने लगता, 'अरे उठो, मास्टर साहब जग गए हैं।' धीरे-धीरे हम सभी विद्यार्थी जग जाते। जगकर लालटेन जलाते, फिर पढ़ने लगते। जब वासुदेव बाबू देख लेते कि लड़के पढ़ने बैठ गए हैं, तो वे अपने लोटे में बाल्टी से पानी लेते, सिर पर खादी गमछी का मुरेठा बाँधते, कान पर जनेऊ चढ़ाते, पैर में जूते पहनते, और उस अँधेरे में खेत की ओर पाखाना करने निकल पड़ते। पाखाने से लौटकर मिट्टी से हाथ मटियाते, लोटा साफ करते, मुँह का बनावटी दाँत धो-माँजकर चमकाते, गोरकी मिट्टी से मुँह का अन्दरूनी भाग साफ करते और तब जीभिया करके मुरेठा खोलते, और अपनी काठवाली कुर्सी पर बैठ जाते। फिर आँख बन्द कर धीरे-धीरे गीता का प्रथम अध्याय से अन्तिम अध्याय तक मौखिक पाठ कर जाते। उन्हें समूची गीता याद थी। इतना करते-करते आकाश में लाली छिटकने लगती और वे बोलते, 'लालटेन बुताओ, चलो नदी।' हम लालटेन बुताकर उनके पीछे-पीछे नहाने चल पड़ते। हम लोग वहीं पाखाना जाते, वहीं बबूल का दातुन करते, नदी में तैर-तैरकर नहाते और उनके ही पीछे-पीछे लौटते। लौटते समय हम लोग अपने-अपने घर चले जाते और मास्टर साहब अपने दरवाजे पहुँचते। उनके साथ रामाश्रय, विनय और उम्दा बाबू घर के बच्चे जाते। हम विद्यार्थीगण अपने घर से कुछ नाश्ता खाकर जल्दी-जल्दी फिर वहीं पहुँचते। वहाँ उस समय गणित बनाते, नहीं बनने पर मास्टर साहब

से पूछते, फिर लिखना लिखते और नौ बजते-बजते घर दौड़ते। घर से खाना खाकर स्कूल जाते और चार बजे स्कूल से लौटकर घर पहुँचते। कुछ चना-चबेना खाकर वासुदेव बाबू के यहाँ हाजिर होते, और वहाँ से पुस्तकालय जाकर खेलते-कूदते। फिर लौटकर उम्दा बाबू का दरवाजा, वासुदेव बाबू की स्नेहिल छाया और अपनी पाठ्य-पुस्तक। नौ बजे रात में छुट्टी, घर की दौड़, खाना खाकर उसी चटसार में हाजिरी और सोना। यही थी हमारी दिनचर्या।

लालेश्वर बाबू के यहाँ पढ़ते समय एक तरह का दबाव महसूस करते, साथ ही एक हीन भाव भी पनप रहा था। यहाँ आकर हमारा हीन भाव निर्मल हो गया। बिना किसी दबाव के मन में स्वाध्याय की प्रेरणा जम गई। वासुदेव बाबू एक बात अपने यहाँ पढ़नेवाले बच्चों से हमेशा कहते—लिखावट में अक्षर सुधारने पर जोर देना चाहिए। अक्षर का सुन्दर होना बहुत जरूरी है। इसके साथ ही अपने मन से विभिन्न विषयों पर कुछ-न-कुछ लिखते रहना चाहिए। कभी पुस्तकालय पर, कभी अपने गाँव पर, कभी गाँव की नदी पर। ऐसा करने से अपने मन का भाव प्रकाशित होता रहता है, और आगे चलकर वही आदमी कहानीकार, उपन्यासकार, प्रेमचन्द या शरतचन्द्र बन जाता है। कहावत है अँगरेजी में—'राइटिंग मेक्स ए मैन परफेक्ट। इसलिए अच्छी लिखावट पर खूब ध्यान देना चाहिए।' उनकी बातें मन में गहरे पैठ जातीं। वे लगभग रोज रात में सोने से पहले हम लोगों को कोई न कोई उपदेशप्रद कहानी सुनाकर सोते। कहानियाँ सुनकर मैं मन में कहानी के पात्र जैसा ही बनने का ठानता, पर व्यवहार में वह हो नहीं पाता। फिर भी बुराइयों से बचने में, कहानी के खलनायक जैसा नहीं बनने में, ये कहानियाँ मदद अवश्य करती थीं।

क्लास में हमें विन्देश्वरी बाबू गणित पढ़ाते और वासुदेव बाबू हिन्दी। हिन्दी एक शिक्षक और पढ़ाते थे—जगदीश बाबू। जगदीश बाबू कविता पढ़ाते थे। पढ़ाते क्या, पढ़कर सुनाते थे। उन दिनों रामधारी सिंह दिनकर की कविताओं का बड़ा शोर था। वे उनकी ही कविता पढ़कर सुनाते जो हमारे सिलेबस से बाहर की चीज थी। एक दिन वे पूरी देह-भाषा के साथ दिनकर की 'जवानियाँ' शीर्षक कविता सुनाने लगे :

नए सुरों में सिंज्जनी बजा रहीं जवानियाँ
लहू में तैर-तैर कर नहा रहीं जवानियाँ।

उनके कविता-पाठ का ढंग देखकर हम खूब प्रभावित हुए, पर कविता का अर्थ रत्ती भर भी नहीं समझ पाए।

वासुदेव बाबू जब हिन्दी पढ़ाने आते तो इतनी सहज भाषा में, इतने मन-लुभावन ढंग से कोई भी पाठ पढ़ाते कि सारा क्लास ध्यानमग्न। उनकी तरह बोलने और पढ़ाने का लोभ हम सबके मन में जग जाता। किसी दिन भूगोल पढ़ाने लगते तो देश-दुनिया की अधिक से अधिक जगहों से हमारा परिचय करा देते। हिन्दी पढ़ाते समय वे इतिहास से भी परिचय कराते जाते। उनके ज्ञान का कभी थाह ही नहीं मिला।

एक दिन विन्देश्वरी बाबू की अनुपस्थिति में वे गणित पढ़ाने चले आए। उन्होंने बोर्ड पर एक सवाल लिख दिया और सभी लड़कों को बनाकर दिखाने को कहा। सवाल यादवचन्द्र चक्रवर्ती से व्यवहार गणित का था। हम सब उनकी टेबल पर जवाब बनाकर अपनी-अपनी कॉपी रख आए। मास्टर साहब ने सभी के जवाब बड़ी सावधानी से देखे। मेरा, शम्भू और

कमलेश्वरी का जवाब, और व्यवहार गणित बनाने का तरीका ठीक निकला, बाकी सबके गलत। जगदीश महतो का जवाब तो बिलकुल गलत।

मास्टर साहब बोले, 'जगदीश, तुम महेशवारा मिडिल स्कूल से पाँचवीं में कैसे फर्स्ट कर यहाँ आए? तुम्हें बारह का आधा, और उस आधे का भी आधा करने नहीं आता है, तो फिर व्यवहार गणित कैसे बना सकोगे? तुम्हारे अक्षर की लिखावट बहुत अच्छी है पर गणित में कमजोर हो। मेहनत करो, अन्यथा गणित में लसक जाओगे।'

सुनकर जगदीश महतो का मुँह लटक गया।

जगदीश महतो की गणितीय योग्यता जानकर मुझे सन्तोष हो गया कि वह हम लोगों की दौड़ में नहीं टिक सकता। रही शम्भू और कमलेश्वरी की बात, वे दोनों तो वासुदेव बाबू के पास पढ़ने नहीं जाते। मैं उन्हें दबा दूँगा। लेकिन छठी कक्षा में दो-तीन और विद्यार्थी आ गए हैं। टेकनपुरा से हरिनारायण और नागेश्वर। अपने गाँव से इन्द्रदेव। इन्द्रदेव पहले मुजफ्फरपुर के लालगंज अन्तर्गत जैंतीपुर में रहता और वहीं पढ़ता था। वहाँ उसकी बहन सदा सुन्दरी की ससुराल थी। उसके पिता बाबू वीसो सिंह ने उस बेटी के विवाह में सबसे अधिक तिलक—पाँच हजार रुपए देकर गाँव में रेकॉर्ड बनाया था, जिसे बाद में बाबू देवघर सिंह ने गोदावरी की शादी में सत्रह हजार नगद देकर तोड़ा। इन्द्रदेव भी अब जैंतीपुर से पहसारा मिडिल स्कूल में ही पढ़ने आ गया है। उन दिनों छोटे-मोटे गाँव या उसके आसपास मिडिल स्कूल होते कहाँ थे कि इन्द्रदेव जैंतीपुर में रहकर ही पढ़ता? सो हमारी छठी कक्षा में तीन विद्यार्थियों की आमद और हो गई। उनमें हरिनारायण पढ़ने में तेज था। उसे गणित के प्रश्न बनाने में दिक्कत नहीं होती, और अन्य विषयों में भी उसकी गति अच्छी थी। इसलिए हरिनारायण को मैं अपने स्पर्धी रूप में देखने लगा।

छमाही परीक्षा में कमलेश्वरी प्रथम आ गया। अगर शम्भू फर्स्ट होता तो कोई बात नहीं, पर कमलेश्वरी कैसे प्रथम स्थान पर आ गया और शम्भू तथा मैं—दोनों सेकेंड हो गए? हरिनारायण थर्ड हुआ। मुझे बड़ा झटका लगा। मैंने वासुदेव बाबू से पूछा कि कमलेश्वरी किस विषय में मुझसे अधिक तेज है? उन्होंने हँसकर बताया कि वह मुझसे अधिक तेज नहीं, उसके फर्स्ट आने का असल राज है उसके अक्षरों की सुन्दर बनावट। अच्छी लिखावट परीक्षक को आकर्षित कर लेती है, और तब परीक्षक अन्यों की तुलना में उसे कुछ अधिक अंक दे देते हैं। तुम्हारी लिखावट कमलेश्वरी, या जगदीश महतो जैसी बनने लगे तो तुम किसी से पीछे नहीं हो सकते। उसके बाद मैं अक्षर बनाने पर जोर देने लगा। मगर मेरे साथ एक समस्या थी। मैं लिखने की कॉपी पर रोज एक पन्ना से अधिक लिखता तो मेरी कॉपी जल्दी ही समाप्त हो जाती। फिर मैं नई कॉपी लाता कहाँ से? इसलिए एक पन्ना से अधिक प्रतिदिन लिखना मेरे लिए सम्भव नहीं। फिर भी मैं स्लेट पर ही सुन्दर अक्षर लिखने का प्रयास करता रहा। नतीजा भी अनुकूल निकला। मेरे अक्षर में सुधार हुआ और वार्षिक परीक्षा में मैं ही फर्स्ट घोषित हुआ। शम्भू सेकेंड हुआ, हरिनारायण थर्ड और कमलेश्वरी चौथे स्थान पर चला गया। अब मैं सातवीं कक्षा में पहुँच गया और रामकृष्ण जी हाई स्कूल, मंझौल पहुँच गए। उन्होंने अपनी सारी किताबें मुझे मुफ्त में दे दीं। वे हाई स्कूल की आठवीं कक्षा में नामांकित होने के बाद भी वासुदेव बाबू के यहाँ पूर्ववत् आते और पढ़ते रहे।

मैं सातवीं कक्षा में पढ़ने लगा, पर अभी तक मेरी तेतो दीदी घर नहीं आई। दादा ने झूठ कहकर मुझे स्कूल भेजा था। मैं माँ से रूठ गया कि वह क्यों नहीं बाबू से कहकर दीदी को दुनही से यहाँ मँगवा लेती। उसने मेरी बात बाबू तक प्रेषित कर दी।

बाबू हँसकर बोले, 'उससे कहो कि शनिवार को आधा दिन छुट्टी रहती है, और अगले दिन रविवार को स्कूल भर दिन बन्द रहता है। शनिवार को दुनही जाकर बहन से भेंट कर ले, रविवार को पूरा दिन बहन से बोल-बतियाकर सोमवार के सबेरे लौट आए। स्कूल भी हो जाएगा और बहन से मिलना-जुलना भी।'

माँ ने बाबूजी की सलाह मुझे बताई। मैं तत्क्षण राजी हो गया। शनिवार को हमारा स्कूल डेढ़ बजे दिन में बन्द हो गया। मैं दीदी के यहाँ जाने के लिए बेताव। स्कूल से जैसे ही घर लौटा, पिताजी ने बताना शुरू किया, 'अपने डेरा से सीधे टिकटहा चले जाना, वहाँ से थोड़ा आगे बढ़ते ही दुनही-गढ़पुरा जानेवाली कच्ची सड़क मिल जाएगी। सड़क पर चढ़कर आँख मूँदे सीधे सड़क पकड़े आगे बढ़ते रहना। कोस-डेढ़ कोस के बाद तुम्हें रजौड़ पोखर मिलेगा। वहाँ ठहरकर किसी से पूछ लेना कि दुनही किस रास्ते से जाएँ। वहीं से दुनही गाँव दिखाई भी पड़ता है। मात्र आधा कोस चलने पर दुनही पहुँच जाओगे। और सुनो, इस टोकनी में तस्मै बनवा दिये हैं। यह तस्मै का बर्तन भी लेते जाओ, बहन को दे देना। यह उसका हिस्सा बाकी था।'

माँ ने मेरे लिए थोड़ा तस्मै अलग करके रख लिया था। उसने मेरे आगे वह पड़ोस दिया। मैं तस्मै खाकर मन-ही-मन सोचने लगा, कितना अच्छा है यह भोज्य, और पिताजी अपनी बेटी के प्रति कितने ईमानदार हैं! भाई-गोतिया को तस्मै और पूरी का भोज खिलाया। उस दिन दीदी नहीं थी। वह ससुराल जा चुकी थी। आज उसका बकाया कितनी ईमानदारी से मेरे मार्फत भेज रहे हैं! बेटी के प्रति उनका स्नेह सुरक्षित ढंग से दीदी के पास जरूर पहुँचा दूँगा :

भरा प्यार से प्राण कटोरा, पीनेवाला पास नहीं है,
हाय, गरीबिन माताओं का इस जग में इतिहास यही है।

मैंने तस्मै का बर्तन अपने माथे पर चढ़ाया और खुद राह चढ़ गया। बर्तन में वजन कुछ कम नहीं था। रास्ते में मुझे तीन-चार जगह रखना पड़ा, पर सूर्यास्त होते-होते दुनही पहुँच गया। गाँव के लोगों से पूछते-पाछते मैं बहन के दरवाजे पर पहुँचा। मेहमान दरवाजे से आँगन ले गए।

दीदी तो मुझे देखते ही मेरा गाल अपने पंजे में लेकर बार-बार मस्तक चूमने लगी। इतने दिनों से बिछुड़े अपने भाई; नहीं, नहीं, अपने दिली दोस्त से मिलकर वह निहाल हो गई। उसकी आँखों से खुशी के आँसू बहकर मेरे गाल पर टप-टप चू रहे थे। विधाता ने अन्दर जाने का कोई रास्ता बनाया होता तो वह मुझे अपने कलेजे के भीतरी आसन पर बैठा लेती। वह मुझे पी जाना चाहती थी। अपने भाईपन की बोधपरक संवेदना में सोख लेना चाहती थी। मेरे सम्पूर्ण अस्तित्व को मधु बनाकर चाट लेना चाहती थी, कि माँ की छाती से अलग-अलग पिये दूध को एक कर देना चाहती थी, कि अपने अनुज-पुष्प को दृश्य से अदृश्य सुगन्ध बनाकर सदा-सदा के लिए अपनी नासिका में बसा लेना चाहती

थी, कि किसी वाटिका की एक ही डाल पर खिले दो फूलों को पूर्व की पहचान देकर फिर से अपने ही बाग में लौट जाना चाहती थी। मैं पत्थर-मूर्ति की तरह खड़ा और अवाक्।

तभी उसकी सास बोली, 'भाई को आनी-पानी भी देगी, हाथ-पैर भी धुलाएगी कि रोती-फफकती ही रहेगी?'

दीदी की चेतना भावना के भँवर से व्यवहार के धरातल पर लौटी। वह मेरा हाथ पकड़कर आँगन में बिछी खाट पर ले गई, मेरा पैर धोई और घर का कुशल-क्षेम पूछने लगी।

मेरे मुँह से कोई शब्द ही नहीं निकला। मैं टुक-टुक अपने से बिछुड़ी, अपनी प्यारी बहन को निहारता रहा, निहारता रहा, देर तक निहारता रहा; और अचानक उसके गले से लिपटकर रोने लगा। मैं रो रहा था, और बार-बार उलाहने के स्वर में कह रहा था, 'तू मुझे छोड़कर यहाँ क्यों चली आई दीदी? अब मैं भी यहाँ से नहीं जाऊँगा।'

भाई-बहन का ऐसा मिलन उस आँगन की औरतों ने पहले कभी नहीं देखा था। उन औरतों में से कुछ अपने आँचल के खूँट से अपनी गीली आँखें पोछ रही थीं, और छोटी उम्र की लड़कियाँ हँस भी रही थीं। इस हास्य-रुदन के बीच दीदी की सास ने मेरा हाथ पकड़कर दीदी से अलग किया और मेरे आगे एक कटोरे में चूड़ा-मुरही के ऊपर गुड़ का ढेला रखकर मुझे खाने के लिए चुचकारा। मैं धीरे-धीरे अपनी आँख पोंछकर खाने लगा।

फिर मेहमान के छोटे भाई बोधू सिंह आए और मुझसे हँसी-मजाक करते मुझे बाहर टहलाने, लोगों से परिचय कराने, आँगन से खींचकर बाहर ले गए।

मैं दुनही आया था सिर्फ एक दिन रविवार को रुकने, लेकिन मैं यहाँ अगले रविवार तक रुक गया। दीदी मुझे दोनों शाम भात और अरहर की दाल ठूँस-ठूँसकर खिलाती। उसे पता था कि घर पर तो भाई को गाहे-बगाहे भात मिलता होगा। यहाँ तो फरकिया के मछरा गाँव में धान की ही खेती होती है। इसलिए इस परिवार की मुख्य उपज ही धान और केतारी। दिन के नाश्ते में वह रोज मुझे चूड़ा-मुरही पर गुड़ खिलाती। बहन का स्नेह और अच्छा भोजन का लोभ—दोनों ने मुझे आठ दिनों तक दुनही में रोक रखा।

अगले शनिवार को शम्भू भी पहुँच गया। उसका ननिहाल जो यहीं था, मेरे मेहमान ही तो उसका मामू थे। उसने आते ही बताया, 'वासुदेव बाबू कई दिनों से तुम्हें क्लास में न देखकर मुझसे पूछ रहे थे। जब मैंने कहा कि वह बहन के यहाँ कुटमैती गया है, तो वे मुझसे ही कहने लगे कि उसके पिता से कहो कि वे उसे बुला लें। मैंने सोचा कि क्यों नहीं मैं ननिहाल भी हो आऊँ, और तुम्हें भी साथ ले चलूँ।'

शम्भू को देखकर और उसकी बातें सुनकर मेरे मन का कुहासा फटने लगा। मेरी चेतना सजग होने लगी, और पढ़ने के लिए जो मेरा मन तरस रहा था, वह फिर से सुख और स्नेह के कुहासे को चीरकर जागृत हो उठा।

अगले सोमवार के अहले-सुबह मैं रोती-सुबकती दीदी को छोड़कर शम्भू के साथ पहसारा चला आया। समय पर स्कूल भी पहुँच गया। शाम में वासुदेव बाबू के निवास-स्थल पर भी पहुँचा। उन्होंने मुझे थोड़ा डाँटा, फिर प्यार से समझाया, 'इतने दिनों तक स्कूल से गैरहाजिर नहीं रहना चाहिए। कितनी पढ़ाई छूट गई! ऐसे में तो तुम अपने साथियों से पीछे

छूट जाओगे। तुम एक साधारण किसान परिवार के बच्चे हो। तुम्हें दूसरे बच्चों से अधिक मेहनत करनी होगी, तुम्हें संघर्ष करना होगा, तुम्हें अपने से जंगल काटकर जीवन का रास्ता बनाना होगा। तुम्हें कहाँ पहुँचना है, यह खुद तय करना होगा। बेटे, तुम्हारे लिए 'न आगे नाथ, न पीछे पगहा' है। जो करना है, वह अपने बलबूते पर। इसलिए आगे से कभी क्लास मत छोड़ना। पूरी ताकत लगाकर पढ़ो, अपने भविष्य को सुनहला बनाने की चेष्टा करो, बाधा और विपत्ति से कभी न डरो, न घबराओ। अपनी संकल्प-शक्ति से मार्ग में आए बाधा-विघ्न को, पत्थरों और पहाड़ों को चूर-चूर कर देने का हौसला जगाओ। फिर तुम्हारा मार्ग कोई नहीं रोक पाएगा। मैं तुम्हें जीवन में एक सफल और संघर्षशील व्यक्ति के रूप में गढ़ना चाहता हूँ, और तुम ही इसके लिए तैयार नहीं रहोगे तो मैं क्या कर पाऊँगा ? मुझे गरीब परिवार के बच्चे ही अच्छे पात्र के रूप में भाते हैं। उन्हें मैं प्रेरित-प्रोत्साहित कर समाज का अग्रणी व्यक्ति बनाना चाहता हूँ। तुम उस लायक हो, इसलिए मैंने तुम्हें थोड़ा डाँट भी दिया; वैसे मैं बच्चों को कभी डाँटता नहीं। पता नहीं, आज कैसे मेरे मुँह से डाँट-फटकार की भाषा निकल पड़ी। जाओ, बैठकर पढ़ो।' इतना कहते-कहते वे महान गुरु कुछ गमगीन हो गए, अपनी कुर्सी पर बैठकर, किसी दार्शनिक की मुद्रा बनाकर, देर तक आकाश का शून्य निहारते रहे। हम लोग अपने समय पर पढ़कर घर खाने चले गए, पर मास्टर साहब देर तक उसी मुद्रा में बैठे रहे।

घर जाते, रास्ते में मुझे लगा कि मैंने श्री वासुदेव बाबू का दिल दुखा दिया है। मुझे कहाँ पता था कि मेरे लिए उनके मन में एक बड़ा सपना है कि मेरी आठ दिनों की गैरहाजिरी उन्हें इतना अखरेगी, कि वे मुझे भविष्य के लिए गढ़ना चाहते हैं। ना, आगे मैं इस तरह की गलती कभी नहीं करूँगा। वे ही तो मेरे असली बाप हैं। मेरे अपने पिता को आठ दिन घर नहीं आने से कहाँ कोई तकलीफ हुई, उन्होंने कहाँ डाँट-फटकार की। क्रोध भी उसी पर होता है, और चिन्ता भी उसी के लिए होती है, जिससे कोई आत्मीय नाता होता है। ना, वासुदेव बाबू का दिल दुखाना पाप है। विश्वासघात है। खुद अपने को छलना है। अब उनके एक-एक शब्द का अनुपालन ही मेरा धर्म होना चाहिए।

वासुदेव बाबू का घर भागलपुर जिलान्तर्गत मौजमा गाँव था, जो अब शायद नए बने नौगछिया जिला में पड़ता है। वे बच्चों के सर्वांगीण विकास पर खूब जोर देते थे। एक बार उन्होंने अपने साथ पढ़नेवाले बच्चों को लेकर बाहर घूमने और घुमाने का कार्यक्रम बनाया। यह सुनकर हमें बहुत खुशी हुई। स्कूल में रविवार के बाद आनेवाले सोमवार को किसी तरह की छुट्टी थी। शनिवार को सुबह ही उन्होंने हमें बता दिया कि कल सबेरे पाँच बजे कुशेश्वर धाम चलना है। सब अपने-अपने घर से दो दिनों के लिए खाना बनवाकर रात में ले आना। खाना लाकर यहीं सोना और यहीं से यात्रा करनी है। खाना ऐसा लाना जो दो दिनों तक चले भी, और खराब भी न हो।

मैंने माँ से खुशामद कर अपने लिए गुड़ से बना पूआ तैयार करवाया। मैं खुश था कि माँ ने पूआ बनाकर यात्रा का पाथेय दिया। उस पूए को माँ ने एक पुराने कपड़े की पोटली बनाकर उसी में लपेट दिया और मैं वह लेकर हुलसते-फुलसते वासुदेव बाबू के यहाँ पहुँच गया।

सभी बच्चे अपना-अपना पाथेय लेकर वहीं आए और अपनी बगल में रखकर, जैसे सब दिन सोते थे, वैसे सो गए। सबेरे जगकर नित्यक्रिया से निवृत्त होते ही यात्रा शुरू करनी थी।

कुशेश्वर थान यहाँ से चौबीस कोस की दूरी पर है। वहाँ भगवान भोलेनाथ का मन्दिर है और उसमें विराजने वाले शंकर जी को जल चढ़ाने से सब तरह की मनोकामनाएँ पूरी हो जाती हैं। लेकिन उन दिनों यातायात की कोई सुविधा नहीं थी, पैदल ही बाबा दरबार में जाना पड़ता। यह तब भी और आज भी सहरसा जिला में पड़ता है।

मास्टर साहब ने सबको जगाया और जल्दी-जल्दी तैयार हो जाने का आदेश दिया। हम सब बच्चे जगे और जगकर सबसे पहले अपनी-अपनी पाथेय-पोटली सही जगह पर रखकर डोल-डाल जाने की तैयारी करने में जुट गए।

लेकिन यह क्या ? मेरी पोटली तो थी ही नहीं ! मैं घबड़ाकर अपनी पोटली ठीक से खोजने लगा। मैं तो अपनी बगल में ही पोटली रखकर सोया था। किसी दूसरे ने तो मेरी पोटली नहीं उठा ली ? मैं तो हक्का-बक्का।

तभी बाबू कीरत सिंह बोले, 'अरे, आँगन में एक पोटली दिखाई पड़ती है, जाकर देखो तो !'

मैं दौड़ा। पोटली के बदले एक पुराना कपड़ा पड़ा था और उसके भीतर का माल गायब। और बच्चे भी दौड़कर आए, 'किसी ने पूआ निकाल लिया, कपड़ा फेंक दिया।'

'नहीं-नहीं, पूआ कोई क्यों निकालेगा ! लगता है, कुत्ता पोटली ले भागा, पूआ खा गया और कपड़ा छोड़ गया।'

अभी यह अनुमानित कथोपकथन चल ही रहा था कि गीता चा हाजिर होकर बोल पड़े, 'तुम लोग कोठरी में किवाड़ी भी नहीं लगाते, और सोते भी हो घोड़ा बेचकर। कुत्ता वह पोटली खींचकर बाहर ले आया। मैंने उसे खाते देखा तो यहीं से डाँग चलाया। वह पूआ मुँह में दबाए उधर भागा। रात में बिना किवाड़ी लगाए कोई कैसे सो जाएगा ?'

अब तो मेरा हलक सूखने लगा। अब मैं कैसे कुशेश्वर थान जाऊँगा ? माँ को क्या जवाब दूँगा ?

तभी मास्टर साहब नीचे उतरे और मुझे रुआँसा देखकर बोलने लगे, 'अरे कोई बात नहीं, ऐसा तो होता ही रहता है। कुत्ते-बिल्ली मीठी चीज, या मांस-मछली की गन्ध में रात में सेंधमारी करते ही हैं। पूआ की गन्ध पाकर कोठरी में घुसे होंगे, और चुराकर ले भागे। आखिर वे अच्छा भोजन चोरी-चमारी से ही तो प्राप्त करते हैं। उन्हें पकड़ने के लिए कौन चौकीदार पहरा देता रहेगा ! चलो, पाखाना जाओ, मुँह धो लो, और प्रस्थान करो, देर हो रही है। रामसागर का बटआहार कुत्ता खा गया तो खाने दो, यह हम लोगों के भोजन में मिल-जुलकर खा लेगा। इसमें चिन्ता कैसी ? कई दिन तो कहानी कहते समय सुनाया है—बाँइट-चुँइट खाय राजा घर जाय, एकसर खाय डोम घर जाए—हम लोग आपस में बाँटकर खाएँगे, तो अगले जन्म में राजा बनेंगे। कुत्ता अकेले पूआ खाता होगा, इसीलिए तो वह डोम घर जाएगा।'

उनकी बात सुनकर बच्चे हँसने लगे और जल्दी-जल्दी तैयार होकर चल पड़े।

चौबीस कोस पैदल चलना कोई खेल-धूप तो था नहीं, लेकिन उन दिनों एक जिले से दूसरे जिले तक लोग पैदल ही तो जाते थे। तब दूरी तय करने का पैदल से तेज कोई दूसरा साधन भी तो नहीं। हाथी-घोड़े तो राजाओं-रजवाड़ों की सवारी होते थे। हमारे ही गाँव के अनेक लोग मुंगेर पैदल ही जाते हैं कि कोई पालकी लगी रहती है? खैर, चलो रे मन—मन के हारे हार है, मन के जीते जीत। हम लोग बढ़ते गए, बढ़ते गए।

मास्टर साहब ने जेब से घड़ी निकालकर देखी और बोले, 'दस बज गए। इसी पीपल के पेड़ के नीचे बैठो, थोड़ा सुस्ता लो। यहाँ कुआँ भी है। यहीं खा-पी लो, सबको भूख लगी होगी।'

सब लोग बैठ गए। रामकृष्ण जी मास्टर साहब के पैर दबाने लगे। लेकिन मास्टर साहब बोले, 'रामकृष्ण, तुम्हारे पैर क्या मुझसे कम चले हैं जो मेरे पैर दबाने लगे? पैर मत दबाओ। तुम इनमें सबसे बड़े हो, इसलिए पैर दबाना छोड़कर कुएँ पर जाओ, वहाँ रस्सी-लगी बाल्टी है। इन सबको साथ लेते जाओ और पानी भर-भरकर सबके पैर धुलाओ। इससे थकान कम हो जाएगी। फिर मुँह-हाथ धोकर इस लोटे में पानी ले आओ। सब लोग मिल-बाँटकर खा लेंगे, तब आगे चलना शुरू करेंगे।'

रामकृष्ण जी ने आज्ञा का पालन किया। हम लोगों ने हँस-हँसकर मिला-जुला खाना खाया और घड़ी भर बिलमकर फिर चल पड़े। थोड़ी देर बाद रास्ते के दोनों तरफ गाँव मिले। उस गाँव के सभी घर फूस से बने थे। घर के आगे बैठे लोगों को देखा तो वे अधनंगे। किसी को भर देह कपड़ा नहीं। सात-आठ साल के बच्चे-बच्चियाँ तो नीचे से ऊपर तक सोलहो आने नंगे। मास्टर साहब को देखकर राह में खड़ा एक व्यक्ति ने सलाम किया। उसकी उम्र पचास के आसपास होगी। बाल अभी नहीं पके थे, पर गर्दन के नीचे झुर्री लटकने लगी थीं।

मास्टर साहब ने पूछा, 'मुझे आपने सलाम क्यों किया? आप तो मुझे पहचानते नहीं, फिर 'जान न पहचान, बाबूजी सलाम' कैसे हुआ?'

बेचारा भला मानुष डरते-डरते बोला, 'सरकार, आप दरभंगा महाराज के दरबारी जान पड़े, इसीलिए आपको सलाम ठोका। हम लोग उनके ही राज में रहते हैं। जब कभी कोई दरबारी बाबू आते हैं, तो उन्हें देखकर हमें डर लगता है। हर साल कोसी नदी का पानी आकर हमारा सब कुछ दहा-भसा देता है। हम अधनंगे लोग लगान कहाँ से दे पाएँगे? फिर भी उनका स्वागत तो किसी तरह करना ही पड़ता है। गाँव से अलग हटकर हम लोग एक चकला चलाते हैं। बाबू लोगों का वहीं स्वागत-सम्मान होता है। लगान नहीं, तो बदले में चकला।'

उस आदमी का जवाब सुनकर मास्टर साहब के चेहरे पर परेशानी का भूगोल उतर आया, फिर बोले, 'हम लोग राही-बटोही हैं, दरभंगा महाराज के कोई नहीं। हमसे मत डरिए। हम कुशेश्वर धाम जा रहे हैं। अच्छा, यह तो बताइए कि यह कौन-सा गाँव या इलाका है?'

उस निरीह ने कहा, 'यह समूचा इलाका सरकार फरकिया है—फरकिया। दलिद्दर इलाका। खेसारी के अलावा यहाँ कोई दूसरा अन्न नहीं उपजता। धान लगाते हैं। धान फूटने-फूटने पर होता है कि कोसी मैया उमड़ा जाती हैं। लहलहाती फसल को एक ही रात में

निगल जाती हैं। माल-मवेशी की भी अपनी जवानी के ताव में नहीं बखसतीं। आग और पानी से कौन लड़ सकता है, और कौन उससे बच सकता है?'

मास्टर साहब उसकी बात सुनकर मुस्कराए और बोले, 'बहुत धन्यवाद, जाइए। हम लोगों को अभी बहुत दूर जाना है। अच्छा, यह तो बता दीजिए कि कुशेश्वर धाम यह रास्ता पहुँचा देगा न?'

वह बोला, 'सरकार, थोड़ी दूर चलने के बाद यह राह एक सड़क से मिल जाएगी। सड़क तो वह भी कच्ची ही है, पर है फिरिकफेन। उस फिरिकफेन को पकड़कर सीधे बढ़ते जाइएगा, शाम होने से पहले ही वह फिरिकफेन आपको कुशेश्वर धाम पहुँचा देगा। अच्छा, जाइए बाबू, सलाम! बाबा कुशेश्वरनाथ आपका भला करें।'

हम आगे बढ़ने लगे। मास्टर साहब ने कहा, 'रामकृष्ण, सातवीं कक्षा की हिन्दी किताब में पढ़ा था न, 'कोसी : बिहार का अभिशाप' शीर्षक निबन्ध?'

रामकृष्ण बोले, 'जी।'

'यह कोसी का क्षेत्र है। आज यहाँ की जनता से तुम्हें मुलाकात भी हो गई, और इनका जीवन जीना भी देख लिया। बेचारे कितनी गरीबी में जी रहे हैं! इनकी दुर्दशा का मूल कारण कोसी की बाढ़ ही है, जो हर साल आकर इन्हें धो-पोंछ देती है। किताब में पढ़ी बातों को आँखों से देख लेने पर सब दिन याद रहती है। अगले महीने यह पाठ रामसागर को भी पढ़ाया जाएगा। बाहर निकलकर दुनिया देखने से ज्ञान में वृद्धि होती है। इसीलिए मैं तुम लोगों को इतना पैदल चला रहा हूँ।' मास्टर साहब बोले।

मास्टर साहब चलते भी जाते थे और बीच-बीच में हमें कुछ सिखाते भी जाते। दो-तीन घंटे चलने के बाद हम लोग फिर एक गाँव के पास किसी पेड़ के नीचे बैठे, और बगल के कुएँ से पानी भरकर भर आह पानी पी लिया। एक बूढ़ा हमारा झुंड देखकर वहाँ रुका। हमने उससे पूछा, 'कुशेश्वर धाम अब कितनी दूर होगा?'

वह बोला, 'बस, अब तो आप पहुँचने पर हैं। यहाँ से डेढ़-दो कोस मात्र बचा है। लुक-झुक बेला से थोड़ा पहले ही पहुँच जाइएगा। हाँ, वहाँ के पंडों से बचकर रहिएगा। वे झूठ-मूठ कहकर आपसे नाजायज पैसे भी ऐंठ लेंगे, और अचेत रहने पर रात में कुछ चुरा भी लेंगे।'

मास्टर साहब ने कहा, 'क्या कीजिएगा, कुत्ते तो सब जगह होते हैं! ऐसे हम आपकी सलाह पर ध्यान जरूर देंगे।'

फिर हम चल पड़े। अब पैरों में चलने की गति बहुत कम हो गई थी। हममें सबसे कम उम्र का विनय था। वह बार-बार मास्टर साहब से पूछता, 'बाबा, फिरिकफेन कब मिलेगा? उसी पर चढ़कर चलते। अब चला नहीं जाता।'

मास्टर साहब हँसकर कहते, 'अरे, फिरिकफेन कोई सवारी थोड़े है! वह तो अच्छी और सीधी सड़क को कहते हैं। अब तो कुछ ही दूर धाम बचा है। आधे घंटे में हम लोग पहुँच जाएँगे। मन को हारने न दो विनय।'

हम लोग बढ़ते गए, बढ़ते गए। आखिर सूर्यास्त से कुछ पहले धाम पहुँच गए। शरीर इतना थक चुका था कि अब एक डेग आगे बढ़ने का साहस नहीं। फिर भी कुएँ से जल भरा, हाथ-पाँव-मुँह अच्छी तरह से धोया, और रात में ठहरने-सोने की जगह खोजने लगे।

तभी एक पंडा माथे में चन्दन लगाए आया और हमारा नाम-पता पूछकर बोला, 'चलिए, हमारे घर पर ठहर जाइए। ठहरने के लिए कुछ भी नहीं लिया जाएगा। कल पूजा-पाठ इत्मीनान से करवा दूँगा। जाते समय अपनी खुशी से जो देने का मन होगा, दे दीजिएगा।'

वह बोल ही रहा था कि दूसरा पंडा आ धमका और उसे डाँटने लगा, 'तू कब से पंडा हो गया है—बापे न पूते, चोंगा भर मूते! भाग यहाँ से हरामजादा!'

फिर हम लोगों को फुसलाने में भिड़ गया।

तभी एक तीसरा पंडा आया, फिर चौथा, और इस तरह कई पंडों की जमात जमा हो गई। वे आपस में कुत्तों की तरह झगड़ने लगे। सब कहते कि ये हमारा यजमान हैं। इन्हें मैं अपने यहाँ ठहराऊँगा। तभी एक अदना-सा आदमी आकर बोला, 'बाबू लोग, सुन लीजिए। किसी के घर पर नहीं ठहरिएगा। इनका कुछ भी विश्वास नहीं। मैं इनकी चाल भुगत चुका हूँ। आपके साथ किसी लड़की को सटा देंगे और हल्ला करने लगेंगे—चामचोर है, चामचोर है, धरो, पकड़ो! आपको झूठ-मूठ का बदनाम भी कर देंगे, और बाद में बोलेंगे—अगर चमचोरी की बदनामी से बचना है तो इतने रुपए जल्दी से दे दो और भागो। आपके पास जो भी है, वह झीट लेंगे और आप अपना-सा मुँह लेकर घर वापस होंगे। सीधे धर्मशाला जाकर टिकिए। वहाँ बहुत से यात्री मिलेंगे। उतने लोगों में इनकी बहादुरी और चालाकी नहीं चल पाती है। इसीलिए ये आपको अपने घर पर ठहराना चाहते हैं।'

सभी पंडे उस भलेमानुष को गाली बकने लगे, उसे मारने पर उतारू हो गए, पर वह भी था अक्खर मर्दाना। वह अपनी बात से पीछे नहीं हटा।

आखिर मास्टर साहब ने उन पंडों से कहा, 'अभी आप लोग हमारा पिंड छोड़िए। हम बहुत थक चुके हैं। एक घंटे बाद आइए तो हम अपना निर्णय सुना देंगे कि हमें कहाँ टिकना है।'

पंडे चले गए, और तब हम लोग धर्मशाला का पता लगाकर वहीं ठहरे। वहाँ कोई पंडा नहीं आया। धर्मशाला में बहुत से यात्री टिके थे। वे आपस में बात कर रहे थे। उनमें से एक कह रहा था, 'यहाँ के पंडे शातिर बदमाश होते हैं। यात्री को फुसला-बहलाकर अपने घर पर ठहरा लेते हैं और चमचोरी का इल्जाम लगाकर सबकुछ छीन लेते हैं। मैं तो बिना पंडा के ही बाबा को अक्षत, फूल और गंगाजल चढ़ाकर हाथ जोड़ लेता हूँ। इससे पहले तीन बार और यहाँ आ चुका हूँ। इसलिए यह मेरे लिए ठीक से आजमाया हुआ स्थान है।'

दूसरा बोला, 'बात तो ठीक ही कहते हैं, पर बिना पंडा साथ लिये पूजा करने से पूजा का फल नहीं मिलता है।'

तीसरा बोला, 'फल क्या बाबा किसी को दिखाकर उसके हाथ में रख देते हैं? मन पवित्र कर कहीं से भी ध्यान करो, तो वे मनोकामना पूरी कर ही देते हैं। अरे भाई—मन चंगा, तो कठौती में गंगा। मैं तो अब कभी यहाँ नहीं आऊँगा। अपने घर से ही बाबा को याद करता रहूँगा। इन पापी पंडों के कारण ही बाबा ने एक साधु से कहवाया था—कुशेश्वर धाम में किसी भी यात्री को एक रात से अधिक नहीं ठहरना चाहिए। जो एक रात से अधिक यहाँ ठहरता है, उसे कभी पुण्य प्राप्त नहीं होता।'

इन यात्रियों के वाद-विवाद सुनने में एक ओर मजा भी आ रहा था, वहीं दूसरी ओर भूख के मारे पेट में चूहे भी दंड पेल रहे थे। आखिर हम सबने अपना-अपना खाना एक साथ मिलाया और मास्टर साहब का हिस्सा अलग पत्ते पर देकर, हम लोग एक साथ भोजन पर टूट पड़े। खाकर अपना-अपना सामान सिर के नीचे दबाया और सो गए।

सबेरे जोर-जोर से घंटा बजने लगा। यह घंटा मन्दिर में बज रहा था। हम सब सामने के पोखर में नहा-धोकर बाबा कुशेश्वर नाथ के मन्दिर में घुसे। मन्दिर के मुँह पर बैठे फूलवाले से एक ही जगह मास्टर साहब ने फूल खरीदा, लोटे में जल लिया और बिना पंडा, बाबा की पूजा कर ली, फूल-अक्षत और जल चढ़ा दिये।

बाहर आए तो छोटी-मोटी दुकानें सजी थीं। विनय ने जिद पकड़ ली कि 'मैं जलेबी खाऊँगा।' आखिर मास्टर साहब ने एक रुपए देकर एक सेर जलेबी खरीदी, और सभी बच्चों को बैठाकर बराबर-बराबर जलेबी सबमें बाँट दी। अपने लिए भी दो जलेबी ले लीं।

जलेबी खाने के बाद मास्टर साहब विनय को समझाने लगे, 'दुकान की चीजें जल्दी नहीं खानी चाहिए। उसमें भी इस तरह की दुकानों से लेकर। इससे सेहत पर बुरा असर पड़ता है।'

फिर हम लोग धर्मशाला आकर मिला-जुला खाना खाए और दस-बीस मिनट वहाँ का मेला देखकर वापस लौट चले। मास्टर साहब का विचार पहले रविवार की रात में ठहरने का था, पर कुशेश्वर धाम की बदहाली देखकर उन्होंने रविवार को ही लौट चलने का मन बना लिया। लौटते समय उन्होंने दूसरा रास्ता चुना। उस रास्ते से पाँच कोस की दूरी टमटम पर बैठकर तय की जा सकती थी। हम लोग उसी राह से चले। दिन के लगभग एक बजे हम वहाँ पहुँच गए, जहाँ से टमटम बखरी तक आता था। लगभग तीन बजे हम लोगों को बखरी पहुँचा दिया। फिर वहाँ से चार कोस पैदल चलकर आठ बजे रात में बाबू उम्दा सिंह के दरवाजे पर पहुँच गए। मास्टर साहब ने बाँटने के लिए रोड़ी का प्रसाद खरीद लिया था। उम्दा बाबू के दरवाजे पर रोड़ी वाला प्रसाद बँटने लगा। फिर मास्टर साहब ने हमसे कहा, 'अपने-अपने घर चले जाओ, बहुत थके हो, खाकर वहीं सो जाना। आज यहाँ नहीं आना है।'

हम सब घर चले गए और बाबा कुशेश्वर नाथ ने हमें कुश-कलेप लगने नहीं दिया।

हमारे गाँव में जहाँ अभी महन्थ चन्द्रदेव दास नामक प्राइवेट स्कूल चल रहा है, उसके ठीक सामने एक समृद्ध पुस्तकालय था। चन्द्रदेव जी मूल रूप से पहसारा गाँव के ही निवासी थे। अपनी जवानी में ही वे किसी कारणवश पत्नी और पुत्र को छोड़कर घर से निकल गए। कारण तो मुझे नहीं मालूम, पर इतना तो कह ही सकता हूँ कि किसी गौतम की तरह पत्नी यशोधरा और पुत्र राहुल को छोड़कर सिद्धि हेतु घर से चोरी-चोरी नहीं भागे थे :

सिद्धि हेतु, स्वामी गए, बड़े गर्व की बात,
पर चोरी-चोरी गए, यही बड़ा व्याघात; सखी, वे कहकर जाते। [यशोधरा]

वे न तो महाराज शुद्धोधन जैसे धनी बाप के बेटे थे, न उनकी पत्नी यशोधरा जैसी कुलीन नारी थी, न उनके पुत्र का नाम राहुल था; परन्तु गौतम की तरह एक ही पुत्र के बाद उन्होंने भी घर जरूर छोड़ दिया था। घर अकेले भी नहीं छोड़ा, गाँव के दो-तीन साथियों को लेकर भागे थे। कहते हैं न, भाग्य की लकीर आदमी को अपनी दिशा में खींच ही लेती है, सो चन्द्रदेव महाराज भटकते-भटकते गुजरात पहुँच गए। वहाँ किसी बड़े मठ के महन्थ के

आज्ञापालक सेवक बन गए। अभाव का काँटेदार कोड़ा खाए हुए चन्द्रदेव को चिकनी-चुपड़ी रोटी, अन्य-अन्य प्रकार का सुस्वादु प्रसाद, पहनने के लिए साधु-संन्यासी जैसा सुवस्त्र मिलने लगा। ऐसा सुख तो पहसारा में कभी देखा-सुना नहीं। इस सुख को छोड़कर वे पहसारा और पत्नी की याद क्यों करते ? कोई भी लिट्टी छोड़कर बैल हाँकने क्यों जाए ? फिर यहाँ करना ही क्या पड़ता है ? चौका-बर्तन की सफाई, महन्थ जी की देह-मालिश, उनके छोटे-बड़े आदेशों का पालन तथा उनकी भक्तिनों का स्वागत-सम्मान। यह तो गाँव में खुरपी-कुदाली ढेलने-पेलने से आसान ही था। फिर महन्थ जी बूढ़े हैं, इसलिए उनके बुढ़ापे का सहारा बनकर रहने से भविष्य में कुछ अनहोनी ही मिल जाए, तो क्या आश्चर्य ? भगवान किसी को कहकर धन या सुख थोड़े बरसाते हैं ?

देन चहैं करतार जिन्हें सुख, सो तो रहीम टरै नहिं टारे।
उद्यम पौरुष किये बिना, धन आवत आपहिं हाथ पसारे।

अभी भी तो महन्थ जी कम कृपा नहीं कर रहे हैं। बेचारे बूढ़े महन्थ चन्द्रदेव की सेवा से इतने प्रसन्न रहते हैं कि अपने भक्त-भक्तिनों को चन्द्रदेव से पास मिलने पर ही दर्शन देने को राजी होते हैं। भक्तिनें भी बूढ़े महन्थ जी से कुछ बढ़कर ही चन्द्रदेव जी को चाहने-पूजने लगी हैं। यह बात अलग है कि महन्थ जी काफी पढ़े-लिखे हैं, पर उनकी सरस्वती तो अब त्रिवेणी धारा के धरातल में लुप्त हो चुकी है। वे अब मात्र मोक्षकामी बनकर ही जी रहे हैं।

उधर चन्द्रदेव की जवानी अच्छा खाने-पहनने से गंगोत्री से निकलनेवाली गंगाधर की तरह हहरा रही है। पढ़ने-लिखने के नाम पर ये भले ही 'लिख लोढ़ा, पढ़ पत्थर हैं', पर महन्थ जी इनको सह और स्नेह खूब दे रहे हैं। यह सब तो इनके पक्ष में महन्थ का उत्तराधिकारी बन जाने का संकेत है। इसीलिए मठ के अन्य सेवक चन्द्रदेव जी की निन्दा-शिकायत भी करने लगे हैं, लेकिन ऐसा तो वे ईर्ष्या के कारण कर रहे हैं। महन्थ जी की नजर में तो चन्द्रदेव दास जैसा समर्पित दास कोई दूसरा है ही नहीं। महन्थ जी जोर से हवा छोड़ते हैं तो अन्य दास नाक दाब लेते हैं, पर चन्द्रदेव दास तो उनसे सटकर उनका वस्त्र सहियारने लगते हैं। कभी-कभार महन्थ जी को कपड़े में पाखाना हो जाता है तो उसे छूने और हटाने में भी चन्द्रदेव जी को घिन नहीं लगती। इसीलिए तो महन्थ बाबा मन-ही-मन विचार कर रहे हैं कि अब चौथेपन में चन्द्रदेव को अपना उत्तराधिकारी घोषित कर दूँ, तो अपना कर्तव्य पूरा कर लेने का सन्तोष भी मिलेगा और मेरे बाद मठ को हथियाने के लिए दंगा-फसाद भी नहीं होगा।

भाग्य चन्द्रदेव जी का सराहिए कि अचानक एक दिन महन्थ बाबा को जोरदार बुखार आ गया। होश गायब होने पर ही था कि सभी भक्तों और मठ के कर्मचारियों के सामने उन्होंने घोषणा कर दी कि मेरे बाद इस मठ का महन्थ चन्द्रदेव होगा और मठ की सारी सम्पत्ति के सदुपयोग-दुरुपयोग करने का सर्वाधिकार इसके हाथों ही सुरक्षित रहेगा।

इनके विरोधियों की छाती पर साँप लोटने लगा, और इनके हाथ में साक्षात् दूज का चाँद उतर आया। इनके भाग्य ने तुरत नहले पर दहला मारा। मतलब, महन्थ जी इस घोषणा के तीसरे दिन ही गोलोक धाम सिधार गए। इसे कहते हैं मुकद्दर का सिकन्दर! विरोधियों का दावा है कि चन्द्रदेव दास ने बेहोशी की हालत में महन्थ जी को गला दबाकर मार दिया,

पर इस प्रचार का रंच भर भी असर चन्द्रदेव दास के भविष्य पर नहीं पड़ा। वे दास से महन्थ चन्द्रदेव दास हो गए।

महन्थ चन्द्रदेव दास का भाग्य अब छप्पर फाड़कर उनके ऊपर धन-दौलत, सुख-सुविधा और राग-भोग उड़ेलने लगा। कहते हैं कि उस मठ के तहखाने में अकूत सोना भरा था। मृत महन्थ को एक सौ आठ दासियाँ थीं—कुछ बूढ़ी, कुछ जवान और कुछ किशोरी, जो भविष्य में दासी-सुख दान देने के लिए पाली-पोसी जा रही थीं। इसके अलावा मनों में तौलकर सिक्के जमा किए गए थे जिन पर महारानी विक्टोरिया का फोटो मौजूद। दौलत का हिसाब-किताब करने चन्द्रदेव जी को नहीं आता, फिर भी थे काफी चालाक।

गाँव के दो जने, जो उनके साथ भागे थे, उनका भाग्य नहीं उग पाया। वे भी गुजरात में ही कहीं किसी मठाधीश की सेवा-शुश्रूषा में जीवन काट रहे थे। जब उन दोनों को मालूम हुआ कि चन्द्रदेव उस बड़े मठ का महन्थ हो गया है, तो कुछ पाने की लालसा से वे वहाँ पहुँचे। वहाँ तो महन्थ चन्द्रदेव दास का रुतबा देखकर दाँतों तले उँगली दबाने लगे। देखो भाग्य—'संगे साथे गाय चरैलौं, किसुनमा (कृष्ण)भऽ गेल भगवान।' वे चन्द्रदेव जी से अपने ही मठ में रख लेने के लिए निहोरा करने लगे। मगर महन्थ चन्द्रदेव दास ने आगे-पीछे की बात सोचकर उन्हें अपने मठ में जगह नहीं दी। अलबत्ता, दोनों को पाव-आध पाव सोना देकर विदा जरूर कर दिया।

उनमें से एक रामलखन दास गाँव आए और महन्थ चन्द्रदेव दास के बेटे तथा पत्नी से उनकी महन्थ रूप में प्रोन्नति, ख्याति और धन-सम्पत्ति की कथा बढ़ा-चढ़ाकर सुनाई। चन्द्रदेव जी के इकलौते पुत्र राजेन्द्र सिंह अब तक जवान और शादी-शुदा हो चुके थे, मगर महन्थ की पत्नी बुढ़िया रही थी। आर्थिक तंगी के कारण राजेन्द्र सिंह भी जैसे-तैसे पारिवारिक गाड़ी हाँक रहे थे। पिता की ख्याति, समृद्धि और ऊँचे पद की कहानी सुनकर मन में लालची उत्साह आया; और एक दिन गुजरात में सुख-मौज भोग रहे महन्थ पिता के पास अपना दुखड़ा लेकर पहुँच गए।

मठ से सम्बन्ध रखनेवाले तमाम लोग जानते थे कि महन्थ चन्द्रदेव दास का कोई परिवार नहीं है, कि वे बाल-ब्रह्मचारी हैं। इसलिए पुत्र राजेन्द्र सिंह के पहुँचने पर उन्होंने सार्वजनिक तौर पर उन्हें पहचानने से इनकार कर दिया, परन्तु व्यक्तिगत रूप से अपनत्व स्नेह उमड़ आया। उन्होंने दास-दासियों को आदेश देकर राजेन्द्र सिंह को आश्रम में दस दिनों तक ठहराया, सुख-मौज दिलवाया और चलते समय सेर-आध सेर सोना तथा एकाध पसेरी (पाँच सेर) सिक्के देकर विदा किया।

गाँव लौटकर राजेन्द्र बाबू ने उस धन को कई बीघे खेत में बदल दिया। अब उनकी हैसियत अच्छी मानी जाने लगी। वे साल-दो साल में पिता के पास चले जाते, और दो-चार बीघे जमीन खरीदने लायक धन उगाह लाते। इस तरह वे अब गाँव में भगिनमान होते हुए भी कहबैया पुरुष हो गए।

पुत्र राजेन्द्र के प्राय: आने-जाने से महन्थ जी को अपने पोते-पोतियों के प्रति भी स्नेह उमड़ने लगा। अब तो मन में उन्हें देखने और गाँववालों को दिखाने की इच्छा भी प्रबल होने लगी। आखिर एक बार वे पूरे लक-दक के साथ पहसारा पधार ही गए।

गर्मी का मौसम था। आम पकने लगा था और जामुन के फल भी लाली खोकर कालेपन पर उतर चुके थे। ऐसे ही मौसम में वे गाँव आए। उनके साथ पन्द्रह-बीस दास, उतनी ही दासियाँ, तीन-चार ऊँट और बहुत सारे सामान थे। सामान ऊँटों पर ही लदकर आए थे। उनका पड़ाव गिरा बाबू बीसो सिंह के दालान पर, जो बीसो बाबू के घर से काफी दूर, गाछीटोला में था। उत्तर और दक्षिण से एक-एक कोठरी बनी थी, और दोनों कोठरियों के बीच में लम्बा-चौड़ा हॉल। सामने बहुत बड़ा बरामदा और बरामदे के आगे आँगननुमा बड़ा-सा खाली मैदान। इतना बड़ा काफिला यहीं समा सकता था। शादी-विवाह के मौसम में यह दालान बारातियों को ठहराने का उपकार करता।

महन्थ जी के काफिले की औरतें दक्षिण तरफ वाले कमरे में रहीं, और महन्थ जी उत्तरवाले कमरे में। बीच हॉल में सभी दास भक्त ठहराए गए। मैदान के एक तरफ ऊँटों को डेरा मिला तथा बरामदे पर पाक-कला का आयोजन शुरू हुआ।

इस काफिला को देखने के लिए गाँव के लोग उमड़ पड़े। एक नया दृश्य, एक नई सभ्यता, एक नई संस्कृति गाँववालों को आश्चर्य में डाल गए। बरामदे पर नाना प्रकार के व्यंजन सुगन्ध बिखेर रहे हैं, विविध प्रकार के भोज्य तैयार हो रहे हैं, और जरा महन्थ जी के कमरे की ओर बढ़ आइए, तो तरह-तरह के सेंट की सुगन्ध आपको इन्द्र के नन्दन कानन में खिले फूलों के बीच पहुँचा देंगे। कोई दासी महन्थ जी के पाँव दबा रही है, तो कोई उनके सिर की मालिश चमेली के सुगन्धित तेल से कर रही है। इस राज-सुख को लूटनेवाले महन्थ जी की गर्दन के नीचे छींटदार मसनद लगा है और मुँह में पान की गिलौरी। एक दास पीकदान लेकर सेज के बगल में खड़ा है कि कब महन्थ जी पीक उगलेंगे और वह उस पीक को पीकदानी में लोक लेगा। वाह रे महन्थ महाराज! इनके आगे तो दरभंगा महाराज भी दो कौड़ी के! गाँव के लोग उन्हें देखकर कोई सपना देखना मान रहे थे।

तीसरे दिन से एक दूसरी ही लीला शुरू हो गई। शाम होते ही महन्थ जी का बिछावन बड़े बरामदे के बीच में सजा दिया जाता। आगे आँगन में घाघरा पहनी औरतें एक दूसरे का हाथ पकड़कर नाचना शुरू करतीं। नाच रही हैं, गीत गा रही हैं, ठुमके लगा रही हैं, और उनकी छातियाँ अंगिया के भीतर से, गले तक जल भरे गागर की तरह छलक-छलककर डोल रही हैं, हाथों की चूड़ियाँ खनखना रही हैं और पाँवों के पायल तथा कमर की करधनी नृत्य के ताल पर शोर मचा रहे हैं। न कोई लाज, न पर्दा, न परहेज। इस लीला के बाद शुरू होता डांडिया नृत्य। डंडा पीट रही हैं और आगे झुकी, पीछे उठी, युवतियाँ नाच रही हैं। वाह री नई सभ्यता और संस्कृति! बीच-बीच में महन्थ जी सौ-पचास के नोट भी फेंकते जा रहे हैं। गाँववाले हैरान! हकचक! बाप रे! कहाँ से चनरदेवा ऐसा भाग्य बटोर लाया! लगभग महीने भर गाँव को यह निन्दा-प्रशंसा का आश्चर्यजनक आनन्द देकर और पोतियों को निहाल कर महन्थजी पहसारा से विदा होकर गुजरात चले गए। पता नहीं, घरवालों को कितना धन और कितनी ख्याति बाँटकर वापस लौटे! लेकिन गाँव में इस लीला की चर्चा महीनों चलती रही।

वासुदेव बाबू के विद्याधाम पर भी महन्थजी के लीला-दर्शन की चर्चा चल पड़ी। वहाँ शाम के समय अगल-बगल के कुछ बुजुर्ग, कुछ जवान और घर की बूढ़ी-पुरानी औरतें

भी मास्टर साहब से कुछ सीखने, कुछ किस्सा-कहानी सुनने के मकसद से जमा होते थे। हम लोगों के पढ़ने-बैठने से पहले तक यह गोष्ठी प्राय: चलती थी।

उस दिन उम्दा बाबू ने ही मास्टर साहब को छेड़ दिया, 'अच्छा, मास्टर साहब, महन्थ जी तो धर्म-कर्म के अवतार होते हैं। फिर औरतों को साथ लेकर चलना, उनसे नाच-गान करवाना और सरेआम छाती छलकाना धर्म-सम्मत है कि धर्म को नीचे ढकेलना? इस सम्बन्ध में आपकी क्या राय है?'

अभी मास्टर साहब कुछ कहने के लिए सुरफुरा ही रहे थे कि उनके पिता बाबू कीरत सिंह बोल पड़े, 'महन्थ जो भी लीला दिखाते हैं, वह भगवान से हमें सटा देना चाहते हैं। इसमें सोचने-समझने की क्या बात है?'

गीता चा ने प्रतिवाद करते हुए कहा, 'भगवान क्या औरतों को सरेआम छाती छलकाने को कहते हैं? यह तो साफ आवारागीरी है, धर्म के नाम पर व्यभिचार। गाँव की औरतों को बिगाड़ना है, और कुछ नहीं। उठती उम्र की लड़कियों को ऐसा लीला दिखाकर सहकाना है, छिनाल बनाना है। इसका विरोध होना चाहिए था। महन्थ जी भले भगवान के बड़े पुजारी हों, मगर उनकी यह लीला कतई धर्मसम्मत नहीं हो सकती।'

गीता चा अभी बोल ही रहे थे कि उम्दा सिंह ने उन्हें रोक दिया और बोले, 'मैंने मास्टर साहब से निवेदन किया है कि वे इस सम्बन्ध में अपनी राय हमें सुनावें। आप लोग ही आपस में वाद-विवाद करते रहेंगे, तो वे कब अपनी राय दे पाएँगे? चुप होकर सब आदमी उनकी बात सुनिए। ...मास्टर साहब, आप तो गीता-रामायण सब पढ़ और जान चुके हैं। कृपया इस सम्बन्ध में अपना मुँह खोलकर हमारा मार्गदर्शन कीजिए।'

अब वासुदेव बाबू ने शुरू किया, 'देखिए, इस सम्बन्ध में मैं अपनी राय क्या दूँ? यह घोर कलियुग चल रहा है। इसमें 'मारग सोई जा कहँ जेहि भावा' और 'पंडित सोइ जो गाल बजावा।' और 'गुन मन्दिर सुन्दर पति त्यागी, भजहिं नारि पर पुरुष अभागी।' ऐसे समय में मुँह खोलकर किसी की निन्दा या प्रशंसा करना भी खतरनाक काम है। उस पर भी मैं गाँव के विद्यालय का प्रधानाध्यापक हूँ। मेरे अलग से कुछ कहने पर तो तरह-तरह की चर्चा चल पड़ेगी। इसलिए मैं आपको वाल्मीकि रामायण में वर्णित एक कहानी ही सुना देता हूँ, फिर आपको उस कहानी से जो समझना होगा, अपने-अपने हिसाब से समझ लीजिएगा।'

सब लोग बोल पड़े, 'हाँ, हाँ, मास्टर साहब, कहानी ही सुनाइए। आपकी कहानी हमेशा कुछ-न-कुछ सीख देती है, उसमें भी वाल्मीकि रामायण की कहानी तो और भी शिक्षाप्रद होगी!'

मास्टर साहब बोलने लगे, 'तो सुनिए कहानी :

राजा राम के राज्य में एक दिन एक कुत्ता कोई शिकायत लेकर हाजिर हुआ। उनके राज्य में तो सबको अपनी बात कहने की छूट थी। रामजी ने उससे पूछा—क्या शिकायत है, जल्दी बताओ?

कुत्ते ने कहा—महाराज, आज सबेरे मैं अपने आहार की खोज में सड़क से कहीं जा रहा था। एक पंडितजी गंगा-स्नान कर, ललाट पर त्रिपुंड चन्दन झलकाए, एक हाथ में लाठी और दूसरे हाथ में गंगाजल भरा कमंडलु लिये उसी सड़क से गुजर रहे थे। मैंने मन-ही-मन उन्हें प्रणाम करने के खयाल से उनकी ओर मुँह उठाकर देखा। उन्होंने आव देखा न ताव,

फट से अपनी लाठी मेरी कमर पर जमा दी। मैंने उनका कुछ भी नहीं बिगाड़ा था। वे मुझसे लग्गा भर दूरी पर जा रहे थे, पर बिना कसूर उन्होंने ऐसी चोट जमाई कि मेरी कमर ही सीधी नहीं हो रही। मैं उनके खिलाफ यही शिकायत लेकर आपके दरबार में आया हूँ कि बिना किसी अपराध के किसी को दंड दे देना उचित है, या अनुचित? अगर उचित है तो कमर का दर्द जीवन भर सहता रहूँगा, कराहता रहूँगा; और अगर अनुचित है, तो पंडित जी को उचित दंड दिया जाए।

रामजी ने मंत्रियों को आदेश देकर पंडित महाराज को बुलवाया और उनसे पूछा कि आपने इस कुत्ते को बिना अपराध क्यों मारा? साफ-साफ बताइए कि इसने आपके प्रति कोई अपराध भी किया था?

पंडित जी बोले—प्रभु! मैं जाति का ब्राह्मण हूँ। नित्य गंगा-स्नान करके कमंडलु भर गंगाजल लेकर चलता हूँ। यह जल मैं मन्दिर जाकर भगवान भोलेनाथ पर रोज चढ़ाता हूँ। आज मेरे रास्ते में यह कुत्ता आ गया। मुझे सन्देह हुआ कि अगर यह मुझमें सट गया तो जल अपवित्र हो जाएगा, इसलिए मैंने इसे रास्ते से भगाने के लिए लाठी से मारा। यह सच है कि मैंने इसे मारा, पर नहीं मारने पर अगर यह सट जाता, तब तो मेरा जल ही बेकार हो जाता। अब आप जैसा इंसाफ कीजिए, मुझे स्वीकार होगा।

प्रभु श्रीराम बोले—यह कुत्ता आपमें न सटा, न आपका जल ही छुआ, और न आपका रास्ता रोका, न आपको काटा। बिना अपराध, सम्भावना के आधार पर आपने इसे सजा दे दी, इसलिए आप अपराधी हैं, आपको सजा दी जाएगी।

तभी ढीठ कुत्ता बोल पड़ा—महाराज, इनसे यह भी तो पूछिए कि मुझे लाठी से मारने पर इनके दूसरे हाथ में लटका कमंडलु का जल क्या अपवित्र होने से बच गया? इन्होंने लाठी से मुझ कुत्ते को छूकर खुद से अपना गंगाजल अपवित्र कर लिया। और इनके ब्राह्मणत्व की तारीफ तो यह कि वही अपवित्र जल ये भगवान शिव के मस्तक पर उड़ेलकर अपने को शिवभक्त मान रहे हैं। यह भी तो एक धार्मिक अपराध ही हुआ।

श्रीराम ने कहा—कुत्ता ठीक कह रहा है। आप दुहरा अपराधी हैं। आपको सजा दी जाती है कि बेकसूर को मारने के बदले आपको भी लाठी मारकर आपकी कमर तोड़ दी जाए, ताकि आपको भली भाँति दूसरे का भी दर्द याद रहे।

कुत्ता फिर बीच में टपक पड़ा—प्रभु! सबके स्वामी, हे सर्वज्ञ, कृपया इन्हें इतनी हल्की सजा न दें। इससे अधिक कठोर दंड के भागी हैं पंडित जी महाराज।

रामजी बोले—कैसा कठोर दंड देना चाहते हो तुम?

कुत्ता—स्वामी, इन्हें देश के सबसे बड़े किसी मठ-मन्दिर का महन्थ बना दिया जाए।

रामजी—अरे, यह तो पुरस्कार होगा, सजा नहीं! तुमको बिना अपराध इसने उतनी सख्ती से मारा और तुम इस पर इतने दयालु?

कुत्ता—नहीं स्वामी, यह उससे कई गुणा अधिक कठोर दंड है।

रामजी—सो कैसे?

कुत्ता—प्रभु, पिछले जन्म में मैं गुजरात प्रदेश के सबसे बड़े मन्दिर का महन्थ था। करोड़ों का माल, एक से एक सुन्दर सेविकाएँ, हलुआ-पूरी तो छोड़िए, भगवान के प्रसाद के नाम

पर अनोखे-अनोखे व्यंजन, मिठाइयाँ, फल-फूल और क्या नहीं ? सबका स्वामी मैं। छककर भोग किया और मरने के बाद मुझ मठाधीश भोगी को यही कुत्ता का चोला मिला। इसलिए इन्हें भी अगले जन्म में कुत्ता बनने के लिए अभी मठाधीश बन जाने की सजा दीजिए।

रामजी कुत्ते की बात से सहमत हो गए। उन्होंने पंडित जी को सबसे बड़े मन्दिर का महन्थ बना दिया। किस्सा खतम, पंडित जी चितंग।'

सब लोग बोल पड़े, 'मास्टर साहब, आपने आज थै-थै कर दिया। अब कहने के लिए बचा ही क्या ? आपने तो साँप भी मार दिया, लाठी को भी टूटने से बचा लिया। धन्य हो वासुदेव!'

वासुदेव बाबू जैसे आकाशधर्मा गुरु की छत्रच्छाया में रहकर मैंने अपने-आपको सुधारने के अनेक मन्त्र सीखे। अभाव में रहकर भी कोई कैसे अपने लक्ष्य तक पहुँच सकता है, इस सम्बन्ध में उन्होंने हमें अनेक कहानियाँ सुनाई थीं। इन कहानियों ने मुझे अपने भीतर साहस और संकल्प पैदा करने के लिए खूब प्रेरित किया। वे हमेशा कहते थे, 'जीवन में उजाला लाने-फैलाने की कोशिश होनी चाहिए। सकारात्मक भावों और विचारों को मन में जगह देने से जीवन प्रकाशित होता है। नकारात्मक विचार हमेशा जीवन में अन्धकार फैलाते हैं। सकारात्मक विचारों और संकल्पों का प्रकाश बटोरने का प्रयास करना चाहिए।' उनकी बातें हम बच्चों के मन में उसी तरह गप-गप बैठ जाती थीं, जिस तरह प्यासी धरती वर्षा के पहले पानी को गट-गट सोखती जाती है। उनके मार्गदर्शन का प्रत्यक्ष और तात्कालिक लाभ मुझे यह मिला कि सातवीं कक्षा की वार्षिक परीक्षा में मैं प्रथम तो आया ही, दूसरे स्थान पर आनेवाले भतीजा शम्भू से मैं एक-दो नहीं, ग्यारह अंकों से ऊपर रहा। मैंने अपने पूज्य गुरुदेव के पाँव छुए और उन्होंने मुझे आगे भी अच्छा करते रहने का आशीर्वाद दिया।

लेकिन आगे बढ़ना भी मेरे लिए उतना आसान नहीं था। वार्षिक परीक्षा का रिजल्ट आया, इसके सप्ताह बाद पिताजी को दुनही से आया एक नाई ने बताया कि वे 'नाना' बन गए हैं और मैं मामू; यानी मेरी तेतो दीदी ने एक पुत्र पैदा किया है। फिर क्या था, पिताजी बल्लियों उछलने लगे। घर में खुशी का माहौल उतर आया, और बड़े भाई साहब को नेग के साथ दुनही भेजने की तैयारी होने लगी। हमारे परिवार में नाना-नानी, मामू-भगिना का नया सम्बन्ध पहली बार उतरा। इसलिए परिवार के मुखमंडल पर हँसी-खुशी उछलने-कूदने लगी।

अब हमारी दीदी ससुराल में सोलह आने सुरक्षित हो गई। जब तक विवाहित महिला की गोद में कोई पुत्र नहीं उतर जाता, तब तक उसके भविष्य को लेकर माता-पिता हमेशा चिन्तित रहते हैं। माँ तो हमेशा पिताजी के सामने बोलती ही थी, 'भगवान तेतो को रस-बस जाने देंगे, तभी जानूँगी। सिर्फ विवाह हो जाने से क्या होता है ? मुझे पहली सन्तान बेटी आई थी, कितना दुख भोगकर, कितना दुख देकर गई, यह तो ऊपरवाला ही जानता है। कहीं मेरी तरह ही उसकी कोख से भी बेटी उतरी तो कैसे बस पाएगी ? औरत जाति के लिए तो बेटा ही विष्णु भगवान का सुदर्शन चक्र होता है। उसके बिना तो नारी-जीवन पेड़विहीन जंगल-झाड़ ही बना रहता है। आज मेरी बेटी रस-बस गई।'

मैं मिडिलची हो गया। बाबूजी के हाथ में एक साथ दो-दो चाँद उतर आए। एक तो वे नाना बन गए, और दूसरे, मिडिल पास बेटे का बाप। उन्होंने उमगकर एक दिन मुझसे कहा, 'सागर बाबू, चनरसेखर, उचित लाल, चान बाबू—सब तो मिडिल ही पास करके महटरी कर रहे हैं। ये लोग सरकारी नौकरी पाकर घर का उद्धार कर रहे हैं। दूसरे के दरवाजे पर रहकर नीक-सुख खाते हैं, और सारा पैसा बचाकर घर ले आते हैं। उचित लाल तो तीन-चार बीघा खेत भी खरीद चुके हैं। अब उनकी माँ कुटिया-पिसिया करने किसी के घर नहीं जाती। क्या तुम्हें अब महटरी नहीं मिलेगी?'

मैंने कहा, 'बाबू, मैं अभी और पढ़ूँगा।'

वे बोले, 'बेटा, चादर देखकर ही पैर फैलाना चाहिए। अब आगे पढ़ोगे तो खर्च कहाँ से आएगा? तुम्हारे दो बड़े भाई हैं। दो में से किसी का विवाह नहीं हुआ है। एक भी बरतुहार नहीं आ रहा है। घर की माली हालत देखकर ही कोई अपनी बेटी देने आता है। बड़का तो अब बराठ हो गया। तुम नौकरी में लग जाते तो किसी एक का विवाह जरूर हो जाता। विवाह तो छोड़ो, तुम्हारे पढ़ने का खर्च कहाँ से जुटा पाऊँगा?'

मैंने दबी जुबान में जवाब दिया, 'बाबू, मैं अपने पढ़ने का खर्च घर से नहीं लूँगा। अभी मुझे पढ़ने दीजिए।'

वे चुप हो गए।

उन दिनों उत्तर में बेगूसराय से लेकर दक्षिण में रोसड़ा तक, और पूरब में खगड़िया से लेकर पीछे बखरी तक के बीच में एक ही हाई स्कूल था—जयमंगला उच्च विद्यालय, मंझौल। मंझौल जनसंख्या, शिक्षा और राजनीति की दृष्टि से इस क्षेत्र का सबसे अधिक विकसित और सम्पन्न गाँव था। अब भी है। इस गाँव के राम बाबू एम.एल.ए. थे। गाँव के कई लोग प्रोफेसर, डॉक्टर और एकाध इंजीनियर भी हो चुके थे। न्यायिक सेवा में भी एक-दो विद्वान सोहरत कमा रहे थे। इस गाँव का एक बदरी दुसाध भी बड़े पद पर सरकारी नौकरी कर रहा था। इस गाँव के शिक्षा-प्रेमी लोगों ने राम बाबू की अगुआई में यह हाई स्कूल खोला था। खोला ही नहीं, ऐसे-ऐसे शिक्षकों को नियुक्त किया, और इतनी अच्छी व्यवस्था चलाई कि कुछ ही वर्षों में यह स्कूल बेगूसराय के बी.पी.एच.ई. स्कूल से मुकाबला करने लायक हो गया। बी.पी. स्कूल का नाम जिला स्तर पर अव्वल माना जाता था। हमारे गाँव और इस पूरे इलाके के धनी बाप मिडिल से आगे की पढ़ाई के लिए अपने बेटे को बेगूसराय के इसी स्कूल में भेजते थे। तब बेगूसराय सबडिवीजन था। हमारा जिला मुंगेर था। लेकिन बेगूसराय जाने के लिए बूढ़ी गंडक नदी को पार करना पड़ता। नदी को पार करने का एक ही साधन था—नाव। नदी पर कहीं पुल तो था नहीं। नाव से नदी पार करने में कभी-कभी दो दिन लग जाते, क्योंकि यात्रियों की संख्या अकूत, और नाव तथा खेवनहार बहुत कम। इसलिए बेगूसराय जाकर पढ़ाई करना आसान नहीं था। फलतः धनी बाप के बेटे भी कम-सम संख्या में ही वहाँ पढ़ने जाते।

जब मंझौल में हाई स्कूल खुल गया तो बूढ़ी गंडक नदी से उत्तर का पूरा क्षेत्र इसी स्कूल में मैट्रिक की पढ़ाई करने टूट पड़ा। गरीब-अमीर, जाति-कुजाति—सबके लिए इस महान स्कूल ने मैट्रिक तक पढ़ने की सुविधा मुहैया करा दी। परन्तु इतने बड़े क्षेत्र के मिडिल पास

करनेवाले सभी छात्रों का प्रवेश इस एक स्कूल में कैसे सम्भव था ? 'एक अनार, सौ बीमार' वाली समस्या थी। इसलिए जितने लोग यहाँ पढ़ने के लिए उत्सुक होते, उनका प्रवेश-परीक्षा में बैठकर उत्तीर्ण होना अनिवार्य कर दिया गया। पचीसों मिडिल स्कूलों से पास करनेवाले विद्यार्थी हर वर्ष जनवरी महीने में आते, और प्रवेश-परीक्षा में सम्मिलित होते। इस परीक्षा में जो उत्तीर्ण होते, उन्हें ही इस स्कूल में नामांकित किया जाता। कभी उलुआ, बुलुआ यहाँ जमा नहीं होते।

इस समस्या से निजात पाने के लिए तीन-चार वर्ष पहले नावकोठी गाँव के लोगों ने भी अपने यहाँ एक हाई स्कूल की स्थापना कर ली। नावकोठी भी तो बड़े जमींदारों का गाँव था। अयोध्या शिवकुमारी का नाम बड़े जमींदार के रूप में विख्यात था। लेकिन एक तो यह स्कूल अभी नया; दूसरे, इसकी व्यवस्था मंझौल जैसी कैसे हो सकती थी ? मंझौल तो हर मामले में मंझौल ही था। इसलिए नावकोठी हाई स्कूल खुल जाने के बाद भी लोगों का पहला जोर मंझौल हाई स्कूल में ही प्रवेश पाने का रहता।

मेरे सामने समस्या यह आ गई कि मैं कहाँ पढ़ूँ—मंझौल हाई स्कूल में, या नावकोठी में ? इसमें तो कोई भी आँख मूँदकर सलाह देगा कि मंझौल में। लेकिन मेरे लिए यह आँख मूँदकर जवाब दे देनेवाला प्रश्न नहीं रहा। हमारे परिवार में सबसे आगे पढ़नेवालों में लखनदेवजी थे। जिन दिनों मैं आठवीं कक्षा में नामांकित होनेवाला था, वे ग्यारहवीं में पढ़ रहे थे। उन्होंने अपना नामांकन नावकोठी उच्च विद्यालय में कराया था। नावकोठी अभी नया स्कूल था। अच्छे-अच्छे विद्यार्थी तो वहाँ पढ़ने जाते नहीं। लखनदेव जी ने वहाँ आठवीं में नामांकन कराया तो उस स्कूल में उन्हें अच्छा विद्यार्थी मान लिया गया। ऊपर से नया स्कूल के कारण फ्रीशिप की सुविधा मिल जाना भी आसान। मंझौल में तो फ्रीशिप मिलना, तैरकर गंगा नदी पार करना जैसा कठिन था। सो, लखनदेव जी मुझे पटियाने लगे कि नावकोठी में ही नाम लिखाओ। मुझे सहमत न होते देखकर उन्होंने दादा पर डोरे डालना शुरू कर दिया।

लखनदेव ने दादा को बताया, 'मथुरा चा, नावकोठी में नाम लिखाने पर फुल फ्रीशिप की गारंटी मैं लेता हूँ। फिर यह अभी नया स्कूल है, सागर अपने स्कूल का फर्स्ट विद्यार्थी है। नावकोठी में किसी दूसरे स्कूल का फर्स्ट विद्यार्थी तो आएगा नहीं। इसलिए सागर वहाँ अपने क्लास में सब दिन फर्स्ट ही करता रहेगा। मंझौल में तो पचीसों स्कूल के फर्स्ट, सेकेंड विद्यार्थी नामांकित होंगे। उनके बीच इसका स्थान क्या रहेगा, यह कौन जानता है! मेरे हिसाब से तो फर्स्ट, सेकेंड करना दूर की बात है। वहाँ किसी तरह पास भी करता जाए तो यही बहुत। इसलिए इसे नवकोठी हाई स्कूल में ही पढ़ने भेजिए।'

मैंने दादा से कहा, 'दादा, मेरे साथ आप वासुदेव बाबू के डेरे पर चलिए। वे जैसी सलाह देंगे, मैं वैसा ही करूँगा।'

वे राजी हो गए। हम दोनों भाई वहाँ पहुँचे। हम दोनों भाई को देखते ही वह महान गुरु बोल पड़े, 'आओ रामसागर! क्या बात है, आज दोनों भाई साथ आए हो ? पहलवान जी भी आए हैं। जरूर कोई विशेष बात होगी ?'

मैंने कहा, 'गुरुदेव, मैं एक मार्गदर्शन पाने की लालसा से आपके पास आया हूँ। मैं नावकोठी हाई स्कूल में अपना नामांकन कराऊँ या मंझौल में, यह निर्णय नहीं कर पा रहा

हूँ। मेरी अपनी इच्छा है मंझौल में पढ़ने की, पर लखनदेव दादा और बाबू को समझा रहे हैं कि मंझौल में फ्रीशिप मिलेगा या नहीं, यह सन्देहास्पद है। नावकोठी में फ्रीशिप मिलना तय है। फिर मंझौल में अनेक स्कूलों के फर्स्ट, सेकेंड जमा होंगे; उनमें मेरा स्थान कहीं रहेगा या नहीं, इसमें भी सन्देह है। लखनदेव का कहना है कि नावकोठी में मेरा फर्स्ट पोजीशन हमेशा सुरक्षित रहेगा, क्योंकि वहाँ तो एकाध स्कूल का ही कोई अच्छा विद्यार्थी आएगा। उनके विचार से मैं पढ़ने में अच्छा हूँ तो किसी भी स्कूल में पढ़ूँगा, अच्छा ही करता रहूँगा। इसलिए मुझे आर्थिक सुविधा मिलनेवाले स्कूल में ही नामांकित होना चाहिए। दादा पढ़ाई में लगनेवाले खर्च के डर से लखनदेव की बात में दम मानकर गुमसुम हैं। इसीलिए इन्हें साथ लेकर मैं आपके पास मार्गदर्शन हेतु चला आया। आप जैसी सलाह देंगे, दादा को भी वही सुहाएगा, मान्य भी होगा।'

वासुदेव बाबू कहने लगे, 'इसमें सोचने-विचारने की कोई बात नहीं है। सीधे मंझौल स्कूल में नाम लिखाने जाओ। वहाँ बहुत से स्कूलों के फर्स्ट, सेकेंड लड़के आएँगे तो क्या हुआ ? जितनी अधिक संख्या में अच्छे लड़के जुटेंगे, उतनी अच्छी बात है। अच्छों के बीच होड़ होगी। इस होड़ में रगड़ खाओगे, संघर्ष करोगे, अधिक से अधिक मेहनत करने की जरूरत समझोगे। संघर्ष से डरना कैसा ? फिर मेरा पढ़ाया हुआ विद्यार्थी किसी होड़ में पिछड़ जाएगा, ऐसा विश्वास कम-से-कम मुझे नहीं है। रही बात फ्रीशिप की। वह तो तुम्हें किसी भी स्कूल में मिलेगा ही, क्योंकि तुम बहुत ही गरीब हो, लेकिन पढ़ाई में बहुत अच्छा। वहाँ के हेडमास्टर बलराम बाबू हैं। उनसे मेरा अच्छा परिचय है। मैं भी उनसे तुम्हारे फ्रीशिप के लिए सिफारिश करूँगा। अगर फ्रीशिप न होकर हाफ ही होगा तो बचा हुआ आधा पैसा मैं दे दिया करूँगा। सीधे मंझौल स्कूल की प्रवेश-परीक्षा में शरीक होकर वहीं नाम लिखाओ, कहीं दूसरी जगह मत भटको। पहलवान, इसे जयमंगला उच्च विद्यालय, मंझौल में ही पढ़ने दीजिए। मत रोकिए इसे। यह उस स्कूल में भी अच्छा ही करेगा।'

मास्टर साहब की बात सुनकर दादा का मन-मिजाज बदल गया। वे मुझे मंझौल भेजने पर खुशी-खुशी राजी हो गए। मैं निर्धारित समय पर प्रवेश-परीक्षा में शरीक हुआ, सफल हुआ, और जयमंगला उच्च विद्यालय में नामांकित भी हुआ। यह है मेरी आठवीं कक्षा में पढ़ाई शुरू करने की सच्ची कहानी।

मारग सोइ जाकहिं जेहि भावा

जिन दिनों मैं आठवीं कक्षा में नामांकित हुआ था, उन दिनों बिहार की, खास कर बेगूसराय की राजनीति में एक भूचाल-सा माहौल बन गया। हुआ यह कि अभी तक बिहार में कांग्रेस पार्टी को छोड़कर किसी दूसरी राजनीतिक पार्टी का नामोनिशान नहीं था। डॉ. श्रीकृष्ण सिंह बिहार के अजेय मुख्यमंत्री थे। उनकी विद्वत्ता, राजनीतिक सोच-समझ और लोकप्रियता के कायल तत्कालीन प्रधानमंत्री पंडित जवाहरलाल नेहरू भी थे। वे श्रीबाबू का सम्मान करते थे। गाय-बछड़ा का चुनाव चिह्न पढ़े-लिखे लोगों से लेकर किसान, मजदूर, अनपढ़,

हरही-सुरही, मर्द-औरत—सब पहचानते थे। तिरंगा झंडा और गाय-बछड़ा—मतलब कांग्रेस पार्टी, गांधीजी की पार्टी, श्रीबाबू की पार्टी।

लेकिन इसके एकच्छत्र स्वामित्व और लोकप्रियता को चुनौती देने के लिए एक चट्टानी मर्दानगी वाला व्यक्ति अचानक बेगूसराय की धरती पर उतर आया। गाय और बछड़ा को हरकाने के लिए लाल झंडा लटकाए एक लम्बा-चौड़ा, भरपूर पुट्ठावाला साँढ़ खड़ा हो गया। इस साँढ़ को देखते ही गाय सिर घुमाकर बगलें झाँकने लगी, बछड़ा डर से पीछे हटने लगा। गाय की कँपकँपी देखकर गाय-बछड़ा का पालक भी चिन्तित हो उठा। कौन है यह चट्टानी मर्दाना, यह लम्बा-तगड़ा साँढ़? इस मर्दाना का, इस साँढ़ का नाम था—बाबू चन्द्रशेखर सिंह, प्रसिद्ध कम्यूनिस्ट लीडर!

चन्द्रशेखर बाबू का घर बेगूसराय के सुप्रसिद्ध गाँव बीहट था। वे डॉ. कृष्ण सिंह के तत्कालीन मंत्रिपरिषद के सिंचाई मंत्री रामचरित्र बाबू के ही सपूत थे। रामचरित्र बाबू बिहार के मात्र सिंचाई मंत्री ही नहीं, वे उस कैबिनेट में डॉ. अनुग्रह नारायण के समतुल्य व्यक्तित्व के राजनीतिज्ञ भी थे। राजनीति ही क्यों, कहा जाता है कि रामचरित्र सिंह ही पटना विश्वविद्यालय के विज्ञान संकाय में रसायन शास्त्र के सर्वप्रथम एम.एस-सी. थे। देखने में लम्बे-चौड़े, गोर भुर्राक, सिंह जैसी छाती और चाल कट्टर कांग्रेसी नेता। इसी कांग्रेसी महापुरुष के अवतारी पुत्र थे बाबू चन्द्रशेखर सिंह। वे बेगूसराय की मिट्टी से वही वजूद लेकर पैदा हुए थे, जिस वजूद से उनके पड़ोसी गाँव सिमरिया के महाकवि रामधारी सिंह दिनकर की रचना हुई थी। गंगातट पर स्थित इन दोनों गाँवों से अवतरित होनेवाले ये दोनों महापुरुष गंगा-पुत्र भीष्म की याद दिलाने के लिए काफी थे। लेकिन इतने कट्टर, समर्पित और आजादी की लड़ाई में दुस्सह यातना भोगनेवाले कांग्रेसी नेता का यह पट्ठा पुत्र कम्यूनिस्ट कैसे हो गया? इसने पिता की विरासत क्यों ठुकराई?

असल में चन्द्रशेखर सिंह की शिक्षा-दीक्षा बनारस हिन्दू विश्वविद्यालय में हुई थी। वहीं से उन्होंने राजनीतिशास्त्र में एम.ए. किया था, और वहीं वे अर्थशास्त्र का भी मुकम्मल ज्ञान हासिल कर चुके थे। मालवीय जी द्वारा स्थापित उस विश्वविद्यालय में अब प्रगतिवादी विचारधारा की तेज हवा चलने लगी थी। उन दिनों उच्च शिक्षा प्राप्त युवकों के मन-मस्तिष्क पर साम्यवाद तारी होने लगा था। मार्क्सवाद को लोग जीवन की प्राण-वायु यानी ऑक्सीजन कहने-मानने लगे थे। चन्द्रशेखर बाबू के दिल-दिमाग और विचारों में यही ऑक्सीजन प्रवेश कर गया। इसलिए वे वहीं से लाल होकर बेगूसराय उतरे। व्यक्तित्व ऐसा कि किसी भी झुंड में, जुलूस में, या मंच पर खड़े हों तो दूर से ही पहचान लिए जाएँ, जैसे हजार गायों के बीच में विहरनेवाला साँढ़ दूर से ही पहचान में आ जाता है! लम्बा-तगड़ा शरीर, चौड़ी छाती, लम्बी बाहु, बड़ी-बड़ी सुर्ख आँखें, सिर पर घने बाल, नीचे धोती या पाजामा, ऊपर हाफ कमीज, जिसमें छाती पर बाएँ-दाएँ दोनों ओर बन्द पॉकेट और पैर में एक साधारण चप्पल। मुखमंडल पर हमेशा गम्भीरता का एक प्राकृतिक लेप और चेहरा बिलकुल गोरा-चिट्टा। इस आदमी की वाणी में सरस्वती का निवास था। वे मंच पर जब कभी बोलने लगते तो श्रोता मंत्रमुग्ध। सुननेवालों को लगे कि यह मसीहा तो वही सब सच्चाई उगल रहा है, जो हम भोगते हैं, जो कहना चाहते हैं, पर कह नहीं पाते। यह तो हमारा ही दुख-दर्द का बखान

कर रहा है, दुखों से बाहर निकलने का रास्ता बता रहा है। यह तो आदमी नहीं, ईश्वर है। हमारे मन की बात, और हमारे जीवन का दुख-दर्द, बिना बताए कैसे जान गया ? आज तक तो किसी नेता के मुँह से ऐसी सच्चाई नहीं निकली थी। यह ईश्वर है, ईश्वर। हमारा दुखड़ा दूर करने आया है। खूब देर तक बोले, और बोले, हम इसकी बात रात तक ठहरकर सुनने के लिए तैयार हैं।

भाषण के हर दो-तीन मिनट पर तालियों का गड़गड़ाहट और 'कम्यूनिस्ट पार्टी जिन्दाबाद' का शोर। यह था चन्द्रशेखर भाई का करिश्मा।

हमारे गाँव में भी उनके आने और भाषण देने की तैयारी होने लगी, लेकिन तरमिश के तौर पर, यानी चुपके-चुपके। ऐसा इसलिए कि कम्यूनिस्ट पार्टी का नाम चन्द्रशेखर सिंह के गाँव में आने से पहले भी लोग जान चुके थे, पर इस पार्टी को लोग अछूतों और गुंडों की पार्टी के रूप में जान रहे थे। कम्यूनिस्ट होने, या कम्यूनिज्म की बात करने पर आदमी को अपराधी मान लिया जाता।

कांग्रेस गांधीजी की पार्टी है, गाय-बछड़ा किसानों की थाती और हिन्दू जन-जीवन की धार्मिक आस्था का प्रतीक-चिह्न है; इसे हरकानेवाला, इसके खिलाफ बात करनेवाला अपराधी और पापी नहीं, तो और क्या ? ऐसे लोग अछूत हैं। हिन्दू नहीं, गैर-हिन्दू हैं। अधर्मी और देश-विरोधी हैं। उन्हें समाज में सिर ऊँचा कर बोलने का अधिकार नहीं दिया जा सकता। वे जहाँ भी बोलें, उनकी बोलती बन्द कर दी जाए, मुँह पर ताला लगा दिया जाए, ऐसी धारणा थी तत्कालीन सामाजिक और राजनीतिक सेवा करनेवाले कार्यकर्ताओं की। फलस्वरूप आम जनता के मन में भी यही धारणा बैठ गई। ऐसी कांग्रेसी सत्ता और ख्याति की भरी दुपहरी में कम्यूनिज्म को डाक देने का साहस कौन करे ? फिर भी चन्द्रशेखर सिंह का ओजस्वी भाषण जगह-जगह चर्चा का विषय बन गया। इसलिए हमारे गाँव के भी कुछ साहसी लोगों ने डर-छिपकर उन्हें बुलाने और उनकी सभा सफल बनाने के लिए चुपके-चुपके प्रयास शुरू कर दिया।

वे साहसी लोग न पढ़े-लिखे थे, न साधन-सम्पन्न। उनमें से अधिकतर की जाति भी ओछी ही थी, मगर अगुआई तो भूमिहार जाति के लोग ही कर रहे थे। इन साहसी लोगों ने अपनी एक मंडली बना ली, जिनमें मुख्य रूप से महताब सिंह, राजो सिंह, बन्नू सिंह, नागो सिंह (यह बात चौंकानेवाली भी है कि यही नागो सिंह स्वतंत्रता सेनानी का पेंशन और अन्य सुविधाएँ भी पा रहे हैं), भूम सिंह, हबीब मियाँ, गोनौरी दुसाध आदि थे। ये लोग रात में दुसधटोली, चमरटोली, गुअरटोली, गोढ़ियारी, कुम्हरटोली, कमरटोली और मजदूर से भी बदतर जीवन जीनेवाले बाभन लोगों के बीच जा-जाकर अपनी समझदारी के हिसाब से कम्यूनिज्म का फायदा बताते और चन्द्रशेखर सिंह का आग उगलनेवाला भाषण सुनने के लिए, हाजिर होने के लिए प्रेरित करते। धीरे-धीरे, सौ-दो सौ लोग इनके झाँसे में आ गए। कॉमरेड चन्द्रशेखर को गाँव में तो कहीं भाषण देने की जगह मिलना बैल के पेट से बछड़ा निकालने जैसा असम्भव था। इसलिए गाँव से बाहर, नदी किनारे, बजरा घाट पर उनकी मीटिंग की व्यवस्था की गई। निर्धारित तिथि को बजरा घाट पर तीन-चार चौकियों को जोड़कर एक मंच बना दिया गया। बगल में दोनों तरफ एक-एक लाल झंडा गाड़ दिया। मंच पर

कहीं से माँगकर एक बड़ी दरी बिछा दी गई और महताब सिंह तथा राजो (राजेश्वर सिंह) मंच के रख-रखाव की जिम्मेदारी लेकर वहीं ठहर गए।

इधर बन्नू सिंह, भूम सिंह, हबीब मियाँ, अजीत मियाँ अँगरेजी बाजा के साथ सौ-दो सौ लोगों का जुलूस लेकर बजरा घाट की ओर चल पड़े। आगे-आगे छाती ताने बन्नू सिंह और हबीब मियाँ नारा लगा रहे हैं—'लाल झंडा!' पीछे से आवाज आती—'जिन्दाबाद!'

कौन है यह कॉमरेड चन्द्रशेखर? —यह जानने कुछ लोग उत्सुकतावश इस जुलूस में शरीक भी हो गए। जुलूस बजरा घाट पहुँच गया। नीचे बालू ही बालू। जुलूस में शरीक जनता दुसाध, मुसहर, चमार, गोढ़ी, तेली आदि भिन्न जातियों से ही आई थी। सभी बालू पर गद्गद बैठ गए।

बन्नू सिंह छड़पकर मंच पर चढ़ गए और बोलने लगे, 'भाइयो, शान्ति से बैठिए, अभी दस-पाँच मिनट में कॉमरेड चन्द्रशेखर पहुँच जाएँगे। उनका भाषण सुनकर आपका मन खिल जाएगा। ताबत एक माली की बेटी से गीत सबकोय सुनेगा। आय जा रे फुलिया, मंच पर।'

माली बेटी फुलिया मंच पर चढ़कर गीत गाने लगी, 'भैया किसनमा हो, तोरे खातिर कॉमरेड दै छै जान...' आदि। तभी हरहराती हुई, पों-पों की शोर करती एक जीप बजरा घाट पर आकर खड़ी हो गई। गदाल हुआ, 'कॉमरेड आ गए, आ गए!' जोरदार शोर हुआ, 'कॉमरेड चन्द्रशेखर—जिन्दाबाद, जिन्दाबाद!' महताब सिंह, राजो बाबू, बन्नू सिंह, हबीब मियाँ—चारों एक साथ कॉमरेड की ओर लपक पड़े। उन्होंने हाथ पकड़कर कॉमरेड को मंच पर चढ़ाया। मंच पर तो कोई कुर्सी थी नहीं, इसलिए चन्द्रशेखर बाबू को खड़ा ही रहना पड़ा। महताब सिंह ने फौरन उनके हाथ में माइक पकड़ा दिया। न एक गिलास पानी, न एक कप चाय।

परन्तु कॉमरेड को तो ऐसी अव्यवस्था की आदत ही पड़ चुकी थी। उन्होंने माइक पकड़ते ही बोलना शुरू कर दिया, 'भाइयो और बहनो! (पर बहनें तो वहाँ थीं नहीं, एक फुलिया को छोड़कर) मैं आपको इस कंस-राज्य के दुख-दर्द और तबाही से छुटकारा दिलाने के लिए कुछ मंत्र बताने आया हूँ। यह श्रीकृष्ण वह नहीं, जिसने महाभारत काल में द्रौपदी की लाज बचाई थी, न ही वह कृष्ण है जिसने न्याय के लिए पांडवों का साथ देकर विजय दिलाई थी, न ही वह कृष्ण है जिसने कंस को मारा-मरवाया था। यह तो साक्षात् कंस है और श्रीकृष्ण नाम रखकर आपका, हमारा, आम अवाम का, किसानों-मजदूरों का शोषण कर रहा है, आपका खून पी रहा है, और कहता है—हिलो-डुलो मत, तनिक खून अपना मुझको पीने दो। इस बिहार केसरी डॉ. श्रीकृष्ण सिंह, बिहार के मुख्यमंत्री का मुखौटा उतारकर अभी मैं आपको उसकी काली करतूत सुनाता हूँ। फिर आप ही बताइएगा कि इस कांग्रेसी श्रीकृष्ण सिंह का शासन बिहार राज्य पर चलना चाहिए, या इसे उलट देने की जरूरत है।'

अभी कॉमरेड चन्द्रशेखर अपने क्रान्तिकारी भाषण की भूमिका ही बाँध रहे थे कि पन्द्रह-बीस जवान हाथ में कच्चे बाँस की लम्बी-लम्बी लाठी लिये गाँव की ओर से बनहौटा घोड़े की तरह दौड़ते-तड़पते सभा-स्थल पर पहुँच गए। आव देखा न ताव; वे सीधे लाठी भीड़ पर पटकने लगे। लाठी मार रहे थे, और मुँह से चिल्ला रहे थे, 'मार दो साले अधर्मी को, पापी और देशद्रोही को, गुंडे और हरामखोर को! पकड़ो साले मियाँ को, बहनचो...दुसाध

गोनौरिया को, खतम करो चोरा बनुआ को! मंच पर चढ़कर लाश ही गिरा दो आज चनरसेखरा की! साला बिहार केसरी को बदनाम करने आया है यह ईदर-गीदर! किसकी माँ बिआई है जो इस गाँव में कम्यूनिस्ट पार्टी की मीटिंग कर ले, हड्डी बुकनी-बुकनी कर देंगे!'

'बाप रे! माय गे! आब नैं बाबू...' कहते हुए भीड़ इधर-उधर भाग रही थी। बजरा घाट पर सभा-स्थल से सटे, नदी के किनारे-किनारे बबूल के अनगिनत पेड़ थे, झौआ की ऊँची-ऊँची झाड़ी थी। औंठ-पौंठ में भाँग, कुकरहौर के झुरमुट थे। लाठी खाते, भागते लोगों में कुछ तो उसी बबूल झौआ में छिप गए, कुछ गाँव और वृन्दावन की ओर दौड़े। जिन्हें तैरने आता था, वे नदी में कूद पड़े। और कॉमरेड चन्द्रशेखर? जैसे ही मंच पर चढ़कर 'मारो' की आवाज हुई, महताब सिंह, बन्नू सिंह और हबीब मियाँ कॉमरेड का हाथ खींचकर जीप की ओर दौड़ पड़े, जहाँ माहौल सूँघकर ड्राइवर पहले से ही जीप स्टार्ट किए था। वह जीप की सीट पर कूदे और जीप उन्हें लेकर फुर्रऽऽ!

इधर बन्नू सिंह और महताब सिंह घायल हो चुके थे। राजो दा लाठी खाकर घर की ओर भागे, उनका घर नजदीक ही था। गोनौरी दुसाध और भूम सिंह, नागो सिंह 'बावन कोठली, तिरपन दुआर' वाली कचहरी में छिप गए। फुलिया पकड़ी तो गई, पर लोगों ने उसे लाठी खाने से बख्श दिया, पर छाती दबाकर उसकी अंगिया चीर दी।

समर जीतनेवाले जवान मूँछ पर ताव देते, लाठी चमकाते, सीधे बड़का मालिक के दरवाजे पर खबर देने पहुँच गए। बड़का मालिक ने उन सबको आदेश दिया कि गाँव घूमकर सभी भूमिहार परिवार को कह दो कि शाम पाँच बजे हर घर से एक आदमी यहाँ जरूर पहुँचे।

सचमुच, शाम में लोग बड़का मालिक के दरवाजे पहुँचे। वहाँ तय हुआ कि भूमिहार का जो-जो आदमी मीटिंग में गया था, उसे जाति से बार दो, उन्हें अछूत घोषित कर दो, भोज-भात में उन्हें कभी मत बुलाओ, उनमें सटो नहीं, उनका छूआ पानी भूल से भी मत पीओ। जाति से बहिष्कृत इन लोगों के यज्ञ-परियोजन में कोई मत जाओ। और साले निम्न जाति वालों को चुन-चुनकर जहाँ पकड़ो, पीटो। उन्हें खेत में काम मत दो। काम दो भी तो मजदूरी नहीं दो। किसी की भी जमीन पर वह या उसके घर की औरत हगने-मूतने जाए, तो लोटा छीन लो। श्रीबाबू के रहते साले इसी गाँव में लाल झंडा लहराएँगे? चोर-चिल्लर साला नेता बनने चला है! और वह चनरसेखरा तो बाँस बंस में कुल्हाड़ी बनकर पैदा हुआ है। रामचरित्र बाबू जैसे स्वच्छ, महान कांग्रेसी नेता को बदनाम कर रहा है। कई बार जेल भोग चुका है, तब पर भी चेत नहीं रहा। कल को इसके कारण इसके बाप से भी श्रीबाबू का झगड़ा हो जाए, उन्हें मिनिस्ट्री से श्रीबाबू निकाल दें, तो कोई आश्चर्य नहीं।'

वहाँ की सभा समाप्त हुई, और बन्नू सिंह, महताब सिंह, भूम सिंह जाति से अलग कर दिये गए। महताब सिंह और भूम सिंह को तो गोतिया-लैया ने साल-दो साल में फिर पंघत में शामिल कर लिया, पर बन्नू सिंह पर जो कहर ढाया गया, वह भूलने-भुलाने की चीज नहीं। वे बीसों बरस तक जाति से बारे रहे। पर उनके चेहरे पर कोई शिकन नहीं। वे घूम-घूमकर कम्यूनिस्ट पार्टी के सदस्य बनाने लगे, खुद पढ़े-लिखे लड़कों से मिलकर अ, आ, सीखने लगे, और साल-दो साल में अखबार मँगाकर पढ़ने लगे। कॉमरेड चन्द्रशेखर से उन लोगों का सम्पर्क बना रहा।

कॉमरेड भी साल-छह महीने में पहसारा आकर सामान्य लोगों और गरीब-गुरबा से मिलने लगे। उनके प्रभाव से धीरे-धीरे आधा गाँव कम्यूनिस्ट हो गया। यहाँ तक कि जो जवान लाठी चलाने बजरा घाट गए थे, उनमें से भी अधिकतर कम्यूनिस्ट पार्टी के समर्थक हो गए। बखरी में कॉमरेड की सभा हुई तो सबसे अधिक लोग पहसारा से ही जुटे थे। बजरा घाट पर हुई घटना की निन्दा करनेवाले लोगों की संख्या अकूत हो गई।

गाँव में कम्यूनिस्ट पार्टी के बढ़ते प्रभाव से कम्यूनिस्ट के पक्षधर और कांग्रेस के विरोधी साम्यवाद की दूसरी-तीसरी धाराएँ भी गाँव में उतरने लगीं। एक बार 'मोद मंडली' भी हमारे गाँव आई थी। वह मंडली उम्रदराज मर्दों की मंडली थी। उसमें दस-बारह सदस्य थे। कुछ ढोल पर थाप देनेवाले, कुछ मजीरा और खंजरी बजानेवाले और कुछ नाच-नाचकर गीत गानेवाले। गीत गाने और नाचनेवालों ने तो गजब ढंग से लोगों के मन में कांग्रेस-विरोधी विचार बैठा दिया। वे बहुत ही सधा हुआ नृत्य सम्पूर्ण देह-भाषा के साथ कर रहे थे और मुँह से गा रहे थे :

'अगिया लगै काँग्रेसिया के राज में, सब कुछ लऽऽ देलकै ललाय रेऽऽ'
समवेत आवाज—'भाय रे!'
'दाँतों से बढ़िकै, चौआ बराबर, देलकै मकैया गिराय रेऽऽ।...भाय रे!'
'ओ हो मकैया के लाबो न फूटै, मन करै दीयै फिराय रेऽऽ।...भाय रे!'
'अगिया लगै कँगरेसिया के राज में...।'

गीत के साथ ढोलक की थाप, खंजरी और मंजीरे की आवाज गजब प्रभाव डाल रही थी। लोग-बाग कहने लगे, 'वाह रे मोद मंडली! कांग्रेस का असली भंडाफोर तो यही कर रही है। सचमुच, जो मकई कंट्रोल में बाँटा जा रहा है, भला वह आदमी के खाने लायक है? न इसकी रोटी बन पाती है, न इसका भूंजा खाया जाता है, और कांग्रेसी लोग बोलते हैं—सरकार जनता के लिए कितना कुछ कर रही है, किसी को भूख से मरने नहीं देगी! भला यही है भूख से लोगों को बचाने का तरीका? अरे, यह मकई तो रूस से आ रही है। नेहरू जी ने रूस से दोस्ती की है। इसलिए रूस वाले अपनी मकई हमारे यहाँ ठेल रहे हैं। जानते हो, रूस में यह मकई सूअर को खिलाया जाता है? वहाँ का सूअर भी जो नहीं खा पाता, वह हमारे तरफ ठेला जाता है। हम भारतवासी उनके सूअर से भी गये-गुजरे हैं। राम-राम! कौन ऐसे कांग्रेसी राज को पसन्द करेगा?'

यह है पहसारा में कम्यूनिस्ट का जन्म और संघर्ष की आँखों-देखी कहानी।

जयमंगला उच्च विद्यालय, मंझौल में नामांकित होने के साथ ही मेरे मन में उत्साह की एक लहर उछल-कूद करने लगी। यहाँ अनेक स्कूलों से छँटे-छँटाए अच्छे छात्र ही नामांकित हुए थे। मेरे आठवीं कक्षा में पहुँचने से चार वर्ष पहले, शायद 1949 ई. में, बिहार के मैट्रिकुलेशन कोर्स को कला और विज्ञान—दो संकायों में बाँट दिया गया था। आठवीं कक्षा से ही नाम लिखानेवाले छात्र दो भागों में बँट जाते थे। जो विज्ञान पढ़ना चाहते, वे विज्ञान संकाय में नामांकित होते और जिनकी रुचि कला पढ़ने की होती, वे कला संकाय में।

अँगरेजी भाषा की शुरुआत उन दिनों आठवीं कक्षा से ही होती थी। सातवीं कक्षा तक हम लोगों ने दो भाषाएँ सीखी-पढ़ी थीं—एक हिन्दी, और दूसरी संस्कृत। यहाँ आने पर इन दो के साथ एक तीसरी भाषा अँगरेजी भी सिखाई और पढ़ाई जाने लगी। हमने ए बी सी यहीं से शुरू किया। इस अँगरेजी भाषा का पाठ्यक्रम कला और विज्ञान, दोनों संकायों में एक ही था। अँगरेजी ही क्यों, हिन्दी और संस्कृत का भी पाठ्यक्रम दोनों संकायों में एक ही। सिर्फ कला और विज्ञान की किताबें अलग-अलग थीं। मैंने विज्ञान संकाय में नाम लिखाया। मेरे साथ नामांकित होनेवाले विभिन्न स्कूलों के अच्छे छात्रों में अनेक लड़के थे। मंझौल मिडिल स्कूल से आनेवालों में—दिलेश्वर, रविशंकर, रामजपु; मेघौल से रामप्रकाश, गढ़पुरा से सुरेश और भोला सिंह, वासुदेव पुर से रतीश, बछवाड़ा से सतीश और कई नाम अब याद भी नहीं आ रहे। इन सब अच्छे माने जानेवाले छात्रों के साथ पढ़ने और बात करने में खूब आनन्द आता।

नई भाषा होने के कारण मुझे अँगरेजी सीखने और पढ़ने में अधिक मन लगने लगा। नई भाषा सीखने का उत्साह जोर मार रहा था। मैंने अँगरेजी में पढ़ाई जानेवाली तीनों किताबें खरीद ली थीं। अन्य पुस्तकें अगले बैच के लड़कों ने एक-दो करके मुझे मँगनी में ही दे दीं। इस कक्षा में मुझे पुस्तकों का अभाव नहीं रहा। सबसे अधिक मुझे अँगरेजी और साइंस की किताबें पढ़ने में मन लगता। मेरे अपने स्कूल से आठवीं के साइंस में नामांकित होनेवाले छात्रों में मुख्य थे—शम्भू, कमलेश्वरी और देवेन्द्र।

मैंने आठवीं में पढ़ना शुरू किया और महीना लगते-लगते स्कूल फी जमा करने का भी समय आ गया। हर महीने फी जमा करने की दो तारीख तय की गई थी—एक 25 तारीख और दूसरी, महीने की अन्तिम तारीख—30 या 31। जो लड़के 25 तारीख को किसी कारणवश फी नहीं जमा कर पाते, वे 30 या 31 को चार आने विलम्ब दंड के साथ जमा कराते। इस अन्तिम तारीख को भी विद्यालय शुल्क नहीं जमा करने पर नाम कट जाता, यानी स्कूल से विदाई। मैं 25 तारीख को विद्यालय शुल्क जमा नहीं कर पाया। शुल्क की राशि थी पौने चार रुपए, यानी तीन रुपए बारह आने। मुझसे इतने रुपए की व्यवस्था नहीं हो पाई। अब क्या हो? यदि तीस तारीख, यानी पाँच दिनों बाद भी व्यवस्था नहीं हो सकी, तो मेरा नाम काट दिया जाएगा। मैं अब क्या करूँ? हे भगवान! लखनदेव ठीक ही कहते थे कि 'तुम बार उखारते फिरोगे!' नहीं, लखनदेव के कहने से क्या? मैं तीस तारीख को किसी भी सूरत में फी जमा कर दूँगा। और नहीं, तो अपने महान गुरु श्री वासुदेव बाबू से ही माँग लूँगा। नाम कटने तो नहीं ही दूँगा, चाहे जो हो जाए।

मैंने माँ और दादा के आगे अपनी समस्या रख दी। दादा के पास पैसे होते तो वे सुनते ही दे देते। माँ पिताजी से चुरा-छिपाकर हाड़ी-बीमारी के लिए कुछ रखती थी। मगर वह मेरी माँग सुनकर चुप हो गई। उसने एकान्त में पिताजी से बात की।

पिताजी बोले, 'मैं तो पहले ही कहता था कि पढ़ाई का खर्च कैसे जुटेगा। मिडिल पास कर नौकरी में चला जाता, तो उसे भी यह सब नहीं भोगना पड़ता और हम लोग भी ऐल-फैल से रहते। मगर सागर ने तो माना नहीं। शम्भू पढ़ रहा है, और यह नहीं पढ़ेगा, ऐसा इसे बर्दाश्त नहीं। खैर, यह तो बताओ कि घर में घी कितना है?'

माँ बोली, 'घी तो अभी दो महीने से बिका नहीं। घैली में गौंठ घैली घी रखा हुआ है।'

पिताजी ने कहा, 'तब तो चार सेर से कम नहीं होगा ? दो सेर घी तत्काल बेंच दो। इससे पाँच रुपए मिलेंगे। उसे चार रुपए देकर एक रख लेना। मगर यह तो एक महीने की बात नहीं है। हर महीने घी बेचकर उसे ही देती जाओगी तो घर की खर्ची-वर्ची कैसे चलेगी ? खैर, होइहहिं सोइ जो राम रचि राखा। अभी तो उसका नाम कटने से बच जाएगा। मुझे तो उसे देखकर दया भी आती है और चिन्ता भी होती है। आखिर अभी से चार वर्ष तक वह कैसे पढ़ पाएगा ?'

माँ ने अगले ही दिन दो सेर घी बेच दिया, और तीस तारीख को मुझे चार रुपए दे दिये। मैं बरसाती नदी की तरह रास्ते का कूल-किनारा ढाहते, ढनमनाते स्कूल पहुँच गया। फी जमा करने गया तो हमारे क्लास-टीचर आदित्य बाबू ने कहा कि तुम एक दरखास्त लिखकर हेडमास्टर बलराम बाबू के पास चले जाओ। वे तुम्हारा लेट फाइन माफ कर देंगे। मैंने वैसा ही किया और सचमुच विलम्ब दंड माफ हो गया। फिर तीन रुपए, बारह आने ही मुझसे लिये गए। चार आने पैसे बच गए। स्कूल से लौटने पर मैंने वे पैसे माँ को दे दिये और ये चार आने बचे कैसे, यह भी सुना दिया। फिर कुछ खाकर पुस्तकालय की ओर दौड़ा। वहाँ रामाश्रय ने बताया कि मुझको वासुदेव बाबू याद कर रहे थे। पुस्तकालय से लौटते वक्त मैं उनके पास चला गया और उनके पैर छुए। उन्होंने स्नेहपूर्वक मुझे चौकी पर बैठ जाने को कहा, फिर वे बोलने लगे, 'मैं कल स्कूल के कुछ काम से मंझौल गया था। अपना काम सलटाकर मैं तुम्हारे हेडमास्टर श्री बलराम बाबू से भी मिला। मैंने तुम्हारे सम्बन्ध में उनसे बातें कीं। उन्हें तुमसे सम्बन्धित सारी बातें बता दी गई हैं। वे तुम्हें हाफ फ्रीशिप तो देंगे ही, फुल फ्रीशिप के लिए कमिटी के अन्य सदस्यों से भी मिलना होगा। जब फ्रीशिप के लिए आवेदन माँगा जाए तो आवेदन जमा कर देने के बाद, मंझौल के सत्तो बाबू, अखिलेश्वर बाबू और भोला बाबू से पैरवी करने के लिए पहलवान को भेजना। वे लोग चाह लेंगे तो फुल फ्रीशिप भी मिल जाएगी। यही कहने के लिए मैंने तुम्हें बुलाया था। मन लगाकर पढ़ो और मन को गरीबी के कारण कभी निराश मत होने दो।'

मैं उनकी बात सुनकर खूब खुश हुआ और उनके पाँव छूकर घर चला आया।

दस-बारह दिनों बाद फ्रीशिप के लिए आवेदन देने की सूचना निकली। जरूरतमन्द सभी विद्यार्थियों ने इसके लिए आवेदन किया। मैंने तो दिया ही। मेरे लिए तो फ्रीशिप का मिलना प्राण-वायु की तरह अत्यन्त अनिवार्य था। इस आवेदन के पक्ष में गाँव के दो धनी और सम्मानित व्यक्तियों से संस्तुति लिखवाना भी अनिवार्य था। मैं दादा के साथ सबसे पहले बड़का बिसुन बाबू के पास गया। उन्होंने खुशी-खुशी मेरे आवेदन के पक्ष में सकारात्मक बातें लिख दीं। वहाँ से हम दोनों भाई कई दरवाजे पर गए, पर किसी ने मेरे पक्ष में आवेदन पर कुछ लिखना स्वीकार नहीं किया। एक ने तो (नाम नहीं बताऊँगा, क्योंकि उनके पोते-परपोते खफा हो सकते हैं) दादा को फटकारते हुए यहाँ तक कह दिया कि 'झोरी में झांइट नैं, सराय में डेरा' खोजने चले हैं! दोनों शाम चूल्हा जलाने का भी उपाय नहीं, और चले हैं भाई को हाई स्कूल में पढ़ाने! जिसका बाप-दादा गाय-भैंस चराता रहा है, उसके घर में सरस्वती की पूजा ? मैं ऐसे लोगों के आवेदन पर अपनी संस्तुति नहीं लिखता।'

मैं बहुत निराश हुआ। दादा तो खून का घूँट पीकर रह गए।

यह कहानी कहने जब मैं वासुदेव बाबू के पास गया, तो उन्होंने मुझे समझाया, 'गाँव के बड़े लोगों को छोटे का आगे बढ़ना कभी पसन्द नहीं हुआ है। इसमें निराश होने की क्या बात? इसी से तो तुम्हें लड़ना है, संघर्ष करना है, और हाथ में सफलता देवी को उतारकर उन्हें दिखा देना है। कहाँ है तुम्हारा आवेदन? लाओ, मैं संस्तुति लिखता हूँ।' और आवेदन पर उन्होंने चार-पाँच पंक्तियों में संस्तुति लिखकर अपनी मुहर लगा दी।

मैं वह आवेदन जमा कर आया। दादा ने पैरवी में उन लोगों से अपने भर अपनी बात भी कही, जिनके यहाँ पैरवी करने कहा गया था। पर हुआ मेरा हाफ फ्रीशिप ही। आधा शुल्क जमा करना ही पड़ेगा।

जब हाफ फ्रीशिप की सूचना निकाल दी गई तो हेडमास्टर बलराम बाबू ने बिसुनदेव नामक चपरासी से मुझे ऑफिस में बुलवाया। मैं गया तो उन्होंने मुझसे पूछा, 'पहसारा से फर्स्ट करके आनेवाला रामसागर तुम्हीं हो न?'

मैंने कहा, 'जी।'

उन्होंने मुझे सांत्वना देते हुए कहा, 'देखो, इस स्कूल में फुल फ्रीशिप किसी को नहीं दिया जाता है। इसलिए तुम्हें भी नहीं मिला। तुम्हारे लिए वासुदेव बाबू ने भी मुझसे कहा था। मुझे तुम्हारे लिए कोई रास्ता निकालना होगा। अगर आगे की परीक्षाओं में तुम अच्छा कर गए, तो मैं तुम्हें और सुविधा दिला सकूँगा। अभी थोड़ा और कष्ट उठाओ, और मेहनत से पढ़ते रहो। होगा कोई-न-कोई उपाय।'

मैंने घर आकर दादा, माँ और पिताजी से अपना फ्रीशिप वाला हाल और बलराम बाबू का आश्वासन बता दिया। वे लोग बोले तो कुछ नहीं, मगर उनके चेहरे पर निराशा, या चिन्ता का कोई चिह्न मैंने नहीं देखा।

दो-तीन महीने तक मैं किसी तरह स्कूल का आधा शुल्क देता गया। अभी अँगरेजी की पढ़ाई शुरू हुए चार-पाँच महीने ही हुए थे। अँगरेजी में ए बी सी सिखा देने के बाद कोर्स में तीन किताबें चलती थीं, नाम था—फ्री इंडिया रीडर बुक-I, बुक-II और बुक-III। बुक-I की पढ़ाई समाप्त हो गई और साइंस और आर्ट्स, दोनों संकायों को मिलाकर अँगरेजी की एक परीक्षा ली गई। प्रश्न बहुत हल्के-हल्के थे। तीन दिनों के बाद उस परीक्षा का रिजल्ट आया। उसमें मुझे 100 अंकों की परीक्षा में 87 नम्बर आए। यह सबसे अधिक अंक था यानी मैं कला और विज्ञान संकायों की सम्मिलित अँगरेजी परीक्षा में प्रथम आया। मेरे भीतर आत्मविश्वास जग उठा। इससे पहले थोड़ा डर रहा था कि इतने बड़े स्कूल में, जहाँ अनेक स्कूलों के अच्छे-अच्छे विद्यार्थी आए हैं, मेरा कोई स्थान होगा या नहीं। पर अब ऐसा लगने लगा कि मैं भी कोई मस्त चीज हूँ। अरे, इस परीक्षा में फर्स्ट आया तो आगे की परीक्षाओं में भी अच्छा ही करता जाऊँगा। नीचे भी आऊँगा तो कितना?

इस रिजल्ट के बाद मुझे अपने क्लास के लगभग सभी विद्यार्थी, चाहे वे कला संकाय के हों अथवा विज्ञान के, मुझे पहचानने लगे। कुछ अच्छे विद्यार्थी दोस्ती के लिए भी हाथ बढ़ाने लगे। लेकिन इस परीक्षा-परिणाम का सबसे बड़ा लाभ यह हुआ कि अगले सप्ताह से ही मुझे 'राजेश्वरी मेमोरियल फंड' नाम से एक स्कॉलरशिप मिलना शुरू हो गया।

मंझौल में सबसे धनी परिवार सत्तो बाबू का था। उनके ही भाई राजेश्वरी बाबू थे। उनका हजारों बीघे खेत फरकिया में। कहते हैं कि वहीं जमीन-जायदाद के झंझट में, सम्भवत: उनकी हत्या हो गई थी। उनके परिवार वालों ने उनका नाम अमर बनाए रखने के लिए इस स्कूल के माध्यम से यह स्कॉलरशिप देना शुरू किया। यह स्कॉलरशिप जिसे आठवीं कक्षा में मिल जाता, उसे ग्यारहवीं कक्षा तक मिलता ही रहता। इसमें चार रुपए प्रतिमाह उस विद्यार्थी के नाम पर स्वीकृत होता और फी जमा करने के समय आप-से-आप उसके नाम से शुल्क जमा हो जाता, रसीद मिल जाती। जब मुझे यह स्कॉलरशिप मिला तो मुझे विद्यालय शुल्क जमा करने की कभी कोई चिन्ता ही नहीं रही, उल्टे हर महीने मेरे हाथ में चार आने पैसे मिल जाते। इस एक परीक्षा ने मेरे भाग्य का खाता-खेसरा ही बदल दिया। इसी परीक्षा-परिणाम ने मैट्रिक की पढ़ाई तक मुझे आर्थिक संघर्ष से मुक्त कर दिया।

जयमंगला उच्च विद्यालय, मंझौल के प्रधानाध्यापक थे—श्री बलराम सिंह। उनकी शैक्षिक योग्यता थी बी.ए. ट्रेंड, परन्तु उनकी प्रशासनिक योग्यता काबिलीयत भरी। वे देखने में चक-चक गोरे थे। कद में लम्बे और चेहरे पर हमेशा ताजगी। वे खूब साफ खादी धोती पहनते। गोल गला गंजी के ऊपर खादी का धुला सफेद कुर्ता, वह भी हमेशा पूरी बाँह का। उन्हें कभी किसी ने आधी बाँहवाला या रंगीन कपड़े का कुर्ता पहनकर घर से बाहर निकलते नहीं देखा। सिर पर खादी की बनी गांधी टोपी। आँखों पर चश्मा और पैरों में पॉलिश किया जूता। चाल चुस्त-दुरुस्त। वे प्राय: स्कूल के बरामदे पर घूमते दिखाई पड़ते। बरामदे पर घूम जाने से सभी कक्षाओं में पढ़ानेवाले शिक्षक उन्हें दिखाई पड़ जाते, पर वे कभी किसी कमरे में घुसते नहीं, न किसी शिक्षक से टोक-टाक ही करते। हाँ, कभी-कभी अपने ऑफिस में किसी-किसी शिक्षक को कुछ नसीहत जरूर दे डालते। स्कूल के शिक्षक और विद्यार्थी उनका काफी अदब करते। उनकी हुक्म-उदूली करने का साहस किसी में नहीं।

हेडमास्टर बलराम बाबू को छोड़कर उन दिनों स्कूल में नौ शिक्षक और थे। दो साइंस टीचर—खुशदिल बाबू और शालिग्राम बाबू और दो हिन्दी और संस्कृत पढ़ाने के लिए—रामजी मिश्र और राजपति शर्मा। रामजी मिश्र को लड़के 'बुढ़वा पंडित' और राजपति शर्मा को 'छोटका पंडित' कहा करते। रामजी बाबू थे तो संस्कृत के ही विद्वान, पर हिन्दी भी बहुत अच्छी पढ़ाते थे। शर्मा जी हिन्दी से बी.ए. पास थे, पर संस्कृत में भी अच्छी पकड़ थी। दोनों के अध्यापन के ढंग में काफी फर्क था। रामजी मिश्र किसी कहानी या कविता को पढ़ाते समय कई पुराण-कथा भी सन्दर्भ से जोड़कर सुना देते।

उनसे कहानी सुनने में बड़ा मजा आता। लेकिन कहानी सुनाने में वे विषय-वस्तु से बहक भी जाया करते। इसलिए उनका कोर्स समय से समाप्त नहीं हो पाता। फिर भी उनका क्लास होता था बड़ा रसावह। राजपति शर्मा जी आधुनिक हिन्दी पढ़कर आए थे, इसलिए वे जब किसी कवि की कविता पढ़ाते तो पहले कवि के ही सम्बन्ध में अच्छी जानकारी दे देते। फिर अर्थ करते समय एक कविता की थोड़ी-बहुत तुलना उसी विषय पर लिखी गई किसी दूसरे कवि की कविता से करते। दोनों शिक्षकों का क्लास करने में खूब मन लगता। इन सबसे भिन्न स्वभाव के शिक्षक थे गोपी बाबू। मार्क्सवादी विचारधारा के व्यक्ति थे,

पर खुलकर विद्यार्थियों के बीच बोलते नहीं। वे सामान्य ढंग से धोती-कुर्ता पहनते और थोड़ा लँगड़ाकर चलते थे। उनकी नियुक्ति तो मूलतः अँगरेजी पढ़ाने के लिए हुई थी, पर वे इतिहास भी काफी रुचिकर ढंग से पढ़ाया करते। इतिहास पढ़ाते समय उनकी मार्क्सवादी विचारधारा व्यक्त हो जाती। वे जिस दरवाजे पर रहते थे, उसके अगल-बगल वाले छात्र उनके विचारों से प्रभावित थे। मेरा सहृदय मित्र बोढ़न जी सम्भवतः उनके ही प्रभाव में मार्क्सवादी हो गए। गोपी बाबू का पुत्र राजेन्द्र सिंह जी तो सी.पी.आई. के बड़े नेता ही हैं। वे बेगूसराय जिला से कई बार एम.एल. भी हुए। पिता की छाप पुत्र पर ऐसी पड़ी कि गुरु गुड़, चेला चीनी। जो भी हो, स्कूल में गोपी बाबू की इज्जत खूब थी।

इनके अतिरिक्त आदित्य बाबू अँगरेजी पढ़ाते थे। वे थोड़ा चंचल प्रकृति के व्यक्ति थे, पर पढ़ाते थे ठोक-पीटकर। खास कर वे अँगरेजी ग्रामर तो क्लास में ही रटा देते। एक थे श्रीकान्त बाबू, जो मिला-जुला विषय पढ़ाते थे। लेकिन सबसे मजेदार शिक्षक थे शाहपुर गाँववाले रामलखन बाबू। वे थे तो वास्तव में फिजिकल शिक्षक, पर शारीरिक शिक्षा के नाम पर सिर्फ ड्रील कराते। असल में शिक्षकों की कमी रहने के कारण रुटीन में उनको नियमित कक्षाएँ भी दे दी गईं। वे जो भी विषय पढ़ाते, उसकी गहराई में कभी नहीं उतरते। ऊपर-झापर कुछ बताकर लड़कों को खूब हँसाते।

एक दिन वे क्लास में सन्तुलित भोजन (Balanced Diet) पढ़ाने आए। वे पढ़ाने के बदले हम लोगों को कुछ-कुछ किस्सा सुनाकर हँसाने लगे। हममें से एक ने उठकर पूछ दिया, 'मास्टर साहब, सन्तुलित भोजन किसे कहते हैं? इसमें कौन-से अवयव होते हैं, बता दीजिए न!'

रामलखन बाबू ने कहा, 'अरे, इसमें क्या रखा है? सन्तुलित भोजन की परिभाषा ही सीख लो—भात, दाल, तरकारी, घी से बढ़िके और कीऽऽ? यही है सन्तुलित भोजन।'

लड़के और भी ठठाकर हँसने लगे।

पढ़ाने के नाम पर जो भी हों, जैसे भी हों, परन्तु थे बड़े मजेदार व्यक्ति। उनमें मानवीय गुण कूट-कूटकर भरे थे। देखने में भी लम्बे-तगड़े, गोरे-चिट्टे, अजानबाहु और चाल में खूब दम-खम।

इन शिक्षकों के अतिरिक्त एक किरानी भी थे—जित्तू बाबू। जित्तू बाबू भोला बाबू के छोटे भाई थे। थे तो वे किरानी ही, मगर स्कूल में उनका दबदबा खूब था। वे भी कभी-कभी हमारा क्लास लेने आ जाते।

कुछ दिन बाद स्कूल में एक और नए शिक्षक की भर्ती हुई—रामप्रताप सिंह। वे मंझौल गाँव के ही नागरिक थे, पर दार्जिलिंग में परिवारसहित कई वर्षों से रह रहे थे। वहाँ वे एक प्राइवेट अँगरेजी माध्यम वाले मिडिल स्कूल में हेडमास्टर थे। वे बी.ए.,बी.एड. थे। उन्हें इस स्कूल की कमिटी के लोगों ने दार्जिलिंग जाकर, हाई स्कूल में अँगरेजी पढ़ाने के लिए आमंत्रित किया। एक तो गाँव का आकर्षण, दूसरे मिडिल स्कूल से हाई स्कूल में प्रोन्नत होने की इच्छा; वे चले आए। उनका व्यक्तित्व देखकर लड़के अचम्भित। लम्बा-गोरा चेहरा। भरा-पूरा शरीर। पहनावे में चुस्त पाजामा, कमीज के ऊपर गले में टाई, ऊपर से गोरे शरीर पर काला कोट, आँख पर चश्मा, बाल काले और चूलदार, पैरों में मोजा और काले रंग

का फुल शू। अरे, ये तो साक्षात् अँगरेज जान पड़ते हैं! वे क्लास में पढ़ाने गए तो अँगरेजी पढ़ाते समय उनका उच्चारण आदित्य बाबू, गोपी बाबू या बलराम बाबू से बिलकुल भिन्न। धीरे-धीरे उनसे भी हम लोग सहज होते गए। उनका व्यक्तित्व था बड़ा ही रौबदार।

स्कूल में शिक्षक तो इतने थे, पर मान-मर्यादा सबसे अधिक दोनों विज्ञान-शिक्षकों की ही थी। इसका कारण यह था कि विज्ञान की पढ़ाई नई तो थी ही, समाज की नजर में अधिक मूल्यवान और सम्मानित भी। विज्ञान पढ़नेवाले लड़कों को समाज ऊँची नजर से देखता था। उन्हें पढ़ने में सामान्य लड़कों से अधिक तेज माना जाता। वे भावी इंजीनियर या डॉक्टर मान लिए जाते। अतएव विज्ञान पढ़ाने और सोचनेवाले गुरु का रुतबा तो और बढ़कर होना चाहिए। दूसरी बात यह भी कि कॉलेजों में भी तो साइंस स्टूडेंट कम ही होते थे। जो होते, वे डॉक्टरी, इंजीनियरिंग पढ़ने में लग जाते। आई.एस-सी. पढ़ने ही जाते थे इसी उद्देश्य से। मुट्ठी भर छात्र इंजीनियरिंग, मेडिकल से बचने पर बी.एस-सी. या एम.एस-सी. पढ़ते। आई.एस-सी. के बाद पढ़ाई छोड़ देनेवाले इने-गिने लोग ही होते। इसलिए उन दिनों हाई स्कूल में विज्ञान-शिक्षक बहुत खोजने पर ही मिलते। अगर मिल गए तो स्कूल में उनका सम्मान अन्यों से बढ़-चढ़कर होता। किसी गृहस्थ घर में जिस तरह दामाद का सम्मान होता है, लगभग वैसा ही आदर-सम्मान किसी विज्ञान शिक्षक का स्कूलों में था। अगर वे सुयोग्य भी हैं, तब तो क्या कहना! उनके नाम पर ही विज्ञान की पढ़ाई का ढोल पिट जाता।

हमारे स्कूल के दोनों विज्ञान शिक्षक सुयोग्य ही थे, इसलिए मंझौल हाई स्कूल की विज्ञान-पढ़ाई का डंका चारों तरफ बज चुका था। खुशदिल बाबू बी.एस-सी. थे। वे मंझौल के ही धनी-मानी जमींदार परिवार के प्रमुख व्यक्ति थे। इस परिवार का राजनीतिक रुतबा भी कम नहीं। यह वही परिवार था जिससे राम बाबू जैसे कांग्रेसी नेता और एम.एल.ए. हुए हैं। खुशदिल बाबू ने तो बी.एस-सी. के बाद पढ़ाई इसलिए छोड़ दी कि उन्हें अपनी जगह-जमीन की व्यवस्था, खेती-बारी की देख-रेख खुद करनी थी। वे पढ़ने में काफी मेधावी थे, पर अपनी सम्पत्ति ने उन्हें हाँक देकर गाँव लौटाया। स्कूल में साइंस की पढ़ाई शुरू हुई तो वे लोगों के आग्रह पर साइंस टीचर बनकर आ गए। स्कूल की सेवा भी करो, और अपना राज भी सँभालो—एक पन्थ, दो काज। वे लम्बे, छरहरे, बुजुर्गनुमा पुरुष थे। सिर के बाल थोड़े उड़ चुके थे, माथे पर चन्देल। आँखें बड़ी-बड़ी और प्रायः लाल रहती थीं। खादी की धोती-कुर्ता पहनते थे, जो न बहुत साफ, न गन्दा। पैरों में चप्पल लगाते। चेहरा हमेशा गुरु-गम्भीर।

क्लास में आने पर लड़के सतर्क हो जाते। वे कभी भी क्लास में इधर-उधर की बातें नहीं करते। न कभी कोई किस्सा-कहानी सुनाई, न कभी क्लास में बच्चों को हँसाया। वे कभी अपने को खुलने ही नहीं देते। वे पदार्थ विज्ञान (Physics) और गणित पढ़ाते थे। गणित में भी अधिकतर उच्च गति (Advanced Mathemetics) ही, क्योंकि इसे पढ़ानेवाला कोई दूसरा शिक्षक ही नहीं। उनके क्लास में सुई गिर जाए, तो आवाज आ जाएगी, ऐसी शान्ति रहती। कठिन से कठिन प्रॉब्लेम, चाहे वह गणित का हो या रेखागणित का, या फिजिक्स का, वे चुटकी बजाकर हल कर देते। सही अर्थ में वे एक सुयोग्य और

अनुशासनप्रिय शिक्षक थे। स्कूल में उनकी धाक हेडमास्टर साहब से भी बढ़-चढ़कर। उनका व्यक्तित्व भुलाया नहीं जा सकता।

हमारे दूसरे विज्ञान शिक्षक थे—शालिग्राम सिंह। खुशदिल बाबू और शालिग्राम बाबू के व्यक्तित्व, स्वभाव, योग्यता और अध्यापन-विधि में बहुत फर्क था। खुशदिल बाबू का व्यक्तित्व शान्त और काफी गम्भीर, जबकि शालिग्राम बाबू का हँसोड़ और चहल-पहल वाला। खुशदिल बाबू बी.एस-सी. थे, शालिग्राम बाबू आई.एस-सी.। लम्बे दोनों थे, पर खुशदिल बाबू सामान्य देह-गात वाली लम्बाई लेकर आए थे, शालिग्राम बाबू शानदार ढाँकर की तरह मोटे-तगड़े, उठा हुआ पुट्ठा वाले नौजवान। खुशदिल बाबू को धोती-कुर्ता छोड़कर कभी कोई दूसरा ड्रेस पहनते हमने नहीं देखा, पर शालिग्राम बाबू तो एक-से-एक ड्रेस बदलते-पहनते रहते। कभी धोती-कुर्ता, ऊपर से खादी टोपी, कभी पैंट पर हाफ शर्ट, तो कभी बाँह मोड़कर फुल शर्ट। कभी पाजामा और कुर्ता। पैरों में कभी चप्पल, तो कभी जूता। जूता भी कभी हाफ, तो कभी फुल। खुशदिल बाबू का व्यक्तित्व क्लासिकल था, तो शालिग्राम बाबू का रोमांटिक। पढ़ाने का ढंग भी खुशदिल बाबू से भिन्न। वे क्लास में बच्चों को कहानी सुना-सुनाकर खूब हँसाते, पर कभी-कभी पढ़ाते समय रौद्र रूप भी धारण कर लेते। पढ़ाने की कला इतनी अच्छी थी कि कोई भी पाठ क्लास में ही याद करा देते। मजाकिया इतना अच्छा कि किसी बच्चे से भी मजाक करने में परहेज नहीं। भरे-पूरे शरीर के बावजूद वे हम लोगों को फिल्ड में दौड़ा-दौड़ाकर फुटबॉल और वॉली बॉल भी खेलाते थे। बच्चों के बीच वे कभी-कभी कबड्डी का मैच भी खेलवाते और समय-समय पर कुश्ती भी लड़वाते। स्कूल की सरस्वती पूजा में हमेशा वे ही प्रेसिडेंट रहते।

वे बहुमुखी प्रतिभा के धनी थे। उनकी अध्यापन कला बेजोड़ थी। वे विद्यार्थियों, अपने शिक्षक सहयोगियों और मित्रों के बीच काफी लोकप्रिय थे। हमारे दोनों विज्ञान शिक्षकों में से किसी के बेटा नहीं था, इसलिए उन दिनों एक धारणा बन गई थी कि विज्ञान शिक्षक के बेटा नहीं होता है।

शिक्षक के अलावा हमारे स्कूल में दो चपरासी भी थे। एक का नाम था हरिहर और दूसरे का बिसुनदेव। हरिहर सीनियर था, बिसुनदेव उससे जूनियर। हरिहर लँगड़ाकर चलता; शायद बचपन में ही उसे पोलियो मार गया था। था तो लँगड़ा, पर थोड़ा पढ़ा-लिखा और काफी चालाक। उसकी बोली बड़ी तीखी और लगनेवाली। चपरासी होकर भी वह विद्यार्थियों पर अपना रौब जमाता। होशियार खूब था। कागजी काम हेडमास्टर साहब हरिहर को ही सौंपते। हरिहर की तुलना में बिसुनदेव नरम स्वभाव का व्यक्ति था। पढ़ना-लिखना तो वह भी जानता था, पर हरिहर जैसा तेज-तर्रार नहीं। वह विद्यार्थियों से हमेशा घुला-मिला रहता। शिक्षक हों, या छात्र, बिसुनदेव किसी का हुकूम तामिल करने में कभी कोताही नहीं करता। इसलिए वह विद्यार्थियों के बीच लोकप्रिय भी हो गया। दुर्गापूजा या होली की छुट्टी में स्कूल जब बन्द होने लगता, तो छात्र उसे दिल खोलकर बख्शीश भी देते। वह कभी-कभी ऑफिस में शिक्षकों के बीच होनेवाली अन्दरूनी बात भी हमें बता देता; जैसे किस शिक्षक को हेडमास्टर साहब ने झाड़-फटकार लगाई है, कौन शिक्षक किससे झगड़ गए, या स्कूल में कौन बड़ा आदमी कब आनेवाला है, आदि-आदि।

इन दोनों चपरासियों को देखकर मुझे अपने पहसारा मिडिल स्कूल का मुंशी चपरासी याद आ जाता है। मुंशी महतो इतना सीधा-सादा था कि चपरासी की जगह स्वयं को दास मानकर काम में लगा रहता। वह शिक्षकों का कपड़ा भी साफ कर देता और उनकी जी-हुजूरी में स्कूल से घर तक लगा भी रहता। घर से एक बार खाकर जो स्कूल आता, तो फिर आठ-नौ बजे रात में ही घर पहुँचता। 'जी' छोड़कर 'हाँ' या 'ना' तो उसके मुँह से कभी निकला ही नहीं। काम चाहे जैसा हो, वह कभी नकारता ही नहीं। उसे जीवन में अक्षर-बोध कभी हुआ ही नहीं। सीधा इतना कि छोटा-बड़ा सबको आदरसूचक विशेषण, संज्ञा, सर्वनाम या क्रिया लगाकर ही अपनी बात कहता। साँप जैसे जानलेवा प्राणी को भी वह आदरसूचक संज्ञा, सर्वनाम देकर ही कोई बात बताता। एक बार साँप पर उसका पैर पड़ गया था। साँप विषैला नहीं था। वह झाड़-फूँक करवाने चला गया, इसलिए स्कूल बहुत देर से पहुँचा। हेडमास्टर साहब ने पूछा, 'मुंशी, इतनी देर क्यों हुई आज ?' वह कहने लगा, 'मास्टर साहब जी, मैं आय रहा था। रास्ता में एक साँप थे। उन्हें मैंने नहीं देखा। हुनका पर (उन पर) मेरा पैर पड़ गए। उन्होंने काट लिया। झाड़-फूँक करवाने में देर हो गए। विष नहीं लगे। आने में आज इसीलिए देर हो गए।'

एक बार स्कूल में इंस्पेक्टर आनेवाले थे। हेडमास्टर साहब ने उनके स्वागत में कुछ सामान लाने मुंशी को बुलाया। मुंशी महतो हाथ जोड़कर हाजिर। मास्टर साहब ने मुंशी के हाथ में दो चवन्नी देकर कहा, 'मुंशी, जाओ और फुर्ती से एक चवन्नी का पान, और एक चवन्नी का लौंग-इलायची दुकान से ले आओ।' आज्ञापालक मुंशी एक हाथ में एक चवन्नी, दूसरे हाथ में दूसरी चवन्नी लेकर दौड़ा। दौड़ रहा है और याद कर रहा है—एक चवन्नी का पान, एक चवन्नी का लौंग-इलायची। थोड़ी दूर जाने के बाद उसे भारी उधेड़बुन ने घेर लिया। मन में मुश्किल का कुहासा घिर आया। वह उल्टे पाँव स्कूल लौट आया और स्टाफ रूम में बैठे शिक्षकों के बीच हेडमास्टर साहब से गिड़गिड़ाकर बोला, 'मास्टर साहब, कृपा करके बता तो दीजिए कि किस चवन्नी का पान लूँगा, और किस चवन्नी का लौंग-इलायची ?' सब लोग उसकी बेवकूफी और सीधेपन पर ठहाका लगाकर हँसने लगे।

ऐसा था चपरासी मुंशी महतो। भला हरिहर और बिसुनदेव की तुलना में वह किस खेत की मूली ? कहाँ राजा भोज और कहाँ गंगू तेली ! फिर भी वैसा विश्वस्त और ईमानदार इनसान आज की दुनिया में मिलना मुश्किल है।

आठवीं कक्षा में हमें डेढ़ वर्ष तक पढ़ना पड़ा था। ऐसा इसलिए कि पहले सेशन जनवरी से शुरू होता था, और दिसम्बर में समाप्त। लेकिन उसी साल सरकार बहादुर के शिक्षा विभाग से फरमान आया कि अब शैक्षिक सत्र जुलाई से शुरू होकर जून कर दिया जाए। स्कूलों को इस हुक्म को तामिल करना पड़ा। लेकिन हमारा नामांकन तो जनवरी में हो चुका था। इसलिए जनवरी से जून तक के समय को शून्य कर दिया गया। फिर जुलाई से जून तक एक साल का नया सत्र, और शून्य किए गए छह महीने, दोनों मिलाकर कुल डेढ़ साल हमें आठवीं कक्षा में ही रखा गया। इससे हमें पढ़ने और नई भाषा अँगरेजी सीखने में लाभ ही हुआ। आठवीं कक्षा में जनवरी से दिसम्बर तक पढ़ते-पढ़ते मुझे उस कक्षा के सभी पाठ आसान लगने लगे। पाठ्यक्रम भी समाप्त हो गया था, अब शिक्षक

क्या पढ़ावें ? लेकिन उस समय के शिक्षकों में ईमानदारी और विद्यार्थियों के प्रति आत्मीयता इतनी अधिक होती थी कि वे कक्षा में आने पर मात्र समय बिता देना पाप समझते। देश और समाज के प्रति उनकी चेतना कभी बेईमान नहीं हो पाती। इसलिए हमारे शिक्षकों ने जनवरी से उसी सिलेबस को पुन: शुरू से पढ़ाना शुरू कर दिया। मई महीना आते-आते सभी पाठों को दुहरा दिया, एक-एक विद्यार्थी से पढ़ाए गए पाठ से उठनेवाले सम्भावित प्रश्नों का जवाब पूछ लिया और बोपदेव से बोपदेव विद्यार्थी को भी ठोक-बजाकर सही कर दिया। इस दृष्टि से आठवीं कक्षा में डेढ़ वर्ष रह जाना हमारे लिए फायदेमन्द ही रहा। आखिर मई महीने के अन्तिम सप्ताह में आठवीं कक्षा की वार्षिक परीक्षा हुई, परीक्षाफल सुनाकर स्कूल गर्मी की छुट्टियों के लिए बन्द घोषित कर दिया गया। मैं उस परीक्षा में प्रथम स्थान का हकदार बना।

महावीर विक्रम बजरंगी

जिस साल मैं आठवीं कक्षा में पढ़ रहा था, उस साल का छठ पर्व भुलाए नहीं भूल पाता। ऐसे तो हर साल का छठ हमारे गाँव में सबसे बड़ा पर्व होता था। लोग इसे कहते ही थे—'बड़का परब'। उन दिनों हमारे गाँव की बूढ़ी गंडक नदी अपनी जवानी में ही थी। नदी का विशाल पाट इधर पहसारा, बभनगामा, वृन्दावन रमैली और महेशवारा को छूता था, तो उधर कोरिया, बासुदेवपुर, पहाड़पुर, मोहनपुर आदि गाँवों को। नदी में पानी की गहराई इतनी अधिक कि बाँस गिराओ, तब भी थाह नहीं। मछलियाँ, सोंस, घड़ियाल आदि जलजीवी प्राणी इस गहरे जल में जीवन का आनन्द लूटते रहते। जल इतना स्वच्छ और मीठा कि हर परिवार दाल सिझाने के लिए नदी से ही पानी ले जाता। नदी के पानी से कपड़ा धो लो, तो बिना साबुन के ही धोती-साड़ी बग-बग। गाँव की नदी में तीन घाट थे—बलुआही घाट, खनुआ घाट और बजरा घाट। बलुआही घाट में अधिकतर औरतें नहाती-धोती थीं, फिर भी ऐसा कोई प्रतिबन्ध नहीं था कि वहाँ मर्द नहीं नहाएँगे। खनुआ घाट में नहाने-तैरने का काम तो होता ही था, पर यह मुख्यत: यात्री को नाव द्वारा इस पार से उस पार ले जाने के लिए ही प्रसिद्ध था। इसलिए खनुआ घाट का जग-जानित नाम 'नावघाट' हो गया। शेख मियाँ और मुस्लिमा, दोनों बाप-बेटे घटवार थे। हम लोग बेगूसराय जाने के लिए इसी घाट में पार उतरते। लेकिन सिउरी घाट पर पुल बनने से पहले तक बन्दुआर घाट में पार उतरकर कोना-कानी रास्ते से खमहार के मधुरी गाछ के पास ऊपराते और मुख्य मार्ग पर चढ़ जाया करते। फिर भी तीनों का सरदार तो बजरा घाट ही था। इसका बजरा नाम क्यों पड़ा, यह खोज का विषय हो सकता है। ऐसे, मेरी समझदारी से पहले इसके अगल-बगल की भूमि पर बाजरा अधिक उपजता होगा, इसलिए इसका बजरा घाट नाम प्रचलित हो गया होगा। बजरा घाट का पाट सबसे चौड़ा था। नदी की गहराई भी यहाँ सबसे अधिक थी। घाट का फैलाव भी इतना बड़ा कि एक तरफ औरतों का झुंड और दूसरी तरफ मर्दों की महफिल नहा रही है, तब भी दूरी अच्छी बनी रहती। गाँव का धोबी भी इसी घाट में आकर कपड़ा धोता, भैंसें भी यहीं नहा-तैरकर

तृप्त होती थीं। यहाँ एक विशाल वटवृक्ष था, जिसकी एक-दो डालियाँ बाढ़ के समय नदी के जल को छूकर आदमी के साथ स्नानी प्रतिस्पर्धा करती रहतीं। इस वृक्ष की जड़ खूब मोटी और धड़ चारों तरफ फैली शाखाओं का भार सँभाले, अपनी सख्ती में गाँव के किसान-मजदूरों को चुनौती देता हुआ, कि तुम कितना बोझ उठा सकते हो, और मैं कितना। बाहर से कभी-कभार गाँव आनेवाले साधु-संन्यासी भी इसी पेड़ के नीचे अपनी धुनी रमा देते। कुल मिलाकर बजरा घाट हमारे गाँव की नदी का क्लासिकल घाट था। यह मात्र निर्मल जल की धारा ही नहीं बहाता, यहाँ युवक-युवतियों के हृदय में उठनेवाले प्रथम प्रेम की पवित्र धारा भी उमगती थी।

इसी बजराघाट पर हर साल, हमारे गाँव का छठ पर्व अत्यधिक श्रद्धा, उत्साह और धूम-धाम के साथ मनाया जाता। गाँव में स्वचालित एक परम्परा थी कि गाँव से बाहर रहनेवाले तमाम नागरिक इस पर्व में गाँव आएँगे ही, चाहे उनके साथ कितनी भी लाचारी और कठिनाई क्यों न हो। डॉक्टर, प्रोफेसर, इंजीनियर, वकील, जज, स्कूल मास्टर, मजदूर—जो भी बाहर रहकर नौकरी-चाकरी करते हों, सभी वर्ग के लोग इस महान पर्व में जुटेंगे ही। इससे बड़ा जमावड़ा गाँव में कभी कोई दूसरा नहीं होता। गाँव का नारी वर्ग, खास कर युवती और उठती सींगवाली किशोरियाँ बहुत पहले से ही इस दिन पहननेवाला ड्रेस चुनकर अलग रख लेतीं। उन दिनों छठ में अच्छा-खासा जाड़ा गिर जाता। इसलिए ड्रेस में ऊनी वस्त्र ही पहने जाते। मगर हर व्यक्ति अच्छा-से-अच्छा स्वेटर और ऊनी शॉल जरूर धारण करने की कोशिश करता। यह कोशिश जाड़े से बचने के लिए कम, दिखाने और दूसरों को आकर्षित करने के लिए अधिक जोरदार होती। औरतें, चाहे शादी-विवाह में अपना कीमती जेवर-गहना पहनना भूल जाएँ तो भूल जाएँ, पर छठ पर्व में वे नहीं भूल पातीं। बाहर नौकरी-चाकरी करनेवाले भलेमानुस तो अपना स्तर गाँव की नजरों में ऊपर उठाने के लिए कीमती से कीमती ड्रेस उस दिन पहनकर घाट पर आते ही थे। यह मेला देखने के साथ, दिखाने का भी सबसे अच्छा अवसर होता। दो दिन पहले से ही उत्साही युवक गाँव की गन्दी सड़कों को साफ-सुथरा करने में भिड़ जाते। उन्हीं सड़कों से तो छठ के व्रती दंड देकर घाट तक पहुँचेंगे। उनके पेट, छाती, या हाथ-पैर में कोई कंकड़, शीशा, काँटा-काँटी न गड़े, इसलिए झाड़-बुहारकर मार्ग दुरुस्त कर दिया जाता। फिर घाट को अधिक से अधिक चौरस बनाकर इस तरह सजाया जाता कि कोई लुढ़ककर पानी में न चला जाए, डलिया रखने में किसी को कठिनाई न हो।

सन्ध्या समय हर घर से डलिया निकलता, गीत गाती औरतें बाहर आतीं। कोई मजबूत युवक प्रसाद से भरा डलिया माथे पर रखकर आगे-आगे मचकता चलता, और पीछे से औरतों की मधुर, भक्तिसिक्त गीत-ध्वनि लहराती चलतीं, 'डलिया किनकर हे जाए? ई भार छठी माय के जाए'... 'मारबौ रे सुगबा धनुषतानिऽऽ सुग्गा गिरयऽ मुरुछायऽऽऽ'। घाट पर डलिया सजने लगता और छठ व्रत करनेवाली भूखी-प्यासी पबनैतनी माँग में सिन्दूर की लम्बी धारी लगाकर अपना-अपना पकवान, फल, नारियल, केतारी से भरा सूप, डलिया से निकालकर उसके आगे धूप जलातीं, गमकातीं। फिर वे नदी के जल में प्रवेश कर डुबकी लगातीं और पानी में खड़ी होने पर उनकी बेटी, पतोहू या बेटा-भतीजा एक सूप उनके हाथ में देते। फिर तो वे पश्चिम मुँह होकर डूबते सूर्य देवता की आराधना करतीं, उन्हें सजे-सजाए सूप का

प्रसाद अर्पित करतीं और अपने परिवार के लिए सूर्य देव से कल्याण के लिए प्रार्थना करतीं। इसी समय परिवार के सदस्य सूप के आगे सूर्य देवता को दूध या जल का अर्घ्य देते। फिर अर्पित सूप लेकर रखा जाता और दूसरा सूप पबनैतनी के हाथ में धरा दिया जाता। पुनः वही अर्पण, वही कल्याणकारी माँग, वैसा ही अर्घ्य।

जिस समय यह पवित्र अर्घ्य और प्रसाद अर्पित हो रहा होता, उस समय सैकड़ों कोकिल-कंठी नारियाँ छठ के गीत गाकर वातावरण को संगीत-स्वर से हिलकोरित करती रहतीं। पबनैतनी जब पूजा समाप्त कर किनारे में खड़ी होतीं, तो उनका पैर छूने के लिए होड़ लग जाती। लगे भी क्यों नहीं, तीन दिनों से उपवास में रहकर पूरी पवित्रता के साथ जिस अनुष्ठान में वे अपना प्राण होम किए हुई हैं, आखिर उनकी आत्मा में सूर्य देवता की परा वाणी क्यों नहीं आ जाएगी? इतना कष्ट उठाकर जो माताएँ अपने इष्टदेव की अर्चना में तन-मन से समर्पित हैं, आज उनके आशीर्वाद में, उनके पोर-पोर में सूर्य-शक्ति समाहित है। इसलिए उनका चरण-स्पर्श कर सूर्य भगवान की ऊर्जा अपने भीतर ले आने की ललक किसमें नहीं होगी?

इधर सूर्य भगवान की आराधना चल रही है, उधर घाट के ऊपर खड़े युवक-युवतियाँ अपने गत्यात्मकता नयन-संकेत का मजा भी लूट रहे हैं। ढोल, झाल, बाँसुरी के राग-तान भी अपने सुर में नदी मैया के शीतल जल को लहरा रहे हैं। लेकिन सबसे मोहक दृश्य तो वर गाछ के नीचे चल रहा है। इस मोटे और विशाल वट-वृक्ष के नीचे गाँव की गवैया-मंडली अपनी कला को पराकाष्ठा तक पहुँचा देने के लिए बेताब है। इस मंडली में बुधो सिंह, ब्रह्मदेव सिंह, सरयुगवा कुम्हार, जंगलिया धोबी, फुकना तेली और हरेकृष्ण तेलबाभन मुख्य रसिक हैं। वर गाछ की जड़ के चारों तरफ यह मंडली गोलाकार श्रृंखला बनाकर उत्साहपूर्वक नाच रही है, गा रही है, लीला दिखा रही है। जंगलिया धोबी की कमर में बड़ा-सा मृदंग लटक रहा है। वह मृदंग पर थाप दे-देकर नाच भी रहा है, और गा भी रहा है—
'कैसे तू सुदामा जी के क्षण में दलिद्रा हो हरेऽऽ, द्रुपदःसुता को चीर कैसे तू बढ़ायो थेऽऽऽ!'

ब्रह्मदेव सिंह गीत के राग पर ढोलक का ताल दे रहे हैं, तो दाहू सिंह झाल झनझनाकर वातावरण को गुलजार कर रहे हैं। बाबू बूधो सिंह हाथ में एक बाँसुरी लेकर कृष्ण-कन्हैया की लीला में उतर गए हैं। वे हरेकृष्ण, फुकना और सरयुगवा को झूठ-मूठ की गोपी मानकर उसे यमुना नदी में पानी भरने से रोक देने का नाटक कर रहे हैं, अपनी बाँसुरी की चोट से घड़ा फोड़ देने का दृश्य उभार रहे हैं। इस मंडली को देखने-सुनने के लिए भीड़ जमा होकर एक-दूसरे को ठेल रही है—हम आगे बढ़कर लीला देखें, सुनें, तो हम।

अद्‌भुत हो गया है आज का जड़ वट-वृक्ष। उसका पत्ता-पत्ता रोमांचित हो रहा है, नाच रहा है। उसकी डाल-डाल पर बाँसुरी लटक रही है। उसकी शाखाओं के बीच प्रेम-प्रवीणा गोपियाँ कमर पर गागर चढ़ाकर पुलकित हो रही हैं। और बूधो सिंह एक बैलगाड़ी जोतकर, जीविका चलानेवाला दुखिया किसान-मजदूर, आज कृष्ण की रास-लीला भोग और बाँट रहा है। गाँव की साल भर की उदासी, गरीबी और चिन्ताओं को वह नदी किनारेवाला वट-वृक्ष आज पी गया है, और बदले में रस का आनन्द-भरा अमृत बाँट रहा है। कहाँ ऐसी ग्राम्य-संस्कृति की अनमोल प्रस्तुति आज के विकसित गाँवों या शहरों में देखने को मिलेगी?

और उधर क्या चल रहा है? अरे! शिवाला के उत्तर तरफ तो हजारों की भीड़ वृत्ताकार में जमकर, जयमंगला माता और बजरंग बली की जयकार ध्वनि हवा में उछल रही है। ओहो! याद आया। आज तो भुसारी परगना की लाज जय या क्षय की तलवार पर लटक रही है। अभी ही तो उस्मान पहलवान की चुनौती का जवाब मथुरा पहलवान को देना है। भला यह कोई भूलने-भुलाने वाली चुनौती है! पिछले साल की दुर्गा-पूजा में उस्मान नट मंझौल में अपनी करामत दिखाकर सबको चकित कर गया था। उस्मान नट-मंडली का गौरव है। अभी वह अपनी जवानी के उत्तुंग शिखर पर चढ़ा हुआ है। साइज में न अधिक लम्बा, न नाटा। शरीर का पोर-पोर गठा हुआ। नसें इतनी उभरी हुईं कि लगता, त्वचा को चीर देगी। उभरी हुई छाती और कसी हुई बाँह। उसकी बाँह में जवानी ऐंठ रही है। जाँघिया पहनने पर जाँघ का मांस कसकसा उठता है। क्या मजाल कि कोई उसकी जाँघिया में अपनी उँगली घुसा दे! उँगली तो दूर, जाँघ का मांस तनकर जाँघिया पर ऐसे हावी हो जाता कि जाँघिया में एक सीक घुसाना भी असम्भव! बराबर तेल की मालिश होते रहने से देह ऐसी पिछड़ीली कि हाथ रखते ही फिसल जाए। छोटी-छोटी मूँछ, भरा-पूरा गाल, कान में चाँदी की कनैली और सिर पर चमकते छोटे-छोटे, काले-काले बाल उसके मुखमंडल को चमकाते रहते।

यही उस्मान पहलवान पिछले साल भुसारी परगना में घूम-घूमकर इलाके के सभी छोटे-बड़े पहलवानों से कुश्ती लड़ता गया; और किसी को भी जीतने नहीं दिया। उसका अन्तिम पड़ाव मंझौल गाँव में पड़ा। वहाँ भी उसने उस गाँव और अगल-बगल के पहलवानों को ललकारा। मंझौल के राघो पहलवान इलाके में दिग्विजय कर चुके थे। उनकी पहलवानी उन दिनों मेगा पहलवानी मानी जाती थीं। लेकिन अब तो वे जामवन्त की तरह बूढ़ा हो चुके थे : 'जामवन्त मंत्री अति बूढ़ा, सो कि होहिं अब समरारूढ़ा।' अतएव उसने राघो पहलवान का लिहाज किया और उनके पैर छू लिये। फिर भी वह खाली कैसे लौटे? तो रमौतरा गुआर उछलकर अखाड़े में उतर आया।

था तो रामौतार भी खाया-पीया और खेला जवान ही, पर वह उस्मान के साथ थोड़ी देर भी नहीं टिक पाया। उसे पटककर चित करने में उसे मुश्किल से दो मिनट का समय लगा होगा।

फिर वह खड़ा होकर ताल ठोकने लगा। तब मंझौल के रामउदय सिंह उछल पड़े। उन्हें तो हाथ मिलाते ही उस्मान ने ऐसी लंगी लगाई कि वे चितभटका अखाड़े के बीच में ही गिर पड़े। अब तो उस्मान का मन आत्मविश्वास के सातवें आसमान पर चढ़ गया। वह उछल-उछलकर गीता झा को ताल ठोककर चुनौती देने लगा।

गीता झा महेशवारा गाँव के भाट ब्राह्मण थे। उन्होंने भी अपने बल और दाँव-पेंच से जिला-जवार को हिला रखा था। इलाके में उनके तरह-तरह के दाँव-पेंच की प्रशंसा करते लोग नहीं थकते। पर अब गीता जी की भी उम्र पचास-पचपन की हो चुकी थी, और बेटा, पत्नी आदि का बोझ सिर पर सवार था। उन्होंने प्रतियोगी कुश्ती लड़ना छोड़ दिया था। फिर भी उनके अखाड़े पर इलाके के जवान उनसे पेंच-पाँच सीखने रोज आते। अखाड़ा चालू था। उस्मान जान चुका था कि गीता झा अपनी कुश्ती-कला के उतार पर हैं, इसलिए उसने जान-बूझकर चुनौती दी थी। उनको जीत लेने पर यह इलाका भी फतह। कहाँ चौबीस-

पच्चीस का खेला-खाया उस्मान, और कहाँ पचास-पचपन का गीता झा। गीता जी सकते में पड़ गए। लड़ने पर इस जवान को पछाड़ना चुटकी से कसैली फोड़ देने जैसा कठिन काम; और इनकार करने पर बेइज्जती! क्या करें गीता झा?

गीता झा को सकते में देखकर उमा पहलवान उछलकर अखाड़े में कूद पड़े। उन्होंने ताल ठोककर मूँछों पर उँगली घुमाकर, भरी सभा में गरजकर घोषणा कर दी, 'उस्मान, पहले हमसे फरिया ले, फिर हमारे गुरु गीता झा पर ताल ठोक। चेला के मौजूद रहते, कोई गुरु को चुनौती कैसे दे सकता है?'

उस्मान बोल पड़ा, 'मैं किसी घास-पात से कुश्ती लड़ने नहीं निकला हूँ। पूरा इलाका जानता है कि मैंने कैसे-कैसे नामी-गिरामी पहलवानों को माटी पकड़ाई है, चित किया है। यह बीस-इक्कीस वर्ष का छोकरा मेरे आगे मूँछ ऐंठने आया है। इसे हराकर मैं कौन-सा नाम कमाऊँगा? शेर से बकरे को लड़ाना कौन-सा न्याय है? लड़ना है तो गीता झा अखाड़े में उतरें, नहीं तो सबके सामने कबूल करें कि उस्मान उनसे बड़ा पहलवान है।'

उमा झा ने फिर ताल ठोककर कहा, 'हाँ, हाँ, बोलने से कोई शेर नहीं हो जाता है। कर्म से ही शेर और बकरे की पहचान होती है। जलेवारों की यह भूमि ऐसी रही है, जहाँ चूहे भी बिल्ली को खदेड़ चुके हैं। पहले मुझसे फरिया लो, तब गीता जी का नाम जुबान पर लाओ। वे मेरे गुरु हैं, और आज ही तुमसे लड़कर मैं अपना गुरु-ऋण उतार लूँगा। दम है तो भिड़कर देखे लो।'

उमा झा का उत्साह और ओजस्वी वाणी देख-सुनकर सब लोग बोल पड़े, 'ठीक ही तो उमा कह रहा है। इसे हरा दोगे तब न गीता जी तुमसे लड़ेंगे। जाने बिच्छू का मंत्र नहीं और हाथ देंगे दराध माथे पर! गीता जी का शिष्य जब तुम्हारा जवाब देने के लिए अखाड़े में खड़ा है, तो गुरु पर क्यों ताल ठोक रहे हो? उमा भी तो उठता हुआ जवान है। इसकी वंश-परम्परा भी नामचीन पहलवानों की परम्परा रही है। आजमाकर तो देखो। सच्चे शूर-वीर किसी भी चुनौती का सामना करने में हिचकिचाते नहीं। तुम बात न बढ़ाकर उमा झा को पटक दो, फिर गीता जी से भी लड़ लेना।'

लोगों की सम्मिलित राय के आगे उस्मान को झुकना पड़ा। वह उमा की कसकसाती जवानी को अपनी आँखों की तुला पर तौल रहा था। इस जवान को पछाड़ना उतना आसान नहीं होगा, जितना रामौतार गुआर और रामउदय सिंह को जीतना था। फिर भी पटक तो दूँगा ही। अपने दाँव से चित करना भी आसान ही रहेगा। कुछ क्षण आँख और मन में ताल-मेल बैठाकर उस्मान उमा झा से लड़ने को तैयार हो गया।

दर्शकों की भीड़ में जिज्ञासा बढ़ गई। उस्मान और उमा के समर्थकों की धकधकी भी बढ़ने लगी। दोनों ने जाँघिया चढ़ाया, मुट्ठी में अखाड़े की मिट्टी उठाकर अपनी-अपनी देह पर छिड़की, अखाड़े को प्रणाम किया, और ताल ठोककर आमने-सामने खड़े हो गए। दोनों अपनी-अपनी देह-भाषा से एक-दूसरे को डरा देने का स्वांग रचने लगे। फिर उस्मान ने आगे बढ़कर उमा से हाथ मिलाया, जो पहलवानों का शिष्टाचार है। इस शिष्टाचार को सलामी लेना बोलते हैं। उमा ने अपनी तलहत्थी को काफी सख्त कर लिया। फिर दोनों के हाथ दोनों के पंजों से गुत्थम-गुत्था करने लगे। दर्शक देख रहे थे कि किसके हाथ में कितना

जोर है। पंजा भिड़ा हुआ है, और आँखें एक-दूसरे को ललकार रही हैं। तभी उस्मान ने अपने दाएँ पैर से उमा के बाएँ पैर में जोर का झटका दिया। उमा का पंजा उस्मान के पंजे से छूट गया और वह थोड़ा लड़खड़ाकर दो कदम पीछे हो गया। लेकिन तुरत समझ गया कि उस्मान उसे नीचे गिराना चाहता है। उमा सँभला, और झपटकर उस्मान की कमर पकड़ ली। अपनी कमर से उमा का हाथ छुड़ाने की कोशिश में उस्मान ने अपनी टाँग को उमा की टाँग में फँसा दी, जो पिछका दाँव कहलाता है। इस क्रम में उमा का वह पैर जमीन से छूट गया। अब वह एक ही पाँव पर खड़ा होकर उस्मान को जल्दी गिरा देने की कोशिश करने लगा। तभी उस्मान अपना पैर उमा के पैर से छुड़ाकर गर्दन सहित कमर को पीछे घुमाया और अपने हाथों से उमा की गर्दन पकड़ ली। उमा उस्मान से कद में छोटा था। उसने नीचे झुककर गर्दन छुड़ा ली और उस्मान की जाँघ में अपना पैर इतने जोर से जमाया कि उस्मान तलफलाकर जमीन की ओर झुक गया। फुर्ती से उमा ने उस्मान की कमर पकड़कर पैर में लंघी लगा दी और उस्मान मुँह के बल अखाड़े पर गिर गया। अब उमा ऊपर और उस्मान नीचे। उमा पूरी ताकत लगाकर उस्मान को रगड़ने लगा और चित कर देने का उपाय सोचने लगा। उस्मान को यह अन्दाजा नहीं था कि उमा भी उसके जैसा ही दाँव-पेंच का खिलाड़ी है। नीचे दब जाने से उसे अपराधबोध तो हो ही रहा था, गुस्सा भी बढ़ गया। दो मिनट तक उस्मान को रगड़ने और चित करने की कोशिश में भिड़े उमा का मनोबल बढ़ गया। तभी उस्मान ने नीचे से उमा का एक हाथ पकड़ लिया और पूरे छल-बल के साथ उस हाथ को खींचकर अपनी छाती के नीचे ले आया। उमा की ताकत आधी हो गई। अब उसने अपने ठेहुना उस्मान की कमर पर जमाया। तभी उस्मान ने उमा का हाथ पकड़ इतने जोर से खींचा कि उमा ऊपर से नीचे आ गया। अब उस्मान उसे रगड़ने लगा। कौन किससे बीस है, यह कहना मुश्किल। उमा को चित करने की कोशिश में उस्मान ने एक-से-एक दाँव चलाया। मगर उमा तो गीता झा से सभी दाँव का काट अच्छी तरह सीख चुका था। उस्मान का कोई दाँव उमा को चित करने में कामयाब नहीं हो सका, मगर उमा उस्मान के बल-बूते का काट नहीं कर पा रहा था। दोनों के शरीर पसीने से लथ-पथ।

रेफरी राघो पहलवान दोनों के शरीर पर कोबा-कोबा मिट्टी डाल रहे थे, और मिट्टी पसीने से पिघलकर कीचड़ में बदल रही थी। दर्शक महसूस कर रहे थे कि दोनों पहलवान थक चुके हैं, मगर उपाय क्या है?

उमा झा ने नीचे से एक ऐसा दाँव चलाया जिसका काट उस्मान नहीं जानता था। उस दाँव के सफल हो जाने से उमा का हाथ उस्मान की छाती से छूट गया और उमा छिटककर खड़ा हो गया। उस्मान और उमा अब खड़ा-खड़ी एक दूसरे को गिराने की कोशिश में भिड़े। उमा उस्मान को गिरा नहीं सका। उस्मान धोबिया पेंच मारकर उमा को फिर नीचे ले आया। अबकी नीचे से ही उमा उस्मान की गर्दन मरोड़ रहा था। लगभग आधे घंटे तक दोनों में गुत्थम-गुत्था होता रहा, पर कोई किसी को चित नहीं कर पाया।

रेफरी ने देखा कि इतनी देर में दोनों जवान चूर-चूर हो चुके हैं। अब और अधिक देर नहीं लड़ाना चाहिए। उन्होंने दोनों के माथे पर एक-एक हाथ रखकर कहा, 'छोड़िए, कुश्ती जोड़ी रही। दोनों बराबर हैं। आगे किसी दिन फिर फरिया लीजिएगा।'

दोनों पहलवान खड़े हो गए। दोनों ने हाथ मिलाया और अपनी-अपनी जमात में सट गए। उस्मान को अफसोस हो रहा था कि उमा को चित नहीं कर सका। उमा को गर्व हो रहा था कि उसने गुरु की इज्जत-प्रतिष्ठा बचा ली।

मेरे जीवन का यह छठ एक अविस्मरणीय घटना बन गया।

गगन चढ़ै रज पवन प्रसंगा

आठवीं कक्षा में पढ़ते-पढ़ते मंझौल गाँव के अनेक सहपाठी मेरे अजीज दोस्त हो गए। इतने दिनों में विज्ञान और कला के छात्रों की दूरी सिमट गई। मुझे कला-खंड में पढ़नेवाले अनेक छात्रों से ऐसा दिल मिला कि वह दिल-मेल स्थायी मित्रता में बदल गया। गाँव के कला-खंड में पढ़नेवालों में इन्द्रदेव तो पहले से ही मेरा हितचिन्तक मित्र था। अब मंझौल के बोढ़न सिंह से अच्छी दोस्ती हो गई।

इन्द्रदेव का परिवार हमारे परिवार की तुलना में काफी सम्पन्न था। प्रारम्भिक कक्षाओं में इन्द्रदेव ने लालगंज के जैंतीपुर गाँव में पढ़ाई की थी। जैंतीपुर में उसकी दूसरी बहन सदासुन्दरी की शादी हुई थी और वह परिवार भी सुखी-सम्पन्न था। सुख-सम्पन्नता के अतिरिक्त उस परिवार में सज-धजकर रहने की भी आदत थी। वह आदत इन्द्रदेव में भी आ गई। इसलिए अपने गाँव पहसारा आने पर भी इन्द्रदेव की वह आदत बनी रही। वह अच्छा और धुला हुआ साफ-सुथरा कपड़ा पहनता। उसके पास दो-तीन कमीजें थीं जिन्हें वह बदल-बदलकर पहनता। पाजामा भी कई थे। इसके अतिरिक्त वह घर पर लुंगी पहनता। उन दिनों लुंगी पहनना फैशन माना जाता। दो-एक धनी बाप के बेटे ही लुंगी पहनते। इन्द्रदेव बाल बढ़ाकर चूल भी सजाता था। उसके चूल में गमकौआ तेल लगा रहता। कुल मिलाकर हमारे साथियों में एक वही फैशनेबल ढंग से रहनेवाला विद्यार्थी था। लेकिन यह सब उसकी आदत में शुमार था, दिखावे में नहीं। वैसे वह एक सामान्य और स्वच्छ विचार का लड़का था। अपने लम्बे जीवन की दोस्ती में मैंने महसूस किया कि उसके मन में किसी के प्रति कोई ईर्ष्या-द्वेष नहीं। दूसरों की सहायता करने में भी वह आगे रहता। आठवीं कक्षा तक तो वह मेरा गहरा मित्र बन चुका था।

शम्भू, इन्द्रदेव और मैं—तीनों साथ-साथ ही कहीं जाते। एक-दूसरे के बिना तीन में से किसी को चैन नहीं। हम तीनों मित्रता का त्रिकोण बना चुके थे। ऐसा त्रिभुज कि हममें से किसी एक ने कोई गलती की, कहीं छोटी-मोटी चोरी कर ली, किसी के साथ बदमाशी कर दी, कहीं झगड़ा कर लिया तो तीनों के नाम जोड़ दिये जाते। बदनामी किसी एक की नहीं, तीनों की होती। शिकायत किसी एक के अभिभावक के पास नहीं, तीनों के अभिभावक को सुननी पड़ती। गाँव में हम तीनों को तीन नहीं, एक माना जाता। फर्क सिर्फ यहाँ दिखाई देता कि शम्भू और मैं विज्ञान कक्षा में पढ़ते और इन्द्रदेव कला में। यह लिखते समय हाथ काँप रहा है, आँखें सजल हो रही हैं, फिर भी लिखना जरूरी है कि अब इन्द्रदेव और शम्भू इस दुनिया में नहीं रहे। मित्रता का त्रिभुज टूट चुका है, पर इस त्रिभुज की छाप गाँववालों के मन में अब भी मौजूद है।

बोढ़न भाई से मेरी नजदीकी इन्द्रदेव के सम्पर्क से ही बढ़ी, मगर नजदीकी बढ़कर प्रगाढ़ मित्रता में बदल गई। अभी इस सतहत्तर वर्ष की उम्र में भी मेरा कोई विश्वासी और सुख-दुख का साथी मित्र है तो बोढ़न भाई ही। आठवीं कक्षा में पढ़ते समय मुझे बोढ़न में अन्य साथियों से कुछ भिन्न बातें दिखाई पड़ी थीं। बोढ़न का रहन-सहन तो बिलकुल सामान्य था ही, वे बोलते भी कम थे। उनके भीतर मैंने प्रतिस्पर्धा का भाव कभी नहीं देखा। मैं या मेरे साथ पढ़नेवाले अन्य समकक्षी मित्र, परीक्षा में एक-दूसरे से आगे रहने की चेष्टा करते। बोढ़न में यह प्रतिद्वन्द्विता मुझे नहीं दिखाई पड़ी। पाठ्यक्रम के ज्ञान से हटकर कुछ अलग बातें सोचते रहने और बोलने की प्रवृत्ति बोढ़न में शुरू से ही थी। सबसे बढ़कर, मेरे अन्तर्ज्ञान में कुछ ऐसा महसूस होता कि मेरी और उनकी आर्थिक, सामाजिक परिस्थिति मिल-जुल रही है। इसलिए मुझे बोढ़न में दिलचस्पी क्रमश: बढ़ती गई। कला संकाय के साथियों में इन्द्रदेव को छोड़कर सबसे अधिक नजदीकी और प्रगाढ़ता मुझे बोढ़न भाई से ही बनी रही। कच्ची उम्र में ही बोढ़न के भीतर सामाजिक, राजनीतिक चेतना का बीज सुगबुगाने लगा था।

आठवीं कक्षा में पढ़ते दिनों की एक घटना विस्मृत नहीं हो पाती। वह घटना है—इन्द्रदेव का विवाह। इन्द्रदेव का विवाह आठवीं कक्षा में ही हो गया। मोहनपुर गाँव के एक सम्पन्न खेतिहर परिवार में उसकी शादी तय हुई। ससुर का नाम था—बाबू जुंगी सिंह। जुंगी सिंह अपने समय के गाँव में पूछे जानेवाले धनी किसान थे, पर थे अनपढ़ और कंजूस।

इन्द्रदेव का और मेरा घर दोनों आसपास ही थे। दोनों घर के बीच मात्र एक बड़ा सा डोभा था जिसमें सालों भर पानी जमा रहता। बावजूद इसके हम दोनों अलग-अलग पट्टी के बाशिन्दे थे। इन्द्रदेव का घर गोविन्दपुर पट्टी में पड़ता और शम्भू तथा मैं बहादुरपुर पट्टी के नागरिक। पट्टी दो होने के कारण हमारे बीच शादी-विवाह; या भोज-भात में न्योता-पिहान नहीं चलता। इसलिए इन्द्रदेव का विवाह जब होने लगा तो हमारे परिवार को बारात जाने के लिए निमन्त्रण नहीं मिला। निमन्त्रण मिलता तो मैं उस बारात में अवश्य शरीक होता। बिना निमन्त्रण शरीक होना सामाजिक अपमान माना जाता। पर ऐसे अजीज मित्र का विवाह न देखूँ, यह मुझे और मुझसे भी अधिक शम्भू को कचोट रहा था। शम्भू तो बहुत पहले ही शादी-शुदा हो चुका था। उसे लग रहा था कि इन्द्रदेव का विवाह किसी तरह अवश्य देखना चाहिए, पर रास्ता नहीं सूझ रहा था। बारात सन्ध्या समय विदा होने लगी। बाजा-गाजा शोर मचा रहे थे। औरतों का गीत-नाद वातावरण को उल्लसित कर रहा था। हम दोनों से रहा नहीं गया। हम दौड़कर देखने चले गए कि इन्द्रदेव पालकी में कैसे बैठता है। कम-से-कम विवाह के लिए प्रस्थान करते समय इन्द्रदेव का मुँह तो देख लें। कहीं वही कह दे कि बारात चलो, तो हम सारी मान्यता और परम्परा तोड़कर भी चल पड़ेंगे। इन्द्रदेव को पालकी में बैठाया गया। उसे गीत गाती माँ, भाभी और अन्य औरतें घेरे थीं। हमने इन्द्रदेव को देखा, उसने भी हमें देखा और मुस्कराया, पर कुछ बोला नहीं। बोलता भी कैसे ? माँ और भाभी तो उसे घेरे थीं। आखिर पालकी को कहारों ने कन्धे पर उठाया

और इन्द्रदेव राजा जनक का धनुष तोड़ने रवाना हो गया। शम्भू और मैं उदास चेहरा लिये, मुँह लटकाए खड़े-के-खड़े रह गए।

हमें उदास चेहरा लिये खड़े देखकर वहाँ विपता आ गया। विपता और इन्द्रदेव का घर आमने-सामने था। उसे भी बारात में चलने को नहीं कहा गया था क्योंकि नजदीक रहते हुए भी विपता बड़घरी टोले का निवासी था और इन्द्रदेव गोविन्दपुर का। फिर भी था तो विपता हमारा और इन्द्रदेव का मित्र ही। उसने कहा, 'चलो, कहीं बैठकर बात करते हैं।'

हम तीनों शम्भू के फूसवाले दालान में आकर बैठ गए। अब विपता शुरू हो गया, 'यार, हम तीनों इन्द्रदेव के गोतिया नहीं हैं, इसलिए हम बारात नहीं जा सके। लेकिन इन्द्रदेव हमारा लंगोटिया दोस्त है, और उसका विवाह न देखें, यह तो असम्भव।'

हम एक साथ बोल पड़े, 'क्या उपाय हो सकता है विपता, वह भी तब, जब बारात चली गई?'

विपता ने हँसते हुए चुटकी बजाई और बोला, 'अरे, अभी क्या हुआ है! अगर तुम दोनों स्वीकार करो, तो हम तीनों अभी चल पड़ें। गाँव के नावघाट में नदी पार कर लें। अभी तो शेखा मियाँ होगा ही; वह हमें नाव से पार उतार देगा। फिर बासुदेवपुर होते हुए हम पैदल ही मोहनपुर पहुँच जाएँगे। मोहनपुर है ही कितनी दूर? पार उतरने के बाद मुश्किल से डेढ़ या दो कोस। क्या इतनी दूर हम पैदल नहीं चल सकते? इससे थोड़ा ही कम दूर गाँव से मंझौल हाई स्कूल पड़ता है। वहाँ तो हम लोग रोज पढ़ने जाते ही हैं। फिर मोहनपुर तक पैदल जाने में क्या कठिनाई है?'

मैंने कहा, 'विपता, कठिनाई पैदल मोहनपुर जाने में नहीं है। पैदल तो बेगूसराय भी जाते-आते ही हैं। कई बार अपने ननिहाल रामदीरी गाँव भी मैं पैदल गया हूँ, जो बेगूसराय से भी डेढ़-दो कोस आगे है। कठिनाई तो यह है कि बना न्योता-पिहानी पाए मोहनपुर पहुँचकर हम बारात में शामिल कैसे होंगे? लोग हमें पहचानेंगे नहीं? और पहचान लेने पर कल हमारे परिवार की प्रतिष्ठा धूल में मिल जाएगी। इसीलिए तो हम बारात में भी बिन बुलाए मेहमान नहीं बने। तुम तो वही काम करने को कहते हो?'

विपता तुरत बोल पड़ा, 'न, न, न; हम बारात में शरीक होने क्यों जाएँगे? हमें तो इन्द्रदेव का विवाह देखने से मतलब है। हम सीधे बाबू जुंगी सिंह के दरवाजे के आसपास मँडराते रहेंगे। इन्द्रदेव के ससुर जुंगी सिंह का घर मैंने देखा है। अभी चल देने पर हम लोग अगल-बगल छिपे रहेंगे। उस मेला में कौन किसको देखता और पहचानता है! बारात जनवासा लौट जाएगी, तब लड़का-लड़की को मंडप पर बैठाया जाएगा। मंडप पर विवाह का रस्म शुरू होगा और हम लोग मुँह-माथे पर गमछा लपेटकर अगल-बगल से विवाह देखते रहेंगे। विवाह खत्म होगा और हम लोग घर के लिए चल पड़ेंगे। सूर्योदय होने से पहले घर पहुँच जाएँगे। न घर के लोग जान पाएँगे कि हम रातभर कहाँ थे, और न बारात में जानेवालों से हमारी भेंट होगी।'

शम्भू बोला, 'विपता ठीक कहता है यार! चलो, हम लोग देख आवें कि इन्द्रदेव का विवाह कैसे होता है। विपता की बुद्धि हर मुश्किल में काम आती है। मुझे इसकी सलाह बहुत ठीक जँचती है।'

हम तीनों जैसे थे, जो पहने थे, वैसे ही चल पड़े।

शेखा मियाँ घाट पर ही था। उसने हम तीनों को नाव में बैठाकर पार तो उतार दिया, लेकिन पूछ बैठा, 'इस समय कहाँ जा रहे हैं मालिक? बेगूसराय पहुँचने में तो दस-ग्यारह बज जाएँगे। फिर उतनी रात में तो बाजार भी बन्द रहेगा?'

विपता ने जवाब दिया, 'हम लोग बेगूसराय नहीं, कोरिया जा रहे हैं, बासुदेवपुर के बगल में। वहाँ आदित्य बाबू मास्टर से अँगरेजी पढ़नी है। रात में वहीं रहेंगे, सुबह लौटेंगे।'

हम तीनों बासुदेवपुर होते मोहनपुर पहुँच गए। सच ही, बारात अभी नहीं पहुँची थी। विपता हमें बाबू जुंगी सिंह के दरवाजे के आगे तक ले गया, और वहीं से हमने देखा कि उस दरवाजे पर एक पेट्रोमेक्स जल रहा है, और दो-तीन लालटेन टिमटिमा रही थीं। फिर हम उस गाँव में ही इधर-उधर घूमने लगे। जब बारात दरवाजा लग रही थी, हम भी कुछ दूर से तमाशा देख रहे थे। बारात जनवासा लौट गई, लड़के को वहीं उतार लिया गया। हम तीनों एक घूरा के पास बैठकर आग सेंकने के बहाने समय बिताने लगे। थोड़ी देर में बजा बजने लगा, औरतों की गीत-ध्वनि हवा में लहराने लगी। हमें समझने में देर नहीं लगी कि विवाह का रस्म शुरू हो गया है। हमने माथे पर गमछा रखा और धीरे-धीरे आँगन में चले गए। आँगन-प्रवेश वाली गली में एक घूरा जल रहा था और बगल में बैठकर अँगरेजी बाजा वाले बाजा बजा रहे थे। मंडप को औरतें घेरे थीं। इन्द्रदेव के बगल में उसकी होनेवाली पत्नी घूँघट लटकाकर बैठी थी। हम कभी इस कोने में खड़े होकर, तो कभी उस कोने में हुलककर विवाह देखने लगे। हमारी कोशिश तो यह थी कि हम विवाह भी देखें, और हमें कोई पहचान भी न पाए। अभी लड़की की माँग में सिन्दूर नहीं भरा गया था कि अचानक पचास-पचपन वर्ष का एक बुजुर्ग विपता को धक्का देकर पूछने लगा, 'अरे, कौन है तू? यहाँ मड़वा पर जनानी के बीच क्या करने खड़ा है?'

शम्भू और मैं तो हक्के-बक्के। अब हम पकड़े गए। मगर विपता तो विपत्ति में ही काम आनेवाला शख्स था। उसने गिड़गिड़ाते कंठ से हाथ जोड़कर जवाब दिया, 'हम बजनिया हैं मालिक।'

'बजनिया है तो जाओ, बाजा बजाओ, यहाँ क्या घूर रहा है?'

विपता बोला, 'मालिक, एक सलाई माँगने आया हूँ। कौन मालिक सलाई रखते हैं?'

वह बोला, 'साला, हाड़-राड़ को दियासलाई कौन देता है? भागो, घूरा की आग से बीड़ी धरा लो। यहाँ हुलुक-भुलुक करने आया तो आँख निकाल लेंगे।'

विपता बोला, 'जी, मालिक। जाता हूँ।'

हम तीनों मड़वा के पास से धीरे-धीरे घसक गए। हम सिन्दूर पड़ते नहीं देख सके। लेकिन दूर से ही मंडप का क्रिया-कलाप देखते रहे। जब घूँघट देने के लिए इन्द्रदेव के पिता, भाई और बहनोई को लोग बुलाने गए, तब विपता ने कहा, 'अब हम लोग यहाँ से चलें। वे लोग आएँगे तो कोई न कोई हमें ज़रूर देख लेगा।'

उसकी सलाह मानकर हम तीनों घर के लिए चल पड़े।

लौट तो पड़े, लेकिन गाँव की नदी के पास आते-आते फरीच हो गया। शेखा मियाँ अभी घाट पर नहीं आया था। इतनी सबेरे तो वह कभी आता भी नहीं। अब नदी पार कैसे

करें ? शेखा ने नाव तो इसी पार बाँधा, पर पतवार और लग्गी अपने साथ ले गया, या कहीं छिपाकर रख दिया, नहीं मालूम। यदि पतवार रहता तो विपता नाव खे लेता, पर अब तो पार होने का कोई उपाय ही नहीं। हमारे पास है ही क्या ? देह के नीचे एक पैंट या धोती, और ऊपर एक कमीज। कमीज खोलकर सिर पर मुरेठा बना लें, और तैरकर नदी पार कर लें। हम लोगों ने पहले भी कई बार तैरकर नदी पार की थी। विपता का विचार ठीक जँचा। हमने अपनी-अपनी कमीज खोलकर मुरेठा बना लिया और सिर ऊपर रखकर तैरने लगे। थोड़ी ही देर में हम नदी के उस पार पहुँच गए। गाँव के लोग भी अब तक नदी नहाने पहुँचने लगे। हम तीनों भींगे कपड़े पहने ही अपने-अपने घर पहुँच गए।

यह है इन्द्रदेव के विवाह में हमारी शिरकत की कहानी।

इन्द्रदेव की शादी आठवीं कक्षा में पढ़ते समय हुई। शम्भू की शादी तो बहुत पहले ही हो चुकी थी। आठवीं कक्षा में पढ़नेवाले मेरे दो और सहपाठियों की शादी उसी रात हुई। वे थे मंझौल के दशरथ जी और सिकरौहुला के राजेन्द्र सिंह। उन दोनों की शादी मोहनपुर में ही हुई थी। उन दिनों मैट्रिक पास करते-करते जिसकी शादी नहीं हो गई, वह लड़का बराठ (शादी की उम्र बीत जानेवाला) माना जाता। बराठ लड़के की शादी बड़ी मुश्किल से होती, या नहीं होती। लड़कियों का विवाह तो मिडिल पास करते-करते ही कर देना आदर्श विवाह था। हालाँकि उन दिनों लड़कियाँ पढ़ती ही बहुत कम थीं।

इन्द्रदेव की शादी तो हो गई, पर विवाह के नौवें दिन ही पत्नी मैके चली गई और आई तब, जब इन्द्रदेव ने मैट्रिक की परीक्षा दे दी। आई.ए. की परीक्षा देकर जब इन्द्रदेव लंगट सिंह कॉलेज, मुजफ्फरपुर से 1958 ई. में घर लौटा तो उसकी गोद में प्रथम पुत्र-रत्न आया। वह पुत्र अभी हड्डी रोग विशेषज्ञ है। वह डॉक्टर सुनील नाम से विख्यात है। उसकी रुचि राजनीति में भी रहती है। इन्द्रदेव के तीन पुत्र हुए, पुत्री एक भी नहीं। उसके तीनों बेटे अपने-अपने क्षेत्र में मेधावी निकले, पर सबसे छोटा पुत्र पंकज सबसे अधिक मेधावी था। दुर्भाग्यवश वह नक्सलाइट हो गया और मारा गया। उसी गम में इन्द्रदेव शराबी हो गया। वह कुछ अधिक ही पीने लगा। शायद इसीलिए वह असमय ही दुनिया छोड़कर ऊपर चला गया। उसकी मृत्यु पहली जनवरी, 1999 ई. को हार्ट अटैक से हुई। उस समय वह मगध विश्वविद्यालय के कॉमर्स कॉलेज पटना में इतिहास का विभागाध्यक्ष था, और 31 दिसम्बर, 1999 ई. में सेवानिवृत्त होता। हमारी मित्रता का त्रिभुज उसी दिन टूटकर इधर-उधर बिखर गया। इस घटना के ठीक दस वर्ष बाद, उस त्रिभुज की दूसरी भुजा (शम्भू) भी दिल्ली जाकर टूट गई। अब आधार भुजा बनकर मैं इस बदलती दुनिया का दुख-सुख भोगने और देखने के लिए जीवित हूँ। सच ही कहा गया है :

दसद्वारे का पींजरा, तामें पंछी पौन।
रहिबों को अचरज बड़ो, गयो तो अचरज कौन ?

फिलहाल इस दुखद प्रसंग पर पूर्णविराम।

मृत मुहूर्त की गूँगी आवाज मन को कभी-कभी इस प्रकार झकझोर देती है कि उसे व्यक्त किए बिना चैन नहीं! ऐसी ही एक आवाज है बोढ़न जी की शादी। अभी हम लोग नौवीं कक्षा में पहुँचे नहीं, हाँ, आठवीं का परीक्षाफल जरूर निकल चुका था। गर्मी छुट्टी के बाद स्कूल खुलने पर हम नौवीं कक्षा में ही बैठते, लेकिन इसी छुट्टी में बोढ़न जी का विवाह हो गया। हमें यह जानकारी तब मिली, जब जीवो दा का विवाह हुआ।

जीवो दा उम्रदराज व्यक्ति थे। उनके दरवाजे पर हमारा आना-जाना खूब होता था। वहीं ज्ञात हुआ कि बोढ़न जीवो दा का साढ़ू बन गए हैं। साढ़ू यानी जीवो दा की पत्नी और बोढ़न भाई की पत्नी सहोदर बहन हैं। यह जानकारी भी बोढ़न के साले हरगौरी बाबू से मिली, जो जीवो दा के यहाँ आए हुए थे।

हरगौरी बाबू अत्यन्त सीधे और नेकदिल इनसान थे। वे जब भी मुझसे मिलते, भर पाँजा पकड़ लेते। मिलने पर हमेशा हँसते ही रहते। उनकी हँसी में मुझे निश्छलता की खुशबू महसूस होती। वे मेरे साथ ऐसा व्यवहार और वार्तालाप करते, मानो मैं ही उनका बहनोई हूँ! अफसोस कि वे अब इस दुनिया में नहीं रहे। उनसे मेरी अन्तिम मुलाकात आज से चार साल पहले हुई थी जब वे अपने भगिना (भाँजा) के बेटे की शादी में पहसारा आए। उस समय वे काफी बूढ़े हो चुके थे, और हाथ काँप रहा था। फिर भी पहले की तरह ही भर पाँजा पकड़, छाती से छाती मिलाकर गले लगे। उफ, उतना सीधा और सच्चा इनसान अब कहाँ मिलता है!

बोढ़न जी का विवाह स्कूल के बन्द रहने के दिनों में हुआ, इसलिए मैं उनके विवाह में शरीक नहीं हो पाया, न मुझे उस समय जानकारी ही मिली, अन्यथा मैं उस विवाह का मजा लेने अवश्य जाता। उनका विवाह छितरोरे गाँव में हुआ, और छितरोरे मेरा ननिहाल है। मेरे पिता की पहली शादी वहीं हुई थी, यद्यपि मेरी वह माँ पहसारा नहीं आ सकी। बहुत छोटी होने के कारण विवाह के समय उसे नैहर में ही रोक लिया गया और वह वहीं किसी महामारी के चपेट में आकर मर भी गई। मगर वहाँ से ननिहाल वाला सम्बन्ध आज तक जीवित है। मेरे ममेरे भाई राम उदय और रामसागर जी अभी भी किसी न्योता-पिहान में चूकते नहीं। राम उदय भाई जी.डी. कॉलेज से सेवा-निवृत्त होकर कभी बेगूसराय और कभी अमेरिका रहते हैं। उनका पुत्र अमेरिका में ही बस चुका है। रामसागर भाई जिला जज होकर रिटायर हुए हैं। वे रहते हैं तो स्थायी तौर पर बेगूसराय में ही, पर बीच-बीच में दिल्ली-निवास भी खूब होता है। उनका सुपुत्र अजीत अंजुम न्यूज-24 टी.वी. चैनल का दबंग एंकर है। असल में ये दोनों भाई हमारे रामखेलावन मामू के सपूत हैं, और मामू का क्या कहना! उनका व्यक्तित्व इतना उत्साही और जब्बर था कि आज भी वे आँखों के सामने सदेह खड़े हो जाते हैं। रामखेलावन मामू जैसे जोरावर मर्द समाज में बहुत कम होते हैं। उसी ननिहाली गाँव में बोढ़न बाबू धनुष तोड़ने गए और मुझे मालूम तक नहीं हो पाया। ऐसा स्कूल बन्द रहने के कारण ही हुआ।

बोढ़न जीवो दा के साढ़ू कैसे हो गए, जबकि दोनों की उम्र में पिता-पुत्र जैसा फर्क था? असल में, जीवो दा की पहली पत्नी दो पुत्रों—कैलास और कृष्ण—को जन्म देकर असमय ही मर गईं। कैलाश जी की उम्र मेरी या बोढ़न जी के लगभग ही होगी। वे दो-

तीन साल पहले स्वर्गीय हो चुके हैं। श्रीकृष्ण मुझसे काफी छोटे हैं। गाँव-घर में उनका 'नूनू' नाम प्रचलित है। नूनू यानी श्रीकृष्ण, स्वभाव से अत्यन्त विनम्र, मिलनसार, लोकप्रिय और आशावादी व्यक्ति हैं। विद्यार्थी जीवन से ही उनकी रुचि राजनीति में रही। इसका फल भी उन्हें मिल रहा है। वे बेगूसराय से भारतीय जनता पार्टी के टिकट पर एम.एल.ए. भी हुए थे। अभी वे एम.एल.ए. तो नहीं हैं, पर उम्मीद है कि आनेवाले विधानसभा चुनाव में उन्हें अपनी पार्टी से टिकट जरूर मिलेगा। हमारे गाँव से एम.एल.ए. होनेवाले एकमात्र व्यक्ति वही हैं।

जीवो दा ने पहली पत्नी की दिवंगत हो जाने पर लाचारी में दूसरी शादी छितरोरे में की। इसी लाचारी ने बोढ़न भाई को जीवो दा का साढ़ू बनाया। वैसे, जीवो दा का चरित्र किसी झरना से गिरते जल की तरह स्वच्छ और पवित्र था। मैं उन्हें उन दिनों से ही जानता हूँ जब मैं मुक्खी गुरुजी के यहाँ पढ़ने जाता था। वे देखने में जितना खूबसूरत थे, स्वभाव से उतने ही विनम्र और मिलनसार भी। उनका मिलनसार स्वभाव नूनू, यानी श्रीकृष्ण में हू-ब-हू उतर आया है, पर उनका शरीर उनके किसी पुत्र में अवतरित नहीं हो सका। अपने समय में जीवो दा गाँव के 'कहबैया' पुरुष थे। जीवो दा, यानी रामजीवन सिंह दो भाई थे—खखर सिंह और रामजीवन सिंह। खखर सिंह के दो पुत्र—फुलेना सिंह और राम उदगार सिंह। फुलेना सिंह तो सन्तानहीन ही दुनिया से विदा हो गए; वे दमा के रोगी थे। राम उदगार, यानी फूच बाबू मेरा हमउम्री थे, पर वे भी कुछ दिन पहले दुनिया छोड़ चुके हैं। जीवो दा को दूसरी पत्नी से एक ही पुत्र हुआ। पुत्र का नाम है—मणि। मणि अपने नाम जैसा ही स्वभाव भी धारण करता है। उसे शायद ही किसी से वैर-विरोध या मनमुटाव हो। गाँव में एक प्रतिष्ठित व्यक्ति की तरह रहता है और अपने स्वभाव के कारण ग्रामवासियों का प्रिय व्यक्ति बना हुआ है। वैसे वह रामचरित्र सिंह कॉलेज में सेवारत भी है, पर उसकी प्रतिष्ठा नौकरी के कारण नहीं, जीवो दा के विरासत को सही ढंग से निभाने के कारण बढ़-चढ़कर है। ईश्वर उसे दीर्घजीवी बनावें।

अब हम नौवीं कक्षा में पहुँच चुके हैं। मंझौल उच्च विद्यालय में छात्रावास की भी व्यवस्था थी। वह छात्रावास विद्यालय भवन से उत्तर की ओर बना था। था तो यह खपरैल ही, पर छात्रावास बच्चों की किलकारी से दिन-रात गुलजार बना रहता। कुछ बच्चे रात में लालटेन के नीचे देर तक पढ़ते रहते, तो कुछ आगे के मैदान में बैठकर जोर-जोर से बहस करते, ठहाके लगाते और तरह-तरह की कहानियों का पिटारा खोलते। इससे यह होस्टल हमेशा जीवन्त बना रहता। हमारी कक्षा के तीन विज्ञानी छात्र इसी छात्रावास में रहते थे। वे हैं—सतीश, भोला और सुरेश। अपने किशोरपन में सतीश खूब भच-भच करता, पर पढ़ने में उतना ही अच्छा। सुरेश में बचपन से ही व्यंग्योक्ति समाई रहती। पढ़ने में बहुत सावधान और विषयवस्तु के तह तक जाकर समझने की प्रवृत्ति। भोला शुरू से ही मुख-मुद्रा गम्भीर बनाए रहता, पर विज्ञान की पढ़ाई में वैसा उत्साह नहीं दिखाता। इन तीनों सहपाठियों के कारण हम लोगों की बैठक छात्रावास में भी होने लगी थी।

जयमंगला उच्च विद्यालय, मंझौल ने राजनीति के क्षेत्र में कई अनमोल रत्न दिये हैं, जिनमें मंझौल के रामजीवन बाबू और दुनही के भोला भाई प्रमुख हैं। इन दोनों ने राज्य के मंत्रिमंडल में रहकर राज्य की तो शोभा बढ़ाई ही, देश की लोक सभा में जाकर भी खूब नाम कमाया। रामजीवन बाबू राजनीति के क्षेत्र में साफ-सुथरा चरित्र के ईमानदार नेता माने जाते हैं। उनका रहन-सहन भी सामान्य और लोकवादी है। पद पर रहकर भी वे सामान्य से विशेष कभी नहीं बने।

मैं रामजीवन बाबू की सादगी, ईमानदारी और सही ढंग से जीवन जीने की कला का प्रशंसक हूँ। वैसे आज की राजनीति में घड़ी की सुई ही उल्टी दिशा में घूमने लगी है। आज तो स्थिति ही ऐसी बन गई है कि :

यहाँ कोकिला नहीं, काक हैं शोर मचाते,
काले-काले कीट भ्रमर का भ्रम फैलाते।

जो भी हो, मैं रामजीवन बाबू के लिए दीर्घ जीवन की कामना करता हूँ। उन्होंने देश और समाज के साथ अपने स्वर्गीय पिता हरिवंश बा का नाम उजागर किया है।

मंझौल उच्च विद्यालय में पढ़नेवाले जनार्दन बाबू जब-जब मेरी स्मृति में आते हैं, मुझे आश्चर्य घेर लेता है कि आखिर वे राजनीति के महारथी क्यों नहीं बन पाए? जनार्दन जी का पैतृक गाँव मेहदा शाहपुर है। वे मुझसे दो क्लास आगे थे। आठवीं से ग्यारहवीं तक ऐसा कौन छात्र था जो उन्हें नहीं पहचानता! देखने में दुबले-पतले, लम्बे, पर नाक-नक्श काफी आकर्षक। उनके सिर के बाल तो नजर की प्यास बुझने ही नहीं देते। देखते ही रहने का मन करता। जनार्दन जी की आँखों में एक ऐसी आभा थी जो उनकी तेजस्विता और उज्ज्वल भविष्य की सूचना बरसाती रहती। हाई स्कूल के विद्यार्थी जीवन में ही वे इतना अच्छा भाषण देते कि लगता, कोई सधा हुआ राजनेता बोल रहा है। उनकी बोली में एक खास किस्म का स्वाद रहता। उनकी वक्तृत्वकला से ऐसा प्रतीत होता कि वे कॉमरेड चन्द्रशेखर जैसे राजनेता तो अवश्य होंगे। उन्होंने पटना यूनिवर्सिटी से इतिहास में एम.ए. किया। उनकी प्रतिभा से डॉ. रामशरण शर्मा भी प्रभावित थे। वही डॉ. रामशरण शर्मा, जो उस विश्वविद्यालय में इतिहास के विभागाध्यक्ष तो थे ही, देश और दुनिया में उनके ऐतिहासिक ज्ञान और खोज की तूती बजती थी। ऐसा विद्वान किसी छात्र की प्रतिभा से प्रभावित हो जाए, कोई सामान्य बात नहीं। इस असामान्य प्रतिभा और विलक्षण वाचनकला के बावजूद जनार्दन जी राजनीति में नहीं गए, यह मेरे लिए अफसोस का विषय बन गया। वह इसलिए कि उन दिनों की राजनीति घाट से बेघाट नहीं हुई थी, और ऐसे लोगों की खोज और पूछ दीया लेकर होती थी। पता नहीं, उनकी आर्थिक-पारिवारिक परिस्थिति ने उन्हें राजनीति के घाट पर दहाड़ने नहीं दिया, या उनकी अकादमिक रुचि और सोच ने, पर अकादमिक क्षेत्र में भी वे अपनी प्रतिभा को प्रशंसनीय ऊँचाई तक कहाँ ले जा पाए? तब यही मानकर सन्तोष करना पड़ता है कि 'विधि का लिखा न मेटनहारा।'

उस दिन बिना कुछ खाए मैं स्कूल जा रहा था। स्कूल और पुस्तकालय जाना मैं किसी कीमत पर छोड़ नहीं पाता। स्कूल में मुझे इतना मन लगता कि भूखे-प्यासे भी वहाँ पेट भर खा लेने से अधिक आनन्द महसूस होता। मैं अपने सहपाठियों से मिले बिना एक दिन भी

रह नहीं पाता। हर रविवार मेरे मन को बाधक प्रतीत होता। कभी-कभी तो रविवार को भी मैं अपने मित्रों से मिलने मंझौल चला जाता। खास कर बोढ़न, दिलेश्वर, रविशंकर से मिलकर मेरा पेट भर जाता। वे भी किसी-किसी रविवार को, या छुट्टी में पहसारा चले आते। लेकिन मैं बिना खाए स्कूल क्यों जा रहा था?

असल में मुझसे छोटा रामशरण और उससे छोटा भाई रामदेव है। रामदेव बचपन में प्राय: बीमार रहता। उन दिनों एक बीमारी बच्चों को सताने लगती। उस बीमारी को लोग 'ममरखा' रोग कहते। मेरे भाई रामदेव को भी वह बीमारी बराबर अपनी चपेट में ले लेती। दो-तीन बार पिताजी उसे लेकर नारेपुर (बछबाड़ा) से झाड़-फूँक करवा आए थे। वह ठीक भी हो जाता, पर इस बार वह कुछ जोर से ही बीमार हुआ। शरीर ज्वरग्रस्त होकर सूखने लगा। चेहरे का रंग उड़ गया। पिताजी दो-तीन दिनों से भारी चिन्ता में थे कि इसे नारेपुर ले जाकर झड़वा आना चाहिए, अन्यथा यह बेटा नहीं बचेगा। पर जाएँ कैसे? पास में पैसे थे नहीं, और जाने के लिए राह-खर्च तो चाहिए ही। बेगूसराय तक तो पैदल जाएँगे, पर वहाँ से तो रेलगाड़ी में बैठकर नारेपुर जाना पड़ेगा। बिना पैसा रेल टिकट कैसे मिलेगा?

उस दिन फरीच होते ही पिताजी डोल-डाल करके लौट रहे थे कि राह में उन्हें दो रुपए का एक नोट गिरा दिखाई पड़ा। उन्होंने झट वह नोट उठाया और दौड़े घर आए। माँ से बोले, 'जल्दी तैयार हो जाओ। रामदेव को लेकर नारेपुर चलना है।'

माँ को आश्चर्य हुआ। उसने पूछा, 'बटखर्चा किसी ने दिया क्या?'

पिताजी अतिउत्साह में उदात्त स्वर में बोल पड़े, 'देगा कौन भरुवा? मारनेवाले से बचानेवाले का हाथ बहुत बड़ा होता है। रात भर मैं चिन्ता से सो नहीं पाया। भोला बाबा और अपने मालिक भगवान राम को सुमरता रहा : हे मालिक! मेरा बेटा मेरी आँखों के सामने मरेगा तो मैं ही जीकर क्या करूँगा? उसे बचा लीजिए स्वामी! हे दीनानाथ! मेरा बच्चा आपका ही दिया हुआ प्रसाद है। अपना दिया प्रसाद आप खुद ही उठा लेंगे, तो लोग-बाग किस पर भरोसा करेंगे? आप पर ही एक भरोसा, एक बल, एक आस-विश्वास। फिर किससे भीख माँगने जाऊँ? उन्होंने मेरी विनती सुन ली। मेरा लोर पोंछ दिया। अभी मैदान करके लौट रहा था कि यह दो रुपए का नोट रास्ते में पा गया। यह किसी का गिरा या फेंका नोट नहीं है—साक्षात् मेरे मालिक ने रामदेव को बचाने के लिए भेजा है। देखो, यही ताजा नोट है। किसी का लात भी इस पर नहीं पड़ा है। जल्दी करो, चलो!'

माँ डरते-डरते बोली, 'भंसा-भात किए बिना कैसे चल पड़ूँ? बच्चे सब भूखे रह जाएँगे।'

'रहने दो भूखा। एक शाम नहीं खाने से कोई मर नहीं जाता। बेरिया बेला तक तो लौट ही आएँगे। फिर देखा जाएगा। अभी रामदेव को नारेपुर ले जाकर झड़वाना है। जानती नहीं, 'अर्द्धतजे बुध सरबस जाई'। रामदेव ठीक हो जाएगा तो भंसा-भात होता रहेगा।' पिताजी बोले।

माँ और पिताजी रामदेव भाई को लेकर नारेपुर चले गए। खाना बनानेवाला तो कोई बचा नहीं। इधर स्कूल जाने का समय हो गया। इसलिए मैं बिना खाए ही उस दिन स्कूल

के लिए रवाना हो गया। पर स्कूल गया भी कहाँ? एक दूसरी घटना ने स्कूल जाने से रोक दिया। वह घटना कोई मामूली घटना नहीं थी।

घर से निकलकर मैं महादेव थान पहुँचा कि उधर से कुछ लोग हाथ में लाठी-सोटा लिये दौड़े कहीं जा रहे थे। मैंने एक-दो से पूछा कि कहाँ जा रहे हैं ये लोग? कहीं लड़ाई-झगड़ा तो नहीं हो गया?

बरघरी के रामनारायण बाबू ने बताया, 'ये लोग मोती सिंह के गुहाल की ओर जा रहे हैं। मोलहा ढाँकर मर गया। मर नहीं गया, मार दिया गया।'

मैं चकित स्वर में पूछने लगा, 'किसने मार दिया? कहाँ मार दिया? क्यों मार दिया? ये लोग लाठी-डंडा लेकर क्यों दौड़ रहे हैं?'

रामनारायण बाबू ने बताया, 'मोलहा महीनों से रात में मोती सिंह के गुहाल में सोता था। आज रात गोला ढाँकर छिपकर आया और गुहाल में बैठे मोलहा को अपने हुत्था और सींग के प्रहार से मारते-मारते मार ही डाला। बेचारा बूढ़ा मोलहा उठ भी नहीं सका। वह तो मोती सिंह के गुहाल को अपने लिए सुरक्षित जगह समझकर उसमें बैठने गया था। लेकिन दुष्ट गोला ढाँकर कई दिनों से अहेर कर रहा था। अपने समय में मोलहा ने उसे कभी गाँव में ढुकने नहीं दिया। लेकिन 'सब दिन रहत न एक समाना'।

मोलहा बूढ़ा हो गया था। वह अगरजानी महात्मा था। वह समझ गया कि अब गोला अहेर करेगा, उसे खोजकर बदला लेना चाहेगा, इसीलिए उसने मोती सिंह के गुहाल को अपना अड्डा बनाया। वहाँ उनके बथान पर ढेर सारे गाय-बैल बँधे रहते हैं। सड़क से सटे उत्तर की ओर गुहाल है और दक्षिण मोती सिंह, परमेसर सिंह, बालो सिंह आदि के घर। अगर रात में दब-छिपकर गोला आ भी जाएगा तो उसे देखकर गाय-बैल जोर-जोर से हुंकारने लगेंगे, फिर बगल के घरों में जाग हो जाएगा, और लोग उसे बचाने के लिए दौड़ पड़ेंगे, गोला को गाँव से भगा देंगे। पर मोलहा का सोचा काम न आया। जाड़े की रात में न माल-मवेशी डाके, न जाग हुआ। हरामजादा गोला अपने दुश्मन का काम तमाम कर निकल भागा। लोग उसे खोजने और मारने के लिए लाठी-डंडा लेकर निकल पड़े हैं। अगर मिल जाए तो उसे भी सतलीपुर पाताल भेज देंगे। पर अब वह मिलनेवाला थोड़े है—चोर है, चोर भी सौ नम्बर का। वह तो चुराकर ही सब दिन फसल बर्बाद करता रहा। आज उसने चुराकर ही राजा जी की जान ले ली। अब पछताए होत क्या, चिड़िया चुग गई खेत!

मोलहा ढाँकर हमारे गाँव की सार्वजनिक सम्पत्ति था। इससे बढ़कर कोई दूसरा सार्वजनिक धन नहीं। इसने पहसारा गाँव की आर्थिक उन्नति में साक्षात् इन्द्र बनकर सहायता पहुँचाई थी।

उन दिनों जिला-जवार में खेती और माल-मवेशी छोड़कर जीविका का कोई अन्य साधन नहीं। खेती के लिए अच्छे, मजबूत और हियाव वाले बैल की जरूरत होती है। जिसके पास अच्छा और हियावदार बैल होता, वह किसान कुछ ही दिनों में खुशहाल। लेकिन अच्छे और जोरावर बैल भी तो आसमान से नहीं टपकते। खूँटे पर गायें अच्छी-अच्छी हैं, पर साँढ़ लम्बा-तगड़ा, सुन्दर और बलकश नहीं, तो उसका बच्चा कैसे अच्छा निकलेगा? जैसा बीज, वैसा फल। इसलिए बहुत पहले गाँव के लोग चन्दा करके बड़हिया से वह साँढ़ खरीदकर लाए

थे। बड़हिया का बैल, और बैल ही क्यों, वहाँ के मर्द भी जोरावर होते हैं। उठती सिंग वाला बाछा चुनकर, उसका डील-डौल देखकर, बीज देनेवाले साँढ़ का आनुवंशिक गुण-दोष पता लगाकर, पंचों ने वह ढाँकर खरीदा था। क्योंकि वह खरीदकर लाया गया था, इसलिए उसका नाम 'मोलहा ढाँकर' प्रचलित हुआ।

ओह, कितना सुन्दर, तगड़ा और शील-गुण वाला था वह मोलहा! जिस समय वह गाँव लाया गया, अपनी जवानी के प्रवेश-द्वार पर था। छोटी-छोटी सींग, उठा हुआ पुट्ठा, लम्बा शरीर, लम्बाई के अनुपात में ही ऊँचाई, ऐंड़ी तक लटकती गुच्छेदार पूँछ, फटे हुए चमकते खूर, लम्बा थूथन, गर्दन पर लटकते बाल, बड़े-बड़े कान, दूध की तरह सफेद समूचा शरीर, मुँह बाते ही साफ दिखाई पड़नेवाले सफेद और चमकीले दाँत। सबसे बढ़कर उसकी बड़ी-बड़ी कजरारी आँखें, और उन आँखों में मोहक चमक। उसकी आँखें देखकर ऐसा लगता, मानो किसी उस्ताद अंजक ने अपने सधे हुए हाथों से पूरी कारीगरी के साथ, नीचे-ऊपर के कोरों पर कभी न मिटने, न घटने वाला काजल लगा दिया है! और इससे भी अधिक उसका शील, स्वभाव और गुण। ज्यों-ज्यों वह यौवन के सोपान पर अग्रसर हुआ, त्यों-त्यों उसकी सुन्दरता और शील में चार चाँद लगते गए। इतने लम्बे-चौड़े साँढ़ का सीधापन विस्मयकारी! वह जब बैठा होता, उसकी पीठ पर तीन-चार बच्चे एक साथ सवार हो जाते। वह कभी उन बच्चों को न डराता, न हाँफता। बच्चे निर्भीक भाव से उसकी पीठ पर खेलते रहते। उसे जब उठना होता, वह अपनी पीठ हल्के से उचका देता, मानो बच्चों को सूचना दे रहा हो कि अब उतर जाओ, मैं उठूँगा। दो-तीन बार पीट उचकाने से बच्चे भी सचेत हो जाते और पीठ से नीचे उतर आते। खड़ा होने पर वह उन बच्चों को अपनी आँखों से प्यार और आत्मीयता चुआकर देर तक निहारता। बच्चे उससे सटकर उसके दुधिया टाँग, जाँघ को छूते और वह किसी को कुछ नहीं कहता। क्या बच्चा, क्या जवान, क्या बूढ़ा, क्या मर्द, क्या औरत—सब उसके छह-छह श्वेत शरीर और घुमावदार सींग को छूते; पर वह कभी भी किसी को हाँफता तक नहीं, मारने की बात तो दूर। उसने कभी किसी को क्षति नहीं पहुँचाई।

मोलहा ढाँकर को गाँववालों ने खाने-पीने की पूरी छूट दे रखी थी। वह किसी भी खेत में जाकर अपनी पसन्द की कोई भी फसल जी भर चर सकता था। कोई किसान उसे अपने खेत से हाँकता, या मारता नहीं। आखिर हाँके, या मारे भी क्यों? एक तो उसने किस किसान का उद्धार नहीं किया! दूसरे, उसके जैसा न्यायप्रिय जानवर या मनुष्य कहाँ मिलेगा? वह किसान और उसकी जीविका का आधार फसल का सम्बन्ध अच्छी तरह समझता था। इसीलिए तो एक खेत में घुसकर वह दो-चार गाल फसल चरते ही, दूसरे खेत में सरक जाता। इस तरह वह एक बाध में घुसने पर उस बाध के सभी खेतों में घूम जाता। दूसरे दिन दूसरे बाध को विजिट करता और तीसरे दिन तीसरे को। गाँव के सभी बाध और उस बाध के डेरों को वह अच्छी तरह जान-पहचान चुका था। वह सभी खेतों में लगी फसलों का स्वाद लेकर निकल जाता और इस स्वाद चखने के क्रम में ही उसका पेट भी भर जाता। वह अपना पेट इस तरह भरता कि किसी किसान को अखरे नहीं। अपने भर वह किसानों को क्षति नहीं ही होने देता। कभी-कभी तो वह किसानों को क्षति पहुँचानेवाले दुष्टों से भिड़कर उनकी

फसल को सुरक्षित भी कर देता। मोलहा के रहते क्या मजाल कि कोई दूसरा साँढ़ किसी किसान के खेत में घुस जाए। उसके बलबूते से आसपास के गाँवों में रहनेवाले सभी साँढ़ परिचित हो चुके थे। साँढ़ ही क्यों, फसल को क्षति पहुँचानेवाले दूसरे-तीसरे जानवर भी मोलहा की चौकीदारी से हरक चुके थे। एक- दो घटना के बाद तो गाँव के किसान मोलहा के बल पर रात में फोंफ काटकर (खर्राटे लेकर) सोने लगे। मोलहा की आदत थी कि वह प्रायः रात में ही चारा करने निकलता और दिन में किसी-न-किसी बथान के आगे बैठता, या सो जाता।

एक रात वह लिटियाही बाध के खेतों में घूम-घूमकर चारा कर रहा था। उस बाध में सोमन बा का अंडी खेत लहलहा रहा था। उधर नीलगाय का प्रकोप भी खूब था। उस रात नीलगाय का एक बड़ा झुंड सोमन बा के अंडी खेत को उजाड़ने में भिड़ा था। मोलहा जब वहाँ पहुँचा तो नीलगाय का झुंड चौकन्ना। मोलहा समझ गया कि इतने जानवर तो आज खेत को साफ ही कर देंगे। वह अपने पैर से मिट्टी खोदकर धूल उड़ाने और जोर-जोर से फुँफकारने लगा। झुंड के अधिकतर सदस्य मोलहा की हरकत देखकर भागने लगे, पर उस झुंड का एक पट्ठा मर्द अड़ा रहा। मोलहा को गुस्सा आ गया। वह उस पट्ठा की ओर दौड़ा। जब तक वह सँभलता, मोलहा ने उसके पेट में ऐसा जबर्दस्त हुत्था मारा कि वह चारों खाने चित। सँभलकर उठने लगा तो उसके पिछले भाग में ऐसा दाँत गड़ाया कि वह खेत से निकलते-निकलते लिटियाही मोहार पर जाकर गिर गया। मोलहा चाहता तो उसी समय उसे जान से भी मार देता, पर उसने इससे आगे उस पर चोट नहीं की। बेचारे की जान तो बच गई, मगर फिर कभी अंडी खेत की ओर उसने रुख नहीं किया, न कभी कोई नीलगाय सोमन बा के अंडी खेत में जान देने आई।

एक दूसरी घटना तब हुई जब मोलहा अपना पेट भरकर भोर की बेला में गाँव लौट रहा था। भुतहा गाछी के बगल में मल्हू ढा ने शकरकन्द (अल्हुआ) की खेती की थी। लौटते मोलहा ने देखा कि खेत में कई बनैया सूअर अल्हुआ उखान-उखानकर खा भी रहे हैं और खाने से अधिक बर्बाद कर रहे हैं। वह राह छोड़कर खेत की ओर दौड़ा। उसे आते देख सभी सूअर भागने लगे। मोलहा जोर से दौड़ा। एक बनैया सूअर उसकी चपेट में आ ही गया। उसको अपने हुत्था और सींग से इस तरह घायल करके छोड़ दिया कि वह खेत में ही पड़ा कराहता रहा।

दिन होने पर मल्हू दा खेत देखने गए तो उस सूअर को देखकर चकित। उन्हें खेत में खूर का निशान देखकर समझते देर न लगी कि इतना बड़ा खूर मोलहा को छोड़ किसी दूसरे का नहीं हो सकता। उसने ही फसल को बर्बाद करते देखकर इस सूअर को इस तरह घायल करके छोड़ दिया है।

इसी तरह वह किसानों की फसल की सुरक्षा करता था। मोलहा ने गाँव के किसानों का उद्धार कर दिया था।

उन दिनों देश में विज्ञान और वैज्ञानिक उपकरणों की हवा नहीं बही थी। न किसी ने ट्रैक्टर का नाम सुना या देखा था, न पानी पटाने के लिए बोरिंग, पम्प आदि की जानकारी थी। सामान या माल-असबाब ढोने के लिए बैल और बैलगाड़ी के सिवा कोई अन्य साधन

नहीं। दस-बीस कोस की यात्रा के लिए भी एकमात्र बैलगाड़ी ही वाहन। खेती तो सोलहो आने हल-बैल के सहारे ही। कुल मिलाकर कृषि-संस्कृति का एकमात्र आधार बैल। इसलिए अच्छे और मजबूत बैल ही किसानों के सबसे बड़े मित्र, सहायक और उद्धारक बनते। मोलहा से पाल खाई गायें प्राय: बाछा ही जनतीं। अगर कोई गाय दस बार मोलहा से पाल खाकर दस बच्चे जनी हैं, तो उनमें से आठ बार बाछा ही। चूँकि हल-बैल और बैलगाड़ी ही कृषि-संस्कृति की रीढ़ होते; इसलिए गाय द्वारा बाछा जनने पर किसानों की खुशी का ठिकाना नहीं। गाय का असल महत्त्व बाछा देने पर था, दूध पर नहीं। ऐसे मोलहा से पाल खाकर बच्चा जननेवाली गाय का दूध भी अधिक उतरने लगता।

आज तो बाछा की कोई पूछ ही नहीं। जर्सी गायें पाली जाती हैं। एक-एक गाय को बीस लीटर, पच्चीस लीटर दूध होता है। यह गाय बाछी जनती है तो पालक किसान अपनी मूँछ पर घी चपोरने लगते हैं, क्योंकि एक से डेढ़ साल में यह बछिया गाय बन जाएगी। फिर तो रोज बीस-पच्चीस सेर दूध और। मारो जाँघ में कुदाली। दूध बेचकर ही महल बना लेंगे। खेती तो ट्रैक्टर के सहारे होगी और यात्रा के लिए बस, जीप उपलब्ध हैं। बाछे या बैल की जरूरत ही कहाँ? वह आएगा तो गाय के थन से जितना दूध खींचेगा, वह निरर्थक। दो-तीन महीने बाद चारा-पानी चाहिए। इतने के बाद भी उसकी कोई उपयोगिता नहीं। एक तरह से यह जर्सी गाय का बाछा अनचाहा बोझ। इसलिए बाछा जनने पर पालक किसान मनहूस हो जाते हैं। लेकिन उन दिनों गाय द्वारा बाछा जनने पर परिवार में उछाही। मोलहा का बच्चा उसके जैसा ही पट्ठा निकलता। रंग-रूप भी वैसा ही। शायद ही कोई किसान हो जिसके पास मोलहा का दिया हुआ बाछा, या बैल नहीं। इसीलिए इस साँढ़ को गाँव के लोग 'राजा जी' कहते थे। 'देखो, राजा जी आ रहे हैं।' राजा जी सचमुच का राजा थे। वे गाँव के हर बथान पर सुबह से शाम तक में एक फेरा अवश्य लगा देते। लेकिन अधिक देर तक किसी एक खूँटा पर टिकते नहीं। ऐसा लगता, मानो अपने परिवार को देखने, उनका हाल-चाल पूछने, उनका हर्ष-विषाद जानने के लिए ही वे चक्कर लगाते हैं। इस चक्कर लगाने के क्रम में राजा जी को यह भी अहसास हो जाता कि किस बथान की कौन-सी गाय दो-एक दिन में हीट में आनेवाली है। फिर तो वे खुद उचित समय पर उसे समागम सुख देने पहुँच जाते।

लेकिन एक विलक्षण गुण उस महात्मा में था, जिसकी चर्चा गाँव के बचे-खुचे बूढ़े, पुराने लोग, आज भी करते हैं। राजा जी से पाल खानेवाली कोई गाय अगर बाछी जनी है, और वह बछिया उम्र पाकर पाल खाने के लिए उत्तेजित हो रही है तो राजा जी उसे अपनी मर्दानगी, यानी अपना सत्त्व (बीज) देने के लिए कभी राजी नहीं हुए। यह अद्‍भुत नैतिक शील उस पशु में कैसे आया—यह अनुसन्धान और चिन्तन का विषय है। वह मोलहा मनुष्य से बड़ा नैतिक गुरु था। अपनी बीटिया से समागम-सुख प्राप्त करना वह पाप मानता होगा, इसीलिए तो उसकी ओर से मुँह मोड़ लेता। लेकिन उस बछिया को कहाँ और किससे पाल खिलाया जाए? इसी लाचारी से बछिया का पालक, या तो उसे दूसरे गाँव के किसी गाहक के हाथ बेच देता, या रखता तो जवान होने पर दूसरे गाँव के किसी साँढ़ से पाल दिलाने 'ढहहैत, ढहहैत' करते निकल पड़ता। तब डफरपुर गाँव के गोला ढाँकर को प्राय: यह सुख

मिल जाता। इस बछिया के साथ कभी-कभी वह हमारे गाँव तक भी आ जाता। लेकिन मोलहा तो किसी दूसरे गाँव के साँढ़ को अपने साम्राज्य में चपने ही नहीं देता। जैसे ही गोला को गाँव की सीमा में प्रवेश करते देखता, वह अगिया बैताल हो जाता। गर्दन उठाकर फों-फों करता हुआ उसको दबाड़ने दौड़ पड़ता। उसका वह रौद्र रूप देखते ही बनता। फिर क्या मजाल कि गोला वहाँ ठहरे! पूँछ उठाकर भागता तो फिर डफरपुर जाकर ही दम लेता। उसे अच्छी तरह ज्ञात था कि इससे राड़ करने पर उसकी जान चली जाएगी।

पहली बार जब वह हमारे गाँव में घुसा था तो मोलहा ने उसे दबाड़ा। वह थोड़ी दूर भागकर फिर खड़ा हो गया। मोलहा को लगा कि यह उसे चुनौती दे रहा है। मोलहा पूरे जोश से भिड़ गया। दो-चार हुत्था और छिपाठ खाते ही गोला समझ गया कि यह पट्ठा उसकी जान ले लेगा। वह बाप-बाप करते भागा और मोलहा उसके मांसल चूतर को अपनी सींग के प्रहार से लहूलुहान करते पीछा करता रहा। गोला अपनी जान बचाने के लिए नदी में कूद पड़ा। मोलहा किनारे पर खड़ा होकर ठहरता रहा। थोड़ी देर बाद अपने अड्डे पर लौट आया। उसके बाद क्या मजाल कि गोला मोलहा को देख ले, तो पूँछ उठाकर नौ दो ग्यारह न हो जाए!

इतना सीधा और नैतिक शील-गुणवाला यह ढाँकर किसी अन्य साँढ़ का इतना बड़ा दुश्मन हो जाएगा—इसका कारण समझ में नहीं आता। शायद अपने यौन सुख में किसी अन्य का हस्तक्षेप उसे सह्य नहीं। सम्भवत: इसी दुश्मनी के कारण गोला अवसर की तलाश में था और आज उसने बूढ़े, अशक्त मोलहा से बदला ले ही लिया।

गाँव के लोग हतप्रभ! ऐसा शोक गाँववालों के दिल में कभी अपना बैल, या गाय मरने पर भी नहीं आया था। फिर मैं स्कूल कैसे जाता? सीधे मैं वहाँ पहुँच गया, जहाँ मोलहा मरा पड़ा था। गाँववालों की भीड़ जमा थी। सबका मुँह सूखा, आँखें गीली और चेहरे पर उदासी। सबके मुँह से एक ही आवाज, 'गाँव का राजा चला गया। ढाई-ढाई सेर सोना देनेवाली गायें आज विधवा हो गईं।'

मुझे याद है कि उस राजा के साथ गाँव के किसानों ने अन्य मृत पशुओं की तरह व्यवहार होने नहीं दिया। अन्य गाय, बैल, भैंस आदि के मरने पर चमार उठाकर ले जाते और खाल खींचकर अपना रोजगार करते। उसका मांस घर ले जाकर खाते भी। मोलहा की लाश चमारों से उठवाई तो गई, पर खाल नहीं खींची गई। सैकड़ों ग्रामीण लाश के साथ सुखिया गाछी गए। वहाँ बड़ा-सा लम्बा-चौड़ा और काफी गहरा गड्ढा खोदा गया। मोलहा को उसी गड्ढे में शयन कराया। फिर ऊपर से अनेक बोझा लकड़ी डालकर कोई पाँच सेर धूप गिराया। भरपूर मिट्टी गिरा-गिराकर गढ़े को अच्छी तरह भर दिया। मिट्टी भरने से वहाँ एक ऊँचा टीला उभर आया। उस टीले को गाय के गोबर से लीपा गया और उस ब्रह्मचारी राजा के इस स्मारक पर तुलसी का एक पवित्र पौधा लगा दिया गया।

यह था मोलहा का अन्तिम संस्कार!

नौवीं कक्षा का पाठ्यक्रम आठवीं की तुलना में अधिक दमदार हो गया। खास कर अँगरेजी और गणित का स्तर खूब ऊपर उठा हुआ। फिर भी नौवीं की छमाही परीक्षा में मैं चौथे

स्थान पर आ गया। मुझे ग्लानि होने लगी। अब मैंने और मेहनत करने की ठान ली। लेकिन पढ़ने के लिए अनुकूल परिस्थिति और साधन भी तो चाहिए? घर से बाहर टाट-फूस का बना एक दालान मेरा जरूर था। उस दालान में एक बड़ी-सी, मगर खूब पुरानी, मजबूत चौकी भी थी जिस पर हम दो-तीन भाई रात में सोते थे। उसी चौकी पर मिसो सिंह वाली लालटेन जलाकर मैं पढ़ता। यह चौकी बाबा ने बनवाई थी, जो मेरे पिता के हिस्से में आई। मेरे दालान के बगल में शम्भू का भी दालान था। वह भी टाट-फूस का ही बना हुआ, पर साइज में मेरे दालान से दुगुना। शम्भू भी अपने उसी दालान में पढ़ता-सोता था। हम दोनों में मन-ही-मन होड़ लगी रहती कि कौन रात में अधिक देर तक जगकर पढ़ता है। इस होड़ के कारण कभी-कभी हम दोनों रात भर जगे ही रह जाते। लेकिन शम्भू में ऊँघने की आदत शुरू से ही थी।

मैं पढ़ते समय ऊँघता तो नहीं, पर नींद आने पर लालटेन बुझाकर सो जरूर जाता। नींद आने पर मैं लालटेन जलाए नहीं रख सकता था, क्योंकि तेल खरीदना भी मेरे लिए कठिन समस्या। शम्भू के लिए ढाला तेल हाजिर रहता। इसलिए वह ऊँघते-ऊँघते ही सो भी गया तो उसकी लालटेन बुझती नहीं। उसकी जलती लालटेन देखकर मुझे अपने सो जाने पर अफसोस होता। उधर शम्भू मुझे पढ़ाई के बीच में कभी ऊँघते न देखकर अपने ऊपर गुस्सा करता। फिर उसने एक तरकीब निकाली। दालान के छप्पर में एक रस्सी बाँध दी, और उस रस्सी का दूसरा छोर अपनी टीक से बाँधकर पढ़ने बैठता। अब अगर वह ऊँघकर नीचे झुकेगा तो रस्सी टीक को टान लेगी और वह नींद तोड़कर पढ़ने लगेगा। इस तरह हम दोनों यार एक-दूसरे से अधिक देर तक पढ़ते रहने के प्रतिद्वन्द्वी बन गए।

इतने परिश्रम से पढ़ने, नियमित स्कूल जाते रहने के बाद भी नौवीं कक्षा की वार्षिक परीक्षा में मैं तीसरे स्थान पर ही रहा। आठवीं से ग्यारहवीं कक्षा तक कुल मिलाकर पचास-पचपन विद्यार्थी पहसारा से मंझौल हाई स्कूल पढ़ने जाते। तारीफ यह कि हर क्लास में पहसारा के विद्यार्थी ही प्रथम, द्वितीय स्थान पाते। इस बार भी शम्भू द्वितीय स्थान पर रहा और मैं तीसरे स्थान पर गिरा। इस बार गढ़पुरा का सुरेश प्रथम स्थान पा गया। जो भी हो, हमारे बैच में दस-बारह लड़के ऐसे थे जिनमें यह तय करना कि कौन सबसे अच्छा है, मुश्किल था। ये सभी लड़के एक से बढ़कर एक थे। इसलिए शिक्षकों के लिए भी टेर लगाना मुश्किल कि इस बैच में कौन लड़का सबसे अच्छा है। इन दस-बारह अच्छे लड़कों में एक रामभजन भी था, जो हम लोगों के लिए हँसी और आश्चर्य का विषय होकर भी पढ़ने में अच्छा और खूब सतर्क। रामभजन की याद इसलिए आ गई कि वह हमारे बैच में शरीर से सबसे लम्बा-तगड़ा और उम्र में आठ-दस वर्ष बड़ा तो जरूर था। उसका घर पबड़ा गाँव था। आठवीं कक्षा में नामांकन के समय वह विवाहित तो था ही, बाप भी बन चुका था। देह-गात से बुजुर्ग लगता, और सहपाठियों से बात भी इस लहजे में करता मानो गार्जियन हो! हम लोगों की तरह वह क्लास से बाहर कभी भचर-भचर भी नहीं करता। हमें हँसी इसलिए आती कि भला इतना बुजुर्ग और बाप बन जानेवाला आदमी भी स्कूल में पढ़ने आता है। आश्चर्य इसलिए कि यह बुड्ढा दिखनेवाला विद्यार्थी भी हम लोगों की तरह ही क्लास में फटाफट सही जवाब दे देता है। फिर भी हम बच्चों के बीच वह बिलाड़ जैसा

लगता। शालिग्राम बाबू हम लोगों को हँसाने के लिए रामभजन को कभी-कभी हुलुक बिलाड़ भी कह देते, पर रामभजन इस सम्बोधन पर भी कभी मुँह नहीं लटकाता।

अब हम दसवीं कक्षा में पहुँच चुके हैं। यहाँ आकर महसूस होने लगा कि सचमुच साइंस की पढ़ाई कठिन होती है। पदार्थ विज्ञान और रसायनशास्त्र की दो-दो भागों में मोटी-मोटी किताबें देखकर लगा कि इन्हें साधना आसान नहीं। इससे भी अधिक कठिन गणित। अब तक हम लोग एक ही गणित पढ़ते थे—प्रारम्भिक गणित। अब एक और गणित आ गया—उन्नत गणित। इस गणित में जो अपरिचित किताब थी, उसका नाम मेकैनिक्स था। इसके भी स्टैट्स और डायनामिक्स भाग थे। मतलब यह कि विज्ञान के ये तीनों विषय अब तेज दिमाग और कठिन परिश्रम की माँग करने लगे। शुरू में तो इन किताबों को देखकर मुझे साँप सूँघ गया, पर जब क्लास में इनकी पढ़ाई शुरू हुई तो धीरे-धीरे ये विषय मुझे आसान लगने लगे। जिस उन्नत गणित को देखकर मैं डर गया था, वह तो मुझे काफी रुचिकर जान पड़ा। इस गणित को केवल खुशदिल बाबू ही पढ़ाते थे और इस तरह तोड़-तोड़कर समझाते कि मुझे मेकैनिक्स आसान लगने लगा। फिजिक्स भी वही पढ़ाते थे। रसायन और प्रारम्भिक गणित शालिग्राम बाबू के हिस्से में। धीरे-धीरे विज्ञान के इन तीनों विषयों में मुझे इतना मन लगने लगा कि मैं घर पर भी तीन-चौथाई समय इन्हीं विषयों को पढ़ने में लगाता। समय का केवल एक-चौथाई भाग ही हिन्दी, अँगरेजी और संस्कृत पढ़ने में देता। मैं विज्ञान के विषयों को अब आसान मानने लगा। अगर कहीं कठिनाई महसूस होती, तो आगे की कक्षा में पढ़नेवाले अच्छे विद्यार्थी से सीख लेता। उन दिनों हम विद्यार्थियों के बीच आपसी सहयोग और सौहार्द खूब था।

पहसारा से मंझौल हाई स्कूल की दूरी लगभग पाँच किलोमीटर है। स्कूल जाते समय तो हम सभी अपने-अपने घर से अलग-अलग निकलते, पर लौटते समय सब एक साथ हो जाते। स्कूल से लौटकर घर में जो नाश्ता-पानी मिलता वह खाकर हम सभी पुस्तकालय की ओर दौड़ पड़ते। कभी-कभी तो जेब में भूँजा लिये, रास्ते में उसे मसकते ही पुस्तकालय पहुँच पड़ते। कितने मजेदार थे वे दिन!

मैं दसवीं कक्षा में और रामकृष्ण जी मुझसे एक क्लास आगे ग्यारहवीं में पहुँच गए। उनके साथ नदी के उस पार शायद पहाड़पुर से आनेवाला एक छात्र राम बहादुर पढ़ता था। हम लोगों के बीच राम बहादुर की चर्चा खूब होती। वह इसलिए कि राम बहादुर कक्षा में पढ़नेवाले विद्यार्थियों के बीच सबसे मेधावी। गणित या भौतिकी का कोई भी प्रॉब्लम वह चुटकी बजाकर हल कर देता। कठिन से कठिन सवाल का जवाब देते राम बहादुर को देर नहीं लगती। परन्तु वह किसी अन्य पिछड़ी जाति का सदस्य था और देखने में हुलुक बिलाड़। उसका पहनावा भी मैला-कुचैला। सबसे बढ़कर यह कि उसे हुक्का पीने की आदत थी। इस आदत को वह अपने भर छिपाकर रखना चाहता था, पर 'रहिमन दाबे ना दबे, जानत सकल जहान' कहावत से हम सब परिचित ही हैं। वह रोज टिफिन में कंसार में चला जाता। कंसार स्कूल के आमने-सामने सड़क के उस पार था। कभी तो पाखाना करने का बहाना

बनाकर पढ़ाई के बीच में भी कंसार चला जाता और अपना तलब पूरा कर क्लास में लौट आता। धीरे-धीरे उसका यह इश्क जग-जाहिर हो गया। देखने में छुतहर जैसा, संस्कार से हुक्केबाज इस लड़के में कहाँ से ऐसी प्रतिभा आ गई कि क्लास में हमेशा फर्स्ट ही आता? सच ही, प्रकृति गुदड़ी में अनोखे-अनोखे लाल छिपाकर रखती है।

मैट्रिक पास करने के बाद उसने आई.एस-सी. में भी अच्छा किया और आगे चलकर नामी-गिरामी इंजीनियर बना। उस गुदड़ी के लाल ने अपने कुल-खानदान की इज्जत-प्रतिष्ठा को बोतू से उतारकर ऊँट पर चढ़ा दिया। स्कूली जीवन का वह बहादुर आज बुढ़ापे में भी भुलाया नहीं जाता। पता नहीं, अब वह कहाँ है, या है भी कि नहीं?

रामकृष्ण के साथ पहाड़पुर का ही एक और छात्र देवनारायण जी पढ़ते थे। वे भी हम लोगों की तरह ही गरीब परिवार के बालक थे, लेकिन पढ़ाई में ठीक-ठाक। एक तो घर से गरीब; दूसरे, नदी पार करके मंझौल स्कूल आना पड़ता था। इसलिए वे पहसारा के ही झा जी के यहाँ रहने लगे। वहीं वे रहते-खाते और बदले में उनके बच्चे-बच्चियों को पढ़ाते। वहीं से हम लोगों के साथ मंझौल पढ़ने भी जाते। बाद में वे देवनारायण जी ओवरसीयर बने, फिर इंजीनियर में प्रोन्नत हुए। उन्होंने काफी धन कमाया और अच्छी प्रतिष्ठा भी हासिल की। जिन दिनों मैं टी.एन.बी. कॉलेज, भागलपुर में अपने कार्यकाल का अन्तिम वर्ष गुजार रहा था, देवनारायण जी भी भागलपुर में ही थे। हम दोनों कई वर्षों तक अगल-बगल ही हिल-मिलकर रहे। उन्होंने समय-समय पर मेरी मदद भी की। उनके मन का हुलास, स्वभाव का तासीर और रहन-सहन की सादगी देखकर आज भी जी जुड़ा जाता है। ईश्वर उन्हें दीर्घायु बनाए रखें।

जयमंगला उच्च विद्यालय, मंझौल में हर साल सरस्वती पूजा बड़े धूम-धाम से होती थी। हमारे स्कूली जीवन का सबसे बड़ा उत्सव और त्योहार है सरस्वती पूजा। यह पूजा उन दिनों छोटे-बड़े सभी स्कूलों में मनाई जाती, पर मंझौल हाई स्कूल की इस पूजा का रुतबा ही कुछ और होता। इसकी तैयारी लगभग महीना भर पहले ही शुरू हो जाती। इसके लिए हर बार पूजा समिति गठित होती। इस समिति का स्थायी अध्यक्ष श्रीमान शालिग्राम बाबू होते। फिर वे आठवीं से ग्यारहवीं कक्षा तक के सभी छात्रों को मैदान में बैठाकर पूजा समिति का सचिव चयन करते। सचिव का चयन सर्वसम्मति से होता। इस बार सर्वसम्मति से मुझे ही सचिव का पद और भार दिया गया। मैं तो यह पद पाकर गद्‌गद। फिर मैंने सभी कक्षाओं से राय लेकर प्रत्येक कक्षा से पाँच-पाँच छात्रों को प्रतिनिधि के रूप में समिति का सदस्य बनाया। वे सदस्य अपनी-अपनी कक्षा से चन्दा वसूलने का भार उठाते और मेरे निर्देशानुसार व्यवस्था में मदद करते।

चन्दा वसूलने के लिए मैं भी हर क्लास में जाकर उन कक्षा प्रतिनिधियों की मदद करता। लेकिन सबसे बढ़कर शालिग्राम बाबू जिस क्लास में पढ़ाने जाते, उस क्लास में लड़कों को हँसा-खेलाकर इस तरह उत्साहित कर देते कि स्वेच्छा से पाँच रुपए चन्दा देनेवाला छात्र दस रुपए लिखा देता, और दे भी देता। इस तरह चन्दा से उतना धन आ गया कि मनमाफिक धूम-धाम से पूजा करने का निश्चय हुआ।

स्कूल में लगभग छह सौ लड़के थे। फिर स्टाफ और आमंत्रित सज्जनवृन्द। मैंने आठ सौ लोगों के खाने-पीने की व्यवस्था करवाई। शालिग्राम बाबू से सलाह और आदेश लेकर मैंने पूरी, सब्जी, जलेबी, बुन्दिया, पेड़ा और रसगुल्ला तैयार करने के लिए खाद्य सामग्री मँगवा ली।

जिस कोठरी में सरस्वती माता की मूर्ति बैठाई जाती, उसे अच्छी तरह साफ-सुथरा कर फूल-मालाओं और तरह-तरह की साड़ियाँ लटकाकर सजाया। फिर एक दिन पहले सुन्दर आकर्षक सरस्वती जी की मूर्ति खरीदकर ऊँचे आसन पर बैठाई। स्कूल को गेट से लेकर अन्दर तक अच्छी तरह सजाया। सैकड़ों लड़के रात भर सरस्वती जी के आगे उछलते-कूदते, नाचते-गाते रहे।

इधर मूर्ति की साज-सज्जा और स्वागत-सम्मान हो रहा है तो उधर खाद्य पदार्थ बन रहे हैं। बने सामानों को स्टोर रूम में रखा जा रहा है। उनकी देख-देख, सुरक्षा के लिए तीन-चार प्रतिनिधि चौकीदारी कर रहे हैं। स्कूल का सारा वातावरण गमगमा उठा।

आखिर रात बीती, फरीच हुआ, और मैं माता सरस्वती की पूजा की तैयारी में भिड़ गया। पंडित आए, दस बजते-बजते माँ की पूजा समाप्त हुई। आमंत्रित अतिथि आने लगे। उन्हें ससम्मान प्रसाद खिलाया जाने लगा। हेडमास्टर से लेकर सभी शिक्षक अतिथियों के स्वागत में संलग्न। दो बजते-बजते प्रसाद वितरण का कार्यक्रम रुका, और तब विद्यार्थियों को भोज खिलाने की तैयारी शुरू।

शालिग्राम बाबू ने अपने दबंग व्यक्तित्व से हुंकार भरा। उन्होंने सभी विद्यार्थियों को स्कूल के बड़े मैदान में वृत्ताकार बैठाया। उस वृत्त के बीच में सारे खाद्य पदार्थ ला-लाकर सजा दिये गए। पहले से ही चुने गए इक्कीस कार्यकर्ता कमर कसकर परोसने में भिड़ गए।

सभी विद्यार्थी गोल बनाकर एक-दूसरे से सट-सटकर इस तरह बैठे कि उनके बीच तिल रखने की भी जगह नहीं; आखिर छह सौ विद्यार्थियों की जो मंडली थी।

खैर, पत्तल पड़ोसा गया, एक-एक पत्तल पर सभी सामग्री दे दी गई। शालिग्राम बाबू और उनके पीछे-पीछे मैंने घूमकर देख लिया कि किसी पत्तल पर कोई सामग्री परोसने से छूटी तो नहीं ? तब शालिग्राम बाबू का इशारा पाकर विष्णुदेव चपरासी ने जोरदार घंटा बजाया। ढाई-तीन बजे तक भूखे पेट समय काटनेवाले लड़के भोजन पर इस तरह टूट पड़े कि लगा, दो-तीन मिनट में ही सारा बुतात टान लेंगे। मगर मारनेवाले से बचानेवाले का हाथ बड़ा होता है, तो खानेवाले से खिलानेवाले का औकात और भी बड़ा।

लगभग आधे घंटे में सभी लड़कों ने हाथ बार दिया। घंटी बजी और सभी लड़के उठ गए। भोज खत्म।

उस रात हम लोग माता के आगे नाचते-गाते ही रहे।

खैर, दूसरे दिन बाजे-गाजे के साथ माता की मूर्ति का विसर्जन हुआ।

सरस्वती पूजा में अधिक समय देने के कारण हमारी पढ़ाई लगभग ठप्प ही रही। अब तो काफी जोर-शोर से तैयारी में भिड़ना होगा। आखिर जो क्षति हुई है, उसकी भरपाई तो जरूरी

है। मैंने मेहनत बढ़ा दी। रात में देर तक पढ़ता और भोरकी रात में भी सबेरे जग जाने का प्रयास करता। इस प्रयास में प्राती गानेवाले भाई लोग उत्प्रेरक की भूमिका निभाते।

रात में जल्दी सो जाने के कारण वे तीन-चार बजे सुबह में ही जग जाते। माल-मवेशी को घास-चारा में लगाकर जाड़ा भगाने के लिए घूरा के पास बैठ जाते। वहाँ आग उकटकर देह-हाथ भी सेंकते और जोर-जोर से प्राती भी गाने लगते—'ठुमुक चलत रामचन्द्र बाजत पैजनियाँऽऽ।' एक की टहाक सुनकर दूसरे-तीसरे भी घुरा के पास पहुँच जाते। फिर तो कोरस गान ही शुरू हो जाता।

भला ऐसे उच्च तान, रसीली आवाज, और हृदयद्रावक, मोहक कोरस गान को सुनकर कौन सतर्क विद्यार्थी सोया रह जाता ? मैं जल्दी-जल्दी लालटेन जलाकर पढ़ने बैठ जाता। जब तक आकाश में लाली नहीं छिटक जाती, तब तक मैं लालटेन के आगे पढ़ता ही रहता। इसी तरह शम्भू भी जगकर पढ़ता और लालटेन बुझाने के बाद दोनों यार लोटा उठाकर नदी की ओर दौड़ पड़ते। उधर से नहा-धोकर घर आते-आते खपड़ी से रोटी निकल जाती और नाश्ता खाकर हम फिर पढ़ने बैठ जाते। स्कूल जाने का समय होने पर चपटपट खाते और भागते। यह थी हमारी दिनचर्या।

खैर, दसवीं कक्षा की पढ़ाई के दिनों में मेरे परिवार की आर्थिक स्थिति बहुत दयनीय हो गई। पिताजी के लिए दोनों शाम का भोजन जुटाना मुश्किल। बड़े भैया फूट कर जवान हो चुके थे और पहलवानी में रुचि लेने लगे। उनका लम्बा-तगड़ा और बलबूते से भरा-पूरा शरीर पिताजी की कोई मदद नहीं कर पा रहा था। अब वे चाहते थे कि घर से बाहर नौकरी करने निकल जाएँ। मैं तो पूरे परिवार पर बोझ बनकर ही पढ़ रहा था।

अचानक हमारे पूज्य शिक्षक रामप्रताप बाबू ने मुझसे कहा, 'राम सागर, तुम पढ़ने में बहुत अच्छे हो, लेकिन गरीब भी बहुत। पहसारा से स्कूल आने-जाने में तुम्हारा दो घंटे का समय रोज बर्बाद होता है। अगर तुम मेरे यहाँ रह जाओ तो इतने समय की बचत भी हो जाएगी और परिवार का बोझ भी कुछ हल्का। मेरे घर पर रहकर पढ़ो, खाओ और अँगरेजी में कहीं कठिनाई हो तो मुझसे मदद ले लो। बदले में मेरे पुत्र सत्येन्द्र को तुम साइंस के विषय गणित और भौतिकी बता दिया करो। वह तुमसे नीचे की कक्षा में है। उसे साइंस में थोड़ी कठिनाई होती है। मैं तो साइंस पढ़ा नहीं सकता।'

मुझे उनका यह प्रस्ताव मनोनुकूल लगा। घर से राय-मशविरा करके मैं दूसरे ही दिन से उनके यहाँ रहने लगा। लगभग चार महीने तक मैं वहाँ रहा। मैंने अपने भर सत्येन्द्र जी की मदद की, लेकिन वह तो खुद भी परिश्रमी और सतर्क विद्यार्थी थे। जरा-सा टिटकार देने पर दौड़ने लगते। आज वे बिहार सरकार के विद्युत विभाग के इंजीनियर पद से सेवा-निवृत्त होकर सफल जीवन का आनन्द उठा रहे हैं। आज वे जब भी मिलते हैं, मुझसे ऐसा व्यवहार करते हैं, मानो मैं उनका वास्तविक शिक्षक रहा हूँ! मैं उनसे मिली श्रद्धा का कायल हूँ।

1955 के जुलाई महीने में मेरे बड़े भैया को भाग्य ने एक सुनहला अवसर दिया। नदी का बाँध टूट गया था और उसे बाँधने में भैया का उत्साह और बजरंगी बलबूता देखकर

उस विभाग के एस.डी.ओ. साहब ने उन्हें जल-पथ विभाग में नौकरी दे दी। नौकरी तो चतुर्थ श्रेणी की ही थी, पर गाँव के ही बाँध पर, वह भी सरकारी नौकरी। वेतन था—पैंतालीस रुपए माहवारी। मेरा परिवार खुशी से झूम उठा। पिताजी को डूबते को तिनके का सहारा मिला। मैं भी रामप्रताप बाबू के यहाँ से घर लौट आया और पहले की तरह ही घर से स्कूल जाने-आने लगा।

दसवीं कक्षा की परीक्षा में मैं तीसरे स्थान पर ही रहा। लेकिन इस रिजल्ट ने मेरे मन में भयंकर असन्तोष पैदा कर दिया। तीसरा स्थान, यानी एक नहीं, दो से पीछे! जरूर मैंने सरस्वती पूजा में जरूरत से ज्यादा समय देकर अपनी तैयारी में कसर कर दी। पीछे-पीछे चलना हार नहीं, तो और क्या है? हे माँ सरस्वती! आपकी पूजा में समय लगानेवाला भक्त पिछलग्गू बनकर ही जीता रहेगा? नहीं, मैं आपका कीर्ति-कलश अपने सिर पर लेकर झुंड में आगे-आगे चलने का अभिलाषी हूँ। इसमें आपकी सहायता अनिवार्य है। चलो, 'बीती ताहि बिसारि के, आगे की सुधि लेहि।'

अब मैं ग्यारहवीं कक्षा में पहुँच गया। ग्यारहवीं मैट्रिक का अन्तिम वर्ष है। इस वर्ष जुलाई से मार्च तक ही स्कूल जाना है। मार्च में सेन्टप कर दिया जाएगा। फिर घर पर ही तैयारी होगी। मई के अन्त में, या जून के प्रथम सप्ताह में कभी मैट्रिक की परीक्षा बिहार सेकेंडरी बोर्ड द्वारा आयोजित होगी। वह परीक्षा अपने स्कूल में नहीं, बोर्ड द्वारा निर्धारित किसी अन्य प्रतिष्ठित विद्यालय में जाकर देनी होगी। इसमें अच्छा रिजल्ट होना चाहिए। फर्स्ट डिवीजन से उत्तीर्ण होने पर ही राज्य के किसी प्रतिष्ठित नामधारी महाविद्यालय में नामांकित हो सकूँगा।

लेकिन मैं तो कॉलेज में नाम लिखाकर पढ़ने की आर्थिक हैसियत ही नहीं रखता हूँ। फिर बड़े या छोटे महाविद्यालय का सपना देखना ही वर्षा की बूँद पकड़कर आकाश चढ़ जाने जैसी असम्भव कल्पना है। लेकिन यह कल्पना कल्पना ही रह जाए, तो भी अपने सहपाठियों से रिजल्ट में आगे रहना है। अच्छा रिजल्ट होने पर ही तो कहीं अच्छी नौकरी-चाकरी भी मिल पाएगी। मुझे जी-जान लगाकर पढ़ना होगा। इस बार सबसे आगे जगह लेकर ही रहूँगा। परिश्रम से क्या नहीं सम्भव होता?

ग्यारहवीं कक्षा में पहुँचकर मैं थोड़ा गम्भीर रहने लगा। मेरा पूरा ध्यान कोर्स को आत्मसात कर लेने पर टिक गया। मैं स्कूल और पुस्तकालय को छोड़कर कहीं भी नहीं जाता। मन करता कि रात भर पढ़ता ही रहूँ, मगर लालटेन में उतना किरासन तेल कहाँ से आएगा? फिर भी ग्यारह बजे रात से पहले मैं लालटेन नहीं बुझाता। माँ कहती, 'अब सो जा, पहरा देने का समय हो गया।' मैं समझता—माँ लालटेन बुझाने का आदेश दे रही है। मुझे और देर तक पढ़ने की इच्छा रहती, पर तेल की बात मन में आते ही मैं लालटेन बुझाकर सो जाता। सोते समय अँगरेजी के फ्रेज मन-ही-मन दुहराता, और कब पलक लग जाती, पता नहीं।

एक रात लालटेन बुझाकर मैं सोने की कोशिश कर रहा था, पर नींद आ नहीं रही। उधर शम्भू की झोंपड़ी में लालटेन जल रही थी। मैंने सोचा, जरा जाकर देखूँ तो कि शम्भू इस समय क्या कर रहा है? मैं वहाँ चला गया।

लालटेन भक-भक जल रही थी, पर शम्भू नहीं। मुझे आश्चर्य हुआ कि आखिर लालटेन जलती छोड़कर शम्भू गया कहाँ? सोचा, कहीं पेशाब-पाखाना करने गया होगा। कुछ देर प्रतीक्षा करता हूँ। मैं उसी लालटेन के पास बैठकर उसकी किताबें उलटने-पलटने लगा। पता नहीं, कब ऊँघते-ऊँघते वहीं सो गया। जब शम्भू वहाँ पहुँचा तो उसे आश्चर्य का ठिकाना नहीं। मैं उसकी झोंपड़ी में कब, कैसे और क्यों पहुँचा? यहीं आकर क्यों सो गया?

उसने मुझे जगाया और पूछा, 'यहाँ कैसे आ गए?'

मैं उसे देखकर बोला, 'अरे यार, तुम कहाँ चले गए थे? मैं तो तुमसे कुछ पूछने आया था। बहुत देर तक तुम्हारा बाट जोहता रहा। पता नहीं, तुम्हारी राह देखते-देखते मुझे कब नींद आ गई!'

शम्भू हँसकर बोला, 'अरे पेट में दर्द कर रहा था, इसलिए घर जाकर दादी से पेट सेंकवाने लगा। दादी ने बोतल में गर्म पानी भरकर पेट पर घंटों घुमाया, तब कहीं दर्द आराम हुआ। जाओ, अब अपने घर जाकर सो जाओ।'

मैं अपनी जगह आकर सो गया। मेरी समझ में उन दिनों यह नहीं आ सका कि शम्भू विवाहित किशोर है। वह पेट दर्द का बहाना भी कर सकता है।

उन्हीं दिनों हमारे विद्यालय में दो महापुरुषों का पदार्पण हुआ। एक थे गांधीजी के परम अनुयायी सन्त विनोबा भावे, और दूसरे, शिकार साहित्य के मर्मज्ञ लेखक श्रीराम शर्मा।

सन्त विनोबा के पधारने की सूचना सप्ताह भर पहले मिल चुकी थी। वे हमारे विद्यालय में ही दो दिनों तक ठहरनेवाले थे। प्रधानाध्यापक श्री बलराम बाबू ने उनके ठहरने की व्यवस्था श्रद्धा-भक्ति से ओत-प्रोत चित्त से की थी।

उन दिनों विनोबा जी को दूसरा गांधी ही माना जाता था। गाँवों के भूमिहीन किसान-मजदूर तो उन्हें उद्धारकर्ता ही मान चुके थे। बहुत अधिक खेतवाले किसान, जिन्हें जमींदार की कोटि में गिना जाता, वे स्वेच्छा से विनोबा जी को कुछ-कुछ बीघे खेत दे रहे थे। स्वेच्छा से इस भूमिदान का एक कारण तो अपनी उदारता दिखाकर विनोबा जी, और खास कर गाँव के गरीब-गुरबा के बीच नाम कमाना और दानी बनने की लालसा था, लेकिन दूसरा कारण एक और भी था। उन दिनों जमीन सीलिंग में चली जाने की हवा भी तेजी से बह चुकी थी। एक निर्धारित सीमा से अधिक जमीन जिनके पास है, उनसे सरकार जमीन छीन लेगी, इस भय से भी अधिक जमीन वाले तथाकथित उदार जमींदार अपनी आलतू-फालतू जमीन विनोबा जी को दान में दे रहे थे। 'दान का धन, रत्ती भर न नुकसान।' हर गाँव में विनोबा जी की जय-जयकार। हमारे गाँव के भी कई बड़े लोग इस यज्ञ-कुंड में आहुति देने के लिए आतुर हुए।

रामबालक बाबू छह सौ बीघे के मालिक माने जाते थे। उन्होंने भी कुछ बीघे जमीन की आहुति दी। उन्होंने जो जमीन दान दी, उसमें से एक बीघा जमीन कुछ वर्षों से मेरे पिताजी बटाई पर जोतते थे। कहने को तो वह जमीन बटाई पर ही थी, पर रामबालक बाबू उस खेत से नाममात्र का अनाज (मन, आध मन) लेकर पूरी उपज पिताजी को छोड़

देते थे। पिताजी को जब मालूम हुआ कि यह खेत विनोबा जी को लिख दिया गया है, तो वे काफी चिन्तित हुए। वे रामबालक बाबू से पूछने गए कि सचमुच उन्होंने यह खेत दान दे दिया?

रामबालक बाबू बोले, 'अहो बाबू प्यारे सिंह, आप इतना दुखी क्यों हो रहे हैं? खेत विनोबा को दिया है। विनोबा के लोग दान की जमीन भूमिहीनों में बाँट रहे हैं। आप वाला खेत भगता दुसाध को मिला है। उसका मजाल है कि आपसे खेत छीन ले? आप सभी बापपूत खेत पर खड़ा हो जाइएगा तो उसकी नानी मर जाएगी।

'अब रही बात कोर्ट-कचहरी की। अगर कोई कम्यूनिस्ट नेता उसे भड़काकर कोर्ट जाने की सलाह भी देगा तो वहाँ और भी चारों खाने चित गिरेगा। खेत का खाता-खेसरा और चौहद्दी ठीक रहेगी तब न कोर्ट उसे दखल दिलाएगा! मैंने पहले ही यह सब अंधिया दिया है। इसलिए आप निश्चिन्त होकर उस खेत को जोतते रहिए। जानते नहीं—जोरू-जमीन जोर की, नहीं तो किसी और की। जाइए, और हियाव लगाकर उपजाइए, खाइए।'

रामबालक बाबू की बातों से निश्चिन्त होकर पिताजी घर लौटे और उस खेत को पहले की तरह ही जोतने लगे। लेकिन कुछ दिनों बाद, भगता दुसाध खेत पर पहुँच गया और बोला, 'मालिक, यह खेत मेरा है। विनोबा जी से भूदान यज्ञ में मिली यह जमीन मुझे दी है। आप इस खेत को जोतना-उपजाना अब छोड़ दीजिए।'

मेरे पिताजी एक कर्मठ मर्द थे, पर काम करते समय उन्हें गुस्सा भी बहुत आता था। जिस समय भगता दुसाध खेत पर पहुँचा, पिताजी फाँड़ा बाँधकर खेत में कुदाली चला रहे थे। जनेऊ को माथे के चारों तरफ घुमाकर लपेट लिया था। शरीर पसीने से लथपथ। भगता की बोली सुनकर और 'जोरू-जमीन जोर की' वाली कहावत याद कर वे कुदाली हाथ में लिये ही उछल पड़े। गुस्से से तलफलाते बोलने लगे, 'तेरी बेटी कऽऽ दुसाध...! आया है खेत छीनने! बापे न पूते, चोंगा भर मूते! भागता है कि इसी कुदाली से अभी दो टूक कर दूँ? तेरी और बिनोबा की ऐसी-तैसी। पुश्त-दर-पुश्त से कमठौनी और चोरी-चमारी करनेवाला आया है खेत का मालिक बनने! फिर कभी इस खेत में पैर रखा तो पैर काट लूँगा!'

पिताजी का रौद्र रूप देखकर भगता दुसाध पैरे-पैर खेत से भागा, और सचमुच लौटकर फिर कभी उस खेत में पैर नहीं रखा। पिताजी वह खेत ताजिंदगी जोतते रहे। उनके गुजर जाने पर मेरा छोटा भाई रामशरण वह खेत जोतने लगा। हल, बैल, बीज—सभी लागत साझा, पर उपज वह खुद खेतारी करने लगा। अब तो वह खेत उसने रामबालक बाबू के बेटों से रजिस्ट्री ही करवा ली है। कहाँ गया विनोबा का भूदान, और कहाँ गया भगता दुसाध? लगभग पूरे बिहार में भूदान यज्ञ की ऐसी कहानी चल रही थी।

वही विनोबा जी हमारे विद्यालय में दो दिनों तक टिके। उनके स्वागत में सारा इलाका उत्साहित था। वे सबेरे बकरी का दूध पीते, फिर थोड़ा फल लेते। पता नहीं, खाना में क्या खाते-पीते थे! दुबला-पतला बूढ़ा शरीर, आगे की ओर थोड़ा झुका हुआ, श्वेत दाढ़ी गाल से नीचे लटकती हुई, खादी धोती—वह भी ठेहुने भर, हाफ खादी कुर्ता, पैर में बारह आने वाली मामूली चप्पल। दो बजे दिन में वे स्कूल के बरामदे पर बनाए मंच पर बैठते

और विद्यार्थी उनकी सरल-सीधी भाषा में उपदेशात्मक बातें सुनते। फिर विद्यार्थियों के बीच से चुने-चुनाए कुछ लोग अपना पहले से तैयार किया-कराया भाषण बोलते। बलराम बाबू सबसे अन्त में भाषण देकर सभा विसर्जित करते।

दो दिन यह क्रम चला। फिर तो विनोबा जी आगे की यात्रा पर बढ़ गए और स्कूल भी पूर्ववत् चलने लगा। लेकिन विनोबा जी की शक्ल-सूरत अभी भी मेरे मन में बैठी है।

श्रीराम शर्मा व्यावहारिक रूप से एक शिकारी थे। उन्हें शिकार करने का प्रकृतिगत शौक था। वस्तुतः वे एक रईस जमींदार थे, और साहित्य में उनकी रुचि और पकड़ बड़ी गहरी थी। उनकी लिखी हुई एक किताब हमारे पाठ्यक्रम में सम्मिलित थी। किताब का नाम तो था 'शिकार', पर थी वह किताब बहुत रुचिकर और मन में भय तथा जिज्ञासा की सनसनी भर देनेवाली।

वह किताब हमारे शिक्षक पंडित रामजी मिश्रा पढ़ाते थे। वे पुराने समय के संस्कृतविद् पंडित थे और क्लास में पुराण, रामायण और महाभारत का किस्सा बड़े रसावह ढंग से सुनाया करते। 'शिकार' पढ़ाने में उन्हें मजा नहीं आता। वे अनमने ढंग से कहानी पढ़ देते, पर घर पर वही कहानी जब मैं खुद पढ़ता, तो पढ़ने में बड़ा मजा आता।

वही श्रीराम शर्मा हमारे विद्यालय में आए थे। आए तो थे सात-आठ बजे सुबह में ही, पर हम लोगों ने उन्हें देखा-सुना ढाई बजे दिन से चार बजे शाम तक। असल में वे हमारे प्रधानाध्यापक के निवास में ही रुके थे, और हेडमास्टर साहब ने छात्रों के बीच उन्हें लाने की कृपा ढाई बजे दिन में की। इस कार्यक्रम की सूचना सभी कक्षाओं में बिसुनदेव चपरासी ने दे दी। हम सभी छात्रों को स्कूल के लम्बे-चौड़े बरामदे पर छोटी-बड़ी कक्षा के अनुसार बैठा दिया गया। बरामदे के अगले छोर पर चौकी, दरी, मसलन आदि लगाकर मंच तैयार था। उसी मंच पर शर्मा जी एक ऊँची कुर्सी पर विराजित हुए। मंच के दोनों ओर कुछ कुर्सियाँ सजाई गईं जिन पर हमारे शिक्षक और मंझौल के दो-चार शिक्षा-प्रेमी विद्वान सज्जन सुशोभित हुए।

मंझौल के शिक्षा-प्रेमियों में गिरिजा बाबू का नाम मुझे याद है, जिन्होंने सर्वप्रथम उठकर शर्मा जी का परिचय करवाया। तत्पश्चात, हमारे प्रधानाध्यापक ने अपने विद्यालय की कार्यशैली और उपलब्धियों पर संक्षिप्त भाषण देकर शर्मा जी से बोलने का आग्रह किया। शर्मा जी अपनी कुर्सी पर बैठे-बैठे बोलने लगे। उस समय मेरे अनुमान से उनकी उम्र पचास-साठ के बीच रही होगी। वे खूब साफ खादी की धोती-कुर्ता पहने थे। सिर पर गांधीनुमा खादी की टोपी भी थी। गले में सोने की सिकड़ी और हाथ की उँगलियों में भी कई अंगूठियाँ लगी थीं। आँखों में एक खास प्रकार का तेज झलक रहा था जो 'नव सरोज लोचन रतनारे' जैसे लगा। उनकी वाणी में बड़ी मिठास थी। किसी शिकारी की वाणी में इतनी मिठास और करुणा की तरलता कैसे आई, यह पहेली आज भी उनकी याद आने पर मैं नहीं सुलझा पाता हूँ। शिकारी की भाषा में तो ओज और हिंसा की आक्रामकता होनी चाहिए, पर उनकी भाषा इसके विपरीत थी। वे लगभग एक घंटा से कुछ अधिक देर तक ही बोलते रहे। अपने वक्तव्य में उन्होंने अपने जीवन के शिकारी अनुभव, पशुओं के अलग-अलग स्वभाव, उनकी हिंसा और आक्रामकता के कारण, खास कर बाघों के

आक्रमण और उनसे बचने के उपाय, आदि पर मनमोहक भाषा में प्रकाश डाला। उन विषयों पर बोलते समय वे जीवन में घटी किसी-न-किसी घटना को कहानी बनाकर कहते और सब लोग आश्चर्य प्रकट करते। उन्हें सुनने में खूब आनन्द आया।

शर्मा जी का भाषण समाप्त हुआ और सभा विसर्जित। सभी छात्र उनकी भाषण शैली और रसात्मक ज्ञान की प्रशंसा करते अपने-अपने घर चल पड़े। पहली बार हम लोगों ने अपने विद्यालय में पधारे किसी साहित्यिक विद्वान का भाषण सुना।

हम लोग तो घर चले आए, पर श्रीराम शर्मा उस रात बलराम बाबू हेडमास्टर साहब के ही अतिथि बने रहे।

ग्यारहवीं कक्षा में पढ़ने का समय इतनी जल्दी बीत जाएगा, यह मैंने कभी नहीं सोचा था। टेस्ट परीक्षा ले ली गई और मैट्रिक की बोर्ड परीक्षा के लिए फॉर्म भरने का समय हमें सुना दिया गया। अगले एक सप्ताह में परीक्षा फल निकला और उसके एक सप्ताह बाद तक फॉर्म भरने का समय निर्धारित हुआ। अब हमें स्कूल आने-जाने की जरूरत नहीं। स्कूल जाने से वंचित हो जाना मेरे लिए गाँठ से सोना गिर जाने जैसा नुकसान था। स्कूल जाकर मैं नई स्फूर्ति से भर जाता। सहपाठियों के साथ इतना अधिक घुल-मिल चुका था कि उन्हें देखे बिना कैसे रह सकूँगा? विभिन्न विषयों पर उनसे बातें किए बिना तैयारी का स्तर कैसे जान सकूँगा? पारस्परिक सम्बन्ध इतने गहरे हो चुके थे कि बिना एक-दूसरे का हाल-चाल जाने समय काटना, समय काटना ही नहीं, जीवन जीना भी कैसे सम्भव होगा? लेकिन इस अवसाद को फॉर्म भरने की चिन्ता ने कम कर दिया। फॉर्म भरने में कुल सैंतालीस रुपए लगेंगे। सैंतालीस, यानी पचास से सिर्फ तीन रुपए कम, लगभग आधा सैकड़ा। इतने में तो एक दुधारू गाय खरीदी-बेची जाती है। दस कट्ठा जमीन भी लगभग इतने रुपए में बिकती-मिलती है। मैं इतने रुपए की व्यवस्था, वह भी एक सप्ताह के अन्दर, कैसे कर पाऊँगा? इस चिन्ता ने मेरा मन मलिन कर दिया। घर में सैंतालीस रुपए की माँग रखने का साहस ही नहीं हो रहा था। फिर फॉर्म कैसे भरा जाए?

मेरे मन में एक विचार आया : क्यों न हेडमास्टर साहब के पास एक दरखास्त लिखकर ले जाऊँ? उनसे दस-बीस रुपए माफ कर देने की प्रार्थना करूँ? अगर वे पसीज गए तो वह भारी फीस पच्चीस-तीस रुपए तक रह जाएगी। इतने की व्यवस्था करने में गार्जियन को कुछ आसानी होगी। मैंने अपने विचार को लिखित रूप देकर भाग्य की परीक्षा ली, पर बेकार। हेडमास्टर साहब एक पैसा भी माफ करने को तैयार नहीं हुए। मुझे दुख और आश्चर्य दोनों हुआ। जो बलराम बाबू हर कक्षा में मेरी आर्थिक सहायता खुश होकर कर देते थे, वे अचानक इतना कठोर क्यों हो गए? फीस घटाना तो दूर, मेरा आवेदन-पत्र पढ़कर उनके चेहरे और वाणी में सहानुभूति की कोई कोमलता भी नहीं झलकी। मन में प्रश्न उठा कि सदय प्रधानाध्यापक के मन में मेरे प्रति कठोरता क्यों आई? कोई कारण तो जरूर होना चाहिए। तभी मेरे मस्तिष्क में दबी एक घटना चमक उठी। मेरे लिए उनके मन में कठोरता आ जाना कारण-कार्य सूचक है।

पिछले साल यानी 1955 ई. में उन्हें मुझसे दुख हुआ था। दसवीं कक्षा का अन्तिम समय था। बिहार में तत्कालीन मुख्यमंत्री डॉ. श्रीकृष्ण सिंह के विरोध में एक जबर्दस्त छात्र-आन्दोलन हुआ। आन्दोलन का कारण बड़ा ही उलझा-पुलझा था। पटना के बी.एन. कॉलेज के छात्र कॉलेज की व्यवस्था के विरुद्ध हड़ताल पर चले गए। उस हड़ताल में कॉलेज के छात्रों ने कॉलेज का दैनिक काम-काज भी ठप्प करवा दिया। लाचार प्रिंसिपल को पुलिस बल की सहायता लेनी पड़ी। पुलिस आई तो छात्र और पुलिस के बीच ठन गई। अभी आठ वर्ष पूर्व ही देश आजाद हुआ था। आजादी में बिहार के छात्रों ने गांधीजी को बढ़-चढ़कर साथ दिया था। साथ ही क्यों, देश के अन्य राज्यों की तुलना में सर्वाधिक बलिदान भी दिया। इस बलिदान का अमिट अक्षरों में अंकित प्रमाण अभी भी पटना सचिवालय के आगे खड़ा शहीद स्मारक है। उस छात्र-समुदाय से ही अपनी पुलिस की भिड़ंत! ताजा-टटका इतिहास के कारण छात्रों का मनोबल बढ़ा-चढ़ा था। वे अपनी माँग से पीछे हटने को तैयार नहीं हुए। लाचार पुलिस को गोली चलानी पड़ी। इससे पहले छात्रों ने ही बल-प्रयोग कर पुलिस को क्षति पहुँचा दी थी। पुलिस भी गुस्से में आकर गोली चलाने के लिए मजबूर हो गई। धाँय! धाँय! धाँय!—तीन गोलियाँ चलीं। पुलिस ने तो अपने भर होशियारी से आकाशी फायर ही किया था, पर एक गोली बी.एन. कॉलेज के एक छात्र दीनानाथ पांडेय के सिर के आर-पार हो गई। दीनानाथ पांडेय वहीं घुलट गए। खून! खून! हत्या! अपनी ही पुलिस ने अँगरेजों जैसा हिंसक और क्रूर कर्म किया। भीड़ में भगदड़ मच गई। छात्र तितर-बितर हो गए। कॉलेज प्रशासन और पुलिस बल सकते में। अब क्या होगा? दीनानाथ पांडेय शहीद हो गए।

रातों-रात यह खबर चिनगारी की तरह फैल गई। रेडियो से यह समाचार बार-बार प्रसारित होने लगा। पटना विश्वविद्यालय तो भभक उठा। वहाँ के छात्र राज्य के अन्य विश्वविद्यालयों के छात्र-संगठन से मिलकर बी.एन. कॉलेज की हड़ताल को छात्र-आन्दोलन का रूप देने में जुट गए। दो दिनों के अन्दर सारा बिहार जल उठा। क्या कॉलेज, क्या स्कूल, सब जगह के छात्र अपनी-अपनी शक्ति लगाकर प्रशासन की जड़ खोदने में जुट गए।

तरह-तरह के नारों से गाँव और शहर गुंजायमान : 'श्रीबाबू—मुर्दाबाद! मुख्यमंत्री—गद्दी छोड़ो! कांग्रेस पार्टी—मुर्दाबाद! डॉ. श्रीकृष्ण सिंह—शर्म करो, शर्म करो! इंकलाब—जिन्दाबाद! दीनानाथ पांडेय—जिन्दाबाद! खून का बदला—खून से लेंगे! पुलिस प्रशासन—शर्म करो! अँगरेजपरस्ती—नहीं चलेगी, नहीं चलेगी! गोली-बन्दूक की सरकार—नहीं रहेगी, नहीं रहेगी!'

इस आन्दोलन ने इतना उग्र रूप धारण कर लिया कि इसे दबाना मुश्किल। इस उग्रता की आग में घी डालने का काम कम्यूनिस्ट पार्टी कर रही थी। कॉमरेड चन्द्रशेखर इन दिनों कम्यूनिस्ट के बड़े नेता हो चुके थे। यद्यपि उनके पिता श्रीबाबू की मिनिस्ट्री में कद्दावर नेता और सिंचाई मंत्री थे, पर चन्द्रशेखर सिंह पिता की प्रतिष्ठा और उनके भविष्य पर तनिक भी खयाल किए बिना आन्दोलन को हवा देने में भिड़ गए।

छात्र तो क्षणिक भावुकता के आगोश में ऐसा कर रहे थे, उन्हें क्या मालूम कि कैसे आन्दोलन की दिशा को मोड़ा जा रहा है। खैर, आन्दोलन तो उग्र रूप ले चुका था।

उधर मुख्यमंत्री महोदय इस आन्दोलन को जल्द-से-जल्द दबाने के लिए एड़ी-चोटी का पसीना एक कर रहे थे। उन्हें विश्वास ही नहीं हो रहा था कि उनके विरुद्ध ऐसा उग्र छात्र-आन्दोलन भी हो सकता है। पूरे देश के मुख्यमंत्रियों में डॉ. कृष्ण सिंह और बंगाल के मुख्यमंत्री डॉ. विधानचन्द्र राय (बी.सी. राय) चोटी पर गिने जाते थे। भला उनके विरुद्ध भी ऐसा आन्दोलन ? उन्होंने छात्रों को समझाने के लिए रेडियो पर दिल छू लेनेवाला भाषण दिया, पुलिस अफसरों को सस्पेंड किया, कइयों का तबादला कर दिया; डी.एम., एस.डी.ओ.—सबको सतर्क किया; कॉलेजों और स्कूलों के प्रधान को अपनी बुद्धि और ताकत भर छात्रों को आन्दोलन में भाग लेने से रोकने की ताकीद की, पर इन सबका बहुत कम असर हुआ।

असल में छात्रों की भावुकता को प्रखर बनाने और देर तक टिके रहने का एक कारण और था। दीनानाथ पांडेय विवाहित छात्र थे। कुछ ही दिन पहले उनकी शादी शान्ति नाम की एक नाबालिग लड़की से हुई थी। कहते हैं कि उस समय उसकी उम्र मुश्किल से चौदह-पन्द्रह साल रही होगी। वह नाबालिग शान्ति अचानक विधवा हो गई। उन दिनों लड़कियों की शादी प्राय: इसी उम्र में होती भी थी। शान्ति के सुहाग का शव बी.एन. कॉलेज परिसर में खून से लथपथ देखकर छात्रों की उग्र भावुकता कमजोर पड़ नहीं रही थी। यद्यपि मुख्यमंत्री ने इस विधवा को तत्काल प्रभाव से 'भरपूर राजकीय सहायता और अविलम्ब नौकरी दी जाएगी' की घोषणा कर दी। सारे प्रयास हुए, फिर भी यह आन्दोलन दस-बारह दिनों तक टिका ही रहा।

आखिर आन्दोलन शान्त हुआ। मेडिकल कॉलेज के एक मेधावी छात्र ने शान्ति से विवाह कर लिया और शान्ति ऊँची शिक्षा तक जाकर सरकारी नौकरी में आ गई। वह सरकार के किसी अच्छे विभाग में नियुक्त होकर डाइरेक्टर पद तक गई और उम्र आने पर सेवा-निवृत्त भी हुई। जिस मेडिकल छात्र ने शान्ति को दुबारा सिन्दूर दिया, वह भी सरकार का लाड़ला बना रहा। उसे सरकारी डॉक्टर बनाकर सारी सुविधाएँ दी गईं। दोनों से बच्चे भी हुए। शान्ति को भी शान्ति मिली, आन्दोलन भी समाप्त हुआ। परन्तु डॉ. श्रीकृष्ण सिंह की नेकनामी तो कुछ मलिन हो ही गई।

जिस डॉ. श्रीकृष्ण सिंह का सम्मान स्वयं तत्कालीन प्रधानमंत्री पंडित जवाहरलाल नेहरू करते थे, उनकी बदनामी अन्य राज्यों तक पहुँच गई। मैंने स्वयं अपनी आँखों से देखा है कि पंडित जवाहरलाल नेहरू जब मुंगेर आए थे, तो उन्होंने श्रीबाबू को कैसा सम्मान दिया। मुंगेर के गंगा किनारे एक विशाल ऊँचा और खूब मजबूत मंच बनाया गया था। उस ऊँचे मंच पर पहुँचने के लिए सात सीढ़ियाँ बनाई गईं। प्रधानमंत्री आए हैं तो मुख्यमंत्री का उपस्थित रहना अत्यन्त लाजिमी है। प्रधानमंत्री और मुख्यमंत्री सीढ़ी से मंच पर चढ़ने लगे। नेहरू जी के हाथ में एक छोटा-सा हंटर था। वे उसे हिलाते, फट-फट सीढ़ी पर पैर बढ़ाते, मंच के ऊपर आ गए। उलटकर देखा तो हाय, श्रीकृष्ण सिंह तो अभी चौथी सीढ़ी तक ही पहुँचे हैं! उन्हें एक तरफ से अंगरक्षक पकड़े हैं, और बूढ़े, थुल-थुल शरीर को लेकर श्रीबाबू थाह-थाहकर सीढ़ी चढ़ रहे हैं। नेहरू जी तपाक से उतरने लगे और जहाँ तक श्रीकृष्ण बाबू पहुँचे थे, वहाँ से उनकी काँख में अपनी एक बाँह देकर उन्हें मंच तक ले आए। उन्हें एक कुर्सी

पर बैठाकर, तब खुद अपनी कुर्सी पर बैठे। जिस मुख्यमंत्री को स्वयं देश का प्रधानमंत्री इतना आदर और प्रतिष्ठा देता हो, उसके राज्य में ऐसा उग्र छात्र-आन्दोलन हो जाना—कद और छवि को मलिन बनाना ही तो था।

इस छात्र आन्दोलन का बिहार की भावी राजनीति पर बड़ा ही दूरगामी प्रभाव पड़ा जिसका विश्लेषण सम्भवत: नहीं हो सका है। डॉ. श्रीकृष्ण सिंह इस देश के अपराजेय ही नहीं, अदम्य मुख्यमंत्री माने जाते थे। इस आन्दोलन के बाद मुख्यमंत्री पद के प्रतिद्वन्द्वी भी उमड़ने लगे। बाबू अनुग्रह नारायण सिंह 1957 ई. में मुख्यमंत्री के सर्वसम्मत घोषणा से पीछे हट गए। यद्यपि इस बार भी श्रीबाबू ही सर्वसम्मत मुख्यमंत्री बने, पर प्रतिद्वन्द्वी के रूप में अनुग्रह नारायण उनके मार्ग का रोड़ा बन ही गए। डॉ. श्रीकृष्ण सिंह राजगद्दी पर ही इस धराधाम से विदा हुए, पर उनके बाद वाले मुख्यमंत्री महामाया बाबू को, छात्रों के भय से, उन्हें 'जिगर का टुकड़ा' घोषित करना पड़ा। उसके बाद तो कुछ वर्षों तक बिहार में छात्रों में अनुशासन का लगाम इतना ढीला हो गया कि 1974 ई. में जयप्रकाश नारायण के आन्दोलन में जयप्रकाश बाबू को अधिक समय और श्रम लगाने की जरूरत ही नहीं पड़ी। उनके आह्वान पर छात्र समुदाय स्वयं अपने-अपने खोंते से निकलकर मधुमक्खी की तरह एक जुट हो गए। किसी एक घटना का देश और समाज पर कितनी दूर तक अदृश्य प्रभाव पड़ता है, घटना घटते समय (उसके दूरगामी प्रभाव का) इसका अन्दाजा नहीं लग पाता।

दीनानाथ पांडेय के बलिदान का प्रभाव डॉ. श्रीकृष्ण सिंह और बिहार की राजनीति पर जो भी पड़ा हो, पर मैं भी इस प्रभाव की चपेट में आ ही गया। हुआ यों कि जब यह आन्दोलन बेगूसराय के कॉलेज और स्कूलों में लपलपाया, तो मंझौल उच्च विद्यालय के छात्र भी अनुशासन की लगाम तोड़कर उग्र हो उठे। हम लोग उन दिनों सबसे ऊँची कक्षा के छात्र थे। इसलिए हमारी कक्षा के छात्र ही इस आन्दोलन के अगुआ यानी लीडर बने। उन लीड करनेवाले छात्रों में मैं भी शरीक था।

स्कूल के शिक्षक, और विशेष रूप से प्रधानाध्यापक, नहीं चाहते थे कि इस स्कूल के छात्र आन्दोलन में भाग लें। उन पर प्रशासन का दबाव था। इसलिए हेडमास्टर साहब काफी सख्ती से छात्रों को रोकने का प्रयास कर रहे थे। शिक्षक धमकी दे रहे हैं कि जो लड़का आन्दोलन में जाएगा, उसे स्कूल से निकाल देंगे। उस पर आर्थिक जुर्माना लगाएँगे। उसका कैरेक्टर ऐसा खराब कर देंगे कि राज्य के किसी भी स्कूल में नामांकन नहीं हो पाएगा, कि उसका भविष्य ही बर्बाद हो जाएगा। इस धमकी के बावजूद हम दस-पाँच लीडर हर क्लास से छात्रों को निकालने पर तुले हुए थे। यह सब बलराम बाबू हेडमास्टर देख और जान रहे थे। लड़के शिक्षकों की घुड़की से बिना डरे एक दिन निकल गए, तो आगे भी जब तक आन्दोलन चला, निकले ही रहे।

लेकिन मुझसे एक गलती हो गई, जो नहीं होनी चाहिए थी। हमारे विज्ञान की कक्षा में तो कोई लड़की पढ़ती ही नहीं थी। उन दिनों लड़कियों का हाई स्कूल में पढ़ना लगभग दुर्लभ ही था; वह भी विज्ञान संकाय में। लेकिन ग्यारहवीं की कला-कक्षा में किशोरी नाम की एक लड़की पढ़ती थी, जो आठवीं से ही पढ़ती-पढ़ती ग्यारहवीं में पहुँची। किशोरी मंझौल अस्पताल में कार्यरत ड्रेसर छेदी बाबू की बेटी थी। उसका भाई मृदुल भी उसी कक्षा

में पढ़ता था। छेदी बाबू थे तो ड्रेसर ही, पर उनका व्यक्तित्व और सम्मान डॉक्टर से कम नहीं। उन दिनों मंझौल अस्पताल का रुतबा देखने-सुनने लायक था। इस सरकारी अस्पताल में एक-से-एक अच्छे डॉक्टर आए-गए। डॉक्टर के अतिरिक्त कम्पाउंडर, ड्रेसर, चपरासी, मेहतर सब नियुक्त थे। अस्पताल परिसर में ही सबका क्वार्टर था, और सभी चौबीस घंटे उपलब्ध रहते। वैसी अच्छी व्यवस्था अब कहाँ कहीं देखने को मिलती है? खैर, हम जब सभी लड़कों को क्लास से निकाल चुके और शिक्षक स्तब्ध रह गए, तो कुछ साथियों ने कहा कि अपनी कक्षा से किशोरी बाहर नहीं आई है। उसे भी तो कमरे से बाहर आ जाना चाहिए। भले वह हम लोगों के साथ आन्दोलन में भाग नहीं ले, पर क्लास से निकलकर घर तो चली जाए। कुछ मित्रों ने मुझे प्रोत्साहित कर उसे निकालने के लिए भेज दिया। मैं उस रूम में चला तो गया, पर वहाँ किशोरी की सुरक्षा को ध्यान में रखकर स्वयं बलराम बाबू हेडमास्टर खड़े थे। मैं उन्हें देखते ही नर्वस हो गया। उन्होंने आँखें कड़ी कर मुझसे पूछा, 'किशोरी को निकालने आए हो? जाओ, वह नहीं जाएगी। थोड़ी देर में बिसुनदेव चपरासी उसे घर पहुँचा आएगा।'

मेरा क्या मजाल कि मैं वहाँ अब मिनट भर भी टिकूँ। लेकिन जैसे ही मैं लौटने लगा, उन्होंने मुझसे कहा, 'सुनो रामसागर, तुम इसमें क्यों लीड ले रहे हो? तुम एक गरीब छात्र हो, पढ़ने में अच्छा हो, अपने भविष्य को बर्बाद करने पर क्यों तुल गए हो? अभी तुम आन्दोलन से अलग हो जाओ। तुम्हारे लिए यह रास्ता पकड़ना बहुत हानिकारक होगा। सोच लो, अभी भी समय है।'

मैं सिर झुकाए, अपने हितैषी शिक्षक महोदय की बातें सुनता रहा, फिर वहाँ से अपने झुंड में चला आया। मुझ पर उनकी शिक्षा या सलाह का असर नहीं हुआ। होता भी कैसे? बाहर से आए कुछ लीडरों से परिचय और उनका प्रभाव, फिर इतने छात्रों को रूम-रूम जाकर निकाल लाना, मन में छात्रों के बीच लीडर कहलाने का लोभ, अब बलराम बाबू की बातों में आकर इतने मित्रों को धोखा देना और दगाबाज विशेषण से विभूषित होना असम्भव था। मैं छात्रों के जुलूस में सम्मिलित होकर आगे-आगे नारा लगाने लगा।

मेरी यही गलती प्रधानाध्यापक श्री बलराम बाबू के मन में अटक गई।

आज जब फॉर्म भरने में मुझे कोई भी रियायत देने से उन्होंने इनकार कर दिया तो मेरे मन-मस्तिष्क में दीनानाथ पांडेय वाली घटना चमक उठी। मास्टर साहब ने तो इस उम्मीद से मुझे एकान्त में समझाया था कि मैं उनकी बात नहीं काटूँगा। परन्तु मैंने तो उनके द्वारा पहले से दी जानेवाली सहायता और सहानुभूति को भी भुला दिया। इसलिए इस समय मेरी सहायता से इनकार कर जाना स्वाभाविक था। आखिर वे भी तो आदमी ही थे, कोई साधु-सन्त या ऋषि-मुनि तो नहीं! फिर—'अतिसय रगड़ करे जो कोई, अनल प्रकट चन्दन ते होई।' परन्तु अब मैं फॉर्म कैसे भरूँ?

टेस्ट परीक्षा के कुछ दिन पहले से मैं इन्द्रदेव भाई के दालान पर जाकर पढ़ने लगा था। इन्द्रदेव का दालान उसके घर से लगभग आधा किलोमीटर दूर पूरब की ओर था। उस मुहल्ले को लोग गाछीटोला कहते थे। असल में उन दिनों उस दालान के आसपास बहुत कम घर थे। उस दालान से आगे तो मुश्किल से तीन-चार परिवार का ही वास था : सातो सिंह,

शर्मा जी, टूना सिंह और सबसे आखिर में कलिका सिंह। शेष जगह गाछ–बिरीछ से भरी थी। दिन में भी अँधेरा–सा लगता। दालान के आगे से जो राह दक्षिण की ओर निकलती थी, वह पुस्तकालय से गुजरती हुई गाँव के बीचोबीच गाँव की परिक्रमा करा देती। दालान पूरब रुख का था। सीढ़ी से बरामदे पर चढ़ो, और लम्बे हॉल में घुस जाओ। हॉल के उत्तरी और दक्षिणी छोर पर एक–एक कोठरी। उस दालान पर इन्द्रदेव के पिता बाबू बीसो सिंह ही आते–जाते, अन्यथा वह पड़ा ही रहता।

जब मुझे तेल के अभाव में देर रात तक पढ़ने में बाधा आने लगी तो एक दिन इन्द्रदेव से मैंने अपनी कठिनाई बताई। इन्द्रदेव ने कहा, 'मेरा उतना बड़ा दालान पड़ा ही रहता है। अगर तुम वहाँ पढ़ने चलो तो मैं भी वहीं पढ़ा करूँगा। घर पर पढ़ने से मेरा ध्यान एकाग्र नहीं हो पाता। हम दोनों दिन और रात में भी वहीं रहेंगे, वहीं पढ़ेंगे, सिर्फ खाने के लिए घर आ जाया करेंगे। तेल–वेल की तो कोई दिक्कत ही नहीं होगी। मेरे घर पर तो वैसे भी एक लालटेन रात भर जलती ही रहती है। तुम्हें न लालटेन लाना है, न तेल जोहना है। अगर मेरी बात पसन्द हो तो कल से अपनी कॉपी–किताब लेकर वहीं चलो, मैं भी तुम्हारे साथ वहीं पढ़ा करूँगा। दोनों को सुविधा। संग–साथ पढ़ने पर मन भी लगेगा। शाम में वहीं से हम दोनों पुस्तकालय चल देंगे, बगल में ही तो है। घंटा भर वॉलीबॉल खेलकर फिर दालान पर लौट आया करेंगे।'

मुझे तो मुँहमाँगा इनाम मिल गया। दूसरे ही दिन से मैं वहीं जाने और पढ़ने लगा। इन्द्रदेव के बड़े भाई जनार्दन जी, जिन्हें हम लोग आत्मीय भाव से 'उस्ताद जी' कहते थे, लम्बे डील–डौल के जवान थे। उन दिनों वे पटना यूनिवर्सिटी में एम.ए. अँगरेजी की पढ़ाई कर रहे थे। छुट्टियों में घर आने पर वे भी दिन में दालान पर ही टिकने लगे। उनकी अँगरेजी भाषा बड़ी अलंकृत होती। वे हमें अँगरेजी विषय में मदद कर देते, सम्भावित प्रश्नों का उत्तर भी लिखा देते। वे बड़े हँसोड़ और मजाकिया थे। इन्द्रदेव और जनार्दन जी, दोनों भाई विवाहित थे। जनार्दन जी तो रात में कभी दालान पर नहीं रहते। एकाध दिन इन्द्रदेव भी रात घर पर ही गुजार लेता। उस दिन मैं अकेला ही दालान पर रह जाता।

जब फॉर्म भरने के लिए सैंतालीस रुपए की माँग मैंने घर पर की, तो पिताजी किंकर्तव्यविमूढ़ हो गए। पढ़ाई में सैंतालीस रुपए? और वह भी एक साथ?

अभी महीना–भर पहले ही घर–खर्च चलाने के लिए उन्होंने एक ठुट्ठी गाय बेच दी थी। उस गाय की एक सींग टूटी हुई थी, इसलिए हम लोग उसे 'ठुट्ठी गाय' कहते। अभी वह रोज दो सेर दूध दे रही थी। उसका दूध बड़ा मीठा होता था। औंटने पर दूध के ऊपर मोटी–मोटी छालही (मलाई) की परत जम जाती। लेकिन इससे क्या? दूध लाख मीठा हो, पर उससे इतने लोगों का पेट तो नहीं भर सकता! पेट भरने के लिए तो अनाज चाहिए। और अनाज घर में बचा है कहाँ? इसी लाचारी में बाबू ने उस गाय को बेच दिया। इस बिक्री से उन्हें बावन रुपए मिले थे। उसी से हम भाई–बहनों का पेट भरा जा रहा था। दादा नौकरी में जरूर चले गए, पर उन्हें तो पूर्णिमा के चाँद की तरह महीना पूरा होने पर एक बार पैंतालीस रुपए मिलते। यह तो नौ सदस्यों के जीवन–निर्वाह में ऊँट के मुँह में जीरा का फोरन बनकर रह जाता। तो सैंतालीस रुपए कहाँ से जुटावें?

फिर भी दादा बोले, 'मुझे एक तारीख को दरमाहा (वेतन) मिलेगा—पैंतालीस रुपए; लेकिन तुम्हें तो इसी महीने की बीस तारीख तक फॉर्म भरना है। कोई दस-बारह दिन के लिए कर्ज या पैंचा दे दे, तो मैं एक तारीख को उसे लौटा दूँगा।'

मगर पैंचा भी तो कोई भरे को ही देता है, खाली, निहंग को कौन पूछता है? दादा ने बड़का दा (चचेरे भाई रामेश्वर सिंह) को टटोला। वे पैंच-पालट देने के बदले हमारा मजाक उड़ाकर मजा लेने लगे—गाँड़ धुए लाऽ पानी नैं, नहाबै लाऽ गंगाजल! खाने की खरची नैं, ड्योढ़ी पर नाच! तुम्हें कौन भरुवा पैंचा देगा? जो देगा, उसे लौटाओगे भी कि नहीं, इसकी क्या गारंटी? जाओ, जाओ, हमें रुपए नहीं हैं। हैं भी तो नहीं देंगे। मैट्रिक पास करना क्या खेल है?'

दादा ने अपने भर खूब हाथ-पाँव मारे, मगर कहीं सफलता नहीं मिली। वे मन मारकर बैठ गए। अब क्या होगा? सागर चार वर्षों तक जी-जान लगाकर पढ़ता रहा, अच्छा रिजल्ट लाता रहा, अन्तिम समय में मैट्रिक की परीक्षा नहीं दे सकेगा तो सब गुड़गोबड़! हे माता जयमंगला, कोई राह तो सुझा दो!

जयमंगला माता दादा का आरजू सुन रही थीं। बीस तारीख फॉर्म भरने का अन्तिम दिन था। उन्नीस को इन्द्रदेव फॉर्म भरने चला। वह नहा-धोकर धुला हुआ पाजामा, कमीज पहन चुका था। उसके काले-काले बालों में से गमकौआ तेल की सुगन्ध आ रही थी। उसने बालों का पट्टीदार चूल लटकाया था।

रोटी, सब्जी और कटोरी में दही रखकर उसकी रहाटपुर वाली भौजी बोल पड़ी, 'बौआ जी, लो, सागर नूनू भी आ गए। अच्छा हुआ, अब आप दोनों साथ-साथ जाकर फॉर्म भर आइए। एक से दो भला।'

रहाटपुर वाली भौजी उस समय पातरी, पतोहरी और परिहासपेखिनी युवती थी। वह छट-छट करती रहती। हमेशा हँसकर बात करती। वह मुझे वहाँ पहुँचा देखकर बोली, 'खटिया पर बैठिए न! बौआ जी खा लेते हैं तो साथ ही दोनों यार चले जाइएगा।'

मैंने खाट पर बैठते हुए कहा, 'भौजी, मैं आज इन्द्रदेव के साथ मंझौल नहीं जा रहा हूँ। सिर्फ सगुन दिखाने के लिए एक मछली पकड़ लाया हूँ।' और मैंने कमीज की जेब से एक जीवित कबै मछली निकालकर उसकी थाली में रख दी।

मछली उछल पड़ी और इन्द्रदेव की माँ, भाभी, पत्नी, इन्द्रदेव, उस्ताद जी—सब ठहाका लगाकर हँसने लगे। इस ठहाके के बीच में ही बीसा चा भी घर आ गए। वे हँसकर पूछने लगे, 'किस बात पर इतनी हँसी-हिलकोर मचा रही है?'

और वे भी हँसी में शरीक हो गए।

हँसी थमने पर चाची (इन्द्रदेव की माँ) ने मुझसे पूछा, 'आप क्यों नहीं मंझौल जा रहे हैं? क्या आपने पहले ही फॉर्म भर दिया?'

'चाची, मैंने न पहले फॉर्म भरा है और न बाद में भर पाऊँगा। मुझे फॉर्म भरने के लिए रुपए नहीं हुए। मैं तो सिर्फ इन्द्रदेव की यात्रा बनकर इसे विदा करने आया हूँ।' मैं बोला।

बीसो चा यह सुनकर गम्भीर हो गए। उन्होंने मुझसे पूछा, 'क्या तुम मैट्रिक की परीक्षा नहीं दोगे? इतने दिनों की पढ़ाई व्यर्थ चली जाएगी?'

मैं बोला, 'चाचा, क्या करूँ? फॉर्म भरने के लिए पैसे जुट नहीं पाए। दादा ने दो-एक से दस-बारह दिनों के लिए सैंतालीस रुपए पैंचा माँगा, पर कोई देने को तैयार नहीं हुआ। लाचार होकर मैंने फॉर्म भरने का विचार ही छोड़ दिया।'

बीसो चा बिगड़कर बोले, 'जाओ तो, मथुरा को बुलाकर ले आओ।'

मैं दौड़ा, और पाँच मिनट के अन्दर-अन्दर दादा के साथ बीसो चा के घर लौट आया।

दादा को देखते ही बीसो चा बोल पड़े, 'मथुरा, सागर को फॉर्म भरने नहीं दोगे? अरे, इतने दिनों तक पढ़ा-लिखाकर सही समय पर गर्दन छिपा रहे हो? मुझे साफ-साफ बताओ, क्यों नहीं रुपए दे रहे हो?'

दादा ने कहा, 'बीसो चा, मुझे एक तारीख को दरमाहा मिलेगा, पैंतालीस रुपए। इसे कल तक ही फॉर्म भरना है। कई लोगों से मैंने दस-बारह दिनों के लिए पैंचा माँगा, पर कोई भी देने को तैयार नहीं हुआ। गोतिया-लैया तो चाह ही रहे हैं कि इसकी परीक्षा छूट जाए तो मुंसरे ढोल बजाएँगे। अब आप ही बताइए, मैं क्या करूँ?'

बीसो चा बोले, 'तुम मुझसे तो अपनी कठिनाई कभी नहीं बोले। इसे फॉर्म भरने इनरदेव के साथ अभी भेजो। लो, यह पचास रुपए। तुम छह महीने में थोड़ा-थोड़ा करके मुझे चुका देना। भला सागर मैट्रिक की परीक्षा नहीं देगा तो रात-रात भर मेरे दालान पर जगकर पढ़ने का क्या फायदा?'

बीसो चा ने दादा के हाथ में पचास रुपए रख दिये। मैं दादा के साथ घर आया और अपना कागज-पत्तर लेकर इन्द्रदेव के ही साथ मंझौल गया, फॉर्म भरा और चार बजे तक मंझौल की सैर करता घर पहुँच गया।

इस तरह फॉर्म भरने का किला टूटा और मैं अपनी पढ़ाई में जी-जान से लग गया।

आखिर मैट्रिक परीक्षा का समय आया और इन्द्रदेव, शम्भू के साथ मैं भी परीक्षा देने के लिए बेगूसराय चल पड़ा था। हमारा सेंटर बेगूसराय का बी.पी.एच.ई. स्कूल पड़ा था। उन दिनों उस स्कूल के हेडमास्टर हरगौरी तिवारी नाम के एक कड़ियल विद्वान थे। विद्वत्ता से अधिक उनकी प्रशासकीय क्षमता का शोर था। लोग उन्हें संक्षेप में एच. तिवारी नाम से जानते थे। वे अँगरेजों के समय से ही इस स्कूल का नाम रौशन कर रहे थे। क्या मजाल कि दस से चार बजे शाम तक उस स्कूल के बरामदे पर भी कोई शोरगुल हो, या शिक्षक, छात्र के अतिरिक्त उस बरामदे पर कोई चिड़िया भी पर मार ले!

वही स्कूल हमारी परीक्षा का केन्द्र बना। हम लोग रेलवे लाइन के इस पार ही कांग्रेस भवन में टिके। कांग्रेस भवन की देख-रेख उन दिनों के कांग्रेसी नेता श्रीमान सुहृद जी करते थे। उनके ही नाम पर बेगूसराय का सुहृद नगर बसा है। सुहृद जी नेता तो छोटे-मोटे ही थे, पर बड़े नेताओं की चापलूसी कर नाम खूब फैला चुके थे। उनके सम्बन्ध में कई मजेदार कहानियाँ चल पड़ी थीं। अफवाह यह भी थी कि वे बालयोगी, अविवाहित ब्रह्मचारी हैं। उन्हें छोटी उम्र के लड़कों से हेल-मेल बढ़ाने में देर नहीं लगती।

खैर, हमारी परीक्षा एक सप्ताह में ही समाप्त हो गई। हम रोज रेलवे लाइन पार करके पाँव-पैदल बी.पी. स्कूल चले जाते। अपनी सीट पर बैठकर परीक्षा देते और परीक्षा का समय बीतने पर पुन: घूमते-टहलते कांग्रेस भवन लौट आते। तिवारी जी अपने एक हाथ में छोटा-

सा हंटर और दूसरे हाथ की उँगलियों से चाभी का गुच्छा घुमाते बरामदे पर ही टहला करते। उनका रौब देखकर ही हमारी पथली सटक जाती।

उन दिनों बेगूसराय शहर के नाम पर एक साधारण बाजार-सा लगता। बिजली तो आई ही नहीं थी, स्टेशन पर बड़े-बड़े खम्भों पर लैम्प जलाए जाते। शहर में भी दो-चार जगह लैम्प की व्यवस्था थी। बाजार में कहीं भी सघनता नहीं। मुख्य बाजार में सोना-चाँदी की कई दुकानें थीं। खाद्य-पदार्थों की बहुत सी दुकानें, पर मोटे खाद्य पदार्थ ही। किताब-कॉपी या कलम-पेंसिल की एक ही दुकान—जी. लाल एंड संस। हीरालाल चौक पर शाम में थोड़ी चहल-पहल दिखाई पड़ती। चहल-पहल और थोड़ी-बहुत भीड़ के रूप में कचहरी का परिसर गुलजार जान पड़ता। चारों ओर के देहात से लोग पैदल ही बाजार आते-जाते थे। छोटे-मोटे दो-चार होटल तो जरूर थे, पर पक्के नहीं, झोंपड़ी या खपरैल वाले।

गोपाल भंडार नाम का एक होटल उन दिनों अच्छा माना जाता था। गाँव-देहात से मुकदमा लड़ने के लिए आनेवाले धनी-मानी लोग उसी में भोजन करते। गरीब-गुरबा मुकदमेबाज तो अपने साथ ही सत्तू या रोटी की पोटली बाँधकर आता और समय काट लेता। वकीलों की पौ-बारह थी। मुकदमेबाज अनपढ़ किसानों को उलटा-पुलटा समझाकर वर्षों दूहते रहते और इस कमाई से अपनी अट्टालिका उठाते। हरख कोठी की शान-शौकत और नाम-ग्राम सातवें आसमान पर था। उनकी राजनीतिक पहुँच काफी बढ़ी-चढ़ी थी। नेहरू मंत्रिमंडल की तारकेश्वरी सिन्हा उसी परिवार की सम्बन्धी थी। शहर के सेठ नाम पर राय बहादुर खडग नारायण की नाक सबसे लम्बी मानी जाती। उन्हें अँगरेजों से ही राय बहादुर की टाइटिल मिली थी, बेगूसराय जूड़ी की स्थायी सदस्यता भी। बाबू विश्वनाथ सिंह शर्मा की जेब में तो कॉलेज और विश्वविद्यालय ही थे।

जिस दिन हमारी परीक्षा समाप्त हुई, हम तीनों यार जी.डी. कॉलेज देखने चले गए। कॉलेज कैसा होता है, कितना बड़ा लगता है, प्रोफेसर लोग मास्टर से कितना अलग दीख पड़ते हैं, आदि-आदि, उत्सुकता। शाम के समय हम जी.डी. कॉलेज परिसर में घूम आए।

दूसरे दिन हम लोगों ने अपनी-अपनी गठरी सँभाली और पाँव-पैदल ही घर चल पड़े। सुबह घर के लिए चले तो ग्यारह बजते-बजते सिउरी घाट भी पहुँच गए। लेकिन घाट पर यात्रियों और बैलगाड़ियों की इतनी भीड़ थी कि नदी पार करने में शाम हो गई। छोटी नावें तो दो-तीन थीं, मगर बड़ी नाव एक ही, जिस पर बैलगाड़ी को चढ़ाकर पार उतारा जाता। हम तीनों की बारी बहुत बाद में आई। फिर भी अँधेरा होने से पहले ही हम घर पहुँच गए।

परीक्षा देने से पहले हम सोचते थे कि परीक्षा के बाद खूब सोएँगे, पर परीक्षा समाप्ति के बाद सोना तो दूर, किसी काम में मन ही नहीं लगता। कभी-कभी डेरा पर जाकर मन बहला आते। एक-दो सप्ताह के बाद हमने पुस्तकालय में अधिक समय बिताना शुरू किया। वहाँ खेल-कूद के बाद किताबें निर्गत करा लेता और इन्द्रदेव के दालान पर आकर उन्हें पढ़ता।

किताबें पढ़ने में मन ऐसा रमा कि प्रेमचन्द का 'मानसरोवर' सम्पूर्ण पढ़ गया। एक दिन रामचन्द्र शुक्ल का इतिहास ले आया। उसे पढ़ने में मन तो नहीं लगा, क्योंकि ठीक से समझ ही नहीं पाता। फिर भी उसे पढ़कर कई जानकारियाँ मिलीं। उन जानकारियों के आधार पर मैंने मैथिलीशरण गुप्त की 'यशोधरा' पुस्तक पढ़ डाली। पूरा-पूरी तो नहीं,

पर थोड़ा-बहुत तो समझ ही लेता था। उन्हीं दिनों मैंने रामवृक्ष बेनीपुरी की कई किताबें पढ़ डालीं।

मिथिला के मधुबनी से कालीजी के यहाँ जगदीश नाम का एक कुटुम्ब आया था, जो महीनों वहीं ठहरा रहा। उसका गला बहुत सुन्दर था और बड़े रसावह ढंग से विद्यापति के गीत सुनाता। मैं उसके गीत सुनकर विद्यापति की ओर आकर्षित होने लगा। इस आकर्षण का ऐसा जादू चढ़ा कि एम.ए. पढ़ते समय मैंने विद्यापति को ही अपना स्पेशल पेपर बनाया, जबकि मेरे प्रिय कवि थे तुलसीदास। मतलब यह कि मैट्रिक का रिजल्ट आने से पहले तक मैं हिन्दी के कई प्रसिद्ध लेखकों और कवियों की रचनाएँ पढ़ गया था।

रिजल्ट घोषित होने से पूर्व एक मजेदार घटना घटी। मेरा दोस्त शम्भू रिजल्ट से पहले ही पिता बन गया। उसकी गोद में एक बेटी आ गई। उसका नाम पवन रखा गया। आज की तारीख में उसकी उम्र उनसठ वर्ष हुई। लेकिन मजेदार बात तो यह हुई कि शम्भू की बेटी आने के महीना-डेढ़ महीना बाद, उसकी छोटी बहन गीता का जन्म हुआ। शम्भू की बेटी उसकी बहन से बड़ी है। आँगन की औरतें दाँतों उँगली दबा रही थीं। जो भी हो, जुलाई के प्रथम सप्ताह में ही मैट्रिक का रिजल्ट भी आ गया। हम दोनों ही प्रथम श्रेणी में उत्तीर्ण हुए। अब आगे का जीवन राम भरोसे!

नहिं दरिद्र सम दुख जग माहीं

अब उलुआ मुझसे पूछने लगा : 'जब तुम इतने दरिद्र थे तो उस कॉलेज में एडमिशन लेने ही क्यों गए?'

यही सवाल तुमने उस समय पूछा होता तो शायद मेरा कुछ कल्याण हो जाता। तुम तो अहर्निश मेरे भीतर मौजूद रहे, लेकिन गूँगे बनकर। जिस वृक्ष की एक डाली पर बैठकर मैं जीवन भर सही-गलत करता रहा, उसी वृक्ष की दूसरी डाली पर तुम भी तो विराज रहे हो। न कभी रोका, न टोका। आज तुम ही मुझसे समय-समय पर संवाद करना चाहते हो। तुम्हारी यह निरपेक्षता मुझे डराती भी रही है, और समय-समय पर उत्साहित भी। मुझे याद है, और पीछे मुड़कर देखने पर ऐसा लगता है कि उस निरपेक्षतामूलक उत्साह ने प्रायः मुझे गलत दिशा की ओर ही प्रेरित किया। भय ने मुझे बहुत ऊँची छलाँग लगाने से भले ही रोक रखा हो, पर अपनी गरीबी की याद दिला-दिलाकर इसने मुझे भटकने नहीं दिया। खैर, इस उलाहना से अब कुछ भी सजने-सँवरने वाला नहीं। मैं जवाब ही दे दूँ तो ठीक रहेगा। तो सुनो :

लंगट सिंह कॉलेज, मुजफ्फरपुर, उन दिनों बिहार के शैक्षिक आकाश में सबसे ऊँचा झंडा लिये खड़ा था। खास कर विज्ञान विषय के विद्वान आचार्य ने तो देश में अपना दबदबा बना रखा था। सुदर्शन बाबू जैसे भौतिकशास्त्री का सुयश देश के हर कोने में फैल चुका था। उन्होंने प्रकाश की गति पर जो नया शोध-कार्य किया था, उससे उनका नाम बड़े वैज्ञानिकों में गिना जाने लगा। एफ. रहमान जैसे अँगरेजी के विद्वान व्यक्ति उस कॉलेज

के प्राचार्य थे। जी हाँ, बात 1956–58 की ही मैं कर रहा हूँ। वहाँ हिन्दी विभाग के अध्यक्ष पद स्वयं रामधारी सिंह दिनकर सुशोभित कर चुके थे; इसलिए उनके बाद भी उस विभाग की गरिमा अपनी परम्परा की लीक से नहीं बहकी थी। वहाँ आई.एस–सी. में प्रथम श्रेणी से कम प्राप्तांक वाले छात्र का तो नामांकन ही नहीं होता था। और तब की प्रथम श्रेणी ? उन दिनों प्रथम श्रेणी से मैट्रिक उत्तीर्ण होने वाले छात्रों को समाज सम्मान की दृष्टि से देखता था। और मैंने तो प्रथम श्रेणी में भी अच्छे अंक प्राप्त किए थे, फिर उस कॉलेज में पढ़ने का लोभ कैसे सँवरण कर पाता ? रही बात अपनी दरिद्रता की, तो उसका उपाय मैंने पहले से ही कर रखा था। जिस विद्वान की बात कॉलेज में शायद ही कोई अनसुनी कर दे, उस सुदर्शन सिंह के छोटे भाई रघुनाथ बाबू की ससुराल मेरे ननिहाल छितरौर में। मेरे मामा के भाई। बच्चन मामू मेरी हालत से अच्छी तरह वाकिफ थे। उन्होंने और मेरे ग्रामीण व्यासजी ने मुझे साथ लेकर रघुनाथ जी से आत्मीय परिचय करा दिया। रघुनाथ बाबू ने वचन दिया कि 'जब फ्रीशिप का समय आए, तो मेरी एक चिट्ठी लेकर आप सुदर्शन बाबू से मिल लेंगे। वे आपको फुल फ्रीशिप तो दिलवा ही देंगे, पुस्तक आदि की सुविधा भी दिलाएँगे।'

रघुनाथ बाबू के आश्वासनोपरान्त मेरा मन उस कॉलेज में पढ़ने के लिए और भी उत्साहित हो उठा। लेकिन इस उत्साह के पीछे और भी एक कारण था। सिर्फ कॉलेज फीस माफ हो जाने और पुस्तकालय से कुछ समय के लिए कुछ पुस्तकें दिलवा देने से ही तो किसी विद्यार्थी की समस्याएँ समाधित नहीं हो जाती हैं—खास कर मुझ जैसे दीन-हीन छात्र की, जिसने सात वर्ष पूर्व आई देश की आजादी का कोई स्वाद अभी तक नहीं चखा था; जिसके घर में खाने वाले नौ सदस्य हों और खेती के अतिरिक्त जीविका का कोई अन्य साधन न हो। खेती भी तब न, जब दस–बीस बीघे खेत हों। मेरे पिताजी के पास तो गाछी–बिरछी मिलाकर कुछ पौने चार बीघे खेत। उसमें जोतने–उपजाने लायक खेत मात्र ढाई बीघे। देश तो स्वतंत्र हो गया था, पर किसानों की परतंत्रता पूर्ववत् ही ठहरी थी। प्रकृति के भरोसे खेती करो और बाढ़, अनावृष्टि, अतिवृष्टि की चोट हर साल सहते रहो। न सिंचाई की कोई राजकीय अथवा निजी व्यवस्था, न बाढ़ की विकरालता से उबरने-बचने का कोई उपाय। इसलिए छोटे किसान, खास कर मेरे पिता और उन जैसे गाँव के अन्य किसान सिर्फ अपनी इज्जत ढोने के लिए ही किसान कहला रहे थे। उन्हें तो किसी रेलवे स्टेशन पर कुली–कबारी का काम कर लेने से अधिक आर्थिक सहूलियत महसूस होती। पर वे वैसा कर नहीं सकते थे, क्योंकि विधाता ने उन्हें भूमिहार, यानी उच्च जाति के गरीब वंश में पैदा किया था। इसलिए दोनों शाम का भोजन जुटाने के लिए उन्हें कर्ज लेना पड़ता था। कर्ज का बोझ भारी ब्याज दर के कारण इतना बढ़ रहा था कि पिताजी रात–दिन चिन्ता में डूबे रहते। उस पर भी मेरी इकलौती बहन की शादी और उसमें हम तीन भाइयों को जनेऊ (उपनयन-संस्कार) देना उनके गले का फाँस बन गया था।

खैर, वह दायित्व तो उन्होंने जैसे–तैसे पूरा कर लिया था, पर इसे निभाने में उन्हें एक बीघा जमीन सूद–भरना रख देना पड़ा। अब तो नित्य के भोजन पर भी आफत। गाय–गोरू या भैंस रखकर किसी तरह गुजारा हो रहा था। ऐसे में मैं ऊँची शिक्षा के लिए लालायित।

पिताजी ने एक दिन मुझे बैठाकर समझाया भी कि बेटा, मैट्रिक पास करने पर मास्टरी मिल जाती है। गाँव के अमुक-अमुक बाबू तो मिडिल और मैट्रिक पास करके ही मास्टरी कर रहे हैं। क्या तुम्हें वह नौकरी अब नहीं मिलेगी ? अगर तुम मास्टर हो जाते तो परिवार का कल्याण तत्काल हो जाता, नहीं तो अब भारी कर्ज के कारण धूर-धूर जमीन बिक जाएगी।

मैं मौन होकर पिताजी की बातें सुनता रहा, पर रात में मुझे नींद नहीं आई। एकाध घंटा मैं बिछावन पर रोता रहा कि इधर जाऊँ कि उधर। धीरे-धीरे मैं नींद के आगोश में आ गया।

रात के अन्तिम प्रहर में मैंने एक सपना देखा : एक बाघ मुझ पर आक्रमण करने के लिए आगे वाला पंजा उठा रहा है। मुझे भय से पसीना आने लगा। मैं चिल्लाने की कोशिश कर रहा था, पर मुँह से आवाज ही नहीं निकली। इतने में स्वप्न का दृश्य बदल गया। बाघ के पंजे कमल फूलों पर थे, और बाघ के ऊपर हाथ में वीणा लिये माँ सरस्वती मुस्कुरा रही थीं। बाघ धीरे-धीरे, आगे अपनी राह पर चला जा रहा है और सरस्वती जी मेरी ओर देखकर हँस रही हैं। मैंने हाई स्कूल में दो सरस्वती पूजा में सचिव के पद से धूम-धाम के साथ स्कूल के विद्यार्थियों के साथ पूजा मनाई थी। भसान के दिन तो मैं काफी रोया भी था। आज वही सरस्वती महारानी दर्शन देने आई हैं। मैं अपना हाथ प्रणाम की मुद्रा में लाना चाहता था, पर हाथ जुड़ ही नहीं रहे थे। मैंने बड़े जोर से नींद में ही हाथ पटका कि मेरी नींद खुल गई और सारा दृश्य गायब। मेरा शरीर रोमांचित।

आँखें खुलीं, पौ फट रहा था। रामबुझावन दा प्रात:कालीन गीत गा रहे थे, 'हे गोविन्द, राखु शरण, अब तो जीवन हारे।' मैं अपने सपने पर सोचने लगा। सरस्वती की सवारी तो हंस है—नीर-क्षीर विवेकी। माँ बाघ पर बैठकर क्यों दर्शन देने आईं ? सोचा तो बहुत देर तक, पर निराकरण नहीं हो पाया। फिर मैं सोचना छोड़कर अपनी नित्य क्रिया में लग गया, पर यह सवाल मेरा पीछा करता ही रहा।

मैं शाम में गाँव के पुस्तकालय गया। वहाँ से लौटने पर मैंने निश्चय कर लिया कि दो साल पिताजी को और कष्ट में रहने दो। अगर मैं आई.एस-सी. पास होकर लौटता हूँ तो मुझे हाई स्कूल में शालिग्राम बाबू की तरह मास्टरी मिल जाएगी; फिर परिवार का समूचा बोझ अपने कंधे पर ले लूँगा। पर आई.एस-सी. की पढ़ाई में कहाँ रहूँगा, कैसे खाऊँगा, रहने और खाने के लिए तो पैसे चाहिए। वह कहाँ से आएगा ?

मेरे गाँव के कृष्णनन्दन बाबू मुजफ्फरपुर, आर.डी.एस. (राम दयालु सिंह) कॉलेज में प्रोफेसर थे। हमारे गाँव में उच्च शिक्षा का पहला झंडा फहराने वाला परिवार वही था। उनके पिता का नाम बालो बाबू (बलदेव सिंह) था। बालो बाबू के चार बेटे—बड़ा बेटा जज, दूसरा बेटा डॉक्टर, तीसरा बेटा प्रोफेसर और चौथा बेटा बी.एच.यू. से एम.ए. पास। भला इससे बढ़कर बालो बाबू के जीवन की और कौन-सी उपलब्धि हो सकती थी ? गाँव की ही कचहरी में पटवारी का काम करते हुए उन्होंने साठ बीघे के आसपास जमीन भी बना ली थी। 'सोने में सुगन्ध' कहावत को चरितार्थ करके उस उद्यमी व्यक्ति ने गाँव से लेकर इलाके तक अपना नाम उजागर कर लिया।

उनके ही सुपुत्र कृष्णनन्दन बाबू प्रोफेसर थे। लम्बे, मोटे, सोना-सा भक-भक गोरा शरीर, आँख पर चश्मा और फूल की तरह खिला हुआ मुखमंडल, गाँव के लोगों में अत्यधिक

लोकप्रिय। उनकी लोकप्रियता का कारण उनका मजाकिया स्वभाव था। हर उम्र के लोगों के साथ वे हँस-हँसकर मजाक करते थे और उनके इस स्वभाव से अभिभूत ग्रामवासी यत्र-तत्र उनकी प्रशंसा किया करते। हर साल होली में वे गाँव जरूर आते और होली के दिन एक गंजी, पाजामा पहनकर कंधे पर गमछा रख लेते थे। घर से निकलने के बाद होली टोली में मिलकर गमछा में ढेर सारी राख और मिट्‌टी बाँध लेते और ऊँच-नीच, छोटे-बड़े सबके गाल, सिर, देह में वह राख-मिट्‌टी मलते चलते। बीच-बीच में ढोलक की थाप पर हाथ उठाकर जोगीरा भी गा पड़ते 'सारा-रा-रा' और सबसे हँसी-ठिठोली करते। इससे ग्रामवासियों को ऐसा महसूस होता कि वह न तो बालो बाबू जैसे बड़े बाप के बेटे हैं, और न किसी बड़े कॉलेज के प्रोफेसर। हम लोगों के बीच रहनेवाले, हमारी तरह के ही सामान्य व्यक्ति हैं। वही कृष्णनन्दन बाबू (प्रोफेसर साहब) गर्मी छुट्‌टी में गाँव आए हुए थे।

मेरे बड़े भाई साहब मथुरा सिंह थे तो पहलवान, लेकिन मुझे आगे की पढ़ाई के लिए प्रोत्साहित करने और पढ़ाई में होने वाले खर्च के लिए पिताजी से भी अधिक चिन्तित और प्रयत्नशील वे ही रहते थे। उन्होंने ही कहा कि चलो कृष्णनन्दन बाबू के पास। वे कोई रास्ता जरूर निकालेंगे।

हम दोनों भाई उनके घर पहुँचे। नमस्कार-पाती के बाद मैंने अपनी समस्या उनके आगे रखी। उन्होंने प्रसन्नता प्रकट करते हुए मुझसे कहा, 'तुम चिन्ता क्यों करते हो ? प्रथम श्रेणी में इतना अंक हासिल करनेवाले विद्यार्थी का नामांकन उस कॉलेज में आसानी से हो जाएगा। फ्रीशिप तुम्हें सुदर्शन बाबू दिला ही देंगे। रही बात रहने-खाने की, तो मैं तुम्हें नीचे क्लास के दो-चार ट्यूशन दिला दूँगा। इससे चालीस से पचास रुपए तक तुम्हें मिला करेंगे और इससे अधिक तो खाने-रहने में खर्च होगा नहीं। फिर मजे से दो वर्ष काट लेना। आगे की बात आगे होगी, पहले नाम तो लिखाओ। जब कोई चल पड़ता है तो रुक-बैठकर भी मंजिल तक पहुँच ही जाता है, घर थोड़े लौट जाता है ?'

कृष्णनन्दन बाबू की बातें सुनकर हम दोनों भाइयों के मन में मोदक फूट पड़े। उनकी प्रशंसा करते हुए हम घर आए और तय हुआ कि शम्भू और इन्द्रदेव जिस दिन मुजफ्फरपुर नाम लिखाने जाएँ, उसी दिन, उनके ही साथ मैं भी चल पड़ूँ। अभी नामांकन के लिए एक सप्ताह का समय है। इस बीच नामांकन हेतु जरूरी रुपए की व्यवस्था भी की जाएगी। पर व्यवस्था कौन करेगा ? कैसे और कहाँ से होगी ? मुझसे कुछ अधिक चिंतित दादा (बड़े भाई साहब) ही थे।

दूसरे दिन दादा ने कहा, 'सागर, आज मेरे साथ तुम मंझौल चलो। बड़े साहब से मैंने कभी कहा था कि मेरा भाई पढ़ने में बहुत तेज है। वहीं तुम्हारे टीचर राम प्रताप बाबू भी बैठे थे। साहब और राम प्रताप बाबू दोनों चाय पी रहे थे। मेरे बोलते ही उन्होंने साहब से कहा—हाँ-हाँ, सर, मथुरा सिंह का भाई रामसागर प्रथम श्रेणी से मैट्रिक उत्तीर्ण हुआ है। वह बहुत ही अच्छा है। वह लड़का किसी बड़े घर का होता तो स्कूल का नाम रौशन करता, मगर बेचारा मथुरा सिंह उसे खर्च-पानी कहाँ से दे सकेगा ?—राम प्रताप बाबू की बात सुनकर साहब मुझसे कहने लगे—मथुरा सिंह, उसे खूब पढ़ाइए, खर्चे के लिए डरिए नहीं। खर्च-पानी तो भगवान चलाता है, कोई हम-आप थोड़े चलाते हैं। ऐसे भी, कोई

तीर्थयात्री घर से निकलने के बाद घर थोड़े लौटता है, वह किसी न किसी तरह धाम पहुँचकर अपने इष्टदेव का दर्शन कर ही लेता है।—उनकी बातें मैं सुनता रहा। चाय समाप्त होने पर मैं ज्यों ही प्याला उठाने लगा, उन्होंने मुझे मना कर दिया। रमौली वाले गुअरबा को प्याला उठा लेने का आदेश दिया। अपनी इज्जत साहब की नजर में बढ़ते देख मैं उस दिन बहुत खुश हुआ था। उस दिन क्या, उसके बाद से साहब ने कभी भी मुझे कुछ उठाने या किसी को चाय पहुँचाने नहीं दिया। लगता है, हमारी बात सुनकर वे जरूर पसीजेंगे। बड़े साहब बहुत अच्छे आदमी हैं। छोटे साहब करीम बाबू से वे सौ गुना बढ़िया। कहीं वे ढर गए तो चिक्का पार। कहते हैं न कि राजा ढरे तो सौ कनमा सोन और कंजूस ढरे तो एक कनमा ओन।'

दादा की बातें मुझे ठीक जँचीं। असल में दादा को अपनी पहलवानी के बल पर बाँध की रखवाली करने के लिए पिछले साल एक तदर्थ नौकरी मिल गई थी। मेरे गाँव से होकर बूढ़ी गंडक नाम की नदी बहती है जो वृन्दावन, टेकनपुरा, इस्का आदि गाँवों से बहती हुई खगड़िया पहुँचकर गंगा नदी में मिल जाती है। यह नदी जहाँ से शुरू होती है वहाँ से खगड़िया तक जाती है। कुछ वर्ष पहले इस नदी के दोनों ओर तत्कालीन सिंचाई मंत्री बाबू रामचरित्र सिंह ने बाँध बँधवाया था। वही नदी टेकनपुरा गाँव के पास बरसात के महीने में उमता गई और बाँध तोड़कर गाँव-घर को भसाने लगी। नदी पर बाँध नया बँधा था, इसलिए दोनों ओर के बाँध की मिट्टी अभी मुलायम थी। फलतः हर साल इधर या उधर बाँध टूट जाता। उसकी सुरक्षा के लिए मंझौल में जलपथ विभाग का ऑफिस बना था और वहाँ एक जलपथ विभाग के एस.डी.ओ. तथा एक ओवरसीयर की ड्यूटी लगी थी। उनका काम बारहों महीने बाँध की सुरक्षा पर ध्यान देना और बाँध टूट जाने पर तुरत उस भाग को बँधवाकर दुरुस्त करना था। नदी तो सावन में उफना गई थी, पर लोगों को बाँध टूटने की आशंका नहीं थी। एक रात अचानक नदी गरज उठी और अपने बूते पर टेकनपुरा के पास बाँध को चार-पाँच लग्गा तोड़कर हहराती हुई गाँव-घर में घुस गई। लोग-बाग 'बाप रे, माय गे' करके घर छोड़-छाड़कर बाँध की ऊँचाई तक भागे। मवेशी बहने लगे, खेतों की फसल देखते ही देखते जल-समाधि लेने लगी, सड़कें टूट-टूटकर गड्ढों में तब्दील होने लगीं। क्षेत्र की जनता रामचरित्र बाबू के साथ नदी को भी गाली बकने लगी, लेकिन नदी को गाली बकने से क्या फायदा? दिनकर जी ने तो अपनी 'पानी की चाल' नामक कविता में ठीक ही कहा है :

जिधर उठाओ नजर उधर है केवल पानी-पानी,
बाढ़ कहो तुम, मगर यही है चढ़ती हुई जवानी।

अपनी जवानी को हम गाली नहीं देते, पर नदी की जवानी को गाली। राम, राम! कभी भी किसी की जवानी को गाली नहीं देनी चाहिए! एक बार की जवानी फिर दुबारा लौटकर नहीं आती। हम सभी जानते हैं कि 'जो जाकर नहीं आवे, उसे जवानी कहते हैं; और जो आकर कभी न जाए, उसे बुढ़ापा कहते हैं।'

टेकनपुरा में टूटे उसी बाँध को बँधवाने के लिए समस्तीपुर से लेकर खगड़िया तक का जलपथ विभाग दो दिनों से नाकों चने चबा रहा था, पर नदी की धारा वहाँ रुकने को

तैयार नहीं थी। अगल-बगल के गाँव वाले जी-जान लगाकर उसे बाँधने की कोशिश कर रहे थे। हजारों-हजार बोरे मिट्टी-बालू उस धारा पर गिराए जा रहे थे, बड़े-बड़े पेड़ों को काटकर गिराया जा रहा था। बोरों में ईंट-पत्थर भर-भरकर उस जगह डाले जा रहे थे। आखिर तीसरे दिन जाकर नदी ने हार मानी और वह टूटा हुआ बाँध फिर से पहले जैसा हो गया। उसी में हमारे गाँव से भी हजारों लोग बाँध बाँधने गए थे।

मथुरा सिंह तो चढ़ती जवानी वाले पहलवान थे। इस बाँध को बाँधने में उनकी ताकत देखकर सारे लोग दाँतों तले उँगली चबा रहे थे। जिस मिट्टी-बालू से भरे एक क्विंटल वाले बोरे को चार-चार जवान उठाकर नदी की टूटी धारा वाले खंदक में गिरा रहे थे, उसी बोरे को मथुरा सिंह अकेले ही छाती तक उठाकर खंदक में फेंक आते। बाप रे! क्या खाता है यह गरीब पहलवान? इसमें तो हनुमान वाली ताकत है! मंझौल के एस.डी.ओ. साहब तो इस जवान की ताकत देखकर स्तब्ध!

बाँध बाँधने के बाद पहसारा गाँव के लोगों से एस.डी.ओ. साहब ने पूछा कि यह नौजवान कौन है? गाँववालों ने उन्हें अपने ढंग से सब कुछ बता दिया। फिर साहब ने मथुरा सिंह को बुलाकर पूछा, 'नौकरी करोगे?' उन्हें तो अंधे को दोनों आँखें मिलती नजर आईं। तपाक से बोल पड़े, 'हाँ, सर'... बस, वहीं पर उन्हें पैंतालीस रुपए प्रति माह के वेतन पर 'वर्क सरदार' के पद की नौकरी मिल गई।

साहब ने कहा, 'आप कल मंझौल ऑफिस आकर बहाली की चिट्ठी ले लीजिए और अपनी ड्यूटी पर लग जाइए।'

इस तरह दादा को जलपथ विभाग में वह नौकरी मिली थी। वे तो खुश थे ही, पिताजी को लगा था—'मानहुँ समर शूर जय पाई।'

खैर, यह रही बड़े भाई साहब की नौकरी की कहानी।

हम दोनों भाई मंझौल चल पड़े। मेरे मन में आशा-निराशा के झोंके उठ-गिर रहे थे। दादा बार-बार माँ जयमंगला की दुहाई देते चल रहे थे। चालीस-पैंतालीस मिनट में हम पहसारा से मंझौल पहुँच गए। साहब बाहर ही सोफे पर बैठे थे। दादा ने कलेजे तक झुककर साहब को प्रणाम किया और मैंने उनके पाँव छुए।

एस.डी.ओ. साहब 'हो गया, हो गया' बोलते हुए उठ गए। हमें चौकी पर बैठाने का इशारा किया। मुझसे पूछने लगे, 'तुम मथुरा सिंह के भाई हो?'

'जी हाँ, सर।'

'प्रथम श्रेणी से उत्तीर्ण हुए हो?'

'जी सर।'

'कितने प्रतिशत अंक हैं?'

'65 प्रतिशत सर।'

'बहुत अच्छा! कहाँ नाम लिखाना चाहते हो?'

'सर, लंगट सिंह कॉलेज में।'

'नाम लिखाने में कितने रुपए लगेंगे?'

मैंने अनुमान से कहा, 'डेढ़ सौ रुपए, सर।'

फिर मथुरा सिंह से पूछा, 'रुपए का इन्तजाम हो गया है?'

हाथ जोड़कर दादा बोले, 'नहीं सर, इसीलिए आपकी शरण में आया हूँ।'

साहब ने पूछा, 'कितने रुपए चाहिए?'

दादा बोले, 'सर, डेढ़ सौ हो जाता तो बाकी का इन्तजाम मैं कर लूँगा।'

'ठीक है,' कहकर साहब उठकर एक रजिस्टर ले आए। उसे खोलकर दादा से एक जगह चुटकी ले ली और अपनी जेब से डेढ़ सौ रुपए निकालकर उन्होंने दादा के हाथ में देते हुए कहा, 'मथुरा सिंह, चिन्ता मत कीजिए। यह डेढ़ सौ रुपए आप एडवांस (अग्रिम) वेतन ले लीजिए। दस रुपए प्रतिमाह की दर से आपके वेतन से यह कटता रहेगा। भाई को नाम लिखाने भेज दीजिए। इसे पढ़ाइए...'

अभी साहब बोल ही रहे थे कि भीतर से दो प्लेट में दो-दो पेड़े, एक-एक केला और चार-चार बिस्किट लेकर एक नौकर आ गया।

साहब ने कहा, 'खाइए दोनों भाई।'

हम लजाते हुए खाने लगे।

उन्हें प्रणाम कर चलने लगे तो साहब ने मेरे हाथ में दस रुपए का एक नोट रख दिया। मैं उपकृत भिखारी की तरह उनका मुखमंडल निहारने लगा। मेरी आँखें पनिया गईं।

साहब बोले, 'जाओ बच्चे, मन से पढ़ना और कोई बुरी आदत मत सीखना।'

मैं उनके पैर छूकर चल पड़ा। दादा साहब को बार-बार प्रणाम करके मेरे पीछे चल पड़े।

रास्ते में हम दोनों भाई साहब की प्रशंसा करते, अपना भाग्य सराहते घर पहुँचे। कठिनाई का बड़ा पहाड़ जो मेरे भविष्य को रोक रहा था, हमने ढाह दिया। अब क्या है—'ओ नौनिहाल, तू बढ़ता चल!'

'हा! हा! हा! तो तुमने अपने हिसाब से छिद्रविहीन सुरक्षा घेरा बना ही लिया, और तब चले थे लंगट सिंह कॉलेज, मुजफ्फरपुर में नामांकन करवाने! फिर तुम्हें वहाँ से लौटना क्यों पड़ा बच्चू?'

तुम जानते तो सब कुछ हो, क्योंकि सर्वद्रष्टा हो, फिर भी बार-बार मुझसे कुछ-न-कुछ पूछ बैठते हो। अच्छा होता कि मुझे अपनी कहानी पूरी कर लेने देते। ऊपर जाने के बाद मेरे खिलाफ जो शिकायत तुम्हें करनी होती, कर लेते। मेरे साथ तुम्हें भी तो बतौर साक्षी ऊपर जाना ही है। फिर यहाँ क्यों कथा के बीच-बीच में टाँग अड़ा रहे हो? चित्रगुप्त महाराज अपने लेखा-जोखा से जहाँ भेजना होगा, भेज देंगे। तुम मुझे आगे बढ़ने से बीच में ही रोक देते हो। खैर, सुन ही लो :

मनुष्य सोचता है और भगवान उसकी सोच को मिटाकर अपनी लिपि में कुछ अन्यथा लिख देता है। मैंने अपने हिसाब से छिद्रविहीन सुरक्षा घेरा सचमुच बना लिया था, पर ईश्वर को यह मंजूर नहीं हुआ। यह कैसे? शम्भू और इन्द्रदेव के साथ मैं भी मुजफ्फरपुर गया। तुम हँसोगे तो नहीं? हँसना भी चाहो तो हँस लो, जी खोलकर हँस लो, पर मैं

कहूँगा वही, जो सच है। अब मुझे किसी बात की लाज-बीज नहीं, क्योंकि कवि निराला की तरह मैं भी :

रास्ते में नदी, झरने; जो मुझे थे पार करने,
कर चुका हूँ।

तो सच्ची बात यह है कि मुजफ्फरपुर मैं पहली बार जा रहा था, और इसी क्रम में मैंने रेलगाड़ी भी जीवन में पहली बार देखी। जी हाँ, रेडियो मैंने पहली बार जयमंगला उच्च विद्यालय, मंझौल में देखा था, जब वहाँ की आठवीं कक्षा में मेरा नामांकन हुआ। रेलगाड़ी आई.एस-सी. में नामांकन हेतु मुजफ्फरपुर जाते समय देखी। देखी ही नहीं, उसी में बैठकर गया भी। बाप रे, डर भी लगता था और मजा भी। खैर, मुझ गँवई के लिए यह सब होना ही था। मैं गया, वहाँ नामांकन कराया और फिर उन दोनों के साथ घर लौट भी आया, क्योंकि क्लास पन्द्रह दिन बाद से शुरू होने वाला था।

हाँ, मुजफ्फरपुर में ही मैंने जीवन में पहली बार एक काम और किया था—बारह आने में एक साधारण चप्पल भी खरीद ली जिसने घर आते-आते मेरे दोनों पैरों को जख्मी बना दिया। इससे पहले मैंने चप्पल और जूते कभी नहीं पहने थे। पहनते भी कहाँ से? लेकिन पैर में कुछ न पहनना ही आरामदायक था। इस कमबख्त चप्पल ने तो पाँव में घाव ही बना दिया। अब पन्द्रहवें दिन तैयार होकर फिर मुजफ्फरपुर की यात्रा करनी थी।

मेरे मन में अब उत्साह था। मैं कुल डेढ़ सौ रुपए घर से लेकर चला था। एडमिशन में कुल सौ रुपए लगे थे। पचास रुपए बचाते हुए मैं घर आया था। साहब ने जो दस रुपए मुझे अलग से दिये थे, उससे मैंने अठारह आने (एक रुपया, दो आने) जाते समय, और अठारह आने आते समय, कुल सवा दो रुपए में रेलगाड़ी का टिकट लिया था। बारह आने की चप्पल खरीदी। शेष रुपए तीन दिनों तक मुजफ्फरपुर में रहने-खाने में खर्च हो गए। फिर भी पचास रुपए मेरे पास बचे थे। मैं इन पचास रुपयों में मुजफ्फरपुर जाऊँगा और महीना-डेढ़ महीना वहाँ रहकर अपना खर्च चलाता रहूँगा। फिर तो कृष्णनन्दन बाबू ट्यूशन दिला ही देंगे। पढ़ना और खाना, इसके अलावा न कोई काम, न कोई खर्च। अब लंगट सिंह कॉलेज से ही प्रथम श्रेणी में उत्तीर्णता प्राप्त कर घर लौटूँगा और तब पिताजी की गरीबी को झाड़ू मार-मारकर भगाता रहूँगा।

ठीक है, लेकिन इन चौदह-पन्द्रह दिनों में घर पर क्या करूँगा? मन में आया कि बैठे रहने से अच्छा है, दुनही जाकर बहन से भेंट कर लूँ। मेरी बहन दुनही में ब्याही गई थी। बहनोई जागेश्वर सिंह लोअर क्लास (तब तीसरी कक्षा तक लोअर क्लास कहलाता था) पास थे। वे रामचरितमानस पढ़ना जानते थे। मेरे पिताजी तो बिना रामचरितमानस का पाठ किये कभी भोजन ही नहीं करते, चाहे शाम क्यों न हो जाए। इसी समानता के कारण पिताजी ने दुनही निवासी बाबू जागेश्वर सिंह को मेरी बहन के लिए योग्य वर चुना।

मैं दुनही के लिए रवाना हो गया। उन दिनों तो पैदल के सिवा कहीं जाने-आने का कोई साधन ही नहीं। कहीं भी पक्की सड़क नहीं। धूल भरी राह, अधिक से अधिक बैलगाड़ी चल सकती थी। मैं सुबह में घर से चला और दोपहर होते-होते दुनही गाँव पहुँच गया।

बहन ने खुद से मेरे पैर धोए और पीढ़े पर बैठाकर भात, अरहर की दाल, ऊपर से अचार, की थाल परोसकर मेरे आगे रख दी। मैं भूखे शेर की तरह उस थाल पर टूट पड़ा और चार-पाँच मिनट में ही थाली साफ कर दी। खाना खाकर मैं एक खाटी पर सो गया, क्योंकि पैदल चलने के कारण थकावट तो आ ही गई थी।

पता नहीं, कब जीजा जी आकर मेरे सिरहाने बैठ गए। जब मैं जगा तो उन्होंने मुझे आँख-मुँह पानी से धो लेने को कहा। फिर वे मुझे लेकर रामकरन बाबू के दरवाजे पर पहुँचे। वहाँ उस गाँव के दस-पाँच तथाकथित प्रतिष्ठित व्यक्ति रोज शाम के समय बैठते थे। जीजाजी ने उन सबसे मेरा परिचय करवाया और बताया कि मेरे साले ने फर्स्ट डिवीजन से मैट्रिक परीक्षा पास की है और लंगट सिंह कॉलेज में एडमिशन लिया है।

उनकी बात सुनकर वहाँ बैठे तमाम लोगों ने जीजा जी और मेरी प्रशंसा की। फिर रामकरण बाबू ने कहा कि इस गाँव का भी सीताराम मैट्रिक फर्स्ट डिवीजन से पास हुआ है, और उसने भी लंगट सिंह कॉलेज में ही एडमिशन लिया है। जरा उसे बुलाकर तो ले आइए जागेश्वर जी, दोनों का आपस में परिचय करा दें।

जीजा जी सीताराम को बुलाकर ले आए और हम दोनों एक-दूसरे से बातें करते-करते परस्पर मित्र भी हो गए।

दुनही गाँव क्षेत्रफल और जनसंख्या में भी छोटा है। शिक्षा की दृष्टि से तो और भी पीछे। इसलिए कॉलेज में पढ़नेवाले को उस गाँव के लोग 'साहब' की तरह सम्मान देते थे।

मेरे बहनोई का फूस से बना दालान, जो घर से थोड़ा हटकर था और आगे में गाय-भैंस बँधी रहती थीं, एक तरह से पास-पड़ोस के लोगों का भी बैठका था। उस दालान पर जीजा जी के भाई लोग बैठते-उठते थे। उस दालान से सटे ईंट-खपैरल का घर थोड़ा सम्पन्न व्यक्ति बाबू आदी सिंह का था। वे भी दिन में प्राय: वहीं बैठा करते। आदी सिंह को तीन बेटियाँ और बेटियों से छोटा एक बेटा भी था। उनकी बड़ी बेटी रामबिराजी का ब्याह पिछले साल हो चुका था।

दुनही पहुँचने के दूसरे दिन मैं उसी दालान में भोजन के बाद आराम करने चला गया। वहाँ एक चौकी थी जिस पर एक गंदा, मटमैला गेंडा (कपड़े का दरीनुमा बिछावन) बिछा था। मैं उसी पर बैठकर भविष्य के बारे में कुछ सोच रहा था कि रामबिराजी वहाँ पहुँच गई। रामबिराजी को मैंने पहले भी देखा था, पर आपस में बातचीत कभी नहीं हुई थी। आज वह शायद मुझसे कुछ बात करने या हँसी-मजाक करने पहुँच गई। उस समय उस दालान में कोई बैठा-सोया नहीं था। सब लोग दोपहर में अपने-अपने जानवर के लिए घास-चारा लाने चले गए थे।

रामबिराजी के आते ही मैं थोड़ा सावधान हो गया, लेकिन वह धड़ल्ले से मेरे बगल में बैठ गई। मैं कुछ सकपकाया, पर वह हँसती हुई बोली, 'क्या हाल है कुटुम्ब? कल से मूस की तरह घर में ही क्यों घुसे रहे? अरे, मर्दों को तो दालान-दरवाजे पर बैठना चाहिए। फिर आप तो अब कॉलेज में पढ़ने जाएँगे, इतना लजाने पर बाहर कैसे टिक सकिएगा?'

रामबिराजी की बातें सुनकर मैं पहले शरमाया, फिर आँखें ऊपर कर उसकी ओर देखने लगा। वह गोरी और सामान्य कद की युवती थी। उसकी आँखों में काजल था, गाल भरा

हुआ और उस पर ढेर सारे बरड़ (Pimples), नाक तीखी और स्तन उठे हुए। नीले रंग की साड़ी और उसी कलर का ब्लाउज पहने थी वह। उसकी बाँह गोरी और गदराई हुई; उँगलियों के नख पर नेल-पालिश, मुँह से लौंग की गमक।

मैं बोल पड़ा, 'आप पढ़ती हैं?'

वह हँसने लगी। थोड़ा थमकर बोल पड़ी, 'आग लगे मेरे बाप-माय के धन और अठारह बीघे खेत में। अ, आ तक नहीं पढ़ाया। सात हजार तिलक देकर ऐसे घर में ब्याह दिया जहाँ गाँजा-भाँग का चलन है। कहने को तो ससुर जी को तीस बीघा जमीन है, पर न कोई नौकर, न चाकर। मेरा पति दिन भर खेत-खलिहान में रहता है। रात में जब सब लोग सो जाते हैं तो माँ-बाप की आँखें बचाकर मेरे बिछावन पर आता है। उस पर भी कहीं कोई जग गया तो 'पानी पीने आया था' कहकर चोर की तरह भागता है। सास ऐसी खचड़ी कि बेटे को मुझे घूरते हुए देख ले तो उसे सौ गालियाँ, और मुझे बदचलन, छिनाल और न जाने क्या-क्या कहकर दिन भर घर के भीतर ही रहने की हिदायत देती रहती है। ऐसे में आप पढ़ने-लिखने की बात पूछते हैं? भाग्य सराहिए अपना कि बेटा बनकर जनम लिए हैं, इसी से पढ़-लिख रहे हैं। आपकी ही बहन को बाप ने कहाँ पढ़ाया? बेटी का जनम, नरक का करम।'

मैं रामबिराजी की बातों से तनिक भी दुखी नहीं हुआ। उन दिनों लड़कियों को स्कूल भेजने की प्रथा नहीं के बराबर थी। मेरे ही गाँव में कितनी लड़कियाँ पढ़ी-लिखी हैं? एक जज साहब की बेटी इन्दु, कॉलेज में पढ़ रही है, और तो कोई हाई स्कूल भी नहीं जा सकी। तीन-चार लड़कियाँ मिडिल क्लास तक पढ़कर घर बैठ गईं और उन्हें ब्याह दिया गया। फिर रामबिराजी नहीं पढ़-लिख सकी तो कौन-सा अनर्थ हो गया कि वह माँ-बाप को कोस रही है?

रामबिराजी अपने मन का भड़ास निकालने के बाद मुझे देखने लगी और अपनी साड़ी का पल्लू उठाकर उसने मेरा मुँह पोंछ दिया। मैं स्तब्ध। आखिर वह क्यों यहाँ आई? और आई तो पहली ही मुलाकात में इतना सदय क्यों हो उठी? मैंने लजाते-लजाते उससे पूछा कि आपके गाल पर इतने बरड़ क्यों हैं?

उसने हँसकर मेरा गाल सहलाते हुए कहा, 'ये बरड़ जवानी के निशान हैं कुटुम्ब, आपके गालों पर भी आ रहे हैं।'

रामबिराजी ने जैसे ही मेरे गाल पर अपनी हथेली रखी, लगा, मेरे भीतर कुछ सनसना उठा है। मन में आया कि मैं भी उसका गाल छू लूँ, पर उसी समय मेहमान के बड़े भाई पीताम्बर सिंह माथे पर घास का बोझ लिये आ गए और दालान के आगे उन्होंने धड़ाम से बोझ पटक दिया। फिर गमछे से पसीना पोंछते हुए आँगन चले गए। वे दालान के भीतर नहीं आए।

रामबिराजी मेरे बगल से उठकर खड़ी हो गई और अपना आँचल उठाकर तीर की तरह भाग चली। मैं सोचने लगा कि भाग्य के किस मुहूर्त ने उसे यहाँ लाकर मेरे बगल में बैठा दिया? जीवन में पहली बार किसी युवती का हाथ मेरे गाल से सटा था। उफ, कैसा कोमल और गरम अहसास था वह!

तीसरे दिन मैं खाना खाकर उठा ही था कि रामबिराजी अपनी छोटी बहन गोदा के साथ मेरी बहन के आँगन आ गई। वह मेरी बहन को 'गुलाब जी' कहती थी। वह चहक पड़ी, 'गुलाब जी, आपका भाई पढ़ने में तेज, पर लजाकू खूब है। इसकी लाज-शरम को तोड़ना होगा।'

मेरी दीदी हँस पड़ी और रामबिराजी गोदा को लेकर आँगन के दूसरे घर में बैठने चल पड़ी। दीदी ने मुझे भी साथ कर लिया।

यह दूसरा घर मेरे ही नामधारी सागर सिंह और टूना सिंह का था। घर के द्वार पर डोरी से बुनी एक खटिया थी, जिसके चारों पाँव और पासी बाँस के थे। सागर सिंह की पत्नी तेजी से उस खटिया पर एक गेंडा बिछाने लगी कि वह फिसलकर द्वार के नीचे गिर गई। फुर्ती से उठते हुए खड़ी भी हो गई, पर गिरने से उसका ऊपरी अंग दिख गया। रामबिराजी और गोदा, दोनों बहनें खूब हँस रही थीं और मेरी दीदी उसके हाथ से गेंडा लेकर खटिया पर बिछाने लगी।

सागर जी की पत्नी थी तो छोटे कद की, पर गोरी और मांसल। वह अपनी लाज छिपाने के लिए बोलने लगी, 'फुलिया दुआरी पर पानी गिराती रहती है, इसी से फिसल गई। चोट तनिक भी नहीं आई। आप लोग बेकार हँसने लगीं।'

इसके बाद मुझे खटिया पर बैठाया गया। रामबिराजी हाथ में बाँस से बना पंखा मुझे झलने लगी, गोदा मेरे पैर की नई चप्पल निहार रही थी।

सागर जी की पत्नी घर में बने दो पेड़े और एक लोटा पानी मेरे आगे रखकर नरम आवाज में बोलीं, 'खाइए कुटुम्ब।'

मैंने पेड़े खाए, पानी पिया और उन तीनों की उपस्थिति का आनन्द लेता रहा। दो-तीन घंटे बाद वह मजलिस टूटी।

मैं आया तो था दो दिनों के लिए दुनही, पर टिक गया पाँच दिन। इसके पहले भी दो-तीन बार मैं यहाँ आया था, पर इस बार तो इस गाँव से घर लौटने का मन ही नहीं हो रहा था। खैर, पाँचवें दिन मैं घर आ गया, पर रामबिराजी कई बार मेरे सपने में मेरा पीछा करती रही।

मैं घर आकर एक सप्ताह जैसे-तैसे रहा, मन में तरह-तरह की कल्पनाएँ उठ-गिर रही थीं : कॉलेज के प्रोफेसर किस तरह पढ़ाते हैं, वहाँ कितने घंटे तक एक कमरे में बैठना पड़ता है? सुनते हैं, हर घंटी में कमरा बदल जाता है। श्याम नारायण कह रहे थे कि प्रोफेसर अँगरेजी में ही बोलते हैं। रामकृष्ण जी का कहना है कि फिजिक्स तो हिन्दी में पढ़ाया ही नहीं जाता, तो क्या मैं अँगरेजी ठीक से समझ पाऊँगा, आदि-आदि बातों पर सोचता-विचारता एक सप्ताह का समय बिता दिया। शनिवार के दिन हम तीनों ने मुजफ्फरपुर की यात्रा शुरू की।

उन दिनों गाँव से बेगूसराय तक की यात्रा छोटे-बड़े सभी लोग पैदल ही तय करते थे। सात-आठ बजे लोग घर से चलते और सूरज डूबते-डूबते बेगूसराय से अपना काम निबटाकर घर लौट आते थे। हाँ, एक बिसुनदेव बाबू और एक बोढ़न बाबू टमटम से ही जाते-आते थे। ये दोनों उन दिनों गाँव के सबसे प्रतिष्ठित व्यक्ति माने जाते थे।

शम्भू और इन्द्रदेव आज मंझौल से बेगूसराय तक टमटम पर बैठकर पहुँचे। उन दोनों के पास थोड़ा-थोड़ा सामान था इसलिए भी, और उनके अभिभावक अपने बेटे का चालीस से पचास रुपए प्रतिमाह का खर्च उठाने के लिए तैयार थे।

मेरे अभिभावक की हैसियत तो आप सुन ही चुके हैं। इसलिए मैं घर से थोड़ा पहले ही निकल गया। दादा नाव घाट तक मुझे पहुँचाने आए। गाँव की बूढ़ी गंडक नदी में शेखा मियाँ नाव चलाता था। उसी ने मुझे नाव में बैठाकर नदी पार कराया। मैंने सोचा था कि कोरिया गाँव वाले स्कूल के पास अगर शम्भू और इन्द्रदेव मिल गए तो मैं भी उनके साथ टमटम पर बैठ जाऊँगा, पर वे लोग वहाँ नहीं मिले। मैं पैदल ही चल पड़ा। दो या ढाई बजे (ठीक-ठीक याद नहीं) बेगूसराय से गाड़ी खुलती थी। मैं एक बजे के आसपास पहुँच गया और स्टेशन पर उन दोनों को ढूँढ़ने लगा। वे कहीं दिखाई नहीं पड़े। मैं निराश होकर स्टेशन पर बैठ गया।

कोई आधे घंटे बाद वे दोनों स्टेशन पहुँचे तो मुझे देखकर चकित रह गए।

'तुम पैदल ही हमसे पहले पहुँच गए? वाह! दौड़ते आए क्या?'

मैं हँसता रहा।

कुछ देर बाद गाड़ी अपने समय से आ गई। शम्भू-इन्द्रदेव ने मुजफ्फरपुर का टिकट लिया और मैंने पूसा रोड का। उन्होंने पूछा कि तुमने पूसा रोड का टिकट क्यों ले लिया? मैंने उन्हें बताया कि मुझे सुदर्शन बाबू के गाँव बथुआ जाना है। उनके नाम से उनके छोटे भाई रघुनाथ बाबू एक चिट्ठी देंगे। उस चिट्ठी को पढ़कर सुदर्शन बाबू कॉलेज में मुझे फुल फ्रीशिप दिलवा देंगे, ऐसा रघुनाथ बाबू ने कहा है।

इन्द्रदेव बोले, 'जब फ्रीशिप के लिए आवेदन माँगा जाएगा, तब न उस चिट्ठी की जरूरत होगी, अभी ही क्यों चिट्ठी लेने बथुआ जाओगे?'

मैंने बताया, 'यार, फिर टिकट कटाकर बथुआ जाने-आने में खर्च लगेगा, इसलिए इसी खेप में वह काम कर लेना चाहता हूँ। तुम तो जानते ही हो कि मेरे पास कितना कम पैसा है। चिट्ठी ले लूँगा तो निश्चिन्त होकर पढ़ाई करूँगा, और समय आने पर वह चिट्ठी लेकर सुदर्शन बाबू के पास चला जाऊँगा।'

शम्भू हँसा, 'बड़ा कंजूस है,' पर इन्द्रदेव के चेहरे पर गम्भीरता की छाप दिखाई पड़ी।

खैर, हम लोग गाड़ी में बैठे, गाड़ी चल पड़ी। जिस समय गाड़ी पूसा रोड पहुँची, सूर्यास्त होने को था। मैंने उन दोनों से पूछ लिया था कि हमें कहाँ मिलना है। उन्होंने बता दिया कि जूड़न छपरा में जो लॉज है, जिसमें हम तीनों नाम लिखाने के समय ठहरे थे; वहीं मिलेंगे। मैं उनका साथ छोड़कर पूसा रोड स्टेशन उतर गया।

मैं पूसा रोड स्टेशन उतरकर लोगों से पूछने लगा कि बथुआ गाँव जाने वाली सड़क कहाँ मिलेगी। एक ने कहा, 'आप गलत उतर गए, आपको पूसा स्टेशन उतरना चाहिए था।'

दूसरे ने कहा, 'क्या होगा, जब उतर ही गए तो यहाँ से ही चले जाएँगे, थोड़ी दूरी बढ़ जाएगी, और क्या?' उस भले आदमी ने बथुआ गाँव जाने का रास्ता बता दिया, 'आप रेलवे लाइन के उस पार चले जाइए। किसी रिक्शावाले से पूछ लीजिएगा, वह आपको रास्ता दिखा देगा।'

मैं जल्दी-जल्दी रेलवे लाइन के उस पार गया। वहाँ कई रिक्शावाले चिल्ला रहे थे, 'पूसा, पूसा।' मैंने एक से पूछा, 'बथुआ गाँव का रास्ता कौने है?'

वह बोला, 'जाना है?'

मैंने कहा, 'रिक्शा से नहीं, पैदल। मुझे रास्ता तो बता दे भाई।' तब तक उसके रिक्शे पर एक आदमी बैठ गया, और वह चल पड़ा।

मैंने दूसरे से आग्रह किया कि मुझे बथुआ का रास्ता दिखा दे, कभी नहीं गया हूँ। वह अच्छा इंसान था। अपने रिक्शे से उतरकर वह ट्रैक के समानान्तर कुछ दूर मुझे साथ लेकर चला और जहाँ से एक कच्ची सड़क पश्चिम की ओर निकलती थी, वहाँ ठहरकर बोला, 'यही रास्ता है बथुआ जाने का। आप यह रास्ता पकड़कर सीधे चलते जाइए, यही आपको बथुआ पहुँचा देगा। तेजी से बढ़िए, अँधेरा हो रहा है। बथुआ पहुँचते-पहुँचंते आपको रात हो जाएगी, बढ़िए।'

अँधेरा हो रहा था। मैं कुछ दूर दौड़कर चला, फिर तेज गति से, फिर सामान्य चाल से। मैं चल रहा था, मेरे चलने के साथ अँधेरा भी बढ़ रहा था। रास्ते में कोई दूसरा मुसाफिर दिखाई ही नहीं पड़ा। मुझे थोड़ा-थोड़ा डर लगने लगा। हिम्मत बटोरकर मैं 'जय हनुमान ज्ञान गुन सागर' पढ़ते हुए आगे का रास्ता तय करने लगा। कुछ दूर आगे जाने पर एक बैलगाड़ी उल्टी दिशा से आ रही थी। मैंने गाड़ीवान से पूछा, 'बथुआ गाँव और कितनी दूर है?'

'लगभग डेढ़ कोस,' वह बोला। फिर वह बैल की पीठ पर हल्की छड़ी जमाते हुए, 'बढ़ जा राजा जी' कहकर गरजा।

बैल के गले में झुनझुना बँधा था। झुनझुना तेजी से बजने लगा और बैल दौड़ रहा था। मेरे मन में आया, ससुरा बैल दौड़ सकता है तो मैं क्यों नहीं? मैं भी दौड़ पड़ा, पर चार-पाँच मिनट दौड़ने के बाद मैं हाँफने लगा। फिर सामान्य चाल से चलने लगा।

असल में भूख भी लग गई थी। घर से नौ बजे ही मकई की रोटी के साथ दूध भरपेट पीकर चला था। वही अब तक साथ दे रहा था, पर अब उसकी लियाकत समाप्त थी। मैं थोड़ा और आगे बढ़ा तो रास्ते के दोनों तरफ ऊख के खेत। खेत भी सघन। मुझे उस अँधेरे में ऊख के सघन खेत देखकर और डर लगने लगा। थोड़ा आगे बढ़ा तो दोनों तरफ के खेत से सियार के 'हुआँ-हुआँ' की भयावनी आवाज सुनाई पड़ने लगी। अब तो मेरा साहस कपूर की तरह उड़ने लगा। गाँव की दूरी समाप्त ही नहीं हो रही थी, और मैं भूख तथा भय से परेशान हो रहा था। रास्ते में कोई गाँव-घर भी नहीं दिखाई पड़ा कि वहीं जाकर रात काट लूँ। गाँव-घर होगा भी तो ऊख की सघनता और रात के अँधेरे में कैसे दिखाई पड़ता? मैं तब भी रास्ते पर चल रहा था। मन में तय कर लिया कि जैसे भी हो, बथुआ पहुँचकर ही रहूँगा। चलता गया, चलता गया, पर गाँव नहीं दिखाई पड़ा। मन में आया कि दो-चार ऊख तोड़कर खा लूँ, पर डर के मारे राह छोड़कर खेत में घुसने का साहस नहीं हुआ। कहीं सियार न काट ले! जो हो, मैं कुछ और तेजी से रास्ते पर बढ़ा। रास्ते के बगल से साथ चलनेवाले ऊख के खेत भी समाप्त। थोड़ी दूर और बढ़ने पर रास्ते के बगल में एक पीपल का विशाल पेड़ हवा में अपने पत्तों को झूला झुला रहा था। वह पेड़ देखकर मुझे बहुत डर लगा। पीपल पेड़ पर देवता और भूत दोनों रहते हैं, यह मैं बहुत

बार सुन चुका था। मैं हिम्मत के साथ दौड़ पड़ा। अभी दो-चार मिनट ही दौड़ लगाई होगी कि एक घर दिखाई पड़ा। एक दरवाजे से लालटेन की रोशनी आती दिखाई पड़ी। मैं भूख से व्याकुल और भय से काँप रहा था। मैंने तय कर लिया कि आज इसी घर पर रह लूँगा, भगाने पर भी नहीं भागूँगा। यदि भले आदमी का घर होगा तो कुछ खिला भी दे! मैं आगे चलना छोड़कर उसी घर की ओर चल पड़ा।

घर के नजदीक पहुँचा तो रोशनी में सब कुछ साफ दिखाई पड़ने लगा। खपड़ैल का बड़ा-सा दालान, दालान के आगे प्रशस्त कैम्पस बिना घेरे का। आगे में धान के पुआल का ढेर, दाईं ओर कई भैंस-गाय बँधी हुईं। पुआल के पीछे गोबर का पहाड़। दालान के आगे एक चौकी पर पचास-पचपन वर्ष का कोई आदमी सोया हुआ। मैं चौकी के बगल में खड़ा होकर थोड़ा जोर से खाँसा।

खाँसने की आबाज सुनकर वह व्यक्ति जग गया। वह उठकर बैठा और मुझे घूरते हुए बोला, 'कौन हैं? किसको खोज रहे हैं? इतनी रात में यहाँ क्यों आए हैं?'

मैंने विनम्रतापूर्वक कहा, 'भाई साहब, मैं बेगूसराय से आया हूँ। मुझे रघुनाथ बाबू ने बुलाया था। मैं उनसे मिलकर सुदर्शन बाबू के नाम से एक सिफारिशी चिट्ठी लेने आया हूँ। आने में रात हो गई, रास्ता देखा हुआ नहीं था, आप रघुनाथ बाबू का घर दिखा देंगे?'

वह आदमी खड़ा हो गया, बोला, 'रघुनाथ बाबू का घर तो यही है, पर साहब अन्दर सो गए हैं। घर के सभी लोग सो चुके हैं। अब तो साढ़े दस बज रहे हैं। साहब से मुलाकात सुबह में ही होगी।'

मैं जैसे ताड़ पेड़ से नीचे गिर गया। क्या-क्या उम्मीद बाँधकर आया था कि किसी तरह उनके घर पहुँच जाऊँ, फिर तो कुटुम्ब की तरह स्वागत होगा। पर हाय रे मेरा भाग्य! अब क्या होगा?

उस आदमी ने दरवाजे पर बिछे हुए पुआल का आसन दिखाकर मुझे वहीं सो जाने को कहा। मेरे पास जूट का एक बैग था जो मेरे पिताजी ने कभी देवघर से खरीदकर लाए थे। उसमें मेरा एक पाजामा और एक गमछा था। मुझे दूसरी कोई कमीज नहीं थी। जो कमीज पहनकर घर से चला था, उसी की ऊपरवाली जेब में रुपए थे। मैं वही कमीज पहने सो गया। भूख नींद आने नहीं दे रही थी, पर कितनी देर? थकावट ने नींद का स्वागत किया और मैं भूखे पेट गहरी नींद सो गया।

सुबह होने पर रघुनाथ बाबू घर से बाहर निकले। दरबान से, जिसने मुझे रात में सोने की जगह दी थी, पूछा, 'यह कौन सोया है?'

दरबान बोला, 'रात में बेगूसराय से यह लड़का आया। सब लोग सो चुके थे। यह आपसे ही मिलने की बात कह रहा था। देर रात में आपको नहीं जगाया, यहीं सोने की व्यवस्था कर दी।'

रघुनाथ बाबू बोले, 'तब तो भूखे सो गया होगा? यह ठीक नहीं हुआ।'

मैं सब कुछ सुन रहा था, पर मटियाकर सोए रहने का बहाना किए था।

दरबान ने मुझे जगाया, 'बाबू साहब, उठिए, भोर हो गया।'

मैं फुरफुराकर उठ बैठा। सामने रघुनाथ बाबू खड़े थे। मैंने उनके पैर छुए। वे भी मुझे पहचान गए, बोले, 'आप इतनी रात को इस रास्ते क्यों आए? भला कुछ हो जाता तो... ?'

मैं चुपचाप उनकी बातें सुनता रहा। मेरे पास इस 'क्यों' का कोई जवाब नहीं था। फिर दरबान ने लोटे भर पानी लाकर मुझे खेत का रास्ता बताते हुए कहा, 'जाइए, पाखाना हो आइए।'

पाखाने से आया तो उसी दरबान ने बबूल का दातून दिया। मुँह धोकर तैयार होते-होते चाय आ गई। रघुनाथ बाबू ने मुझे कुर्सी पर बैठने का इशारा किया। मैं उनके सामनेवाली कुर्सी पर बैठ गया। फिर उन्होंने मुझे चाय पी लेने को कहा। इससे पहले मैंने कभी चाय नहीं पी थी, पर कैसे कहता, चाय नहीं पिऊँगा? मैं चाय पीने तो लगा, पर मेरी जीभ जल रही थी। जैसे-तैसे मैंने चाय समाप्त की। मुझे तो भूख इतनी जोर से लगी थी कि चाय का कोई मजा ही नहीं आया।

रघुनाथ बाबू ने दरबान से मेरे नहाने की व्यवस्था करने को कहा, क्योंकि तब तक खाना भी तैयार हो जाएगा। मैंने अपना गमछा बैग से निकाला, कुएँ पर जाकर मैंने पाजामा खोला, गमछा लपेटा और दो-चार बाल्टी पानी भरकर नहा लिया। फिर वही पाजामा और कमीज पहनकर तैयार हो गया। भींगा हुआ गमछा पुआल पर सूखने के लिए पसार दिया।

नौ बजे के लगभग एक नौकर थाली में खाना लेकर दरवाजे पर आया। रघुनाथ बाबू दरवाजे पर मौजूद थे। उन्होंने दरबान से कुर्सी के आगे टेबल लगा देने को कहा। फिर टेबल के ऊपर मेरे आगे थाल रख दी गई। रघुनाथ बाबू ने मुझसे कहा, 'खाइए न, रात भी भूखे सो गए थे। आपको भूख लगी होगी। हम लोग बाद में खाएँगे।'

मैं खाने लगा। थाली में चावल, एक तरफ सब्जी और सब्जी के बगल में एक पापड़। थाली से बाहर टेबुल पर एक कटोरी में अरहर की दाल। मुझे खाना बहुत ही स्वादिष्ट लग रहा था। चार से पाँच मिनट में मैंने थाली साफ कर दी।

रघुनाथ बाबू ने नौकर से कहा, 'और चावल ले आओ।'

मेरे मुँह से निकल पड़ा, 'जी नहीं, अब नहीं लूँगा।'

नौकर थाली उठाकर चला गया, हालाँकि मैं उतना चावल और खाता, जितना थाली में आया था, पर लाज से 'नहीं 'कह दिया और भूखा ही उठ गया।

खाना खाने के बाद मैंने उनसे चिट्ठी लिख देने का आग्रह किया। उन्होंने चिट्ठी लिख दी और कहा, 'जाइए न, भैया बड़े सीधे हैं। वे आपकी मदद जरूर करेंगे।'

मैंने अपना बैग उठाया, उसमें सूखा गमछा रखा और चल पड़ने को तैयार हो गया। रघुनाथ बाबू ने मुझसे रुकने या दूसरे दिन जाने, कुछ भी नहीं कहा। मैं उनका पैर छूकर चल पड़ा। दरबान जी रास्ते पर पहुँचाने तक मेरे साथ आए, फिर यह कहते हुए लौट गए कि यही सीधा रास्ता स्टेशन चला जाएगा।

मैं अपनी राह बढ़ता गया। मन में तरह-तरह के विचार आ रहे थे। क्या मुझे रात में नहीं पहुँचना चाहिए था? रघुनाथ बाबू छितरौर में तो बड़ी आत्मीयता से बातें कर रहे थे, फिर क्या हुआ कि उन्होंने एक दिन भी रुक जाने को नहीं कहा? पिताजी रामचरितमानस की पंक्ति बराबर बोलते थे—'प्रीति विरोध समान संग।' पर सुदामा तो कृष्ण की समानता में नहीं थे, फिर उनकी मदद कृष्ण ने क्यों की? मैंने तो यह भी सोच रखा था कि रघुनाथ बाबू मुझे मुजफ्फरपुर तक जाने का पैसा भी दे दें तो कोई आश्चर्य नहीं। धत्! फिजूल की

बातों पर माथापच्ची करने से क्या लाभ ? चिट्ठी तो उन्होंने लिख दी न ! असल काम हो गया। आगे तो अपने भाग्य-बल पर खेल खेला जाएगा।

मैं जब पूसा रोड स्टेशन पहुँचा तो गाड़ी आने का समय मालूम करने गया। पता चला कि मुजफ्फरपुर जानेवाली गाड़ी दो बजे आएगी। मैं उस छोटे से बाजार में इधर-उधर घूमने लगा। मुझे भूख लग गई थी। एक जगह मकई का भुट्टा पका-पकाया बिक रहा था। मैंने एक साथ चार भुट्टे खरीद लिए। चारों खाने के बाद मन भर गया। अपने समय पर गाड़ी आई और मैं उसमें बैठकर पाँच बजे के आसपास मुजफ्फरपुर स्टेशन उतर गया। फिर पूछते-पाछते जूड़न छपरा लॉज गया। वहाँ शम्भू और इन्द्रदेव मिले। दोनों ने मिलकर एक कमरा किराए पर ले रखा था।

उसमें दो चौकियाँ लगी थीं, यानी कमरा दो लड़कों के रहने के लिए लिया था। फिर मैं कहाँ रहूँ ? सारे कमरे तो वैसे ही थे। अगर मैं अकेले कोई कमरा लेता हूँ तो दो का किराया देना पड़ेगा जो मुझसे सम्भव ही नहीं था। नहीं लेता हूँ, तो रहूँ कहाँ, कैसे ? हम तीनों मिलकर इस समस्या पर सोचने लगे। आखिर इन्द्रदेव ने ही रास्ता सुझाया, 'कमरा अलग से लेने की क्या जरूरत है ? हम तीनों इसी कमरे में रहेंगे। चौकी दो आदमी के सोने के लिए नहीं है तो तीनों में से कोई एक आदमी नीचे सो जाएगा। अगर मालिक पूछने भी आएगा तो कह देंगे कि हमारा गेस्ट है। जब बहुत एतराज करेगा, तो देखा जाएगा। रही बात खाने की। हम लोग महीनबारी में खाना तय कर चुके हैं। यह भी उसी में खाएगा। आठ आना प्रति शाम खाने का रेट है, उतना यह देता जाएगा। महीना-बीस दिन के बाद फिर कोई व्यवस्था देखेंगे।'

इन्द्रदेव के सुझाव से मुझे थोड़ी राहत मिल गई। बिछावन के नाम पर मेरे पास तो कुछ था नहीं। शम्भू के पास एक गेंडा और उस पर बिछानेवाली चादर थी। इन्द्रदेव तो गाँव में भी तोशक पर ही सोता था। उसके पास दरी, तोशक, बिछानेवाली चादर, तकिया सब कुछ था। उसने मुझे अपनी दरी दे दी। मैं उसे ही बिछाकर नीचे फर्श पर सो गया। तकिया की जगह मेरे पास गमछा था। रात में मैं उसे ही सिर के नीचे ले लेता था। समय कटने लगा। हम लोग कॉलेज जाने लगे। कभी दो घंटी, कभी तीन घंटी पढ़ाई होती थी। मैं क्लास में पढ़ाई के समय भी यही सोचता रहता कि पैसे तो तेजी से खत्म हो रहे हैं। महीना लगते-लगते पैसे खत्म हो जाएँगे। फिर दूसरा महीना कैसे चलेगा ? आखिर मैंने निश्चय किया कि अब कृष्णनन्दन बाबू से मिलना चाहिए। जब तक ट्यूशन की व्यवस्था नहीं हो जाती, तब तक मैं कैसे निश्चिन्त हो सकूँगा ?

आखिर एक दिन मैंने जब शम्भू और इन्द्रदेव से कृष्णनन्दन बाबू के यहाँ चलने को कहा, तो इन्द्रदेव बोला, 'परसों रविवार के दिन विभूति चा भी उनके यहाँ चलने को कह रहे थे। चलो, रविवार के दिन सब लोग चलेंगे।'

विभूति चा ने बी.ए. हिन्दी ऑनर्स में एडमिशन लिया था। वे भी घर से सम्पन्न व्यक्ति थे। आखिर रविवार के दिन हम चारों प्रोफेसर कृष्णनन्दन बाबू से मिलने चल पड़े। उनका डेरा पंखाटोली में था। विभूति चा पहले भी उनके यहाँ जा चुके थे। इसीलिए वहाँ तक पहुँचने में हमें कोई कठिनाई नहीं हुई।

उनके घर पहुँचे तो बाहर बैठक में गाँव के ही एक गरीब पंडित जी बैठे थे, जो उनके यहाँ खाना बनाने की नौकरी कर रहे थे। थे तो वे रसोइया, पर काम लगभग सभी करना पड़ता था, सिर्फ जूठा बर्तन धोना छोड़कर। उन्होंने ही भीतर जाकर प्रोफेसर साहब को सूचना दी।

थोड़ी देर में पंडित जी बाहर आए और विभूति चा, इन्द्रदेव तथा शम्भू से कहा कि आप तीनों को भीतर ही बुलाते हैं। वे तीनों भीतर चले गए और मैं बाहर बैठक में अकेला रह गया। लगभग एक घंटे बाद सब लोग प्रोफेसर साहब के साथ बाहर आए। मैंने उठकर प्रोफेसर साहब को पैर छूकर प्रणाम किया।

उन्होंने हँसते हुए कहा, 'अरे तुम भी आए थे ? अच्छा, अच्छा, कहाँ रह रहे हो ?'

मैंने बता दिया।

फिर उन्होंने कहा, 'ठीक है।'

मैं गिड़गिड़ाते हुए उनसे बोला, 'सर, ट्यूशन के लिए आपने आश्वासन दिया था। ट्यूशन धरा देते, तब न मैं पढ़ पाता। मेरे पास तो लॉज में रहने-खाने लायक पैसे भी नहीं हैं। मैं तो आपके भरोसे ही यहाँ आया हूँ।'

प्रोफेसर साहब ने कठोर मुद्रा बनाकर कड़वी भाषा में बोलना शुरू कर दिया, 'ट्यूशन तुरन्त थोड़े हो जाता है। दो-चार महीना रहोगे तब न मैं इच्छुक लोगों का पता लगाकर तुम्हारी मदद कर सकूँगा। ट्यूशन कोई सदाव्रत है जो हर दिन यहाँ बँटता रहता है ? दो-चार महीने भी घर से खर्चा नहीं चला सकते तो यहाँ नाम ही लिखाना नहीं चाहिए था। स्थिर होकर रहो, देखूँगा। कहीं किसी को ट्यूशन की जरूरत होगी तो तुम्हें बता दूँगा। इतना धरफराने से तो तुरन्त ट्यूशन नहीं मिल जाएगा।'

प्रोफेसर साहब की बातें सुनकर मैं अवाक् रह गया। गाँव में कितने सहज भाव से कहा था कि ट्यूशन धरा दूँगा, यहाँ आकर तो इनका रूप ही बदल गया! हँसमुखिया चेहरा कठोर हो गया। भला दो-चार महीने मैं किस बूते पर रह लूँगा ? हे भगवान, इन्सान के कितने रूप होते हैं!

मैं तो अपने साथियों के साथ लॉज पहुँच गया, पर मेरी चिन्ता कई गुना बढ़ गई। मुझे आगे का कोई रास्ता ही नहीं सूझ रहा था। रात भर सोचता रहा।

दूसरे दिन मैं कॉलेज नहीं गया। मेस में खाना खाने के बाद मैं शहर में इधर-उधर भटकने लगा। भटकते-भटकते मैं छाता चौक पहुँच गया और छाता के नीचे बैठ गया। जैसे गौतम बुद्ध को एक पीपल वृक्ष के नीचे ज्ञान मिला था, वैसे ही मुझे भी वहीं एक बुद्धि सूझ गई। मैंने सोच लिया कि सुदर्शन बाबू से मिलना चाहिए। उनके भाई ने चिट्ठी देने के साथ यह भी तो कहा था कि वे और तरह की भी मदद कर देंगे। हो सकता है, वे ट्यूशन की व्यवस्था कर दें! अगर उनसे भी कृष्णनन्दन बाबू जैसा ही जवाब मिलता है तो सीधे घर लौट जाऊँगा और कहीं मास्टरी ढूँढ़ लूँगा। लेकिन सुदर्शन बाबू से भी याचना करके देख तो लूँ! सभी प्रोफेसर एक जैसे नहीं होते होंगे।

बस, क्या था, दूसरे दिन सवेरे नहा-धोकर मैं सुदर्शन बाबू से मिलने उनके घर की ओर चल पड़ा। मुझे रघुनाथ बाबू से मालूम हो चुका था कि सुदर्शन बाबू का अपना घर

अघोरिया बाजार चौक पर है। वे वहीं रहते हैं। मकान दो महल का है। नीचे स्वयं रहते हैं और ऊपर किराए में कोई बैंक ऑफिसर रहता है। मैं जूड़न छपरा से अघोरिया बाजार पैदल चल पड़ा।

लगभग एक घंटे बाद मैं अघोरिया बाजार चौक पहुँच गया। वहाँ लोगों से पूछकर पता लगा लिया कि सुदर्शन बाबू का घर कौन है। फिर मैं उस घर के दरवाजे पर पहुँच गया।

सुदर्शन बाबू का घर क्या, महल ही था। उस भवन के आगे थोड़ी-सी खुली जगह थी और रास्ते से उस खुली जगह में घुसने के लिए लोहे का गेट था। गेट उस समय बन्द था और मैं डर से उस गेट को खोल नहीं रहा था। पता नहीं, खोलने पर मकान मालिक कहीं खफा न हो जाए! थोड़ी देर मैं गेट पर खड़ा रहा, तब एक बूढ़ा आदमी घर से बाहर निकला और गेट खोलकर बाहर चला गया। मैं मौका पाकर गेट के भीतर घुस गया, पर मुझे जानकारी तो थी नहीं कि घुसने के बाद गेट लगा भी देना चाहिए। जैसे ही घर के बरामदे पर मैंने पैर रखा, एक गोरा, दुबला, सामान्य ऊँचाई का आदमी, पाजामा और गंजी पहने कमरे से बाहर निकला। मैंने उस जनाब से पूछा कि सुदर्शन बाबू घर पर हैं? वह व्यक्ति जल्दीबाजी में 'हाँ, हैं' कहते हुए गेट की ओर तेजी से बढ़ा और गेट लगाकर फिर तुरन्त लौट आया।

मैं बरामदे पर खड़ा ही था कि वह व्यक्ति बोल उठा, 'चलिए, चलिए, भीतर चलिए।'

मैं उनके साथ भीतर गया तो वे एक कुर्सी पर बैठ गए और मुझे दूसरी कुर्सी पर बैठने का संकेत करते हुए टेबुल पर रखी एक घंटी बजाई। तुरन्त एक नौकर आ गया और टेबुल पर रखा चाय का प्याला और प्लेट जिसमें थोड़ा-सा दालमोंठ किसी ने खाकर छोड़ा होगा, उठा कर टेबुल साफ करने लगा। कहीं यही तो सुदर्शन बाबू नहीं हैं? पर इतना बड़ा विद्वान इस साधारण वेश-भूषा में कैसे रह सकता है?

यह उधेड़बुन मेरे मन में चल ही रहा था कि उस महान व्यक्ति ने मुझसे पूछना शुरू कर दिया, 'आप कहाँ से आए हैं? क्या काम है? किसी ने भेजा है या खुद आए हैं?'

मैं बोला, 'मैं बेगूसराय का रहनेवाला हूँ सर जी! सुदर्शन बाबू से मिलने आया हूँ। उनसे कुछ मदद माँगना चाहता हूँ।'

'हाँ, हाँ, बोलिए न, क्या मदद चाहिए?'

अब मुझे समझने में देर नहीं लगी कि यही सुदर्शन बाबू हैं। मुझे तो अपनी अज्ञानता पर ग्लानि होने लगी। मैं तुरन्त कुर्सी से उठकर उनके चरण छूने लपक पड़ा।

वे 'ठीक है, ठीक है,' कहकर बोल पड़े, 'क्या काम है?'

मैंने तुरन्त रघुनाथ बाबू की लिखी चिट्ठी जेब से निकालकर उनके हाथ में दे दी। वे पत्र खोलकर पढ़ने लगे। पत्र पढ़कर उन्होंने टेबुल पर रख दिया और बोले, 'फ्रीशिप तो हो जाएगा, पर उसकी बैठक अगले महीने होगी। आप आवेदन कर दीजिएगा। और कोई मदद चाहिए?'

मैंने उनसे निवेदन किया, 'सर, मैं एक गरीब घर का लड़का हूँ। मुझे यहाँ रहकर पढ़ने के लिए पैसे खुद जुटाना पड़ेगा। अगर आप मुझे दो-चार ट्यूशन दिला देते तो मैं यहाँ रहकर आई.एस-सी. पास कर लेता। बिना ट्यूशन किए मैं अपना खर्च नहीं चला पाऊँगा।'

सुदर्शन बाबू थोड़ी देर मौन रहकर पूछने लगे, 'बेगूसराय में कहाँ घर है? रघुनाथ बाबू से आपका परिचय कैसे हुआ? आप कितने भाई हैं? पिताजी क्या करते हैं? तीस-चालीस रुपए भी प्रतिमाह आपके पिता नहीं दे सकते हैं?'

मैंने उन्हें सारी सच्चाई बता दी। अपनी गरीबी और पिताजी की लाचारी बताते समय मैं थोड़ा भावुक होकर रो भी पड़ा था।

वे थोड़ा गम्भीर होकर मुझे समझाने लगे, 'देखिए, मैं ट्यूशन तो आपको दिला दूँगा, पर आप यह तो बताइए कि ट्यूशन पढ़ाने में ही आपका सारा समय बीत जाएगा, फिर आप अपनी पढ़ाई कब करेंगे? चार ट्यूशन से आपको चालीस रुपए मिलेंगे। उससे आपका खर्च तो चल जाएगा, पर आप इतना थक जाएँगे कि अपना कोर्स तैयार नहीं कर सकेंगे। चार ट्यूशन का मतलब है—आपको चार दरवाजे जाना होगा। सभी दरवाजे तो एक-दूसरे से सटे नहीं होंगे। आप पैदल कहाँ-कहाँ जाएँगे? आपके पास साइकिल भी नहीं है, और इतने गरीब हैं कि फिलहाल साइकिल खरीद भी नहीं सकते। कॉलेज के बाद ही आप ट्यूशन पढ़ाने निकलेंगे। आप रात तक अपनी जगह लौटेंगे और तब खाना खाते-खाते आपको नींद आ जाएगी। आप अपना कोर्स कब पढ़ेंगे? सिर्फ कॉलेज की पढ़ाई पर किसी का रिजल्ट अच्छा नहीं हो सकता। आप पढ़ने और पढ़कर अच्छा रिजल्ट पाने यहाँ आए हैं। ट्यूशन करके पढ़ने पर आपका रिजल्ट भी खराब होगा और स्वास्थ्य भी। दृष्टि आगे भी रखनी चाहिए, सिर्फ आज पर ही सोचकर चलने से भविष्य अच्छा नहीं होता। ट्यूशन धरा देना कौन-सी बड़ी बात है, पर उससे आपका भविष्य नहीं बनेगा। मेरी बात मानिए तो मैं आपको एक अच्छा रास्ता बताता हूँ। आप बेगूसराय का जी.डी. कॉलेज छोड़कर यहाँ बेकार चले आए। पढ़ाई यहाँ की जरूर अच्छी है, पर सभी अच्छा ही करके निकलते हैं, ऐसी बात नहीं। समुद्र में बहुत पानी है, पर जो जितना बड़ा बर्तन लेकर जाएगा, वह उतना ही पानी उठा सकेगा। लोटा, चुकिया लेकर वहाँ जानेवाला व्यक्ति कितना पानी लेकर लौटेगा? ज्यादातर अमीर बाप के बेटे यहाँ आते हैं। उनमें दस-पाँच अच्छा रिजल्ट करते हैं, शेष ऐश-मौज कर घर लौट जाते हैं। आप तो पढ़ने और पढ़कर परिवार की गरीबी दूर करने आए हैं, फिर ट्यूशन क्यों? मेरे विचार से आप यहाँ से टी.सी. लेकर बेगूसराय लौट जाइए। बेगूसराय के जी.डी. कॉलेज में दो साल पहले साइंस की पढ़ाई शुरू हुई है। इसीलिए वहाँ के शिक्षक अभी जी-जान लगाकर विद्यार्थियों को पढ़ाते-सिखाते हैं। प्रैक्टिकल की परीक्षा के समय वे अपने विद्यार्थियों को मदद भी कर देते हैं। अभी उन्हें अच्छा परीक्षाफल देकर यूनिवर्सिटी को दिखाना भी है कि वहाँ साइंस की पढ़ाई अन्य कॉलेजों से कमजोर नहीं है। रही बात मदद की, वह मैं यहीं से बैठे-बैठे वहाँ भी कर दूँगा। उस कॉलेज के प्रिंसिपल सच्चिदा बाबू मेरे अच्छे मित्र हैं। मैं उनके नाम से एक पत्र लिख दूँगा। वे बिना किसी की पैरवी किए, आपको पूर्ण निःशुल्कता दे देंगे। टी.सी. पर एडमिशन में भी वे आपको अधिक से अधिक छूट दे देंगे, मुश्किल से दस-पन्द्रह रुपए लगेंगे। फिर बेगूसराय के पहसारा गाँव में आपका घर है। घर से चावल-दाल लाकर, खुद कूकर पर खाना बना लीजिएगा। मुश्किल से आधे घंटे का समय आपको खाना बनाने में देना पड़ेगा। ट्यूशन के चक्कर में आपका भविष्य खराब हो जाएगा। थोड़ा कष्ट उठाकर अच्छा रिजल्ट बना लेने पर आपका भविष्य

ही बदल जाएगा। मेरी बात पर गौर कीजिए, और ठीक जँचे तो परसों कॉलेज में ही मुझसे ग्यारह बजे मिलिए। मैं टी.सी. दिलवा दूँगा और सच्चिदा बाबू के नाम से पत्र भी दे दूँगा। वैसे आपकी मर्जी।'

मुझे उक्त बातें कहकर सुदर्शन बाबू उठकर अन्दर चले गए। मैं बैठा-बैठा उनकी बातों पर विचार करने लगा। बेचारे प्रोफेसर साहब ने कितने अपनापन से मुझे समझाया, लेकिन उन्हें कहाँ पता कि मेरे घर में चावल-दाल पर्व-त्योहार में ही अपनी हाजिरी बजाते हैं। खैर, सलाह तो अच्छी है। चावल नहीं तो मकई तो है घर में, उसी का उपयोग किया जाएगा।

मैं अपना मन मथ ही रहा था कि सुदर्शन बाबू अन्दर से बाहर आए। उनके पीछे उनका नौकर एक प्लेट लेकर आया और उसे मेरे आगे टेबुल पर रख दिया।

सुदर्शन बाबू बोले, 'खाइए, चिन्ता मत कीजिए। जो लक्ष्य निर्धारित कर कर्म में लग जाता है, उसकी मदद ईश्वर खुद करने लगता है। ईश्वर उसी की मदद करता है, जो अपनी मदद खुद करने में जुट जाता है।'

मैं खाने लगा। प्लेट में चार कचौड़ी, दो जलेबी, दो पेड़े, दो केले और थोड़ी सी सब्जी थी। मैंने इतना अच्छा भोज्य तो कभी खाया ही नहीं था। सकुचाते-सकुचाते मैं सब कुछ खा गया।

हाथ धोकर मैं चलने को तैयार हुआ तो उन्होंने कहा, 'बैठिए।' फिर बोलने लगे, 'जानते हैं, जो जितनी कठिनाई और संघर्ष का सामना करता है, उसे उतना ही बड़ा और मीठा फल हाथ लगता है। परिश्रमी और साहसी व्यक्ति जो करना चाहता है, करके ही दम लेता है। गारफील्ड एक स्कूल में चपरासी था, मगर परिश्रम और संघर्ष के बल पर एक दिन वह अमेरिका का राष्ट्रपति बन गया। आप तो अभी फूट कर जवान भी नहीं हुए हैं। अगर मेरी सलाह मानकर जी.डी. कॉलेज में परिश्रम करेंगे, तो जरूर अच्छा रिजल्ट होगा। फिर बी.एस-सी. में मैं आपकी मदद करता रहूँगा, जाइए।'

मैंने उठकर उस महान व्यक्ति के दोनों चरण छुए, फिर खड़ा होकर बाहर निकलने लगा तो वे मेरी पीठ थपथपाकर हँसे और 'खुश रहिए' कहकर अन्दर चले गए।

रास्ते भर मैं उनकी महानता और उदारता पर चकित होता रहा, जैसे आज किसी सन्त ने मेरा कान फूँक दिया हो! लॉज पहुँचकर मैंने कॉलेज जाने का विचार छोड़ दिया। मैं उनकी बातों का एक-एक शब्द मन में गुनता रहा। गारफील्ड कौन था, उसकी जीवनी कहीं मिले तो पढ़नी चाहिए। मेरे मन में उत्साह की लहर उठने लगी, और मैंने तय कर लिया कि परसों कॉलेज जाकर टी.सी. ले ही लूँगा। वैसे भी मेरे पास अगले महीने तक यहाँ रहने के लिए पैसे नहीं हैं। कुल अठारह रुपए बचे हैं। अभी तो यही महीना कई दिन बाकी है, फिर आगे किस पैसे से निर्वाह होगा?

और ठीक परसों मैं कॉलेज में उनसे मिला। उन्होंने घंटे भर में मुझे टी.सी. दिलवा दी और सच्चिदा बाबू के नाम पत्र भी। टी.सी. लेने में दस रुपए लग गए। अब मेरे पास आठ रुपए रह गए। मैं अगले ही दिन बेगूसराय के लिए रवाना हो गया।

'तो लौटकर बुद्धू घर को आए—हा! हा!! हा!! आपके कान फूँकने वाले सन्त ने जो रास्ता दिखलाया, उस पर चलकर कौन-कौन-सी सहूलियत मिली, यह भी तो सुनाइए सन्त-शिष्य? हाँ, एक कहावत याद जरूर रखना, जो तुम्हारी ही माँ बराबर बोलती है : सौ चोट सोनार की, एक चोट लोहार की। तुम्हारे सन्त सोनार थे, और गाँव वाले प्रोफेसर साहब लोहार। सोनार बड़ा महीन कारीगर होता है, लोहार थोड़ा हुड्ड...! खैर, आगे की कथा सुनाओ, मुझे तुम्हारे मुँह से तुम्हारी आपबीती सुनने में बड़ा मजा आ रहा है।'

तुम मेरा मजाक उड़ाते हो तो मुझे कोई कष्ट नहीं होता, पर मेरे सन्त सलाहकार का मजाक मत उड़ाओ। वे महान विद्वान और संवेदनशील व्यक्ति हैं, उन पर व्यंग्य-बाण मत चलाओ।

'अरे, मैं व्यंग्य-बाण नहीं चला रहा हूँ और न तुम्हारा मजाक उड़ा रहा हूँ। मैं तो ढँके हुए सत्य का मुँह उघार रहा हूँ। कृष्णनन्दन बाबू ने तुमसे जो कहा था, वही तो सुदर्शन बाबू कह रहे थे, पर वे महीन कारीगर हैं, स्वर्ण-आभूषण गढ़ते हैं। बेचारा कृष्णनन्दन लोहा गढ़ता, बेचता है, इसलिए उसकी बातें तुम्हें कड़वी लगीं। खैर, यह सच्चाई भी तुम अभी नहीं, तो कभी जरूर समझ जाओगे। कथा आगे बढ़ाओ—बिना किसी लाग-लपेट के।'

तो सुन ही लो, पर बीच में कहीं टोक-टाक नहीं करना, यह कथा कुछ लम्बी होगी :

मुजफ्फरपुर से बेगूसराय पहुँचकर मैं सीधे कॉलेज के प्रिंसिपल सच्चिदा बाबू के ऑफिस चला गया। सच्चिदा बाबू का स्टाइल देखकर पहले मुझे डर लगा। लम्बा, गोरा चेहरा, बड़ी-बड़ी खूबसूरत आँखें, खूब साफ उजली धोती, उस पर महीन खादी का भक-भक कुर्ता, सिर पर गांधीनुमा खादी टोपी, मुँह का कल्ला पान से भरा हुआ और दाँत पान चबाते हुए, ऊँची कुर्सी पर विराजमान, कुर्सी के आगे लकड़ी की चमचमाती टेबुल, टेबुल पर आयताकार शीशा, शीशे पर कुछ कागज, लिफाफा, पोस्टकार्ड और चार-पाँच सुन्दर-सुन्दर कलम कलमदानी की शोभा बढ़ा रही थीं। मेरे ऑफिस में घुसते ही उन्होंने पान चबाते हुए अपनी लम्बी गर्दन ऊपर उठाई और मेरी ओर घूरते हुए पूछा, 'क्या है?'

मैं अपनी जेब से लिफाफे में बन्द चिट्ठी उनकी ओर बढ़ाते हुए बोला, 'सर, सुदर्शन बाबू ने यह चिट्ठी दी है।'

उन्होंने चिट्ठी ली, लिफाफा खोला और मुश्किल से एक मिनट में चिट्ठी पढ़कर एक घंटी दबाई। दूसरे ही क्षण एक लम्बा आदमी जो धोती-कुर्ता पहने था, उनके सामने हाजिर।

प्रिंसिपल साहब बोले, 'रामबुझावन सिंह, यह लड़का एक दरखास्त लेकर जिस दिन नाम लिखाने आवे, मात्र दस रुपए लेकर इसका एडमिशन होना है। यह एल.एस. कॉलेज से टी.सी. लेकर आया है।'

वह व्यक्ति सिर झुकाकर बाहर चला गया और मैं भी उसके पीछे-पीछे बाहर आ गया। जितनी देर मैं अन्दर रहा, डर से सिकुड़ता गया। उस बीच मैंने यह भी देखा कि एक चपरासी दोनों हाथों से पीकदानी उठाकर सच्चिदा बाबू के सामने ले गया और उन्होंने उस पात्र में पीक उगलकर अपना कल्ला थोड़ा हल्का किया।

बाहर आकर मैंने रामबुझावन सिंह से कहा, 'सर, मैं तीन-चार दिनों में रुपए की व्यवस्था कर नाम लिखाने आ जाऊँगा, कोई दिक्कत तो नहीं होगी?'

'दिक्कत क्या होगी! जब प्रिंसिपल ही ढर गए हैं तो दिक्कत का सवाल कहाँ? हाँ, जितनी देर होगी, तुम्हारा क्लास छूटता जाएगा। जितनी जल्दी नाम लिखा लोगे, उतनी पढ़ाई में कम हरज होगा।'

मैं उन्हें प्रणाम कर अपने घर चल पड़ा।

घर तो पैदल ही जाना था। तेजी से चला। सच्चिदा बाबू का वह भव्य स्वरूप और सामन्ती व्यवहार कभी मुझे रिझा रहा था और कभी डरा। उतना सुन्दर और रौबदार चेहरा पहले कभी नहीं देखा था। वह व्यक्ति तो साक्षात् देवदूत हैं। तरह-तरह की बातें सोचते-गुनते मैं लुक-झुक वेला में घर पहुँच गया। भूख से आँत ऐंठ रही थी। मुजफ्फरपुर में जो मेस का खाना खाया था, वही अभी तक मुझे चलाता रहा। घर पहुँचा तो माँ मुझे देखकर बहुत खुश हुई। मकई का भूँजा थोड़ा बचा था, वही लेकर माँ का वात्सल्य आगे आया। मैं भूँजा चबाकर अभी पानी पी ही रहा था कि दादा (मथुरा सिंह) आ गए। वे मुझे देखकर ठुकमुका गए।

मैंने उनके पाँव छुए और वे भड़ाक से पूछ बैठे, 'चले क्यों आए? क्या कॉलेज बन्द हो गया? क्या शम्भू-इन्द्रदेव भी आए हैं?'

मैंने विस्तारपूर्वक उनसे सारी बातें कह डालीं, और घर छोड़ने के बाद मुझ पर क्या-क्या बीता, वह भी बता दिया।

उन्हें काठ मार गया। फिर उन्होंने पूछा, 'बेगूसराय में किस दिन नाम लिखाने जाओगे?'

मैं बोला, 'नाम लिखाने के लिए दस रुपए चाहिए, फिर कुछ तो कलम-कॉपी में लगेगा ही। कम-से-कम पन्द्रह रुपए की व्यवस्था हो जाए, तभी न नाम लिखा सकूँगा। ऐसे फुल फ्रीशिप मुझे यहाँ भी मिल जाएगा, पर खाने-पीने और रहने की व्यवस्था किए बिना नाम लिखाने कैसे जाऊँगा दादा?'

दादा के चेहरे पर परेशानी की रेखाएँ साफ़ झलकने लगीं। वे आगे कुछ नहीं बोल पाए। थोड़ी देर बाद पिताजी कंधों पर कुदाली लिये डेरा पर से घर आए। मुझे देख उन्हें खुशी तो हुई, पर उनकी अपनी कोई शारीरिक पीड़ा थी जो किसी से बता नहीं रहे थे।

रात में खा-पीकर सब लोग सोए। आधी रात के बाद मूसलाधार बारिश होने लगी। सितम्बर का पहला सप्ताह चल रहा था। बारिश इतनी जोर से हो रही थी कि खपड़ैल छप्पर चूने लगा, फूस वाले घर में आँगन का पानी घुस गया। दूसरे दिन दोपहर तक यह बारिश चलती रही। गाँव के सारे डोभे भरकर उपला गए और उनका पानी सड़क पर ठेहुना भर बहने लगा। घर से बाहर निकलकर पेशाब-पाखाना करना भी मुश्किल।

पिताजी जो सूर्योदय से पूर्व ही दिशा-मैदान से निबटकर खेत चले जाते थे, आज खाट छोड़ ही नहीं रहे हैं। माँ कहने आई कि बाबू को खाट से उठा ही नहीं जा रहा है, वे कराह रहे हैं। बड़का दादा और मैं उनके पास जाकर पूछने लगे, 'क्या होता है बाबू? क्यों इतने जोर से कराह रहे हैं?'

उन्होंने रोते हुए बताया, 'कमर में बड़े जोर से दर्द हो रहा है बेटा, उठा नहीं जाता। बैठ नहीं सकता हूँ। अब मैं नहीं बचूँगा।'

मेरे तो प्राण ही सूख गए। अब कैसे नाम लिखा सकूँगा? अव तो मुझे पढ़ाई छोड़नी ही पड़ेगी। लेकिन भाँड़ में जाए पढ़ाई, पहले पिताजी के बचने का उपाय किया जाए।

कहते हैं न कि विपत्ति में आदमी की बुद्धि कुछ तेज हो जाती है। शाम जब मैं गाँव में घुस रहा था तो रामसवेक बाबू के मँझले बेटे भूना से मिडिल स्कूल के पास भेंट हो गई थी। बातचीत के क्रम में उन्होंने बताया कि डॉक्टर साहब भी घर आए हुए हैं। तुरत मेरी बुद्धि चमक उठी—क्यों नहीं कमलेश्वरी बाबू को बुलाकर ले आऊँ? रामसेवक बाबू के बड़े बेटे का नाम कमलेश्वरी बाबू था। वे उन दिनों आर्मी में डॉक्टर थे। छह फीट दो-तीन इंच लम्बे, छरहरे जवान, चुक-चुक गोरा चेहरा, लम्बी नाक, भरी पूरी छाती, हँसमुख चेहरा, मिलनसार मिजाज, साल में दो बार गाँव आने के शौकीन। एक-दो बार मैं उनसे मिल चुका था। वे मुझे पहचानते ही नहीं, मानते भी थे, और परिश्रम से पढ़ने के लिए प्रोत्साहित भी करते। कहते, 'गरीब बाप के बेटे हो, मन लगाकर पढ़ोगे तो एक दिन तुम भी डॉक्टर बन जाओगे।'

मैं सीधे उनके घर वर्षा में भींगते हुए दौड़ पड़ा। वहाँ पहुँचा तो दरवाजे पर ही डॉक्टर साहब पाजामा, गंजी पहने बैठे थे और अगल-बगल दो-चार आदमी उनको घेरे थे। मुझे भींगा-तीता देखकर डॉक्टर साहब स्तब्ध रह गए।

'कहाँ से आ रहे हो सागर, इतनी वर्षा में?'

मैंने रोते हुए बताया, 'मेरे पिताजी नहीं बचेंगे, वे जोर से कराह रहे हैं डॉक्टर साहब! मुझ पर दया करके कृपया आप उन्हें देख लेते। मैं जिन्दगी भर आपका एहसान नहीं भूलूँगा।'

'अरे क्या हुआ है उनको?'

मैंने बताया, 'वे खाट से उठ ही नहीं सकते हैं।'

'अच्छा, चलो, चलते हैं,' कहकर, उन्होंने एक छाता ताना, पाजामा ऊपर चढ़ाया और मेरे साथ चल पड़े।

लोग उन्हें मना करते रहे कि 'वर्षा छूटने दीजिए डॉक्टर साहब, तब जाइएगा,' लेकिन उन्होंने किसी की नहीं सुनी, और पानी में भींगते-बचते मेरे घर चले आए।

पिताजी कराह रहे थे। डॉक्टर साहब को देखकर उन्होंने उठने का प्रयास किया, पर उठ न सके। उल्टे जोर-जोर से रोने लगे। डॉक्टर साहब बोले, 'आप उठिए नहीं प्यारे बा। रोना बन्द कर साफ आवाज में अपनी तकलीफ बताइए, ठीक कर दूँगा।'

पिताजी रुआँसी आवाज में बोलने लगे, 'नूनू, कल कुदाली चला रहा था खेत में, उसी समय कमर में कुछ घुस गया, दर्द होने लगा। उस समय तो मैं नहीं चिताया, कुदाली लेकर घर चला आया। रात में खाते समय पीढ़ा पर बैठा नहीं जा रहा था, पर दर्द के बारे में किसी को बताया नहीं। सोचा—महीने-डेढ़ महीने पर सागर घर आया है। मेरी तकलीफ सुनकर उदास हो जाएगा। पर रात में सोने के बाद यह दर्द बढ़ता गया। पेशाब करने के लिए रात उठना चाहा कि तब से दर्द बर्दाश्त से बाहर हो गया है। अब तो करवट भी नहीं बदल सकता हूँ। डॉक्टर साहब, किसी तरह बचा लीजिए, नहीं तो मेरे बच्चे अनाथ हो जाएँगे!'

डॉक्टर साहब ने उनकी नाड़ी देखी, आला लगाकर शरीर की जाँच की और फिर हँसते हुए बोले, 'आपको कुछ नहीं हुआ है। कुदाली चलाने से एक नस पर तनिक अधिक जोर

पड़ गया। मेरे पास सूई रहती तो अभी एक से दो सूई देकर आपको तुरत खड़ा कर देता, पर है नहीं। वह सूई बेगूसराय जाकर लानी होगी, पर इस वर्षा में सूई लाना सम्भव नहीं है। कोई बात नहीं, मैं जो बताता हूँ, वह करने से कल तक आप चलने लगेंगे, कुछ भी नहीं होगा आपको, सिर्फ घबराइए नहीं।' फिर मुझसे बोले, 'देखो, इनको कोई बड़ी बीमारी नहीं है। अकान के चार-पाँच पत्ते ले आओ, सरसों तेल कड़काकर उस पत्ते पर ठीक से लगा दो। फिर धथूरे के दस-बीस बीज उस पत्ते पर रखकर पत्ते को एक सूखे गमछे पर रखो और इनकी कमर पर उसकी पट्टी लिपटा दो। इन्हें चित ही सोए रहने को कहो, और खाट के नीचे एक बोरसी में गोयठे की आग भरकर रख दो। रात भर में ही इनका दर्द छू-मन्तर हो जाएगा।'

डॉक्टर साहब चले गए। उन्हें घर तक पहुँचाने के लिए दादा साथ हो गए। मैं वह सब सामग्री जुटाने में भिड़ गया। सचमुच अगले दिन पिताजी चलने लगे। वाह रे डॉक्टर! हल्दी लगे न फिटकिरी और रंग चोखा! पिताजी ताउम्र उस महान डॉक्टर का गुण गाते ही रहे।

पिताजी तो चलने-फिरने लगे, लेकिन मेरी समस्या तो अपनी ही जगह पर स्थिर थी। न्यूटन साहब का सिद्धान्त पढ़ा था—'कोई वस्तु स्थिर है तो स्थिर ही रहेगी, जब तक उस पर कोई बाहरी बल नहीं लगाया जाए।' तो मेरी समस्या भी स्थिर बैठी है, और तब तक अपनी ही स्थिति में बैठी रहेगी, जब तक इस पर कोई बाहरी बल न लगाया जाए। तो निष्कर्ष यह कि बाहरी बल लगाकर इसकी जड़ता को तोड़ा जा सकता है। प्रयास करने पर मेरी समस्या हल हो सकती है। मुझे नाम लिखाने के लिए किसी भी तरह पन्द्रह रुपए का इन्तजाम करना ही होगा। दादा से तो सम्भव नहीं है, क्योंकि उनको अब पैंतीस रुपए ही प्रतिमाह मिलते हैं। दस रुपए तो हर महीने अग्रिम के विरुद्ध ही कट जाते हैं। पैंतीस रुपए में घर का ही खर्च नहीं पूरा हो पाता है तो अतिरिक्त पन्द्रह रुपए वे कहाँ से लाएँगे? फिर कौन-सा दरवाजा खटखटाया जाए?

मैंने माँ से रुँधे कंठ से कहा, 'माँ, अब पढ़ना बन्द होने पर है, मात्र पन्द्रह रुपए के लिए। कहीं से पन्द्रह रुपए जुटा सकती हो?'

माँ बोली, 'पन्द्रह रुपए मैं कहाँ से ला सकती हूँ बेटा? पाँच रुपए मैंने तुम्हारे पिता से छिपाकर रखे हैं। उनसे छिपकर मैंने एक सेर घी पाँच रुपए में बेचा था, वह रुपया है। अगर वह पाँच रुपए मैं दे भी दूँ तो बचे हुए दो गाही (पाँच-पाँच की गाही बनती थी। माँ को एक से पचास तक की गिनती या जोड़ना नहीं आता था) यानी दस रुपए कहाँ से लाऊँगी?'

माँ की बात सुनकर मैं उदास हो गया। लेकिन वह ममता की मूर्ति बोली, 'ठहरो, महनपुरवाली से मिलती हूँ।'

माँ महनपुरवाली के आँगन चली गई और कोई आधे घंटे में हुलसती हुई लौट आई।

मैंने पूछा, 'माँ, कुछ हुआ बन्दोबस्त?'

बोली, 'हाँ, हाँ, बेचारी बहुत अच्छी पड़ोसिन है। मैंने जब कहा कि पन्द्रह रुपए के चलते दुलहिन, सागर की पढ़ाई छूट जाएगी। अगर आपके पास हो तो दे दीजिए अभी, मैं भैंस का घी बेच-बाचकर आपके रुपए वापस कर दूँगी, तो वह बेचारी बोली—चाची,

पन्द्रह रुपए ले लीजिए और जब आप घी बेचने लगें तो मुझे ही उस दर में दे दिया कीजिए। आपका काम अभी मैं बना देती हूँ, आगे आप मेरा काम बनाती रहिएगा।...लो पन्द्रह रुपए और कल जाकर नाम लिखा आओ।'

मुझे नाम लिखाने के लिए पन्द्रह रुपए मिल गए। मैं थोड़ा खुश हुआ, पर थोड़ा ही खुश क्यों? असल में अभी रहने-खाने की व्यवस्था जो शेष थी! घर में न चावल, न कूकर। दाल अगर थोड़ी घर में है भी तो अकेला चना भाँड़ कैसे फोड़ सकेगा? खैर, पहले नाम तो लिखा आऊँ, फिर उस समस्या का समाधान भी खोजा जाएगा।

दूसरे ही दिन मैंने एक आवेदन-पत्र लिखकर उस पर टी.सी. नत्थी की और बेगूसराय चल पड़ा। कॉलेज पहुँचकर मैंने रामबुझावन सिंह को खोजा। मिलते ही वे बिफर उठे, 'दो-तीन दिन की मोहलत माँगकर गए थे, और आज आठ दिन बाद आ रहे हो? प्रिंसिपल साहब मुझे बुलाकर पूछ रहे थे कि वह लड़का जो एल.एस. कॉलेज से टी.सी. लेकर उस दिन ऑफिस आया था, फिर नहीं आया। मैं क्या कहता? मैंने बता दिया कि अभी तक तो वह नहीं आया है।'

मैं विनम्र भाव से बोला, 'सर, रुपए घर में नहीं थे। रुपए जुटाने में ही इतना समय लग गया।'

रामबुझावन सिंह मुझे झिड़की देते हुए बोल पड़े, 'झोरी में झांइट नैं, सराय में डेरा (पूँजी एक कौड़ी नहीं और वेश्यालय में पड़ाव)। जब दस ही रुपए नहीं थे, तो कॉलेज में कैसे पढ़ पाओगे? कॉपी, किताब, कलम, भाड़े पर डेरा, दोनों शाम खाना—यह सब खर्च कहाँ से आएगा? खैर, जब जानकर छेदी-बेदी में गर्दन घुसाने आए ही हो, तो चलो प्रिंसिपल ऑफिस।'

मैं उनके साथ ऑफिस गया तो, प्रिंसिपल साहब ने एक खूबसूरत कलम उठाकर मेरी दरखास्त पर लिखा—'एडमिट।' फिर मेरी ओर देखकर बोले, 'देर हो चुकी है, रेगुलर क्लास करना!'

मैं उन्हें प्रणाम कर बाहर आ गया। बाहर कॉलेज परिसर में खड़ा होकर मैं क्लास टूटने की प्रतीक्षा करने लगा। थोड़ी देर बाद घंटी बजी और आई.एस-सी. के लड़के बरामदे से उतर-उतरकर मैदान में आ गए। तभी पीछे से किसी ने मेरे कंधे पर हाथ रखा, 'सागर भाई, आप यहाँ कैसे? आपने तो एल.एस. कॉलेज में नाम लिखाया था, यहाँ कुछ काम से आए हैं क्या?'

यह जयमंगला उच्च विद्यालय, मंझौल में मेरा सहपाठी रहे युगल किशोर ईश्वर की आवाज थी। युगल और मैं स्कूल में बड़े अच्छे दोस्त थे। उसने मुझसे एल.एस. कॉलेज की पढ़ाई के बारे में पूछना शुरू कर दिया।

कुछ प्रश्नों का जवाब देकर मैंने साफ-साफ बता दिया कि अब आज से मैं भी इसी कॉलेज का नामांकित छात्र हूँ। मुजफ्फरपुर का खर्च मैं नहीं जुटा सका।

युगल यह जानकर बहुत खुश हुआ कि मैं भी अब यहीं पढ़ूँगा। वह मुझे अपने डेरे तक लेता गया। उसका डेरा अपना नहीं था। उसके चाचा किसी ऑफिस में काम करते थे और उन्हें रहने के लिए एक कमरा मिला हुआ था। उसी कमरे में युगल भी एक चौकी

डालकर रह रहा था। दोनों चाचा-भतीजा कूकर में चावल, दाल और आलू का चोखा बनाकर खाते थे। युगल को न किराया देना पड़ता था और न चावल-दाल अलग से खरीदना। सिर्फ किताब, कॉपी और कलम खरीदने में ही वह अपने पिता का पैसा खर्च करता था। इसलिए उसकी चौकी पर साइंस विषय की कई किताबें पड़ी थीं, जिन्हें देखकर मुझे लालच आ रहा था।

युगल कूकर खोलकर खाना परोसने लगा और मुझसे भी खाने का आग्रह किया। मैं तो ऐसा चाहता ही था। दोनों दोस्त आधा-आधा खाकर बनावटी डकार निकालने लगे। फिर दो-तीन घंटे बैठकर बहुत सारी बातें करते रहे। मैंने युगल से कहा कि अपने आसपास मेरे लिए भी एक डेरा खोज दो।

उसने बताया कि बगल में एक मिट्ठन लॉज है, पर उसमें छँटे हुए बदमाश लड़के रहते हैं। एक भी लड़का साइंस पढ़नेवाला उस लॉज में नहीं है। सब आर्ट्स के लड़के हैं और दुकानदारों के साथ बराबर झगड़ा-झाँटी करते रहते हैं।

मैंने कहा कि तब तो वैसी जगह मेरा गुजारा नहीं हो सकता। मैं वहाँ से उठकर चला तो मुझे पोखर किनारे में चलनेवाला कम्यूनिस्ट पार्टी का ऑफिस मिला। वहाँ मेरे गाँव के हबीब मियाँ दिखाई पड़े। मैं उन्हें प्रणाम करने रुक गया।

उन्होंने मुझसे पूछा, 'कहाँ घूम रहे हो ?'

मैंने बताया, 'यहीं जी.डी. कॉलेज में पढ़ता हूँ, सस्ता वाला एक डेरा खोज रहा हूँ।'

'अभी कहाँ रह रहे हो ?'

'अभी तो कहीं नहीं रहता हूँ। डेरे के अभाव में फिलहाल कॉलेज नहीं जा रहा हूँ।'

'अरे कॉलेज का क्लास छोड़कर इधर-उधर भटक रहे हो ? जब तक तुम्हें डेरा नहीं मिल जाता, तब तक इसी ऑफिस में रह जाओ। दस-पाँच दिनों में कहीं न कहीं डेरा मिलेगा ही। अभी मैं ही इस ऑफिस का इंचार्ज हूँ। डेरा खोजने में मैं भी तुम्हारी मदद करूँगा।'

मुझे 'बिन माँगे मोती मिले, माँगे मिले न भीख' कहावत के साक्षात् दर्शन ही हो गया।

हबीब मियाँ कट्टर कम्यूनिस्ट थे, पर बहुत सहृदय। उन्होंने अपने साथ ले जाकर अपनी ओर से रात का खाना गोपाल भंडार में खिलाया। हमारे गाँव के लोग मुसलमानों का छुआ पानी भी नहीं पीते हैं, साथ-साथ खाना खाने की बात तो 'कुत्ता बधिया करना' माना जाता था। लेकिन आज मुझे ऐसा लगा कि किसी कट्टर ब्राह्मण से सौ गुणा मुलायम हृदय है हबीब का, और किसी देव-मन्दिर से अधिक पवित्र स्थान है कम्यूनिस्ट पार्टी का ऑफिस।

लगभग एक सप्ताह तक मैं उसी ऑफिस में ठहरा रहा। इस बीच मैंने एक लम्बी कॉपी तथा एक कलम खरीद ली। उसी कॉपी में मैं सभी विषयों का क्लास नोट लिखता था। किताब खरीदने लायक तो मेरे पास पैसे थे नहीं कि कोई किताब भी खरीदता। मैं कॉलेज से लौटते समय भूख से लहालोट हो जाता। कुछ रुपए तो मेरे पास बचे थे ही। मैं उसी से दिन का खाना बाबू मूसन सिंह के होटल में खा लेता था।

मूसन सिंह सिउरी गाँव के रहने वाले थे और बेगूसराय में टाट-फूस का घर बनाकर होटल चलाते थे। उन दिनों मूसन सिंह से सस्ता होटल बेगूसराय में कोई दूसरा नहीं। वे

छह आने में भात, दाल, भुजिया और चटनी भरपेट खिला देते थे। दो बार चावल लेना हो, या तीन बार दाल, वे सबको इच्छानुसार दे देते। गोपाल भंडार में खाने वालों की भीड़ लगी रहती थी।

दिन का खाना तो मूसन सिंह होटल में इस हिसाब से मैं खाता था कि रात में भूख न लगे, पर भूख भी तो मुझसे दुश्मनी ही साध रही थी। शाम होते-होते भूख लग ही जाए; और तब मैं डेरे से निकलकर बाजार की सैर करने निकल पड़ता। तरह-तरह की दुकानों, उनमें सजी चीजों और एक से एक बड़े-छोटे लोगों को देखने से भूख भुलावे में आ जाती और डेरा लौटकर मैं भूख को फुसलाकर खाली पेट सो जाता। तब भी दो-तीन रात हबीब जी ने मुझे अपने साथ ले जाकर गोपाल भंडार में खाना खिलाया।

इस बीच हबीब मियाँ मेरी वास्तविकता जान चुके थे, इसलिए भीतर ही भीतर मेरी मदद के लिए प्रयत्नशील भी रहते। मैं अपने जीवन में उनका ऋण नहीं उतार पाया। इस मियाँ की इन्सानियत किसी विद्वान ब्राह्मण से अनेक फीट ऊँची थी।

कहत कठिन, समुझत कठिन

कम्यूनिस्ट पार्टी के ऑफिस में रहते मुझे आठ दिन बीत गए। मैं सोमवार को घर से नाम लिखाने चला था। रविवार आ गया, और मैं अभी तक रहने के लिए कोई स्थायी जगह नहीं खोज सका। मन-ही-मन अपराध-बोध हो रहा था कि हबीब मियाँ को मैं बेवजह भार दे रहा हूँ। इसलिए रविवार को चार बजे के आसपास मैं डेरा खोजने निकल पड़ा। पाँच रुपए माहवारी से कम पर कहीं किसी लॉज में सीट नहीं मिल रही थी, उस पर भी चौकी अपनी। मैं जान-बूझकर ऑफिस लौटने में विलम्ब कर रहा था कि हबीब गोपाल भंडार से खाकर लौट जाएँ, तब मैं वहाँ पहुँचूँ। सड़क पकड़ मैं युगल के यहाँ से धीरे-धीरे ऑफिस की ओर लौट रहा था कि दामोदर बाबू वकील के घर के आगे हबीब मियाँ और मेरे गाँव के बिसुनदेव बाबू उर्फ मुखिया जी परस्पर बातें करते दिखाई पड़े।

कम्यूनिस्ट पार्टी ऑफिस से सड़क पर निकलते ही ठीक सामने, सड़क के उस पार, दामोदर बाबू वकील का मकान था। मुखिया जी विभिन्न काम से बराबर बेगूसराय टमटम पर बैठकर आते थे और घर लौटने में देर होने पर वहीं ठहर जाते। मुखिया जी दो भाई थे : कपिलदेव बाबू और बिसुनदेव बाबू! कपिलदेव बाबू के छह बेटे और बिसुनदेव बाबू के दो। कपिल बाबू बड़े थे और बहुत बूढ़े हो चुके थे। उन्हीं के दूसरे नं. के बेटे दामोदर बाबू बेगूसराय में वकालत करते थे। यह मकान कपिलदेव बाबू और बिसुनदेव बाबू का साझा था। गाँव की सम्पत्ति भी साझी ही थी। सारी सम्पत्ति के व्यवस्थापक या मालिक मुखिया जी ही थे। परिवार संयुक्त था और मालिक मोख्तार बिसुनदेव बाबू। बेगूसराय आने पर वे अपने इसी मकान में रहते थे, पर खाते भतीजे की रसोई में नहीं। खाना वे गोपाल भंडार में ही खाते थे।

मुझे देखते ही हबीब मियाँ बोल पड़े, 'लीजिए, आ ही तो गया।'

उन्होंने मुझे बुलाया और वहाँ पहुँचकर मैंने मुखिया जी को हाथ जोड़कर विनम्र भाव से प्रणाम किया। फिर हबीब मियाँ बोले, 'आप दोनों बतियाइए, मैं चलता हूँ।'

हबीब मियाँ चले गए और मुखिया जी मुझे अपने साथ लेकर दामोदर बाबू के मकान में घुसे। वे धोती, कुर्ता और गांधीनुमा टोपी पहनते थे। उनके ठहरने के लिए एक अलग कमरा था, उसमें घुसकर उन्होंने टोपी खोली, कुर्ता उतारा और एक खुटरी में उसे टाँगते हुए बोले, 'ऊपर छत पर चलो, बड़ी गर्मी है।'

हम दोनों ऊपर छत पर चले गए। मुखिया जी मुझसे पूछने लगे कि मैं मुजफ्फरपुर से क्यों लौट आया। मैंने सारी कहानी बता दी।

सुनकर बोले, 'कृष्णनन्दन का ऐसा व्यवहार! आने दो गाँव, तो मैं उसे बेइज्जत करता हूँ। यहाँ तुम डेरा खोजकर भी पैसा कहाँ से लाओगे रेंट भरने और खाना खाने के लिए? प्यारे चा की स्थिति मैं जानता नहीं हूँ? वह तो मथुरा की पहलवानी के बल पर बाँध में नौकरी मिल गई, नहीं तो बेचारे का डीह-डम्बर भी बिक जाता। किसी तरह आठ-नौ आदमी का खाना चल जाता है, यही बहुत है। वे तुम्हारा खर्च कैसे चला पाएँगे? तुम एक काम करो—मैं दामो को कह देता हूँ, वह तुम्हें यहीं रहने देगा और उसके परिवार का खाना मैनका नौकर बनाता है, उसी में तुम भी खाओगे। यहाँ पाँच कमरे हैं, बाहर वाले कमरे में दामोदर बैठकर वकालत का काम-धाम करता है, रात में सोने अन्दर चला आता है। दो कमरों में से एक में दामो का परिवार और दूसरे में उसका एक बेटा रहता है। पाखाने की ओर जो बरामदा निकलता है, उसके बगल वाले कमरे में तुम रह जाना और यहीं से कॉलेज आया-जाया करना। दामो अभी अपने मुवक्किलों से निबट रहा है, खाकर आऊँगा तो उसे तुम्हारे सामने ही कह दूँगा।'

तब तक मैनका नौकर मुखिया जी के लिए चाय बनाकर छत पर ले आया। चाय पीते-पीते मुखिया जी ने उससे कहा, 'इसका खाना भी कल से यहीं बनेगा।'

मैनका नौकर बोला, 'मालकिन बनाने कहेंगी तब न?'

'साला, हरामजादा धानुक, गाँड केकरो, पादय कोय। बहन चो, मैं कह रहा हूँ तो मालकिन कौन होती है? यहाँ रहकर गाँड मोटा हो गया है, भाग सामने से!'

मैनका खाली प्याला लेकर नीचे भागा। थोड़ी देर में दामोदर बाबू भी छत पर आए। मैंने उन्हें प्रणाम किया, फिर मुखिया जी उनसे बोले, 'दामो, यह प्यारे चा का बेटा है। कृष्णनन्दन के बल पर मुजफ्फरपुर के लंगट सिंह कॉलेज में पढ़ने गया था, पर वहाँ बुलाकर भी उसने इसकी कोई मदद नहीं की। अब इसने यहीं नाम लिखाया है, लेकिन रहने-खाने का ठिकाना नहीं है। तुम तो प्यारे चा को जानते ही हो। उतने अच्छे रामायणी की मदद राम जी भी नहीं कर रहे हैं। यह पढ़ने में अच्छा है, इसके घर से खर्चा-पानी नहीं आ सकता। इसलिए यह यहीं रहेगा, और तुम अपनी रसोई में इसे खाने देना। राशन खत्म होने पर खबर करना, मैं घर से भेज दूँगा।'

दामोदर बाबू सहर्ष बोल पड़े, 'क्या हर्ज है, कोने वाली कोठरी खाली ही रहती है। उसी कोठरी में यह रह जाएगा, मैनका को बोल दूँगा, कॉलेज से आने पर इसे खिला दिया करेगा। आप निश्चिन्त रहें छोटे बाबू जी।'

मुझे लगा कि 'जनम रेक जनु पारस पावा।' फिर मुखिया जी नीचे उतरे, उनके साथ-साथ मैं भी। मुखिया जी ने कुर्ता पहना और मुझसे बोले, 'चलो खाने।'

मैं सकुचाता हुआ उनके पीछे-पीछे चल पड़ा। गोपाल भंडार पहुँचकर हम दोनों ने रोटी, सब्जी, दूध और उसमें थोड़ी चीनी डालकर भोग लगाया। मेरा तो आज भाग्य ही जग गया था। फिर छत पर जाकर हम दोनों सो गए। मैनका नौकर देर रात तक मुखिया जी के पैर दबाता रहा। मुझे भर पेट भोजन के बाद जल्दी ही नींद आ गई।

सुबह जागने पर हम लोग नित्य क्रिया से निवृत्त हुए। मुखिया जी का सिउरी घाट तक ले जानेवाला टमटम आ गया। वे टमटम पर सवार होकर गाँव चले गए। जाते समय दामो बाबू ने उन्हें पैर छूकर प्रणाम किया। मुखिया जी बोले, 'इसका खयाल रखना, पुण्य होगा।'

टमटम आगे बढ़ गया और दामो बाबू मुझे वह कोठरी दिखाने अन्दर ले गए, जहाँ मुझे रहना था। कोठरी में एक चौकी लगी थी और कई दिनों से उसमें झाड़ू नहीं लगा था। दामो बाबू खुद खड़ा होकर मैनका से झाड़ू दिलवाए और मुझसे बोले, 'कोई बिछावन लाए हो तो चौकी पर बिछा लो, दीवार अलमारी में कॉपी, किताब रखना।'

मैं अवाक्! बिछावन तो मुझे घर पर भी नहीं था। जाड़े में नागा के दालान पर कोदो के पुआल में घुसकर सो लेता था, और गर्मी में मचान पर। लेकिन यह बात वकील साहब से मैं कैसे कहूँ? वकील साहब मेरी लाचारी समझ चुके थे, इसलिए उन्होंने नौकर से कहकर चौकी पर एक पुरानी सतरंजी बिछवा दी। वे बाहर अपने कमरे में चले गए तो मुझे कुछ आफियत मिली।

मैं भी कॉलेज के लिए रवाना हो गया। कॉलेज में साइंस प्रथम वर्ष का क्लास सबेरे से लगता था। मैं आठ बजते-बजते कॉलेज पहुँचा, लेकिन तब तक अँगरेजी का क्लास खत्म हो चुका था। दूसरा पीरियड रसायनशास्त्र का था। मैंने अभी तक रुटीन नहीं लिखी थी, फिर भी युगल के साथ क्लास करने चला गया। चतुर्वेदी साहब रसायनशास्त्र पढ़ाने लगे। उनके पढ़ाने के तरीके से मैं बहुत खुश हुआ। अगर इस तरह से सभी प्रोफेसर समझाकर पढ़ावें तो किताब के बिना भी काम चल जाएगा।

तीसरी घंटी मैथ की हुई। वह विषय थोड़ा कठिन होता है, लेकिन शालिग्राम बाबू जैसे शिक्षक तो हाई स्कूल में उसे भी बहुत आसान बना देते थे। कॉलेज के प्रोफेसर तो उनसे अधिक पढ़े-लिखे और योग्य होते हैं। उन्हें तो और भी अच्छे ढंग से पढ़ाना आता होगा। मगर मुझे मैथ के क्लास में बड़ी निराशा हुई। प्रोफेसर साहब अलजेबरा पढ़ाने आए थे, मगर वे कुछ भी नहीं समझा पाए। मैं तो यह भी नहीं समझ पाया कि वे अलजेबरा का कौन सा चैप्टर पढ़ा रहे हैं, और क्या बोल रहे हैं। खैर, क्लास खत्म हुआ और माथा हल्का।

कॉलेज 12:30 बजे खत्म हुआ और मैं नए डेरे पर आ गया। कॉलेज से कोना-कोनी चलने पर दामो बाबू का घर लगभग डेढ़ किलोमीटर पड़ता था। लगभग एक बजे मैं अपने कमरे में पहुँचा। मैनका नौकर सबको खिला-पिलाकर सामने की दुकान में ताश खेल रहा था। मैंने उसे पुकारा तो वह आकर मुझे कमरे में ही खाना पहुँचा गया—भात, दाल, आलू-परवल की सब्जी। खाना देकर वह फिर ताश खेलने चला गया। मैंने खाना खत्म कर चाँपाकल पर अपनी थाली धो ली। थाली कमरे में रखकर मैं पानी पीने के लिए पुनः

चाँपाकल पर गया, जो मकान के पीछे वाले खाली हिस्से में गड़ा था। मैनका तो सिर्फ एक गिलास पानी रखकर चला गया था। चाँपाकल पर पहुँचते ही मैंने देखा कि एक बड़ा-सा साँप चाँपाकल से तीन-चार हाथ की दूरी पर एक मेढक को निगल रहा है और मेढक बीच-बीच में विचित्र ढंग की आवाज निकाल रहा है। पहले ही दिन चाँपाकल के पास यह दृश्य देखकर मैं डर गया और तब से कभी भी मैं शाम के बाद उस चाँपाकल पर नहीं गया।

अब मेरा कॉलेज जाना-आना नियमित हो गया। मैं सबेरे उठकर तैयार होता और अपनी कॉपी, कलम लेकर निकल पड़ता। क्लास टूटने के बाद मैं सीधे घर आने के लिए दौड़ पड़ता। दो-चार दिन तो उत्साह में मैंने कुछ नहीं चिताया, पर बाद में डेरा पहुँचते-पहुँचते मेरी हालत खराब होने लगी। पेट में बिना एक दाना दिये मैं कॉलेज करने निकल पड़ता, और डेरा एक बजे के आसपास पहुँचने पर इच्छा होती कि जल्दी आगे में कुछ मिले। जल्दी के बदले मैनका घंटा भर समय लगा देता।

असल में वह नौ बजे ही वकील साहब को खिलाकर कचहरी के लिए विदा कर देता था, फिर मालकिन की सेवा में लग जाता। उनसे वह बारह बजते-बजते निश्चिन्त हो जाता और तब खुद खाकर अगल-बगल के दो-चार नौकरों के साथ ताश खेलने बैठ जाता। कॉलेज से लौटने का मेरा समय उसके लिए भारी पड़ता था। मैं भी तो 'मँगनी का चन्दन, लगाओ रघुनन्दन' ही कर रहा था।

खैर, खाना खाने के बाद मैं करूँ क्या ? कोई किताब थी नहीं कि पढ़ने लगता। कहीं किसी साथी का अगल-बगल में डेरा नहीं कि उसके यहाँ जाकर कुछ बहस करूँ या उससे कोई किताब माँगकर थोड़ी देर वहीं पढ़ लूँ। थोड़ी देर में मुझे नींद आ जाती और मैं सो जाया करता।

यहाँ सोमवार से शनिवार तक रहने के बाद मुझे घर की याद आने लगी। मैं रविवार के अहले सुबह वकील साहब से बोलकर घर चल पड़ा। लगभग दस बजे मैं घर पर। घर पहुँचकर मैंने भरपेट मकई के भात के साथ दाल खाई। माँ से लिये रुपए का उपयोग मैंने ईमानदारी से बता दिया। फिर मैंने बताया कि कैसे सबेरे भूखा पेट कॉलेज जाना पड़ता है और आकर खाने में डेढ़-दो बज जाते हैं।

माँ बेचारी सूनी आँखें फाड़कर मुझे देखती रही, फिर अपने आँचल से मेरा मुँह पोंछकर सिसक पड़ी, 'इतना तो पढ़ लिया, अब पढ़ना छोड़कर घर ही आ जाओ न ! गाय-भैंस चराकर भी पेट भर जाएगा, भूखा रहकर पढ़ने से क्या मिलेगा ?' कहती हुई माँ उठी और सूप में थोड़ा अनाज लेकर कंसार चली गई। घंटे भर बाद लौटी और फटक-फटककर एक कपड़े में उस अनाज की पोटली बाँध दी। यह भूँजा अनाज मरहा था, जो चीना से बनता है।

पोटली मेरे आगे रखकर बोली, 'यह नया चीना का मरहा है, सुबह में रोज दो-एक मुट्ठी खाकर पानी पी लेना और तब पढ़ने जाना; खाली पेट रहने से बीमार हो जाओगे।'

मैं माँ का संदेश लेकर अगली सुबह बेगूसराय के लिए चल पड़ा। पहुँच तो गया ग्यारह बजे के आसपास ही, पर उस दिन मेरा क्लास छूट गया। मैं दूसरे दिन से सुबह में दो मुट्ठी मरहा खाकर कॉलेज जाने लगा और लौटने पर मैनका का दिया प्रसाद। इस तरह समय काटने लगा।

हाँ, समय ही काट रहा था, क्योंकि पढ़ने के लिए कोई किताब तो थी नहीं। बैठकर समय बिताने पर मुझे आत्मग्लानि भी होती, लेकिन इससे बचने का कोई उपाय भी नहीं सूझ रहा था। इस तरह कई महीने बीत गए, और मैं फर्स्ट ईयर से सेकेंड ईयर में पहुँच गया। सच पूछिए तो मुझे कॉलेज की पढ़ाई में मन ही नहीं लग रहा था। एक तो गणित और भौतिकी के प्राध्यापक की अध्यापन-कला अच्छी नहीं थी; दूसरे, किताब न रहने के कारण मैं क्लास की पढ़ाई को घर पर उलटकर देख-पढ़ नहीं सकता। साइंस में सिर्फ रसायनशास्त्र की पढ़ाई अच्छी थी, और किताब के अभाव में भी मुझे उस क्लास में मन लगता था। उस कॉलेज में मेरे हिसाब से हिन्दी और अँगरेजी का क्लास सर्वाधिक आनन्ददायक होता था। आर्ट्स वाले मित्र इतिहास के प्राध्यापकों की बड़ी प्रशंसा करते। मैं कभी भी हिन्दी-अँगरेजी का क्लास छोड़ना नहीं चाहता था।

किताब की समस्या कैसे हल हो ? —मैं बार-बार इसी समस्या पर सोचता रहता। दोपहर में सोकर उठने के बाद मैं एक दिन बाजार घूमने निकल पड़ा। घूमते-घामते मैं किताब की एक दुकान पर ठहर गया। उन दिनों किताब की एक ही दुकान थी—पूरे बेगूसराय में। दुकान का नाम था—'जी. लाल एंड संस' (जी. लाल यानी गणेश लाल)। मैं उस दुकान पर चढ़ गया और आगे रखी किताब उठाकर उलटने लगा। यह रसायनशास्त्र की किताब थी और इसके लेखक कोई 'मित्रा' साहब थे। अरे, यही किताब तो मेरे सिलेबस में चलती है! मैं इसका रासायनिक परिवर्तन वाला चैप्टर निकालकर पढ़ने लगा। मन लग गया था, इसलिए दस-पन्द्रह मिनट तक पढ़ता रहा। फिर मूल्य देखकर किताब रख दी और दुकान से नीचे उतर गया।

गणेश लाल, जो मोटे शरीर के मालिक और पेट थोड़ा निकला था, मुझे देर तक घूरते रहे। रास्ते भर मैं सोचता आया कि तीन-चार दिन भी यह किताब मेरे पास रहती तो क्लास में पढ़ाए गए सारे चैप्टर मैं कंठस्थ कर लेता। डेरा आया और मैनका द्वारा परोसी गई रोटी-सब्जी खाकर सो गया। पढ़ने-लिखने का तो काम ही नहीं था।

दूसरे दिन मैं फिर चार बजे के लगभग बाजार की ओर चल पड़ा। फिर जी. लाल की दुकान पर चढ़ गया। आज सेल्फ पर भौतिकी की किताब थी। मैं उसे उठाकर उलटने लगा तो संयोग से आर्किमेडिस का सिद्धान्त वाला चैप्टर उलट गया। हाई स्कूल के भौतिकी में मुझे इस पाठ पर पूरा अधिकार हो गया था, इसलिए मैं इसे ध्यानपूर्वक पढ़ने लगा।

लगभग आधे घंटे बाद जी. लाल ने कड़ककर पूछा, 'लेनी है?'

मैंने जवाब दिया, 'नहीं, आज नहीं। दो-एक किताब इस विषय पर और देखकर तब तय करूँगा कि कौन-सी किताब खरीदूँ।'

'ठीक है, ठीक है,' कहकर जी. लाल ने मेरे हाथ से किताब ले ली, और मैं चल पड़ा।

दो-तीन दिन का गैप देकर मैं फिर उस दुकान पर पहुँचा और आज 'नेत्र पाण्डेय' की लिखी रसायनशास्त्र की किताब हाथ लगी। अभी दो-चार मिनट ही वह किताब मेरे हाथ में रही कि जी. लाल बिगड़कर बोले, 'लेना है तो पैसे निकालो, नहीं तो दुकान से उतर जाओ। दूसरे ग्राहक भी तो देखेंगे।'

मैं तो तीन-चार दिन बाद इसलिए आज आया था कि इन तीन-चार दिनों में जी. लाल मेरा चेहरा भूल गए होंगे। लेकिन उन्होंने तो तुरत पहचान लिया कि यह लड़का किताब

खरीदने वाला नहीं है। मैं मन मसोसकर वहाँ से चल पड़ा। लेकिन किताब देखकर मेरे मन का लालच और जोर मारने लगा।

कोई आठ दिन बाद मैं फिर उस दुकान पर पहुँचा, और जैसे ही एक किताब उठाई कि जी. लाल गरज पड़े, 'किताब रखो। पैसा न कौड़ी, बीच बाज़ार में दौड़ा-दौड़ी। रोज दुकान पर चढ़कर दूसरे ग्राहक की जगह छेकेंगे, और लेंगे कभी कोई किताब नहीं। चले हैं कॉलेज में पढ़ने—बाप का नाम घास पात, पूत का नाम दुर्गादास। आगे से मेरी दुकान पर पैर नहीं रखना।'

मैं अपने भाग्य को कोसता फिर अन्य दिनों की तरह डेरा चला आया। आज मैनका घर चला गया था, इसलिए मेम साहब ने रात का खाना गोपाल भंडार से मँगाकर अपने परिवार को खिला दिया, मैं भूखा सो गया।

दूसरे दिन तीन मुट्‌ठी मरहा निगलकर मैं कॉलेज गया और लौटते समय डेरा न जाकर सीधे जी. लाल की दुकान पर चढ़ गया। जी. लाल ने कहा, 'अब क्या है ? क्या पैसे जुटाकर किताब खरीदने आए हो ?'

मैंने कहा, 'जी नहीं, मैं आपसे कुछ कहने आया हूँ।'

'बोलो।'

मैं शुरू हो गया, 'गणेश बाबू, मेरा घर पहसारा है। आपने कल ठीक ही कहा था—बाप का नाम घास-पात, पूत का नाम दुर्गादास। मेरे घर में कोई आदमी पढ़ा-लिखा नहीं है। मेरे पिता एक गरीब किसान हैं। वे मुझे पढ़ाने और किताब खरीदने के लिए खर्च नहीं जुटा सकते। लेकिन मुझे पढ़ने की लालसा है, कम-से-कम आई.एस-सी. पास कर लेता। किताब तो मैं खरीद नहीं सकता हूँ, फिर परीक्षा में क्या लिखूँगा ? कृपया आप मेरी कुछ मदद कीजिए।'

गणेशलाल पर मेरी बातों का थोड़ा असर हुआ। वे बोले, 'ठीक है, तुम तीन-चार बजे के लगभग दुकान पर आ जाया करो, और एक-दो घंटे जो किताब चाहो, यहीं बैठकर पढ़ लिया करो। शाम में दुकान पर ग्राहकों की भीड़ हो जाती है, इसलिए पाँच-साढ़े पाँच तक दुकान छोड़ देना होगा। मैं तुम्हारी यही मदद कर सकता हूँ। किताब घर ले जाने नहीं दूँगा।'

मुझे थोड़ी सहूलियत मिली, 'आधा तो साधा'। मैं उसी तरह उस दुकान पर जाकर किताब पढ़ने और अपनी कॉपी पर जरूरी बातें नोट करने लगा। पर यह व्यवस्था भी अधिक दिनों तक नहीं चल पाई। लगभग एक महीने बाद यह क्रम भी टूट गया। क्यों ? बताता हूँ। उस समय तो मैं नहीं समझता था, पर अब समझदारी आ गई है। उपनिषदकार ने 'अथातो ब्रह्म जिज्ञासा' प्रकरण में लिखा है : 'सत्य का मुँह हिरण्यपात्र से ढँका रहता है।' अँगरेजी के चिन्तक इसी बात को अपनी भाषा में बताते हैं : 'ट्रुथ इज गॉड एंड गॉड इज ब्यूटी (सत्यम् शिवम् सुन्दरम्)। यहाँ यह बाँचने की क्या जरूरत आ पड़ी ? जरूरत है। हर आदमी का जीवन-सत्य किसी सुनहले ढक्कन के नीचे दबा रहता है, और वह उस ढक्कन को उठाकर सत्य के दर्शन करने-कराने के लिए कभी अपने को तैयार नहीं कर पाता। कबीर ने अपनी भाषा में घोषणा की थी : 'कस्तूरी मृग-नाभी बसे।' हर मनुष्य का जीवन-सत्य उसके भीतर दबा-छिपा रह जाता है, और वह असत्य को सत्य की तरह प्रदर्शित करता हुआ सारा जीवन

बिता डालता है। हर घर में एक बाहरी कमरा होता है जिसे आजकल ड्राइंग रूम कहते हैं। भले लोग अपने सामने वाले इस कमरे को खूब सजा-धजा कर रखते हैं। इसकी शोभा-सुन्दरता में चार चाँद लगाने में कोई कोर-कसर नहीं रहने देते। आने वाले अभ्यागत तो इसी में बैठेंगे, इसी को देखेंगे। यह जितना ही सजा-सँवरा रहेगा, प्रतिष्ठा भी उतनी ही ऊँची उठेगी। इन्हें तो अन्दर के कमरों को दिखाना नहीं है, इसलिए उन कमरों की वास्तविकता चाहे जितनी भी गन्दी हो, वहाँ जितने भी कूड़े-कचरे, बच्चों के मूत से महकता बिछावन, या टूटे-फूटे फर्नीचर हों, कोई फर्क नहीं पड़ता। दिखाना और देखना है ड्राइंग रूम की चमक-दमक और सजावट। ठीक इसी तरह, हर व्यक्ति अपने जीवन-सत्य को ऊपरी चहल-पहल, विनम्रता-भद्रता और आहार-व्यवहार से ढँककर रखता है। उसका बाहरी रूप उसकी वास्तविकता नहीं है। वह तो बाहरी रूप ही है, उसका वास्तविक स्वरूप नहीं। रूप है ऊपर का दृश्य, और स्वरूप होता है वस्तु के भीतर का द्रव्यमान तथा उस द्रव्यमान में निहित सुगन्ध-दुर्गन्ध। हम तो व्यक्ति का रूप ही देखते हैं, स्वरूप नहीं। यह बाह्य रूप उसके भीतरी स्वरूप को उसी तरह ढँके रहता है, जैसे हिरण्यपात्र से सत्य का मुँह ढका रहता है। दामोदर बाबू का जीवन-सत्य भी कुछ इसी तरह अच्छे वकील और भद्र-पुरुष के सोहरत से ढँका हुआ था। उनके जीवन की वास्तविकता कुछ और थी। उस वास्तविकता का एक छोटा-सा टुकड़ा यहाँ दिखा देना जरूरी हो गया, क्योंकि उस टुकड़े का सम्बन्ध जी. लाल की दुकान पर मेरे जाने के क्रम-भंग से जुड़ा हुआ है।

दामोदर बाबू खुद एक प्रतिष्ठित परिवार के पढ़े-लिखे भद्र पुरुष थे, लेकिन उनकी पत्नी उनकी प्रकृति से भिन्न महिला थीं। वे एक बड़े बाप की बेटी थीं। बाप तो खैर बड़े नहीं थे, पर बेटी को कुछ वैसा भ्रम अवश्य था। दामोदर बाबू के ससुर को कोई बेटा नहीं था, ले-देकर यही बेटी थी। उनके पास पचास बीघे के आसपास खेती की जमीन, जो उपजाऊ के साथ-साथ गाँव के अगल-बगल में ही थी। वह सम्पत्ति तो बेटी की ही होगी, इसी लालच में वकील साहब की शादी भी हुई थी। उनकी पत्नी पढ़ी-लिखी न होने के बावजूद, अपने को पति से ऊँचा मानती थीं। घर में उन्हीं की हुकूमत चलती थी, और मैनका नौकर उनके ही आदेश-पालन में अपनी सेवा को धन्य बनाने में अहर्निश लगा रहता। दामोदर बाबू तो बाहर वाले कमरे में मुवक्किलों से घिरे रहते थे। सिर्फ रात में अन्दर अपने बेडरूम में घुसते और सबेरे अन्दर के लैटरिन में पेट खुलासा करने के बाद ब्रश करते-करते बाहर चले जाते थे। इतनी जल्दी पाखाने से आते मैंने आज तक किसी आदमी को नहीं देखा है।

एक बीड़ी धराकर पीते-पीते वे पाखाना की ओर झपटकर जाते और बीड़ी खत्म होने से पहले ही निकल आते थे। जितनी देर में कोई आदमी पेशाब करता है, उससे भी कम समय लगाकर वे अपने को खुलासा कर लेते थे। उन्हें प्रकृति का यह अद्भुत वरदान प्राप्त था।

खैर, पिछले एक महीने से मैं जब भी कॉलेज से लौटता, मैनका बगल की एक खाली दुकान के कठैला सन्दूक पर चादर ओढ़कर सोया मिलता। उसका सही नाम था 'माणिक'। आज मुझे 'माणिक' शब्द लिखते हुए गोस्वामी जी की वह मनोहर पंक्ति याद आ गई है— 'मणि, माणिक, मुक्ता, छवि जैसी; अहि, गिरि, गज सिर सोह न तैसी।' ठीक उसी तरह

उस नौकर का 'माणिक' नाम था, पर धानुक जाति के दीन-हीन परिवार में जन्म लेने के कारण लोग उसे 'माणिक' के बदले 'मैनका' कहकर पुकारते थे। इस माणिक को मैंने कभी भी 'मैनका' कहकर पुकारने या बुलाने का साहस नहीं किया। उसके ही पास तो मेरे गरीब पेट की कुंजी थी। चादर ओढ़कर सोए मैनका के पास जाकर मैं पुकारता, 'माणिक! माणिक! हो माणिक!' तब वह झुँझलाकर उठता और बड़बड़ाते हुए किचन से थाल निकालकर मेरे आगे रख देता। थाल रखकर वह फिर उसी दुकान पर चला जाता। मेरा पेट भरा या नहीं, इससे उसको कोई मतलब नहीं। मैं भी तो समय ही काट रहा था। विद्यार्थियों को तो अल्पहारी होना ही चाहिए :

अल्पहारी, गृहत्यागी, श्वाननिद्रा तथैव च।
काक चेष्टा, वकोध्यानम्, विद्यार्थी पंचलक्षणम्।

अल्पहारी, गृहत्यागी तो मैं हो ही गया था, गणेश लाल की दुकान पर पहुँचकर 'वकोध्यान' भी लग जाता था, पर श्वाननिद्रा और कागचेष्टा का अभाव था। खैर, माणिक लाल धीरे-धीरे अपना तेवर कड़ा करने लगा। प्रैक्टिकल क्लास के कारण कभी-कभी डेरा पहुँचने में दो-ढाई बज जाते थे। उस दिन माणिक को जगाकर भी मुझे कुछ नहीं मिलता। वह मुँह से चादर हटाकर झुँझलाहट-भरी आवाज में सीधे कह देता, 'खाना खत्म हो गया है, शाम को आने पर खाना कहाँ से मिलेगा? अब रात में देखा जाएगा।'

मैं स्तब्ध! बाप रे, पेट में चूहे कूद नहीं रहे हैं, मार-पीट भी कर रहे हैं। भूखा कैसे रह सकूँगा? पर कर ही क्या सकता था? माँ का दिया हुआ मरहा पानी में फुलाकर खा लेता और उस दिन मन-ही-मन उस साले नौकर को हजार गाली देकर अपनी आत्मा को शांत कर लेता। पर, पराकाष्ठा तो उस दिन हो गई, जिस दिन मैं अपने कोने वाले कमरे में बैठा था, और मालकिन मैनका नौकर से पीठ-देह मलवाती हुई जोर-जोर से बड़बड़ा रही थीं, 'कल से उस दलिदराहा का चावल मत लगाना। रहता है, तो उस कोठरी में रहा करे, पर खाने का अपना बन्दोबस्त करे। यहाँ कोई अनाथालय खुला है क्या? मैंने रात वकील साहब से भी दो टूक कह दिया कि अपना बाल-बच्चा ननिहाल में रहकर पढ़ रहा है, और आप दूसरे का पिल्ला पालने का शौक बघारते हैं। यह सब नहीं चलेगा। कॉलेज में पढ़ना 'खेल मियाँ की टोपी' है क्या? नहीं है उपाय तो पढ़ने क्यों आया? अपना एक भी बाल-बच्चा अभी तक कॉलेज नहीं पहुँचा, और इस कलमुँहे को खिला-पिलाकर कॉलेज पढ़ाइएगा? वह तो मेरे बाप के यहाँ से सारा राशन-पानी आता है तो आपकी हैकरी चलती है, वरना वकालत से कितनी आमदनी होती है? खबरदार, यह शाहखर्ची बन्द कीजिए, नहीं तो मैं नैहर चली जाऊँगी। नौकर भी अपने साथ ही लेकर चल पड़ूँगी। फिर यहाँ अकेले घंटी डुलाते रहिएगा। बच्चा पैदा करने के सिवा आपने मुझे कौन-सा सुख दिया है? कभी साथ सिनेमा भी ले गए हैं? अब बन्द कीजिए अपनी हरकत, नहीं तो मुझसे बुरा कोई नहीं होगा।'

मालकिन की मालिश करता हुआ माणिक नौकर बोला, 'लेकिन मुखिया मालिक तो यह जानकर अगियाबैताल हो जाएँगे। वे तो सबसे पहले मुझे ही बदरंग कर देंगे। फिर आपको भी बुरा-भला कहने लगेंगे। वे इस छौंड़ा को बहुत मानते हैं।'

'चुप रह शैतान! किसकी माँ बियाई है जो मुझे बुरा-भला कहेगा और तुम्हारा चेहरा बदरंग कर दे? आखिर मैं उस अस्सी बीघे की जागीर से क्या लेती हूँ? एक पुड़िया सिन्दूर के अलावा उस परिवार से आज तक मुझे क्या मिला है? मुँह खोल दूँगी तो मुखिया के मालिकाना का सारा बखिया उघड़कर रोड पर आ जाएगा। लम्बी टोपी पहनकर यहाँ-वहाँ जो सैर करता रहता है, वह किस धन के बल पर? अभी बँटवारा करा दूँ तो औकात में आ जाएगा, और मुझे ही आँख दिखाने का साहस करेगा वह? फिर मैं अपने बल पर यहाँ रहती हूँ, उससे कुछ माँगती भी हूँ कि मेरी व्यवस्था में टाँग अड़ाने आएगा? रही बात तुम्हारी, तो तुम मेरा नौकर हो। मैं तुम्हें जो कहूँगी, वही न करोगे! अगर तुम पर हाथ उठाया, या तुम्हें आँख दिखाई तो मैं घर में महाभारत रच दूँगी, समझे? तुम्हें किसी से डरना नहीं है, वकील साहब से भी नहीं। हाँ, सेवा उनकी जैसे करते हो, करते रहो। अगर मुखिया मालिक इस छौंड़े को जी-जान से मानते हैं तो ले जाएँ इसे उठाकर और अपने बड़े बेटे भूना को जिस तरह पढ़ाए हैं, उसी तरह इसे भी पटना या इंग्लैंड में पढ़ावें। मैं इस कोठरी से भगा तो नहीं रही हूँ। वह कोठरी, या यह पूरा मकान साझी सम्पत्ति है, पर मेरा चूल्हा-चौका तो साझी नहीं है। कोठरी में रहे, पर खाना कल से बन्द करो। खाने के लोभ से ही यहाँ रहता है; खाना बन्द हुआ कि खुद कमरा छोड़कर दूसरा खोंता खोज लेगा।'

वकील साहब की पत्नी इसी लहजे में बोली जा रही थीं, और मैं उनकी सारी बातें कान खोलकर सुन रहा था। पता नहीं, उन्हें कमरे में मेरी उपस्थिति का पता था या नहीं!

मुझे काटो तो खून नहीं! उनका एक-एक शब्द अंगारे की तरह मेरे जिगर को जला रहा था। मुझ जैसे दरिद्र का कहीं गुजारा नहीं। अब क्या होगा कल से? लौट जाऊँ बेगूसराय से भी घर? लेकिन इससे तो मेरी और मेरे परिवार की बड़ी बेइज्जती होगी। ऐसे ही तो मौसी (शम्भू की मामा, यानी दादी) मेरी माँ को ताना मारती रहती हैं—गाँड़ में गुह नैं, नौ सुअर को न्योंता। मैं लौटकर घर चला जाता हूँ तो वे मूंसरे ढोल बजाने लगेंगी। वे तो कभी मुझे पढ़ते देखना नहीं चाहती हैं। उस पर भी जब से उन्होंने सुना कि उनके पोते से मुझे मैट्रिक की परीक्षा में अधिक अंक आ गया है, तब से तो मैं उन्हें फूटी आँख भी नहीं सुहाता हूँ। अगर बेइज्जती को पी-पचा भी लेता हूँ तो भी मेरी आई.एस-सी. पढ़ने की लालसा पर तुषारापात हो ही जाएगा। नहीं, मैं किसी तरह आई.एस-सी. पढ़ लूँगा, चाहे इसके लिए जो भी करना पड़े।' धीरज, धर्म, मित्र, अरु नारी, आपतकाल परेखिए चारी।' कल से खाना बन्द हो जाएगा, कोई बात नहीं। अभी मुझे घबराना नहीं चाहिए। सिर्फ किताब में ही लिखी हुई दिनकर की वह पंक्ति है या जीवन में पालन करने की भी सीख देती है? :

खम ताल ठोंकता है जब नर, पर्वत के जाते पाँव उखड़।
मानव जब जोर लगाता है, पत्थर पानी हो जाता है॥

अभी मेरे पास नौ रुपए हैं—पाँच प्रिंसिपल साहब के दिये हुए, और चार माँ के दिये पन्द्रह रुपए में से कुल नौ रुपए तो हैं ही। मूसन सिंह के होटल में प्रति शाम छह आने लगते हैं। चौबीस छका एक सौ चौवालीस। चौबीस शाम, यानी बारह दिन। बीच में रात का खाना तीन-चार दिन छोड़ दूँगा तो पन्द्रह दिन। पन्द्रह दिनों की खुराक पास में है। इस बीच आगे के लिए कोई उपाय कर लूँगा। सामने जब पन्द्रहवाँ दिन आएगा, तो देखा जाएगा—'आगतो

हि भयं वीक्ष्य, प्रतिकुर्यात यथोचितम्।' (हितोपदेश)। मैं अपनी चौकी पर लेटे-लेटे घंटों जो-सो, सोचता रहा। कभी मन में आवे कि वकील साहब से मिलूँ, फिर लगे कि बेचारे वकील साहब ही क्या कर लेंगे? पत्नी इतनी मुँहजोर है कि वे उससे मुँह लगाना नहीं चाहेंगे। मेरे चलते पति-पत्नी में कहीं गाली-गलौज या मार-पीट ही हो जाए तो मैं कहीं का नहीं रहूँगा। जो भी कमरा रहने के लिए मिला हुआ है, उससे भी हाथ धोना पड़ेगा। नहीं, वकील साहब से कुछ भी नहीं कहना है। मुखिया जी से कहूँ तो यह औरत परिवार में बाँट-बखरा करा देगी। मैं किसी से कुछ नहीं कहूँगा। अपना बोझ आप ही उठाना चाहिए। चलो, लड़ लूँगा हर परिस्थिति से, पढ़ना छोड़कर घर तो नहीं ही भागूँगा। मन में इस तरह गुनते-धुनते रात हो गई और मैनका एक थाली में पाँच रोटी, एक कटोरी में करही मेरे आगे रखकर बोला, 'अभी भर पेट खा लीजिए, कल से आपका खाना यहाँ नहीं बनेगा।'

मैंने कहा, 'ठीक है,' और आगे रखी करही-रोटी खाकर मैं सो गया।

अगली सुबह मैं जगा तो अन्य दिनों की अपेक्षा अधिक ताजगी महसूस कर रहा था। माँ का दिया दो मुट्ठी मरहा खाकर मैं कॉलेज के लिए चल पड़ा। सभी क्लास समाप्त होने पर प्रैक्टिकल क्लास में गया। वहाँ आज टाइट्रेशन के सम्बन्ध में बताने के बाद उसे व्यावहारिक रूप से दिखाया गया। मेरी समझ में बात ठीक से आ गई। फिर कॉलेज से 12:30 बजे चला और मूसन सिंह के होटल में बैठकर भात-दाल, सब्जी, चटनी भरपेट खा लिया। आज खाते समय मन में किसी तरह का संकोच नहीं था। पैसे देकर, छाती ऊँची कर डेरा पहुँच गया। अपने कमरे में बैठकर भविष्य के सम्बन्ध में सोच-विचार करने लगा।

चार बजे के करीब मैं जी. लाल की दुकान पर पहुँचा और घंटा भर किताब पढ़कर बाजार घूमने लगा। बाजार में रामनाथ जी से भेंट हो गई। दोनों व्यक्ति बगल में रुककर बातें करने लगे। रामनाथ जी मंझौल उच्च विद्यालय से ही मुझसे एक वर्ष पहले मैट्रिक पास हुए थे। वे मुझसे एक साल सीनियर थे, मगर थे आर्ट्स के विद्यार्थी। बातचीत के क्रम में उन्होंने मुझसे कहा, 'अँगरेजी के प्रोफेसर नवल बाबू आपके नाम से परिचित हैं। वे कह रहे थे कि प्रिंसिपल साहब रामसागर नाम के किसी लड़के की ईमानदारी की प्रशंसा कर रहे थे, और यह भी कि वह बहुत 'पुअर' है। प्रिंसिपल साहब आपको कैसे जान गए रामसागर भाई?'

'अरे रामनाथ जी, कभी-कभी संयोग भी जीवन में नवजीवन ला देता है। कोई महीना भर पहले मैं हिन्दी का क्लास करने सीढ़ी से ऊपर चढ़ रहा था, और ऊपर से सेकेंड ईयर के विद्यार्थी नीचे उतर रहे थे। ऊपर जाने के समय फर्स्ट ईयर के सभी लड़के दौड़कर सीढ़ी चढ़ने लगते हैं, ताकि आगे की बेंच पर जगह ले सकें। इसी आपा-धापी में सीढ़ी पर चढ़ने-उतरनेवाले छात्रों के बीच धक्कम-धुक्की हो गई। सेकेंड ईयर से नीचे आनेवाली भीड़ में लड़कियाँ भी थीं। मैं बगल होकर चल रहा था, फिर भी कसमकस तो थी ही। जब मैं ऊपर चढ़कर बेंच पर बैठा, तो देखता क्या हूँ कि एक कलम मेरी कमीज की बाँह में गुँथी हुई है। मैंने वह कलम कमीज से खींचकर हाथ में ली तो आश्चर्यचकित। उस कलम पर लिखा था —पार्कर। पहले तो मन में आया कि जिस कलम का नाम सुनता था, वह आज मेरे हाथ लग गई। यह तो जीवन भर चलती रहेगी। इसे किसी को देखने नहीं दूँगा। परन्तु दूसरे ही क्षण विचार बदल गया। यह कीमती कलम जरूर किसी धनी

लड़के की होगी। मुझे तो इतनी कीमती कलम शोभेगी नहीं। यह तो 'बन्दर के हाथ में नारियल' वाली बात हो गई। फिर जिसकी कलम होगी, वह बेचारा कितना चिन्तित होगा! मुझे यह कलम लौटा देनी चाहिए। पर कलम वाले छात्र को खोजूँ कैसे? जो हो, यह कलम मैं नहीं अपना सकता, पाप लगेगा। क्लास खत्म होते ही मैं सीधे प्रिंसिपल के कमरे में चला गया और उनसे बोला—सर, एक कीमती कलम मैंने पाई है। यह किसी दूसरे विद्यार्थी की है। इसे आपके यहाँ जमा कर देता हूँ। कोई खोज करे तो आप उसे दे देंगे, या आप जैसा उचित समझें, वैसा करेंगे।—यह कहकर मैंने कलम उनकी टेबुल पर रख दी। उन्होंने मुझसे पूछा—तुम्हीं न सुदर्शन बाबू की चिट्ठी लेकर आए थे? मैंने कहा—जी सर! —फिर वे पूछ बैठे—क्या नाम है? —मैंने कहा—रामसागर। —ठीक है, जाओ। मैं बाहर चला आया और मन में बड़ा गर्व महसूस करने लगा। दूसरे दिन प्रिंसिपल साहब ने रामबुझावन सिंह से मुझे खोजकर बुला लाने को कहा। मैं डरता-सकपकाता उनके कमरे में घुसा। वे बोले—कल वाली कलम तुमने कहाँ पाई थी? मैं डर के मारे झूठ बोल गया—सर, ऊपर चढ़ते समय सीढ़ी पर। —उन्होंने कहा—शाबाश! यह कलम मेरी बेटी की है। रात में उसने मुझसे बताया कि उसकी पार्कर कलम कहीं खो गई है। तुमने यह कलम पाकर मेरे ऑफिस में जमा कर दी, इससे तुम्हारी ईमानदार नीयत का पता चलता है। जीवन भर इस ईमान को बचाकर रखना। यह तुम्हें भविष्य में मदद करेगा। लो, यह पाँच रुपए, यह तुम्हारा पुरस्कार है। ये रुपए तुम्हें मैं नहीं दे रहा हूँ, तुम्हारा ईमान तुम्हें दे रहा है।—मैंने पाँच रुपए ले लिये, और उन्हें प्रणाम कर बाहर आ गया। शायद यही चर्चा प्रिंसिपल साहब ने नवल बाबू प्रोफेसर से की होगी, इसीलिए वे मेरा नाम जान गए होंगे।'

रामनाथ जी यह कहानी सुनकर खूब हँसे और खुश भी हुए। फिर उन्होंने पूछा, 'और क्या हाल-चाल है? पढ़ाई कैसी चल रही है? कितने घंटे रोज पढ़ते हैं?'

मैंने हँसते हुए कहा, 'पढ़ता-लिखता कहाँ हूँ? सिर्फ बाजार में इधर से उधर मटरगश्ती करता फिरता हूँ।'

'नहीं, आप तो वैसा करनेवाले छात्र नहीं हैं। हँसी-मजाक की बात नहीं, ठीक-ठीक बताइए। कोई दिक्कत हो तो वह भी बताइए। आप और मैं दोनों गरीब घर के विद्यार्थी हैं। पढ़ना तो सात-आठ घंटे पड़ेगा ही।'

थोड़ा रुककर मैंने उनसे कहा, 'रामनाथ भाई, जाके पैर न फटी बिबाई, सो क्या जानै पीर पराई। आप तो मेरी ही तरह गरीबी के दलदल में रहकर आगे पैर बढ़ा रहे हैं। इसलिए आपसे क्या छिपाना, और क्या लजाना! मैं बहुत कठिनाई से गुजर रहा हूँ और हो सकता है कि पढ़ना छोड़कर घर लौट जाऊँ।' फिर मैंने उनसे अपनी सारी समस्या सुना दी।

वे थोड़ा गम्भीर होकर बोले, 'भाई रामसागर, घर तो नहीं लौटिए। अब बचा ही है कितना समय? मुश्किल से छह-सात महीने। किसी तरह पार हो ही जाएगा।'

मैंने कहा, 'रामनाथ जी, ये छह-सात महीने मेरे लिए छह-सात युग हैं। औरों के लिए समय भागता चलता है, पर मेरे लिए तो समय जैसे ठहर ही गया है, यह काटे नहीं कटता।'

वे बोले, 'अच्छा, ट्यूशन कीजिएगा? मैं तो ट्यूशन पढ़ाकर ही पढ़ाई कर रहा हूँ।'

मैंने छूटते ही कहा, 'मिलता कहाँ है ट्यूशन? मिले तो कर लूँगा।'

रामनाथ जी बड़े सकारात्मक ढंग से बोलने लगे, 'मिलेगा क्यों नहीं? ठहरिए, मैं दो से चार दिनों में आपके लिए साइंस का ट्यूशन पढ़नेवाला खोज देता हूँ।'

हम लोग कुछ देर और अपना सुख-दुख बतियाकर अपनी-अपनी राह चल पड़े। मेरे मन में आशा का एक दीप टिमटिमाने लगा—ट्यूशन।

शाम तो हो चुकी थी। मैं मूसन सिंह के होटल में खाना खाने बैठ गया। खाना खाकर डेरा पहुँचा और दामोदर बाबू के दिए हुए कमरे में सो गया।

जीवन अपने ढंग से चल रहा था। मूसन सिंह के होटल में पिछले चार दिनों से मैं खा रहा था। अब तो मुश्किल से आठ-नौ दिनों तक ही खाने के लिए मेरे पास पैसे बचे हैं। इन पैसों को पन्द्रह-बीस दिनों तक कैसे चलाया जा सकता है?

होटल के बगल में एक जलेबी की दुकान थी। वह पाँच आने में पाव भर जलेबी देता था। मूसन सिंह छह आने में खिलाता है। क्यों नहीं मैं पाव भर जलेबी खाकर प्रति शाम एक आना बचा लिया करूँ? ठीक है, कल से वही करूँगा।

और सचमुच दूसरे दिन कॉलेज से लौटकर मैं जलेबी की दुकान पर बैठ गया। पाव भर जलेबी खाकर पानी पिया तो लगा, भर पेट भोजन हो गया है। इससे अच्छा तो मूसन सिंह का होटल नहीं। फिर रात में भी मैंने जलेबी खाई। तीसरे दिन भी जलेबी खाई और दुकान से निकलने के बाद मन-ही-मन माँ जयमंगला की याद करने लगा—हे मैया, मुझ गरीब की मदद करो! ऐसी कृपा करो कि दिन में दो बजे जलेबी खाने के बाद, रात में मुझे धुआँ ढकार (अनपच का ढकार) होने लगे; ताकि रात में खाने का खर्च बच जाए। लेकिन जयमंगला माता मदद करने को तैयार नहीं हुई। मुझे सात बजते-बजते भूख लग ही गई और मैं जलेबी की दुकान छोड़कर मूसन सिंह के होटल में घुस गया। जा रे दुर्दिन, मेरे ही पीछे हाथ धोकर क्यों पड़े हो?

पाँचवें दिन रामनाथ जी कॉलेज परिसर में मिले। उन्होंने मुझसे कहा, 'रामसागर जी, मैंने आपके लिए ट्यूशन खोज दिया है। आज या कल चलिए मेरे साथ और बात कर लीजिए।'

'कहाँ खोजा? कहाँ जाकर बात करूँ?' मैंने पूछा।

वे बोले, 'अरे, बहुत अच्छी जगह आपका ट्यूशन लगा है। शहर के नामी-गिरामी वकील हैं। उनकी ही एक बेटी दसवीं कक्षा में साइंस पढ़ती है। उसे आपको फिजिक्स, कैमिस्ट्री और मैथ पढ़ाना है। आपको तो मैट्रिक का कोर्स याद ही होगा। कोई दिक्कत नहीं होगी। फिर बड़े आदमी से सम्पर्क का लाभ भी आगे चलकर मिल जाएगा। आज ही चलिए शाम में, तो मिला दूँगा।'

मैं भीतर से बहुत खुश हुआ कि ट्यूशन मिल गया, पर वकील के यहाँ पढ़ाना है, इससे थोड़ा डर भी लगा। वकील साहब सब तो अपनी पत्नी के आगे भींगी बिल्ली हो जाते हैं। कहीं दामोदर बाबू की पत्नी की तरह ही इस वकील की पत्नी भी कटही घोड़ी हो तो मैं ताड़ से गिरकर बबूल में फँस जाऊँगा।

मैंने रामनाथ जी से कहा, 'भाई रामनाथ जी, आज मिलने का प्रोग्राम रहने दीजिए। कल पाँच बजे आपके यहाँ आ जाऊँगा और वहीं से वकील साहब के घर चल पड़ेंगे।'

'अरे, मैं तो उन्हीं के अगल-बगल रहता हूँ। आप कल वहीं आइए।'

फिर उन्होंने स्थान बता दिया और हम लोग अलग हो गए।

दूसरे दिन संध्या समय मैं रामनाथ जी के साथ वकील साहब के घर पहुँचा। वकील साहब लुंगी-गंजी पहनकर बरामदे में बैठे थे। पहले रामनाथ ने उन्हें प्रणाम किया, फिर मैं भी।

'बैठिए रामनाथ! यह लड़का कौन है?' वकील साहब ने पूछा।

रामनाथ उत्साहित ढंग से बोल पड़े, 'यही वह लड़का है जिसके बारे में मैंने आपसे कहा था। जूही को पढ़ाने के लिए यही तैयार हुआ है। आपने जैसे ट्यूटर की खोज करने को कहा था, यह वैसा ही है। मैट्रिक में अच्छा अंक पाकर प्रथम श्रेणी से उत्तीर्ण हुआ है। इसका साइंस पेपर बहुत ठोस है। अँगरेजी और संस्कृत भी पढ़ा देगा। इससे अच्छा विद्यार्थी ट्यूटर के रूप में नहीं मिलेगा। आप बात कर लीजिए।'

वकील साहब मुझसे पूछने लगे, 'कितने बजे से आप पढ़ाना चाहेंगे?'

मैंने कहा, 'तीन बजे से सात बजे शाम के बीच, जब भी आप कहेंगे, मैं आ जाऊँगा।'

'कितना समय देंगे?'

'एक से डेढ़ घंटा।'

'रुपया कितना लेंगे?'

'जो भी आप देंगे, मुझे मंजूर होगा।'

'आपका नाम क्या है?'

'रामसागर।'

'घर कहाँ है?'

'पहसारा।'

'अच्छा, तो आप दामोदर बाबू वकील के ग्रामीण हैं?'

'जी हाँ, ग्रामीण ही नहीं, पट्टीदार भी।'

'वाह, तब तो आप जाति के भूमिहार होंगे?'

'जी सर।'

'ठीक है। कल से आप चार बजे आ जाया कीजिए। डेढ़ घंटा समय देकर पढ़ाइए। मैं उस समय नहीं रहूँगा, क्योंकि कचहरी से लौटते-लौटते मुझे पाँच-छह बज जाते हैं। मेरी पत्नी रहेंगी, नौकर रहेगा। आपको कोई दिक्कत नहीं होगी। मैं आपको बारह रुपए महीना दिया करूँगा, कम तो नहीं होगा?'

मैंने कहा, 'बहुत है सर।'

फिर उन्होंने नौकर से कहा कि वह जूही को बुला लाए।

तीन-चार मिनट बाद नौकर के पीछे-पीछे जूही आ गई। जूही हाफ पैंट और ऊपर से शर्ट पहने थी। आँखें बड़ी-बड़ी और चेहरे पर मुस्कान। रंग गोरा और शरीर थोड़ा मांसल। उम्र अन्दाजन पन्द्रह वर्ष की। बाल थोड़े घुँघराले और पीठ पर लटके हुए। हाथ की उँगलियाँ लम्बी-लम्बी, पर कद लम्बा नहीं।

उसके आते ही वकील साहब बोल पड़े, 'बेटा, कल से यही तुझे पढ़ाने आएँगे। इन्हें प्रणाम करो।'

जूही ने दोनों हाथ जोड़कर मुझे प्रणाम किया। मैं इतने बड़े बाप की बेटी से प्रणाम पाकर धन्य हो गया।

फिर वकील साहब बोले, 'पढ़ाई में ज्यादा ध्यान नहीं देती है, वैसे दिमाग से काफी तेज है। आप थोड़ा अधिक समय देकर अपने ही सामने साइंस विषय तैयार करवा लीजिएगा। अपने से तो यह पढ़ने बैठती ही नहीं।' वकील साहब बोलते रहे और जूही चली गई।

कुछ ही मिनटों में जूही की माँ दो प्लेट में नाश्ता ले आईं और सामने की टेबुल पर रखकर बोलीं, 'मैं जूही की माँ हूँ। खाइए। मैं पढ़ाने के समय घर पर ही रहूँगी।'

प्लेट में दो पकवान, थोड़ा नमकीन, दो केले और दो-दो पेड़े थे। रामनाथ जी खाने लगे, तो मैंने भी शुरू कर दिया। हाथ धोकर पानी पीने के बाद लगा कि पेट भर गया है। फिर वकील साहब से इजाजत लेकर हम दोनों चल पड़े।

दूसरे दिन मैं वकील साहब के घर ठीक चार बजे जूही को ट्यूशन पढ़ाने पहुँच गया। बरामदे से अन्दर घुसते ही जो कमरा पड़ता था, उसी में दो-तीन कुर्सियाँ रखी थीं, और कुर्सियों के बीच में एक सामान्य ऊँचाई की टेबुल। जैसे ही मैं बरामदे पर चढ़ा कि रामसेवक नौकर दौड़कर भीतर गया और मालकिन से बोला, 'मास्टर साहब आ गए हैं।'

मालकिन ने कहा, 'अन्दर बैठाओ।'

बाहर आकर रामसेवक मुझसे कहने लगा, 'जी, भीतर कमरे में चलिए न, कुर्सी लगी हुई है। आ जाती हैं जूही जी। अभी थोड़ा नाश्ता कर रही हैं।'

मैं भीतर जाकर कुर्सी पर बैठ गया। थोड़ी देर में जूही और उसकी माँ कमरे में दाखिल हुईं। मैंने उठकर जूही की माँ को प्रणाम किया और जूही ने मुझे।

उसकी माँ बोली, 'बैठिए मास्टर जी, अब आप ही इसे पढ़ाकर अच्छा नम्बर दिलवा सकेंगे। अपने से तो यह कभी पढ़ने बैठती ही नहीं, सिर्फ गुदुर-गुदुर खाने पर रहती है।'

मैं हँस पड़ा। फिर माँ जी चली गईं और जूही कुर्सी पर बैठकर मुझसे पूछने लगी, 'क्या पढ़ाइएगा सर ?'

मैंने कहा, 'आप जो पढ़ना चाहें, वही पढ़ाऊँगा।'

'अच्छा, तो आज अच्छी तरह से मुझे न्यूटन का गति सिद्धान्त समझा दीजिए।'

मैंने कहा, 'किताब, कॉपी निकालिए।'

उसने वैसा ही किया। फिर मैं उसे न्यूटन के तीनों सिद्धान्त एक-एक कर समझाने लगा। इस क्रम में दो घंटे का समय व्यतीत हो गया, पर मुझे पता ही नहीं चला। पता तब चला, जब वकील साहब कचहरी से घर पहुँच गए और मुझसे पूछा, 'कितने बजे आए थे ?'

मैं कुछ कहता, उससे पहले जूही ही चहक उठी, 'ठीक चार बजे सर पहुँच गए थे और तब से अभी तक पढ़ा ही रहे हैं।'

वकील साहब ने कहा, 'अरे, छह बज चुके, अब छोड़ दीजिए। बहुत समय आपने दिया, अब और अधिक पढ़ाने से अनपच हो जाएगा।'

मैं उठकर चल पड़ा। चलते समय जूही ने मुझे प्रणाम किया।

दूसरे दिन मैं पाँच बजे पहुँचा। जूही पढ़ने वाले कमरे में तैयार बैठी थी।

मेरे पहुँचते ही उसने उठकर प्रणाम किया और बोली, 'आज आने में आपने देर कर दी मास्टर साहब।'

'हाँ, मुझे घड़ी नहीं है, इसलिए समय का अन्दाज नहीं रहा।'

आवाज सुनकर बगल के कमरे से जूही की माँ भी चली आईं। मैंने जैसे ही उन्हें प्रणाम किया, वे बोलने लगीं, 'मास्टर जी, आपकी पढ़ाई की जूही काफी तारीफ कर रही थी। रात अपने पिता से कह रही थी कि आज तक स्कूल में कोई शिक्षक इतने अच्छे ढंग से साइंस नहीं समझा सका। मुझे जो सबसे कठिन लगता था, उस चैप्टर को इतने अच्छे ढंग से इन्होंने समझाया कि कभी भूल ही नहीं सकती। आप इसी तरह पढ़ाइए तो यह लड़की भी आपकी तरह ही मैट्रिक फर्स्ट डिवीजन से पास कर जाएगी।'

फिर वे चली गईं और मैं जूही को क्षेत्रमिति पढ़ाने लगा। उसे क्षेत्रमिति का कुछ भी ज्ञान नहीं था। मैंने आयत और वर्ग का क्षेत्रफल, फिर परिमिति निकालने का तरीका बताया और उन पर कुछ प्रश्न भी हल करवाए। लगभग डेढ़ घंटे के बाद मैं चलने को तैयार हुआ कि वकील साहब भी आ गए। आते ही वे मुझसे कहने लगे, 'आप तो पढ़ाने की अच्छी कला जानते हैं। जूही आपके अध्यापन की खूब तारीफ कर रही थी।'

मैं सकुचाते हुए बोला, 'जी नहीं, अभी तो मैं अनारी हूँ। यह ऐसे ही तारीफ कर रही होगी।' फिर उन्हें प्रणाम कर चल पड़ा।

ज्योंही बरामदे से नीचे उतरा कि रामसेवक ने मुझे हँकाया, 'मास्टर जी, बबुनी की माँ नाश्ता लेकर खड़ी हैं, खा लीजिए।'

मैं लौट पड़ा और नाश्ता करने बैठ गया।

बीच में माँ बोलीं, 'आप जाते समय नाश्ता कर लिया कीजिए। इतनी देर तक बोलने से कंठ सूख जाता होगा।'

मैं नाश्ता करके चला गया।

इस तरह जूही को पढ़ाते मुझे एक सप्ताह बीत गया। अब आगे के दिन मुझे भारी पड़ने लगे। मैं ज्योंही पढ़ाने वाले कमरे में प्रवेश करता, कमरा गमक उठता। जिस कुर्सी पर बैठकर मैं पढ़ाता था, उस पर अब एक गद्दा रख दिया गया। गद्दे से भी सुगंध आती थी। उसे हाथ से छूने पर मेरी उँगलियाँ गमक उठतीं। इस मादक गंध के कारण मैं अपनी उँगलियों को बार-बार सूँघता। मुझे ऐसा करते देख जूही मुँह नीचे कर मुस्कुराने लगती। कितनी सुन्दर सुगंध है यह! कहाँ से आती होगी?

खैर, एक दिन मैं कॉपी पर त्रिभुज का चित्र बनाकर उसे समझा रहा था कि जूही की लम्बी-लम्बी उँगलियाँ मेरे उलझे सघन बाल से खेलने लगीं। मैंने आँखें उठाकर देखा तो जूही हँस रही थी और उसका गाल सुर्ख लाल होकर चमक रहा था। मैं काँप उठा। फिर संयमित वाणी में मैंने कहा, 'कुर्सी पर बैठ जाओ, खड़े होकर कठिन प्रश्नों का समाधान नहीं समझ पाओगी। पढ़ाई के समय पाठ पर ही ध्यान केन्द्रित करना चाहिए।'

बैठ तो वह गई, पर उसका चेहरा थोड़ा उदास हो गया। समय पूरा हुआ और मैं बिना किसी से बोले वहाँ से चल पड़ा। आज मेरा मन भय और रोमांस की लहर पर तैर रहा था। मन का घोड़ा एक कदम रोमांस की राह पर रखता, तो दूसरा कदम रुक जाता। भविष्य

का भय रोमांस के उठे हुए कदम को पीछे खींच लेता। लहर पर तैरता हुआ सूखे काठ का टुकड़ा जैसे आगे-पीछे हो रहा हो! रात भर मैं सोचता रहा, क्या करना चाहिए?

दूसरे दिन मैं पढ़ाने गया तो जूही हाफ पैंट पर एक ढीली कमीज पहनकर मेरे बैठने के दो-तीन मिनट बाद कमरे में आई। उसके आते ही कमरा गमक उठा। लगा, कमरे की दीवारें हँस रही हैं, टेबुल चमक उठी हो! वह अपने हाथ में एक आमपापड़ या कहिए, अमावट खाती, मुँह चलाती आई। मुझे लगा, इस तरह कोई लड़की टीचर के सामने कैसे आ जाती है? बड़े बाप की बेटी है, नहीं तो टीचर के डर से जूठे हाथ-मुँह कैसे आने का साहस करती? खैर, गरज अपना है, जैसे भी बैठे-उठे, पैसा तो मिलेगा न। चलो, एक दिन ठीक से डाँट-डपट करूँगा, ठीक हो जाएगी।

मैं यह सोच ही रहा था कि वह अमौट दिखाकर बोली, 'मास्टर साहब, अमौट खाइएगा? ले आऊँ?'

मैंने कहा, 'नहीं, पढ़ने की बात करो। आज क्या पढ़ोगी?'

जूही बोली, 'सर, आयत और वर्ग तो मैं ठीक से समझ गई हूँ, पर त्रिभुज का क्षेत्रफल निकालना मैं नहीं समझ पाती हूँ। कृपया मेरी कॉपी पर वह फार्मूला लिखकर मुझे एक बार फिर से समझा दीजिए।'

मैंने हँसते हुए कहा, 'अरे, त्रिभुज का क्षेत्रफल निकालना तो और आसान है—आधा×आधार×ऊँचाई। इसमें क्या दिक्कत हो सकती है किसी को?'

जूही बोली, 'यही फार्मूला मैं भूल जाती हूँ। आप मेरी कॉपी पर इसे लिख दीजिए नऽ!'

मैंने कहा, 'कलम दो, लिख देता हूँ।'

वह बोली, 'मैं जूठा हाथ-मुँह हूँ। कलम मेरी कमीज में लटकी है, कृपया खींच लीजिए।' यह कहते हुए उसने अपनी छाती जहाँ कलम लटक रही थी, आगे की ओर तान दी।

मैंने उसकी कमीज से कलम खींचने लगा तो छाती आगे की ओर और उभर आई। मैंने कलम खींचने के साथ-साथ कमीज के भीतर अपना हाथ घुसा दिया और दोनों छाती को दबाते हुए कलम खींच ली।

जूही खिलखिला उठी। बोली, 'कमीज तो ठीक कर दीजिए।'

मैं कमीज ठीक करने के बहाने पुन: उसके अनमोल रतन को दबाया और एक विशेष अनुभूति से देह में कम्पन आ गया। मैं कुर्सी पर बैठ गया और जूही ने मेरी गर्दन में बाँह डालकर मुझे चूम ली। मेरा कम्पन और बढ़ गया।

जूही मुझे चूमकर हाथ-मुँह धोने अन्दर चली गई और मैं उसकी कॉपी पर उसकी ही कलम से 'आज मेरी तबियत ठीक नहीं है, कल पढ़ा दूँगा।' लिखकर उस कमरे से निकल भागा।

मैं रात भर इस घटना पर सोचता रहा। अब मैं कौन-सा मुँह लेकर जूही को पढ़ाने जाऊँगा? वह तो चाहती ही है, पर मैं तो कलंकित हो गया। अगर वहाँ जाता रहा, तो फिर वह वैसी हरकत करेगी ही। मैं भी अपने वश में रह सकूँगा या नहीं, इसका क्या ठिकाना! पिताजी बराबर बोलते थे—'आग के पास घी रख दिया जाएगा तो घी पिघलेगा ही, बहेगा ही।' ना, मैं अब जूही को पढ़ाने नहीं जाऊँगा। सत्रह-अठारह दिन पढ़ा दिया, बहुत है। भूखों मर जाना ठीक है, भीख भी माँगना इस कुकर्म से बेहतर है। मुझे नहीं जाना है उस दरवाजे

पर। अगर उसके बाप को यह सब मालूम हो जाए तो वह मुझे जेल भेज देगा। कौन यह आफत मोल ले? क्या हो गया था कल मुझे? अरे, आए थे हरि भजन को, औटन लगे कपास'! वाह रे पत्थर को पानी बनाने वाले साधक! धिक्कार है तुम्हारी एकनिष्ठा को! कसम खाई थी किसी तरह आई.एस-सी. पढ़ लेने की, और बीच मँझधार में ही नाव डुबोने लगे! ना मेरे मालिक! माँ सरस्वती! मैं कोई दूसरा ट्यूशन खोज लूँगा, पर वहाँ लौटकर कभी नहीं जाऊँगा। अगर फिर कभी वहाँ गया, तो मेरी सारी विद्या नाश।

मैं दूसरे दिन जूही को पढ़ाने नहीं गया। तीसरे दिन भी नहीं गया। इस बीच मैं गम्भीर चिन्तन करने लगा। कॉलेज का क्लास तो मैं नहीं छोड़ता, पर क्लास की पढ़ाई में मन भी नहीं लग रहा था। प्राध्यापक पढ़ा रहे हैं और मन कहीं और भाग रहा है। मैं हमेशा इसी चिन्तन में लगा रहता कि कहीं दूसरा ट्यूशन मिल जाए तो बेगूसराय रह सकूँगा, अन्यथा घर भागना ही पड़ेगा। पास में अब मात्र चार रुपए बचे हैं, वह भी इसलिए कि जिस दिन जूही के घर में नाश्ता मिल जाता था, उस दिन मूसन सिंह, या जलेबी की दुकान पर नहीं जाता। ये चार रुपए तो अधिक से अधिक दस दिन चलेंगे, वह भी कतर-ब्योंत करने पर। इसलिए कोई ट्यूशन मिल जाए तभी काम चलेगा।

मैं क्लास के साथियों से चर्चा करता कि कोई ट्यूशन पढ़ाने वाले की खोज करे, तो बोलिएगा। चौथे दिन रामनाथ जी मुझे कॉलेज में दिखाई पड़े। मैं उनसे कन्नी काटना चाह रहा था, पर उन्होंने मुझे देख लिया।

वे जोर से बोले, 'रामसागर भाई, सुनिए,' और लपककर मेरे पास चले आए। फिर पूछने लगे, 'आप वकील साहब के यहाँ नहीं जाते हैं? वे खोज रहे थे। जूही बोल रही थी कि बहुत अच्छा पढ़ाते हैं, उन्हें बुलाइए नऽ!'

जूही का नाम सुनकर मेरी आँखों में उसका सीना उभर आया। फिर मैंने उनसे कहा, 'रामनाथ जी, मैं उसे पढ़ाने में थक जाता हूँ। उसके बाद मुझे अपना कोर्स पूरा नहीं हो पाता है। मैं नहीं पढ़ा सकूँगा। मैं अब किसी नीचे क्लास का ट्यूशन खोजूँगा जिसे पढ़ाने में मुझे आसानी हो। कृपया वकील साहब से आप मेरी प्रार्थना सुना देंगे। मैंने कई दिन उनके यहाँ नाश्ता किया था। उनके नमक की सैरियत नहीं चुका सका। वे मुझे माफ कर दें, और आप जूही के लिए कोई दूसरा ट्यूटर खोज दें।'

रामनाथ पर मेरी बातों की क्या प्रतिक्रिया हुई, यह तो मैं नहीं जान पाया, पर वे 'कम-से-कम आप वकील साहब से मिल तो लेते,' कहकर चलते बने।

मैं भी अपने को हल्का महसूस करने लगा, फिर भी जूही क्या सोचेगी, यह सोचकर मैं बेचैन हो गया। उस सुगंधा किशोरी की जब-जब याद आती, मैं अपनी उँगलियाँ सूँघने लगता।

कुछ दिन और गुजरे, छह या सात दिन। रामनाथ बाबू फिर मुझे खोजते कॉलेज परिसर में मिल गए। उन्होंने मुझे रोककर कहा, 'आपकी बात मैंने वकील साहब से कह दी। उन्होंने कहा—वे जितने दिन पढ़ा चुके, उसका पैसा तो ले जाते। खैर, वे नहीं आएँगे तो लीजिए ये आठ रुपए, आप ही उन्हें दे देना। किसी की मजदूरी रख लेना अन्याय होगा।'

और रामनाथ जी ने मेरे हाथ में आठ रुपए रख दिए।

मैं तो इन आठ रुपयों को स्वाति की बूँद समझकर मन-ही-मन इतना खुश हुआ कि जैसे इन्हीं से मेरे आगे के आठ महीने कट जाएँगे। मैं अपने ढंग से फिर कॉलेज करने लगा, लेकिन मेरे मन में हमेशा यह गणित चलता रहा कि ये आठ रुपए कितने दिन चलेंगे?

आठ-दस दिन बाद मैं जी. लाल की दुकान पर डायनामिक्स की किताब लेकर वह चैप्टर देखने लगा जिसे भूदेव बाबू ने आज क्लास में पढ़ाया था। किताब नहीं रहने के कारण मैं कुछ सवाल अपनी कॉपी में उतारने लगा कि घर पर जाकर इन्हें हल करने का प्रयास करूँगा। अब तक मैं गणित में पिछड़ चुका था।

गणेश बाबू ने मुझसे कहा, 'इस तरह दुकान पर बैठ-बैठकर तुम कितना पढ़ सकोगे? कहीं ट्यूशन कर लो, उस पैसे से दो-चार किताबें खरीदकर घर पर पढ़ते रहना। आठ-दस घंटे पढ़ने पर ही साइंस का कोर्स पूरा हो पाता है, तुम घंटा-आध घंटा दुकान पर किताब उलटकर क्या पढ़ लोगे, 'जोजन खाय सो कोस अधाय!'

मैं उनका मुँह देखने लगा। उन्हें कैसे बताऊँ कि ट्यूशन कर लेने पर भी, उन पैसों से पेट चलाऊँगा कि किताब खरीदूँगा?

मुझे इस तरह उदास आँखों से ताकते देखकर वे बोले, 'देख क्या रहे हो? कहो तो मैं ट्यूशन पढ़नेवाला खोज दूँ?'

मैंने कहा, 'खोज दीजिए न।'

वे बोले, 'कल आना, मैं ले चलूँगा।'

वाह रे गणेश बाबू! बाँह पकड़कर नदी पार कराने वाला इन्सान।

दूसरे दिन मैं चार बजे के आसपास दुकान पर चढ़ गया। गणेश बाबू मुझे देखते ही बोल पड़े, 'चलो मेरे साथ, मैं तुम्हें पहुँचाकर चला आऊँगा दुकान पर। तुम उन लोगों से बात फाइनल करते रहना।'

फिर वे नीचे उतरे और दुकान से दस कदम आगे बढ़ने पर एक रिक्शा पर बैठ गए, मुझे भी बैठा लिया। आठ-दस मिनट में वहाँ पहुँच गए, जहाँ पहुँचना था।

रिक्शा से उतरकर दरवाजे पर खड़े होकर पुकारा, 'घनश्याम बाबू, बाहर निकलिए।'

घनश्याम बाबू सिमरिया के कोई ठेकेदार थे, बाहर निकले।

'अच्छा, अच्छा, गणेश बाबू! बैठिए न, कुर्सी पर।'

गणेश बाबू कुर्सी पर बैठ गए और मैं बगल में रखी चौकी पर।

फिर गणेश बाबू कहने लगे, 'आपने एक मास्टर खोज देने को कहा था, याद है न? मैं इन्हें लेकर आया हूँ। ये कॉलेज में पढ़ते हैं और ट्यूशन करके ही अपना खर्च चलाते हैं। अब आप इनसे फरियाइए और मुझे इजाजत दीजिए, दुकान खाली छोड़कर आया हूँ।'

'अरे, चाय-वाय तो पी लीजिए!'

'नहीं घनश्याम बाबू, दुकान पर कोई नहीं है, चलने दीजिए,' कहकर गणेश बाबू उठे और उसी रिक्शे पर बैठकर, जिससे आए थे, चल पड़े।

अब घनश्याम बाबू ने मुझसे पूछना शुरू किया, 'आपका घर कहाँ है?'

मैंने बता दिया।

वे बोले, 'अच्छा, बच्चा बाबू ठेकेदार भी तो पहसारा के ही हैं?'

मैंने कहा, 'हाँ।'

'तो आप इसी कॉलेज में पढ़ते हैं?'

'जी हाँ।'

'देखिए, मैंने गणेश बाबू से पन्द्रह-बीस दिन पहले कहा था एक ट्यूटर खोजने। आप आए तो मुझे खुशी हुई, पर मैं पहले ही बता देना चाहता हूँ, मैं ऐसा व्यक्ति खोज रहा हूँ जो यहीं रहे, यहीं खाए, और मेरे दोनों बच्चों को पढ़ाए। मेरे दो बेटे हैं—कमल और विमल। दोनों जुड़वाँ जैसे लगते हैं, पर जुड़वाँ हैं नहीं। दोनों भाई एक ही कक्षा पाँचवीं में पढ़ते हैं। असल में एक मास्टर साहब मेरे यहाँ रहते थे, पर वे लगभग बीस-पच्चीस दिन पहले घर चले गए। उन्होंने कोई खबर भी अब तक नहीं भेजी है। यू.पी. के बलिया जिले के रहनेवाले हैं। अब मैं कितने दिनों तक उनकी आस में बैठा रहूँगा? बच्चों की पढ़ाई पीछे पड़ जाएगी। इसलिए आप अगर मेरे यहाँ रहकर पढ़ाने के लिए तैयार हों तो बोलिए। खाने-पीने और रहने-सहने में कोई दिक्कत नहीं होगी। आपका कॉलेज भी यहाँ से नजदीक पड़ेगा। सोचकर अभी बता दीजिए।'

मैंने तुरत कह दिया, 'मैं आपके यहाँ रहकर ही आपके बच्चों को पढ़ाया करूँगा। आपके बच्चों को पढ़ाने के बाद जो समय बचेगा, उसमें मैं अपनी पढ़ाई कर लूँगा।'

'वाह! तब तो आपको मंजूर है न?'

मैं बोला, 'हाँ, हाँ; सोलह आने मंजूर है। मैं तो खुद ऐसा ही ट्यूशन खोज रहा था।'

'तो बताइए, कब आ जाइएगा?'

मैंने कहा, 'जब आप कहें।'

घनश्याम बाबू कुछ देर चुप होकर बोले, 'आज शुक्रवार है, आज तो अब शाम हो ही गई है। गोधूलि बेला में कहीं आना-जाना ठीक नहीं। कल फिर शनिवार हो जाएगा। शनिवार को कोई काम आरंभ नहीं करना चाहिए। ऐसा कीजिए कि आप सोमवार को सुबह में आठ-नौ बजे तक आ जाइए। खाना यहीं खाइएगा। हो सकता है, मैं घर पर उस समय नहीं भी रहूँ; क्योंकि ठेकेदारी के काम से मुझे कई जगह जाना-आना पड़ता है। मेरी पत्नी रहेगी, आपको कोई दिक्कत नहीं होगी। सामने वाली कोठरी में अपना सामान रख लीजिएगा। यही आपके रहने-सोने की जगह होगी। तब तक सब कुछ ठीक कर दूँगा।'

मैं खुश होकर बोला, 'ठीक है, मैं भी सोमवार से ही आना पसंद करूँगा, अच्छा दिन है।' मैं चल पड़ा और खुशी इतनी हुई कि 'सूखत धान पड़ा जनु पानी', 'जो रोगी का मन भावे, वही वैद फरमावे!' वाह रे गणेश बाबू, मेरे अनुकूल ट्यूशन खोज दिया। अब सामान के साथ सोमवार को घनश्याम बाबू के यहाँ चल देना है।

और सामान भी मेरे पास है क्या? जो नंगे नहाता है, वह गारेगा क्या? टीन की एक पेटी है, जो माँ ने दी थी। यह पेटी माँ को तेंग में विदाई के समय नैहर से मिली थी। नीचे के भाग में तो कई छेद भी हो चुके हैं। उसमें माँ का दिया हुआ थोड़ा-सा मरहा पोटली में बँधा बचा है। इस मरहा में भी तो अब पिलुआ निकल आया है। इतने दिनों तक मैं कंजूसी से बचा-बचाकर इसे खाता रहा। दो-चार मुट्ठी बचा है, उसे अब पिल्लू के कारण खाता भी नहीं हूँ। उसी टूटी पेटी को ले जाऊँगा, वह भी माथे पर रखकर।

नहीं, अभी पेटी नहीं ले जाना चाहिए। दो-चार दिन वहाँ रहकर तब आऊँगा और रिक्शे पर रखकर ले जाऊँगा। उसी दिन वकील साहब को भी बता दूँगा कि मैं आपका कमरा खाली कर रहा हूँ। पेटी रहने पर वे समझेंगे कि घर गया होगा। यही करना ठीक रहेगा।

मैं सोमवार को सबेरे जगकर नित्य-क्रिया से निवृत्त हुआ और नहा-धोकर हाथ में कॉपी-कलम लेकर कमरे से बाहर निकल आया। प्रफुल्ल चित्त से सड़क पर तेज कदम रखते हुए घनश्याम बाबू के दरवाजे तक पहुँच गया। दरवाजे पर घनश्याम बाबू बैठे थे, और सामने के कमरे में एक बुजुर्ग व्यक्ति। मैं उनके साथ चौकी पर बैठ गया।

फिर वे संकुचित कंठ से बोले, 'ऐसा है मास्टर साहब, कि दो वर्षों से जो टीचर हमारे बच्चों को पढ़ा रहे थे, वे कल रविवार को आ गए हैं। घर जाकर वे बीमार हो गए थे। देखिए न, वही कोठरी में बैठे हैं। अब मुझे किसी दूसरे शिक्षक की जरूरत नहीं है। इसलिए आप लौट जाइए। आपको कष्ट दिया, इसके लिए क्षमा चाहता हूँ।'

मेरा तो चेहरा ही सूख गया। गले से कोई बोली ही नहीं निकल पाई। मैं जैसे आया था, उल्टे पाँव लौट चला। अब क्या होगा? 'खोदा पहाड़, निकली चुहिया, वह भी मरी हुई!' अब मैं कैसे बेगूसराय में रह पाऊँगा?

मैं कॉलेज गया और एक-दो क्लास करके निकल पड़ा। मेरे क्लास छूट चुके थे। बाजार पहुँचकर पाव भर जलेबी खा ली, और जयमंगला माता को याद करता हुआ उसी कमरे में घुस गया, जिसे लगभग अलविदा कहकर सुबह में निकला था। दिनभर लेटे-लेटे सोचने लगा कि आगे क्या करना है। अनेक तरह के विचार आए-गए। कभी पश्चात्ताप होता कि क्यों उतने भले वकील के यहाँ से भाग आया। कभी मन कहता कि वहाँ से भागकर अच्छा ही किया। अगर वहाँ मैं जाता रहता तो पाप-पंक में जरूर फँस जाता। फिर करूँ क्या? अब तो घर लौटने के सिवा कोई दूसरा रास्ता बचा नहीं। सोचते-सोचते मन निराशा के अन्धकार में डूबने लगा। तभी मुझे वासुदेव बाबू (पहसारा मिडिल स्कूल के हेडमास्टर) की याद आई और वह पंक्ति मस्तिष्क में चमक गई, 'क्षुद्रं हृदय दौर्बल्यं, त्यक्त उतिष्ठ परंतप' (गीता)। नहीं, मैं घर नहीं भागूँगा। भीख माँगकर पढ़ूँगा, पर पढ़ूँगा जरूर। कायर की तरह प्रलाप करने से क्या लाभ? भीख माँगना संस्कार-विरुद्ध है, पर तुलसीदास ने तो लिखा है :

आरत काह न करहिं कुकर्मू,
माँगहिं भीख त्यागि निज धरमू।

और भीख तो प्राचीनकाल के गुरुकुल में पढ़ने वाले ब्रह्मचारी माँगते ही थे। फिर आज माँगने पर क्या अनर्थ हो जाएगा? चलो, भीख का नाम बदल दें—चन्दा। बड़ी-बड़ी राजनीतिक पार्टियाँ चन्दा माँगती हैं, फिर मैं चन्दा माँगूँ और वह भी पढ़ने के लिए, तो कौन सा कुकर्म हो जाएगा? —मैं भीख नहीं, चन्दा माँगूँगा।

अब मुझे जीने-पढ़ने का नया तरीका अपनाना ही होगा। घर लौटकर गाय-भैंस नहीं चराऊँगा। जय गणेश!

दूसरे दिन नहा-धोकर मैं खाली हाथ निकल पड़ा। सोचने लगा—सबसे पहले किसके यहाँ जाएँ? मेरी बुद्धि ने कहा—इस शहर के सबसे बड़े सेठ राय बहादुर खड्ग नारायण हैं। उनके ही यहाँ चलकर यात्रा बनानी चाहिए। सुना है, वे बड़े कंजूस हैं, फिर भी हैं तो

सबसे बड़े सेठ। कंजूसी भी करेंगे तो कितनी ? हाथ दाबते-दाबते भी सौ-पचास दे ही देंगे—'विद्यादान, महादान'। विद्या के नाम पर वे कंजूसी भी भूल जाएँगे। सोच-समझकर मैं खड्ग बाबू के यहाँ चल पड़ा।

उनके दरवाजे पर चढ़ने में डर भी गया। लेकिन मालूम हुआ कि वे घर में नहीं, अपनी गद्दी पर होंगे। मैं उनकी गद्दी पर पहुँच गया। बरामदे से लगा हुआ, सामने में ही एक कमरा था। कमरे की दीवार से सटाकर कपड़े की रुई-भरी गद्दी लगी थी। खड्ग बाबू उसी गद्दी पर पूरब मुँह करके बैठे थे। उनके आगे काठ का एक बक्सा था, जिसके बीच में एक बड़ा-सा छेद। बक्से के दोनों तरफ सोना-चाँदी के कुछ गहने-जेवर रखे थे। चाँदी के दो-तीन गिलास और तांबे का एक छोटा-सा कलश बक्से के पीछे और खड्ग बाबू के आगे पड़े थे। खड्ग बाबू देखने में बूढ़े लगते थे, हालाँकि उनकी उम्र ज्यादा नहीं थी। एक धोती और उस पर एक साधारण कपड़े का कुर्ता उन्होंने पहन रखा था। कुर्ते की छाती पर एक बड़ी-सी चौड़ी जेब लटक रही थी। कुर्ता न ज्यादा साफ था, न गंदा। सिर पर एक जमींदारी टोपी थी। मुँह गोल और आँखें छोटी-छोटी। वहाँ पहुँचकर मैंने झुककर उन्हें प्रणाम किया।

उन्होंने सिर हिलाया, और मुझसे पूछ बैठे, 'कुछ काम है ?'

मैंने कहा, 'जी, आपसे कुछ प्रार्थना करने आया हूँ।'

'बोलिए।'

मैं बोलने लगा, 'मालिक, मैं यहाँ जी.डी. कॉलेज मैं पढ़ता हूँ। घर से गरीब हूँ। खर्च-वर्च नहीं चल पा रहा है। आपके दरबार में कुछ सहायता माँगने आया हूँ।'

खड्ग बाबू का चेहरा कुछ उदास हो गया और भनभनाने लगे, 'माँगने, पाने का भी कोई समय होता है। सुबहे-सुबह यात्रा बिगाड़ने के लिए यहाँ आ धमके। अरे, उस वेला में न आना चाहिए! अभी तो बोहनी भी नहीं हुई है। पढ़ानेवाले लोग जमीन-जथा, गहना-जेवर बेचकर या गिरवी रखकर भी अपने बच्चे को पढ़ाते हैं। आपके घर में क्या जेवरात नहीं हैं ? वही गिरवी रखकर पढ़िए। अब आ ही गए हैं, तो लीजिए।' यह कहकर उन्होंने अपने कुर्ते की ऊपर वाली जेब से दो रुपए का एक मैला-सा नोट निकाला और मेरे आगे उछालते हुए बोले, 'जाइए, इससे अधिक मैं नहीं दे सकता। घर में अगर जेवर-गहना, या थाली-लोटा हो तो लाकर यहाँ गिरवी रख दीजिए।'

मैंने उनके द्वारा उछाला गया दो रुपए का वह नोट उठाया और वहाँ से सीधे चल पड़ा। मैंने कभी सोचा नहीं था कि खड्ग बाबू जैसे धन्ना सेठ दो रुपए फेंककर मुझे वैसा उपदेश भी देंगे। इन दो रुपयों से क्या होने वाला है ? ये तो दो दिनों में फुस्स हो जाएँगे। वाह रे सेठ, 'ऊँची दुकान, फीका पकवान'! ताउम्र इस कंजूस के यहाँ पैर नहीं रखूँगा।

अपने भाग्य को कोसता-पछताता मैं सोचने लगा—अब किसके यहाँ माँगने जाऊँ ? नहीं, इस तरह माँगने से काम नहीं चलेगा। कुछ दूसरा उपाय सोचना चाहिए।

उन दिनों बेगूसराय सबडिवीजन था और मुंगेर हम लोगों का जिला। तुरत मेरे दिमाग में आया कि सबडिवीजन का मालिक एस.डी.ओ. होता है। वह चाहे तो किसी को बड़ी राशि से मदद कर सकता है।

कबहुँक उगई पतंग

पन्द्रह अगस्त को झंडा फहराने के दिन मैंने एस.डी.ओ. साहब को देखा था। उनका भाषण भी सुना था। भाषण तो पसंद नहीं आया—झूठ का पुलिन्दा!

'देश आजाद हुआ। अपनी सरकार बनी। अब न कोई जमींदार, न कोई भिखमंगा। सबको बोलने का अधिकार, सब स्वतंत्र। न कोई ऊँच, न नीच। समाज में सभी नागरिक समता और स्वाधीनता से भरपूर। यह देश रोज-रोज विकास का नया मार्ग प्रशस्त कर रहा है। तो आइए, हम सब मिलकर एक स्वर में इस आजादी का गुण-गान करें—जन-गण मन अधिनायक जय हे, भारत-भाग्य विधाता...!'

हुँह, कहाँ है समता और समानता? यही है समानता कि खड्ग बाबू अपने आगे तिजोरी लेकर बैठें, और मैं पढ़ने के लिए भीख माँगता फिरूँ? क्या दिया आजादी ने मुझे, मेरे परिवार को और मुझ जैसे गरीब अन्य परिवारों को? कितने गरीब के बच्चे लंगट सिंह कॉलेज में पढ़ते हैं? किस किसान-मजदूर की देह पर बिना पेंद लगा वस्त्र इस आजादी ने दे दिया? मेरी माँ आजाद देश में भी अपनी साड़ी ओढ़कर पूस की रात काटती है, और हम सभी भाई दूसरे के दरवाजे पर कोदो की पुआल में घुसकर खरगोश की तरह रात बिताते हैं। स्वाधीनता का कौन-सा स्वाद मैं चख रहा हूँ? भाषण झूठा, तालियाँ खूब! फिर भी एस.डी.ओ. साहब का चेहरा तो आकर्षक था ही। कितना सुन्दर, दिव्य लग रहे थे वे भाषण देते समय! हो न हो, इस साहब का दिल भी बाहरी भव्यता की ही तरह भव्य हो! फिर परख लेने में ही क्या हर्ज? जरूर जाना चाहिए इस सबडिवीजन की जनता के मालिक तक। 'क्या जाने किस भेष में बाबा मिल जाए भगवान रे!'

खड्ग नारायण की कंजूसी ने मुझे निराश या हताश नहीं किया। मैं रातभर सोचता रहा कि एस.डी.ओ. से मिलकर मैं क्या कहूँगा, कैसे बात करूँगा, किस तरह उनके चेम्बर में घुस पाऊँगा।

दूसरे दिन मैं नहा-धोकर दस बजते-बजते उनके ऑफिस के लिए चल पड़ा। वहाँ पहुँचा तो देखा, बाहर में ही 'एस.डी.ओ. श्री शैलेन्द्र सिंह' लिखी हुई तख्ती लगी थी। ऑफिस के बाहर एक कुर्सी पर कोई चपरासी बैठा था। उसके सिर पर लाल मुरेठा था और मूँछें कड़ी-कड़ी।

मुझे बरामदे पर चढ़ते देखकर वह कुर्सी से उठ खड़ा हुआ और बोला, 'कहाँ आए हैं?'

'एस.डी.ओ. साहब से मिलने।' मैंने प्रत्युत्तर दिया।

फिर बोला, 'क्या काम है?'

मैंने कहा, 'जिस काम को लेकर मिलने आया हूँ, वह उन्हें ही बताऊँगा, किसी दूसरे को नहीं।'

'एक पुर्जा पर अपना नाम और काम लिखकर दीजिए।'

मैंने कहा, 'पुर्जा नहीं है।'

उसने कागज का एक टुकड़ा मुझे दिया और बोला, 'इसी पर लिखिए।'

मैंने कलम लेकर लिखा, 'कॉलेज का स्टूडेंट हूँ। आपसे मिलना चाहता हूँ। मेरी समस्या सुनने की कृपा करें।'

चपरासी वह चिट लेकर भीतर गया और फौरन बाहर आकर बोला, 'जाइए, साहब खाली हैं।'

मैं निधरक ऑफिस में घुस गया। जाते ही मैंने उन्हें झुककर प्रणाम किया। उन्होंने सामने रखी कुर्सी पर बैठ जाने को कहा, मगर मैं बैठा नहीं। यह कहते हुए खड़ा ही रहा कि 'सर, अभी कुर्सी पर बैठने लायक नहीं हुआ हूँ।'

एस.डी.ओ. साहब मुस्कुराए, फिर बोले, 'कॉलेज में पढ़ते हैं?'

मैंने जवाब दिया, 'जी सर।'

फिर बड़े कोमल स्वर में बोले, 'क्या काम है?'

मैंने कहा, 'सर, मैं आपसे चन्दा माँगने आया हूँ।'

'किस चीज का चन्दा?' उन्होंने पूछा।

मैं बोला, 'सर, कहना तो चाहिए कि मैं आपसे भीख माँगने आया हूँ, पर उस शब्द का इस्तेमाल करना नहीं चाहता। मैं एक गरीब परिवार का लड़का हूँ। मैंने प्रथम श्रेणी से मैट्रिक पास किया है। किसी तरह रुपया जुटाकर मैंने लंगट सिंह कॉलेज मुजफ्फरपुर में एडमिशन ले लिया, क्योंकि उस कॉलेज में पढ़ने और नामांकित होने लायक मुझे नम्बर था। लेकिन गरीबी के कारण मैं वहाँ टिक नहीं सका। फिर टी.सी. लेकर जी.डी. कॉलेज में नामांकित हुआ। यहाँ अब तक किसी तरह खींच लिया, पर आगे यह कमरथुआ नहीं सध रहा है। मेरे पास न कोई किताब है, और न रहने-खाने की व्यवस्था। सिर्फ कॉलेज जाता-आता हूँ। ऐसे में मैंने सोचा कि समाज बहुत बड़ा है, चन्दा करके देखूँ। अगर छह-सात महीने रहने लायक उगाह लूँ तो आई.एस-सी. पास कर लूँगा। फिर कोई नौकरी-चाकरी अपने स्वाधीन देश में मिल जाए, तो सोने में सुगंध; नहीं तो घाट-घाट का पानी ऐसे ही पीता रहूँगा। पहले मैं खड्ग बाबू से माँगने गया। उन्होंने दो रुपए देकर मुझे टरका दिया। फिर आप मेरे दिमाग में आए। मैं आपसे आर्थिक मदद माँगने आया हूँ। अब आपकी जैसी कृपा।'

एस.डी.ओ. साहब ने ध्यान से मेरा कहना सुना। फिर बोले, 'आप इस तरह चन्दा माँगकर नहीं पढ़ पाइएगा। आपको किसी ने रास्ता बताया नहीं। खैर, चीफ मिनिस्टर डॉ. श्रीकृष्ण सिंह आपके ही कॉलेज में आज के आठवें दिन आनेवाले हैं। आप एक दरखास्त लिखकर, अपनी गरीबी की चर्चा करते हुए, यहाँ के एम.एल.ए. सरयुग बाबू के पास जाइए। उनसे अपने पक्ष में अनुशंसा करवा लीजिए। फिर आठवें दिन वहीं कॉलेज में रहिएगा। उस दिन मैं भी वहीं रहूँगा। वह दरखास्त आप श्रीबाबू के हाथ में दे दीजिए। उनके हाथ में दरखास्त पड़ते ही आपका बेड़ा पार हो जाएगा। चीफ मिनिस्टर के पास डिसक्रैसनरी ग्रांट का फंड रहता है। वह आप जैसे विद्यार्थियों को ही देने के लिए बना है। अगर पहले दिये होते, तो आपको कब का यह ग्रांट मिल गया होता। खैर, अभी भी समय है। भीख या चन्दा माँगने से आपकी समस्या का समाधान नहीं होगा। पहले मिले होते तो मैं आपको बहुत पहले ग्रांट दिलवा देता। जाइए, जैसा बताया, वैसा ही कीजिए। अभी आप यह दस रुपए रख लीजिए।'

एस.डी.ओ. साहब ने मुझे दस रुपए का एक नोट दिया और मैं उन्हें प्रणाम कर वहाँ से चल पड़ा।

एस.डी.ओ. साहब की सलाह सुनकर मेरा मन फिर उत्साहित हो उठा। तत्काल दस रुपए से तो कुछ दिन कट ही जाएँगे। जब आठवें दिन ही मुख्यमंत्री आ रहे हैं, तो कितना समय लगेगा सहायता राशि मिलने में ? श्रीबाबू चाहें तो उसी दिन दे देंगे। अगर उस दिन नहीं तो उसके दस-बारह दिन बाद तक तो जरूर। चलो, जैसा करने को साहब ने कहा है, पहले वैसा तो किया जाए।

दूसरे दिन मैंने सोच-समझकर मुख्यमंत्री के नाम एक आवेदन-पत्र लिखा। फिर सरयुग बाबू एम.एल.ए. के डेरे पर पता करने गया कि वे अभी यहाँ हैं, या नहीं। सरयुग बाबू का गाँव रामदीरी है। रहते वे बेगूसराय के अपने मकान में हैं। उनके निवास पर जाने से पता चला कि वे अभी पटना गए हुए हैं। मुख्यमंत्री का बेगूसराय में प्रोग्राम है, उसी सम्बन्ध में बड़े नेताओं से बात करने। वे कल शाम तक आनेवाले हैं।

मैं वहाँ से लौट आया, और मन-ही-मन सोचने लगा कि सरयुग बाबू से कैसे अच्छी तरह आवेदन अनुशंसित कराया जाए। कल तक का समय कटा और परसों मैं नौ बजे के आसपास उनके निवास पर पहुँच गया।

उनका घर बड़ा था, पर था खपड़े का ही। ईंट की दीवार पर खपड़े की छत, लेकिन नीचे की जमीन पक्की। मकान का बरामदा काफी लंबा था और उस पर दीवार लगाकर आठ-दस लकड़ी की कुर्सियाँ सजी थीं। कुर्सियों की कतार के बाद दो चौकियाँ भी एक-दूसरे से सटाकर रखी गई थीं; जिन पर सतरंजी और उसके ऊपर सफेद चादर बिछी थीं। दो-तीन लम्बे-लम्बे मसनद भी चौकी की शोभा बढ़ा रहे थे। कुर्सियों पर चार-पाँच भले आदमी विराजमान थे और चौकी खाली थी। बरामदे के उत्तरी छोर पर एक बड़ा-सा कमरा था जिसके मुँह पर अच्छा-सा पर्दा लटक रहा था।

बरामदे पर चढ़कर कुर्सी पर बैठे एक सज्जन से मैंने पूछा, 'सरयुग बाबू हैं ?'

उस सज्जन ने कहा, 'हाँ, अन्दर हैं, बुलाएँगे तो अन्दर जाइएगा।'

मैं बैठ गया। कुछ देर में एक आदमी दो प्याली चाय लेकर आया और पर्दा हटाकर अन्दर चला गया। चाय देकर वह बाहर निकला तो मुझसे पूछा, 'साहब से मिलना है ?'

मैंने कहा, 'हाँ, बहुत देर से बैठा हूँ।'

वह भीतर गया और साहब से बोला, 'कोई विद्यार्थी बहुत देर से मिलने के लिए बाहर खड़ा है।'

मैं सुन रहा था, 'विद्यार्थी है तो पहले उसे ही भेजो।'

वह बाहर निकलकर बोला, 'जाइए, मिल लीजिए।'

मैं अन्दर घुस गया। घुसते ही मैंने एम.एल.ए. साहब को पैर छूकर प्रणाम किया और उनसे थोड़ा बगल होकर खड़ा हो गया।

सरयुग बाबू के आगे एक अच्छी-सी टेबुल सफेद कपड़े से ढँकी थी और टेबुल के उस पार, सरयुग बाबू के सामने मेरे ही ग्रामीण तिरपित नारायण सिंह, उर्फ गुरुदेव जी बैठे थे। सरयुग बाबू सफेद खादी की धोती, खादी का कुर्ता, खादी की गांधी टोपी पहने थे। उनकी

आँखों पर चश्मा लगा था। चेहरे का रंग साँवला था और उम्र मेरे खयाल से साठ के आसपास होगी। उनके सामने बैठे गुरुदेव जी का रंग बिलकुल गोरा। वे भी धोती-कुर्ता पहने थे, पर उनके सिर पर टोपी नहीं थी। उनका व्यक्तित्व सरयुग बाबू से अधिक आकर्षक था। वे भी राजनीति में घुसपैठ करते थे। पहले वे जयप्रकाश जी की पार्टी के सक्रिय सदस्य थे। आजकल सरयुग बाबू से उनकी खूब छन रही थी। चर्चा है कि अब वे कांग्रेस में आ गए हैं।

सरयुग बाबू को पैर छूकर प्रणाम करने के बाद मैंने गुरुदेव जी को भी दोनों हाथ जोड़कर प्रणाम किया।

फिर सरयुग बाबू ने पूछा, 'क्या काम है विद्यार्थीजी? कहाँ पढ़ते हो? घर कहाँ है?'

मैंने बताया, 'मेरा घर पहसारा है, जी.डी. कॉलेज में पढ़ता हूँ और सर का आशीर्वाद प्राप्त करने यहाँ आया हूँ।'

वे कहने लगे, 'ठीक है, ठीक है, क्या मदद करूँ?'

मैंने तुरन्त उनके आगे एक लंबे सादे कागज पर सुंदर अक्षरों में लिखा हुआ आवेदन-पत्र रख दिया।

वे बड़े ध्यान से उस आवेदन-पत्र को पढ़ने लगे। फिर गुरुदेवजी की ओर नजर करते हुए उनसे पूछा, 'आपका ग्रामीण है, पहचानते हैं?'

उन्होंने कहा, 'हाँ, पहचानूँगा क्यों नहीं? मेरे ही घर के बगल में उमदा सिंह का घर है। उसके यहाँ वासुदेव बाबू हेडमास्टर रहते हैं। उनके पास ही यह पढ़ने आता था, बल्कि वहीं इसका बसेरा था। पहचानने की क्या बात है, इसके पूरे परिवार को जानता हूँ।'

फिर सरयुग बाबू ने वह आवेदन-पत्र गुरुदेव के हाथ में बढ़ा दिया। गुरुदेव जी ने आवेदन पढ़कर पुनः सरयुग बाबू को लौटा दिया।

सरयुग बाबू गुरुदेव जी से बोले, 'आवेदन-पत्र पढ़ लिया, कैसा लड़का है यह?'

गुरुदेव जी ने कहा, 'आवेदन-पत्र में तो इसने सही बातें ही लिखी हैं। सचमुच प्यारे सिंह, यानी इसके पिता बहुत गरीब, विनम्र और परिश्रमी व्यक्ति हैं। उनका यही एक बेटा पढ़ता है। पढ़ने में भी बचपन से ही बहुत अच्छा रहा है। चाल-चलन भी ठीक ही है। लेकिन इसमें या इसके पूरे परिवार, गोतिया-लैया—सबमें एक बहुत बड़ा दोष है।'

'दोष क्या है?' सरयुग बाबू ने पूछा।

गुरुदेव जी बात चबाते हुए बोले, 'यह और इसका पूरा परिवार लाल झंडा लेकर चन्द्रशेखर सिंह का भाषण सुनने बखरी, नावकोठी तक चला जाता है। पूरा परिवार ही कम्यूनिस्ट है। इस दोष के अलावा तो इसमें गुण ही गुण हैं।'

गुरुदेव जी की ये बातें सुनते ही सरयुग बाबू पर भूत सवार हो गया। वे चिल्लाने लगे, 'भाँड़ में जाए इसका गुण और इसकी गरीबी! जो कम्यूनिस्ट है, वह मेरा सबसे बड़ा दुश्मन। आप कहते हैं, पढ़ने में तेज है, इसकी सारी तेजी निकाल दूँगा। रँगा सियार बनकर आवेदन-पत्र पर मुझसे अनुशंसा कराने पहुँच गया। इस समय आप नहीं होते, तो मैं अनुशंसा कर ही देता। वह तो संयोगवश है कि आप इतनी देर से यहाँ बैठे रहे, अन्यथा यह शैतान मेरी आँखों में धूल झोंककर निकल ही जाता। भागो यहाँ से!' गरजते हुए उन्होंने मेरा आवेदन-पत्र जमीन पर फेंक दिया।

मैं तो अवाक्! क्या बिगाड़ा था गुरुदेव जी का मैंने? हे भगवान! इतना चक-चक गोरा चेहरा, बोली मधुर; पर भीतर में इतनी गंदगी?

मन मलीन तन सुंदर कैसे, विष रस भरे कनक घट जैसे।

मैंने जमीन पर से अपना आवेदन-पत्र उठाया और बिना किसी को प्रणाम किए ही कमरे से बाहर निकल आया। बाहर तब तक कुर्सी-चौकी भर चुकी थी और उन पर बैठने वालों में मेरे ग्रामीण विभूति चा भी थे।

विभूति चा ने मुझे देखकर कुर्सी छोड़ दी और मुझसे पूछने लगे, 'कहाँ गए थे?'

मैंने सारी कहानी बता दी।

वे बोले, 'ठहरो कुछ देर। मैं भी तो पकिया कांग्रेसी कार्यकर्ता हूँ। हम लोगों के बल पर ही तो चुनाव जीतेंगे। मैं अन्दर जाकर उनका भ्रम दूर कर दूँगा। दे दो मुझे अपना आवेदन-पत्र।'

मैंने उन्हें आवेदन-पत्र देकर कुछ देर प्रतीक्षा की।

विभूति चा भीतर गए और पाँच-छह मिनट में बाहर आकर बोले, 'बहुत गुस्से में हैं अभी, अनुशंसित नहीं किया।'

बाहर आकर मैं सोचने लगा कि गुरुदेव को मुझसे क्या दुश्मनी हो सकती है? क्यों उन्होंने बना काम बिगाड़ दिया? और सरयुग बाबू को कम्यूनिस्ट नाम से इतनी घृणा क्यों हैं? जब स्वाधीन देश में सबको बराबर का अधिकार है तो कांग्रेस और कम्यूनिस्ट में ऐसा अन-बन क्यों? यह तो ठीक है कि मैं दो-तीन बार लाल झंडा उठाकर चन्द्रशेखर भाई का भाषण सुनने बखरी गया था। एक बार नावकोठी भी। लेकिन इसका यह मतलब कहाँ कि मैं कम्यूनिस्ट हूँ? मैं तो इसीलिए जाता रहा हूँ कि चन्द्रशेखर बाबू का भाषण सुनने में बहुत आनन्द आता है। उनका भाषण सुनकर मुझे भी थोड़ा-थोड़ा भाषण देना आ गया है। फिर भी मैं उनकी पार्टी का कभी सदस्य नहीं बना। हाँ, चन्द्रशेखर भाई जब पहसारा आते थे तो मेरे घर पर जरूर आते। मेरी भुल्ली भैंस का दूध और मकई की रोटी भरपेट खाकर दादा से कहते—पहलवान, ऐसा दूध और मकई की रोटी और कहीं खाने को नहीं मिला। अगर इन सबका मतलब कम्यूनिस्ट बन जाना है तो मैं क्या करूँ? सरयुग बाबू तो कभी पहसारा आते नहीं। एक बार आए भी थे तो मुखिया जी बिसुनदेव बाबू को साथ लेकर सीधे बखरी के बी.डी.ओ. सरोजानन्द चौधरी से मिलने चले गए। आकर देखें मेरे घर पर कभी, उन्हें दूध-रोटी नहीं खिलाऊँ तब न! मैं तो उनको भी सम्मानपूर्वक खिलाऊँगा। चन्द्रशेखर भाई गाँव के छोटे और गरीब लोगों के साथ खूब मिलते-बतियाते हैं, सरयुग बाबू तो गरीब-गुरबा को पहचानते भी नहीं। फिर मुझ गरीब पर इतना बिगड़ना उनके मद और अहंकार का सूचक नहीं है? ठीक है, नहीं अनुशंसित करना था, नहीं किए, मगर उस तरह डाँटने क्यों लगे? एक न एक दिन उनका सर्वनाश होकर रहेगा : मुए बैल के चाम से, लोह भस्म हो जाए!

सरयुग बाबू के यहाँ से निकलकर मैं सीधे एस.डी.ओ. ऑफिस चला गया। सोचा, उन्हें बता दूँ कि सरयुग बाबू ने अनुशंसा नहीं की।

मैं वहाँ पहुँचा तो एस.डी.ओ. साहब एक जीप पर सवार हो चुके थे। पीछे दो बन्दूकधारी भी बैठे थे। मुझे देखते ही बोले, 'कल मिलिएगा, अभी बाहर निकल रहा हूँ।'

लेकिन तब तक मैं उनकी गाड़ी से सट चुका था। मैंने उन्हें बता दिया कि सरयुग बाबू ने अनुशंसा नहीं की।

मेरी बात सुनकर वे चलते-चलते बोले, 'कोई बात नहीं, आप परसों कॉलेज के कार्यक्रम में रहिएगा, वहीं आवेदन-पत्र दे देना।'

एस.डी.ओ. साहब की गाड़ी आगे भाग गई और मैं सोचने लगा कि बिना सरयुग सिंह की अनुशंसा के भी दरखास्त श्रीबाबू को दी जा सकती है?

परसों का दिन आ गया। मैं सबेरे तैयार होकर कॉलेज चल पड़ा। अपना लिखा आवेदन-पत्र इस सावधानी से जेब में लेता गया कि कहीं गिरे-पड़े नहीं, या ज्यादा मुड़े-तुड़े नहीं।

कॉलेज पहुँचा तो वहाँ का दृश्य ही अजीब था। सारा कॉलेज और परिसर, नई दुलहन की तरह सज-धजकर तैयार। कॉलेज के प्रवेश-द्वार पर ही डॉ. श्रीकृष्ण सिंह का आदम कद फोटो टँगा था और पूरे गेट पर फूल-मालाएँ लटक रही थीं। कॉलेज भवन के आगे वाले मैदान में बहुत बड़ा शामियाना टँगा था। शामियाने के निचले छोर पर सुनहला झालर लटक रहा था। शामियाने के अन्दर एक बड़ा-सा मंच बना था और मंच के अगल-बगल, मंच की ऊँचाई तक, बहुत-सी चौकियाँ लगा दी गई थीं। चौकियों पर दरी और दरी के ऊपर भक-भक सफेद जाजिम। उसके ऊपर 15 -20 ऊँची-ऊँची कुर्सियाँ। शामियाना के अन्दर घुसते ही मनमोहक महक। वाह रे कॉलेज! आज तो तूने अपना चोला ही बदल लिया है :

मैं घंटों इधर-उधर घूमता रहा। कई साथी मिले, उनसे कॉलेज की शोभा-सुंदरता का बखान करता रहा। धीरे-धीरे लोग शामियाने के आगे लगी कुर्सियों पर बैठने लगे। कुर्सी भर जाने के बाद कुर्सी के पीछे बिछी दरी भरने लगी। फिर बड़े लोग मंच पर भी बैठने लगे। मंच भी लगभग भर चुका था। तभी शामियाने से बाहर अफरा-तफरी मची। 'आ गए, आ गए' के शोरगुल से शामियाने के अन्दर वाले लोग भी उठकर दौड़ पड़े। श्रीबाबू को लेकर प्रिंसिपल साहब अपने चैम्बर में चले गए। इस बीच कॉलेज के प्रोफेसरगण मंच पर चढ़कर उमड़ती भीड़ को बैठाने की कोशिश करने लगे। भीड़ फिर से शामियाने में जम गई। कोई आधे घंटे बाद प्रिंसिपल और कुछ अन्य गण्यमान्य लोगों के साथ डॉ. श्रीकृष्ण सिंह मंच पर चढ़े। उनके ऊपर फूल गिरने लगे। उन्होंने हाथ जोड़कर भीड़ को नमस्कार किया, फिर सबसे ऊँचे आसन पर बैठ गए।

प्रिंसिपल उठकर कुछ बोले जो मैं नहीं सुन सका। फिर प्रो. आनन्द नारायण शर्मा उठे और उन्होंने घोषणा की, 'अब श्री झारखंडी बाबू से आग्रह है कि वे माननीय मुख्यमंत्री, बिहार के सम्मान में स्वागत भाषण देने की कृपा करें।'

झारखंडी बाबू मेरे ही गाँव के वकील थे। उन दिनों वे साठ वर्ष के आसपास रहे होंगे। स्वभाव से वे बड़े रफ थे, लेकिन उनकी विद्वत्ता और सबसे बढ़कर उनकी वक्तृत्व-कला का शोर पूरे बेगूसराय सबडिवीजन में फैल चुका था। जहाँ कहीं भी किसी मंत्री महोदय का आगमन होता, झारखंडी बाबू को ही खोजा जाता। उनके जैसा गम्भीर और विद्वत्तापूर्ण भाषण करने वाला उन दिनों कोई दूसरा नहीं था। उन्हें हिन्दी, अँगरेजी, संस्कृत और उर्दू-फारसी भाषा पर समान अधिकार था। उन्होंने कई किताबें भी लिखी थीं जिनमें 'माँ मकीमा' नामक एक पुस्तक का हिन्दी अनुवाद मैंने भी पढ़ा था। वे मंच पर खड़े होकर ज्योंही माइक

के नजदीक पहुँचे कि तालियों की गड़गड़ाहट से मंचसहित सारा शामियाना गूँज उठा। फिर उन्होंने बोलना शुरू किया। उनका भाषण सुनकर लोग प्रसन्नता व्यक्त कर रहे थे और यह प्रसन्नता बीच-बीच में तालियों की गड़गड़ाहट से व्यक्त होती थी। लगभग आधे घंटे तक वे बोलते रहे। फिर कुछ गीत वगैरह चला और उसके बाद श्रीबाबू के आगे माइक झुका दिया गया। मैंने उनकी कुछ बातें समझीं और कुछ नहीं। लेकिन भाषण देने की जो मुख-मुद्रा थी, वह अत्यन्त ही मोहक। उनका रूप भी अद्‌भुत सुंदर था। उनके मुखमंडल पर राजसी तेज चमक रहा था।

खैर, सभा समाप्त हुई और प्रिंसिपल पुन: मुख्यमंत्री महोदय को लेकर चैम्बर में घुस गए। भीड़ छँटने लगी, लेकिन हजार-दो हजार लोग मैदान में जमे ही रहे। मैं कॉलेज ऑफिस के सामने, बरामदे के नीचे खड़ा हो गया।

कोई आधे घंटे बाद श्रीबाबू के साथ दस-बारह आदमी बाहर आए, जिनमें एक सरयुग बाबू भी थे। मैं भी उन दस-बारह व्यक्तियों के पीछे लग गया। अगल-बगल कई बंदूकधारी जवान भी चल रहे थे। एक सजी-सजाई जीप के पास आकर कुछ लोगों ने मुख्यमंत्री जी को जीप में बैठाया। वे आगे की सीट पर बैठ गए। मैं भीड़-भाड़ को किसी तरह चीरकर जीप के पास पहुँच गया और जेब से अपना आवेदन-पत्र निकालने के लिए नजर नीचे की, कि सरयुग बाबू झपटकर आगे बढ़े। उन्होंने मेरी गर्दन पर हाथ रखकर मुझे जोर से धकेल दिया और बोले, 'भगाओ इसे यहाँ से!'

तुरन्त दो बंदूकधारी मेरी बाँह पकड़कर मुझे घसीटते, दस-बारह कदम दूर फेंक आया। डर के मारे मेरी आँखें झिलमिलाने लगीं, फिर भी होश करके मैं खड़ा हुआ। मैं रो पड़ा। यह सरयुग सिंह मेरा जानी दुश्मन हो गया है। जीप आगे निकल चुकी थी। उसके पीछे से एस.डी.ओ. साहब की जीप स्टार्ट हुई। मेरे बगल से उनकी जीप गुजर रही थी। मुझे देखकर वे जीप में बैठे-बैठे ही बोले, 'सर्किट हाउस आ जाइए, वहीं साहब ठहरेंगे।' तब तक ड्राइवर ने जीप को आगे बढ़ा दिया।

सर्किट हाउस कहाँ पर है, किसी से पूछना चाहिए। कई लोगों से पूछा, एक भला आदमी बोला, 'मैं भी वहीं जा रहा हूँ, चलिए मेरे साथ। आपको पता नहीं कि सर्किट हाउस पोखरिया में है ?'

मैं उस भले आदमी के साथ चलने लगा। लेकिन वह आदमी सामान्य गति से चल रहा था। मुझे जल्दीबाजी में पहुँचना चाहिए, क्योंकि एस.डी.ओ. साहब जीप से जा चुके थे। कहीं मेरे पहुँचने से पहले वे वहाँ से निकल न जाएँ; फिर सारा गुड़-गोबर हो जाएगा। मैं उस भले आदमी का साथ छोड़कर तेजी से चल पड़ा—लगभग दौड़ता हुआ। कालीथान से आगे बढ़ने पर मैं लोगों से सर्किट हाउस का पता पूछने लगा।

'अरे, आगे जाइए न, दस-बीस कदम के बाद सड़क की बाईं ओर सर्किट हाउस ही तो है।'

मैं तेजी से चला। कुछ ही दूर आगे बढ़ने पर बाएँ हाथ की ओर बड़ा-सा फील्ड दिखाई पड़ा! वहाँ बहुत-सी मोटरगाड़ियाँ लगी थीं। मुझे अब समझने में देर नहीं लगी कि यही सर्किट हाउस है। मैं फील्ड में घुसा तो वहाँ एक तरह से दुर्गाजी जैसा मेला ही लगा था।

फील्ड से सटा हुआ लम्बा-चौड़ा खपड़ैल का मकान, मकान में बहुत लंबा बरामदा, बरामदे पर बहुत सारी कुर्सियाँ और कुर्सियों पर खादी के धोती-कुर्ता, टोपी पहने भले मानुष। बहुत से लोग बरामदे पर खड़े भी। बरामदे के पूर्वी छोर पर बड़ी-सी टेबुल और उस टेबुल पर बड़े-बड़े जग-गिलास में शर्बत फेरते पाँच-छह गण्यमान्य महापुरुष। टेबुल से सटा, सबसे पूरब तरफ एक बड़ा-सा कमरा, कमरे के मुँह पर कीमती कपड़े का पर्दा झूल रहा था। कमरे से दो-एक व्यक्ति बाहर निकलते और फिर कोई दो-एक पर्दा हटाकर भीतर घुस जाते। मैंने अनुमान लगाया कि इसी कमरे में श्रीबाबू होंगे और उनके ही साथ एस.डी.ओ. साहब भी। साहस करके मैं कमरे के मुँह तक पहुँचा, और दुस्साहस करके पर्दा हटाने के लिए हाथ बढ़ाया कि भीतर से पर्दा हटाकर सरयुग सिंह निकल पड़े। मुझे देखते ही उनकी एड़ी का गुस्सा चोटी पर चढ़ गया। वे मुझे धकेलकर चार-पाँच कदम पीछे ले गए, और बोले, 'यहाँ क्या लेने आया है?'

मैंने कहा, 'मुझे मुख्यमंत्री से मिलना है, मुझे भीतर जाने दीजिए।'

सरयुग सिंह ने वहाँ खड़े एक वर्दीधारी से कहा, 'सुनिए सिपाहीजी, इस लौंडे को इस परिसर से बाहर कीजिए।' और खुद शर्बत की टेबुल के पास चले गए। उस वर्दीधारी ने मेरा हाथ मजबूती से पकड़ लिया और खींचते हुए बरामदे से नीचे फील्ड में खड़ा कर छोड़ दिया।

अब मैं हार मानने के लिए तैयार हो गया। मैं बीच में खड़ा होकर सोचने लगा कि यह सरयुग सिंह तो छाया की तरह मुख्यमंत्री के साथ लगा हुआ है। यह तो किसी तरह मुझे मुख्यमंत्री से मिलने नहीं देगा। एस.डी.ओ. साहब तो कमरे से बाहर निकलते ही नहीं हैं कि उनसे कुछ फरियाद करूँ। चलो रे मन, लौट चलो डेरा। भूख और थकावट से शरीर चूर-चूर हो रहा था। पैरों में खड़ा रहने की भी ताकत शेष नहीं। अपनै भर प्रयास तो किया न, भाग्य में ही मिलना नहीं लिखा था, तो कैसे मिल पाता? इस तरह सरयुग सिंह ने मुझे धकेला, अपमानित किया और उतने लोगों में से कोई भी मुझे वर्दीधारी से छुड़ाने नहीं आया। आता भी क्यों? जगत-प्रसिद्ध कहावत है :

सबै सहायक सबल के, कोउ न निबल सहाय।

यह सोचते-सोचते मैं अब फील्ड से बाहर जानेवाला ही था कि उसी समय फील्ड में एक जीप आकर रुक गई। उस जीप से एस.डी.ओ. साहब उतरे।

मुझे देखते ही वे बोले, 'मिले? दिया दरखास्त?'

मैं रोने लगा और भराई आवाज में बोला, 'जी नहीं, सरयुग सिंह ने मुझे कमरे में जाने नहीं दिया। उन्होंने मुझे धकिया कर उस सिपाही से कहा कि इसे यहाँ से बाहर करो। सिपाही ने मेरा हाथ पकड़कर यहाँ फील्ड में फेंक दिया। अब कैसे मिलूँ और आवेदन दूँ?'

एस.डी.ओ. साहब बोले, 'चलिए तो मेरे साथ! देखता हूँ, कौन आपको रोकता है!'

मैं उनके पीछे-पीछे चल पड़ा। जिस वर्दीधारी ने मुझे बाँह पकड़कर बरामदे से नीचे उतारा था, वह एस.डी.ओ. साहब को देखते ही उन्हें सैल्यूट मारने लगा। मैं एस.डी.ओ. साहब के साथ कमरे के मुँह पर पहुँचा और शरबत की टेबुल के बगल में खड़ा सरयुग सिंह खून का घूँट पीते रहे। एस.डी.ओ. साहब के साथ-साथ मैं भी कमरे में बेरोक-टोक घुस गया। मन-ही-मन सरयुग सिंह की पराजय पर मैं पुलक रहा था।

कमरे में घुसने के बाद मुझे लगा कि इस खपरैल मकान को बाहर से देखकर कोई अनुमान नहीं लगा सकता है कि इसके अन्दर एक इतना भव्य कमरा भी होगा। कमरे की सजावट आँख चौंधिया देने वाली थी। नीचे फर्श पर दरी और दरी पर सफेद चमचमाती जाजिम, उसके ऊपर सलमा-सितारे से भरपूर लम्बी-चौड़ी कालीन। कालीन के ऊपर बहुत ही खूबसूरत टेबुल, जैसे इसमें आज ही पालिश किया गया हो! टेबुल पर सफेद खादी का काम किया टेबुल क्लॉथ, उसके एक कोने पर सजा-सजाया गुलदस्ता जिसमें नाना प्रकार के पुष्प-पराग से निकलती फैलती सुगंध। टेबुल के बीच में करीने से सजा हुआ कलमदान। उसमें तीन-चार कीमती कलमें। दूसरे कोने पर बेशकीमती तौलिया। टेबुल के पीछे एक ऊँची, लेकिन बहुत ही कीमती गद्देदार कुर्सी, जिसके आगे से पीछे की ओर लटकता फूलदार तौलिया। सामने सजी तीन कुर्सियाँ। दीवारों पर रंग-रोगन से भरपूर बड़े-बड़े कागज सटे थे। कागज के ऊपर महात्मा गांधी, डॉ. राजेन्द्र प्रसाद, पंडित जवाहर लाल नेहरू और डॉ. श्रीकृष्ण सिंह का फ्रेम मढ़ा बड़ा-बड़ा फोटो टँगा हुआ। छत से दो पंखे लटक रहे थे। मैं तो उस कमरे को देखकर स्तब्ध रह गया। खपरैल घर की इतनी बड़ी-चढ़ी शोभा-सुन्दरता और सजावट! घर-मकान भी शायद आदमी देखकर अपना संस्कार बदल लेता है—'सियनि सुहावत टाट पटोरे।'

जिस समय मैं एस.डी.ओ. साहब के साथ कमरे में प्रविष्ट हुआ, उस समय सामने की ऊँची, खूबसूरत कुर्सी खाली थी। कुर्सी के बगल में शूट-पैंट में सजा एक आकर्षक व्यक्तित्व वाला एक व्यक्ति खड़ा था। एस.डी.ओ. साहब ने कुर्सी खाली देखकर उस व्यक्ति से पूछा, 'साहब?'

उसने जवाब दिया, 'बाथरूम में हैं।'

कमरे से ही सटा हुआ बाथरूम था, जिसकी किवाड़ी सटी हुई थी। एस.डी.ओ. साहब कुर्सी पर बैठ गए, मैं उनकी बगल में खड़ा रहा। लगभग बीस मिनट बाद कमरा का दरवाजा आन्दोलित हुआ और वह शूट-पैंट वाला आदमी कमरे में घुस गया। उसने ही श्रीबाबू को बाँह पकड़कर बाहर लाया और तौलिए से उनका हाथ-मुँह पोंछकर उस ऊँची कुर्सी पर बैठाया। हम दोनों की ओर देखते हुए श्रीबाबू ने एस.डी.ओ. साहब से पूछा, 'यह लड़का कौन है?'

मैंने तुरत दोनों हाथ जोड़कर छाती तक सिर झुकाते हुए उन्हें प्रणाम किया और एस.डी.ओ. साहब बोल पड़े, 'सर, यह अपना ही आदमी है, यहीं कॉलेज में पढ़ता है। मैट्रिक फर्स्ट डिवीजन में अच्छा अंक पाकर पास हुआ है। घर से बहुत ही गरीब है। पहले लंगट सिंह कॉलेज में नाम लिखाया था, पर खर्च नहीं जुटा सका। फिर यहाँ जी.डी. कॉलेज में आ गया है। चन्दा माँगकर खर्च चला रहा है। इसके पास कोर्स की किताब खरीदने के लिए भी पैसे नहीं हैं। आपसे कुछ सहायता पाने की उम्मीद से आया है। मैंने ही इसे आपसे मिलने की सलाह दी थी। यह आपसे सहायता पाने का योग्य पात्र है।'

श्रीबाबू सब कुछ सुनते रहे और एस.डी.ओ. साहब ने मेरे हाथ से आवेदन-पत्र लेकर उनके आगे रख दिया। श्रीबाबू ने एक मिनट में उसे पढ़ लिया, फिर बोले, 'यही तो अपने लोगों के साथ कठिनाई है कि समय बीत जाने पर वे कुछ पाने के लिए हाजिर होते हैं। कोष

समाप्त हो जाने पर कहाँ से क्या दिया जा सकता है ?' यह कहते हुए उन्होंने मेरा आवेदन-पत्र पीछे खड़े आकर्षक व्यक्ति की ओर बढ़ा दिया। उस भले आदमी ने एक ब्रीफकेस खोलकर उसके भीतर मेरा आवेदन-पत्र रख दिया।

श्रीबाबू की बोली सुनकर मेरा मन निराश हो गया। इतने जद्दोजहद के बाद परम पुरुष के दर्शन हुए, आवेदन-पत्र दिया और तब भी कोष समाप्त हो जाने की बात सुननी पड़ी। भाग्य ही खराब है—तकदीर ही बिगड़ गई तो तदवीर क्या करे ? जब बादशाह बिगड़ गया, तो वजीर क्या करे ?

एस.डी.ओ. साहब ने मुझसे कहा, 'जाइए।'

मैं उन दोनों को प्रणाम कर कमरे से बाहर निकल आया।

श्रीबाबू से मिलकर मन में जो आशा-उत्साह का हिलकोर उठना चाहिए था, वह नहीं उठा; उल्टे मन में एक निराशा छा गई। मैं तो समझता था कि वे तत्काल सौ-दो सौ रुपए मेरे हाथ में दे देंगे, या आठ-दस दिनों में पटना से भेज देने की बात कहेंगे। लेकिन ऐसा तो कुछ भी नहीं हुआ, उल्टे कोष समाप्त हो जाने की बात कहने लगे! फिर भी मन के भीतर विजय की एक हल्की लहर जरूर उठी थी; यह लहर शायद सरयुग सिंह जैसे बड़े आदमी से जीत जाने की लहर थी।

जो भी हो, मैं सर्किट हाउस से टूटा-मुर्झाया चेहरा लेकर सीधे मूसन सिंह के होटल में दाखिल हो गया। मूसन सिंह मुझे अच्छी तरह पहचान चुके थे। मुझे देखकर बोले, 'आज बहुत सबेरे चले आए हो ? चेहरा क्यों सूखा और इतना उदास है, जैसे कोई मर गया हो!'

मैं उन्हें क्यों सब कहानी सुनाता ? सीधे बोला, 'चाचा, बहुत भूख लगी है, इसी से मुरझा गया हूँ। खाना खिला दीजिए।'

खाना तीन बार माँग-माँगकर खाया और उन्हें छह आने हाथ में देकर चलता बना। दामोदर बाबू की दी गई कोठरी में आकर लेट गया। कुछ देर में मैनका नौकर कमरे में आकर बोला, 'मेम साहब आज साहब से बिगड़कर नैहर चली गई हैं। वकील साहब का खाना भी अभी गोपाल भंडार से आएगा। आपको कहीं और रहने की जगह नहीं मिलती है जो यहाँ यम की तरह जम गए हैं ? आपको लेकर ही दोनों पति-पत्नी में इन दिनों झड़प होती रहती है।'

मैं चुपचाप सुनता रहा। मैनका तो समाचार सुनाकर चला गया, पर मेरे भीतर उस समाचार ने भूचाल मचा दिया। मैं सोचने लगा—मेरे पास तीन रुपए बचे हुए हैं। यह तो चार दिनों का खर्च है। ऊपर से कोठरी को लेकर भी पति-पत्नी में झड़प होती रहती है। कोठरी छोड़ देनी चाहिए। लेकिन कोठरी छोड़कर जाऊँगा कहाँ ? इससे निकल जाने का सीधा मतलब है—घर भाग जाना। क्या करूँ ? इतने दिनों की पढ़ाई बेकार ? और न जाने क्या-क्या सोचता हुआ मैं नींद के आगोश में आ गया।

सुबह जगने पर मन भारी-भारी जैसा लगा, फिर भी क्लास करने चला गया। वहाँ पहुँचने पर मालूम हुआ कि मुख्यमंत्री के आने के कारण आज कॉलेज बन्द है। कल से नियमित क्लास चलेंगे। मैं लौटकर डेरा नहीं गया और बहुत देर तक बाजार में चहलकदमी करता रहा। बारह बजे के लगभग मूसन सिंह के यहाँ खाना खाने पहुँच गया। अब कहाँ जाएँ ? ट्यूशन खोजकर थक गया, चन्दा या भीख माँगकर हार गया, फिर आगे कौन-सा

रास्ता खोजूँ? नहीं, अब आगे अन्धकार है। अब हार मान लेनी चाहिए। कल अपनी पेटी लेकर घर लौट जाना है। घर में पेटी रखकर कहीं भाग जाऊँगा, कोई नौकरी-चाकरी ढूँढ़ने निकल पड़ूँगा।

अगले दिन मैंने कॉलेज किया, दो-एक सहपाठियों के नाम और पता अपनी कॉपी में लिखे और लौटकर मूसन सिंह के होटल में खाना खाया और फिर डेरा आ गया। वकील साहब के घर में कोई नहीं था। वकील साहब कचहरी गए हुए थे, पत्नी नैहर। मैनका नौकर सामने की दुकान में चौकी पर बैठकर खैनी लटा रहा था। मैं चुपचाप अपने कमरे में गया और अपनी पेटी माथे पर उठाकर कचहरी चौक की ओर चल पड़ा। अभी मेरे पास एक रुपया बचा था। बेगूसराय से कोरिया चौक जाने में टमटम भाड़ा आठ आने लेता था। मैं आज टमटम पर बैठकर ही जाऊँगा, क्योंकि साथ में एक पेटी जो है। टमटम भाड़ा चुका देने पर भी मेरे पास आठ आने बचे रहेंगे। चिन्ता किस बात की? पढ़ना जब नहीं ही है, तो पचास रास्ते मिल जाएँगे।

कचहरी चौक पहुँचकर मैं एक टमटम पर बैठ गया। थोड़ी देर में कुछ और लोग भी आ गए। टमटम छह सवारी को बैठाकर चल पड़ा। घोड़ा दौड़ने लगा और मेरे मन का घोड़ा भी अच्छे-बुरे भावी मार्ग पर फलाँग लगा रहा था।

सुहृदनगर के पास आकर एक पैसेंजर ने कहा, 'घोड़ा रोको, प्यास लगी है, यहाँ चाँपाकल है।'

टमटम रुक गया और दो आदमी पानी पीने के लिए उतर पड़े। इतने में मेरा पड़ोसी रामचन्दर उर्फ नागा वहाँ पहुँच गया। मुझे टमटम पर देखकर नागा मेरे पास आया और पूछा, 'गाँव क्यों जा रहे हैं? अभी तो कॉलेज खुला है।'

मैं टमटम से उतर गया और नागा के कंधे पर हाथ रखकर बोला, 'नागा, मैं कॉलेज और पढ़ाई छोड़कर घर जा रहा हूँ। मेरे पास पैसे नहीं हैं कि बेगूसराय में रहकर पढ़ाई पूरी कर सकूँ। कल से क्या खाऊँगा, कहाँ रहूँगा, उसका भी उपाय नहीं। इसलिए घर के अतिरिक्त कोई दूसरा आश्रय नहीं है।'

नागा कहने लगा, 'हे महाराज, ऐसा भी कोई सोचता है! अब तो मात्र चार-पाँच महीने ही बचे हैं। उतरिए, चलिए मेरे साथ। मैं मैट्रिक की पढ़ाई कर रहा हूँ। वह जो सामने खपरैल का मकान है न, उसी में रहता हूँ। यह मकान रामरक्षी गोप का है। पाँच रुपए में एक कोठरी ले रखी है। उसमें दो चौकियाँ हैं। एक पर मैं रहता हूँ, दूसरी पर आप रह जाइएगा। मैं घर से चावल, दाल, आटा लाता हूँ। कूकर में पकाकर खाता हूँ। जैसे एक आदमी का खाना बनाना, वैसें दो का। आपको कुछ लाना या बनाना नहीं है, न मकान का किराया देना है। मैं कारी बाबू मास्टर (कॉलेजिएट स्कूल के शिक्षक) से अँगरेजी का ट्यूशन पढ़ता हूँ। वे पन्द्रह रुपए महीना लेते हैं। उनकी पढ़ाई मैं समझ भी नहीं पाता हूँ। आप ही मुझे अँगरेजी पढ़ा दीजिएगा और मैं आपको खाना बनाकर खिलाऊँगा। आप पढ़ना छोड़कर घर मत जाइए, उतरिए टमटम से।'

मैं उधेड़बुन में पड़ा ही था कि नागा ने टमटम से मेरी पेटी उतार ली और मुझे अपने साथ चलने के लिए विवश कर दिया।

जैसे ही मैं टमटम छोड़कर चला कि टमटमवाला मुझसे चिरौड़ी करने लगा। बोला, 'आपने एक पैसेंजर की जगह वहाँ छेंक ली, अब यहाँ उतर रहे हैं। मेरा आठ आना घाटा कौन भरेगा? कम-से-कम आधा भाड़ा दे दीजिए तभी जाने दूँगा।'

मेरे पास तो अभी एक रुपया था ही, मैंने उसे चार आने दे दिये और नागा के साथ चल पड़ा।

वहाँ पहुँचकर देखा—मिट्टी की दीवारों से बना मकान, उस पर खपड़ा। कमरे में दो चौकियाँ थीं। एक पर नागा का बिछावन लगा हुआ था और दूसरी चौकी खाली थी। मैं उसी चौकी पर अपना आसन जमाने लगा।

सचमुच नागा दोनों शाम खाना बनाकर मुझे खिलाता था और सम्मानजनक व्यवहार भी। मैं उसे अँगरेजी, हिन्दी पढ़ा देता था। वह आर्ट्स का विद्यार्थी था इसलिए कोई दूसरा विषय मैं उसे नहीं पढ़ा पाता। इतनी सुविधा तो मुझे कभी नहीं मिली थी। कॉलेज थोड़ा दूर अवश्य पड़ता था, फिर भी मैं कोई कठिनाई नहीं महसूस करता।

नागा के साथ रहते हुए मैंने काफी सहूलियत महसूस की। वहाँ न खाने की चिन्ता और न पैसे का दबाव महसूस होता। कल कैसे कटेगा, न इसका फिक्र। आज तक तो मैं इसी चिन्ता-फिक्र में अपना समय बर्बाद करता रहा। नागा मेरी पढ़ाई से पूर्णतः सन्तुष्ट। सच या झूठ, वह हमेशा मुझसे कहता कि आप कारी बाबू से बढ़कर अच्छा पढ़ाते हैं। मैं तो उनका बताया अँगरेजी ग्रामर कुछ समझ ही नहीं पाता हूँ। आप तो इस तरह समझाते हैं कि सीधे दिमाग में घुस जाता है। मैं अपनी प्रशंसा सुनकर फूला नहीं समाता। फिर नागा जैसे हमउम्री मित्र के साथ हर तरह की बातचीत, हँसी-मजाक, सुख-दुख की कहानी।

मन तो मुझे इतना कभी नहीं लगा था, फिर भी एक चिन्ता तो मन को कचोट ही रही थी कि मेरे पास कोई किताब नहीं है, परीक्षा की तैयारी कैसे होगी? क्लास की पढ़ाई से अन्य विषयों में तो कुछ लिख भी दूँगा, पर गणित में तो पास नहीं कर पाऊँगा। उस विषय की किसी किताब से मैंने कोई चैप्टर बनाया ही नहीं है। मैं समय काट रहा हूँ, पेट भर रहा हूँ, भविष्य तो मेरा अभी भी अँधेरे में ही पड़ा हुआ है। यह भय मेरे मन से किसी तरह निकल ही नहीं रहा था। दिसम्बर का महीना आ गया। नागा की टेस्ट परीक्षा हो गई। अब वह मैट्रिक का फॉर्म भरकर गाँव चला जाएगा। मुझे तो अभी मार्च तक यहाँ रहना होगा। उसके जाने के बाद मैं फिर कैसे रह पाऊँगा? यह समस्या फिर से आनेवाली है। इसी समस्या पर पिछले दो दिनों से मैं सोच रहा था।

आज जब कॉलेज पहुँचा तो रामबुझावन सिंह ने मुझे जोर से पुकारा, 'ऐ रामसागर, सुनो, सुनो!'

मैं डरते-डरते उनके पास पहुँचा। पता नहीं, कौन सी आफत आनेवाली है!

तभी उस भले आदमी ने कहा, 'अरे, कॉलेज के ढोल को कभी खोलते-देखते नहीं हो? तुम्हारे नाम एक सरकारी लिफाफा है। मैंने उस लिफाफे को देखकर फिर ढोल में ही गिरा दिया है। चलो, ले लो अपनी चिट्ठी।'

मैं तो सरकारी चिट्ठी का नाम सुनकर दंग रह गया। रामबुझावन सिंह ने ढोल खोलकर चिट्ठी निकाली और मेरे हाथ में रख दी। मैं खोलकर चिट्ठी पढ़ने लगा। यह चिट्ठी

मुख्यमंत्री, बिहार की भेजी हुई थी। इसमें अँगरेजी भाषा में लिखा हुआ था : 'आपको मुख्यमंत्री के अनुग्रह कोष से चार सौ रुपए दिए जाते हैं। यह राशि आप बेगूसराय ट्रेजरी से निकाल सकते हैं।'

बाप रे! चार सौ रुपए? इतनी बड़ी राशि? हे भगवान श्रीकृष्ण! आपकी कृपा बरसती है तो पानेवाला अघा जाता है। देखो हो सरयुग सिंह! तुमने मुझे कितना रोका मुख्यमंत्री महोदय से मिलने में। वाह रे एस.डी.ओ. साहब! आपने तो अपने कंधे पर बैठाकर मुझे श्रीकृष्ण दर्शन करा दिए। आज उस दर्शन का रसदार फल मेरे हाथ में है। लेकिन यह तो चिट्ठी है, इसे कहाँ ले जाऊँ? ट्रेजरी क्या होती है? वहाँ जाकर किसे क्या कहा जाएगा? चार सौ रुपए मुझे कौन देगा?

मैंने अपना अगला क्लास छोड़ दिया और खुशी से नाचते हुए सीधे एस.डी.ओ. साहब के यहाँ चला गया। उन्हें प्रणाम कर मैंने वह चिट्ठी दिखाई।

चिट्ठी पढ़कर वे बहुत खुश हुए, और हँसते हुए बोले, 'देखा, आप इधर-उधर भटक रहे थे। सही जगह पर प्रयास करने से सफलता मिलती है। अब क्या है, आप रुपए निकालिए और किताबें खरीदिए, एकाग्रचित्त होकर अध्ययन कीजिए।'

मैंने पूछा, 'सर, ट्रेजरी कहाँ होता है? वहाँ से रुपए कैसे लिया जाता है?'

एस.डी.ओ. साहब हँसे और बोले, 'कल चिट्ठी लेकर आइएगा, मैं निकलवा दूँगा।'

मैं मन-ही-मन पुए पकाते वहाँ से चला आया। नागा से अपने रूठे भाग्य के अचानक जग जाने की कहानी हँस-हँसकर सुनाई। उस रात मुझे खुशी के मारे ठीक से नींद नहीं आई। सुबह से ही तैयार होकर नागा की टेबल घड़ी में मैं समय देखने लगा—कब दस-साढ़े दस बजते हैं। इन्तजार की घड़ी कितनी कठिन होती है, यह उसी दिन मालूम हुआ।

जैसे ही दस बजे, मैं वह सरकारी चिट्ठी लेकर चल पड़ा। रास्ते भर सोचता गया कि चार सौ रुपए का कैसे-कैसे उपयोग करूँगा। एस.डी.ओ. साहब के ऑफिस पहुँचा तो चपरासी ने बताया कि साहव अभी नहीं आए हैं। थोड़ा उदास होकर बरामदे से नीचे उतर आया। मन में संकल्प-विकल्प चलने लगा—कदाचित् साहब आज ऑफिस नहीं भी आएँगे तो? नहीं, ऐसा नहीं हो सकता। उन्होंने ही तो आज आने को कहा था। उनके ही प्रयास से तो मुझे यह हीरा हाथ लगा है। फिर वे कैसे भूल जाएँगे और आज ऑफिस नहीं आएँगे? यह तो मेरे मन का भूत है जो मुझे डरा रहा है। इस ऊहापोह में मैं खोया ही था कि एस.डी.ओ. साहब की गाड़ी हुर्र से पहुँच गई और वे गाड़ी से उतरकर छट-छट करते बरामदे पर चढ़ गए।

मैं उत्साहित हो बरामदे पर चढ़कर सीधे ऑफिस में घुस गया। आज चपरासी ने भी मुझे अन्दर जाने से नहीं रोका। मुझे देखते ही साहब मुस्कुराते हुए बोले, 'आ गए?'

मैंने झुककर प्रणाम किया और वे बोले, 'बैठिए।'

मैं आज उनके सामने वाली कुर्सी पर बैठ गया। एस.डी.ओ. साहब ने एक घंटी दबाई। तुरत एक धोती-कुर्ता वाला नौजवान उनके आगे हाजिर होकर सिर झुकाया। उन्होंने उस नौजवान से कहा, 'स्टेनो साहब, इन्हें साथ लेकर ट्रेजरी चले जाइए और इनसे चिट्ठी लेकर ट्रेजरी ऑफिसर को दिखाइए। इन्हें इस चिट्ठी में मुख्यमंत्री के अनुग्रह कोष से चार सौ रुपए मिले हैं। रुपए निकालकर इन्हें साथ ले आइए।'

स्टेनो के साथ मैं ट्रेजरी ऑफिस गया। उसे देखते ही ट्रेजरी अफसर बोल पड़ा, 'आइए, आइए स्टेनो बाबू! कहिए, कैसे पधारना हुआ?'

स्टेनो ने मुझसे चिट्ठी ली और उस अफसर के हाथ में देकर बोला, 'साहब ने भेजा है। इनको यह चिट्ठी मिली है। यह साहब के खास आदमी हैं, इसलिए मुझे साथ लगा दिया।'

ट्रेजरी ऑफिसर ने चिट्ठी पढ़ी और बोला, 'हाँ, हाँ, इस चिट्ठी की एक प्रति मेरे यहाँ भी आई है। बैठिए, तुरत देता हूँ।'

फिर वह भला ऑफिसर उठा, अलमारी से चिट्ठी की अपनी प्रति निकाली, उस पर मुझसे हस्ताक्षर करवाए। पुनः एक रजिस्टर खोला और उस पर भी मेरे हस्ताक्षर लिये। मेरी वाली चिट्ठी पर लिखा—पेड, और मेरे हाथ में चार सौ रुपए के चार नोट रख दिये।

चार सौ रुपए? बाप रे, आज तक चार सौ रुपए हाथ में लेने की बात तो दूर, आँख से भी नहीं देखा था! यह तो गजब हो गया! कहीं स्वप्न तो नहीं देख रहा हूँ? लेकिन यह तो आँखों के सामने हाथ में सौ-सौ रुपए के चार नोट नहीं, चार महंथ बैठे हैं! मैं अपनी खुशी का बयान कैसे करूँ? लगा कि 'पावा परम तत्त्व जनु जोगी।' जीवन भर तन-मन को तपाकर जब किसी योग-साधक को परमब्रह्म का दर्शन होता है, तब जो खुशी होती होगी, वही उस समय मुझे हो रही थी। इस खुशी को व्यक्त करने के लिए मेरे पास इससे आगे का कोई शब्द नहीं है।

मैं स्टेनो बाबू के साथ साहब के ऑफिस आया। उन्हें रुपए दिखाए। वे हँसे और बोले, 'जाइए, मन लगाकर पढ़िए। इनसे किताबें खरीदकर अपना भविष्य बनाइए। बहुत दौड़ना पड़ा है आपको इसके लिए।'

'सर, यह तो आपकी कृपा है, नहीं तो मुझ असहाय के हाथ में इतना धन कैसे आ पाता?' मैंने कहा।

वे बोले, 'यह किसी की कृपा नहीं है, यह तो आपकी अपनी कमाई है। अगर आप पहले आवेदन दिए होते तो हजार रुपए मिलते। मुख्यमंत्री जी विद्यार्थियों को दिल खोलकर मदद करते हैं। पाँच सौ से कम तो किसी को देते ही नहीं हैं पर आवेदन समय पर आना चाहिए। अनुग्रह राशि का समय बीत चुका है, इसीलिए आपको चार सौ ही मिले। खैर, यह भी बहुत है। आपके आई.एस-सी. के शेष चार महीने इससे मजे में कट जाएँगे।'

मैंने कुर्सी से उठकर उनके पाँव छुए और वहाँ से चलता बना। मेरे पाँव जैसे जमीन पर नहीं, हवा में चल रहे हों! डेरा पहुँचा तो नागा दूर से दौड़ा आया, 'मिला सागर जी?'

'हाँ, हाँ, नागा! मिल गया। अब मुझे कोई दिक्कत नहीं होगी।'

अगले दिन मैं नागा के साथ जी. लाल की दुकान पर गया। जी. लाल मुझे देखते ही बोल पड़े, 'बहुत दिनों के बाद आए हो, कहीं घर तो नहीं चले गए थे?'

मैंने कहा, 'घर नहीं, पटना चला गया था, मुख्यमंत्री से मिलने।'

'तो मुख्यमंत्री से तुम्हारा परिचय है?' साश्चर्य उन्होंने पूछा।

मैं बोला, 'था तो नहीं, लेकिन अब परिचय हो गया है। उन्होंने मुझे किताब खरीदने के लिए कुछ रुपए दिये हैं। आज मैं आपकी दुकान पर किताब पढ़ने नहीं, खरीदने आया हूँ।'

'खरीद लो, खरीद लो; जो किताबें खरीदना चाहो, खरीद लो। अरे, ऊपर वाले की कृपा होती है तो बैल भी बिआने लगता है, उनकी नाकृपा होने पर बछिया भी बाँझ हो जाती है। बोलो, कौन-सी किताब दे दूँ?'

मैंने कहा, 'गणेश बाबू, मुझे पहले साइंस की सभी किताबें दे दीजिए। इन सबकी लागत जान लेने के बाद अँगरेजी की किताबें भी ले सकता हूँ।'

उस भले आदमी ने साइंस विषय की सारी किताबें निकाल दीं। कीमत जोड़कर बोले, 'एक सौ सात रुपए।'

मैंने कहा, 'अँगरेजी वाली किताबें भी दे दीजिए।' उन्होंने वे पुस्तकें भी निकाल दीं। कुल एक सौ तीस रुपए हुए। मैंने गर्वपूर्वक उनके हाथ में सौ-सौ के दो नोट रख दिए और उन्होंने मुझे सत्तर रुपए लौटा दिए। नागा और मैं, दोनों मिलकर किताबें डेरा ले आए।

अब मुझे किताबों की कमी नहीं रही। मैं एक-एक कर सभी किताबों को खोल-खोलकर, पन्ने उलट-उलटकर देखने लगा। अरे, नई किताबों को खोलने पर गंध कितनी अच्छी निकलती है! इतनी नई किताबें एक साथ मैंने जीवन में पहली बार खरीदी हैं। मैंने फिजिक्स की किताब से तैयारी शुरू की। दो-एक चैप्टर पढ़ते-पढ़ते मेरा आत्मविश्वास लौटने लगा। मुझे लगा कि इतने कम समय में भी मैं इस विषय की तैयारी कर लूँगा। केमिस्ट्री तो पहले भी मुझे रुचिकर लगता था और कॉलेज में चतुर्वेदी जी इतना अच्छा पढ़ा देते थे कि बिना किताब पढ़े भी द्वितीय श्रेणी का अंक पाया जा सकता है। लेकिन गणित की किताबें उलटने पर मुझे डर लगने लगा। मैंने जी-जाँतकर उस विषय की सभी किताबों को एक-एक कर साधने की कोशिश की, पर जैसे गंजे सिर पर पानी डालने से सीधे नीचे बह आता है, वैसे ही वह विषय मेरे मस्तिष्क से तुरत निकल जाता था। उसमें भी अलजेबरा तो लाख कोशिश करने पर भी मेरी समझ में आता ही नहीं। भोंगली केतारी की तरह लाख दबाने पर भी उससे रस निकला ही नहीं। चलो, छोड़ो; अलजेबरा की किताब उलटना ही छोड़ दिया। जो भी हो, मैं नई किताबों में धीरे-धीरे रमने लगा। नई-नई किताबों ने मेरे उत्साह की आग में घी डालने का काम किया।

अभी कुछ ही दिन बीते होंगे कि नागा ने कहा, 'सागर जी, मेरे टेस्ट का रिजल्ट निकल गया, मैंने फॉर्म भी भर दिया है, अब मैं घर जाता हूँ और वहीं रहकर तैयारी करूँगा।'

मैं तो हक्का-बक्का रह गया, पर उसे रोकता भी कैसे? नागा चला गया और मैं रामरक्षी गोप के उस कमरे में पाँच रुपए महीने किराया चुकाकर रहने लगा। अब भोजन की समस्या पहले की तरह मुँह खोलकर मेरे सामने खड़ी हो गई। जहाँ मैं रहता था, वहाँ से कॉलेज और बाजार काफी दूर थे। सुहृदनगर से मूसन सिंह के होटल तक पैदल जाने में लगभग एक घंटा लग जाता था और उतना ही आने में भी। खाकर उतनी दूरी तय करने के बाद डेरा आने पर थकावट महसूस होने लगती। किताब खोलकर जैसे ही पढ़ने बैठता, कि आँखें नींद से लटने लगतीं, और मैं सो जाता। जगने पर बड़ा पश्चात्ताप होता, अपने-आप पर गुस्सा आता, परन्तु अगले दिन भी वही हाल। जैसे-तैसे मैं अपनी तैयारी में लगा रहा।

रामरक्षी गोप के उस मकान से दो-एक मकान उत्तर, मेरा एक सहपाठी रहता था। उसका नाम कृष्णबल्लभ था। वह रोज साइकिल से कॉलेज जाता-आता था। कॉलेज में वह क्लास

बहुत कम करता और अन्य क्लास से घंटी टूटने के बाद निकलने वाली लड़कियों की ताक-झाँक में अधिक समय बिताता। उसकी दोस्ती रतनपुर के हलधर नामक सहपाठी से थी। हलधर का घर कॉलेज से सटा हुआ ही था। इसलिए दोनों हलधर के घर पर ज्यादा समय बिताते। हलधर का कॉलेज पर दबदबा भी था।

कृष्णबल्लभ ने मुझसे कहा, 'अब तो कॉलेज भी खत्म ही होनेवाला है। टेस्ट परीक्षा के बाद तो कॉलेज जाने की जरूरत ही नहीं रहेगी। फॉर्म भरना और घर में बैठकर तैयारी करना—यही तो रह जाएगा। आप रोज खाने के लिए बाजार जाते-आते हैं। दोनों समय मिलाकर आपके तीन-चार घंटे बर्बाद हो जाते हैं। ऐसा कीजिए न कि आप रामरक्षी का मकान छोड़कर मेरे घर पर ही रहिए। मेरे यहाँ रहने की काफी जगह है। दोनों आदमी साथ-साथ तैयारी भी करेंगे और मेरा छोटा भाई रामबल्लभ दसवीं में पढ़ता है, उसे आप अँगरेजी पढ़ा दिया कीजिएगा। मेरे परिवार के साथ खाइएगा-रहिएगा। आप भी बाजार जाने-आने से बच जाइएगा और मुझे भी आपके साथ तैयारी करने में मन लगेगा।'

मैं कृष्णबल्लभ के प्रस्ताव पर रात भर विचार करता रहा। कहता तो ठीक ही है, समय और पैसे—दोनों की बचत होगी। मुफ्त में रहना-खाना, बदले में उसके भाई को थोड़ा-बहुत पढ़ा देना। मैंने दूसरे दिन पूछने पर उसे स्वीकृति दे दी।

फिर क्या था! कृष्णबल्लभ मेरे साथ आया और मेरा सामान उठा-पुठाकर अपने घर पहुँच गया। मैंने देखा कि उसका घर पक्का का बना था। घर के आगे खाली जमीन भी थी। उसके ही घर के आगे से मेरे गाँव की ओर जाने वाली सड़क थी। उसके पिता रामवृक्ष सिंह छपरा के मूल निवासी थे। ठेकेदारी करने बेगूसराय आए थे। कमाई हुई, मन रम गया, यहीं मकान बनाकर बस गए। उनकी उम्र अब सत्तर के आसपास होगी। आँख पर मोटे फ्रेम का चश्मा पहनते हैं, फिर भी अखबार पढ़ते समय अखबार को आँख से लगभग सटाकर ही पढ़ते हैं। वे जाति के राजपूत हैं। उनकी पत्नी उनसे कम उम्र की लगभग साठ साल की होंगी। घर के आगे लोहे का गेट लगा है और वह गेट खुले तो सड़क।

कृष्णबल्लभ ने मेरा सामान एक कमरे में रखकर मुझे बताया, 'यही आपका कमरा हुआ। यहीं आप पढ़िए, सोइए। खाना आपका इसी जगह आ जाएगा। हम दोनों को जब साथ-साथ पढ़ना होगा तो मैं अपने कमरे में आपको बुला लिया करूँगा।'

कृष्णबल्लभ चला गया तो थोड़ी देर में उसकी माँ कमरे में आईं। वे बोलीं, 'मास्टर साहब, आप उस गोप के मकान में क्यों रहते थे? उसका परिवार बदनाम परिवार है। बगल में हम ऊँची जाति के लोग रहते हैं। आप कृष्णबल्लभ से बोले होते तो वह इसी मकान में एक कमरा दे देता। खैर, आप अब आराम से पढ़िए-रहिए। समय निकालकर थोड़ी देर रामबल्लभ को पढ़ा दिया कीजिए, वह अँगरेजी में फेल हो जाता है।'

मैं चुपचाप उनकी बातें सुनता रहा।

शाम हुई तो लालटेन जलाकर एक युवती उस कमरे में रख गई। वह युवती कृष्णबल्लभ की बहन थी। देखने में बिल्कुल साँवली, माथे में सिंदूर की लाल रेखा, कद में सामान्य से तनिक छोटी, साड़ी-ब्लाउज से उसकी जवानी प्रकट हो रही थी। वह कमरे में लालटेन रखकर सीधे चली गई।

थोड़ी देर में कृष्णबल्लभ मेरे कमरे में आ गया। मेरी पुस्तकें उलट-पुलटकर बोला, 'रामसागर जी, यह नेत्र पांडेय वाली कैमिस्ट्री की किताब बहुत अच्छी है। आज एक रात के लिए मैं पढ़ने ले जाता हूँ।'

मैंने कहा, 'लीजिए न, जितनी रात पढ़नी हो, पढ़िए। जब एक ही जगह हैं, तो जब मन हो, आप पढ़िए। जब मन हो, मैं पढ़ूँगा।'

किताब लेकर कृष्णबल्लभ अपने कमरे में चला गया। मैं लालटेन की रोशनी में पढ़ने लगा।

लगभग नौ बजे कृष्णबल्लभ की माँ एक थाली में घी लगी पाँच-छह रोटियाँ, दो तरह की सब्जी और एक छोटी कटोरी में थोड़ा दूध लेकर आईं और बोलीं, 'अब पढ़ना छोड़िए, खाना खाकर सो जाइए। कल से जितनी देर तक पढ़ना होगा, पढ़िएगा।'

इस वात्सल्य-भरी वाणी से मेरा मन पिघल गया। फिर इतना अच्छा खाना कोई माँ ही अपने बच्चे को खिला सकती है, यह भाव मन में आते ही उन्हें 'माँ' कहकर पुकारने को जी मचल उठा।

मैंने उनके हाथ से थाली लेकर कहा, 'माँ, आप जाइए, मैं खाकर थाली धो लूँगा।'

वे बोलीं, 'नहीं, नहीं, थाली मत धोइएगा, चौकी के नीचे रख दीजिएगा। मैं पानी ले आती हूँ।'

मैंने खाना शुरू किया और वे पानी लेकर पहुँच गईं। मैंने हाथ धोकर थाली चौकी के नीचे रख दी। अपने बिछावन पर लेटकर सोचने लगा कि मेरे जीवन में कैसा-कैसा संयोग और दुर्योग आता रहता है!

खैर, दूसरे दिन से शाम में लालटेन जलते ही, मैं दरवाजे की चौकी पर रामबल्लभ को बैठाकर अँगरेजी, हिन्दी पढ़ाने लगा। पता नहीं क्यों, रामबल्लभ मेरी पढ़ाई से बहुत खुश रहता और अपनी माँ से बोलता कि यह तो हमारे स्कूल के अँगरेजी शिक्षक से अच्छा पढ़ाते हैं। इस तरह मेरा समय वहाँ अच्छी तरह बीतने लगा। कृष्णबल्लभ भी कभी-कभी गणित में मैकेनिक्स की प्रॉब्लेम लेकर मेरे साथ बैठ जाता और हम दोनों मिल-जुलकर उसे हल करने की कोशिश करते। लेकिन कृष्णबल्लभ ज्यादातर शाम में साइकिल लेकर बाजार निकल पड़ता और हलधर को साथ लेकर बाजार का चक्कर खूब लगाता। वह आठ बजे रात से पहले शायद ही कभी लौटता। मैं तब तक रामबल्लभ को पढ़ाकर अपनी पढ़ाई में भिड़ जाता था।

सिर पर तीन-चार दिनों में ही टेस्ट परीक्षा सवार थी। किसी तरह अपने को तैयार कर मैंने टेस्ट परीक्षा तो दे दी, पर लग रहा था कि मैं शायद ही सेंटप हो सकूँगा। कहीं फॉर्म भरने से रोक न दिया जाऊँ! टेस्ट परीक्षा का रिजल्ट आ जाने पर फॉर्म भरना होगा। पैसे तो मेरे पास हैं ही फॉर्म भरने के लिए, मगर सेंटप हो जाऊँगा तब न ? मैं इस उधेड़बुन में समय काट ही रहा था कि घर से भोला आया और बोला, 'आपकी माँ जोर से बीमार हैं, घर चलिए।'

माँ की बीमारी सुनते ही मैं कृष्णबल्लभ की माँ को बोलकर, तुरत घर चल पड़ा। घर पहुँचकर माँ के पास गया तो माँ की देह जल रही थी। वह पिछले पाँच दिनों से उच्चताप में थी और कुछ खाया-पीया भी नहीं था। सिर्फ पानी पर ही रह रही थी।

मैंने माँ की देह पर हाथ रखकर पूछा, 'माँ, कैसी तबियत है?'

माँ बोली, 'बुखार बहुत तेज है, कुछ भी खाने का मन नहीं करता।'

मैंने दादा से पूछा, 'किसी से माँ को दिखाया नहीं?'

वे बोले, 'दिखाता किससे? रुपए पास में हों तब न! तुम तो बाहर रहते हो, घर की हालत क्या जानो! बाबू लूरो मियाँ को बुलाकर लाए थे, उसने दो पुड़िया दवा दी थी, पर उससे कुछ फायदा नहीं हुआ। मुफ्त में कौन दवा बाँटता-फिरता है?'

रात हो गई थी। मैं इस समय कुछ करने में असमर्थ था। मेरे पास रुपए तो थे ही, पर रात में कहाँ जाऊँ, किस डॉक्टर को बुलाऊँ? मैं माँ के सिरहाने बैठ गया और वहीं ऊँघकर रात काट ली।

सबेरा होने पर मैंने निश्चय किया कि माँ का सही इलाज कराना ही होगा। मैं नौ बजे के लगभग मंझौल भागा। वहाँ कमला बाबू डॉक्टर को प्रणाम करके अपनी विपत्ति सुनाई। वे दस रुपए फीस लेकर अपनी मोटरगाड़ी से रोगी को देखने जाते थे। उन दिनों कमला बाबू से बड़ा डॉक्टर पास-पड़ोस में कोई नहीं था।

उन्होंने कहा, 'अगर दस रुपए फीस दे सकते हो तो जमा करो। मैं बारह बजे के बाद पहुँच जाऊँगा।'

मैंने तुरत दस रुपए जमा कर दिये और कमला बाबू को प्रणाम कर तेजी से घर चल पड़ा।

घर पहुँचने पर दादा ने पूछा, 'कहाँ थे इतनी देर से? माँ तुम्हें खोज रही थी।'

मैंने कहा, 'कमला बाबू डॉक्टर को बुलाने मंझौल गया था, वे आ रहे हैं।'

दादा बिगड़कर बोले, 'कमला बाबू की फीस जानते हो? कहाँ से हम लोग दे सकेंगे?'

मैंने कहा, 'चिन्ता मत कीजिए, फीस मैं देकर आया हूँ।'

दादा को विश्वास नहीं हो रहा था। मैंने घर में किसी से भी नहीं बताया था कि मुझे श्रीबाबू से चार सौ रुपए मिले हैं। बताता तो वह घर के खाना-खुराकी में ही खर्च हो जाता। मेरे मन में भी घर के प्रति एक तरह की उदासीनता आ चुकी थी। जब घर में किसी को चिन्ता नहीं कि मैं कहाँ रह रहा हूँ, कैसे रह रहा हूँ, क्या खा रहा हूँ कि हवा-पानी पर जी रहा हूँ, पढ़ रहा हूँ कि चोरी-डकैती कर रहा हूँ, जीवित हूँ कि मर चुका हूँ, तो मुझे ही क्या पड़ी है कि उन्हें अपनी तिजोरी के बारे में बताऊँ, या घर में रुपए दे आऊँ?

खैर, बारह बजे के बाद डॉक्टर साहब मोटरगाड़ी से मेरे घर पर पहुँच गए। माँ बेचारी एक खाट पर पड़ी हुई थी; पड़ी नहीं, खाट में सटी, आँखें बन्द किए साँस ले रही थी। डॉक्टर साहब ने माँ का हाथ छुआ तो उसकी आँखें खुलीं। उन्होंने थर्मामीटर लगाकर बुखार नापा तो 104^0 बुखार था। उन्होंने पूछा, 'कितने दिनों से यह बुखार है?'

मैंने कहा, 'पाँच-छह दिनों से।'

'कुछ खाती हैं, या नहीं?'

मैंने कहा, 'कुछ भी नहीं खाती हैं डॉक्टर साहब, सिर्फ पानी पीती हैं।'

डॉक्टर साहब बोले, 'इनको मियादी बुखार है। यह अपना मियाद पूरा करके ही जाएगा। लेकिन इन्हें पतला दूध में बार्ली या साबूदाना उबालकर दोनों शाम दिया करो, नहीं तो कमजोर होकर मर जाएँगी। इस बुखार से उबरने में इन्हें इक्कीस शाम का समय

लगेगा। छह दिन, यानी बारह शाम तो बीत चुकी है, नौ शाम यानी पाँच दिन इस बुखार से उबरने में इन्हें और समय लगेगा। लेकिन इतना बुखार हमेशा रहने से इन्हें दूसरी तकलीफ भी बढ़ सकती है। इसलिए मैं एक दवा लिख देता हूँ, खरीदकर मुझे दिखा देना, फिर एक सुबह, एक शाम खिलाना। ध्यान रहे, बार्ली या साबूदाना खिलाने के बाद ही सुबह-शाम यह कैप्सूल देना। उबला पानी ठंडा करके बार-बार पिलाते रहना। तीसरे दिन मुझे हालत की खबर करना।'

फिर उन्होंने अपने नाम के एक कागज पर दवा का नाम लिखा, 'क्लोरोमाइस्टिन।' मेरे हाथ में पुर्जा थमाकर वे चल पड़े।

कमला बाबू की गाड़ी देखकर पास-पड़ोस के कई लोग जमा हो गए थे। कमला बाबू को बुलाने का साहस तो गाँव में दो-चार आदमी ही करते हैं, वह भी तब, जब रोगी की हालत अत्यन्त खराब हो जाए। प्यारे सिंह के दरवाजे पर हवा गाड़ी लगी है, कमला बाबू आए हैं, जरूर कामो माई को कोई बड़ी बीमारी हो गई है। हो भी गई है तो कमला बाबू को बुलाने-दिखाने का पैसा कहाँ से आया?

लोग-बाग इस तरह से सोच रहे थे और कमला बाबू के जाते ही मैं उनका लिखा पुर्जा लेकर सीधे मंझौल दौड़ पड़ा। मुरली बाबू की दुकान पर पहुँचकर मैंने वह पुर्जा दिया और मुझे पाँच दिनों के लिए दस कैप्सूल मिल गए। फिर बाजार से मैंने बार्ली का एक डिब्बा और पाव भर साबूदाना खरीदा। जितनी तेजी से सम्भव हो सका, मैं घर पहुँच गया। लेकिन घर में तो कोई औरत भी नहीं। मेरे दोनों बड़े भाई अविवाहित। खाना तो कच्चा-पक्का लछमी दादा बना लेते थे, पर बार्ली या साबूदाना कौन उबालें? बहन तो अपनी ससुराल में थी। क्या उपाय हो साबूदाना दूध-पानी उबालने का? बिना वह पिलाए माँ को दवा भी नहीं दी जा सकती।

मैंने अपनी कठिनाई दुनहीवाली भौजी को सुनाई। वे साबूदाना उबालने को तैयार हो गईं और उबाल भी दिया। लेकिन वह कितने दिन मेरी मदद करेंगी? विचार हुआ कि लछमी भाई तुरत दुनही जाएँ और बहन को ले आवें। वैसा ही किया गया, और दूसरे दिन बहन आ गई। फिर तो बार्ली, साबूदाना उबालना, खाना बनाना उसके कंधे पर लटक गया। मैं समय से माँ को पथ्य खिलाकर दवा देने लगा। तीसरे दिन माँ का बुखार उतर गया। मैं कमला बाबू के यहाँ जाकर उनसे रोगी की हालत बता आया।

उन्होंने कहा, 'ठीक है, बुखार उतर गया है, लेकिन दवा देते रहो, नहीं तो फिर आ जाएगा। परसों उन्हें आटा उबालकर रोटी बनवा लेना और दो रोटी पतली-पतली, परवल की बिना मसालेदार सब्जी के रस में डुबोकर खिला देना। फिर दूसरे दिन से दोनों शाम रोटी और वैसी ही सब्जी देते रहना। हाँ, वही दवा तीन दिनों के लिए और खरीद लेना। दवा का कोर्स आठ दिन हो जाने पर बुखार नहीं आएगा।'

मैंने वैसा ही किया और माँ दस-बारह दिनों में चलने-फिरने लगी। फिर तो वह परिवार की चक्की में जैसे पिसाती थी, वैसे पिसाने लगी।

माँ बीमारी से निकल गई, लेकिन मैं तो पिछले बारह दिनों से घर पर हूँ। उधर सेंटप का रिजल्ट जरूर निकल चुका होगा। मेरे मन में भय का चोर घुस रहा था। मैं सोचने लगा

था कि सेंटप हो जाने पर भी मैं फॉर्म नहीं भरूँगा। फर्म भरकर परीक्षा में बैठ जाने पर कहीं फेल न हो जाऊँ। इतनी कम तैयारी में कैसे उत्तीर्ण हो सकूँगा ? आई.एस-सी. की परीक्षा है, कोई ऐट्रिक-मैट्रिक की नहीं। इसलिए मैं इस बीमारी के बहाने ही एकाध सप्ताह और घर रह जाता हूँ, तब तक फॉर्म भरने का समय निकल जाएगा। फिर बेगूसराय जाकर लौट आऊँगा और घर-समाज में बोलता रहूँगा कि माँ की बीमारी के कारण मेरी परीक्षा छूट गई, अब अगले साल परीक्षा दूँगा। इस तरह साँप भी मर जाएगा और लाठी भी बची रहेगी। लेकिन मेरा यह बहाना चल नहीं पाया। माँ के चंगा होते ही दादा ने पूछा, 'पढ़ने नहीं जाओगे ? अब तो माँ ठीक हो गई है। बारह-पन्द्रह दिनों से तुम कॉलेज छोड़कर घर में हो, कहीं नाम कट गया तो ?'

मैं बहाना ढूँढ़ रहा था परीक्षा से बचने के लिए, क्या जवाब दूँ दादा को ? फिर मैंने बोलना शुरू किया, 'नाम कटने का सवाल अब नहीं है। फॉर्म भरा जा रहा है फाइनल परीक्षा के लिए। मेरे पास फॉर्म भरने के लिए रुपए नहीं हैं। सोचता हूँ, इस साल परीक्षा छोड़ दूँ। अच्छे से तैयारी कर अगले साल परीक्षा दूँगा तो रिजल्ट भी अच्छा होगा, और इस बीच रुपए जुटाने के लिए कहीं ट्यूशन भी कर लूँगा। जैसे-तैसे परीक्षा देने पर रिजल्ट ठीक नहीं हो सकेगा। मेरे पास कोई किताब भी तो नहीं है।'

दादा बिगड़ उठे, 'परीक्षा नहीं छोड़ो। पास करो या फेल, परीक्षा तो देनी ही है। फॉर्म भरने के लिए रुपए जुटाना है तो चलो, एक बार फिर रामचन्दर बाबू एस.डी.ओ. के पास। मैं उनसे आरजू-मिन्नत करके दो महीने का एडवांस माँग लूँगा। वे तुम्हें साथ में देखकर एडवांस जरूर दे देंगे।'

'मैं अब किसी के यहाँ भीख माँगने नहीं जाऊँगा। बहुत भीख माँग चुका मैं। भीख ही तो पिछले डेढ़-दो साल से माँग रहा हूँ। घर से कब मेरे रहने-पढ़ने के लिए किसी ने रुपए भेजे ? आप जिद करते हैं तो जाता हूँ परीक्षा दे देने। जैसे इतने दिनों से काम चलाया, वैसे ही फॉर्म भरने का काम भी चला लूँगा। रिजल्ट अच्छा-बुरा जो होना होगा, उसका दोष मुझ पर नहीं होना चाहिए। नाम लिखाने के बाद मुझे घर से कभी पैसा नहीं मिला है, फिर भी मैं पढ़ता रहा हूँ। फेल होने पर आप ही मुझ पर डंडा चलाइएगा। मैं परीक्षा देकर घर नहीं आऊँगा, जहाँ मन होगा, चला जाऊँगा।'

दादा मेरा विद्रोही तेवर देखकर चुप हो गए। बोलते भी क्या ? घर में तो मुझे पैसे देने का कोई उपाय था नहीं। वे जो वेतन लाते थे, घर का भोजन जुटाने में भी कम पड़ जाता। फिर मुझे कहाँ से कुछ भेज पाते ? अपने ऊपर तो उन्होंने कभी कोई खर्च किया ही नहीं। दो आने की जलेबी भी कभी नहीं खाई। लेकिन मेरी बोली में मौजूद सच उन्हें दुखी जरूर कर गया। मैं भी बाद में सोचने लगा कि मुझे इतनी कड़वी बात नहीं बोलनी चाहिए थी।

दूसरे दिन मैं सिर्फ माँ से बोलकर कि मैं बेगूसराय जाता हूँ, चला गया। वहाँ पहुँचा तो सबसे पहले कृष्णबल्लभ की माँ ने पूछा, 'कैसी हैं आपकी माँ ? ठीक हुईं ?'

मैंने उन्हें प्रणाम करते हुए कहा, 'जी, माँ अब बिल्कुल ठीक हैं। उन्हें मियादी बुखार हो गया था। डॉक्टर से दिखाया, दवा चली, बुखार उतर गया। अब वे खाती-पीती हैं, घर का सब काम-काज करती हैं।'

वे खुश हुईं और बोलीं, 'हाथ-पैर धो लीजिए और नाश्ता कीजिए। पैदल आए हैं, थक गए होंगे।'

मैं हाथ-पैर धोकर चौकी पर बैठा और उस माँ ने एक कटोरी में चूड़ा-मुरही पर गुड़ रखकर मुझे नाश्ता कर लेने को कहा।

मैं खा रहा था, और वे मेरे आगे माँ की तरह खड़ी रहीं।

फिर वे कहने लगीं कि कृष्णबल्लभ और हलधर ने कल फॉर्म भर दिया है। बोल रहा था कि मास्टर साहब नहीं आए हैं अभी तक। अब तीन दिन और समय बचा है फॉर्म भरने के लिए, उन्हें खबर करनी चाहिए।

मैं सुनकर बोल पड़ा, 'माँ जी, मैं भी कल फॉर्म भर दूँगा।'

'हाँ, हाँ, फॉर्म भर दीजिए और जितना समय घर पर बीता है, उसकी भरपाई रात में जगकर कर लीजिएगा। मैट्रिक में फर्स्ट डिवीजन हुआ है तो इसमें भी वैसा ही होना चाहिए।'

उस महिला की ममता में लिपटी सहानुभूति की वाणी सुनकर मेरा दुख-दर्द कपूर की तरह उड़ जाता था। हबीब मियाँ की तरह ही मैं इस माँ का ऋण भी नहीं चुका पाया।

लगभग आठ बजे रात में कृष्णबल्लभ आया। उसने बताया कि फॉर्म तो भर ही चुके हैं, वह दो-दो प्रोफेसर से ट्यूशन भी पढ़ने लगा है। फिजिक्स राजमंगल बाबू से पढ़ रहा है और मैथ भूदेव बाबू से।

मैं भी अगले दिन फॉर्म भर आया। बचा-खुचा रुपया फॉर्म भरने में साफ हो गया। अब मैं लगभग दिन भर डेरे पर ही रहकर पढ़ने लगा। अपनी तैयारी करता और घंटा-डेढ़ घंटा रामबल्लभ को पढ़ाता। परीक्षा महीना बाद होगी, इसलिए मैं देर रात तक जगकर पढ़ता। लेकिन मैकेनिक्स जो मैट्रिक में मुझे हल्का लगता था, यहाँ बहुत भारी लग रहा है। कृष्णबल्लभ भूदेव बाबू से गणित का ट्यूशन पढ़ता है, इसलिए मैं उसके साथ बैठकर वह विषय पढ़ना चाहता हूँ; पर वह अब मुझको कुछ बतलाने से कतराने लगा है। भूदेव बाबू का दिया हुआ सजेशन तो वह मुझसे छिपा ही लेता है। जो हो, मैं अपने भर खुद से प्रयास कर किसी तरह पास कर लेने की तैयारी कर रहा हूँ। कृष्णबल्लभ की माँ कभी-कभी मुझे बताती हैं कि मेरी तरह वह देह दाबकर कभी पढ़ता ही नहीं है।

मुझे यहाँ रहकर खाने-पीने में कभी असुविधा नहीं हुई, न कभी अपमानबोध। मेरा दिन का खाना कृष्णबल्लभ की बहन बसन्ती रोज मेरे कमरे में पहुँचा देती थी, रात में उसकी माँ। बसन्ती मुझसे दो-एक साल बड़ी होगी। वह जब दिन का खाना पहुँचाने आती है तो बीच-बीच में पूछती है, 'कुछ और ले आऊँ?'

मैं बिना नजर ऊपर उठाए ही बोल देता हूँ, 'जी नहीं।'

वह ठठाकर हँसने लगती है, 'मुझे 'जी' क्यों कहते हैं? क्या मैं आपसे बड़ी हूँ या आपसे अधिक पढ़ी-लिखी?'

मैं चुप।

वह चाहती है मुझसे बात करना, पर मैं दूध का जला मट्ठा भी फूँक-फूँककर पीना चाहता हूँ।

समय बीतता गया और परीक्षा के दिन भी आ गए। मैं परीक्षा में शरीक भी हुआ। परीक्षा समाप्त भी हुई, पर मुझे विश्वास नहीं हो सका कि मैं दूसरी श्रेणी भी पा सकूँगा।

मैं परीक्षा देकर सोचने लगा कि फिजिक्स की परीक्षा तो हो गई, पर प्रैक्टिकल का क्या होगा? अभी दस दिनों के बाद प्रैक्टिकल परीक्षा होगी। इस बीच में प्रोफेसर साहब प्रैक्टिकल का क्लास चलाएँगे। मैंने तो बहुत कम प्रैक्टिकल किया है। जो क्लास चलेगा, उसमें जाकर मुझे सीखना चाहिए। संयोग है, कहीं किया हुआ ही आ गया तो बेड़ा पार। ऐसी लिखित परीक्षाओं में तो मुझे पास नम्बर आ ही जाना चाहिए, भले सेकंड डिवीजन नहीं मिले। लेकिन कभी-कभी निराश भी होने लगा।

कृष्णबल्लभ जब घर पर बैठता तो प्रश्नपत्र निकालकर पूछने लगता, 'इसका उत्तर आपने क्या लिखा है?'

मैं जो जवाब बताता, वह उससे असहमत हो जाता, 'नहीं, नहीं, इसका उत्तर यह होगा।'

मैं चुप हो जाता, क्योंकि वह तो ट्यूशन पढ़कर आया है, इसलिए उसका जवाब ही ठीक होगा। गणित का प्रश्नपत्र लेकर वह पूछता, 'अच्छा, इस पेपर में आपने कितने नम्बर का ठीक बनाया है?'

मैं कहता, 'ठीक-गलत तो मैं नहीं कह सकता, पर इसमें मैंने पचास नम्बर के सवाल का ही जवाब लिखा है।'

वह कहता, 'बस, पचास का ही? मैंने तो नब्बे का ठीक-ठीक बना दिया है।'

यह सुनकर मैं अपने बारे में निराश हो जाता।

जिन दिनों कृष्णबल्लभ से मेरा परिचय हुआ था, वह अपने को मेरी तुलना में कमजोर विद्यार्थी मानता था, पर अब वह अपने सामने मुझे कुछ लगाता ही नहीं है। मुझमें एक तरह का हीन भाव बैठने लगा। परन्तु मैं मन-ही-मन यह भी सोचता कि धनी बाप का बेटा है, पैसे की कमी नहीं। दो-दो प्रोफेसर से ट्यूशन पढ़ा है इसने। इस कारण वह मुझसे तेज हो गया है। होने भी दो, सब लोग जानते ही हैं कि 'बाबू न भैया, जो करे सो रुपैया।' मैं परीक्षा में बैठ गया, यही क्या कम है? अपने बल पर दो वर्षों का समय काटा है। जो होना हो, हो ले रिजल्ट, इससे अधिक मैं कुछ भी नहीं कर सकता था। अब किसी तरह प्रैक्टिकल की परीक्षा देकर जान छुड़ा लूँ।

मैं अगले दिन से प्रैक्टिकल क्लास करने सबेरे निकल जाता था। मैं जिस बैच में था, उस बैच का प्रैक्टिकल क्लास 7.30 सुबह से शुरू होता था। पहले कैमिस्ट्री के डेढ़ घंटे, फिर आधे घंटे बाद फिजिक्स के डेढ़ घंटे। ग्यारह बजे क्लास समाप्त होने पर मैं डेरा चल पड़ता। लगभग मैं बारह बजे डेरा पहुँचता। बसन्ती मेरा खाना लेकर कमरे में आ जाती। मैं खाना खाकर प्रैक्टिकल की किताब से वह पाठ दुहराने लगता जिसका प्रैक्टिकल आज सिखाया गया है। कृष्णबल्लभ का बैच मुझसे अलग था। वह दस बजे जाता था और चार बजे के आसपास लौटता। आठ दिनों तक प्रैक्टिकल क्लास चला।

एक दिन (शायद छठे या सातवें दिन) मैं बारह बजे के आसपास कॉलेज से लौटा तो देखता क्या हूँ कि बसन्ती नहाकर मेरे ही कमरे में अपना वस्त्र पहन रही है। वह साड़ी तो पहन चुकी थी, पर ब्लाउज हाथ में लेकर पहनने ही वाली थी कि मैं कमरे में प्रवेश कर

गया। मेरी आहट पाकर वह पीछे मुड़ी। मुझे देखते ही हाथ में ब्लाउज लिये जैसे-तैसे पीछे वाले दरवाजे से लजाती भागी।

थोड़ी देर में कृष्णबल्लभ की माँ आ गईं। उन्होंने मुझे देखकर पूछा, 'आ गए मास्टर साहब? बैठिए न कमरे में! अभी खाना भेजती हूँ,' और फिर जोर से पुकार उठीं, 'बसन्ती, ओ बसन्ती! मास्टर साहब आ गए, इनका खाना लगाओ।'

मैं कमरे में चला गया। कुछ देर में बसन्ती थाली में मेरा खाना लेकर हाजिर। उसने थाली चौकी पर रख दी और हँसती हुई बोली, 'आप कमरे में घुसते समय खाँसे क्यों नहीं?'

मैं चुपचाप उसका खिला हुआ मुखमंडल देखता रहा और वह कमरे से भाग गई। मैंने खाना खा लिया।

अगले दिन से प्रैक्टिकल परीक्षा शुरू हो गई। मेरे बैच की कैमिस्ट्री प्रैक्टिकल फिजिक्स से पहले पड़ी। मैं कैमिस्ट्री प्रैक्टिकल में शरीक हुआ। मुझे टाइट्रेशन करने आया था। एक ही दिन यह प्रैक्टिकल मैंने किया था, इसलिए ठीक से शुरू करने में ही दिक्कत हो रही थी। प्रोफेसर सदानन्द बाबू दूर से मुझे देख रहे थे। वे समझ गए कि इससे नहीं हो पाएगा। वे तुरत मेरी बगल में आकर मेरा एपेरेटस ठीक करने लगे। फिर उन्होंने मुझे मद्धिम आवाज में बता दिया कि कैसे क्या किया जाएगा। मेरी आँखें खुल गईं और मैं आगे की क्रिया करने लगा।

सदानन्द बाबू डेमोन्सटेटर के पास जाकर बोले, 'उस लड़के की मदद करते रहो, उसका रिजल्ट गलत नहीं होना चाहिए।'

सचमुच जहाँ-जहाँ मैं रुकता, पथ-प्रदर्शक बनकर वहाँ-वहाँ वह मेरी मदद में भिड़ जाते। इस तरह कैमिस्ट्री प्रैक्टिकल में मेरा बेड़ा पार हो गया। इसके तीन दिन बाद मेरा फिजिक्स प्रैक्टिकल होना था। इस प्रैक्टिकल में मुझे कैमिस्ट्री की अपेक्षा कुछ अधिक आत्मविश्वास था। लेकिन एक जबर्दस्त बाधा आ गई। मेरे मित्र और हितैषी नागा की शादी उसी रात थी, और सुबह में मेरी परीक्षा होती। मैं किसी भी तरह उसकी शादी में अनुपस्थित नहीं रह सकता था। एक अच्छी बात यह थी कि शादी बेगूसराय के ही पोखरिया मुहल्ले में होनी थी।

मैं शादी की रात पोखरिया जाकर उसकी बारात में शरीक हो गया। नागा मुझे देखकर दिल से खुश हुआ। बोला, 'आप नहीं आते तो मैं अपनी शादी अधूरी मानता। भागिएगा नहीं, सुबह मुझसे मिलकर ही कहीं जाइएगा।'

बेचारे नागा को यह कहाँ मालूम कि सुबह मेरी प्रैक्टिकल परीक्षा है, और वह भी फिजिक्स विषय की। खैर, रात भर मैं बारात में नाचता-कूदता रहा। मंडप पर जाकर उसका विवाह पूरी रात देखता रहा। विवाह साढ़े चार बजे सुबह में समाप्त हुआ। अब मैं नागा से मिलने की युक्ति ढूँढ़ने लगा। लेकिन नागा को तो महिलाएँ कोहवर घर ले जा चुकी थीं। अब मैं क्या करूँ? साढ़े सात बजे तो मुझे प्रैक्टिकल परीक्षा के लिए कॉलेज में रहना है। सोचते-सोचते मैंने एक चिट पर लिखा, 'नागा जी, साढ़े सात बजे से मेरी प्रैक्टिकल परीक्षा है, इसलिए मैं चलना चाहता हूँ।'

नागा जी का साला मुझसे परिचित हो चुका था और यह भी जान चुका था कि मैं उसका अनन्य मित्र हूँ। मैंने उसे खोजकर वह चिट दे दी और कहा कि यह नागा जी को पहुँचा दीजिए। वह तुरत चिट लेकर अन्दर चला गया।

कोई दस मिनट के अंतराल में नागा बियाही ड्रेस में मेरे पास आ गया और बोला, 'महाराज, मुझे मालूम रहता कि आज ही आपकी परीक्षा है तो मैं आपको रात भर रोकता नहीं। थोड़ा जलपान कर लीजिए और जाइए।'

मैंने उससे कहा, 'मुझे अभी जलपान करने की इच्छा भी नहीं है, उधर लेट भी हो रहा है। मैं चलता हूँ नागा जी। आज मेरी परीक्षा समाप्त हो जाएगी। कल घर चला जाऊँगा। अब वहीं मुलाकात होगी।'

'ठीक है,' बोलकर नागा अपनी दुनिया में लौट गया और मैं अपनी दुनिया में।

मैं सीधे कॉलेज पहुँच गया। अभी एपेरेटस सजाया जा रहा था और सभी परीक्षार्थी बाहर कतार में खड़े थे। मैं भी कतार में लग गया। थोड़ी देर में हम सब अन्दर घुसे। एक प्याली में कागज के छोटे-छोटे उतने टुकड़े रखे गए थे, जितनी परीक्षार्थियों की संख्या थी। बारी-बारी से सभी परीक्षार्थी एक-एक कागज उठाते और खोलकर अपना भाग्य पढ़ते कि किसको कौन-सा प्रैक्टिकल करने मिला है।

मैंने भी एक चिट उठाई और खोलकर पढ़ा, 'प्रकाश की गति' निकालनी है। मैं अपनी सीट पर गया, वहाँ एपेरेटस रखे थे। मैंने यह प्रैक्टिकल पहले किया था, इसलिए मुझे भारी नहीं लग रहा था। परन्तु रात भर के जागरण के कारण जैसे ही लेंस के सामने रीडिंग लेने के लिए एक आँख बन्द करता कि मेरी दोनों आँखें बन्द हो जातीं। मैं बार-बार सही रीडिंग लेने की कोशिश करता, पर हर बार वैसा ही हो जाता। अब मैं नर्वस होने लगा। बार-बार मुझे वैसा करते देख राजमंगल बाबू, फिजिक्स के प्रोफेसर, मेरे पास आए और लेंस को सही एंगिल में रखकर मुझे रीडिंग लेने को बोले। मैंने रीडिंग बताई तो उन्होंने कहा, 'गलत है।' फिर उन्होंने ही रीडिंग लेकर मेरी कॉपी के रफ भाग में रीडिंग लिख दी और कहा, 'यही रीडिंग थोड़ा आगे-पीछे करके तीन बार लिखकर एवरेज निकाल लेना। लगभग सही रिजल्ट आ जाएगा।'

मैंने वैसा ही किया और समय समाप्त होने पर कॉपी जमा कर कमरे से बाहर चला आया। हे माँ जयमंगला! परीक्षा का बोझ सिर से उतर गया।

मैं डेरा पहुँचकर कमरे में न घुसकर सड़क पर खड़े एक विशाल वटवृक्ष के नीचे खड़ा हो गया। सड़क पर किसी को आते-जाते न देखकर मैंने अपने कान पकड़े और तीन बार उठ-बैठकर कसम खाई कि अब जीवन में कभी भी पढ़ने का काम नहीं करूँगा। दुनिया का छोटा-बड़ा कोई भी काम करके जीवन जी लूँगा, पर पढ़ने का कुकर्म कभी नहीं करूँगा।

तभी मेरे भीतर से एक जोरदार ठहाका उठा : 'हा! हा! हा! यह कौन-सा कुकर्म कर रहे हो बच्चू? अरे, करम गति टारे नहिं टरे। आगे क्या करना पड़ेगा, यह तुम नहीं जान सकते हो; इसलिए सस्ते में कोई प्रतिज्ञा नहीं कर लेनी चाहिए। प्रतिज्ञा करना आसान है, उसे निभाना बहुत कठिन। चुपचाप घर जाओ, और आगे की गतिविधि में हाथ बँटाओ।'

मैं उदास होकर कुछ देर वहीं खड़ा रहा। इतने में कृष्णबल्लभ घर से साइकिल पकड़े बाहर निकला और मुझे वृक्ष के नीचे खड़ा देखकर बोला, 'यहाँ क्या कर रहे हैं? परीक्षा देकर आ गए? कैसी रही फिजिक्स प्रैक्टिकल की परीक्षा?'

मैंने बनावटी उत्साह से कहा, 'बहुत अच्छा।' फिर वे कॉलेज की ओर भागा और मैं गेट के भीतर अपने कमरे में।

कमरे में आते ही मैंने अपनी किताबों को सहेजना शुरू किया। किताबें भी तो कई हो गई थीं। एक-एक किताब के लिए तरस-तरसकर मैंने आई.एस-सी. पढ़ने और अच्छा रिजल्ट करने का सपना राख होते देखा था। आज वे ही किताबें मेरे आगे फालतू बनकर बिखरी पड़ी हैं। किसी एक घटना से दुनिया बदल जाती है। किताब के अभाव ने शुरू से ही मुझे भूख से अधिक पीड़ा पहुँचाई है। खैर, इन किताबों का मैं बंडल बना रहा हूँ। रहें अब ये भी किसी खोलने-पढ़नेवाले के लिए तरसती। जो मेरे छूने भर से दूर भागती थीं, आज उन्हें ही मैं अपने स्वामित्व में मनमाफिक सजा दे रहा हूँ। कुछ देर इसी तरह सोचते हुए मैं पुस्तकों को रस्सी से बाँधता रहा। बंडल बन गए, पर इन बंडलों को नंगा नहीं ले जाना चाहिए। मेरे पास एक पुरानी लुंगी थी, कॉपी-किताब के बंडलों को उसी लुंगी में लपेटकर बाँध लिया। घर पहुँचकर लुंगी खोल लूँगा और किताबों को किसी कोने में सड़ने छोड़ दूँगा। मैं तो इन्हें खोलकर कभी देखूँगा नहीं, यह मेरा निश्चय है!

अभी मैंने किताबों का बंडल लुंगी में समेटा ही था कि बसन्ती खाना लेकर कमरे में पहुँच गई। हाथ में थाली लिये ही वह आश्चर्य से पूछ बैठी, 'यह क्या कर रहे हैं मास्टरजी?'

मैंने मुँह पर मुस्कान लाकर उसे बताया, 'बसन्ती जी, मेरी परीक्षा समाप्त हो गई। अब मैं इन किताबों को बाँधकर घर ले जाऊँगा। कल सुबह मुझे यहाँ से घर चले जाना है। आगे आपको नहीं देख पाऊँगा, यही कसक है।'

बसन्ती के चेहरे पर उदासी का बादल लटक आया। उसने थाली चौकी पर रख दी और बोली, 'मैं तो जानती थी कि आप अपना रिजल्ट होने के बाद घर जाएँगे, फिर इतनी जल्दीबाजी क्यों? यहाँ क्या आपको कोई कष्ट हो रहा है?'

'नहीं, नहीं, यहाँ तो मुझे सुख और आनन्द ही मिलता रहा। कष्ट तो जितना सहना था, वह यहाँ आने से पहले ही मैं पी-पचाकर बैठ गया। अब क्या कष्ट हो सकता है?' मैंने कहा, 'एक कसक जरूर मेरे साथ रहेगी।'

'तो फिर इतना जल्द जाना क्यों चाहते हैं?'

'बसन्ती जी, मैं गरीब परिवार का लड़का हूँ। पढ़ने की लालसा लेकर घर से बाहर निकला। वह लालसा पूरी हो गई। अब मैं घर जाकर किसी नौकरी की खोज करूँगा और घर वालों की मदद में हाथ बटाऊँगा। आप जैसी अमीर युवती के हाथों खाना पाकर मैं धन्य हो गया हूँ। अनजाने में कोई गलती हुई हो, तो माफ कर देंगी। बिना खाँसे उस दिन जो मैं कमरे में घुस गया, उसके लिए दोषी हूँ। मुझे आत्मग्लानि हो रही है।'

'आप कैसी बातें कर रहे हैं? उस दिन तो दोष मेरा था। मैं ही तो आपके कमरे में आकर कपड़े बदल रही थी। आपने तो मुझे कमरे में आने को नहीं कहा था। फिर आप क्यों अपने

को दोषी मान रहे हैं ? खेत खाये भैंसी और मुँह चूरा जाए परू (भैंस का बच्चा) का ? नहीं, नहीं, आपकी आत्मग्लानि ठीक नहीं।'

बसन्ती इतना बोलकर मेरे सामने ही कुछ देर खड़ी रही, शायद इस उम्मीद में कि मैं कुछ बोलूँ, जो उसे तसल्ली दे सके। लेकिन मेरे मुँह में तो दही जम गया। मैं कुछ बोल ही नहीं पाया। कुछ देर तक उसने मेरे कुछ बोलने की प्रतीक्षा की, फिर कमरे से बाहर चली गई।

मेरे आगे परोसा हुआ खाना अब मुझे आकर्षित नहीं कर रहा था। क्या मैंने बसन्ती को अपमानित किया है ? लेकिन कब और कैसे, यह मेरी समझ में उन दिनों नहीं आया। बहुत बाद में यह राज मेरी समझ में आने लगा। खैर, जैसे-तैसे मैंने खाना खाया, और कल सुबह घर चलने की तैयारी में लग गया।

चार-पाँच बजे के करीब कृष्णबल्लभ अपनी प्रैक्टिकल परीक्षा देकर लौटा और बिना मुझसे मिले अपने कमरे में चला गया। शाम होने को थी, अभी लालटेन नहीं जलाई गई थी। कृष्णबल्लभ और उसकी माँ मेरे पास आए। मैं बरामदे की चौकी पर अकेले बैठा कुछ सोच रहा था। दोनों आकर चौकी पर बैठ गए।

माँ ने कहा, 'क्यों मास्टरजी, आप घर जा रहे हैं ? बसन्ती ने बताया कि आप किताबों को सहेजकर बाँध चुके हैं! इतनी जल्दीबाजी क्या है ?'

मैंने कहा, 'माँ, मैं जब तक कोई नौकरी करके घर में पैसे नहीं दूँगा, तब तक मेरा परिवार विपन्न बना रहेगा। इसलिए मैं घर जाकर तुरन्त कोई नौकरी खोजूँगा। मेरे पिता मेरे लौटने की राह हर दिन देख रहे होंगे। उन्हें सिर्फ मेरी ही कमाई का भरोसा है। इसीलिए कल सुबह मैं घर चला जाऊँगा।'

'ऐसी बात है तब तो आपको रोकना ठीक नहीं। ऐसे हम लोगों ने सोचा था कि परीक्षा के बाद रिजल्ट तक आपको यहीं रहने को कहूँगी। खैर, जाइए, पर बेगूसराय आना हो, तो मिल जरूर लीजिएगा। हम लोगों से कोई कमी-बेसी हुई हो तो अपना घर ही समझकर भूल जाइएगा।'

वह साठ-पैंसठ वर्षीया महिला इतने आत्मीय भाव से बोलीं कि मेरा मन द्रवित हो उठा। मैंने कहा, 'माँ, मैं और कुछ भूल जाऊँ, यह हो सकता है, पर आपका मातृ-स्नेह और अपनापन अगले जनम तक नहीं भूल पाऊँगा। आप खुशी-खुशी मुझे जाने की आज्ञा दे दें। आपका आशीर्वाद आगे की जीवन-यात्रा में मुझे बहुत काम आएगा।'

उनकी आँखें कुछ सजल हो आईं और बोलीं, 'आप जैसा सुशील, सपूत बेटा भगवान सबको दें। लेकिन उनका भी इंसाफ तो हमेशा सही नहीं जान पड़ता। कहावत है—सोना तो कान नहीं, और कान तो सोना नहीं (मतलब धन, तो उपयोग करनेवाला नहीं, और उपयोग करनेवाला सद्पात्र, तो वहाँ धन नहीं)।' यह बोलकर ममतामयी माँ उठ गईं।

जैसे-जैसे रात बीती और सुबह से मैं सिउरी घाट जाने वाले टमटम की प्रतीक्षा करने लगा। लगभग आठ बजे एक ऐसा टमटम मिला जिस पर एक आदमी की जगह खाली थी। मुझे विदा करने के लिए कृष्णबल्लभ, उसकी माँ और बहन बसन्ती—तीनों खड़े थे। मैंने टमटम पर किताब का बंडल रखकर माताजी के पाँव छुए और उन्होंने मेरा माथा छूकर मुझे आशीर्वाद दिया। बसन्ती ने उदास चेहरे को छिपाने का प्रयास करती हुई मेरे पैर छुए। मैंने

झट उसका हाथ पकड़ लिया, और फिर उसके कोमल काले बालों पर अपनी हथेली रखकर उसे खुद से भी पढ़ते रहने की सलाह दी। कृष्णबल्लभ से हाथ मिलाकर मैं टमटम पर बैठ गया और घोड़ा दौड़ने लगा। बसन्ती और उसकी माँ तब तक वहीं खड़ी रहीं, जब तक टमटम उनकी आँखों से ओझल नहीं हो गया।

कायदे से मेरी इंटर-कथा यहीं समाप्त हो जानी चाहिए, लेकिन इतने बड़े संघर्ष का फल क्या मिला, इसे सुनाए बिना कथा समाप्त कर देना शायद अधूरा रह जाएगा। इसलिए पाठक को थोड़ा और धैर्य रखना होगा।

मेरे घर पहुँचते ही माँ ने हुलसकर माथे से पेटी उतार ली। दादा तो अपनी ड्यूटी पर गए हुए थे, पर पिताजी अपनी रामायण लेकर बाहर, गह्वर दुआरी पर पाठ कर रहे थे। उन्होंने मुझे आँगन जाते देख लिया था, इसलिए जल्दी-जल्दी पाठ समाप्त कर आँगन चले आए। मैंने उनके पैर छुए। उन्होंने खुशी से मेरा माथा छूकर जोर से कहा, 'आय गयो हनुमान, जिमि करुणा मँहवीर रस।' मुझे देखकर पिताजी को लगा कि अब गरीबी मिटने वाली है।

पैर-हाथ धोकर मैं खाटी पर बैठ गया और मैया मुझे खाने का तकादा करने लगी। पिताजी और मैं, दोनों ने साथ-साथ खाया। थोड़ी देर बाद पता चला कि माँ आज भूखी रह गई, क्योंकि अपने हिस्से का खाना तो उसने मुझे खिला दिया था। मैं तो खाना बनने के बाद ऊपर से आ टपका था।

दूसरे दिन गूँजो बाबू और रामउदय चा मेरे घर पहुँच गए। उन्होंने पिताजी से कहा, 'गोर लागी प्यारे चा! आज आपसे चन्दा माँगने आया हूँ।'

पिताजी खुश होकर बोले, 'खूब खुश रहिए नूनू। अहोभाग्य जो आप दोनों मेरे दरवाजे पर आए, लेकिन मैं गरीब चन्दा देने लायक कहाँ हूँ?'

गूँजो बाबू बोले, 'मैं बताता हूँ, आप क्या चन्दा देंगे। आपको मालूम है कि पिछले साल ही हम लोगों ने गाँव में हाई स्कूल खोला है। साहपुर के राय साहब स्कूल में साइंस टीचर थे, वे बी.एस-सी., एग्रीकल्चर पढ़ने सबौर चले गए। अब स्कूल में साइंस की पढ़ाई ठप्प है। सागर परीक्षा देकर आया है। हम लोग इसे अपने ही स्कूल में साइंस पढ़ानेवाला मास्टर बहाल करना चाहते हैं। जब तक इसका रिजल्ट नहीं निकल जाता, इसे पचास रुपए महीना दरमाहा मिलेगा। रिजल्ट अच्छा होने पर साठ रुपए प्रतिमाह कर दिया जाएगा। आप सिर्फ 'हाँ' कह दीजिए, यही आपकी ओर से सबसे बड़ा चन्दा होगा। बोलिए, दीजिएगा न यह चन्दा?'

पिताजी को लगा, जैसे—'अंधहिं लोचन लाभ सुहावा।' उन्होंने छूटते ही कहा, 'भला आप बड़े लोगों की बात से मैं बाहर कैसे जा सकता हूँ? कल से ही सागर बाबू स्कूल चले जाएँगे।'

गूँजो बाबू ने ठहाका मारते कहा, 'कल से नहीं चाचा, आज और अभी से मेरे साथ सागर बाबू स्कूल चलेंगे। साइंस के लड़के रोज आन्दोलन पर उतारू हो जाते हैं।'

फिर क्या था, गूँजो बाबू अपने ही साथ मुझे लेते हुए स्कूल पहुँच गए। वहाँ शिवनारायण मिश्र जी ने एक रजिस्टर पर मुझसे हस्ताक्षर करवाए और नौवीं कक्षा में साइंस पढ़ाने के लिए भेज दिया।

मुझे तो पढ़ाने में मन लगता ही था। मैंने उस कक्षा के छात्र-छात्राओं को कैमिस्ट्री पढ़ाना शुरू किया। घंटी समाप्त हुई, फिर दूसरी कक्षा को पढ़ाने गया। चार बजते-बजते लड़कों के बीच से खबर आने लगी कि यह साइंस टीचर राय जी से अच्छा है। मैं अपनी प्रशंसा सुनकर भदैया बेंग (मेढक) की तरह फूलकर प्रसन्न।

अब मैं साइंस टीचर हो गया। पिताजी की खुशियों का क्या कहना? उन्हें तो लग रहा था कि अब सारी सम्पत्ति उनके ही घर जा आएगी। आधी मई तक मैंने अपने गाँव के हाई स्कूल में पढ़ाया। फिर गर्मी की छुट्टियों में स्कूल बन्द हो गया। अभी गाँव में ही शम्भू और इन्द्रदेव भी थे। वे दोनों मुझसे मजाक करते, 'तुम कमाऊ हो गए हो, चलो, सिगरेट पिलाओ।'

गर्मी की छुट्टियों में हम लोग बैठकर दिन भर ताश खेलते।

इन्द्रदेव के बड़े बहनोई विभूति बाबू पटना के अम्हारा हाई स्कूल में हेडमास्टर थे। उनका घर बरौनी था। छुट्टी में वे ससुराल (पहसारा) आए। उनसे तो मेरी जान-पहचान बहुत पहले से ही थी। इस बार उन्हें जब मालूम हुआ कि मैं अपने गाँव के ही स्कूल में साइंस टीचर हो गया हूँ, आगे बी.एस-सी. पढ़ने का विचार नहीं है, वे मुझसे पूछने लगे, 'क्यों, बी.एस-सी. नहीं पढ़ने का विचार है रामसागर बाबू?'

मैंने कहा, 'मेहमान जी, अब मैं कोई सी या डी नहीं पढ़ूँगा। अब मैं ताउम्र नौकरी करूँगा। अभी अपने ही हाई स्कूल में साइंस टीचर का काम कर रहा हूँ।'

'कितना वेतन मिलता है यहाँ?'

मैंने कहा, 'पचास रुपए।'

उन्होंने कहा, 'तो चलिए मेरे यहाँ, मैं साठ रुपए महीना दूँगा। एक धनी-मानी आदमी के दरवाजे पर रखवा दूँगा, वहाँ खाना-पीना चलेगा। उस स्कूल में बहुत सारे विद्यार्थी आपसे ट्यूशन पढ़ने लगेंगे। यहाँ इस नए स्कूल के भविष्य का क्या ठिकाना? सरकार से मंजूरी भी मिलेगी या नहीं!'

मैंने कहा, 'मेहमान जी, पहले मेरा रिजल्ट हो जाने दीजिए, फिर आपसे मिलकर विचार कर लूँगा।'

'ठीक है, रिजल्ट में ही अब कितना समय बचा है! यही महीना-जून समाप्त होते-होते रिजल्ट आ जाएगा। रिजल्ट निकल जाने पर आप इन्द्रदेव को साथ लेकर अम्हारा जरूर आ जाइए।'

मुझे तब तक यह अंदाज नहीं था कि हाई स्कूल में सब जगह साइंस टीचर का अभाव है। हाई स्कूल में कुछ ही वर्षों से साइंस और आर्ट्स की पढ़ाई अलग-अलग हो गई थी। फिर आई.एस-सी. पढ़कर बी.एस-सी. की पढ़ाई छोड़ देने वाले लड़के तो कम होते थे। इसलिए साइंस टीचर का अभाव था।

गर्मी की छुट्टियाँ समाप्त होने पर थीं। स्कूलों के हेडमास्टर और सेक्रेटरी ने साइंस टीचर की खोज शुरू कर दी थी। स्कूल खुलने से दो-तीन दिन पहले मेरे घर पर बनवारीपुर हाई स्कूल से सेक्रेटरी और हेडमास्टर आ धमके। उन्होंने मुझे तत्काल साठ रुपए वेतन देने की पेशकश की। मैं वहाँ जाने को तैयार हो गया।

पिताजी ने कहा, 'बेटा, घर की आधी रोटी भी बाहर की समूची रोटी से अच्छी होती है। मेरे विचार से तुम यहीं रहकर अपने ही स्कूल में नौकरी करो। इससे अच्छा बनवारीपुर नहीं होगा।'

मैंने पिताजी को समझाया, 'बाबू, अभी मुझे बनवारीपुर जाने दीजिए। गाँव के सेक्रेटरी को मालूम होगा कि साठ रुपए के कारण वह अपना स्कूल छोड़कर बाहर चला गया है, तो वे भी तुरत साठ रुपए देने के लिए तैयार हो जाएँगे। मैं जहाँ कहीं भी रहूँगा, वे मुझे ले आएँगे। मेरी पढ़ाई की कला से लड़के बहुत प्रसन्न हैं। वे हेडमास्टर को बाध्य कर देंगे मुझे बुला लाने के लिए।'

पिताजी मेरी चालाकी समझ गए और उन्होंने स्वीकृति दे दी। मैं बनवारीपुर वालों के साथ चला गया।

स्कूल खुला, मैं उस स्कूल में पढ़ाने लगा। पहले दिन की पढ़ाई के बाद ही मुझे बहुत अच्छा शिक्षक मान लिया गया। स्कूल के सेक्रेटरी धनी-मानी व्यक्ति थे। उन्होंने अपने ही यहाँ मेरे रहने-खाने की व्यवस्था कर दी। उस घर का खाना तो सम्पन्नता का परिचय दे ही रहा था। अभी चार-पाँच दिन ही मैंने स्कूल में पढ़ाया होगा कि सेक्रेटरी साहब का छोटा भाई तेघड़ा से एक अखबार हाथ में लेता आया और बोला, 'रिजल्ट हो गया है।'

सेक्रेटरी ने पूछा, 'मास्टर साहब का नाम किस डिवीजन में है?'

वह बोला, 'नहीं।'

यह सुनते ही मेरे हाथ-पाँव फूल गए। मुझे चक्कर जैसा आने लगा। यह होश ही नहीं रहा कि उसके हाथ से अखबार लेकर खुद भी देखूँ। 'फेल हो गया मैं,' यह विचार आते ही मेरा शरीर काँपने लगा। सब लोग स्तब्ध। मैंने सोचा—गाँव में रहता, और तब फेल होने का समाचार मिलता तो किसी तरह सह भी लेता, पर यहाँ दूसरे गाँव में यह बेइज्जती बर्दाश्त से बाहर है। मैंने अपना सामान उठाया और 'चलता हूँ' कहकर चल पड़ा।

सेक्रेटरी ने बहुत रोका, 'क्यों जा रहे हैं मास्टर साहब? यहीं रहकर सप्लीमेंट्री से फिर परीक्षा दे दीजिएगा। फेल होने से क्या होगा! आप अच्छे शिक्षक हैं, आपको उतना वेतन भी मिलता ही रहेगा, फिर क्यों जाना चाहते हैं?'

मैं जैसे किसी की बात सुन ही नहीं पा रहा हूँ। मैं तेजी से निकल गया और रास्ते भर सोचता आया कि खुद से भी अखबार देख लेना चाहिए था।

बनवारीपुर से तेघड़ा पैदल पहुँचने में मुझे एक घंटा लगा। रास्ते में मुँह सूख रहा था। तेघड़ा बाजार पहुँचकर मैंने एक दुकान पर चढ़कर पानी पीना चाहा। यह दुकान नहीं, किसी डॉक्टर की डिस्पेंसरी थी। टेबुल पर एक 'सर्चलाइट' अखबार पड़ा था। यह आज का ही ताजा अखबार था। मैं साहस करके उस अखबार को उलटने लगा। उसमें आई.एस-सी. का रिजल्ट छपा था। मैं माँ जयमंगला को सुमर कर अखबार में रिजल्ट पढ़ने लगा। प्रथम श्रेणी की तो उम्मीद ही नहीं थी, इसलिए उस पंक्ति को छोड़कर द्वितीय श्रेणी से ही पढ़ना शुरू किया। उसमें मेरा नाम नहीं था। फिर तृतीय श्रेणी में आँखें गड़ाईं। तीन-चार नामों के बाद मेरा ही नाम था। पहले तो मुझे विश्वास ही नहीं हुआ, इसलिए

तीन–चार बार अपना नाम गौर से पढ़ा। तब जाकर लगा कि मैं तो आई.एस–सी. पास हूँ। पानी से निकाली गई मछली, किसी तरह पानी में कूद जाए तो जो जीवनदायिनी खुशी उसे होगी, वही इस समय मुझे हो रही थी। फिर मैंने पूरे रिजल्ट को पढ़ना शुरू किया। देखें, शम्भू का नाम किस डिवीजन में है। तीन–चार बार मैं पूरा रिजल्ट पढ़ गया, पर शम्भू का नाम किसी डिवीजन में नहीं छपा था। तो क्या शम्भू फेल हो गया ? मुझे आश्चर्य और दुख हुआ।

इतने में बनवारीपुर वाले सेक्रेटरी साहब साइकिल से पहुँच गए और बोले, 'मास्टर साहब, चलिए, लौटिए आप। उस लौंडे से अखबार देखने में भूल हो गई। आप तो पास हैं, पास।'

मैंने कहा, 'हाँ, मैं पास हूँ, मैंने अखबार देख लिया है। पर मैं अब लौटूँगा नहीं, आपके यहाँ काम नहीं करूँगा। मैं घर जा रहा हूँ।'